यात्रा-वृत्तान्त

रूस में पच्चीस मास

रूस में पच्चीस मास

राहुल सांकृत्यायन

राधाकृष्ण प्रकाशन

प्रथम संस्करण 1952 में आलोक प्रकाशन, बीकानेर से प्रकाशित

ISBN : 978-81-978022-2-5

रूस में पच्चीस मास

पहला राधाकृष्ण संस्करण : 2024

मूल्य : ₹1295

प्रकाशक

राधाकृष्ण प्रकाशन प्राइवेट लिमिटेड
जी-17, जगतपुरी, दिल्ली-110 051

शाखाएँ : अशोक राजपथ, साइंस कॉलेज के सामने, पटना-800 006
पहली मंजिल, दरबारी बिल्डिंग, महात्मा गांधी मार्ग, प्रयागराज-211 001
1, अनमोल सोराबजी सन्तुक लेन, धोबी तलाव, मरीन लाइंस, मुम्बई-400 002

वेबसाइट : www.radhakrishnaprakashan.com
ई-मेल : info@radhakrishnaprakashan.com

मुद्रक

बी. के. ऑफसेट
नवीन शाहदरा, दिल्ली-110 032

ROOS MEIN PACHCHIS MAS
Travelogue by Rahul Sankrityaayan

दो शब्द

वह यात्रा 17 अगस्त, 1947 में समाप्त हुई थी, किन्तु इसके लिखने का काम 25 नवम्बर, 1951 में खत्म हुआ। 4 साल बाद इसको लिखा गया, यह आश्चर्य की बात नहीं है। शायद अब भी इसमें हाथ नहीं लगता यदि डायबिटीज ने मुझे मसूरी के साथ चिपका न दिया होता। डायबिटीज को मैं रोग नहीं मानता, यदि यह रोग है तो वैसे ही जैसे अन्धापन और लँगड़ापन। वह मेरे काम में बाधक नहीं हो रही है, इसका एक उदाहरण तो यही पुस्तक है। रूस के 25 मास के निवास में मैंने जो सामग्री मध्य-एसिया के इतिहास के लिखने के लिए जमा की थी, और जिसके ही कारण एक तरह मैं लन्दन के रास्ते आने के लिए मजबूर हुआ, उसका उपयोग भी मैंने इसी साल मसूरी में किया और इस यात्रा से दूने आकार की प्रथम जिल्द 'मध्य-एसिया का इतिहास' लिखकर तैयार हो गया है। इसलिए डायबिटीज से मुझे शिकायत करने का कोई हक नहीं। यात्राओं का आकर्षण कम नहीं रहा है। यह यात्रा किन परिस्थितियों में और कैसे हुई, इसके बारे में पुस्तक में ही काफी आ चुका है। ईरान से आगे तो मैंने श्रृंखलाबद्ध यात्रा लिखने की कोशिश की है, ईरान रास्ते में आया था, और वह यात्रा का कोई मुख्य लक्ष्य भी नहीं था; इसलिए उसके बारे में ज्यादा विस्तार में नहीं लिखा।

यात्रा करने में सहायक होनेवाले कितने ही इष्ट मित्र रहे, जिनके प्रति कृतज्ञ रहते हुए भी सबका नाम देना यहाँ मुश्किल है। भाई सरदार पृथ्वीसिंह ने ईरान की निराशा की अवस्था में केवल पैसे भिजवाकर ही सहायता नहीं दी, बल्कि वह, और दो-एक और मित्रों का अगर आग्रह न होता, तो शायद मैं उतने दिनों तक ईरान में ठहरने के लिए तैयार न होता। मिर्जा महमूद अस्फहानी जैसे अकारण बन्धु के गुणों के बारे में मैं काफी कह चुका हूँ। भारत में आकर मैंने कलकत्ता में उनसे मिलने की कोशिश की, लेकिन वह मिल नहीं सके। इतना मालूम हुआ, कि उनकी नवपरिणिता बीवी इज्जत खानम् भारत आई थीं और यहाँ से चली भी

गईं। एक-दो बार पुराने पते पर चिट्ठी लिखी, लेकिन कोई जवाब नहीं मिला। इसमें सन्देह है कि वह अब भारत में हैं। शायद पाकिस्तान में हों, या उससे भी अधिक सम्भावना उनके ईरान में जाने की है। एक पुराने मित्र के उपकारों के प्रति कृतज्ञता प्रकट करने में भी बहुत आनन्द आता है, लेकिन मिर्जा महमूद के प्रति वैसा करने को भी मेरे पास साधन नहीं हैं। यह भी बहुत सन्दिग्ध है कि वह मेरी इस पुस्तक में लिखी अपने सम्बन्ध की पंक्तियों को पढ़ सकेंगे। तो भी महमूद को मैं उन सहृदय रत्नों में मानता हूँ, जिनके जैसे बहुत थोड़े लोगों से मुझे मिलने का मौका मिला।

क्वेटा में कागज पत्र ठीक कराने के लिए मुझे अक्टूबर 1944 में ठहरना पड़ा था, उस वक्त अपने 10-11 वर्ष के सहचर कैमरे को मैं आज्ञा न मिलने के कारण छोड़ गया था। 10-11 वर्ष काम कर चुकने के बाद उस पुराने मॉडल के रोलेफ्लैक्स कैमरे का मूल्य निकल आया था, लेकिन उसके साथ कई बार तिब्बत, फिर जापान, कोरिया, रूस, ईरान आदि की यात्रा की थी, इसलिए उसके प्रति एक तरह का कोमल सम्बन्ध स्थापित हो गया था। जिसके पास उसे अमानत रूप में रख गया था, उसने हमारे बतलाए स्थान पर लौटाने की तकलीफ नहीं की। अब उनसे भी क्या शिकायत हो सकती है। क्वेटा के हजारों हिन्दू जिस तरह अपने आशियाने को छोड़ने के लिए मजबूर हुए और जहाँ-तहाँ बिखर गए, वही हालत उसकी भी हुई होगी। अब तो वह मेरे दुर्भाव नहीं, बल्कि सहृदयता के पात्र हैं।

यात्रा में मैंने इस बात को स्वीकार किया है कि सोवियत के साथ की मेरी मैत्री 33-34 वर्षों पुरानी है। यह मेरी तीसरी यात्रा उस देश में थी। यदि मैं कहूँ कि मैं वहाँ के लोगों के बहुत घनिष्ट सम्बन्ध में आया, तो शायद इसमें अतिरंजन से काम नहीं ले रहा हूँ। मैंने अपनी यात्रा में ऐसी बातों को भी लिखने में संकोच नहीं किया है, जिनको कि अच्छा नहीं कहा जा सकता। लेकिन वह पृष्ठभूमि का ही काम देती हैं, जिसमें कि वहाँ के गुणों को अच्छी तरह से देखा जा सकता है। मैंने मुक्तकण्ठ से अपने इस ग्रंथ में भी स्वीकार किया है और यहाँ भी स्वीकार करता हूँ कि सोवियत जीवन, सोवियत के विशाल निर्माण कार्य से न केवल सोवियत शासनयुक्त देशों को ही लाभ हुआ है बल्कि वह नवीन सोवियत राष्ट्र सारी मानवता की आशा है। आज या कल सभी देशों की सारी समस्याओं का हल उसी रास्ते होगा, जिस रास्ते पर 1917 में रूस पड़ा और जिस रास्ते को उससे 32 वर्ष बाद चीन ने पाने में सफलता पाई। जो पार्टियाँ और जननायक अपने को नवीन मानवता का पक्षपाती मानते हैं, संसार को सुख और शान्ति के मार्ग पर ले जानेवाला कहते हैं, यदि वह सोवियत रूस और चीन के साथ शत्रुता रखकर वैसा करना चाहते हैं, तो मैं समझता हूँ, वह अपने को और

अपने पीछे चलनेवाली जनता को धोखा देते हैं। यह पढ़कर आश्चर्य होता है कि हमारे कितने ही सोशलिस्ट पार्टी के महानेता पृथ्वी पर सोशलिज्म लाने के लिए रूस-चीन को बाधक और अमेरिका को साधक समझते हैं।

मैंने जगह-जगह पर दिखलाया है कि कैसे साल भर पहिले कुछ चीजों का अभाव और कुछ बातों में दुर्व्यवस्था देखी जाती थी, लेकिन साल भर बाद ही उसमें भारी परिवर्तन हो गया। मेरे भारत लौटने के 4 महीने बाद सोवियत से राशनिंग हट गई। युद्धोपरान्त की पंचवार्षिक योजनाएँ आज मात्रा से अधिक पूरी हो चुकी हैं। पिछले 4 वर्षों में जहाँ सुख-समृद्धि के साधनों में रूस ने भारी प्रगति की है, वहाँ अणुबम जैसे घोर अस्त्रों का भी उसने आविष्कार कर लिया है। सैनिक तौर से वह अब दुनिया की सबसे सबल शक्ति है, लेकिन शान्ति का पक्षपाती जितना आज वह हैं, उतना दुनिया का कोई देश नहीं है। यह मानवता के लिए बड़ी प्रसन्नता की बात है कि मानवप्रगति का सबसे बड़ा समर्थक और सहायक देश समृद्धि और शक्ति में दिन-प्रतिदिन आगे बढ़ता जा रहा है। अब वह अकेला नहीं है बल्कि उसके साथ चीन जैसा महान् राष्ट्र है जो कि दो पंचवार्षिक योजनाओं को समाप्त करने के बाद रूस की तरह ही समृद्ध और सबल राष्ट्र हो जाएगा।

अन्त में मैं इस यात्रा के लिखने में सहायक श्री हरिश्चन्द्र पुष्प के प्रति भी कृतज्ञता प्रकट करना चाहता हूँ, जिन्होंने मेरे बोलने का जल्दी-जल्दी टाइप करके पुस्तक को निर्विघ्न समाप्त करने में सहायता की।

हैपीवेली, मसूरी

—राहुल सांकृत्यायन

क्रम

ईरान में

परेदश में खाली हाथ

1944 के अक्टूबर के अन्त में किसी तरह पासपोर्ट पाकर मैं रूस के लिए रवाना हुआ। स्थल मार्ग ही सस्ता तथा उस वक्त निरापद था, इसलिए मैंने ईरान की ओर पैर बढ़ाया। वैसे मेरी कोई यात्रा पैसे के बल पर कभी नहीं हुई, किन्तु उनमें यह सुभीता अवश्य था कि 'तेते पाँव पसारिए, जेती लांबी सौर' की नीति का पालन कर सकता था। युद्ध के कारण विदेशी विनिमय का मिलना बहुत मुश्किल था, जो मिलना था वह भी खर्च करने को देश के नाम-निर्देश के साथ। मुझे सवा सौ पौंड विनिमय मिला था, जिसमें 100 पौंड रूस में खर्च कर सकता था और 25 ईरान में। सोचा था, दस-पाँच दिन तेहरान में रहना होगा, जिसके लिए 25 पौंड पर्याप्त होंगे, फिर तो वीसा लेकर सोवियत भूमि में चल देना है, जहाँ लेनिनग्राद विश्वविद्यालय में संस्कृत की प्रोफेसरी प्रतीक्षा कर रही है।

उस वक्त क्वेटा से ट्रेन सीधे ईरान की सीमा के भीतर जाहिदान (पुराना नाम दुज्दा पानीचोर) तक जाती थी। रजाशाह ने जर्मन नाजियों की विजय पर विजय देखकर उदीयमान सूर्य का स्वागत करना चाहा, किन्तु जर्मन भुजाएँ इतनी लम्बी नहीं थीं कि ईरान तक पहुँच पातीं। रजाशाह पकड़ लिये गए, किन्तु दक्षिणी अफ्रीका में नजरबन्दी कुछ ही महीनों की रही, अल्लामियाँ ने बेचारे को अपने यहाँ बुला लिया और उनके साहबजादे को तख्त पर बैठा दिया गया। अब ईरान के अलग-अलग भागों पर अंग्रेज, अमेरिकन और रूसी सेनाएँ नियंत्रण कर रही थीं। जर्मन सेना की विजय यात्रा पराजय यात्रा में परिणत हो चुकी थी। इसी समय 2 नवम्बर (1944 ई.) को सबेरे 6 बजे हमारी ट्रेन जाहिदान पहुँची। हम समझते थे, पिछली दो यात्राओं की भाँति कस्टमवालों से अभी काफी भुगतना होगा, किन्तु राज्य की असली बागडोर परदेशियों के हाथ में हो तो ईरानी अफसरों को बहुत परेशानी उठाने की क्या आवश्यकता? मैं अब भी 'कस्टपरीक्षा' की प्रतीक्षा कर

रहा था, इसी समय साथ के भाई ने कहा—वह तो मीरजावा (स्टेशन) में ही खत्म हो गया। स्टेशन से लारी ने नगर में पहुँचा दिया। 1937 से जाहिदान अब बहुत बढ़ गया था—युद्ध की बरक्कत। भारत से कितनी ही चीजें भी इस समय इसी रास्ते से रूस भेजी जा रही थीं। लारी ने एक अरक्षित-सी गराज में जा उतारा था। ऐसी कोठरी में सामान रखकर पासपोर्ट, मोटर टिकट आदि के प्रबन्ध के लिए इधर-उधर की दौड़-धूप करने जाना बुद्धिमानी की बात नहीं थी। मैं अपने दूसरे ही पूर्व परिचित के खयाल से सरदार मेहरसिंह (चकवाल) के मकान पर जा पहुँचा। अपरिचित होने पर भी बहुत प्रेम से मिले। बेटे की कुड़माई (सगाई थी, दो कमरों में मिठाइयों और फल की तश्तरियाँ सजी हुई थीं। 'मान न मान मैं तेरा मेहमान' तो मैं बनना नहीं चाहता था, किन्तु सुरक्षित स्थान में सामान रखने के लिए लाचार था।

चीजें भारत में भी बहुत महँगी हो गई थीं, किन्तु यहाँ तो हमारे यहाँ का 20 रुपयों का बूट 100 में बिक रहा था। चीजों का दाम भारत से चौगुना-पाँच गुना था। उस पर 'जोई राम सोई राम' अलग। मैं उसी दिन मशहद के लिए रवाना हो जाना चाहता था। दोपहर तक शहरवानी (कोतवाली) के कई चक्कर लगाए, किन्तु वहाँ पासपोर्ट का कहीं पता नहीं था। बतलाया गया, अभी कोरन्तीन से आया ही नहीं। कोरन्तीन के डॉक्टर गरबी ने कहा—न मिले तो लारी छूटने से घंटा पहिले आना, मैं तुम्हारा पासपोर्ट दे दूँगा। लेकिन काम इतना आसान नहीं था। किसी ने सरदार लालसिंह का पता दे दिया। उन्होंने 50 तुमान पर (तुमान = एक रुपया, यद्यपि ईरानी बैंक उसे एक रुपये से कुछ अधिक का मानता था।) लारी का टिकट खरीद दिया। अगले दिन (3 नवम्बर) को भी सरदार लालसिंह ने दौड़-धूप की, तब दस बजे पासपोर्ट मिल सका, उसके बिना जाहिदान से आगे नहीं बढ़ा जा सकता था। आदमी अतीत के तरद्दुदों को जल्दी भूल जाता है, किन्तु ईरान की बस और लारी की यात्रा तो पूरी तपस्या है—शोफर (ड्राइवर) मुसाफिर की जान-माल के बादशाह हैं, जब मर्जी हुई चल पड़े, जब मर्जी हुई खड़े हो गए। रजाशाही कड़ाई हट गई थी, इसलिए फिर सड़कों पर बुर्का (पर्दा) आम दिखाई देता था, कितनी ही पगड़ियाँ भी दिखलाई पड़ती थीं, यद्यपि हैट बिलकुल उठ नहीं गई थी।

लारी आठ बजे रात को चली। हमारी लारी में 31 वल्ती (काश्मीर) तीर्थयात्री भी थे, जो तिब्बती भाषा ही बोल सकते थे। मुझे कभी-कभी दुभाषिया भी बनना पड़ता था, वैसे अपनी प्रभुता से वह 26 तुमान में ही लारी का टिकट पा गए थे। तकलीफ भी बड़े महँगे भाव मोल लेनी पड़ी थी। नंगी पहाड़ियों की मानसून वंचित भूमि थी। सड़क बनाने की सामग्री सब जगह मौजूद थी किन्तु सड़कों का भाग्य युद्ध ने ही खोला था। चार बजे रात तक लारी चलती गई, फिर दो घंटे के लिए खड़ी हो गई। हम लोग बैठे-बैठे ऊँघे। सूर्योदय को फिर चले। चाय के लिए एकाध जगह जरा देर ठहरते। एक बजे दिन को विरजन्द पहुँचे। मील-डेढ़ मील आगे जाते

ही लारी बिगड़ गई, एक बार तो निराशा छा गई, किन्तु घंटे भर बाद वह फिर चेतन हो गई। रातो-रात मशहद पहुँचने की बात थी, लेकिन ड्राइवर पर नींद सवार हो गई, हमारे दम में दम आई, जबकि दो बजे रात (5 नवम्बर) को उसने गुनाबाद में विश्राम लेने का निश्चय किया। वह 10 बजे दिन तक सोता रहा। फिर बल्ती यात्रियों से बाकी किराए के लिए झंझट शुरू हो गया, उन्होंने कुछ सुन रक्खा होगा। कहते-सुनते 27 ने दोपहर तक किराया चुकाया, फिर लारी आगे बढ़ी। लारी पर यह तीसरा दिन था। एक-एक बार के खाने पर साढ़े तीन रुपये खर्च हो रहे थे।

अँधेरा हो चला था। दूर मशहद नगर के चिराग दिखाई देने लगे। ड्राइवर ने यात्रियों को दिखलाकर कहा—"शागिर्द (क्लीनर) को चिराग दिखाई की दक्षिणा दो।" ड्राइवर मानो साथ ही साथ पंडा भी था। लेकिन गरीब बल्तियों ने बड़ी कसाले की कमाई में से कुछ बचाकर मशहद शरीफ में इमाम रजा की समाधि के दर्शन के लिए वह यात्रा की थी, चीजों का दाम भी महँगा था, फिर वह कैसे हर जगह दक्षिणा देते फिरते? उनके इनकार करने पर शोफर ने 'वहशी, जानवर, बर्बरी' जाने क्या-क्या उपाधियाँ उन्हें दे डालीं। एक जगह रूसी सैनिक ने लाल रोशनी दिखा गाड़ी खड़ी कराई, फिर चलकर नौ बजे रात को हम मशहद-शरीफ पहुँचे। पन्द्रह तुमान और सामान का देना पड़ा। दो-एक जगह भटकने पर जब होटल में जगह नहीं मिली, तो पंडाजी मूसा साहिब के प्रस्ताव को स्वीकार करना पड़ा। दुरेश्की (फिटन) ने चार तुमान और मजूर ने दो तुमान लेकर गली में पंडाजी के घर पर पहुँचा दिया। हर जगह के पंडों की भाँति यहाँ के पंडे भी यजमान के आराम का खयाल रखते हैं और तुरन्त ही सारे सोने के अंडों को निकालवाने की बात न करने पर भी अधिक से अधिक दक्षिणा पाने की कोशिश करते हैं। मैंने कह दिया—यथाशक्ति तथाभक्ति।

सबेरे (6 नवम्बर) रूसी कौन्सल के पास गया। सोचा, कहीं यहीं से अशकाबाद होकर वीसा मिल जाए तो दिक्कत से बच जाऊँ, किन्तु वह कहाँ होनेवाला था। रुपये के रूप में लाए सिक्के खत्म हो गए थे, अब ईरान में खर्च करने के लिए प्राप्त 25 पौंडों पर हाथ डालना था। 10 पौंड़ों के चैक के बैंक शाहंशाही से 128 तुमान मिले, जिसमें 75 तुमान तो तेहरान की बस का किराया देना पड़ा, तीन तुमान मूसा साहेव को और साढ़े चार तुमान मजूरों को भी। पैसों के पर उग आए थे, उनको उड़ते देर नहीं लग रही थी। सूर्यास्त के समय बस रवाना हुई। 7 नवम्बर के दिन और रात चलते रहे। अत्तारी गाँव में बारह बजे रात को आराम के लिए ठहरे। उताक (कमरे) का किराया दो तुमान (रुपया) दे दिया, लेकिन पीछे पिस्सुओं से परास्त हो बाहर लेटना पड़ा।

सबेरे फिर चले। समनान की मँड़इयों का पता नहीं था, अब तो वहाँ बड़े-बड़े पक्के घर खड़े थे, पैट्रोल जो निकल आया था। रेल भी आ गई थी, किन्तु हमें

तो बस ही से तेहरान पहुँचना था। दोपहर बाद हाजियाबाद में रूसी चौकी आई। सोवियत कौंसल का दिया पास यहाँ दे दिया। पास लेनेवाला रूसी सैनिक बहुत रूखा था, यद्यपि वही बात उसके लिए एशियाई साथी की नहीं थी।

हमारी बस में अधिकतर यात्री तब्रेजी तुर्क थे, जिनमें टोपवालों से पगड़ीवाले अधिक थे। साथ में कारतूस-मालाधारी एक सरकारी अफसर साहेब थे जो अपने तिरियाक (अफीम) को बड़े दिखलावे के साथ पीना पसन्द करते थे—कानून के बाबा जो थे। 30-32 किलोमीटर तेहरान रह गया था, जब कि उनका तिरियाक पकड़ा गया। पहिले उन्होंने कुछ रोब दिखलाना चाहा, किन्तु उससे कुछ बननेवाला नहीं था। बस रुकी रही। कारतूसी माला डाले अभिमान के पुतले तिरियाकी साहब ने 500 तुमान रिश्वत के गिन दिये और साथ ही, उन्हें अफीम से भी हाथ धोना पड़ा, फिर जाकर छुट्टी मिली। हम सात बजे रात को ईरान की राजधानी (तेहरान) में पहुँचे।

पहिले तो कहीं पैर रखने की जगह बनानी थी, फिर सोवियत वीसा की फिकर में पड़ना था। चिरागवर्क सड़क पर 5 कहकर 6 तुमान रोज का एक कमरा 'मुसाफिरखाना तेहरान' में मिला। उसी रात पता लगा, यहाँ 20 तुमान (रुपया) रोज से कम खर्च नहीं पड़ेगा और हमारे पास थे केवल 15 पौंड या 192 तुमान अर्थात सिर्फ दस दिन की खर्ची। बस से यहाँ पहुँचनेवाले एक सहयात्री अभी और आशा बाँधे हुए थे। अगले दिन 5 तुमान देकर उनसे पिंड छुड़ाया।

अगले दिन हम्माम कोरवी के पास कूचा-उन्सरी में अपने पूर्वपरिचित आगा अमीर अली दीमियाद से मिलने गए। छह ही साल में इतने बूढ़े मालूम होने लगे! फिर सोवियत कौंसल के यहाँ गए। कहा गया—पहिले अंग्रेजी दूतावास की सिफारिशी चिट्ठी लाओ, फिर बात करो। मनमारे पहुँचे अंग्रेजी दूतावास में, और भारतीय विभाग के मुखिया मेजर नकवी के सहायक रिज्वी साहेब से मिले। रिज्वी प्रयाग (शाहगंज) के रहनेवाले थे, इसलिए प्रदेशभाई, और नगरभाई के तौर पर बड़े प्रेम से मिले, अगले सात महीनों तक उनका वैसा ही सौहार्द रहा। उन्होंने सोवियत वीसा का मिलना आसान नहीं बतलाया।

हमारे सामने कड़ी समस्या थी—192 तुमान और रोजाना 20 तुमान का खर्च! वहीं अब्बासी उर्फ बोस महाशय बैठे थे, उनसे भी परिचय हो गया। वह स्वयं अपनी बीवी-बच्ची (ईरानी) लिवाने आए थे। महीनों वीत जाने पर भी कहीं कूल-किनारा नहीं देख पा रहे थे। मेरी चिन्ता में उन्होंने बड़ी संवेदना प्रकट की। रास्ते में उन्होंने अपने 30 तुमान मासिकवाले कमरे को मेरे हवाले करने का प्रस्ताव किया। मैंने सोचा 150 की जगह मकान का 30 ही तो हुआ। उन्हीं के साथ टैक्सी में सामान रखवा के मैं खयावान-फरिश्ता के उस घर में चला आया। दीमियाद साहब का मकान भी पास ही था, यह प्रसन्नता की बात थी। यद्यपि 192 तुमानों

के 15 पौंड के चेक तथा आगे के अनिश्चित समय को देखकर हृदय कम्पन दूर नहीं हुआ था, किन्तु इतना तो समझ गए कि अब 20 तुमान से कम शायद 10 तुमान में ही रोज का खर्च चल जाए। 9 नवम्बर की रात को बहुत इत्मीनान से सोए। अब्बासी अपनी ससुराल में रहते थे, वह वहाँ चले गए।

अगले दिन चिन्ता दुगने जोर से बढ़ी, जब मालूम हुआ कि अब्बासी ने दो महीने का किराया मकान मालकिन को नहीं दिया है तो भी 'दुनिया बा-उम्मीद कायम।' हम हिसाब बाँध रहे थे—'रोज डेढ़ तुमान रोटी, मक्खन, खजूर पर गुजारा और इनसान के बेटे पर भरोसा। चार तुमान रोज से ज्यादा नहीं खर्च करना होगा। 160 तुमान में 10 दिसम्बर तक चलाएँगे। तब भी 32 तुमान बच जाएँगे। अँगूठी और रिस्टवाच की जंजीर के तीन तोले सोने पर तीन मास और खपा देंगे। 10 फरवरी तक यहाँ इन्तिजार कर सकते हैं।" वीसा न मिला तो? भविष्य प्रकाशमान नहीं था।

अगले दिन (11 नवम्बर) 10 पौंड भुनाना जरूरी था। अब्बासी का 15 तुमान उधार था, भुनाकर 128 में से अब्बासी को 15 देने लगा, तो उन्होंने 50 तुमान किसी जल्दी के काम के लिए माँग लिये और मैंने सहज भाव से दे दिये। अब हाथ में 63 तुमान तथा 5 पौंड का चेक रह गया। वीसा के बारे में दौड़-धूप करने पर उस दिन की डायरी में लिखना पड़ा, "अपने बारे में तो अभी आशा की किरण नहीं दिखलाई पड़ती।"

डेढ़ तुमान रोज पर गुजारा करने का निश्चय कर चुका था, किन्तु (12 नवम्बर) को तीन तुमान गर्माबा (स्नानागार) को ही देना पड़ा। 13 नवम्बर तक अब्बासी से परिचय चार दिन का हो गया था और उनके कई दोष-गुण मालूम हो गए थे। उनको दिये पचास तुमानों के लौटने की आशा नहीं थी, ऊपर से दो मास के बाकी किराये के 60 तुमान के देनदार भी बनने जा रहे थे! लेकिन अब्बासी का दूसरा भी पहलू था, जिससे वह सच्चे मानवपुत्र जँचते थे। वह बहुत अधिक नहीं बोलते थे, साथ ही, बहुत अल्पभाषी भी नहीं थे। "न ह्येकं अपि सत्यं स्यात्, पुरुषे बहुभाषिणी" के अनुसार उनकी बातों में बिलकुल सत्य का कोई अंश नहीं था, यह बात नहीं थी, तो भी उस जंगल में से सत्य को ढूँढ़ निकालना मुश्किल काम था। यदि 9 नवम्बर को अब्बासी मिले थे, तो अगले दिन आगा दीमियाद के यहाँ दूसरे मानवपुत्र मिर्जा महमूद अस्पहानी से भी परिचय प्राप्त हुआ।

तेहरान में

मैं सन् 1944 के जाड़ों में तेहरान पहुँचा था। 7 नवम्बर (1944) से 2 जून (1945) तक वहीं इस आशा में पड़ा रहना पड़ा कि वीसा मिले और सोवियत के लिए रवाना हो जाऊँ। यद्यपि यह आवश्यक तथा बहुत कुछ दुर्भर प्रतीक्षा थी, लेकिन

करता तो क्या करता? सोवियत वीसा तभी मिला, जब यूरोप में युद्ध समाप्त हो गया और जर्मनी ने हथियार डाल दिया, लेकिन इस सात महीने की प्रतीक्षा को बिलकुल बेकार भी नहीं कहा जा सकता। तेहरान उस वक्त केवल अन्तर्राष्ट्रीय राजनीतिक अखाड़ा ही नहीं, बल्कि सैनिक अखाड़ा भी था। राजनीतिक अखाड़ा बल्कि तब नहीं कहा जा सकता था, क्योंकि ईरान के बिलकुल अमेरिका के हाथ की कठपुतली हो जाने के कारण खेल बराबर पर नहीं हो रहा था।

तेहरान मेरे देखते-देखते बहुत बढ़ गया। प्रथम विश्व युद्ध के बाद वह एक लाख से कुछ ही अधिक का पुराने ढंग का नगर था। उसकी गलियाँ तंग और अँधेरी थीं। चौड़े रास्तों को ही सड़क कहा जाता था, पक्की सड़कों का उस समय कहीं पता नहीं था। 1935 में जब पहिले-पहिल मैं तेहरान पहुँचा, तो वह दो लाख से कुछ ऊपर का शहर था। सड़कें चौड़ी, सीधी और पक्की हो चुकी थीं। सड़कों पर विशेषकर केन्द्रीय स्थानों में आधुनिक ढंग की इमारतें खड़ी थीं। 1937 की द्वितीय यात्रा में शहर का आकार काफी बढ़ गया था, भारत से लौटे मेरे ईरानी मित्र आगा दीमियाद ने अपना मकान शहर के छोर पर बनवाया था, जहाँ आसपास बहुत-सी खाली जगह पड़ी हुई थी। 7 बरस बाद तीसरी यात्रा में अब उनका मकान घनी बस्ती के भीतर था, और आबादी 7-8 लाख से ऊपर हो चुकी थी, जिसमें मित्र शक्तियों की सेनाएँ और वृद्धि कर रही थीं। यद्यपि अँग्रेजी, अमेरिकन और रूसी सेनाओं के रहने के लिए शहर से बाहर अलग-अलग स्थान नियत थे, किन्तु तो भी सेना का शहर से सम्बन्ध तो था ही। साधारण नहीं तो असाधारण शौकीनी की चीजें खरीदने के लिए सैनिकों को वहाँ जाना पड़ता था। सिनेमा और दूसरी मनोरंजन की सामग्री भी वहीं थी। सड़कों पर अपने-अपने देश की वर्दियाँ पहिने सैनिक घूमा करते थे।

ऊँचे स्थानों की राजनीति तो यही थी कि रजाशाह—जिसे नये ईरान का निर्माता कहा जाता है—जर्मन नाजियों का पक्षपाती था। उसने मुल्लाओं की धर्मान्धता के विरुद्ध ईरान के जातीय अभिमान को खड़ा किया। हरेक रजाशाही ईरानी तरुण अरबों और अरबी संस्कृति पर 4 लात लगाकर अपने को कौरोश और दारयोश के आर्यत्व का उत्तराधिकारी मानने लगा। हिटलर के आर्यत्व के प्रचार के पहिले ही रजाशाह ने अपने यहाँ उसकी ध्वजा गाड़ दी थी, इसलिए कोई आश्चर्य नहीं, यदि हिटलर की नीति के साथ ईरान ने भी अपनी नीति को जोड़ दिया। लेकिन यह नीति का जोड़ना केवल आर्यत्व की भावना के कारण नहीं हुआ। जर्मनी ने जिस तरह यूरोप के प्राय: सारे भाग को हड़पकर अफ्रीका की ओर पैर फैलाया था, उससे रजाशाह को विश्वास हो गया था कि अब की विजय जर्मनी की होगी। इसीलिए उसने उगते सूर्य को नमस्कार करना चाहा। चाहे इंग्लैंड और अमेरिका अभी अफ्रीका में हिटलर के बढ़ाव को न रोक सकते हों, किन्तु रजाशाह की

रक्षा के लिए हिटलर की बाँह अभी उतनी बड़ी नहीं थी; इसीलिए एक ही झोंक में मित्र-शक्तियों की सेनाओं ने ईरान को अपने अधीन कर लिया। रजाशाह को बन्दी बना उसे दक्षिण अफ्रीका भेज दिया। रजाशाह ने एक साधारण तुर्क-परिवार से बढ़कर एक राजवंश की स्थापना की, इसलिए उसका गद्दी से वंचित होना कोई बड़ी बात नहीं थी, लेकिन उसका लड़का (वर्तमान शाह) तो शाहजादा था। हिटलर को हराने के लिए रूस की सहायता की आवश्यकता भले ही मालूम होती हो, किन्तु इंग्लैंड और अमेरिका रूसी राज व्यवस्था को छूत की बीमारी समझते थे। जिस समय जर्मन सेना रूस के भीतर बढ़ रही थी, उस समय रूस इस स्थिति में नहीं था, कि अपनी किसी बात के लिए जिद करे। ब्रिटिश तथा अमेरिकन साम्राज्यवादी सिर्फ उस समय होती लड़ाई को जीतने की ही फिक्र में नहीं थे, बल्कि युद्ध के बाद अपने साम्राज्य की भी चिन्ता करते थे। इसलिए वह किसी तरह का भारी हेर-फेर नहीं होने देना चाहते थे। इस प्रकार रजाशाह युद्ध की भेंट हुआ, किन्तु उसका राजवंश बचा दिया गया।

तेहरान की सड़कों पर सैकड़ों की तादाद में घूमते इन विदेशी सैनिकों को देखकर मालूम हो जाता था कि ईरान अपने वश में नहीं है। लेकिन जहाँ तक रोज-रोज के शासन का सम्बन्ध था, वह ईरानियों के ही हाथ में था। रजाशाह की हुकूमत एक तानाशाही या आभिजात्य तानाशाही हुकूमत थी। उसमें साधारण जनता या साधारण बुद्धिजीवियों को अपनी आवाज बुलन्द करने का कोई अधिकार अथवा अवसर प्राप्त नहीं था। सारे देश में खुफिया पुलिस का जाल बिछा हुआ था। ईरानी स्त्री-पुरुष देश के भीतर भी एक जगह से दूसरी जगह जाते गिरफ्तार होते रहते, यदि उनके पास अपने चित्र सहित जावाज (पासपोर्ट) न रहता। एक तरफ रजाशाह ने इस तरह सारे देश को जकड़बन्द कर रखा था जिससे उसके शत्रुओं का सर्वथा उच्छेद भी नहीं हो गया था लेकिन दूसरी ओर वह कभी-कभी अपनी निर्भीकता को भी दिखलाना चाहता था। 1937 में एक बार मैं सरकारी सचिवालय के पास से जानेवाली सड़क पर जा रहा था, उसी समय एक कपड़े के हुडवाली साधारण मोटर पर ड्राइवर के पास बैठे एक आदमी को जाते देखा। तस्वीर देखने से चेहरा परिचित था, इसलिए मुझे सन्देह हुआ लेकिन सन्देह की गुंजाइश नहीं रही, जबकि आसपास और कितने ही लोगों को उधर गौर से देखते तथा 'आला हजरत' का नाम लेकर इशारा करते देखा। अब भी जावाज आदि के सम्बन्ध में रजाशाही कानून का ही पालन हो रहा था, किन्तु युद्ध ने बहुत-सी बँधी हुई मुश्कों को खोल दिया था। 20-20 बरस तक जेल में सड़ के अनेक देश भक्त बाहर निकल आए। सोवियत की सेनाएँ पास में मौजूद थीं, जिनसे मजूरों और बुद्धिजीवियों का साहस बढ़ गया था। उनका संगठन तूदा (जनता) बहुत मजबूत होता जा रहा था। बुद्धिजीवियों पर उसका प्रभाव था आज तूदा अवैध

संस्था है। साम्यवादी असर को बढ़ते देखकर भी एंग्लो-अमेरिकन साम्राज्यवादी युद्ध के वक्त उसे दबाने के लिए सर्वथा सुरक्षित बनाना चाहा, लेकिन सोवियत के कारण उन्हें साहस नहीं हो रहा था। ईरानी आजुर्बायजान-काकेसश पर्वतमाला तथा कास्पियन समुद्र के बीच में अवस्थित विशाल आजुर्वायजान का एक ही अंश है। इसका उत्तरी भाग अर्थात सोवियत आजुर्बायजान एक स्वतंत्र प्रजातंत्र के तौर पर सामूहिक खेती और उद्योग-धन्धों से सम्पन्न सुशिक्षित राष्ट्र हो गया है, जबकि ईरानी आजुर्बायजान सब तरह पिछड़ा हुआ प्रदेश था। युद्ध के समय सोवियत के नागरिकों के साथ साक्षात् सम्पर्क हुआ। उन्होंने देखा कि सोवियत सेना में किस तरह आजुर्बायजानी, तुर्कमान, उजबेक, काजाख, रूसी या उकरैनी सभी एक समान पूर्ण बन्धुता के साथ रहते हैं। इसका असर इन पर पड़ना जरूरी था। ईरानी आजुर्बायजान ने स्वतंत्रता की माँग नहीं की, बल्कि अपना स्वायत्त शासन स्थापित कर लिया; जिसे अमेरिका की मदद से ईरानी सरकार ने बड़ी बुरी तरह से दबा दिया। जब देख लिया कि सोवियत राष्ट्र युद्ध को आगे वढ़ाने का कारण नहीं बन सकता तो अमेरिका की शह में पड़कर ईरानी सरकार ने सभी तरह से वामपक्षी संगठनों को नष्ट करने का निश्चय कर लिया। आज जिन संगठनों को लुक-छिपकर ही काम करने का मौका मिलता है, उस समय उनमें जान थी।

मित्र-शक्तियों के सैनिकों के सम्बन्ध में ईरानियों की क्या राय थी, इसके बारे में मैं एक ईरानी भद्र महिला की बात सुनाता हूँ। उनके पिता भारत में कई साल से रह रहे थे, और शायद अब भी यहीं हैं। अपनी शिक्षा-दीक्षा से उक्त महिला को अर्ध-भारतीय कहा जा सकता है। वह कह रही थी जिस फुटपाथ पर मैं चल रही हूँ, अगर उसी पर सामने से अमेरिकन या ब्रिटिश सैनिक आता देखूँगी, तो मैं पहिले ही उसे छोड़कर दूसरी ओर के फुटपाथ से चलने लगूँगी; लेकिन अगर सामने से कोई रूसी सैनिक आता हो, तो मैं जरा भी नहीं हटूँगी। मैंने कहा—तब तो आप उसको धक्का देती चली जाएँगी। महिला ने हँसते हुए कहा—हाँ बिलकुल ठीक है, धक्का लग जाने पर भी कोई डर की बात नहीं है। रूसी सैनिकों के बारे में वहाँ तरह-तरह की दन्त-कथाएँ प्रचलित थीं। एक दिन भारत से लौटे एक दूसरे ईरानी विद्वान की वृद्धा पत्नी कह रही थीं—हम लोग माजन्दरान के रहनेवाले हैं, जो रूसी सीमा के पास है। वहाँ रूसी सैनिक छावनियाँ डाले पड़े हुए हैं। एक बात उनके बारे में अभी सुनी, किसी रूसी सैनिक ने किसी के बाग से बिना पूछे बिना दाम दिये एक सेब तोड़ लिया था, जिस पर उसे सरे बाजार कोड़ा लगाने की सजा हुई थी। क्या यह अति नहीं है? मुझे इस घटना की सत्यता-असत्यता का क्या पता था कि जवाब देता। लेकिन रूसी सैनिकों को लोग भ्रष्ट होने की सीमा से परे समझते थे। अमेरिकन सैनिक दोनों हाथ से पैसे लुटाते थे। ईरानी, और उनसे भी ज्यादा रूसी क्रान्ति के वक्त भागे श्वेत रूसी तो समझते थे कि

उनके पास सोने की खान है। पहिले महीने दो महीने तक जिस घर में मैं रहता था, उसके पास के कमरे में एक श्वेत रूसी वृद्धा अपनी तरुणी पुत्री के साथ रहती थी। उनके यहाँ जब-तब कोई अमेरिकन सैनिक आता रहता था। वह तो मना रही थी कि मेरी लड़की किसी अमेरिकन के साथ ब्याह कर लेने का सौभाग्य प्राप्त करे, तो भाग्य खुल जाए।

तेहरान में भारतीय सैनिक भी कई हजार थे। प्रथम विश्व युद्ध के समय भी ईरान में कहीं-कहीं भारतीय सैनिक रहे थे, किन्तु तब भारतीय केवल सिपाही भर थे। अब तो कितने ही कप्तान, मेजर और कर्नल थे। लेकिन अभी हिन्दुस्तान अंग्रेजों का गुलाम था, इसलिए भारतीय सैनिकों के प्रति किसी का कोई भाव-दुर्भाव नहीं था। उनका वेतन भी कम था, इसलिए पैसा खर्च करने में उतनी मुक्तहस्तता नहीं दिखला सकते थे, जितने कि अंग्रेज और अमेरिकन सैनिक।

युद्ध ने सभी जगह चीजों का मोल वढ़ा दिया था। भारत में भी रुपये का दो सरे आटा हो गया था, 10 रुपये के जूते 20 रुपये में बिक रहे थे, लेकिन तेहरान में तो वह जूता सौ पर भी नहीं मिलता। वहाँ सभी चीजें बहुत महँगी थीं। 1935 में दो आना, छह पैसा सेर बढ़िया अंगूर बिकता था, और अब वह उसी भाव बिक रहा था, जिस भाव में बम्बई या लाहौर में। खाने की चीजें भी बहुत महँगी थीं। विदेशी सेनाएँ अपने देश से पैसा मँगाकर यहाँ खर्च कर रही थीं, इसलिए पैसों की कमी नहीं थी। रोजगार की भी कमी नहीं थी। सैनिकों के उपयोग की भी बहुत-सी चीजें बाजार में चली आती थीं। वहाँ ब्रिटिश, अमेरिकन, फ्रेंच, भारतीय सभी देशों के बने सिगरेट मिलते थे। सिनेमा खोलने में तो इन देशों ने एक दूसरे से होड़-सी लगा रखी थी। कितने ही सिनेमाघरों को अमेरिकनों ने किराये पर ले लिया था, जहाँ उनके फिल्म चलते थे। अंग्रेजों के भी दो या तीन सिनेमा चल रहे थे। रूसी भी अपना सिनेमा हॉल खोले हुए थे। भारत ने अपनी ओर से कोई सिनेमा नहीं खोला था, क्योंकि भारत की उस वक्त पूछ ही क्या थी, लेकिन हमारे यहाँ के फिल्म तेहरान में कई सिनेमा हालों में दिखाए जाते थे, और वह होते थे, ज्यादातर 'पिस्तौलवाली' 'हंटरवाली' टाइप के। यद्यपि इस तरह के फिल्मों को देखने के लिए और जगहों से अधिक भीड़ रहती थी, किन्तु भारत के लिए वह गौरव की बात नहीं थी।

अकारण बन्धु

8 नवम्बर, 1944 की शाम को करीब-करीब खाली हाथ में ईरान की राजधानी तेहरान में बड़ा आशावान पहुँचा था। सोचा था जल्दी ही सोवियत वीसा मिल जाएगा और मैं लेनिनग्राद पहुँच जाऊँगा। उस वक्त कहाँ मालूम था कि 3 जून,

1945 को प्राय: सात महीने बाद मैं तेहरान से आगे बढ़ सकूँगा। तेहरान में जो प्रथम भारतीय मित्र मिले थे, उनका असल नाम तो था अभयचरण, किन्तु वह बने थे अब्दुल्लाह या सुकरुल्लाह अब्बासी। उस गाढ़े समय में हाथ में बचे कुछ तुमानों में से भी कितने ही को बात बनाकर ऐंठ लेने से उनके बारे में कोई निर्णय कर बैठना भारी गलती होगी। उनमें परस्पर विरोधी प्रवृत्तियों का अद्‌भुत सम्मिश्रण था। कभी वह सोलह-कलापूर्ण देवता बन जाते थे और कभी उनका रूप कुटिल शैतान जैसा मालूम होता था। उनके बारे में आगे कहूँगा। पहिली यात्रा के परिचित वृद्ध आगा अमीरअली दीमियाद का घर मारे उस घर से नजदीक ही थे, जिसमें कि अब्बासी ने मुझे ले जाकर टिकाया था और जिसके बारे में आगे मालूम हुआ कि महीनों का बाकी किराया अब मुझे चुकाना पड़ेगा। 9 तारीख को ही दौड़-धूप करने से पता लग गया कि वीसा इतनी जल्दी मिलनेवाला नहीं है। उसी दिन दीमियाद साहब से मिल आया था। 10 नवम्बर को 48 घंटा तेहरान में रहने के बाद अब अपनी आर्थिक कठिनाइयाँ सामने नंगी खड़ी मालूम हो रही थीं। घबराने से कोई लाभ नहीं था, किन्तु कहीं से भी आशा की किरण दिखलाई नहीं पड़ती थी। मैं 10 नवम्बर को सबेरे दीमियाद साहब के घर गया था। वहाँ एक हँसमुख प्रौढ़ गोरे चेहरेवाले पुरुष से मुलाकात हुई। उनकी काली आँखों में एक तरह की विशेष चमक दिखलाई पड़ती थी, जिससे स्नेह और बुद्धि दोनों का आभास मिलता था, दीमियाद साहब, उनकी लड़की ताहिरा और उक्त सज्जन (मिर्जा महमूद अस्पहानी) से दो घंटे तक बातचीत करते मैं अपनी सारी चिन्ताएँ भूल गया था। उन्हीं के साथ मैं सैयद मुहम्मद अली 'दाइउल-इस्लाम' के घर गया। दाइउल-इस्लाम कई सालों से हैदराबाद में रहते थे, जहाँ रहकर उन्होंने 'फरहंगे-निजाम' नामक एक फारसी कोश लिखा था। उनकी तीन लड़कियाँ यद्यपि ईरान के पक्षपात के कारण अपने पितृदेश में आ गई थीं, किन्तु उनमें हिन्दुस्तानियत की बू इतनी अधिक थी कि वह ईरानी बन जाने के लिए तैयार नहीं थीं। दो बड़ी लड़कियों में एक एम.ए. और दूसरी एम.एस-सी. थी। छोटी जूनियर कैम्ब्रिज पास थी। पिता का मकान हैदराबाद में भी था, किन्तु वह चाहते थे, अपनी लड़कियों का ब्याह ईरानियों से करना। मिर्जा महमूद ईरानी हिन्दुस्तानी थे, इसलिए वह दामाद बनने के योग्य थे। उनकी हिन्दुस्तानी बीवी मर गई थी, इसलिए वह शादी करना चाहते थे, किन्तु उस लड़की से नहीं, जिसे कि दोस्त लोग पूरी गौ कहते थे। वह सदा नमाज-रोजे रखनेवाली भोली-भाली तथा रूप में भी कुछ कम लड़की महमूद को क्यों पसन्द आने लगी? बाकी दोनों में से किसी के साथ विवाह करने को वह तैयार थे, किन्तु पिता अपनी जेठी कन्या को कुमारी रखकर दूसरी का विवाह करने के लिए तैयार नहीं थे। अन्त में उन्हें मझली लड़की का विवाह पहिले करने पड़ा, और महमूद को भी इच्छा या अनिच्छा से अपनी सौतली माँ की छोटी बहन के

साथ निकाह कराना पड़ा।

उस दिन हम दोनों आठ-दस घंटे साथ-साथ रहे। आठ-दस घंटा आदमी के पहिचानने के लिए काफी नहीं हैं, लेकिन जान पड़ता है खुलकर बातें करते-सुनते एक-दूसरे के ऊपर विश्वास करने की भूमिका तैयार हो गई थी। महमूद के पिता बड़े व्यापारी थे। कलकत्ते के अस्पहानी ब्रादर्स के पिता और वह दोनों सगे भाई थे। दोनों का कारबार भी बहुत दिनों तक साझे में था। उनका कारबार विलायत तक था। रुपया कमाने और उड़ाने, दोनों में वह बड़े बहादुर थे। मदिरा, मदिरेक्षण के अनन्य साधक थे, जिसके लिए अत्यन्त उपयुक्त स्थान समझकर बुढ़ापे में उन्होंने तेहरान का निवास स्वीकार लिया था। उड़ाते-उड़ाते भी उन्होंने चार-पाँच लाख की जायदाद तेहरान नगर में अपने मरने के समय (1943 ई.) छोड़ी थी। लड़ाई के समय चीनी का भाव बहुत बढ़ गया, खासकर ईरान में तो वह सोने के मोल बिक रही थी। बूढ़े सौदागार को इसका आभास पहले ही मिल गया था, और उन्होंने दसियों हजार बोरा चीनी हिन्दुस्तान से मँगा ली, जिसमें तेरह-चौदह लाख रुपये का नफा हो गया। चीनी के बोरे हिन्दुस्तान की सीमा (नोककुंडी) में आकर अटके हुए थे, जहाँ से निकाल लाने के लिए पिता ने कलकत्ते से महमूद को बुलाया। महमूद ने चीनी पार कराई। कह रहे थे; यदि वह चीनी आज रही होती, तो नफा एक करोड़ का होता। महमूद के तेहरान पहुँचने के पाँच मास बाद पिता मर गए। अब उनकी जायदाद को बेचने और उसमें से अपना हिस्सा लेने की समस्या महमूद के सामने थी। उनके सौतेले भाइयों और बहनों की संख्या काफी थी, जिनमें से कुछ भारत में और कुछ ईरान में थे।

17 नवम्बर तक हम दोनों का परिचय घनिष्ट मित्रता में परिणत हो गया था। महमूद खुले दिल के आदमी थे, जिसका यह अर्थ नहीं कि समझ में कसर रखते थे। मेरे भीतर भी उन्होंने कुछ समानता देखी और यह जानने में भी दिक्कत नहीं हुई कि मैं किस कठिनाई में पड़ा हूँ। मेरे पास दो-तीन तोले सोने, तथा एकाध और चीजें थीं, जिनके बेचने की मैं सोच रहा था। इसी समय महमूद ने कहा—चलो फकीरों की झोंपड़ी में, संकोच मत करो। उनके फक्कड़ स्वभाव से भी मैं परिचित हो चुका था। तेहरान विश्वविद्यालय के समीप ही तिमहले पर दो कोठरियाँ उन्होंने ले रखी थीं। बहुत मामूली सामान था। एक नौकरानी (रुकैया) थी जो खाना बना दिया करती थी। महमूद नौ बजे दफ्तर चले जाते थे, उन्होंने एक ईरानी सौदागर के साथ कुछ कारबार शुरू किया था। मैं या तो वीसे के लिए कोशिश करने ब्रिटिश तथा सोवियत दूतावास का चक्कर लगाता, या कहीं से कुछ पुस्तकें पैदा करके पढ़ता। महमूद के आने पर कभी हम दीमियाद साहब के यहाँ जाते और कभी दाइउल-इस्लाम के यहाँ। उनकी सौतेली माँ और पिता के घर भी जाते थे। उस समय युद्ध के कारण तेहरान में भारतीय सेना भी काफी संख्या में मौजूद थी,

इसलिए कभी-कभी भारतीयों से भी मिलने चले जाते। तेहरान में अमेरिकन, अंग्रेजी, फ्रेंच और रूसी ही नहीं, कुछ हिन्दी फिल्म भी दिखाए जाते थे। हिन्दी फिल्मों में 'पिस्तौलवाली' जैसे बहुत नीचे दर्जे की फिल्म ही अधिक थे।

एक-दो सप्ताह तो मुझे यह बहुत बुरा मालूम होता था कि मैं क्यों अपने दोस्त पर अपना भार डाल रहा हूँ, किन्तु पीछे उनके स्वभाव से अधिक परिचित होने के बाद वह संकोच जाता रहा। दाइउल-इस्लाम की ज्येष्ठ कन्या जाहिरा ने एक दिन उस्मानिया विश्वविद्यालय के एम.ए. के अपने निबन्ध को सुनाया। मुल्लटों या पुराने पंडितों जैसी खोज थी—अशोक एकेश्वरवादी था। वह ईरान के अखामनी (दारा) खानदान में पैदा हुआ था। उसने परसेपोलिस के कारीगरों को बुलाकर भारतवर्ष में इमारतें बनवाई थीं। अशोक का दादा चन्द्रगुप्त ईरान के नगर मूरू से भागकर आया था, जो कि परसेपोलिस (तख्तेजम्शीद) का ही दूसरा नाम था। अशोक बौद्ध नहीं था। अजन्ता की गुफाएँ बौद्ध विहार नहीं थे, बल्कि पुलकेशी और दूसरे दक्खिनी राजाओं की चित्रशालाएँ हैं, जिनमें उनकी वास्तविक जीवनी और इतिहास लिखा हुआ है। उनका बुद्ध और बौद्ध भिक्षुओं से कोई सम्बन्ध नहीं, बुद्ध ने तो चित्र और मूर्तियाँ बनानी मना कर दी थीं, फिर बौद्ध भिक्षु इन्हें कैसे बना सकते थे? यह श्रृंगारी मूर्तियाँ और चित्र वौद्ध भिक्षुओं के बनाए कभी नहीं हो सकते। मैंने बड़े धैर्य से जाहिरा खानम् के निबन्ध को सुना। मुझे आश्चर्य होता था, उस्मानिया विश्वविद्यालय के उस प्रोफेसर के ऊपर, जिसकी देखरेख में यह निबन्ध लिखा गया।

दाइउल-इस्लाम साहेब अरबी-फारसी ही नहीं, संस्कृत भी काफी जानते थे। वह तेहरान विश्वविद्यालय में संस्कृत पढ़ा सकते थे, किन्तु "धोबी बस के का करे, दिगम्बर के गाँव" वाली कहावत थी। उनके पास भी काफी समय था, मेरे पास भी कोई काम नहीं था और महमूद को भी थोड़ा ही काम था। इसलिए हर दूसरे-तीसरे हम लोग दाइउल-इस्लाम के यहाँ पहुँच जाते थे। अब भी लोग महमूद से निराश नहीं थे। महमूद की बीवी मर चुकी थीं, किन्तु उनके बच्चे कलकत्ते में थे, जिनसे पिता का काफी प्रेम था। वह विवाह करने के लिए पहिले एक परी की आँखों के शिकार हुए। उसने भी कई महीने उन्हें अपने प्रेम-पाश से बाँध रखा, किन्तु उसके माँ-बाप राजी नहीं हुए। लाचार हो उसे उनकी आज्ञा के सामने झुकना पड़ा। अब महमूद के सामने पाँच लड़कियाँ थीं। ताहिरा को वह ज्यादा पसन्द करते, किन्तु मेरे आने पर वह समझने लगे कि वह स्वतंत्र प्रकृति की नारी है, उससे नहीं निभेगी। जाहिरा को वह कहते थे—यह काठ का कुन्दा है, जिसे नमाज पढ़ने से ही फुर्सत नहीं। हमारी उसके साथ संवेदना थी, क्योंकि वह पैंतीस साल की हो चुकी थी। उसका एक ईरानी चचेरा भाई, जो बढ़ई का काम करता था, विवाह करने के लिए तैयार था, किन्तु जाहिरा ने उसे इनकार कर दिया। मझली सिद्दीका (एम.एस.सी.)

शुद्ध ईरानी श्वेत रक्त को चाहती थी, और पिता तो "बड़ी लड़की की शादी हुए बिना उसकी शादी कैसे करें" का बहाना कर देते थे। सौतेली माँ की छोटी बहन पढ़ी-लिखी नहीं थी, किन्तु अठारह वर्षीया सुन्दरी गोरी थी। महमूद का खयाल उस पर नहीं जाता था, क्योंकि सौतेली माँ के परिवार पर उनका विश्वास नहीं था, बयालीस तथा अठारह बरस के अंतर का भी खयाल आता था। मैं बाज वक्त कह देता था कि आदर्श पत्नी तो जाहिरा ही हो सकती है। किन्तु जब तक दूसरी नवतरुणियाँ हैं, तब तक इस शुष्क चिरतरुणी को कौन पूछेगा? दाइउल-इस्लाम के पड़ोस में एक और सुशिक्षित संस्कृत महिला थी, जिसे मधुश्राविणी काव्यमयी सुन्दरी कहा जा सकता था, किन्तु उनका सम्बन्ध हुआ था ऐसे आदमी के साथ जिसे देखकर महमूद आश्चर्य करते थे। मैंने कहा—अल्ला मियाँ अपने गदहों के सामने अंगूर फेंकता है, इसमें हमारा-तुम्हारा क्या?

मेरे आने के महीने भर बाद महमूद की सौतेली माँ से सुलह हो गई। यद्यपि वह चाहते थे कि भाइयों की सहायता करें, किन्तु वह जायदाद के सम्बन्ध में चाल चल रहे थे। फिर उनको क्या पड़ी थी, खामख्वाह परदेश में आकर झगड़ा मोल लेते? सुलह का मतलब था—अब शादी इज्जत से होगी। वह मानते थे कि वह सुन्दर तरुणी है, शिक्षित न होने पर भी गुण उसमें हो सकते हैं, किन्तु वह शीराज के उस खानदान पर विश्वास करने के लिए तैयार नहीं थे। लेकिन उनके पिता आगा हाशिम अस्पहानी भी तो उसी खानदान में शादी कर चुके थे।

दिसम्बर के अन्त तक मैं आर्थिक तौर से अब निश्चिन्त हो चुका था। मेरे मित्र सरदार पृथ्वीसिंह ने बम्बई से हजार रुपये भेज दिये थे, उधर प्रकाशक से भी 500 रुपये आ गए थे। जरूरत पड़ने पर और भी रुपये आ सकते थे। जब सुलह हो चुकी छोटी बहन के साथ ब्याह की भी बात तय-सी हो चुकी और सौतेली माँ जोर देने लगीं कि यहीं चले आओ, क्यों अलग रहकर अपना खर्च बढ़ाते हो। 19 दिसम्बर को चारों ओर बरफ फैली हुई थी। आठ-नौ बजे तक हिमवर्षा जारी थी। उसी दिन ग्यारह बजे सामान घोड़ागाड़ी पर लदवाकर हम नाजिमुत्तुज्जार आगा हाशिम अली अस्पहानी के घर पर चले आए। अब से पाँच महीने के लिए इस्मत खानम् का यह मकान मेरा ही निवासस्थान बन गया। महमूद अकेले रहते थे, तब तो उनके स्वभाव से परिचित हो जाने के कारण संकोच का कारण नहीं था, किन्तु यहाँ मेरे सामने फिर समस्या आई—अनिश्चित काल के लिए कैसे मेहमान बनूँ। मेरे पास अब पैसा भी था, किन्तु भारतीय शिष्टाचार की तरह पैसा देनेवाला मेहमान रखना वहाँ भी शान के खिलाफ समझा जाता है। भवितव्यता के समाने सिर झुकाना पड़ा। मैं इस्मत खानम् की मेहमानी का प्रतिशोध रुपये-पैसे में नहीं कर सकता था। वस्तुतः वह घर थोड़े ही दिनों बाद मेरा घर हो गया। घर के सभी लोगों के बारे में तो नहीं कहा जा सकता, किन्तु गृहस्वामिनी का बर्ताव

बहुत ही गम्भीर और मधुर था। इन पाँच महीनों में एक ईरानी मध्यवर्गीय परिवार में चौबीसों घंटे रहकर मैंने उन्हें बहुत नजदीक से देखा। इस्मत खानम् सितार बहुत सुन्दर बजाती थीं, जिससे प्राय: रोज ही रात के भोजन के बाद हमारा मनोरंजन हुआ करता था। महमूद जब इज्जत के साथ विवाह करने को तैयार हो गए, तो फिर उनकी बड़ी बहन ने सौदा करना शुरू किया। यह कोई बुरी बात नहीं कही जा सकती। जिस देश में पुरुष किसी भी वक्त स्त्री को तलाक दे सकता है, वहाँ यदि आर्थिक सुरक्षा की चिन्ता की जाए, तो क्या आश्चर्य है? दिसम्बर के अन्त में मोहर्रम का पवित्र महीना आ गया। ईरान शीया देश है। वहाँ इमाम हुसैन की शहादत (वीरगति) का बहुत मातम मनाया जाता है। 25 दिसम्बर को उस साल इमाम हुसैन का 'रोजेकत्ल' और ईसा का भी जन्मदिन था। नवीन ईरान में अब मोहर्रम के लिए स्त्रियों का 'गिरिया' (रोदन) और पुरुषों की "सीनाजनी' (छाती पीटना) अब बन्द कर दिया गया है। खानम् के घर में एक दिन एक मुल्ला 15 मिनट के लिए आया। उसने कुछ मर्सिया गाए और खानम् ने कपड़े में मुँह छिपाकर रोदन किया।

अब मेरी दिनचर्या थी। सबेरे सात-साढ़े सात बजे उठकर हाथ-मुँह धोना, हजामत से निबट, फिर परिवार के साथ पनीर, मक्खन, रोटी और तीन गिलास बिना दूध की मीठी चाय पीना। आठ-नौ बजे के करीब मैं उस कमरे में पहुँच जाता था, जहाँ 'कुर्सी' के नीचे परिवार के लोग बैठे रहते थे। सर्दी के कारण मकान को गरम करने की आवश्यकता होती है, किन्तु मध्य एशिया, अफगानिस्तान और ईरान में लकड़ी दुर्लभ है, इसलिए लोगों ने 'कुर्सी' का तरीका निकाला। गज-भर लम्बी, गज-भर चौड़ी, हाथ-भर ऊँची चौकी 'कुर्सी' है, जिसके ऊपर चौकी से दो-दो हाथ बाहर निकली मोटी रजाई रख दी जाती है। चौकी के नीचे अँगीठी में कोयले की आग रहती है, जिससे कुर्सी गरम हो जाती है। लोग उसी चौकी के चारों ओर मसनद के सहारे बैठकर छाती तक शरीर को रजाई के नीचे डुबा देते हैं। बहुत कम खर्च में गरम रखने का यह सुन्दर तरीका है। कुर्सी के नीचे बैठे-बैठे पढ़ना या गप्पें मारना, यही काम था। मेरे लिए तो इन गप्पों से भी बहुत लाभ था, क्योंकि वहाँ केवल फारसी में ही बात हो सकती थी। एक बजे रसोईदारिन भोजन तैयार करके लाती थी, जिसमें तन्दूर की मोटी रोटियाँ, चावल या पुलाव, गोश्त या भाजी, कुछ हरी पत्तियाँ, सिरका या सिरकावाली प्याज मुख्य तौर से रहते थे। यदि बाहर जाना नहीं होता तो मध्याह्न भोजन के बाद, फिर वहीं पढ़ना, लेटना या बातें करना; तीन-चार बजे फिर दो-तीन गिलास मीठी चाय पीने को मिलती। शाम सात-आठ बजे रात्रि-भोजन होता था, जिसमें चावल, मांस, सब्जी, सिरका, रोटी, कलवासा (सौसेज) मुख्य होता। भोजन के बाद पोर्तगाल (मुसमबी) या कोई दूसरा फल भी रहता। फिर ग्यारह-बारह बजे रात तक संगीत या गप छिड़ी रहती।

महमूद के साथ मेरा और मेरे साथ महमूद का दिल बहलाव ही नहीं होता था, बल्कि हम एक-दूसरे की चिन्ता में सहायक होते थे। ब्याह का सौदा कभी-कभी कड़ा रुख ले लेता, उस वक्त महमूद बहुत घबड़ा उठते।

जनवरी के अन्त में भी सर्दी काफी थी। ईरानी बच्चे सूर्य देवी से प्रार्थना करते थे—

ख़ुर्शीद खानम् आफताब कुन्। यक्सेर बिरंज तूये—आब कुन्।
(सूर्य देवी धूप कर। एक सेर चावल पानी में डाल!)
मा बच्चहाये—गुर्ग एम्। अज—सरमाय मी-मुरेम।
(हम बच्चे भेड़िया के हैं। सर्दी से मर रहे हैं।)

लेकिन खुर्शीद खानम् में अभी इतनी शक्ति नहीं थी कि बच्चों को आफताब (धूप) दे सके। 25 मार्च को भी चिनार, सफेदे, अंगूर आदि में कहीं पत्तों का चिह्न नहीं था। 6 अप्रैल को सफेदे के वृक्षों में अभी पत्तें कलियों की शक्ल में फूट रहे थे। हाँ, कुछ दूसरे वृक्षों में हरे पत्ते निकल आए थे।

एक दिन इस्मत खानम् महमूद के नमाज न पढ़ने की शिकायत कर रही थी—"गुनाह अस्त, बराय हर मुसल्मान नमाज लाजिम अस्त" (पाप है, हर एक मुसल्मान के लिए नमाज पढ़ना कर्तव्य है)। मेरे मुँह से निकल गया—"हर कसे कि शराब न मीखुरद, बराय उन नमाज माफ अस्त।" (जो कोई शराब नहीं पीता, उसके लिए नमाज माफ है)। मुझे नहीं मालूम था कि खानम् के किसी मर्म स्थान पर चोट पहुँचाई। उन्होंने बड़े उत्तेजित स्वर में कहा—"तू पैगम्बर हस्ती?" (तुम पैगम्बर हो?) उस वक्त 34-35 वर्षीया सुन्दरी का तमतमाता चेहरा देखने लायक था। अभी सबेरे की चाय का वक्त था, ओठों पर अधर राग नहीं चढ़ा था, न गालों पर पौडर और रूज ने अपना रंग जमाया था। गरम लोहे से घुँघराले किये बालों में कंघी नहीं फिरी थी और न मोती की दुलड़ी तथा हीरे की गुच्छेदार सेफ्टीपिन सीने पर रखी गई थी। चेहरा फीका होना ही था, क्योंकि उसे चमकाने के लिए अपेक्षित बनाव-शृंगार चाय पीने के बाद की चीज थी। खानम् की जलाप्लुत बड़ी-बड़ी आँखों में सुर्खी उतर आई थी। उनके उत्तेजित स्वर में कुछ क्रोध का भी भास हो रहा था। उनको कहना चाहिए था, "शुमा (आप)"। और मैं खुदा नहीं था, क्योंकि नमाज माफ करने का काम खुदा का ही है। फिर वह सँभलकर नरमी से कहने लगीं—"दुनिया में इस्लाम सबसे अच्छा और अन्तिम मजहब है।" फिर क्या-क्या खुदा और इस्लाम पर उपदेश देने लगी। महमूद और आगा दीमियाद जानते थे, कि मैं वज्र नास्तिक हूँ, किन्तु खानम् को यह बात नहीं मालूम थी। वह जानती थी कि मैं शराब नहीं पीता, बुद्ध मजहब का माननेवाला हूँ। बुद्ध मजहब क्या है, इसका भी उन्हें पता नहीं था। मुझे तो अपनी असावधानी पर अफसोस

हो रहा था। छैल-छबीली इस्मत खानम् शराब की बहुत शौकीन थीं, किन्तु नमाज प्राय: रोज एक-दो बार पढ़ लेती थीं। नमाज पढ़नेवाले के लिए शराब पीना माफ है, यदि यह कहता तो वह पसन्द करतीं। वैसे वह बड़े कोमल हृदय की महिला थीं। इमाम हुसैन के सम्बन्ध में मर्सिया सुनते वह रोया करती थीं। जब मैंने अन्त में किसी दूसरी ही जगह जाकर रहने का निश्चय कर लिया—पाँच महीने रहने के बाद भी अभी वीसा का कहीं ठौर-ठिकाना नहीं था—तो वह बड़ी चिन्तित हो गईं और जरा-सा ज्वर आ जाने पर अपनी नौकरानी को सेवा के लिए भेजा।

दो दोस्त

दो दोस्त से मतलब यह नहीं कि वह आपस में दोस्त थे। शायद मेरे मिलने से पहिले दोनों ने एक-दूसरे को देखा भी नहीं था। दोनों का जन्म बंगाल में हुआ था, एक का कलकत्ता में और दूसरे की तीन-चार पीढ़ियों की कब्रें हुगली में कहीं पर हैं। सोलह-सत्रह साल से फोटो कैमरा मेरा अभिन्न सहचर हो गया था, किन्तु 1944 के अक्टूबर में जब हिन्दुस्तान की सीमा पार करने लगा तो कैमरे को क्वेटा में ही छोड़ जाना पड़ा। इस प्रकार मैं तीसरी बार ईरान में अब के बिना कैमरे ही के दाखिल हुआ था। और अपने इन तीनों दोस्तों का चित्र नहीं ले सका।

(1) दीमियाद—दोनों में एक सत्तर के करीब पहुँच रहा था और दूसरा तीस साल से कुछ ही ऊपर। बूढ़े आगा अमीर अली दीमियाद सौजन्य और सरलता की साक्षात् मूर्ति थे, किन्तु साथ ही, कुछ आदर्शवादी टाइप के आदमी थे, जिसके कारण बुढ़ापे में हिन्दुस्तान को छोड़कर उन्हें ईरान जाना पड़ा। माना कि वह मूलत: ईरानी थे, यही नहीं, अपने ईरानीपन को जाग्रत रखने की उनके खानदान में कोशिश की गई थी। कह नहीं सकता, उनके घर में हिन्दुस्तान में भी फारसी बोली जाती थी या नहीं। स्वयं दीमियाद साहेब तो फारसी ऐसे बोलते थे, जैसे कि वह उनकी मातृभाषा हो। उनकी पत्नी बेगम दीमियाद उम्र में उनसे बीस-बाईस बरस कम मालूम होती थीं। हो सकता है, दोनों की आयु में इतना अन्तर न हो, और अपनी काठी के कारण खानम् दीमियाद कम उम्र की लगती हों। वह भी हिन्दुस्तान में पैदा हुई थीं। मैं अब उनके यहाँ जाता तो वह कोशिश करतीं कि कोई हिन्दुस्तानी खाना खिलाएँ। एक दिन हँसी-हँसी में कह रही थीं—मेरा तो अवध के एक ताल्लुकदार से विवाह होनेवाला था। तरुणाई में निश्चय ही वह सुन्दरी होंगी। दीमियाद-दम्पती की सन्तानें एक लड़का और एक लड़की थीं, जिनकी नसों में माता-पिता से अधिक ईरानी खून जोश मार रहा था। जब उन्होंने सुना और पढ़ा कि रजाशाह पहलवी नवीन ईरान का निर्माण कर रहा है, सासानियों और अखामियों का ईरान फिर से प्रकट हो रहा है तो उन्हें भारत

में रहना पसन्द नहीं आया। सन्तान के आग्रह के कारण दीमियाद साहेब अपनी सम्पत्ति को बेच-बाचकर तेहरान चले गए। वह व्यवहार कुशल थे, इस पर मेरा कम विश्वास है, किन्तु उन्होंने यह अच्छा किया, जो तेहरान में अपने लिए एक घर बनवा लिया। अपनी पहिली ईरान यात्रा (1935) में जब मैं उनसे मिला, तो अभी घर पूरा नहीं बन सका था उस समय घर के आसपास उजाड़ भूमि पड़ी हुई थी। लेकिन नौ बरस बाद अब तेहरान बहुत बढ़ चुका था और यहाँ एक अच्छा-खासा मोहल्ला आबाद हो गया था। अब इस दुनिया में आगा दीमियाद के होने की आशा नहीं है, और यदि उनका खुदा ठीक है, तो वह उसके बहिश्त में कहीं अच्छे घर में होंगे, जो उनके तेहरानवाले घर से बुरा तो नहीं होगा। मेरा उनके साथ बहुत घनिष्ट सम्बन्ध हो गया था। आश्चर्य तो यह कि हम दोनों के विचारों में जमीन-आसमान का अन्तर था। उन्हें कट्टर मुसल्मान तो नहीं कहना चाहिए, क्योंकि उनमें असहिष्णुता छू नहीं गई थी, लेकिन पक्के खुदा के बन्दे थे। बुढ़ापे में उनके लिए चलना-फिरना आसान काम नहीं था तो भी शायद ही कभी नमाज नागा होती हो। उधर मैं खुदा को सीधे फटकारता था। वह जानते थे कि यदि खुदा मुझे मिल जाता तो मैं उसके मुँह पर भी चार सुनाए बिना नहीं रहता। तब भी वह मुझे अपना सगा-सा समझते थे। जब सात महीने की प्रतीक्षा के बाद मैं रूस जाने लगा था तो उन्होंने एक लिफाफा मेरे हाथ में चुपके से रख दिया, उसमें अंग्रेजी में लिखी एक कविता थी, जिसे दीमियाद साहेब ने स्वयं रचा था, उसमें मेरे बारे में कसीदाख्वानी की गई थी।

दीमियाद साहेब सुगठित और सुसंस्कृत पुरुष थे। उनके पिता एक अच्छे डॉक्टर थे, अच्छी सकारी नौकरी में थे। पुत्र को विलायत भेजा था कि वहाँ से बैरिस्टर होकर आएँगे, लेकिन पिता की मृत्यु के बाद लड़के को पढ़ाई बीच में ही छोड़कर चला आना पड़ा। अधिकतर उनका सम्बन्ध कलकत्ता से था, किन्तु अन्त में वह लखनऊ में चले आए थे। फारसी तो उनके घर की भाषा थी। लखनऊ शिया कालेज में रहने का खयाल आया कि उर्दू में एम.ए. कर लें। लखनऊ या आगरा यूनिवर्सिटी से एम.ए. करना मुश्किल था। दीमियाद साहेब कह रहे थे—मैंने सोचा कि कलकत्ता अच्छा रहेगा। पढ़ा तो था तेरह-बाईस ही, लेकिन परीक्षार्थी कम थे, अध्यापक को उनका उत्साह बढ़ाना था, अन्यथा परीक्षार्थियों के अभाव में कहीं उनके अपने सिर पर आफत न आवे। खैर, दीमियाद साहेब पास हो गए और कॉलेज छोड़ने के शायद बीस बरस बाद। एक दिन कह रहे थे—कमबख्त ट्रेन ने धोखा दे दिया, नहीं तो बैरिस्टर न सही, पीएच.डी. तो बन ही जाता। जर्मनी या हॉलैंड के किसी शहर का नाम बतला रहे थे, जहाँ पीएच.डी. की डिग्री डाकखाने के टिकट की तरह सुलभ थी।

नौ साल पहले मिलने पर दीमियाद साहेब में अभी पूरी क्रिया-शक्ति थी।

उस वक्त मैं उनके घर से दो मील पर ठहरा हुआ था, और वह वहाँ मेरे पास संस्कृत पढ़ने आते थे। बांग्ला बहुत अच्छी बोलते थे, संस्कृत भी कभी स्कूल में थोड़ी-सी सीखी थी। तेहरान विश्वविद्यालय को खयाल हुआ था कि संस्कृत को भी पाठ्य विषय बनाया जाए, उसी सिलसिले में दीमियाद साहेब को शौक हुआ कि संस्कृत थोड़ी-सी सीख लें। लेकिन अब वह अशक्त हो गए थे। आँखों पर भी बुढ़ापे का असर था, स्मृति भी जवाब देती जा रही थी, इंद्रियाँ शिथिल थीं; यहाँ तक कि लघुशंका का रोकना भी अपने हाथ में नहीं था। तेहरान युद्ध के दिनों में दुनिया के बहुत महँगे स्थानों में था। वहाँ वह किस तरह गुजर कर रहे थे, यह समझना भी मुश्किल था। बेटे का विवाह हो गया था। अंग्रेजी पढ़ने के कारण उसे एंग्लो-ईरानियन पेट्रोल कम्पनी में नौकरी मिल गई थी, जिससे वह मुश्किल से अपना गुजारा कर पाता था और पिता से दूर कहीं रहता था। लड़की ताहिरा ने लखनऊ विश्वविद्यालय से बी.ए. कर लिया था, किन्तु तेहरान में जाकर उसे फिर से पढ़ना पड़ा, क्योंकि यहाँ सब कुछ फारसी में पढ़ा जाता था। पिता ने यदि नास्तिक राहुल के लिए कविता की थी, तो पुत्री ने अपने बचपन की सुपरिचता 'रुदगोमती' (गोमती नदी) पर फारसी में एक कविता की थी, जिसे मैंने वहाँ के एक ईरानी पत्र में पढ़ा था। पिता को खींचकर ईरान पहुँचाने में बेटा-बेटी का बहुत हाथ था। खैर, बेटा तो अब वहीं विवाह करके ईरान का बन गया था, किन्तु ताहिरा ईरान में दस बरस के करीब रहकर इसी निश्चय पर पहुँची थी—मैं ईरान में शादी नहीं करूँगी। मेरे रहते समय ही हैदराबाद के एक कैप्टेन से उसकी शादी हो गई। रह-रहकर मेरा ध्यान आगा दीमियाद की ओर जाता था। उसका जीवन बचपन से प्रौढ़ावस्था तक कितना सुखमय रहा, यद्यपि उसका यह अर्थ नहीं कि वह विलासमय भी था। आज जीवन की संध्या में वह अपने को निस्सहाय पा रहे थे। पत्नी को उपेक्षा करने का दोष नहीं दिया जा सकता, किन्तु जब अमीरी जीवन में पली एक महिला को पीर-बावर्ची भिश्ती-खर सबका काम करना पड़े तो कुछ नीरसता तो आ ही जाती है। दीमियाद साहेब के कपड़े कुछ अच्छे नहीं थे, वह जीवन भर बड़े आत्मसम्मानवाले व्यक्ति थे, इस वक्त अब वह ऐसे ही मित्रों से मिलना चाहते थे, जो कपड़ों को नहीं, बल्कि हृदय को देखें।

(2) अब्बासी—वह हमारे दूसरे दोस्त थे, जिनका परिचय तेहरान पहुँचने के दूसरे ही दिन (9 नवम्बर, 1944) को हो गया था। अंग्रेजी दूतावास में रिजवी महाशय ने अब्बासी का परिचय कराया। वहाँ से हम दोनों साथ बाहर निकले। न उनको कोई काम था, न मुझे, इसलिए बात करते कुछ दूर गए और इतने ही में अब्बासी मेरे गहरे दोस्त हो गए। मेरे पूछने पर उन्होंने कहा कि पत्नी अपनी माँ के साथ रहती हैं, और आजकल मैं भी वहीं रहता हूँ। वह कमरा खाली पड़ा हुआ है, जिसका किराया तीस रुपया मासिक है। होटलवाले को रात भर रहने के लिए

13) रुपये (उस समय ईरानी तुमान और रुपया एक ही भाव था) किराया दे टेक्सी पर सामान रख खायाबान फरिश्ता के उस मकान में चला आया। कमरा बुरा नहीं कहा जा सकता। मैंने इत्मीनान की साँस ली। तीसरे दिन से मैंने अपना खर्च घटा दिया, और सूखी रोटी, पनीर और थोड़े से मक्खन से काम चलाना चाहा, लेकिन उसी दिन बैंक से भुनाकर आए 128 तुमान में से 50 तुमान उधार और 15 तुमान अपना कर्ज ले लिया। मेरे पास रह गए 63 तुमान। उस वक्त यह नहीं जानता था, कि जेब में 63 तुमान और सामने 7 महीने खड़े हैं। एक ही दो दिन बाद मालूम हुआ अब्बासी ने किराया भी बाकी रखा है। मुझे हँसी भी आने लगी और साथ ही मीठी-मीठी टीस भी—रोजा बख्शवाने गए और नमाज गले पड़ी। अब्वासी पर कुछ झुँझलाया, लेकिन कुछ ही, क्योंकि यदि अब्बासी ने 50 तुमान नहीं भी लिया होता, तब भी सामने का अँधेरा उजाला नहीं हो जाता।

अब्बासी का यह रूप उस समय कुछ अच्छा तो नहीं लगा।

अब्बासी को कभी आदमी ईमानदारी से पूरा शैतान कह सकता था, क्योंकि वह अँधेरे में छलाँग मारनेवाला तरुण था। जिस वक्त छलाँग मारने की धुन में रहता, उस वक्त उसको परवाह नहीं होती कि उसके धक्के से कोई दूसरा भी अँधेरी खंदक में ढकेला जा रहा है। अभी उसकी आयु 30-32 से अधिक नहीं होगी, किन्तु इतने ही दिनों की अपनी जीवनी को अगर वह लिख डाले तो वह बहुत रोमांचक होगी। हाँ, अब्बासी की बातों में से कितनी सच्ची हैं, कितनी झूठी, इसका पता लगाना किसी आदमी के लिए मुश्किल था, तो भी यदि 6-7 महीने तक सम्पर्क रहा हो, तो झूठ-सच की परख आदमी कर सकता था। उसका शैतान होना तस्वीर का एक ही पहलू था, दूसरे पहलू में वह पूरा देवता भी था। पैसे-कौड़ी का लोभ उसे छू नहीं गया था। यदि वह 'परद्रव्येषु लोष्ठवत्' था तो अपने धन को भी डले से बढ़कर नहीं समझता था। और तकलीफ या बीमारी में पड़े अपने परिचित या मित्र की सेवा में वह एक पैर पर खड़ा रह सकता था। अब्बासी, यह उसका अपना नाम नहीं था। वह बोस (बंगाली) था। फौज में भरती होकर अस्पताली सेना के साथ जमादार हो तेहरान चला गया। उस समय लड़ाई के जमाने में माया बही जा रही थी, बस हाथ डालकर बटोरने की युक्ति आनी चाहिए थी। अस्पताली दवाएँ चोर बाजार में सोने के मोल बिक रही थीं, चीजों के खरीदने में बनियों से मोटी रकम मिल सकती थी। अब्बासी ने इस प्रथा को चलाया हो, यह बात नहीं थी। वह तो उस सारी मशीन में व्याप्त हो गई थी, जिसका कि वह पुर्जा था। अब्बासी ने कुछ हजार पैदा किये। उसकी बात पर विश्वास करें तो वह रकम लाख से कुछ ही कम होगी। किन्तु 10-20 हजार तो जरूर ही उसने पैदा किये और उसको उसी तरह उदारतापूर्वक तेहरान में खर्च किया। उसी समय तेहरान की किसी तरुणी से उसका प्रेम हो गया। अब्बासी ने उसके नाम एक मकान भी खरीदवा दिया,

कुछ और रुपये भी दे दिये। लेकिन इस तरह ज्यादा दिन तक चल न सका। खैरियत यही हुई कि पल्टन से उसका नाम काट दिया गया, और वह खुशी-खुशी कलकत्ता चला आया। कलकत्ता बैठे-बैठे फिर सिर-दर्द पैदा हुआ, क्योंकि उसको एक लड़की हुई थी और पत्नी भी प्रेम की सौगन्ध खाती थी। अब्बासी ने ईरान जाकर पत्नी और पुत्री को लाने का निश्चय किया लेकिन बोस के रहते वह अपने विवाह को वैध मनवा नहीं सकता था। कलकत्ता में वह मुसल्मान बना, मुसल्मान होने की सूचना गजट में छपवाई। नाम पड़ा अब्बासी। इसी नाम से उसने फिर पासपोर्ट बनवाया और पाँच-सात सौ रुपये, कुछ कपड़े-लत्ते और दूसरे सामान के साथ तेहरान पहुँच गया। ईरानी पत्नी कभी जाने के लिए तैयार बतलाती, और कभी मुकर जाती। इसी धूप-छाँह में उसके तीन-चार महीने गुजर गए थे। पास का पैसा खर्च हो चुका था। कपड़े-लत्ते में से बेच-बेचकर किसी तरह काम चलाता था। बेचारा मकान का किराया कहाँ से देता? यह समय था, जब मैं किस्मत का मारा तेहरान में आ फँसा।

अब अब्बासी के जीवन को जरा और पीछे देखिए। जैसा कि मैंने कहा, अब्बासी की बातों में से झूठ से सच को अलग करना असम्भव नहीं तो कठिन अवश्य था, इसलिए यह नहीं कह सकता कि सत्य समझकर जिसे मैंने लिखा, उसमें झूठ का कुछ भी अंश नहीं होगा। बोस मैट्रिक पास कर कलकत्ता के किसी कालेज में पढ़ रहा था, लेकिन उसकी सैलानी तबीयत ने पुस्तकों में मन नहीं लगने दिया। खाते-पीते घर का लड़का था। घर से कुछ रुपये उड़ाए और सिंगापुर जा पहुँचा। शारीरिक परिश्रम के काम के लिए तो अब्बासी उतना तैयार नहीं था, किन्तु कोई काम कर लेना उसके लिए कठिन नहीं था। अब्बासी को चुप्पा नहीं कह सकते, किन्तु वह बहुत बातूनी भी नहीं था। उसके चेहरे पर एक सहज भोलापन छाया रहता। उदारता के विराट प्रदर्शन में उसके लिए यदि कोई रुकावट हो सकती थी, तो हाथ का खाली होना। सिंगापुर में कुछ महीने रहने के बाद उसने आगे का रास्ता लिया और सिंदबाद जहाजी की तरह दक्षिण-पूर्वी एशिया में चक्कर मारने लगा। जावा भी गया, फिलिपाइन भी; हांगकांग भी गया, शांघै भी और शायद हिन्द-चीन और स्याम भी। कभी किसी दुकान में सेल्समेन रहा, कभी फेरीवाला बना, कभी कहीं क्लर्की कर ली। जब हाथ खुला हो और अच्छे-बुरे दोस्तों की संख्या काफी हो तो खर्च करने के लिए वैध तरीके से ही पैसा कमाने से कैसे काम चल सकता था? सेल्समेन रहते वक्त उसने दो जगह गहरी रकम उड़ाई और कुछ दिनों में उसे खर्च भी कर डाला। लड़ाई से पहिले के पाँच-सात सालों में जब वह सिंदबाद जहाजी बना हुआ था, कितनी ही बार हजारों उसके हाथ में आए और खर्च होते रहे। दुनिया का कड़वा-मीठा काफी अनुभव उसको हो गया था। लड़ाई शुरू होते प्राय: खाली हाथ वह कलकत्ता लौटा। लेकिन वह एक जगह कहाँ ठहरनेवाला था? फौज में

आदमियों की बड़ी माँग थी। वह भरती होकर लखनऊ चला आया, जहाँ कुछ दिनों तक कवायद परेड सीखने के बाद तेहरान भेज दिया गया।

मैंने जब अब्बासी का किस्सा सुना तो सोचने लगा—इस मजनूँ की लैला कोई साधारण नारी नहीं होगी, वह अवश्य कोई कोहकाफ की परी होगी। लेकिन अब्बासी से परिचय के हफ्ते के भीतर ही एक दिन खानम् अब्बासी सड़क पर मिलीं। अब्बासी ने परिचय कराया। मैं दंग रह गया—ऐसी बदसूरत औरत पर भी मरनेवाला मजनू जो पचीसों घाट का पानी पी चुका है! खानम् का मुँह शरीर की अपेक्षा अधिक बड़ा और कुप्पे की तरह फूला हुआ था, ऊपर से चेचक के दाग ने उसे सिल-बट्टा बना दिया था। रंग गोरा था, इसमें कोई सन्देह नहीं।

किराया बाकी रहने की बात सुनकर अब्बासी की कृपा द्वारा मिले घर को छोड़ने के लिए मैं उतावला हो गया और सौभाग्य समझिए, जो दो-तीन दिन ही बाद मैं अपने नये मिले अकारण बन्धु महमूद के यहाँ चला गया। अब्बासी से मुझे शिकायत नहीं हुई, वह बराबर जब-तब मिलते रहते थे, मुझे यह समझने में कठिनाई होती थी कि मेरे तेहरान छोड़ने के समय सात महीने बाद भी वह उसी अनिश्चित अवस्था में कैसे गुजारा कर रहे थे? अब भी उनको आशा थी कि शायद पत्नी चलने के लिए तैयार हो जाए, लेकिन मुझे विश्वास नहीं था। अब्बासी कलमपेशा बंगाली परिवार के पुत्र थे, इसलिए खरीद-बेच का काम उनकी प्रकृति के अनुकूल नहीं था, नहीं तो तेहरान में भूखे मरने की आवश्यकता नहीं थी। तेहरान प्रवास के अन्तिम सप्ताहों में मैं अपने मित्र की ससुराल के पास एक होटल में जाकर रहने लगा—अब भारत से मेरे पास पैसा आ चुका था। वहाँ कुछ ज्वर आ गया। देखभाल का इन्तिजाम न होने से अब्बासी मुझे अपनी ससुराल में ले गए। एक कमरा था, जिसमें ही उनकी बीवी, सास और एक साली रहती थी। मेरे नहीं-नहीं कहने पर भी वह मुझे वहाँ ले ही गए और उस वक्त रोगी की सुश्रूषा करने में उनका रूप देखने लायक था। मुझे भी एक अत्यन्त गरीब निम्न-मध्यवर्गीय परिवार को नजदीक से देखने का मौका मिला। उनकी एक साली की शादी कुछ ही हफ्ते पहिले हुई थी, जिसमें मैं भी निमंत्रित हुआ था। अब्बासी ने अपनी सास को बहुत मना किया था कि ऐसे अफीमची से विवाह मत करो। लेकिन सास बेचारी भी क्या करती? कम से कम एक लड़की का बोझ तो सिर से उतर रहा था। मेहरी खानम् (अब्बासी की साली) का विवाह हुए दो महीने भी नहीं हुए थे कि अफीमची पति ने गाली-मार शुरू कर दी। 3 जून, 1945 को, जब मैंने तेहरान छोड़ा, मेहरी खानम् को तलाक देने की नौबत आ चुकी थी। अब्बासी ने 50 तुमान जिस समय मेरी फाकामस्ती की हालत में लिये थे, उस समय तो कुछ अच्छा नहीं लगा था, लेकिन मैं मानता हूँ, अब्बासी का सौहार्द और सेवा-भाव उससे कहीं अधिक मूल्य रखता था।

ईरानी ब्याह

1944-45 के जाड़ों में मुझे सात महीने ईरान की राजधानी तेहरान में रहना पड़ा। वहाँ अपने देशभाई किन्तु ईरानजातीय मिर्जा महमूद अकारण बन्धु में मिल गए, जिनके उपकार को किसी तरह मैं चुका नहीं सकता। इस सारे समय में अधिकतर मैं एक ईरानी मध्यवित्त परिवार में रहता था, जिसकी स्वामिनी महमूद की सौतेली माँ थीं, जिनकी बहन महमूद की भावी पत्नी होने जा रही थी। महमूद के सम्बन्ध से उस परिवार का भी मैं एक व्यक्ति-सा बन गया। खानम् तरुणाई में तेहरान की सुन्दरियों में रही होंगी। चालीस बरस के पास पहुँचते हुए भी अभी उनका सौन्दर्य बहुत धूमिल नहीं हुआ था। उनकी बड़ी इच्छा थी कि छोटी बहन इज्जत का ब्याह महमूद से हो जाए। शर्तें बड़ी कड़ी थीं, कभी ब्याह बिलकुल निश्चित हो जाता और फिर कोई शर्त रास्ते में आकर सारे निश्चय को तोड़ देती। 9 मार्च (1945) को ब्याह निश्चित हो गया, निमंत्रण-पत्र भी छपाकर भेज दिये गए, लेकिन 4 बजे शाम को जब मैं घूमकर लौटा तो मालूम हुआ ब्याह टूट गया। शर्तों में दो थीं—इज्जत को दूसरे मुल्क (हिन्दुस्तान) न ले जाया जाए, और छह महीने तक खर्च वर्च न देने पर स्वतः विवाह विच्छेद का अधिकार हो। महमूद के पिता अस्पहान किसी सौदागर वंश के थे, जो कि कुछ पीढ़ियों से भारत में बस गए थे तो भी उनका सम्बन्ध ईरान से बिलकुल टूटा नहीं था। महमूद भारत में पैदा हुए, भारतीय माँ की सन्तान थे, और अपनी मातृभूमि को छोड़ने के लिए तैयार नहीं थे इसलिए कबाला (विवाह-पत्र) में ऐसी शर्तें लिखने के लिए राजी नहीं थे। अगले दिन महमूद के आग्रह को देखकर खानम् को और नीचे उतारना पड़ा, और महमूद ने यह शर्त मंजूर कर ली कि बिना इज्जत की मर्जी के हिन्दुस्तान नहीं ले जाएँगे। 13 मार्च विवाह का दिन निश्चित हुआ।

भारत के मध्यवित्त परिवारों की तरह ईरान में भी ब्याह घर-फूँक होली का तमाशा है। बड़ी शान-शौकत से ब्याह हो, इस पर बड़ा जोर दिया जा रहा था। महमूद कंजूस हरगिज नहीं थे, किन्तु साथ ही वह फजूलखर्च होना भी पसन्द नहीं करते थे, लेकिन अब तो ओखल में सिर पड़ चुका था।

शादी का कमरा—इसमें एक ओर वर-वधू के लिए दो मामूली कुर्सियाँ रखी थीं, एक मेज पर सुगन्धित द्रव्य, ब्रुश, दर्पण तथा ड्रायर में जेवर की पेटी रखी हुई थी। कुर्सी के सामने मेज पर कुरान की एक पुस्तक, तस्बीह (माला), नमाज पढ़ने की मुहर और बाईं ओर वहीं प्याले में पानी, शमशाद के हरे पत्ते और फूल रखे थे। दाहिनी ओर प्लेट में शीरीनी (बिस्कुट) थी। यहीं एक काठ की लम्बी कश्ती (तश्तरी) थी, जिसको विशेष तौर से सजाया गया था। इसके चारों कोनों पर मोमबत्ती जलाने के लिए चार फानूसी दीवटें रखी थीं और साथ ही उनकी पास में शीशे के

गुलदस्तों में शमशाद की हरी पत्तियाँ थीं। ब्याह के वक्त शमशाद की पत्तियों का ईरान में उतना ही महत्त्व है, जितना कि हमारे यहाँ आम की पत्तियों का। शादी में दर्पण-दान भी बड़ा शुभ माना जाता है। कुर्सी के सामने मेज पर चाँदी के चौखटे में मढ़ा एक बड़ा शीश रखा था, जिसके दोनों ओर मोमबत्ती-जैसे दिखाई देनेवाले बिजली के शमादान रखे थे। यहीं दाहिनी ओर मुसल्मान होने से पहिले के ईरान की विवाह प्रथा के अवशेष स्वरूप काठ की नाव में खड़गाकार डेढ़ हाथ लम्बी रोटी रखी थी। रोटी पर अच्छी नक्काशी की हुई थी। बेल-बूटे और अक्षर हरे रंग के थे और जमीन लाल। हरियाली जीवन का मूल (माया-जिन्दगी) समझा जाता है। रोटी के नीचे और ऊपरी भाग में शमशाद के वृक्ष को अंकित करने की कोशिश की गई थी, जिसके बीच में तीन पंक्तियों में निम्न मंगल शब्द लिखे हुए थे—

शुक्र ईजद कि बख्तयार आमद। (धन्य भगवान्, मित्र का भाग्य आया)
मुबारक बाशद (मंगल अस्तु)
जोहा बा-मुश्तरी कनार ओमद। (शुक्र देवी वृहस्पति के पास आई।)

दूसरा कमरा वर-वधू और उनके चुने हुए मित्रों की दावत का था। यहाँ मेज पर दस आदमियों के लिए चमचे, काँटे, प्लेट आदि के साथ शराब की प्यालियाँ भी सजाकर रखी हुई थीं। तीसरा कमरा सोहाग-सेज (जलवा) का था। दरवाजों पर सुन्दर रेशमी पर्दे टँगे हुए थे। नई चारपाई को तोशक-तकिए, रेशमी लिहाफ आदि से खूब सजाया गया था।

चौथे कमरे में मेहमानों के स्वागत के लिए कुर्सियाँ रखी थीं।

13 मार्च को अभी सर्दी समाप्त नहीं हुई थी। इस साल कई बार हिमवर्षा हुई थी, जिससे ठंडक काफी थी।

हमारे यहाँ की तरह ईरान में भी शादी के नाच-गाने कई दिन पहिले से ही शुरू हो जाते हैं। यह अधिकतर स्त्रियों का काम है, यद्यपि अब ईरान में पर्दा न रह जाने से पुरुषों को भी आनन्द लेने में बाधा नहीं है। बाजों में डफ और घड़ों के मुँह-जैसी एक ओर खुली चमड़े मढ़ी ढोल को इस्तेमाल किया जाता है। ईरानी स्त्रियों का कंठ कोकिल-कंठ नहीं है, यह तो नहीं कहा जा सकता, किन्तु उनका संगीत भारतीय कानों के लिए कुछ कर्कश जरूर मालूम होता है। गीतों की तुकबन्दी हमारे यहाँ ऐसी ही सरल थी, जो कभी-कभी दो दल होकर गाई जाती थी। एक गाने की पहली कड़ी थी—

खानम् अरुसे। मग ना मीदूनीं की ए?
(श्रीमती दुल्हन, मैं नहीं जानती कौन है?)

आगे की पंक्तियाँ थीं—

जूजा खरुसे। मग ना मिदूनीं की ए? *(मुर्गी की वच्ची.)*

आगा दामादे! मग ना मिदूनीं की ए? *(श्रीमान वर.)*
शाखे शमशादे। मग ना मिदूनीं की ए? *(शमशाद की शाखा)*
आगा सरहंगे। मग ना मिदूनीं की ए? *(श्रीमान मेजर.)*
रईसे हंगे। मग ना मिदूनीं की ए? *(युद्ध के सरदार.)*
आगा सरगुर्दे। मग ना मिदूनीं की ए? *(श्रीमान कर्नल.)*
दिले-मा बुर्दे। मग ना मिदूनीं की ए? *(मेरा मन चुरा ले गए.)।*

सरहंग दुल्हन के बहनोई और सरगुर्द भी सम्बन्धी थे। कहने की आवश्यकता नहीं कि इसी तरह वर-वधू के जितने भी सगे-सम्बन्धी थे, उन सबको जोड़-जोड़कर गीत बढ़ती जाती थी। थोड़ी देर गीत होकर, फिर केवल साज बजता और दस-बारह बरस की लड़कियाँ अपना नाच दिखाती थीं, जिसमें वर की छोटी बहन शमशी का नाच काफी अच्छा होता था। गाना समाप्त करते वक्त मुँह पर हाथ मारते स्त्रियाँ तिली-ली-ली की आवाज करती थीं। बंगाल में भी ब्याह के वक्त उलू-ध्वनि की जाती है। इस ध्वनि का प्रयोजन है शुभअवसर पर भूत-प्रेतों को घर के पास आने न देना।

विवाह के दिन का मुख्य कार्यकलाप स्नान से होता है। दुल्हन के लिए स्नानागार (हम्माम) में विशेष तैयारी हुई थी। ईरानी आमतौर से अधिक गोरे होते हैं, जिसमें 18 वर्षीया दुल्हन का रंग तो सचमुच ही गुलाबी था, जो सद्यःस्नाता का और भी खिल गया था। विवाह के कमरे में ले जाने के लिए आज भी उसे सजाया गया था, किन्तु शय्यागार में ले जाकर सजाने का काम अगले दिन के लिए रख छोड़ा गया था, जब कि बड़ी दावत और विवाह-महोत्सव मनाया जानेवाला था। आज विवाह के समय दुल्हन (अरुम) ने सफेद रेशमी लम्बा चोगा पहिना था, और सिर पर सफेद फूलों का अर्धचन्द्राकार ताज। दामाद (वर) काले सूट में थे, सिर नंगा रखने के कारण गंजेपन को ढाँकने का कोई उपाय नहीं था। दोनों को कुर्सी पर लाकर बैठाने के पहिले अस्पन्द (धूप) को वधू के सिर पर न्यौछावर कर आग में डाल दिया गया। यह भी भूत-प्रेत भगाने के लिए आवश्यक था। दोनों के कुर्सी पर बैठ जाने पर लड़कियों ने नाचना-गाना शुरू किया, और औरतें ताली बजाती रहीं। 'आगा दामाद' वाले गीत का कई बार दोहराना तो मामूली बात थी। आज कुछ और भी जनगीत सुनने को मिले—

चिरा तु तर्के—आशनाई कर दी? बंमन बगो चिरा-जुदाई कर दी?
(क्यों तू ने मित्रता छोड़ दी? मुझे बता क्यों जुदाई कर दी?)
नमूदी ख्वारे तु ऐ दिल्दारम्। बरो कि तर्क तू सितमगर करदम्।
(तूने बरबाद किया, मेरे प्रिय! चला जा, तुझ जालिम को मैंने छोड़ दिया।)
बरो कि फिक्रे—यारे दीगर करदम्। विया कनारम् तु ऐ दिल्दारम्।

(चला जा, मैंने दूसरे मित्र का खयाल कर लिया। आ गोद में ऐ मेरे दिलदार)
चि रोजहा कि मन ब याद—तू बूदम्। अनीसे मन बूदी न तन्हा बूदम्।
(कैसे दिनों तक मैं तेरे याद में रही। तू मेरा मित्र था, मैं अकेली नहीं थी)
अजीजत दारम् तु ऐ दिल्दारम्। बदामें इश्क-तू आचिनां दरबन्दम्।
(मेरे प्रेमी, तुझे प्रिय मानती हूँ। तेरे प्रेम के फाँस ने कितना बाधा है)
बले अजीं शिकंजे मन् खुर्सन्दम्। नमूदी खार अम् तु ऐ दिल्दारम्।
(लेकिन इस बन्धन से मैं खुश हूँ। तूने तबाह कर दिया, किन्तु मैं प्रेम करती हूँ)
बादा बादा बादा इंशा अल्ला मुबारकबादा।
(होवे होवे होवे। भगवान चाहे मंगल होवे)
विया वेरवीम् अजीं वलायत मन् व तू। तु दस्ते मरा बगीर व मन् दामने तू।
(आ, इस देश से मैं और तुम चलें। तू मेरा हाथ पकड़ और मैं तेरा अंचल)
विया बखुरीम् शराबे-अंगूरे-सियाह। ऐ यार मुबारकवादा। बादा इंशा...
(आ, काले अंगूरों की शराब पिएँ। हे मित्र, मंगल होवे, होवे भगवान चाहे...)
इन् हयातो उन हयात्। बे पाचीम् नुक्लो नवात्।
(यह जीवन और वह जीवन। आनन्द लें...)
वरसरे अरुसो दूमाद। ऐ यार...
(दूल्हा-दुल्हन के सिर पर, ऐ मित्र मंगल हो...)
गुल दर आमद अज़ हमाम। सुबुल दरआमद अज हमूम।
(फूल स्नानागार से आया। सुंबुल उन सबसे आया)
शाहे दामादरा बेबीं अरुसदर आमद अज हमाम। ऐ यार...
(दूल्हा राजा को देख, दुल्हन हमाम से आई। ऐ मित्र, मंगल हो...)
अरुसेमा बच्चा-साले सरेशब ख्वाबश मियायद। ऐ यार...
(मेरी दुल्हन अल्पवयस्का है, रात को उसे नींद आती है। ऐ मित्र मंगल हो)

गानों में एक था—

दुख्तरे शीराजी जानम् जानम् शीराजी। अब्रू-तू बमा बेनूमा ताशवम् राजी।
(शीराज़ की लड़की, मेरी प्यारी शीराजी, अपने भौंहों को दिखला, कि मैं खुश होऊँ)
अब्रूम् मीख्वाही, चि कुनी बेहया पिसर कमां दरबाजार न दीदी।
(मेरी भौंहों को क्यों चाहता है, निर्लज्ज लड़के! धनुष बाजार में नहीं देखा क्या?)
इन्हम् मिश्ल—उं ऐ, वलेकिन निर्वंश गिरान् ऐ।
(यह भी वैसा ही हैं, लेकिन इसका मूल्य अधिक है)
शब् बया नेस्तम् खाना रोज बया तूय बालाखाना।

(रात आवे, मैं घर में नहीं, दिन में आवे अटारी पर)

दुख्तरे शीराजी जानम् जानम् शीराजी। चश्मतू बमा बेनुमा ताशवम् राजी!

(शीराज़ की लड़की मेरी प्यारी शीराजी, अपनी आँखों को दिखला, कि मैं खुश होऊँ)

चश्मम् मीख्वाही, चि कुनी बेहया पिसर। नर्गिस दरबाजार न दीदी।

(मेरी आँखों को क्यों देखना चाहता है, निर्लज्ज लड़के! नर्गिस को बाजार में नहीं देखा क्या?)

इसी तरह इस दो गाने में आगे वाक्य जोड़े गए हैं—

दुख्तरे शीराजी — सूरतत् बमा बेनुमा मखमल दरबाजार —।
— मूयत्, बमा बेनूमा — हल्का दरबाजार —
— दमत् — कलम दरबाजार —।
— लबत् — गुंचा दरबजार —। (ओठ तेरा —, बाजार में कली —)
— दनदानत्। सदफ दर्बाजार—। (दाँत तेरे —, मोती बाजार में —)

आगे सारा नख-शिख इसी तरह उपमा देकर गाया गया है।

ब्याह-विधि—साढ़े चार बजे सायंकाल पुरोहित (अखुन) अपने सहायक के साथ पधारे। यद्यपि ईरान के नर-नारी अब यूरोपीय पोशाक पहनते हैं, किन्तु मुल्ला-पुरोहित पुरानी पोशाक को कायम रखे हुए हैं। अखुन के शरीर पर काला चोगा और काली पगड़ी थी। दाढ़ी मुँडी तो नहीं थी, किन्तु तराशकर काफी छोटी कर दी गई थी। कुर्सी पर बैठते ही उन्होंने पहिले वर-वधू के पासपोर्ट (जाबाज) को देखा, फिर छपे हुए दो ब्याह रजिस्टरों में लिखना शुरू किया। अखुन ने विवाह की शर्तों को पढ़ा—"एक सौ चालीस हजार रियाल मेहर है, जिसमें तीस हजार रियाल (तीन हजार रुपया) का गर्दन-बन्द (हार) और दस हजार रियाल शीशे के शमादान का दाम और पचास रियाल कलाम्मजीद (कुरान की पुस्तक) का है। ईरान से बाहर बराबर रहना वधू की मर्जी से हो सकेगा।" जिया इमामी, नकी एजदी और सरहंग अली अकबर जहाँगीरी गवाह बने। वर की स्वीकृति हो जाने पर पुरोहित ने दरवाजे से बाहर रहते ही तीन बार वधू से पूछा—"अरुसखानम्, कवूल दारी" (दुल्हन देवी, कबूल करती है)। वधू ने धीमे से "बाले" (हाँ) कह दिया। हाफिज की जन्मभूमि शीराज में यदि ब्याह हुआ होता तो मुल्ला पूछता—"अरुसखानम्, कबूल केरी" (दुल्हन देवी, कबूल करती हो)?

मुल्ला अपनी दक्षिणा ले मुँह मीठा करके चला गया और स्त्रियों ने फिर ढोल और डफ लेकर 'मुबारकबादा' और 'मगनामिदूनी' गाना शुरू किया। कुर्सी पर वर-वधू बैठे। लाल-पीले कागज की कटी गोल-गोल पत्तियों की वर्षा वर-वधू

पर की गई। वर-वधू दोनों ने एक-दूसरे को मिठाई खिलाई, इस प्रकार विवाह-विधि समाप्त हुई।

फिर एक कमरे में महफिल गरम हुई। दो बूढ़ियाँ—वधू की माँ खानम्—बुजुर्ग (बड़ी महिला) और खानम् जमशेदी का हुक्का चलने लगा। तीनों जमशेदी कुमारियाँ फैशन में बिलकुल अपटूडेट थीं, और साथ ही गाने-नाचने में भी। उनके कारण महफिल चमक उठी। तेहरान के प्रसिद्ध गायक अली रजा का गाना और तारची शाहबाजी का सितार छिड़ गया। उस्तादी संगीत में आलाप का होना अनिवार्य है। एक तो ईरानी कर्कश आलाप और उस पर से पुरुष-कंठ से निकला, मेरे लिए तो असा मालूम होता था। लेकिन हाफिज खय्याम के गीत बड़ी अच्छी तरह गाए जा रहे थे। कमरे में जितने आदमी बैठ सकते थे, उससे तिगुने बैठे थे, ऊपर से अस्पन्द की धूप बराबर दी जा रही थी, जिससे दम घुटने लगा था। गाने के बाद वहीं खानपान हुआ और अब की नाच में वर-वधू भी शामिल हुए।

आज ईरानी वर्ष का अन्तिम बुधवार था। शाम के वक्त लड़के प्राचीन ईरान की होली मना रहे थे। आग जलाकर उस पर से फाँदते हुए बच्चे कह रहे थे—

"जर्दिये मन् अज तू। सुर्खिए तू अजनम्। (मेरी पीतिमा तुझसे। तेरी लालिमा मुझसे) विवाह की अन्तिम रस्म थी 'दस्त-ब-दस्त' (पाणिग्रहण)। रात को सोहाग कक्ष में ले जाकर सरहंग सादू ने वर-वधू का हाथ एक-दूसरे के हाथ में दे दिया। हमारे देश की तरह ईरान में भी नई रोशनीवालों ने बहुत-से रीति-रिवाजों को छोड़ दिया। पहिले हिनाबन्दी (मेहँदी) आदि कितनी ही और भी रस्में अदा की जाती थीं।

अगले दिन (14 मार्च) बड़ी दावत हुई। काजार-राजवंश का पुराना बगीचा, जिसे वर के पिता हाशिम अस्पहानी ने खरीद लिया था और जिसने कितनी ही रंगीन महफिलें देखी थीं, बरसों की उदासी के बाद आज फिर जगमगा उठा था। चित्रों, फूलों के गमले, बिजली के झाड़-फानूस और सुन्दर ईरानी कालीन से सजावट की गई थी। आज साज-संगीत का विशेष प्रबन्ध था। तेहरान रेडियो की मशहूर गायिका रूहंगीज विशेष तौर से बुलाई गई थी। एक प्रसिद्ध नर्तकी भी मौजूद थी। निमंत्रित सौ मेहमान स्त्री-पुरुष दावत में शामिल हुए थे। यद्यपि तीन बजे से मजलिस शुरू हो गई, किन्तु वर-वधू को सिंगारहाट से लौटने में साढ़े छह बज गए। खाना-पीना और नाच-रंग सात बजे तक रहा। वधू (इज्जत खानम्) सभी स्त्रियों में अधिक खूबसूरत मालूम होती थीं, जिसमें सजावट का भी काफी हाथ था। वधू का नाचना लोगों ने बहुत पसन्द किया। वर-वधू को भेंट-सौगात देकर लोग अपने-अपने घरों को जाने लगे। इन पंक्तियों का लेखक तो वर का नर्म-सचिव था, जिसकी सम्मति की कदर दोनों घरों में थी।

रूस में प्रवेश

तीसरी बार रूस जाने का निश्चय मैंने 1943 में ही कर लिया था, किन्तु अंग्रेज सरकार ने पासपोर्ट देने में हीला-हवाला करके एक साल बिता दिया। उसके बाद फिर ईरान के वीसा मिलने में कई महीने लगे। अन्त में किसी तरह भारत छोड़कर 8 नवम्बर, 1944 को मैं ईरान की राजधानी तेहरान पहुँचा था। तेहरान पहुँचते-पहुँचते पास का पैसा करीब-करीब खतम हो चुका था। युद्ध के समय में चीजों का दाम ऐसे ही बहुत महँगा था और मैं ईरान की राजधानी में एक तरह खाली हाथ पहुँचा, यह बतला चुका हूँ। लेकिन मानवता हर जगह आदमी को सहायता देने के लिए तैयार देखी जाती है। मिर्जा महमूद अस्पहानी से वहाँ परिचय हो गया और फिर मुझे कोई तकलीफ नहीं रही। कुछ ही समय बाद भारत से पैसे भी आ गए, लेकिन तो भी जो अकारण बन्धुता मिर्जा महमूद ने दिखलाई और जिस तरह का सद्व्यवहार उनकी सौतेली माँ खानम् इस्मत नाजिमी ने किया, वह सदा स्मरणीय रहेगा। एक घुमक्कड़ अपने ऊपर किये गए उपकार का प्रतिशोध कैसे कर सकता है? किन्तु कृतज्ञता की मधुर स्मृति तो जीवन भर रख सकता है। 8 नवम्बर, 1944 से 3 जून, 1945 ई. तक सात महीने मुझे जिस स्थिति में रहकर काटने पड़े, उसे असह्य प्रतीक्षा ही कह सकते हैं। कभी-कभी भारत लौट आने का मन करता था तो हमारे भारतीय मित्र अपनी चिट्ठियों में और ठहरने को कहते। और वहाँ सोवियत-दूतावास की चौखट अगोरते-अगोरते मन उकता गया था। यह भी पता नहीं लगता था कि वीसा मिलेगा भी। लड़ाई के दिनों में चिट्टियों की यह हालत थी कि मेरे मित्र सरदार पृथ्वीसिंह की 22 फरवरी, 1945 की चिट्ठी मुझे 24 मई को मिली अर्थात—बम्बई से तेहरान 3 महीने के रास्ते पर था। हाँ, तार आसानी से मिल जाते थे, लेकिन तार में अधिक बातें नहीं लिखी जा सकती थीं।

3 मई (1945) को हिटलर और गोयबल की आत्महत्या की भी खबर आ गई। 8 मई को जर्मनी ने बिना शर्त हथियार डालने के कागज पर हस्ताक्षर भी कर

दिया, किन्तु मैं अभी अनिश्चित अवस्था में ही था। हाँ, इसके बाद दूतावास के लोगों के कहने के अनुसार आशा कुछ ज्यादा बलवती हुई। तेहरान में भी रहना आसान नहीं था। खर्च के अलावा वहाँ सरकार से अनुमति लेते रहना पड़ता था। 26 मई को सोवियत कौंसल में गया। पता लगा वीसा आ गया। आज ही मेरे पासपोर्ट पर मुहर भी लग गई। इन्तूरिस्त (सोवियत यात्रा एजेन्सी) से पूछा तो उसने बताया कि मास्को तक हवाई जहाज का किराया 660 तुमान (1 रु. = 1 तुमान था) लगेगा और 16 किलोग्राम (20 सेर) के बाद हर किलोग्राम पर 6 तुमान सामान का लगेगा। अन्दाज से मालूम हुआ कि नौ सौ तुमान खर्च आएगा। हम तो अब समझते थे कि मैदान मार लिया। अब 29 मई को ईरानी दफ्तर में निर्यात का वीसा लेने गए, तो कहा गया—माल विभाग का प्रमाण-पत्र लाइए कि आपने यहाँ इतने दिनों रहकर जो कुछ कमाया, उसका टैक्स अदा कर दिया। माल-विभाग में जाने पर कहा गया—दरख्वास्त दीजिए, जाँच की जाएगी। मैं तो सोवियत यात्रा एजेन्सी (इन्तूरिस्त) से टिकट भी खरीद चुका था, 31 मई को यहाँ से जाने के लिए तैयार था। वैसे सब जगह नौकरशाही की मशीन बहुत धीमी गति से चलती है, जिसमें ईरानी मशीन तो अपना सानी नहीं रखती। उधर मेरे रहने के वीसे की मियाद केवल तेरह दिन और रह गई थी। यदि उसके बाद रहना पड़ा तो फिर वीसा लेने की दिक्कत उठानी पड़ती। ब्रिटिश दूतावास में जाने पर रिजवी साहब ने कौंसल की ओर से प्रमाणपत्र दे दिया कि मैंने यहाँ कोई कारबार नहीं किया। लेकिन अभी तो उसे फारसी में तर्जुमा कर के देना था। अगले दिन अनुवाद लेकर फिर ईरानी दफ्तर में गया। बहुत दौड़-धूप करनी पड़ी और अकेले ही। सात महीने तेहरान में रहने से भाषा की दिक्कत खत्म हो गई थी। तीन-तीन ऑफिसों में चक्कर लगाना पड़ा और जब 1 बजे दिन को सही-सलामत कागज पर हस्ताक्षर हो गए, तो ऑफिसवालों ने कहा—"कौंसल की मुहर काफी नहीं है। इस पर हस्ताक्षर भी करवा लाइए।" खैर, उस दिन चार बजे तक सभी आफतों से छुट्टी पा जाने पर बड़ा सन्तोष हुआ। किराए से बचे हुए पैसे को रूस ले जाना बेकार था। रूस में खर्च करने के लिए सौ पौंड का चैक अलग था ही, इसलिए बाकी बचे रुपयों में चमड़े का ओवरकोट और दूसरी चीजें खरीदीं। अगले दिन (31 मई) फिर कुछ और भी दफ्तरों की खाक छाननी पड़ी, जिनका काम दोपहर तक खत्म हो गया।

हवाई जहाज अतवार (3 जून) को जानेवाला था, लेकिन सामान तुलवाना और दूसरे कामों को दो दिन पहले (1 जून को) ही खत्म करवाना था। 16 किलोग्राम छोड़कर 51 किलोग्राम सामान और मेरे पास था, जिसका 321 तुमान देना पड़ा। सामान में आधी ऐसी चीजें थीं, जिनको यदि मैं जानता होता तो साथ न लिये होता। विमान दो जून को ही जानेवाला था, लेकिन पहिली जून को चार बजे बतलाया गया कि मौसम खराब होने से कल विमान नहीं जा सकेगा। पचास-पचपन तुमान

अब पास में रह गए थे और एक दिन रहने का मतलब था उसमें से और खर्च करना, लेकिन मैंने तो घटा देखकर घड़ा फोड़ लिया था। 2 तारीख को पूछने पर मालूम हुआ कि कल का जाना नक्की (पक्का) है। भारतीय संगीत के परिचय के लिए मैं अपने साथ कुछ रिकार्ड लेकर चला था, लेकिन उसे क्वेटा में रोक दिया गया। तेहरान में युद्ध के समय बहुत-से भारतीय थे, जिनमें कुछ का मुझसे परिचय हो गया था, इसलिए दो रिकार्ड भी मिल गए।

प्रयाण-3 जून का भिनसार आया। अभी अँधेरा ही था कि पौने चार बजे इन्तूरिस्त की मोटर मेरे पास आई। घर से सामान उठाकर अब्बासी महाशय ने मोटर तक पहुँचाया। अब्वासी से सात महीने का परिचय था और बोस उपनाम अब्बासी नामक साहसी तरुण के गुण और अवगुण सभी मुझे मालूम हो गए थे। मुझे अवगुणों से अधिक उनमें गुण दिखाई पड़े, इसलिए बिछुड़ते वक्त दोनों को अफसोस हुआ। वैमानिक अड्डा शहर से दूर था, जहाँ हम चार साढ़े चार बजे पहुँचे। एजेन्सी की ओर से चाय पीने को मिली। फिर सामान विमान पर रखा गया। वह यात्रा का विमान नहीं था। फौजी विमान ऐसे बनाए जाते हैं, जिसमें वह आदमी और सामान दोनों को आसानी से ढो सकें। यह मेरी पहली विमान यात्रा थी, जिसके बारे में बहुत-सी अच्छी-बुरी बातें सुन रखी थीं। विमान में दोनों ओर दीवार के सहारे लकड़ी के बेंच रखे हुए थे, जिन पर हम पन्द्रह मुसाफिर जा बैठे। घरघराहट की क्या बात है? कान फटा जा रहा था। हमारी बगल में शीशे लगी खिड़की थी, जिससे भूतल को देखा जा सकता था। यद्यपि विमान में तीस आदमियों की जगह थी, लेकिन जब यात्री को इतनी तपस्या के बाद वीसा मिले, तो जगह कैसे भरती! अधिकतर मुसाफिर मास्को के विदेशी दूतावासों के कर्मचारी थे। उनके पास सामान भी काफी था, इसलिए मैं समझता हूँ विमान ने अपना पूरा बोझा ले लिया था। गोलाकार छत बीच में मेरे सिर के एक हाथ ऊँची थी। मुझे तो विमान सोवियत की सादगी का प्रतीक मालूम हुआ, सीटों और पैरों के नीचे बिछी कालीन भी न होती तो कोई बात नहीं। लेकिन जो विदेशी यात्री चल रहे थे, वह इस बे-सरो-सामानी पर नाक-भौं सिकोड़ रहे थे। चढ़ाने से पहले इन्तूरिस्त के आदमी ने हमारा पासपोर्ट देख लिया—कहीं कोई उसे भूल न आया हो। सबेरे पाँच बजकर दस मिनट पर विमान अपने तीनों पहियों पर खिसकते गनगनाहट के साथ धरती छोड़ने लगा। पहिले तो वैसे ही मालूम हुआ, जैसे तरंगित समुद्र पर जहाज का चढ़ना-उतरना। हिमालय से जैसे नीचे दूर के खेत दीखते हैं, वैसे ही यहाँ भी नीचे कहीं-कहीं खेत थे। लेकिन हिमालय तो हरा-भरा है, ईरानी पहाड़ नंगे हैं, भूमि भी नंगी है। मनुष्यों ने कहीं-कहीं परिश्रम से नहर लाकर खेतों को हरा-भरा किया है। उन्हीं के पास घरौंदों जैसे छोटे-छोटे गाँव दिखाई पड़ते थे। शायद यह विमान अमेरिका का बना था, क्योंकि इसमें सारे संकेत अंग्रेजी में थे। लड़ाई के

वक्त सामान और सैनिक की ढुलाई करता रहा होगा।

विमान उड़ रहा था। अब वह काकेशश की पर्वत श्रृंखला की ओर अग्रसर हो रहा था, इसलिए ऊपर चढ़ने लगा, यद्यपि रुक-रुककर ही। कहीं-कहीं नदियाँ मिलीं, जो छोटी-छोटी नालियों-सी मालूम होती थीं। पर्वत तो तालाबों के भीट्ठे-जैसे दिखाई देते थे। कानों में इंजन की घोर घरघराहट सुनाई दे रही थी। और कोई दिक्कत नहीं थी। हमारी सहयात्रिणी एक महिला के कानों से खून भी निकला, दूसरी के पेट में दर्द हुआ। पता लगा समुद्र-रोग की भाँति आकाश-रोग नाम की भी कोई चीज है, किन्तु अधिकांश यात्री ऊँघ रहे थे। उसी तरह एक-दूसरे के कंधे और शरीर की परवाह किये बिना, जैसे भारत की रेलों के तीसरे दरजे के यात्री। मौत का खयाल क्यों आने लगा? विमान से मौत तो योगियों की मौत होती है—विमान के बारे में सोचने-भर का भी तो समय नहीं मिलता।

विमान बहुत ऊपर उठ चुका था। जमीन से सटे कहीं-कहीं घरौंदों के गाँव आ जाते थे। हमसे काफी नीचे उलटी गति से कुछ बादल तैर रहे थे। विमान की पूँछ की ओर मूत्रस्थान बनाया गया था। यात्रियों में अंग्रेज, अमेरिकन और रूसी ही अधिक थे, एशिया या भारत का प्रतिनिधित्व मैं अकेला कर रहा था।

बादल कम थे। कहीं-कहीं तो वह हिमक्षेत्र से मालूम होते थे। मैं मानव की शक्ति पर कभी आश्चर्य करता और कभी शीशे की ओर से बाहर देखने की कोशिश करता। जब विमान ऊपर-नीचे की ओर अधिक गति से चढ़ता-उतरता तो पेट ही नहीं, कलेजा भी हिलता-सा मालूम होता। जून का आरम्भ उत्तरी गोलार्द्ध में सर्दी का समय तो नहीं है, लेकिन हम दस हजार फुट की ऊँचाई पर उड़ रहे थे, इसलिए सर्दी क्यों न जोर करती। वैसे हमने गरम कपड़े पहन रखे थे। कहीं-कहीं बादलों के भीतर से पहाड़ों का दृश्य बहुत ही सुन्दर मालूम होता था। वही स्थान देर तक हमारे सामने रहता था, जिससे मालूम होता था कि विमान बहुत धीमी गति से चल रहा या ठहरा हुआ है।

6 बज रहा था, जबकि हम कास्पियन समुद्र के ऊपर पहुँचे। कास्पियन ग्रीक ऐतिहासिकों के काल से इसी नाम से मशहूर है, यद्यपि इस्लामिक देशों में इसे खिज्र समुद्र कहा जाता है। ईसा की सातवीं-आठवीं शताब्दी में इसके पश्चिमी तट के स्वामी हूणवंशी खाजार (काजार) लोग थे, जिन्हीं के कारण अरबों ने इस समुद्र का नाम बहरे-खाजार रखा, जिसको लालबुझक्कड़ों ने खाजार जाति से हटाकर खिज्र देवदूत के साथ जोड़ दिया। समुद्र के नीले जल पर हमारे नीचे जहाँ-तहाँ बादल की फुटकियाँ दिखाई पड़ीं। बाईं ओर हिमाच्छादित काकेशस पर्वतमाला दूर तक चली गई थी। दाहिनी ओर दूर तक समुद्र ही समुद्र दिखलाई पड़ रहा था। विमान तट के पास से चल रहा था। समुद्रतल समतल-सा था, जिस पर लहरें गज चर्म की रेखा जैसी दीख पड़ रही थीं। पौने आठ बजे बाकूनगर और उसके पास

मीलों तक तेलकूपों के ढाँचों का जंगल दिखलाई पड़ रहा था। आठ बजने में दस मिनट रह गया था, जब हम बाकू के बाहर विमान भूमि में पहुँचे। विमान भूमि बिलकुल कच्ची थी। सोवियतवाले जानते हैं कि जब तक बिना श्रम और पैसे के खर्च किये काम चल सकता है, तब तक, विशेषकर लड़ाई के समय, अड्डे पर लाखों मन सीमेंट डालने से क्या फायदा? विमान जमीन पर उतरा। यहाँ विमान बदलनेवाला था। हमारा सब सामान कस्टम कार्यालय में गया। सामान की बहुत छानवीन नहीं की गई। फिर चार रूबल में एक प्याला चाय और दो टुकड़े रोटी के खाने को मिले।

दस बजकर पाँच मिनट पर हम फिर जहाज से उड़े। बाकू के घरौंदों और तेलकूप की झाड़ियों को पीछे छोड़ा। पहिले कितनी ही दूर तक कास्पियन के पश्चिमी किनारे पर ही उड़ते रहे, फिर वोल्गा के दाहिने तट पर आ गए। यहाँ भी भूमि बहुत जगह गैर-आबाद थी। यह वही भूमि थी, जिसने जर्मन सेनाओं की विनाश-लीला को थोड़े ही समय पहिले देखा था। अब कहीं-कहीं हरे-हरे पंचायती खेत और उनके सुविशाल चक दिखाई पड़ने लगे। ढाई बजे हम स्तालिनग्राद पहुँचे।

स्तालिनग्राद—स्तालिनग्राद सारे विश्व के लिए एक पुनीत ऐतिहासिक स्थान है। सारे विश्व पर जर्मन जाति के विजयी झंडे के साथ दासता के झंडे भी गाड़ने के लिए आगे बढ़े अपराजेय समझे जानेवाले जर्मन फासिस्तों को यहीं पर सबसे पहिले करारी हार खानी पड़ी थी। ऐसी जबरदस्त हार कि उसके बाद फिर जो वह पीछे की ओर भागने लगे, तो कहीं भी सुस्ताने के लिए उन्हें मौका नहीं मिला। स्तालिनग्राद में देखने को क्या था? उसकी तो ईंट से ईंट बज गई थी। जर्मनों को पराजित हुए एक महीना भी नहीं बीता था। अभी वस्तुतः नगर के आबाद करने का काम नहीं हो रहा था। हाँ, नगर-निर्माताओं के आबाद करने की तैयारी हो चुकी थी। अधिकांश घर धराशायी थे, किसी-किसी के कंकाल कुछ-कुछ दिखाई पड़ते थे। दूर तक हजारों ध्वस्त मोटरों और विमानों का ढेर लगा हुआ था। प्रायः सभी जर्मन विमान थे। एक विमान की दुम कटकर अलग पड़ी हुई थी, जिसे देखकर वह दृश्य सामने आ खड़ा हुआ, जबकि वह विमान अपने और बहुत-से साथियों के साथ स्तालिनग्राद पर मृत्यु-वर्षा कर रहा था। उसी वक्त किसी साहसी सोवियत वैमानिक ने उनमें से एक की दुम तराशकर उसे नीचे गिरने के लिए मजबूर किया। स्तालिनग्राद में भी हमारे विमान के उतरने की भूमि कच्ची थी। आस-पास खूब घास की हरियाली अतः भूमि सरस थी, यह उसका वानस्पतिक वैभव बतला रहा था। यहाँ कहीं पर्वत नहीं थे। कहीं-कहीं एकाध कारखाने आहत और सुप्त से पड़े थे, उनकी चिमनियाँ मृत थीं। केवल एक बड़ी फैक्टरी की चिमनी धुआँ दे रही थी, जो आंशिक तौर से चालू हो गई थी। पास में दूसरा बड़ा कारखाना निष्क्रिय पड़ा था। नगर बसानेवालों ने छोटे घरों में थोड़ी-सी मरम्मत करके आश्रय ग्रहण

किया था। हम यात्रियों ने भोजन किया, कुछ इधर-उधर घूम-फिरकर देख भी आए। अभी सैलानियों के सैर करने का बाकायदा इन्तिजाम कहाँ हो सकता था? लेकिन स्तालिनग्राद की अजेय भूमि पर पैर रख के यह कैसे हो सकता था, कि मैं कल्पना जगत में न चला जाऊँ। सोवियत भूमि एक ऐसी भूमि है, जिसके बारे में दुनिया में दो ही पक्ष हैं—या तो उसके समर्थक या प्रशंसक होवें, या उसके कट्टर शत्रु। मध्य का रास्ता कोई अत्यन्त मूढ़ ही पकड़ सकता है। मैं सदा सोवियत का प्रशंसक रहा हूँ, बल्कि कह सकता हूँ कि जिस वक्त घोर निद्रा के बाद अभी मुझे जरा ही जरा अपनी राजनीतिक आँख खोलने का अवसर मिला, उसी समय मुझे विरोधियों के घनघोर प्रचार के भीतर से रूसी क्रान्ति की खबरें सुनाई पड़ीं, जिन्होंने मेरे दिल में नये प्रकाश को देकर इस भूमि के प्रति इतना आकर्षण पैदा कर दिया, या कहिए दिल को इतना छीन लिया, कि मुझे इस जबरदस्ती का कभी अफसोस नहीं हुआ। मैं वर्षों उस भूमि में रहा हूँ, वहाँ के लोगों और सरकार को बहुत नजदीक से देखा है। कड़वे-मीठे सभी तरह के अनुभव लिये हैं। गुणों को जानता हूँ, साथ-साथ उनके दोषों से भी अपरिचित नहीं हूँ। लेकिन मैंने उन दोषों का पाया कभी इतना भारी नहीं पाया। सोवियत भूमि के प्रति जो अनुराग या आशाएँ मानवता के लिए मैंने बाँधी, उसमें किसी तरह की बाधा नहीं हुई। इतिहास मानता है और सदा माना जाएगा कि मानवता की प्रगति में एक सबसे बड़ी बाधक शक्ति हिटलरी फासिज्म के रूप में पैदा हुई थी, उसको नष्ट करने का सबसे अधिक श्रेय सोवियत की जनता को है। आज (1951) छह वर्ष बाद भी मानवता की प्रगति के रास्ते में फिर जबरदस्त बाधाएँ डाली जा रही हैं, लेकिन साथ ही मानवता बहुत आगे बढ़ चुकी है, बहुत सबल हो चुकी है। उस समय जर्मन पराजय के बाद स्तालिनग्राद में घूमते हुए मेरे मन में तरह-तरह कल्पनाएँ आई थीं। इस महान् विजय के बाद साम्यवाद के क्षेत्र के बढ़ने की पूरी सम्भावना थी। आज हम स्वतंत्र चीन का नवनिर्माण देख रहे हैं और उसकी प्रगति के वेग को देखकर दाँतों तले उँगली दबानी पड़ती है। लेकिन क्या स्तालिनग्राद ने अगर अपने कृतित्व को न दिखलाया होता, तो ऐसा हो सकता था?

मास्को को—पन्द्रह बजकर बीस मिनट पर हम फिर उड़े। कास्पियन के किनारे से यहाँ तक प्रायः वोल्गा को हम अपना मार्ग प्रदर्शक बनाकर आए थे, लेकिन अब हमारा पुष्पक विमान बाईं ओर मुड़ा। नीचे गाँवों के विशाल खेत शतरंज जैसे फैले हुए थे। कहीं-कहीं रास्ते में बादल आ जाते तो विमान उसके ऊपर से होकर चलने की कोशिश करता और कुछ समय के लिए भूमि का सुन्दर दृश्य आँखों से ओझल हो जाता। पाँच बजे के बाद अब हम ऐसी भूमि में आए, जहाँ देवदार के जंगल दिखाई पड़ते थे। मालूम होता था, धान के हरे-हरे खेत हैं। काकेशस की बड़ी-बड़ी पहाड़ियाँ यदि छोटे भीट्ठों-जैसी मालूम होती थीं, तो यहाँ

की छोटी-छोटी पहाड़ियों के बारे में तो कहना ही क्या है। गाँवों के घर अब लम्बे राजपथ के किनारे पाँती से बसे दिखाई पड़ रहे थे। राजपथ काफी चौड़े भी होंगे, किन्तु हमें ऊपर से सरल रेखा जैसे मालूम होते थे। बड़े-बड़े जलाशय छोटे-छोटे डबरों-जैसे दीख पड़ रहे थे। हाल ही में जुते और फसलवाले खेत रंग से साफ मालूम होते थे। नदियाँ सर्पाकार दीख पड़ रही थीं। नीचे रेल की चलती ट्रेन मालूम होती थी, कोई बड़ा साँप जा रहा है। एक जगह कुछ दूर तक बादल में चलना पड़ा। हमारे विमान के पंख पर कुछ छीटें भी पड़ीं। जगह-जगह बड़े-बड़े कस्बे आए। देवदार के जंगल और घने हुए। सात बजकर पाँच मिनट पर शाम के वक्त हम मास्को के विमान अड्डे पर पहुँच गए। शहर पार होते भी पाँच-सात मिनट लगे थे। मास्को के विशाल प्रासाद भी पहिले घरौंदे-जैसे ही मालूम हुए, किन्तु जैसे-जैसे विमान नीचे उतरा वैसे-वैसे उनकी सुन्दरता और विशालता बढ़ती गई।

आज की उड़ान तेहरान से बाकू 2-40 घंटे, बाकू से स्तालिनग्राद 4-55 घंटे, स्तालिनग्राद से मास्को 3-45 घंटे अर्थात कुल 10-50 घंटे हुई। विमान बाकू में 2-15 घंटा और स्तालिनग्राद में 50 मिनट ठहरा।

विमान के अड्डे पर उतरते वक्त आशा थी कि तेहरान से इन्तूरिस्त ने लिख दिया होगा, इसलिए मास्को में उसका आदमी लेने के लिए आया रहेगा, किन्तु यहाँ किसी का कोई पता नहीं था। भाषा की दिक्कत थी, क्योंकि दूसरी यात्रा में जो कुछ सीखा था, वह भी करीब-करीब भूला जा चुका था। तेहरान के निवास का उपयोग रूसी सीखने के लिए कर सकते थे, किन्तु वहाँ दुविधा में पड़े थे। किसी तरह सामान विश्रामगृह में पहुँचाया। इन्तूरिस्त के पास फोन करना चाहा, तो किसी को उसका पता नहीं था। वस्तुत: युद्ध के कारण सैलानियों के लिए यात्रा की व्यवस्था करने का काम रह नहीं गया था, इसलिए पिछली दो यात्राओं में इन्तूरिस्त के जिस चुस्त प्रबन्ध को हमने देखा था, उसको इस वक्त नहीं पाया। बहुत पूछ-ताछ करने पर वहाँ किसी आदमी की प्राइवेट कार मिल गई, जिसके ड्राइवर ने दो सौ रूबल (प्राय: सवा सौ रुपये) में होटल तक पहुँचा देने का जिम्मा लिया। दो-एक जगह पूछताछ करने पर अन्त में इन्तूरिस्त के होटल में पहुँच गए। कमरा खाली नहीं है—अंग्रेजी दूतावास में चले जाइए—कहा गया। उस समय भारतीय दूतावास नहीं था, अंग्रेजी दूतावास में किस परिचय के बल पर मैं जा सकता था। खैर, जरा ठहरने पर एक कमरा मिल गया। चीजें बहुत महँगी थीं, किन्तु वही जो राशन में नहीं थीं। मैंने सोचा था, राजधानी के नर-नारियों पर युद्ध का बड़ा प्रभाव पड़ा होगा। लेकिन सड़कों पर भीड़ में मैंने किसी के शरीर पर फटे कपड़े नहीं देखे, और न ही चेहरों पर चिन्ता की छाप थी। अपने बारे में सोचने लगा-सौ पौंड का चैक लेकर मैं आया हूँ, जिसमें आठ पौंड तो मोटर के ही निकल गए। चीजें जितनी महँगी थीं, अगर अपने पौंडों के भरोसे रहना होता,

तो उनका क्या बनता? रात को रहने के लिए जो कमरा मिला, वह बहुत साफ-सुथरा था। उसमें तीन बत्तियाँ थीं, शीशेदार अलमारी, दो चारपाइयाँ, तीन कुर्सियाँ, दो मेज, नीचे अच्छी कालीन बिछी हुई थी। हाँ, एक लिहाफ कुछ पुराना जरूर था। दीवार पर एक सुन्दर तस्वीर भी टँगी हुई थी। संक्षेप में, स्वच्छता और आराम की कोई कमी नहीं थी। मैं अगले दिन (4 जून) स्त्रेला (शर) डाक से जाने का निश्चय करके आराम से सो गया।

लेनिनग्राद में

मास्को से लेनिनग्राद को एक बहुत सीधी रेलवे है, जिसके ऊपर चलनेवाली तेज डाकगाड़ी का नाम स्त्रेला है। यह ट्रेन 651 किलोमीटर की यात्रा 17 घंटे में पूरी करती है। 301 रूबल (प्राय: 200 रु.) में दूसरे दरजे का टिकट मिला था। तार हमने लेनिनग्राद नहीं दिया, किन्तु इन्तूरिस्तवालों ने विश्वास दिलाया कि वह अपने ऑफिस को फोन कर देंगे। पिछली यात्रा में मैं जाड़े के दिनों में इस रास्ते से गुजरा था। उस समय सब जगह बरफ ही बरफ थी और देवदारों के दरख्त हरे दिखाई पड़ते थे। अब हम गर्मी में चल रहे थे, लेकिन इस गर्मी का हमारी गर्मी से कोई वास्ता नहीं। यह गर्मी हिमालय के बदरीनाथ-केदारनाथ जैसे स्थानों की गर्मी थी। बरफ कहीं नहीं थी। चारों ओर हरियाली ही हरियाली दिखाई पड़ती थी। बिना देखे विश्वास करना मुश्किल होता कि उत्तरी रूस इतना हरा-भरा देश है। ग्यारह बजे रात तक रात का कहीं पता नहीं था। लेनिनग्राद में तीन महीनेवाली सफेद रात आजकल चल रही थी। मास्को पर जर्मनों ने बम वर्षा की थी, किन्तु वह उनके अधिकार में नहीं जा सका। मास्को से कुछ ही मील दूर चलने पर युद्ध की ध्वंस-लीला दिखाई पड़ने लगी। कालिनिन (त्वेर) नगर के मकान ध्वस्त और कारखाने पस्त पड़े हुए थे। उनके निर्माण का काम अभी तेजी से नहीं हो रहा था। त्वेर का नाम आते ही मुझे यहाँ का प्राचीन नागरिक निकितिन याद आ गया, जो कि पहिला यूरोपीय था, जिसने भारत को देखा, वहाँ छह साल (1466-92 ई.)* रहा और उस पर एक पुस्तक लिखी। सोवियत की रेल-विशेषकर दूर जानेवाली ट्रेनें बड़े आराम की होती हैं। यहाँ की सभी रेलवे लाइनें बहुत चौड़ी हैं और डब्बे कुछ अधिक ऊँचे। श्रेणियाँ-प्रथम, द्वितीय, तृतीय नरम, तृतीय कड़ा। प्रथम श्रेणी में यात्रा करनेवाले बहुत ही कम होते हैं। तृतीय श्रेणी का नरम हमारे यहाँ के ड्योढ़े की जगह है, किन्तु आराम देने में वह हमारे यहाँ की द्वितीय श्रेणी से

* निकितिन की कुल यात्रा-अवधि।

भी अच्छा है। वैसे तो कठोर तृतीय श्रेणी हमारे यहाँ के ड्योढ़े दर्जे से अच्छी है, उसमें गद्दा बाहर से मिलता है, रात के लिए तकिया और ओढ़ना भी मिल जाता है। सबसे बड़ी बात यह है कि यात्री को लम्बी यात्रा में भीड़ के मारे परेशान होना नहीं पड़ता। हर कम्पार्टमेंट में दो नीचे और दो ऊपर सीटें होती हैं। एक सीट एक आदमी के लिए टिकट लेते ही रिजर्व हो जाती है, क्योंकि रेलवे टिकटों में ट्रेन-नम्बर, गाड़ी-नम्बर, कम्पार्टमेंट-नम्बर और सीट-नम्बर दर्ज रहता है। आपने जिस सीट का टिकट ले लिया, उस पर कोई और नहीं आ सकता। हरेक डब्बे में एक-एक कंडक्टर होता है, जो टिकट लेकर आपकी जगह ही नहीं बतला देता, बल्कि डब्बे की सफाई और चाय बनाकर भी पिला देता है। हमारे कम्पार्ट में मुझे लेकर चार आदमी थे, जिसमें एक साइबेरिया की रूसी लड़की छुट्टियों में अपनी सखी से मिलने लेनिनग्राद जा रही थी। वह मेडिकल कालेज की छात्रा थी। अभी भाषा के कुछ दर्जन शब्द ही मालूम थे, इसलिए साथियों से अधिक बात क्या कर सकता था? वैसे रूसी लोग बहुत मिलनसार होते हैं, वह अंग्रेजों की तरह अपरिचित के साथ मुँह फुलाकर यात्रा नहीं करते। अभी बाजार दर का भाव नहीं मालूम हुआ था, न यही पता था कि राशन कार्ड और बिना कार्ड से मिलनेवाली चीजों के भाव में अन्तर है। एक लेमीनाद की बोतल के लिए जब सोलह रूबल (दस रुपया) देना पड़ा, तो न जाने कैसा मालूम हुआ।

रात को सो गए। सबेरे चार बजे उठे तो मालूम हुआ न जाने कब से सबेरा हुआ है। अब लेनिनग्राद 6 घंटे का रास्ता और रह गया था। युद्ध का भीषण दृश्य वर्षों बाद भी दिखाई पड़ रहा था। गाँव उजड़े हुए थे। जहाँ-तहाँ मोर्चेबन्दियाँ अब भी खड़ी थीं। जहाँ कभी देवदार के जंगल रहे होंगे, वहाँ आज छिन्न-मस्तक कितने ही ठूँठ दिखाई पड़ रहे थे। इन देवदार वनों को अपने स्वाभाविक रूप में आने में वर्षों लगेंगे। ट्रेन लेनिनग्राद के उपनगर में पहुँची। युद्ध के पहिले लेनिनग्राद तीन लाख से अधिक आबादी का एक विशाल नगर था, उसका उपनगर दूर तक फैला हुआ था। लेनिनग्राद पर भीषण बम वर्षा हुई थी। प्राय: नौ सौ दिन तक जर्मन सेनाओं ने इस नगर को घेरे रक्खा और ऐसी बमबारी तथा नाकेबन्दी कर रक्खी थी कि यदि दूसरा नगर होता, तो उसने कब का आत्मसमर्पण कर दिया होता। उपनगर में सचमुच ही ईंट से ईंट बज गई थी। दीवारें भी शायद ही कुछ हाथ खड़ी थीं। अगर दीवारें कहीं दिखाई भी पड़तीं, तो उन पर छतों का पता नहीं था, अधिकांश घर तो भूमिसात् हो गए थे। रेलवे लाइन के आस-पास उल्टी मालगाड़ियाँ या उनके डब्बे पड़े हुए थे। जगह-जगह कितने हथियारों के लोहे भी मौजूद थे।

आखिर दस बजे ट्रेन लेनिनग्राद नगर में पहुँची। उस समय आसमान में बादल घिरा हुआ था, कुछ हल्की-सी बूँदें भी पड़ रही थीं। मुझे डर लग रहा था, कि कहीं यहाँ भी इन्तूरिस्त का आदमी नहीं आया तो परेशान होना पड़ेगा। किन्तु

ट्रेन के प्लेटफार्म पर खड़े होने के साथ ही इन्तूरिस्त का आदमी हमारे डब्बे के पास मौजूद था। उसने अपनी टैक्सी में हमारा सामान रखवाया और सीधे अस्तोरिया होटल के 110 नम्बरवाले कमरे में पहुँचा दिया। जारशाही के जमाने में यह बहुत ऊँचे दरजे का होटल था, जहाँ सामन्त और शाही मेहमान ठहरा करते थे। अब भी साज-सजावट का सामान काफी था। पिछली बार जब मैं लेनिनग्राद आया था तो इन्तूरिस्त का दफ्तर यूरोपी होटल में था। शारीरिक और मानसिक श्रम की आमदनी को छोड़कर और किसी भी आय को वैध नहीं मानने से यह कहने की आवश्यकता नहीं, कि यहाँ दुकानें ही नहीं, होटल भी किसी व्यक्ति या व्यापारिक कम्पनी की सम्पत्ति नहीं हैं। इन्तूरिस्त एक बहुत ही मालदार सरकारी एजेन्सी है, जिसके पास शहरों में बड़े-बड़े होटल, सैकड़ों बसें और कारें तथा हजारों कर्मचारी मौजूद हैं। होटल में अपने कमरे में पहुँचकर अब अनिश्चित अवस्था से निश्चित अवस्था में तो मैं पहुँच गया था। लोला मौजूद थी। लेकिन मैंने इतनी-भर खबर तेहरान से दी थी कि मैं अब आ सकता हूँ। तारीख जब निश्चित मालूम हुई तो तार नहीं दे सका। होटल से लेनिनग्राद विश्वविद्यालय के रेक्तर (चांसलर) के पास अपने आने की सूचना फोन से दिलवा दी। फिर सोचा, प्रतीक्षा करने से अच्छा यही है कि लोला के घर ही हो आएँ। भोजनोपरान्त इन्तूरिस्त की कार ली और त्काचेई मुहल्ले में ढूँढ़ते-ढूँढ़ते उस घर में पहुँच गए। यह डर था कि मंगल का दिन होने से लोला विश्वविद्यालय में काम करने गई होगी। उसके गृह नियंत्रण कार्यालय में पता लगाया। मालूम हुआ, ईगर बालोद्यान में है। इन्तूरिस्त की दुभाषिया महिला ने पूछा—तुम ईगर को पहचानती हो? उसने हँसते हुए मजाक के स्वर में कहा—उसे कौन नहीं पहिचानेगा, ऐसा ही काला जैसा बाप। सचमुच हमारे भारत में जिनको गोरा कहते हैं, वे भी गोरों के समुद्र में जाकर काले मालूम होते हैं। हमने बालोद्यान देखने की जरूरत नहीं समझी और तीन बजे होटल लौट आए। तब तक लोला को पता लग गया था और वह होटल में आकर मेरी प्रतीक्षा कर रही थी। हमने अपना सामान वहीं छोड़ दिया और त्रामबाय पकड़कर त्काचेई का रास्ता लिया। घंटे भर का रास्ता था। त्रामों के अलग-अलग नम्बर रहते हैं, यदि अपनी त्राम न पकड़ते, तो कई जगह बदलना पड़ता। पहिले हम दोनों बालोद्यान गए। ईगर अपने समवयस्क लड़कों में खेल रहा था। रूस में लड़के हों या सयाने, उनमें वर्ण-भेद की भावना नहीं पाई जाती। एक एंग्लो-इंडियन महिला एक दिन बतला रही थी—एक यूरोपियन स्कूल में शिक्षिका रहते समय उनको कैसे कड़वे अनुभव हुए। लड़के काली औरत कह के मजाक करते थे। एक छोटा सा बच्चा समझ नहीं पाता था कि हमारी शिक्षिका जब हमारी तरह अंग्रेजी बोलती हैं तो इनका रंग दूसरा कैसे है। वह उनके हाथ पर उँगली रगड़कर देख रहा था कि कहीं रंग ऊपर से पोता तो नहीं है। यही नहीं, अंग्रेज बच्चे उसे काली कहकर आपस में

परिहास करते थे। सोवियत में इस तरह की हीनभावना की गुंजाइश न बड़ों में है, न छोटों में। ईगर के बालोद्यान के सौ-सवा सौ लड़कों में वही एक था, जिसके बाल काले थे, जिसका रंग दूसरों के रंग से फरक रखता था। रोमनी (जिप्सी) लोग शताब्दियों पहिले भारत से गए तो भी उनके बाल काले और रंग प्राय: हमारे यहाँ के गोरे रंग के आदमियों जैसा होता है। लड़के ईगर को सिगान (रोमनी) कहते, तो वह इनकार करते हुए अपने को 'इन्दुस' (हिन्दू) कहता। ईगर अपने समवयस्क लड़कों में सबसे अधिक लम्बा था, यद्यपि उतना मोटा ताजा नहीं था। हम बात क्या कर सकते थे, अभी तो भाषा की पूँजी बहुत कम थी, किन्तु स्नेह प्रकट करने के लिए भाषा की आवश्यकता नहीं होती।

लोला अब वही लोला नहीं थी, जिसे सात बरस पहिले हमने देखा था। लेनिनग्राद के नौ सौ दिनों के घिरावे का प्रभाव पुराने परिचत प्राय: सभी चेहरों पर दिखाई पड़ता था। लोला बूढ़ी मालूम होती थी। सौन्दर्य और स्वास्थ में फूल की जैसी खिली दत्तभाई की बीवी ल्यूबा की भी यही हालत थी। नगर का दीर्घकाल-व्यापी घिराव क्या होता है, इसका अनुमान दूसरा आदमी मुश्किल से कर सकता था। 1941-42 के जाड़ों में घिरावे ने बड़ा भीषण रूप लिया था, उस समय का राशनकार्ड चार्ट बतला रहा था कि सितम्बर में प्रति व्यक्ति 300 ग्राम रोटी मिली, अक्टूबर में 200 ग्राम, नवम्बर में 150 और फिर 125 ग्राम। जहाँ आदमी के लिए और अन्नों के साथ हजार-बारह सौ ग्राम रोटी की आवश्यकता होती है, वहाँ सवा सौ ग्राम में कैसे गुजारा हो सकता है? लेकिन किसी तरह जीवन-रक्षा करनी थी। लोला बतला रही थी—राशन में मिले रोटी के खंड को लाकर मैंने मेज पर चाकू से काटा। बड़ा टुकड़ा ईगर को दिया और छोटा भी रख छोड़ा। काटते वक्त रोटी के कुछ कनके मेज पर गिर गए। ईगर ने जीभ से अँगुली तर करके उसको भी चुन-चुनकर खा लिया। लोग जूतों के तल्लों को उबालकर खाते थे। सरेस भी नहीं बचता था। एक महिला ने कितने ही दिनों तक वार्निश उवालकर खाया, जिसके कारण उसकी अंतड़ी हमेशा के लिए खराब हो गई। लेनिनग्राद का कोई घर नहीं था, जिसके अनेक आदमी उस समय न मरे हों। लोला की बहन भूखों मर गई। उसका बहनोई भी भूखों मर गया।

यद्यपि उपनगर में जितनी प्रलयलीला देखी थी, उतनी नगर के भीतर नहीं थी, किन्तु तो भी घने बसे मुहल्लों में भी कितने ही मकान गिरे, जले या छतों के बिना खड़े थे। त्काचेई की अट्ठाईसवीं गृहश्रेणी में हम रहते थे। हमारे पीछे कई एकड़ जमीन खाली पड़ी थी, जहाँ किसी वक्त दुमंजिले लकड़ी की दीवारोंवाले घर खड़े थे। बम-वर्षा में सब जल गए। लन्दन में होता तो यह भूमि खाली पड़ी रहती। लेकिन रूस में यह सम्भव नहीं है। सारी जमीन को क्यारी-क्यारी बना के लोगों ने बाँट लिया था। कहने को त्काचेई अपने नाम से जुलाहों (त्कांच) का

मुहल्ला जान पड़ता है, लेकिन यहाँ केवल जुलाहे ही नहीं रहते। मजदूर काफी संख्या में रहते हैं, लेकिन उन्हीं के पड़ोस में प्रोफेसर, डॉक्टर, इंजीनियर, क्लर्क सभी तरह के लोग रहते हैं। जो पहिले नगर में पहुँचे, उन्होंने एक-एक टुकड़ा जमीन का ले लिया। लोला के पास भी एक छोटी-सी क्यारी थी, जिसमें कुछ प्याज और गाजर लगा था। डेढ़ मन आलू की आशा विफल नहीं हुई। रोज घंटा भर अपने खेत में दे देना किसी के लिए मुश्किल नहीं था।

मुझे अब भाषा सीखने की चिन्ता थी। यूनिवर्सिटी तथा दूसरे शिक्षणालय अब बन्द थे या हो रहे थे। सभी शिक्षण संस्थाएँ एक सितम्बर को खुलनेवाली थीं। तीन महीने का समय मेरे पास था, जिसमें मैं रूसी भाषा का ज्ञान बढ़ा लेना चाहता था, क्योंकि मालूम था, छात्रों को पढ़ाने के लिए रूसी छोड़ दूसरा कोई माध्यम नहीं है। 9 जून को यूनिवर्सिटी के रेक्तर के पास आवेदनपत्र दे दिया। सब अच्छा था, लेकिन यूनिवर्सिटी हमारे रहने की जगह से पाँच-छह मील से कम दूर नहीं थी। रोज आने-जाने में ढाई-तीन घंटे त्रामवाय में लगने जा रहे थे, सबेरे और शाम को उसमें इतनी भीड़ होती थी कि भीतर घुस जाने पर भी बैठने की जगह मुश्किल से मिलती। बीस घंटे की रात और चार घंटे का दिन तो हम अपनी पिछली यात्रा में भी देख गए थे, लेकिन इस वक्त तो बीस घंटे का दिन और चार घंटे की रात भी नहीं कह सकते थे, क्योंकि चार घंटे की रात को भी गोधूलि और उषा ने आपस में बाँट लिया था। लम्बा दिन होने पर भी गर्मी और पसीने का पता नहीं था। इतना लम्बा दिन होने पर भी मुझे तो वह छोटा ही मालूम होता था। अधिकतर समय मेरा घर पर ही बीतता था, और कभी-कभी बाहर निकलता था। युद्ध का प्रभाव घरों पर ही नहीं दिखाई पड़ता था, बल्कि उसी के कारण पुरुषों से स्त्रियों की संख्या अधिक थी। यूनिवर्सिटी अभी बन्द नहीं हुई थी। वहाँ तो इस समय बीस सैकड़ा (प्रतिशत) भी लड़के नहीं थे। ट्राम चलानेवाली स्त्रियाँ थीं। टिकट बाँटनेवाली स्त्रियाँ थीं। दुकान और दफ्तर का काम स्त्रियाँ कर रही थीं। यहाँ तक कि चौरस्तों पर रास्ता दिखानेवाली पुलिस में भी मुश्किल से ही कहीं पुरुष दिखाई पड़ता। काले चमड़े नहीं, काले बालों का भी अब पता मुश्किल से मिलता था। रूसी लोगों के बाल पीले, या भूरे होते हैं। उनके चेहरे का रूप-रंग भी अपना होता है—नाक छोटी और नोक पर कुछ उठी, चेहरा चौड़ा और गोल।

लेनिनग्राद विश्वविद्यालय ने ही मुझे पढ़ाने के लिए बुलाया था लेकिन नियुक्ति के लिए कितनी ही कागजी कार्यवाही करनी थी, जिसमें स्वस्थ होने के लिए डॉक्टरी सर्टीफिकेट भी देना पड़ा—छूत की बीमारी कहीं न हो।

27 जून को लेनिनग्राद पहुँचे मुझे 23 दिन हो गए थे। अब मैं उसे अपना नगर-सा मानने लगा था। एक दिन पता लगा कि डॉक्टर मेघनाथ साहा आए हुए हैं और मुझे ढूँढ़ रहे हैं। मुझे चार बजे यह भी पता लगा कि वह पाँच बजे ही

लेनिनग्राद छोड़नेवाले हैं। दौड़ा-दौड़ा अस्तोरिया होटल पहुँचा, जहाँ उनसे भेंट हुई। बहुत लम्बी बात करने का अवसर नहीं था। डॉ. साहा दो सप्ताह के लिए रूस आए थे, और देखने के लिए इतना समय अपर्याप्त था। सोवियत साइंस अकादमी की 220वीं जयन्ती थी, इसी महोत्सव के लिए साहा दुनिया के और बड़े-बड़े साइंस-वेत्ताओं की तरह सोवियत द्वारा निमंत्रित होकर आए थे।

मेरे पास अभी रेडियो नहीं था, भारत की खबरों के पाने का कोई साधन नहीं था, रूसी पत्रों में शायद ही कभी दो-चार पंक्तियाँ देखने में आतीं। वैसे चौबीस घंटे में 20-21 घंटे बराबर बोलते रहनेवाला रेडियो लेनिनग्राद के हजारों घरों की तरह हमारे घर में भी लगा था, लेकिन भारत की खबर जानने की उत्सुकता पूरी नहीं होती थी। डॉ. साहा ने बतलाया कि "कांग्रेस नेता जेलों से छोड़ दिये गए हैं। जिस वक्त मैं भारत से चला, उस वक्त कांग्रेसी नेता शिमला में वायसराय से बातचीत करने में व्यस्त थे।" अंग्रेजों ने जिस चाल के साथ समझौता करने के लिए बातचीत शुरू की थी और जो शर्तें रक्खी थीं, उनको बतलाते हुए डॉ. साहा ने कहा—"पूँजीवादी ढाँचे में इससे और अधिक क्या उम्मीद की जा सकती है।" भिन्न-भिन्न देशों के जो विद्वान् अकादमी की जुबली में शरीक होने के लिए आए थे, वह अपना सन्देश लाए थे। डॉ. साहा को पहिले खयाल नहीं आया। यहाँ आने पर जब उन्हें सन्देश देने के लिए कहा गया तो उन्होंने एक सन्देश तैयार किया। भारत की उन खूसट खोपड़ियों में डॉ. मेघनाथ साहा नहीं हैं, जो दूसरे देशों में जाकर अंग्रेजी को सर्वेसर्वा मानने में जातीय अपमान का खयाल नहीं करते। उन्होंने अपने सन्देश की अंग्रेजी कापी मुझे देकर कहा—मैं नहीं चाहता कि मेरा सन्देश अंग्रेजी में जाए। इसे हमारी भारतीय भाषा में होना चाहिए चाहे हिन्दी में हो या बांग्ला में, किन्तु मैं पसन्द करूँगा कि वह संस्कृत में हो। उन्होंने कहा कि इसे संस्कृत में अनुवादित कर यहीं अच्छी तरह छपवाकर दे दें। मैंने अनुवाद तो कर दिया, किन्तु नागरी अक्षरों की उतनी सुन्दर छपाई का वहाँ प्रबन्ध नहीं हो सकता था, इसलिए उसे डॉक्टर साहा के पास भेज दिया। उनका सन्देश निम्न प्रकार था—

भारत का अभिनन्दन

"भारत की जनता, एक सौ इकसठ बरस पहिले स्थापित बंगाल-रॉयल-एसियाटिक सोसायटी और भारतीय वैज्ञानिक परिषदों और सभाओं के संघ के रूप में स्थित राष्ट्रीय विज्ञान प्रतिष्ठान की ओर से सोवियत समाजवादी गणराज्य संघ की विज्ञान अकादमी का अपने अस्तित्त्व के दो सौ बीस बरस पूरा करने के उपलक्ष में अभिनन्दन करता हूँ। क्रान्ति के पहिले भी विज्ञान और साहित्य के क्षेत्र में अकादमी ने जो सफलताएँ प्राप्त की थीं, उन्हें विज्ञान के इतिहास में सुनहले

अक्षरों में लिखा गया है। भारतीय विद्या के क्षेत्र में रूसी प्रतिभाओं की अद्वितीय देन, राथ और बोथलिंक के *महान् वैदिक कोश* को—जो कि लेनिनग्राद में करीब सत्तर बरस पहिले प्रकाशित हुआ—भारत बड़ी कृतज्ञतापूर्वक याद करता है। *बौद्ध शास्त्र* के महान् विद्वान् अकादमिक श्चेर्वात्स्की—जिन्होंने दो साल पूर्व निर्वाण प्राप्त किया—की गम्भीर देनों को भी भारत बड़ी कृतज्ञतापूर्वक याद करता है।

"क्रान्ति के बाद अकादमी को जो बल और उत्तरदायित्व प्रदान किया गया, उससे उसने रूस में महान् टेक्नोलॉजिकल क्रान्ति लाने में बड़ा ही महत्त्वपूर्ण हिस्सा लिया। पिछले पच्चीस बरसों में सोवियत रूस ने जो महत्त्वपूर्ण सफलताएँ प्राप्त की हैं, वह भारत के लिए एक ही महती प्रेरणा का काम देती हैं। हमारे हृदयों में वह इस बात की नई आशा और प्रेरणा देती हैं कि हम अपने त्रिविध शत्रुओं—दरिद्रता, रोग और निरन्तर खाद्याभाव से संयुक्त बल से लड़ें। भारत सोवियत समाजवादी गणराज्य संघ की गौरवशाली और सफलतापूर्वक सिद्धियों तथा राजनीतिक, आर्थिक, टेक्नोलॉजिकल और धार्मिक—इन चार प्रकार की क्रान्तियों में सोवियत समाजवादी गणराज्य संघ की गौरवशाली साधनाओं के लिए साधुवाद देने में दुनिया के दूसरे देशों के साथ है।"

अपने सात महीने की तपस्या के बाद लेनिनग्राद में पहुँचकर पुराने मित्रों कलियानोफ, विस्क्रोव्नी, सुलेकिन आदि से मिलकर खुशी होनी ही चाहिए थी, किन्तु इस बात का खेद होता था, कि अकादमिक श्चेर्वात्स्की का वह प्रसन्न मुख और वह गम्भीर संलाप अब प्राप्त नहीं होगा। सोवियत भूमि की अपनी द्वितीय यात्रा मैंने उन्हीं के निमंत्रण पर की थी। उस समय मैं कुछ ही महीनों रह सका था, लेकिन उतने ही में हमारी घनिष्टता इतनी बढ़ गई थी कि मालूम होता था, हम युगों से एक-दूसरे के साथ अत्यन्त घनिष्ट सम्बन्ध रखते आए थे। मेरे भारत लौटने के बाद भी उसका बार-बार आग्रह था कि मैं अब की दीर्घकाल के लिए लेनिनग्राद आऊँ। वह इसकी कोशिश भी कर रहे थे कि इसी में महायुद्ध छिड़ गया। रूस पर भी हिटलर ने आक्रमण कर दिया। लेनिनग्राद घिर गया। उस समय सोवियत सरकार ने अपनी दूसरी बहुत-सी कला तथा विद्या सम्बन्धी निधियों के साथ डॉक्टर श्चेर्वात्स्की-जैसी प्रतिभा-निधियों को भी हवाई जहाज से दूर हटाया और साल ही भर बाद उत्तरी कजाकस्तान के रम्य स्थान बरोवा में उन्होंने अपनी जीवन लीला समाप्त की।

मैं यूनिवर्सिटी का प्रोफेसर नियुक्त हो गया था। अब पहिली सितम्बर तक के समय को मुझे भाषा की तैयारी तथा दूसरे कामों में बिताना था। प्रोफेसर से आशा की जाती है कि वह अपने अनुसन्धान का काम भी करेगा, जिसके लिए उसको समय मिलना चाहिए, इसीलिए समय देने में इसका खयाल रखा जाता है। मुझे हफ्ते में बारह घंटे पढ़ाना था, जिसको भी इस तरह से रखा गया था कि तीन दिन ही यूनिवर्सिटी जाने की जरूरत पड़े। रविवार का दिन तो साधारण छुट्टी का था ही।

डॉ. श्चेर्वात्स्की से मेरा जो सम्बन्ध था, उसके कारण डॉक्टर वरान्निकोफ का भाव मेरे प्रति पहिले कुछ अच्छा नहीं था। उनकी और डॉ. श्चेर्वात्स्की की कुछ खटपट-सी थी। उनको यह मालूम नहीं था कि मैं उनके काम को बड़े महत्त्व की दृष्टि से देखता हूँ। वरान्निकोफ यद्यपि संस्कृत और पश्चिम की दूसरी पुरानी भाषाओं के भी अच्छे पंडित हैं, लेकिन उन्होंने अपने अनुसन्धान का काम अधिकतर आधुनिक भारतीय भाषाओं—रोमनी, हिन्दी आदि के बारे में किया है। पश्चिमी देशों में संस्कृत जैसी प्राचीन और मृत भाषाओं के अनुसन्धान को ही उच्चश्रेणी का समझा जाता है। इसलिए डॉ. वरान्निकोफ के अनुसन्धानों को पुराने ढंग के विद्वान् उतना महत्त्व नहीं देते थे। किन्तु यह ठीक नहीं था। आजकल जीवित भाषाओं का भी भाषातत्त्व, इतिहास और समाजशास्त्र के अनुसन्धानों में बहुत महत्त्व है। मैं स्वयं हिन्दी साहित्य का एक लेखक ठहरा, फिर कैसे हो सकता था कि मैं डॉ. वरान्निकोफ के काम को महत्त्व न देता। लेकिन वह समझते थे कि डॉ. श्चेर्वात्स्की की तरह दोस्त, संस्कृति का पंडित और संस्कृत सम्बन्धी अनुसन्धान से सम्बन्ध रखनेवाले तिब्बती और पालि साहित्य का विशेषज्ञ होने से मेरे भाव भी उनके काम के प्रति वैसे ही होंगे। डॉ. वरान्निकोफ बड़े प्रतिभाशाली विद्वान् हैं और साथ ही बड़े परिश्रमी भी। तरुणाई में जब उन्हें रोमनी भाषा के अध्ययन का शौक हुआ तो कितने ही दिन रोमनियों के डेरों में बिताए। लेकिन वह बड़े लज्जालु प्रकृति के हैं। बाज वक्त तो मालूम होता कि उनके मुँह में जबान ही नहीं है। मैं पहिले भी उनकी कुछ कृतियों को पढ़ चुका था और अब की तो और पढ़ने तथा साथ काम करने का मौका मिला था, इसलिए मैं उनका प्रशंसक रहा।

पौने तीन महीने की इस छुट्टी में रूसी भाषा और दूसरी पुस्तकों के अध्ययन के अतिरिक्त कुछ इधर-उधर घूमना, लेनिनग्राद के भिन्न-भिन्न स्थानों को देखना तथा मित्रों से मिलना, यही काम था। जुलाई-अगस्त में यद्यपि विश्वविद्यालय बन्द हो गया था, किन्तु अध्यापकों और विद्यार्थियों को पुस्तकों की आवश्यकता छुट्टी के दिनों में भी हो सकती है, इसलिए यूनिवर्सिटी के प्राच्य और दूसरे विभागों के पुस्तकालय बराबर खुले रहते थे। इससे पुस्तकों का बड़ा सुभीता था। यूनिवर्सिटी का एक केन्द्रीय पुस्तकालय था, फिर उसके विभागों के अलग-अलग पुस्तकालय भी थे। जिनमें से हमारे प्राच्य विभाग के पुस्तकालय में चार लाख से भी ऊपर पुस्तकें थीं। तुलना कीजिए इससे इलाहाबाद विश्वविद्यालय के पुस्तकालय से, जिसमें पुस्तकों की संख्या मुश्किल से आधे लाख हैं। पुस्तकों के सिलसिले में मैं अकसर प्राच्य पुस्तकालय में जाता था। सारे विश्वविद्यालय में स्त्री-राज्य था। जब छात्रों में लड़कों की संख्या पन्द्रह और बीस सैकड़ा हो तो पुस्तकालय के बारे में क्या कहना है—पुस्तकालय तो खास तौर से स्त्रियों का विभाग समझा जाता है। 30 जुलाई को मैं पुस्तकालय में था, वहाँ की महिलाएँ पत्र में छपी एक कहानी

को बड़े गौर से पढ़ रही थीं। उन्होंने आग्रहपूर्वक लोला को भी उसे पढ़ने के लिए कहा। मैं भी दो महीने में कुछ-कुछ टी-टाकर पढ़ने लगा था और कुछ दूसरों ने भी सहायता की, इसलिए कहानी का सारांश मालूम हो गया। कहानी का नायक एक सैनिक अफसर युद्ध क्षेत्र में था। वहाँ किसी तरुणी से उसका प्रेम हो गया। लड़ाई के समय तक तो दोनों प्रेमी मिलते रहे। लड़ाई खतम हो गई, सैनिक घर लौटने लगे। अफसर घर आया। तरुणी आशा करती थी कि उसका प्रेमी अवश्य उसके पास आएगा, किन्तु देर तक प्रतीक्षा करने पर भी जब नहीं आया, तो तरुणी अपने प्रेमी के घर पहुँची। देखती है, वहाँ एक 45 वर्षीया प्रौढ़ा अफसर की पत्नी मौजूद है। वह बहुत निराश हुई और अपने प्रेम का स्मरण दिलाते हुए अनुनय-विनय करने लगी, मगर अफसर अपनी प्रौढ़ा पत्नी को छोड़ने के लिए तैयार नहीं था। उसकी एक लड़की बच गई थी, दो बच्चे लेनिनग्राद के घेरे के समय मर चुके थे। अफसर अपनी पत्नी को छोड़कर उसे असहाय बनाने के लिए तैयार नहीं था। तरुणी को सावधान रहने की शिक्षा मिली और पुरुषों की निष्ठुरता के लिए गाली देते वह घर लौट गई।

सारी महिलाएँ इतने चाव से उस कहानी को क्यों पढ़ रही थीं? चार साल के खूनी युद्ध में स्त्री कहीं और पुरुष कहीं बिखर गए थे। बहुत-से सैनिकों के परिवार गाँव छोड़कर दूसरी जगह चले गए थे, जहाँ से भेंट मुलाकात की तो बात ही क्या, चिट्ठी-पत्री भी मुश्किल से आती थी। कितनी ही स्त्रियों ने समझ लिया, कि हमारा घरवाला अब जीवित नहीं होगा। उक्त कहानी जैसी घटनाएँ हर जगह पाई जाती थीं। बेर्था के सैनिक पति ने लाम पर जा दूसरी तरुणी से प्रेम कर लिया और बेर्था बेचारी मुँह ताकती रह गई। जेनिया का पति भी नये प्रेम में फँसकर न जाने कहाँ चला गया। अन्ना का पति महीनों से पत्र नहीं भेज रहा था, इसलिए वह भी चिन्तित थी। इस कहानी में ऐसी अभागी पत्नियों के पक्ष का समर्थन किया गया था, इसीलिए कहानी इतने ध्यान से पढ़ी जा रही थी।

अगस्त के पहिले हफ्ते में हमारे मकान के पीछे की क्यारियाँ बड़ी हरी-भरी थीं। यद्यपि खेतिहरों में से कुछ ने परिश्रम ही नहीं अधिक किया था, बल्कि अच्छी खाद के साथ दिमाग भी लगाया था। किन्तु लोला ने तो किसी तरह फावड़े से जमीन को खुरोचकर उसी तरह आलू काटकर ढाक दिये थे, जैसे बाढ़ के हटने पर बढ़या टाल (मुंगेर—जिला) के किसान साल में एक ही बार हल-बैल ले जाकर बीज डाल आते हैं और फिर काटने के ही समय उसका ध्यान रखते हैं। यद्यपि मकानों के सीमेंट के चूरन तथा दूसरी चीजें भी हमारी क्यारियों में पड़ी थीं, लेकिन जमीन स्वभावत: उर्वर थी, इसलिए आलू अभी ही दो-दो तीन-तीन तोले के हो गए थे।

8 अगस्त को शाम के वक्त 11 बजे रेडियो ने कहा—अभी हम मास्को से एक महत्त्वपूर्ण खबर देनेवाले हैं। लोला ने पूछा—क्या महत्त्वपूर्ण खबर होगी? मैंने

जब भी विलम्ब बिना किये कह दिया—जापान के साथ युद्ध घोषणा। दो मिनट बाद ही मास्को रेडियो को युद्ध-घोषणा करते सुनकर लोला को बहुत आश्चर्य हुआ। पूछा—कैसे तुमने बतलाया? मैंने कहा—"इंदुस् (हिन्दू) होने का फायदा क्या, यदि मैं इतना भी न बतला सकूँ?"

—नहीं-नहीं, सच बताओ।

मैंने कहा—यह कोई जोतिस का चमत्कार नहीं है। अन्तर्राष्ट्रीय परिस्थिति ऐसी ही है, बर्लिन में मित्र-शक्तियों के प्रतिनिधियों ने स्तालिन की माँगों का समर्थन किया है। इंग्लैंड की अन्तर्राष्ट्रीय नीति में भी परिवर्तन हुआ है। चीन के प्रधानमंत्री और विदेशमंत्री दो-दो बार मास्को पधार चुके हैं। मंगोलिया के प्रधानमंत्री का अभी-अभी मास्को में आगमन हुआ। हिटलर के पराजय के बाद जापान की पराजय निश्चय है। पूर्वी यूरोप में जिस तरह रूस ने अपना प्रभाव बढ़ाया, यदि पूर्वी एशिया में भी वह अपना प्रभाव उसी तरह बढ़ाना चाहता है, तो चीन से भगाकर जापान से घुटना टिकवाने के लिए रूस को उसके विरुद्ध युद्ध-घोषणा करनी आवश्यक है।

बाहरी दुनिया की खबर जानने का साधन इस वक्त मेरे पास केवल स्थानीय रेडियो और रूसी दैनिक थे। भाषा की कठिनाई के कारण बहुत माथापच्ची करने पर भी पचास प्रतिशत से अधिक मैं नहीं समझ पाता था।

नून-तेल-लकड़ी

नून-तेल-लकड़ी मानव की सबसे बड़ी समस्या है। देवता इसीलिए मनुष्य से बड़े हैं कि उनको नून-तेल-लकड़ी की चिन्ता नहीं है। भारत में तो आज (1951 के अन्त में) युद्ध के छह वर्षों बाद भी यह सबसे बड़ी समस्या है। राशन में पर्याप्त चीजें नहीं मिलतीं, जान पड़ता है अब अतिथि सेवा धर्म इस देश से उठ जाएगा। चीजें सभी मिल सकती हैं, यदि आप दुगुना-तिगुना दान देने के लिए तैयार हों। खाने-पीने की चीजों में शुद्धता का सवाल ही नहीं है। मैं अपनी दूसरी रूस-यात्रा से लौटते समय अफगानिस्तान और रूस की सीमा पर अवस्थित वक्षु नदी के दाहिने किनारे पर अवस्थित तेरमिज नगर में ठहरा हुआ था। व्यापार के सिलसिले में कुछ अफगानी भी उसी सराय में ठहरे थे। बेचारे हलाल-हराम का विचार करके मांस तथा बहुत-सी खाने की चीजें अपने साथ लाए थे, क्योंकि वह जानते थे कि सोवियत मध्य-एशिया में यद्यपि अब भी अब्दुल्ला, रहीम और करीम जैसे ही नाम सुनने में आते हैं, किन्तु वहाँ अब हलाल किये हुए जानवर का गोश्त मिलना मुश्किल है। लेकिन घर का लाया गोश्त कितने दिन ठहरता। जब वह खतम हो गया तो उन्हें चिन्ता पड़ी। वह ऐसे देश के रहनेवाले थे, जहाँ आदमी अभी पूरी तौर से घासखोर नहीं बना है। सराय के चौकीदार से मिन्नत करने पर उसने बड़े तपाक से कहा—हो, हम कलखोज से ताजा गोश्त ल्या देते हैं। मैंने चौकीदार से हँसकर पूछा—दोस्त, तुम कलखोज से हलाल गोश्त ल्या दोगे?

उसने हँसते हुए कहा—बेवकूफ हैं, जानवर को तकलीफ दे-देकर मार के जो गोश्त तैयार हो, उसको हलाल कहते हैं। अब ऐसे मारनेवाले हमारे देश में शायद ही कोई मुलंटा हो। इसी तरह हमारे यहाँ भी अभी शहरों के कुछ लोग शुद्ध घी की बात करते हैं और शुद्ध घी के नाम पर उनको मिलता है अशुद्ध वनस्पति। हिमालय के जौनसार और जौनपुर-जैसे सीधे-सादे पहाड़ी भी जब टिन के टिन दलदा इस अभिप्राय से ढोए लिये जाते हैं कि दूध में इसे मिलाकर मक्खन

निकाल के घी बना लेंगे और शुद्ध घी के नाम पर दुगुने दाम पर बाबू लोगों को बेच देंगे; तो हमारे नीचे के अधिक होशियार नागरिकों और ग्रामीणों की बात ही क्या करनी है। मैं तो मानता हूँ—यदि दलदा ही खाना है, तो बेवकूफ बनकर घी के नाम से क्यों खाया जाए।

मैं रूस में, जर्मनी की लड़ाई के समाप्त होने के थोड़ी ही देर बाद पहुँचा था। रूस की अन्नदायिका भूमि का बहुत बड़ा भाग जर्मनों के हाथ में चला गया था। अब उनके हाथ से मुक्त हो जाने के बाद भी वह युद्ध की ध्वंसलीला के कारण अभी इस अवस्था में नहीं थी कि पहिले का आधा भी अन्न दे। लेकिन रूसियों ने 'अधिक अन्न उपजाओ' का मजाक करके 'प्रोपेगेंडा' पर करोड़ों रुपया बेकारी खर्च नहीं किया बल्कि उन्होंने अन्न उपजाने के लिए नहरों के पानी और खाद की आवश्यकता होती है, इसे समझकर, उस ओर पूरा ध्यान दिया। बाबर की जन्मभूमि फरगाना के इलाके के किसानों ने कहा—हम अपना जांगर (शारीरिक परिश्रम) देने के लिए तैयार हैं, हमें इंजीनियर, और सिमेंट-लोहा आदि सामग्री सरकार दे, तो हम यहाँ एक बड़ी नहर खोद डालें। सरकार ने इंजीनियर और सीमेंट-लोहा-लकड़ी का ही इन्तजाम नहीं कर दिया, बल्कि देश के जन्म और मृत्यु के बीच में लटकते रहने के समय भी अपनी आँखों के सामने से विद्या और कला के महत्त्व को हटने नहीं दिया। उन्होंने कुछ इतिहासज्ञ और पुरातत्वज्ञ भी वहाँ भेज दिये, किसानों को समझाने के लिए उनकी मातृभाषाओं में छोटे-छोटे पम्पलेट छापकर बाँटे, जिसमें कहा गया था—साथियो, ध्यान रखना, यह नहर उस भूमि पर से जा रही है, जहाँ से कि चीन से यूरोप जानेवाला रेशमी-पथ डेढ़ हजार वर्षों तक चलता रहा। उस समय यहाँ अच्छे-अच्छे नगर थे, जो पीछे की लड़ाइयों में ध्वस्त हो गए। यहाँ पर ऐसी ऐतिहासिक पुरातात्विक महत्त्व की चीजें मिलेंगी, जिनसे हमारे इतिहास के ऊपर नया प्रकाश पड़ेगा, इसलिए खुदाई करते समय ध्यान रखना, जिसमें यहाँ से निकली कोई ईंट-मृद्पात्र, मूर्ति या और कोई चीज फावड़े-कुदाल से टूटने न पाए। इतना ही नहीं, बल्कि सरकार ने पुरातात्विक सामग्री इकट्ठा करने के लिए वहाँ बाईस लारियाँ रख दीं, जो सामग्री को सुरक्षित स्थान पर पहुँचाती थीं। फरगाना जैसी और भी कितनी नहरें लड़ाई के समय में सोवियत राष्ट्र में बनाई गईं, जिनके कारण वहाँ अन्न की उपज बढ़ाने में खूव सफलता मिली। राशन का प्रबन्ध इतना अच्छा था कि आदमी के लिए आवश्यक चीजें सस्ते दामों में मिल जाती थीं। जुलाई का जो राशनकार्ड हमें मिला था, उसमें महीने भर के लिए निम्न परिमाण में चीजें मिलती थीं—

चीनी 900 ग्राम : 50 (ग्राम के 18 टुकड़े)
क्रुपा (खिचड़ी के लिए गेहूँ या चना) 1960 ग्राम
मांस-मछली 1800 ग्राम

मक्खन 800 ग्राम
रोटी (काली) 12,400 (400 ग्राम के इकतीस टुकड़े)
रोटी (सफेद) 6,200 ग्राम।

यह हमारे-जैसे वयस्कों के लिए थे। ईगर जैसे पाँच-छह साल के बच्चों के लिए चीजें निम्न प्रकार मिलती थीं—

क्रुपा 1200: ग्राम
मक्खन 400 ग्राम
रोटी (काली) 6200 ग्राम
रोटी (सफेद) 6200 ग्राम
चीनी 500 ग्राम।

बड़ों को प्रतिमास 22. किलोग्राम रोटी मिलती थी, और बच्चों को 14 किलोग्राम-किलोग्राम हजार ग्राम या प्रायः सवा सेर के बराबर होता है।

चोर-बाजारी का वहाँ नाम-निशान नहीं था, क्योंकि अपनी उपजाई चीजों के अतिरिक्त दूसरे की चीजों को खरीदकर अधिक नफे के साथ बेचनेवाला (बनिया) अपराधी समझा जाता था। राशन से चीजें सस्ती मिलती थीं, लेकिन यदि कोई राशन से अतिरिक्त खरीदना चाहता था तो उसके लिए सरकार ने राशनवाली दुकानों के अतिरिक्त बहुत-सी बिना राशन की दुकानें खोल रखी थीं, जहाँ आदमी दस गुनी बीस-गुनी कीमत पर चाहे जितनी मात्रा में चीजों को ले सकता था। इसी तरह अगर कोई अपने राशन की चीज को बेचकर बदले में दूसरी चीज खरीदना चाहता, तो उसमें कोई रुकावट नहीं थी। आप सिगरेट के शौकीन हैं और चीनी दूसरा का शौकीन है। आप अपनी सिगरेट को हाट में जाकर किसी आदमी को बीस गुने दाम पर दे दीजिए, और स्वयं भी चीनी की इच्छा न रखनेवाले आदमी से बीस-पच्चीस गुने दाम पर चीनी खरीद लीजिए। चीजों में मिलावट करना वहाँ सम्भव नहीं था, क्योंकि जनता के खाद्य में मिलावट करना भारी अपराध समझा जाता था, जिसके दंड से आदमी अपने को किसी तरह भी बचा नहीं सकता था। राशन की दुकानों और हाट की (रीनक) अथवा कलखोज (पंचायती खेती) वाली चीजों के दामों में कितना अन्तर था, यह मैं अपनी बीस जुलाई 1945 की डायरी से देता हूँ (दाम रूबल में हैं)—

चीज		राशन	रीनक या कलखोज
मांस	1 किलो	12	250
मछली	1 किलो	12	...
मक्खन	1 किलो	27	400
पनीर (अमेरिकन)	1 किलो	35	
पनीर (देशी)	1 किलो	31	
चीनी	1 किलो	5	200
अंडा (दर्जन)	6.50	96	
रोटी (सफेद)	1 किलो	2.12	50
रोटी (काली)	1 किलो	1.10	25
क्रुपा	1 किलो	2	
चावल	1 किलो	6.50	100
आलू	1 किलो	2	60
कपुस्ता (खट्टी गोभी)	1 किलो	1.50	30
चवीन (सोया)	1 किलो	4.60	50
मन्ना (जौ-चूर्ण)	1 किलो	4.40	
इसी प्रकार वस्त्र भी राशन और बेराशन का था—			
स्त्री-पोशाक (रेशम)		300	1000
स्त्री-पोशाक (सूती)		60	
गोलोस (बूट)		25	100
मोजा (रेशमी)		10	150
मोजा (सूती)		5	50

वहाँ कम से कम वेतनवाला ढाई-तीन सौ रूबल महीने में पाता था, और प्रत्येक घर में कम से कम दो कमानेवाले तथा साथ ही तीसरी या चौथी सन्तान के बाद का खर्च सरकार बर्दाश्त करती थी। लड़ाई के समय की असाधारण अवस्था

में राशन के कार्ड को देखने से मालूम होगा कि मनुष्य की अत्यावश्यक खाने-कपड़े जैसी चीजों को बहुत सस्ता रक्खा गया था। वहाँ के शासक अच्छी तरह जानते थे कि राशन में जो चीजें मिलती हैं, उतने ही से कितने ही लोग सन्तुष्ट नहीं हो सकते। जिनके पास अधिक पैसा है, वह और भी चीजें खरीदना चाहेंगे। यदि सरकार उनकी अतिरिक्त इच्छा और अतिरिक्त पैसे का कोई ठीक प्रबन्ध नहीं करती है, तो चोर-बाजारी का रास्ता खुल जाएगा, इसलिए सरकार ने अपनी बिना राशन की दुकानें भी खोल दी थीं। यदि आप अतिरिक्त पैसा खर्च करना चाहते हैं, तो आइए इन बिना राशन की दुकानों में दस-बीस गुना दाम चुकाइए और अपनी मनचाही चीज ले जाइए। शायद कुछ लोग इन बिना राशनवाली दुकानों की बात सुनकर झट कह उठेंगे-यह तो सरकार स्वयं चोर-बाजारी करने लगी। लेकिन सरकार न आपको पैसा खर्च करने के लिए मजबूर करती है और न दस गुना बीस गुना दाम किसी चोर-बाजारी सेठ के पाकेट में जाता है। यह अरबों रुपया जमा होकर सरकार की बड़ी-बड़ी आर्थिक योजनाओं में खर्च होता है, जिससे सारे देश की सम्पत्ति बढ़ेगी, उपज की वृद्धि से चीजों का दाम घटेगा, और पूरा लाभ उठाने का आपको मौका मिलेगा।

भोजन का प्रबन्ध लोग अपने घर में करते हैं। विश्वविद्यालय की वाइस चांसलर महिला को भी आप रोज अपने पाकशास्त्र का परिचय देते पाएँगे। तो भी ऐसा प्रबन्ध है, यदि आप किसी दिन या बरावर घर में खाना न बनाना चाहें, तो आपको अपना कार्ड देकर सस्ता और पुष्टिकारक भोजन मिल सकता है। इसके लिए हरेक मुहल्ले में सामूहिक भोजनालय है। कारखानों और विश्वविद्यालयों जैसी संस्थाओं में भी अपनी-अपनी सामूहिक भोजनशालाएँ तथा बूफेत (उपाहारगृह) है। जून (1945) को हमने विश्वविद्यालय के भोजनालय के खटरस को चखने का विचार किया। सवा रूबल (बारह आना) में सूप और कासा (मक्खन सहित चीनी की खिचड़ी) तृप्त होने भर के लिए मिली। जहाँ एक ओर हम राशन-टिकट पर बारह आने में पेट भर भोजन कर सकते थे, वहाँ राशन बिना सवा सेर मांस के लिए 250 रूवल, सवा सेर मक्खन के लिए 400 रूबल, सवा सेर चरबी के लिए 300 रूबल, सवा सेर चीनी के लिए 200 रूबल देना पड़ता। इन दोनों तरह के भावों को देखकर मेरी भी अक्ल पहिले चकराई थी, लेकिन जब मैंने देखा कि राशनकार्ड पर आदमी ढाई रूवल में दो वक्त पेट भर खा सकता है अर्थात 38-40 रुपये में महीने भर भोजन कर सकता है, तो सारा सन्देह दूर हो गया। वहाँ कोई बेकार नहीं था। यही नहीं बल्कि काम के लिए जितने आदमियों की आवश्यकता थी, उतने मिलते नहीं थे।

1946 की बात है। पूरब-पच्छिम दोनों तरफ की लड़ाइयाँ खत्म हो चुकी थीं और सोवियत जनता अपने पुनर्निर्माण के कार्य में बड़े जोर से लगी हुई थी। हिसाब

लगाने से मालूम हुआ कि कई लाख ऐसी स्त्रियाँ हैं, जो स्वयं काम न कर अपने पति या दूसरों की कमाई पर जीती हैं। यदि उन चालीस-पचास लाख कामचोर औरतों को काम में लगाया जा सके तो हलके कामों से हटाकर चालीस-पचास लाख पुरुषों को अधिक मेहनत के कामों पर लगाया जा सकता है, यह सोच सरकार ने नियम बना दिया कि अब से उन्हीं लोगों को राशन कार्ड मिलेगा, जो कि किसी राष्ट्रनिर्माण के कार्य में लगे हुए हैं, अथवा स्वास्थ्य, वार्धक्य आदि के कारण काम नहीं कर सकते। मेरे पड़ोस में एक जारशाही युग के मध्यवित्त कुल की प्रौढ़ा स्त्री थीं। पुराना संस्कार था, इसलिए काम करने की जगह सिंगारपटार करके उपन्यास पढ़ना उन्हें अधिक पसन्द था। इस नियम के लागू होते ही उन्हें काम करने के लिए मजबूर होना पड़ा, क्योंकि अब पति की कमाई से पन्द्रह-बीस गुना दाम देकर रोटी-मक्खन खरीदना बस की बात नहीं थी। हजार गाली देते हुए बेचारी को काम करने के लिए जाना पड़ा। काम भी कोई भारी नहीं था। किसी दफ्तर में लिखने-पढ़ने अथवा किसी राशन या बेराशन की दुकान में बेचने के लिए कुछ घंटे दे देना काफी था।

प्रोफेसरी

अबकी बार लेनिनग्राद विश्वविद्यालय में मुझे संस्कृत पढ़ाने के लिए निमंत्रित किया गया था। पहली बार मैं 1935 में जापान से लौटते वक्त यों ही रूस की यात्रा खड़े-खड़े कर आया था। उस समय मेरा वहाँ के विद्वानों से कोई सम्पर्क नहीं हो पाया, क्योंकि मास्को में एक-दो दिन से अधिक मैं ठहर नहीं सका था। फ्रांस में रहते समय (1932 में) प्रो. सेलवन लेवी ने डॉ. सर्ज ओल्दनदुर्ग के नाम एक परिचय-पत्र दे दिया था, किन्तु मैं उस समय रूस नहीं जा सका। डॉ. श्चेर्वात्स्की की पुस्तकों से मैं परिचित था और मेरे ग्रंथों तथा तिब्बत की खोजों से वह भी परिचित थे, इसलिए हम लोगों का पत्र-व्यवहार द्वारा परिचय ही नहीं, घनिष्ठता स्थापित हो चुकी थी। जब 1935 में मैं मास्को से लेनिनग्राद नहीं जा सका, तो उनको बहुत अफसोस हुआ था। उन्होंने 1937 में विशेष आग्रह से अकादमी की ओर से निमंत्रित करके मुझे बुलवाया था, किन्तु कई कारणों से मैं वहाँ कुछ ही महीने ठहर सका। अब युद्ध के समय तीसरी बार फिर मेरा जाने का इरादा हुआ और डॉक्टर श्चेर्वात्स्की के पूर्व प्रयत्नों के कारण लेनिनग्राद यूनिवर्सिटी ने मुझे संस्कृत पढ़ाने के लिए बुलाया था।

अध्यापन का काम मैंने थोड़ा ही किया था। भारत में जहाँ-तहाँ एकाध साल संस्कृत पढ़ाने के सिवा लंका में अवश्य डेढ़ वर्ष से ऊपर संस्कृत पढ़ाता रहा। लेकिन यहाँ मैं यूरोप की एक बहुत प्रतिष्ठित यूनिवर्सिटी में आधुनिक ढंग से संस्कृत पढ़नेवाले छात्रों का अध्यापक बना था। उसमें भी माध्मय न मैं संस्कृत को बना सकता था, क्योंकि विद्यार्थी अभी संस्कृत द्वारा पढ़ाने पर समझ नहीं सकते थे और न अंग्रेजी ही को। यद्यपि अंग्रेजी सभी कुछ पढ़े थे, किन्तु उनका ज्ञान अत्यन्त अल्प था। मैं साधारण विद्यार्थियों के अतिरिक्त वहाँ के अध्यापकों को भी दर्शन या काव्य के ऊँचे ग्रंथों को पढ़ाता था, जिसमें संस्कृत अवश्य सहायक होती थी। माध्यम की कठिनाई पहिले साल अवश्य रही, किन्तु वह ऐसी नहीं

थी, जिसके कारण, छात्रों को नुकसान होता। मेरी भाषा शुद्ध नहीं थी, कहीं-कहीं वह खिचड़ी भी होती थी, जिसमें कुछ अंग्रेजी या साधारण संस्कृत के शब्दों को डालकर बोलता, किन्तु जहाँ तक छात्रों के समझने का सवाल था, उसमें कोई दिक्कत नहीं हुई। पहिले साल मैंने प्राय: प्रथम वर्ष को नहीं लिया। अगले साल उन छात्रों को भी पढ़ाने लगा। छात्र कहना गलत होगा, क्योंकि सारी यूनिवर्सिटी में दो सैकड़ा लड़के होने का उल्लेख मेरी डायरी में है, सम्भव है 20 की एक बिन्दी छूट गई हो, तो भी पाँच छात्रों में चार का लड़की होना बतलाता है कि लड़ाई की वजह से विद्यालय के छात्रों के ऊपर क्या प्रभाव पड़ा था। पहिले साल तो पंचम वर्ष में कोई छात्र नहीं था। चतुर्थ वर्ष में दो लड़कियाँ थीं। तृतीय में भी लड़कियों की संख्या अधिक थी।

सोवियत शिक्षा-प्रणाली में सात वर्ष की पढ़ाई अपनी मातृभाषा में सोवियत के हरेक लड़के और लड़की के लिए अनिवार्य है। अनिवार्य शिक्षा चौदहवें वर्ष के साथ समाप्त होती है। फिर तीन वर्ष शिक्षा के बाद हाईस्कूल की पढ़ाई समाप्त होती है। यद्यपि हमारे यहाँ की तरह दस साल में वहाँ भी माध्यमिक शिक्षा समाप्त होती है, किन्तु दोनों के ज्ञान में बहुत अन्तर है। सोवियत के सात सालों की पढ़ाई में विद्यार्थी का विषय-ज्ञान हमारे यहाँ के हाईस्कूल के बराबर होता है और हाईस्कूल की दस साल की पढ़ाई तो हमारे यहाँ के कालेज के तृतीय-चतुर्थ वर्ष के करीब। इसका कारण यही है कि वहाँ सारी शिक्षा अपनी मातृभाषा में होती है। अपनी मातृभाषा अर्थात जिस भाषा को लड़का बचपन से बोलता चला आया है। इसलिए विदेशी भाषा के माध्यम से पढ़ने में विद्यार्थी का जो समय उस भाषा पर अधिकार प्राप्त करने में लगता है, वह बच जाता है। इसका यह मतलब नही, कि विदेशी भाषा वहाँ पढ़ाई नहीं जाती। हरेक रूसी वालक को अपनी मातृभाषा के अतिरिक्त यूरोप की आधुनिक तीन भाषाओं (जर्मन, फ्रेंच, और इंगलिश) में से एक को लेना पड़ता है। सोवियत शिक्षा प्रणाली में शिक्षा का अर्थ घोखना नहीं है। वहाँ घोखने या रटने की ओर परीक्षा में अधिक ध्यान नहीं दिया जाता। हमारे यहाँ की तरह वहाँ परीक्षा संग्राम क्षेत्र का रूप नहीं लेती, जिसमें आधे और दो-तिहाई विद्यार्थी कतल किये जाते हों। वहाँ परीक्षा के लिए न प्रश्नपत्र छपते हैं, और न हजारों मन उत्तर की कापियाँ खर्च होती हैं। चाहे प्रारम्भिक कक्षाएँ हों, हाईस्कूल हो या विश्वविद्यालय, सभी की परीक्षाएँ अपने ही अध्यापक लेते हैं, प्रश्न भी जबानी होते हैं। उत्तर देने के लिए विद्यार्थी अपनी सारी पुस्तकें अपने साथ रख सकते हैं। असल में जो विद्यार्थी बहुत ज्यादा अनुपस्थित नहीं रहा है, उसका फेल होना वहाँ सम्भव ही नहीं है।

हाईस्कूल (दशम कक्षा पास करने के बाद विद्यार्थी यूनिवर्सिटी में या मेडिकल, इंजीनियरी या टेक्निकल कालेजों में जा सकता है। हर जगह पाँच साल का कोर्स

है। हमारी कक्षा में जो विद्यार्थी पढ़ने के लिए आए थे, वह सब हाईस्कूल पास करके आए थे। संस्कृत किसी हाईस्कूल में द्वितीय भाषा नहीं है, लेकिन आज की जीवित भाषाओं में व्याकरण की दृष्टि से संस्कृत से सबसे नजदीक रूसी भाषा है, इसलिए रूसी छात्र-छात्राओं को संस्कृत पढ़ने में कुछ सुभीता जरूर होता है। जब छात्र पहिले-पहिल देखते कि उनकी भाषा के चश (प्याला), ब्रात (भ्राता), मात (माता) आदि शब्द संस्कृत में भी हैं तो उनको आश्चर्य और कौतूहल होता था। लेकिन हाईस्कूल पास करने के बाद किसी छात्र को आगे की पढ़ाई के लिए कौन-सा विषय लेना चाहिए, यह उसकी इच्छा पर निर्भर करता है। हमारे यहाँ हाईस्कूल तक गरीबों के लड़कों का पहुँचना मुश्किल है, आगे तो असम्भव है, लेकिन वहाँ के छात्र को इसकी कोई चिन्ता ही नहीं है। यूनिवर्सिटी या कालेज के छात्रों में नब्बे प्रतिशत सरकारी छात्रवृत्ति से पढ़ते हैं। दस प्रतिशत वही लड़के हैं, जिनके माँ-बाप अच्छा वेतन पाते हैं। इस प्रकार जिसकी इच्छा आगे पढ़ने की है, उसके रास्ते में कोई आर्थिक कठिनाई नहीं है। इसका परिणाम यह भी होता है कि न चल सकनेवाले लड़के भी आकर विश्वविद्यालय में दाखिल हो जाते हैं। मैंने पहिली सितम्बर (1946) को विश्वविद्यालय खुलते समय प्रथम वर्ष में बाईस-तेईस लड़के-लड़कियों को देखा, तो वड़ी प्रसन्नता हुई। किन्तु थोड़े ही दिनों बाद मालूम हुआ कि उनमें से कितने ही व्यर्थ पढ़ने आए हैं। उनको संस्कृत-जैसे रूखे विषय की तरफ कोई रुचि नहीं थी, न भाषा सीखने का कोई शौक था। पहिले की कोई तैयारी तो थी ही नहीं। मैं सोचता था—सरकार क्यों इतने पैसे इन छात्रों के ऊपर बर्बाद कर रही है। मैं अपने साथी अध्यापकों से बल्कि पूछता भी था। लेकिन, कुछ महीनों बाद मैंने देखा कि कक्षा के सात-आठ छात्र वहाँ से छोड़कर दूसरे विषय में चले गए। यद्यपि कुछ रुपयों का अपव्यय जरूर होता है, लेकिन अनुभव द्वारा परीक्षा लिये बिना, पता ही कैसे लगेगा कि कौन छात्र भारतीय विद्या या भाषातत्त्व की ओर आगे बढ़ सकता है।

भिन्न-भिन्न विषयों के अनुसार रूसी विश्वविद्यालय में भी अलग-अलग विभाग (फाकुलतात, फेकल्टी) जिनमें एक फेकल्टी प्राच्य विद्याओं की है। इस फेकल्टी में मिस्र से जापान तक की भाषाओं, उनके साहित्य, इतिहास आदि के पढ़ने का प्रबन्ध है। रूसी विद्वान् पहिले-पहिल तिब्बती साहित्य द्वारा भारत से परिचित हुए सोलहवीं सदी में ही रूसी राज्य बढ़ते हुए साइबेरिया के भीतर पहुँच गया था। सत्रहवीं-अठारहवीं शताब्दियों में रूसियों का बौद्धधर्मी मंगोलों से परिचय हुआ, जिनकी धार्मिक पुस्तकें प्राय: तिब्बती भाषा में होती हैं। इस प्रकार तिब्बती भाषा से रूसी विद्वानों का परिचय हुआ और पीछे उन्हें मालूम हुआ कि तिब्बती भाषा के विशाल साहित्य का बहुत बड़ा भाग संस्कृत से अनुवाद होकर आया है। फिर उनका ध्यान संस्कृत की तरफ गया। अठारहवीं शताब्दी के अन्त में पश्चिमी

यूरोप के विद्वानों को पता लगा कि भारत की एक प्राचीन भाषा संस्कृत है जो उसी वंश की भाषा है, जिसके वंशज आजकल के यूरोपीय लोग हैं। वॉप और दूसरे भाषातत्व-वेत्ताओं ने अपनी खोजों से असन्दिग्ध रूप में इस बात का निश्चय करा दिया कि संस्कृत और भारत की और भी संस्कृत-वंशी आधुनिक भाषाओं का मूल स्रोत वही है, जो कि ग्रीक, लातिन और आधुनिक यूरोपीय भाषाओं का। इस आविष्कार के कारण यूरोप में एक भारी हलचल सी मच गई और वहाँ के विश्वविद्यालय अपने-अपने यहाँ संस्कृत पढ़ाने का प्रबन्ध करने लगे। यह बात जब रूसियों को मालूम हुई तो उन्होंने भी अपने विश्वविद्यालयों में संस्कृत के पठन-पाठन का प्रबन्ध करना चाहा। उस समय लेनिनग्राद का नाम पीतरबुर्ग था और यही रूस की राजधानी थी। तिब्बती और मंगोल भाषाओं का परिचय रूसियों को बहुत पहिले से था और उन्हीं के साहित्यों द्वारा बौद्धधर्म से परिचय करके उन्होंने बौद्धधर्म पर पुस्तकें भी लिखीं। ये भी उन्हें मालूम हो चुका था कि बौद्ध धर्म भारत से आया है और वहाँ का पुराना साहित्य संस्कृत में है। पहिले-पहिल त्वेर (आधुनिक कालिनिन) नगर निवासी अथानिउन निकितिन ईरान हो समुद्री मार्ग से दिव (काठियावाड़) में उतरकर 1466 ई. में बिदर (बहमनी राजधानी) में पहुँचा और वहाँ छह साल तक रहा। निकितिन ने यद्यपि अपनी यात्रा के सम्बन्ध में एक पुस्तक भी लिखी, किन्तु वह कोई भाषा-तत्वज्ञ नहीं था, इसलिए उसने भाषा के बारे में अधिक परिचय कराने में सफलता नहीं पाई। लेकिन गेरासिम लेबेदोव नामक एक रूसी गायक अठारहवीं सदी के अंत में लन्दन के रूसी दूतावास में नौकर हो गया था। उसे अंग्रेजों से पता लगा कि हिन्दुस्तान में पगोड़ा का वृक्ष होता है, जिसको जरा-सा हिला देने पर सोने की अशर्फियाँ झर पड़ती हैं। कितने ही और अंग्रेज तरुणों की तरह गेरासिम भी ईस्ट इंडिया कम्पनी का क्लर्क बन 1785 ई. में फोर्ट विलियम (कलकत्ता) पहुँचा। पगोड़ा वृक्ष उसे कहाँ मिलता, लेकिन उसने अपनी जीविका के लिए कलकत्ता में एक नाट्यशाला स्थापित की। वहाँ नाट्यशाला में शायद अंग्रेजों के मनोरंजन के लिए अंग्रेजी नाटक भी खेले जाते हों, जिनमें निकिता भाग लेता था, किन्तु उसने इतने से सन्तोष नहीं किया। कलकत्ता में रहकर उसने बंगला भाषा और संस्कृत भी पढ़ी, विदेशी नाटकों को बंगला में अनुवाद करके खेलने की कोशिश की। निकिता पन्द्रह-सोलह वर्ष भारत में रहा। वह अपने साथ अशर्फियाँ तो नहीं लेकिन बांग्ला और संस्कृत का ज्ञान अवश्य ले गया। लन्दन में लौटकर 1801 ई. में उसने भारतीय भाषा का एक व्याकरण लिखकर छपवाया। अब पीतरबुर्ग में उसकी माँग थी, इसलिए वह अपनी जन्मभूमि को लौट गया। आज से 143 वर्ष पहिले उसने जार अलेक्सान्द्र की आज्ञा से 1805 ई. में नागरी का टाइप ढाला। आज भी गेरासिम के बनाए वही टाइप रूस में इस्तेमाल किये जाते हैं, यद्यपि वह आज के टाइपों की दृष्टि से भद्दे मालूम होते हैं। गेरासिम ने

हिन्दूधर्म पर भी रूसी में पुस्तकें लिखकर प्रकाशित कीं।

रूसी सरकार संस्कृत की महिमा को सुनकर इतने से सन्तोष करने के लिए तैयार नहीं थी। यूरोप के विश्वविद्यालय धड़ाधड़ संस्कृत की गद्दियाँ स्थापित करते जा रहे थे, फिर पीतरबुर्ग कैसे पीछे रह सकता था? रूसी सरकार ने भी रावर्त लेंज (1808-36 ई.) को संस्कृत पढ़ने के लिए छात्रवृत्ति देकर बाहर भेजा, उसने प्रसिद्ध भाषातत्त्वज्ञ बॉप से बर्लिन में संस्कृत पढ़ी। स्वदेश लौटने पर पीतरबुर्ग (लेनिनग्राद) विश्वविद्यालय में संस्कृत की गद्दी उसे तैयार मिली। 1835 में वह संस्कृत का प्रथम प्रोफेसर नियुक्त हुआ। यद्यपि तरुण लेंज 28 वर्ष की उमर में ही मर गया, लेकिन उसकी परम्परा टूटी नहीं। पेत्रोफ (मृत्यु 1876 ई.), कोलोविस्क (1872), शिफ्नर (1817-79 ई.), बोथलिंक (1815-1905 ई.), मिर्नियेफ (1840-90), ओल्देनबुर्ग (1863-1934), 'श्चेर्वात्स्की (1866-1943) से लेकर आज वारन्निकोफ तक संस्कृत-प्रोफेसरों की परम्परा चली आती है। प्रथम संस्कृत प्रोफेसर लेंज के 110 वर्ष बाद मैं वहाँ एक भारतीय संस्कृत प्रोफेसर नियुक्त हुआ था। लेंज मेरी अपेक्षा अपने छात्रों को अच्छी तरह समझा सकता था, किन्तु मेरे छात्र-छात्राएँ अपने प्रोफेसर की बातों को कम ध्यान और रुचि से सुनते थे।

आजकल भारत में सभी स्कूलों और विश्वविद्यालयों के अध्यापक विद्यार्थियों से तंग आए हुए हैं। उस दिन एक तरुण विद्वान् से बात हो रही थी। अध्यापकी करने की बात कहने पर उन्होंने कान पकड़कर कहा—नहीं, छात्रों के सामने टिकना मेरे लिए मुश्किल है। वस्तुतः हमारे छात्रों की बुद्धि मारी गई है, या वह स्वभावतः उच्छृंखल हैं, यह बात मैं नहीं मानता। दस साल तक हाईस्कूल में पढ़कर आया छात्र अपने को निरा बुद्धू नहीं समझ सकता। हमारे यहाँ छह वर्ष में ही पढ़ाई शुरू कर दी जाती है, इसलिए शायद ही कोई छात्र सोलह वर्ष से कम का कालेज में पढ़ने जाता है। ऐसे छात्रों को दुधमुँहा बच्चा समझकर उनके साथ व्यवहार करना वस्तुतः इस सारे झगड़े की जड़ है। पुराने भारतीय इस तथ्य को समझते थे, तभी तो उन्होंने कहा—"प्राप्तेतु षोडशे वर्षे पुत्रे मित्रत्वमाचरेत्।" अपने छात्रों को यदि अध्यापक बच्चा न समझ अपना मित्र मानें, तो बहुत-सी बातें दूर हो सकती हैं। लेकिन रूसी विश्वविद्यालय में तो अनुशासन कायम करने के लिए सबसे बड़ा साधन है, छात्रों की अपनी संस्था छात्र संघ (तरुण कम्युनिस्ट संघ), जो अपने सदस्यों पर भीतर से नियंत्रण रखती है। छात्र अपने स्वतंत्र विचारों को प्रगट करने में जरा भी नहीं हिचकिचाते। हर वार्षिक या त्रैमासिक परीक्षा के समाप्त होने के बाद अध्यापकों और छात्र प्रतिनिधियों की बैठक होती है, जिसमें पिछली तिमाही या वार्षिक पढ़ाई के गुण-दोषों पर खुली आलोचना होती है। उस वक्त छात्रों के प्रतिनिधि भी अपने अध्यापकों की कमियों को खोलकर कहते हैं।

प्राच्य विभाग (फेकल्टी) में देश और भाषा के अनुसार अलग-अलग

उपविभाग थे। अरबी उपविभाग था, जापानी और चीनी उपविभाग भी। इसी तरह का एक उपविभाग (काफेद्रल) इंडो-तिब्बती भी था, जिसमें संस्कृत, भारत की आधुनिक भाषाओं तथा तिब्बती भाषा के पठन-पाठन का प्रबन्ध था। तिब्बती भाषा और बौद्धधर्म द्वारा रूसियों को भारत का ज्ञान हुआ था, इसलिए अलग-अलग वंश की होने पर भी संस्कृत और तिब्बती को एक साथ जोड़ दिया गया। विद्यार्थियों को एक उप-विभाग में दाखिल होकर केवल भाषा ही पढ़ना नहीं पड़ता, बल्कि साथ ही, उस देश की पूरी जानकारी के लिए और भी आवश्यक विषयों का अच्छा परिचय प्राप्त करना पड़ता है। उदाहरणार्थ हमारे उपविभाग के छात्रों को जहाँ पाँच वर्षों तक संस्कृत-हिन्दी पढ़ना अनिवार्य था, वहाँ साथ ही भिन्न-भिन्न वर्षों में एक-दो भारत की प्रादेशिक भाषाओं को भी पढ़ना पड़ता है। भारतीय इतिहास, भारतीय साहित्य, भारतीय धर्मों का ही नहीं बल्कि भारतीय नृतत्त्व एवं भारतीय अर्थशास्त्र भी अनिवार्य था। विश्वविद्यालय के यही स्नातक सोवियत रूस और भारत के वीच राजनीतिक, सामाजिक, सांस्कृतिक, व्यापारिक आदि सम्बन्ध स्थापित करने में मुख्य तौर से भाग लेंगे, इसलिए उनके लिए भारत और भारतीयों का पूरा ज्ञान आवश्यक समझकर वैसी ही शिक्षा दी जाती है।

प्रोफेसर होने के कारण मुझे हफ्ते में बारह घंटे पढ़ाना पड़ता। मैं मंगल, बृहस्पति और शनैश्चर को पढ़ाने जाता। पहिले साल मुझे संस्कृत और हिन्दी पढ़ाना पड़ता था, दूसरे साल तिब्वती भी। हमारे विभाग में 1947 के आरम्भ में चालीस के करीब छात्र-छात्राएँ थे और अध्यापिकाओं की संख्या सात-आठ। अकादमिक बरान्निकोफ उपविभाग के अध्यक्ष और मैं प्रोफेसर, बाकी लेक्चरर (दोत्सेन्त) थे—श्री कलियानोफ संस्कृत के, श्री बिस्क्रोवनी और श्रीमती दीना गोल्दमान हिन्दी के अध्यापक थे। इनके अतिरिक्त बांग्ला भाषा के भी अध्यापक थे। श्री सुलेकिन राजनीति और अर्थशास्त्र पढ़ाते थे।

सितम्बर-अक्टूबर तक कुछ नयापन अवश्य मालूम हुआ, उसके बाद तो जीवन सरल रहा। मेरी उच्च कक्षा (चतुर्थ वर्ष) में दो लड़कियाँ थीं, जिनमें से एक (बेर्था) साधारण शिक्षिता मध्यम वर्ग की यहूदी लड़की थी और दूसरी (तान्या) पुराने सामन्त कुल की। छात्र-छात्राओं से निस्संकोच बातचीत करने और मिलने-जुलने से रूस के नागरिक जीवन की बहुत सी बातें मालूम होती थीं। उस वक्त लड़ाई के कारण बहुत से मकान गिर गए, यद्यपि मकानों के पुनर्निर्माण में बड़ी तत्परता थी, लेकिन छूमन्तर से तो मकान खड़े नहीं हो सकते थे। लोगों को मकानों का कष्ट अवश्य था। कष्ट इस अर्थ में कि सबको यथेच्छा कमरे नहीं मिल सकते थे। मैं प्रोफेसर था। मुझे कम-से-कम तीन कमरे तो मिलने ही चाहिए थे, लेकिन मेरे पास केवल दो थे। रेक्तर और दूसरे कोशिश कर रहे थे, लेकिन वह कठिनाई इतनी जल्दी दूर थोड़े ही हो सकती थी। मैं तो दो में भी सन्तुष्ट था।

एक दिन मकानों की कठिनाई के बारे में बातचीत होने लगी। मैंने कहा—एक कमरा दो व्यक्तियों के परिवार के लिए काफी है। साधारण वर्ग की लड़की ने भी इसमें कोई आपत्ति नहीं की, लेकिन दूसरी तरुणी कहने लगी—मुझे तो पाँच कमरे चाहिए। मैंने कहा—पाँच कमरे लेकर तो उनको साफ-सुथरा रखने में ही तुम मर जाओगी। उसने कहा—इसकी परवाह नहीं, मैं साफ कर लूँगी।

रूस साम्यवादी देश है। साम्यवादी अर्थनीति पर वहाँ चलना पड़ता है, और बरताव में भी समानता दिखलाना शिष्टाचार माना जाता है। जाड़ों में यूनिवर्सिटी के कमरों को गरम करने के लिए आग जलाना पड़ता था। यूनिवर्सिटी के हमारे विभाग की इमारत आज से सौ डेढ़ सौ वर्ष पहले बनी थी। उस वक्त केन्द्रीय तापन का आविष्कार नहीं हुआ था, और लकड़ी जलाकर मकान गरम किया जाता था। हमारे कमरों को लकड़ी डालकर गरम करनेवाली स्त्री, हमारे देश की मजूरिन जैसी थी। किन्तु उसके साथ भी प्रोफेसर हो चाहे अकादमिक बरान्निकोफ, बराबर का बर्ताव करते हुए उससे हाथ मिलाना, उसके सामने टोप हटाकर शिष्टाचार प्रदर्शित करना कर्तव्य मानते थे। यही नहीं, मंत्री के बराबर वेतन पानेवाले प्रोफेसर के लिए भी घर में ईंधन के लिए लकड़ी फाड़ना, बर्तन मलना, झाड़-बुहारकर घर को साफ करना तथा कितने ही कपड़ों को भी धोना करणीय था। लकड़ी चीरने का काम तो मुझे नहीं करना पड़ा, उसमें लोला निष्णात थी, मुझे डर लगता था कि कहीं कुल्हाड़ी पैर पर न चल जाए। लेकिन बर्तन मलना तो मेरी ड्यूटी थी। जाड़ों में इससे बहुत तकलीफ होती थी, जबकि चालीस डिगरी (फार्न.) के तापमान के हाथ ठिठुरा देनेवाले पानी में बर्तनों को धोना पड़ता। लोला गरम पानी करके रख देती थी, लेकिन मुझे नलके के बहते पानी में बर्तन धोने में समय की बचत मालूम होती थी, इसलिए सुई की तरह चुभते पानी में बर्तन धोना चाहता था। घर के लिए नौकर रख सकते थे, और नौकर मिल भी जाते; लेकिन जिनको दूसरी जगह तीन सौ रूबल मिलता, वह छह सौ माँगता। पीछे हमने एक साल नौकर रखा भी, लेकिन राशन की चीजें पर्याप्त नहीं थीं कि नौकर का भी गुजारा हो, और मेहमानों का भी इसलिए उसे हटा देना पड़ा। यह कहने की आवश्यकता नहीं कि वहाँ के नौकर और किसी भी पूँजीवादी देश के नौकर में बहुत अन्तर है। वैसे इंग्लैंड में भी घर के नौकर समय के अनुसार आते और काम करते हैं। हमारी नौकरानी मान्या समय के अनुसार आती थी। बड़ी भलीमानुस थी, आवश्यकता पड़ने पर और समय भी दे देती थी। अतवार को नौकर की छुट्टी रहती और मालिक-मालिकिन को घर का सारा काम अपने ही हाथों करना पड़ता। जहाँ तक खाने-पीने, उठने-बैठने का सवाल था, प्रोफेसर और उसके नौकर में कोई अन्तर नहीं था।

बर्तन, भाँडे ही क्यों, राशन की दुकान से बीस-पच्चीस सेर सामान पीठ पर ढोकर लाना भी प्रोफेसर के लिए कोई हतक-इज्जत नहीं थी। असल में वहाँ बहुत

कम घरों में नौकर थे। किसी आदमी से अगर अस्थायी तौर से काम लें तो मजूरी बहुत देनी पड़ती। डेढ़-दो भन लकड़ी चीर देने के लिए जब पच्चीस-तीस रुपया देना हो तो आप अपने हाथ से लकड़ी चीरना पसन्द करेंगे। इसी तरह बोझा ढोनेवाले को अगर दो घंटे के लिए पच्चीस-तीस रुपया देना पड़े, तो आप शारीरिक मेहनत का मूल्य समझने लगेंगे और खुद काम करना पसन्द करेंगे।

इस यात्रा में रूस के अपने देखे हुए जीवनों के बारे में और भी बातें आगे आएँगी। यहाँ यह कहकर समाप्त करना चाहता हूँ कि रूसी विश्वविद्यालयों का वातावरण हमारे यहाँ के वातावरण से बिलकुल दूसरा ही होता है। वहाँ प्रथम श्रेणी के दिमागों को अधिक वेतन के लालच से दूसरी सरकारी नौकरियों की ओर भी दौड़ना नहीं पड़ता। जहाँ प्रोफेसर और मिनिस्टर की तनख्वाह एक हो, प्रोफेसर मिनिस्टरी के बड़े-बड़े अफसरों से भी ज्यादा वेतन और सम्मान के साथ रह सकता हो तो प्रतिभाशाली विद्वान क्यों इधर-उधर भटकेगा?

मेरे निवास स्थान से विश्वविद्यालय जाने-आने में ट्राम पर तीन घंटे लगते थे। यूनिवर्सिटीवाले मोटर देना चाहते थे, किन्तु लड़ाई के प्रभाव के कारण जीप ही मिल सकती थी। एक-दो दिन जीप लेने आई थी, किन्तु मैं समय पर क्लास में पहुँचना चाहता था और ड्राइवर को उसकी परवाह नहीं थी, इसलिए ट्राम द्वारा जाना ही मैंने पसन्द किया। कभी-कभी मैं कितावों की खोज में कबाड़ी दुकानों की धूल फाँकता सारी यात्रा पैदल भी करता था। सोवियत में पुस्तकों का अकाल तो जान पड़ता है, अभी सालों दूर नहीं होगा। सभी लोगों के शिक्षित तथा हाथ खाली न होने के कारण पुस्तकों के खरीदार वहाँ बहुत हैं। 50 हजार और 1 लाख का संस्करण भी हाथोंहाथ बिक जाता है। महत्त्वपूर्ण नई पुस्तकों की सूचना पहले ही निकल जाती है। लेनिनग्राद जैसे बड़े-बड़े शहरों में नाम रजिस्टर्ड कराने के ऑफिस हैं। यदि आपने नाम दर्ज करा लिया जिसमें बहुत जल्दी करनी पड़ती है, नहीं तो सूची बन्द हो जाती है तो पुस्तक मिल जाएगी, लेकिन बरस-छह महीने बाद और उसमें मध्य एशिया के इतिहास से सम्बन्ध रखनेवाली पुस्तकों के मिलने की सम्भावना नहीं। लेनिनग्राद की सबसे बड़ी सड़क नेव्स्की के पथ पर आधी दर्जन ऐसी दुकानें थीं, जिनमें पुरानी पुस्तकें बिका करती थीं। यह दुकानें किसी कबाड़ी की नहीं, बल्कि सरकारी या अर्ध-सरकारी संस्थाओं की थीं। दो-चार बार जाने पर जब काम की कुछ पुस्तकें मिल गईं, तो उनके देखने का मुझे चस्का लग गया। 'मध्य एशिया का इतिहास' के लिए मैं अधिकांश पुस्तकें इन्हीं दुकानों से जमा कर भारत लाया।

18 सितम्बर को मैं पढ़ाने के लिए यूनिवर्सिटी गया। एक बजे से पाँच बजे तक दो कक्षाओं को हिन्दी और उर्दू पढ़ाना पड़ा। पहले दो घंटे द्वितीय वर्ष के एक छात्र और पाँच छात्राओं के लिए देने पड़े। फिर दो घंटे चतुर्थ वर्ष की दो

छात्राओं बेर्था और तान्या के लिए। कायदा था—पचास मिनट पढ़ाई, फिर दस मिनट विश्राम, फिर (समय से) दस मिनट पहिले ही छुट्टी।

स्कूल की पढ़ाई दस साल में खतम होती है, तब तक उम्र 17 साल या ऊपर हो जाती है। फिर पाँच साल यूनिवर्सिटी को ग्रेजुएट होने के लिए देने पड़ते हैं। फिर तीन साल एस्पेरान्त (के लिए)। इन दोनों परीक्षाओं में प्रमाण-पत्र मिलता है, डिगरी नहीं। एस्पेरान्त के बाद तीन या अधिक वर्षों में डॉक्टर होने के लिए निबन्ध लिखना पड़ता है, तब डॉक्टर की उपाधि (मिलती है)। 28 साल से पहले (कोई) डॉक्टर नहीं हो सकता। स्कूल की पढ़ाई में एक विदेशी भाषा—जर्मन, फ्रेंच या अंग्रेजी लेनी पड़ती है, जिसे बहुतेरे लड़के आगे भूल जाते हैं।" यूनिवर्सिटी में प्राच्य विभाग की पढ़ाई के विषय हैं—पहिला साल संस्कृत, हिन्दी-उर्दू, फिर आगे के बरसों में उनके साथ ही बांग्ला, मराठी, फारसी आदि भी लेनी पड़ती है। मुझे भाषाओं की इतनी अधिक भरमार पसन्द नहीं आती थी। लेकिन यूनिवर्सिटी का पाठयक्रम बहुत वर्षों में ऐसा ही चला आया है। द्वितीय वर्ष के छात्रों को देखने से मुझे मालूम हुआ कि साल भर में उन्होंने हिन्दी-उर्दू का पर्याप्त ज्ञान प्राप्त कर लिया है।

20 सितम्बर (1945) को मैंने अपनी डायरी में लिखा—"आज ग्यारह से तीन बजे तक पढ़ाई प्रथम और चतुर्थ वर्ष की रही। प्रथम वर्ष में (19 लड़कियाँ, 3 लड़के, कुल 22) छात्र हैं, जिनमें सिर्फ 3 लड़के हैं। अधिकतर छात्र लेनिनग्राद के हैं, किन्तु एक छात्र बाकू से और तीन छात्राएँ अल्माअता, वोरोनेज और रस्तोफ की हैं, सभी रूसी हैं। आज क-ख पढ़ाया। सब रूसी भाषा में बोलना पड़ता। एक बजे से तीन बजे तक चतुर्थ वर्ष को 'अभिज्ञानशाकुन्तल' पढ़ाना पड़ा।"

उस दिन 6 से 8 बजे रात तक अध्यापकों की बैठक हुई, जिसमें विश्वविद्यालय के रेक्तर ने भाषण दिया। उस समय विश्वविद्यालय में 5 हजार छात्र थे। साढ़े तीन हजार अध्यापकों में चालीस से ऊपर अकादमिया या उप-अकादमिक थे। पाँच हजार छात्रों के लिए साढ़े तीन हजार अध्यापक अधिक हैं, इसमें शक नहीं, किन्तु छात्रों की संख्या लड़ाई के कारण घटी थी और अब वह सालो-साल बढ़ रही थी। तो भी इसमें शक नहीं कि सात-आठ हजार छात्रों पर भी साढ़े तीन हजार अध्यापक बहुत होते हैं। लेकिन सोवियत की शिक्षा-प्रणाली में इस बात का ध्यान रखा जाता है कि अध्यापक छात्रों के अधिक सम्पर्क में आवें और उनकी वैयक्तिक जिज्ञासाओं को पूर्ण कर सकें। इस सेमीनार-प्रणाली में अध्यापक का अधिक होना आवश्यक है। शिक्षण संस्थाओं के लिए बजट में पैसे की कमी नहीं होती, हमारे यहाँ अभी सेमीनार प्रथा को स्वीकार करना आसान नहीं है।

मध्यम वर्ग की मनोवृत्ति

पूँजीवादी पत्रों और लेखकों ने इतना जोर का प्रचार कर रखा है कि कितने ही ईमानदार लोग भी बाज वक्त इस भ्रम में पड़ जाते हैं कि सोवियत रूस में सचमुच ही विचार-स्वातंत्र्य नहीं है। वह समझते हैं कि वहाँ के लोगों का गला घोंट दिया गया है। विचार स्वातंत्र्य का मतलब बोलने, लिखने की स्वतंत्रता मानी जाती है। इसमें सन्देह नहीं कि पुराने स्वार्थों के प्रतिनिधियों के लिए समाचार-पत्रों का दरवाजा वैसे ही खुला नहीं है, जैसे कि बिड़ला आदि के पत्रों में हमारे जैसे स्वतंत्रचेता लेखकों के लिए। इतना अन्तर जरूर है कि जहाँ यहाँ के पत्रों को दस-पाँच करोड़पति-अरबपति अपने हाथ में करके स्वतंत्र विचारों का गला घोंटे हुए हैं, वहाँ रूस में विरोधी प्रोपेगेंडा के लिए यदि स्थान नहीं दिया जाता, तो किसी करोड़पति मालिक के कारण नहीं। वहाँ के दैनिक, मासिक या साप्ताहिक पत्र, या तो 'इजवेस्तिया' की तरह सरकार के मुखपत्र हैं, या 'प्राव्दा' की तरह कम्युनिस्ट पार्टी के, अथवा वह किसी नगरपालिका, यूनिवर्सिटी, मजदूर संगठन, सैनिक संगठन, छात्र संगठन की ओर से निकलते हैं। पत्रों की तो इतनी भरमार है, कि कितने ही कलखोज (पंचायती खेती वाले गाँव) भी चार पन्ने की शीट निकालते हैं। यह निश्चय ही है कि जिन संगठनों ने यह पत्र निकाले हैं, वह अपने विरुद्ध प्रचार करने में सहायता नहीं दे सकते। यही बात भाषण-मंचों की भी है। सभी भाषण-मंच किसी-न-किसी ऐसी संस्था से सम्बन्धित हैं, जो कि पूँजीवाद के विरोधी हैं। लेकिन इसका यह मतलब नहीं कि लोग अपने विचारों को यदि सैकड़ों और हजारों के बीच प्रकट नहीं कर सकते, तो दस-बीस तक भी उन्हें नहीं पहुँचा सकते। यह समझ लेना चाहिए कि सोवियत शासन को आर्थिक, और शिक्षा सम्बन्धी क्षेत्रों में जो सफलातएँ मिली हैं, वह केवल अभूतपूर्व ही नहीं हैं, बल्कि मात्रा में इतनी अधिक हैं कि उनसे जनता के निन्यानबे फीसदी लोगों ने लाभ उठाया है। उन्होंने अपनी आँखों के सामने उन लाभों को दिन-पर-दिन बढ़ते देखा है। द्वितीय विश्व-युद्ध में विजय

प्राप्त करके सोवियत-शासन ने लोगों के हृदयों में अपने गौरव को और भी अधिक बैठा दिया है। इसीलिए सोवियत जनता में 99 फीसदी लोग सोवियत-शासन के अंधभक्त हैं। स्तालिन तो उनके लिए सजीव भगवान् हैं, जिसके विरुद्ध वह एक शब्द भी सुनने के लिए तैयार नहीं हैं। ऐसी अवस्था में भाषण-मंच पर खड़े होकर सोवियत शासन या स्तालिन को गाली देने की हिम्मत ही किसकी हो सकती है? लेकिन इसका यह मतलब नहीं कि विरोधी मत रखनेवाले लोग वहाँ नहीं हैं, और वह अपने मतभेदों को प्रकट नहीं करते। अपनी मित्र-मंडली में सभी अपने विचारों को खुलकर प्रकट करते हैं। मतभेद रखनेवाले भी सोवियत विरोधी होने तक बहुत कम जाते हैं। बहुतेरे तो केवल असन्तोष तक प्रकट कर देना चाहते हैं। इस तरह के असन्तोष रखनेवाले नर-नारी पुराने उच्च या मध्यम वर्ग में मिलते हैं जिनको स्वयं नहीं तो अपने माता-पिता के मुँह से सुनकर बराबर याद आता रहता है—"ते हि नो दिवसा गतः"। ऐसा उदाहरण मैं अपने अनुभव से देता हूँ। एक पुराने मध्यवर्ग की शिक्षित महिला अपने लड़के को इसलिए बाहर किसी स्कूल में भेजने का विरोध करती थीं कि उनके खयाल में वहाँ सब गुंडे लड़के भरे हुए हैं। मैंने कहा—तब तो घर में ही रख करके शिक्षा देनी चाहिए। दबी जबान में उत्तर मिला 'हाँ।' एक और महिला कह रही थीं—"कम्युनिस्ट झूठे और निम्न श्रेणी के मनुष्य होते हैं। सोवियत ने लोगों को भिखारी बना दिया। पहिले सभी मौज में रहते थे।" इसमें शक नहीं कि उक्त महिला का 'सभी' शब्द का अर्थ था—अमीर और उच्चवर्ग, नहीं तो सोवियत-शासन में अब कहीं गरीब भिखारी देखने में नहीं आता। उच्च और मध्यवर्ग की महिलाएँ पहिले कोई भी काम करना पाप समझती थीं। अब उन्हें मशक्कत करके रोटी कमानी पड़ती है, फिर वह इस जीवन को कैसे पसन्द करेंगी।

शिक्षा के नये ढंग को वहाँ बड़े व्यापक रूप में अपनाया गया है। स्कूल भेजने से पहिले के सात वर्षों के लिए शिशुशाला और बालोद्यान इतने अधिक स्थापित हैं कि उनमें राष्ट्र के सभी लड़के-लड़कियों को रक्खा जा सकता है। यह भी माना जाता है कि बच्चों को शारीरिक दंड देना अच्छा नहीं है। 24 जून को मैं बावुश्किन नामक विशाल उद्यान में गया था। लड़ाई के चार सालों में उपेक्षित रहने के कारण वहाँ कुछ उदासी जरूर थी, फिर भी बाग बहुत सुन्दर था और पूर्व अवस्था में लाने के लिए उसमें मरम्मत का काम भी लगा हुआ था। हमारे मुहल्ले से यह उद्यान बहुत दूर नहीं था, इसलिए हम अक्सर चले जाया करते थे। हम लौट रहे थे। रास्ते में देखा कि एक माँ अपने पाँच वर्ष के लड़के को जोर-जोर से पीट रही है। आवाज जोर की आ रही थी और लड़का भी चिल्ला रहा था, किन्तु चोट लगने का वहाँ कोई सवाल नहीं था, क्योंकि लड़के ने रूईदार कोट पहन रखा था और माँ के हाथ में एक रास्ते से उखाड़ी नरम-सी हरी टहनी थी।

कसूर यह था कि लड़का अपनी तीन बरस की बहन को भी लेकर सैर-सपट्टे पर चल पड़ा था और माँ खोजते-खोजते हैरान हो गई थी। वह जानती थी कि यह जोड़ी साद-बावुश्किन की ओर ही गई होगी तो भी ढूँढ़ने में उसे काफी तकलीफ उठानी पड़ी। भाई का चेहरा बड़ा दयनीय मालूम होता था, किन्तु वह रोने को हो रहा था। दोनों के गुलाबी गाल स्वास्थ्य के परिचायक थे, हाँ, वह कुछ मैले जरूर थे, एक मध्यवर्गीय महिला ने झट टिप्पणी जड़ दी—बोल्शेविक ठोंक-पीटकर गधे को घोड़ा थोड़े ही बना सकते हैं। दोनों बच्चे और उनकी माँ मजदूर वर्ग की थीं। उनकी पोशाक में भी मध्यवर्ग की सुरुचि का पता नहीं था, इसीलिए यह टिप्पणी जड़ी गई। घर में पाखाने का फ्लश बिगड़ गया था। बहुत कहने पर पाखानों की देख-भाल करनेवाली महिला अपनी सखी के साथ आई। उसने गृहिणी से जवाब-तलब किया—पाखाना खराब हो गया, तो उसे क्यों इस्तेमाल किया?

—इस्तेमाल नहीं करते तो क्या सड़क पर जाते।

—खुद क्यों नहीं सुधार लिया?

—औजार कहाँ था और फिर क्या तुम वारिन (भद्रजन) होकर बैठने के लिए हो, बेकाम ही रहना चाहती हो?

सुधारनेवाली ने बड़े अभिमान के साथ जोर से कहा—मैं वारिन नहीं हूँ, मैं मजूर वर्गीय हूँ।

दोनों वर्गों की महिलाओं के मनोभाव को यह वार्तालाप अच्छी तरह प्रकट करता है, पुराना मध्यवर्ग या उच्चवर्ग यद्यपि अब उत्पीड़ित अपमानित नहीं है, किन्तु वह जानता है कि रूस में अब सारी शक्ति मजदूर वर्ग के हाथ में केन्द्रित है, तब भी कभी-कभी उसके भीतरी भाव प्रकट हो उठते हैं।

यह मनोभाव यद्यपि अब भी पाया जाता है, लेकिन वह मूर्खतापूर्ण पुरानी आदत के सिवा और कोई महत्त्व नहीं रखता। इस मनोभाव का दिग्दर्शन एक सोवियत नाटक 'क्रेमलिन की घड़ी' में अच्छी तरह किया गया था, जिसे मैंने (15 जुलाई, 1945) मास्को के गोर्की कला थियेटर में देखा था। नाटक 1942 में लिखा गया था; किन्तु उसमें 1920 के वर्गभेद का चित्र था। सारे दृश्य अत्यन्त स्वाभाविक थे। परदों का खुलकर इस्तेमाल किया गया था, लेकिन उनसे भी अधिक पहियों के ऊपर रखे बड़े-बड़े प्राकृतिक तथा दूसरे दृश्यों वाले फलकों का उपयोग किया गया था, जिन्हें आसानी से हटाकर दृश्य परिवर्तन किया जा सकता था। पहिले दृश्य में नागरिक स्त्री-पुरुष अपनी-अपनी चीजें बेच रहे थे, भिगमंगे भीख माँग रहे थे। इसी समय एक बेकार इंजीनियर किसी से कह रहा था—"क्रेमलिन की घड़ी बन्द हो गई।" जिसका अर्थ था—सोवियत शासन की गाड़ी रुक गई, या सोवियत शासन समाप्त होना ही चाहता है। उस समय के धनिक और शिक्षित वर्ग या नये शासन के प्रति यही भाव था। दूसरे सीन में एक नौसैनिक रिवाकोफ

और उसकी प्रेमिका मशिनका का प्रेमाभिनय था। मशिनका इंजीनियर की पुत्री थी। नौसैनिक रिवाकोफ नये शासन का पक्षपाती था। मशिनका मध्यवर्गीय इंजीनियर की पुत्री दो नावों पर थी। अगले दृश्य में लेनिन को दिखलाया गया था, जिसके लिए बड़ी श्रद्धा से शिकारी पहरा दे रहे थे। लेनिन और उन शिकारियों की वेशभूषा या मेल-जोल से उनमें कोई भेद नहीं मालूम होता था। लेनिन एक शिकारी के घर में जाता है और लड़कों से छेड़खानी करके उनसे बिलकुल हिल-मिल जाता है। लड़की गौर से लेनिन की ओर देखती है। लड़का कुछ सयाना है। वह आगन्तुक शिकारी को एक फोटो से मिलाता है। तो भी सन्देह में पड़ा रहता है। इस पर लेनिन अपने चंदुले सिर को नंगा कर देता है। लड़के को विश्वास हो जाता है कि उसके साथ खेलनेवाला शिकारी महान् लेनिन है।

एक दृश्य में दिखलाया गया था—इंजीनियर के घर में ग्राफ (काउंट) ग्रफीना और दूसरे उच्चवर्गीय भद्र पुरुष और महिलाएँ सोवियत शासन पर कड़ी टिप्पणियाँ करते जा रहे हैं और साथ ही भयभीत भी हैं। इसी समय मतरोश (दामाद) रिवाकोफ नौसैनिक भेस में भीतर आता है। सभी भद्र पुरुष और भद्र महिलाएँ आवभगत में होड़ करने लगती हैं। उनको डर होता है—यह सोवियत सरकार का सैनिक है, यदि नाराज हो गया तो हमारा सर्वनाश हो जाएगा। यहाँ यह भी बतला दूँ कि इस नाटक में मशिनका का पार्ट जिस स्त्री ने लिया था, वह उसी होटल की परिचारिका थी, जिसमें मैं ठहरा हुआ था। इसी समय सरकार की ओर से इंजीनियर की बुलाहट आती है। इंजीनियर एक छोटी-सी पोटली बाँधकर जीवन से निराश हो घर से निकलता है। उसकी बीवी रोती है, समझती है—बोल्शेविक उसे जेल भेज रहे हैं, अब वह जीता नहीं लौटने का।

इंजीनियर क्रेमलिन के भीतर पहुँचाया जाता है। लेनिन, स्तालिन और जैरजिन्स्की उससे बात करते हैं। इंजीनियर बोल्शेविकों के सोशलिज्म से घृणा प्रकट करता है। लेनिन उसे अनसुनी करके देश के विद्युतीकरण की बात आरम्भ करता है और उसके सामने योजना का एक नक्शा रखता है। इंजीनियर अपनी सारी घृणा को भूल जाता है। एक बार स्वत: उसकी अँगुलियाँ नक्शे पर चली जाती हैं, लेकिन वह फिर उन्हें समेट लेता है। स्तालिन पूछता है—तुम्हें राजनीति से क्या मतलब? तुम तो इंजीनियर हो, अपनी करामात दिखलाओ।

वृद्ध इंजीनियर की तरुणाई की उमंगें उमड़ आती हैं। वह भी बिजली का बड़ा इंजीनियर है। एक बार उसने बड़े-बड़े पन-बिजली कारखानों को बनाने का स्वप्न देखा था, लेकिन जार की सरकार में उसकी बात...को सुननेवाला कौन था? उसकी सारी उच्चाकांक्षाएँ मन में ही दबी रह गईं और अब बुढ़ापे में राज्य का धर्ता-कर्ता खुद उसे बुलाकर उस स्वप्न को जाग्रत कर रहा है। इंजीनियर को विचार करके जवाब देने के लिए छुट्टी मिलती है और उसे कार पर उसके घर

पहुँचा दिया जाता है। परिवार इस तरह इंजीनियर को देखकर हर्षाश्रु बहाता है। इंजीनियर की आँखें खुल जाती हैं। वह लेनिन की तारीफ करता है। फिर निकालकर तरुणाई में लिखी अपनी पुस्तक को दिखलाता है। वह मशिनका को ऊपरी मन से रोब दिखलाते हुए प्यार के शब्दों में कहता है—बेवकूफ लड़की, तूने किसी कप्तान से क्यों नहीं शादी की?

मशिनका-जारशाही कप्तान से, तब तो तुम इस वक्त पेरिस में होते!

इसी तरह एक मशहूर घड़ीसाज भी क्रेमलिन पहुँचाया जाता है। जैरजिन्स्की का नाम सुनते ही वह डर के मारे काँपने लगता है। जैरजिन्स्की क्रान्ति के दिनों में सोवियत के गृहरक्षा विभाग का मंत्री था। कोई भी सोवियत के विरुद्ध षड्यंत्र करनेवाला उसकी पकड़ से बच नहीं पाता था। लेनिन ने बात करके घड़ीसाज का भी दिल खोल दिया, और उसके हुनर की प्रशंसा करने पर घड़ीसाज ने कहा—मैं इस घड़ी की मरम्मत कर सकता हूँ। लेनिन ने कहा—केवल मरम्मत काफी नहीं है। क्रेमलिन की घड़ी को इस तरह बना दो कि वह घंटा बजाते वक्त अंतर्राष्ट्रीय गान गाए। इसी बीच में चाय आती है। लेनिन के साथ चाय पीते घड़ीसाज खुल पड़ता है और तुरन्त घड़ी देखने के लिए उतावला हो जाता है।

एक और दृश्य में रिवाकोफ के युद्धक्षेत्र में जाने को दिखलाया गया था। रिवाकोफ कमीसार (राजनीति-परामर्शदाता) के रूप में कोल्चक के विरुद्ध लड़नेवाली सेना के साथ जा रहा है। युद्ध पर जाते पति की पत्नी से विदाई का बहुत करुण दृश्य उपस्थित किया गया था। मशिनका पहिले रोकना चाहती है, फिर चूमकर उसे विदा करती है। पति बाहर जाता है। मशिनका की आँखों से आँसू गिरने लगते हैं। इसी समय सैनिक विभाग से टेलीफोन आता है। मशिनका आँखों में आँसू लिये स्वर गम्भीर करके कहती है—कमीसार ऊयेखाल (कमीसार चला गया)। इंजीनियर अपनी योजना लिखकर लेनिन के सामने पेश करता है। लेनिन उसे स्वीकार करके कहता है—पैसे और सामान की परवाह मत करो, तुम अपने काम में लग जाओ। इंजीनियर फूला नहीं समाता। घड़ीसाज क्रेमलिन की घड़ी को चालू कर देता है और उसमें इंटरनेशनल गान सुनाई देता है। इस नाटक में मध्यवर्ग के पुराने मनोभाव को बदलने का प्रयत्न किया गया है। सोवियत के नेता नाटक और सिनेमा के महत्त्व को अच्छी तरह जानते हैं, वह समझते हैं कि यह बड़ी शक्ति है, जिसके द्वारा करोड़ों आदमियों के मनोभाव थोड़े समय में बदले जा सकते हैं।

मनोभाव बदले अवश्य हैं लेकिन आनुवंशिक मनोभावों के बदलने में भी काफी देर होती है। मेरे परिचितों में जारशाही जनरल की लड़की एक प्रौढ़ा महिला थी। उच्चवर्ग की सभ्यता और संस्कृति में पूर्णतया दीक्षित थी। बाप जनरल के जमाने में नौकरानियों के हाथों में खेला करती थी, काम करने की आदत नहीं थी।

रूसी के अतिरिक्त और भी यूरोप की भाषाएँ जानती थीं। उनका काम था दिन-भर सिंगार बदलते रहना, नाच-थियेटर की ओर दौड़ना या उपन्यास पढ़ना। पहिले चार ब्याह हो चुके थे, लड़ाई के दिनों में एक मोटर-मेकेनिक से ब्याह किया। वर्गों और श्रेणियों का भेद आर्थिक ढाँचे के बदलने से इतना जल्दी बदला है कि भद्र महिला को मोटर ड्राइवर से ब्याह करने में आनाकानी नहीं हुई। इस समय वह पति की नहीं, अपनी कमाई खा रही थी। किसी कारखाने में लिखने-पढ़ने जैसा कोई काम करती थी और महीने में चार सौ रूवल (250 रुपया) पाती थी। उन्होंने अपने तीन कमरों को कम करना नहीं पसन्द किया, इसीलिए सौ रूबल मासिक तो तीनों कमरों के चले जाते थे। बाकी तीन सौ में अपने और लड़के का खर्च चलाती थीं। जनरल-पुत्री भला इस जीवन से कैसे सन्तुष्ट रह सकती थी, जहाँ बहुत संकोच के साथ खर्च करना पड़ता था और घर का सारा काम पहिले के मक्खन जैसे मुलायम हाथों से।

एक और भद्र महिला चाँदी का चम्मच दिखलाकर कह रही थीं—देखिए न इसका दाम चार सौ रूवल है, कहाँ से कोई खरीदेगा?

मैंने कहा—यदि चार रूबल कर दिया जाए, तो सोवियत के पाँच करोड़ परिवारों में से कितने हैं जो दस चम्मच से कम खरीदना चाहेंगे? फिर इतनी चाँदी खरीदने के लिए क्या तुम पसन्द करोगी कि यहाँ का गेहूँ, मांस, पोस्तीन अमेरिका और मेक्सिको भेजा जाए।

महिला ने कहा—क्या हमारे यहाँ चाँदी नहीं होती।

मैंने कहा—नहीं, उसके लिए जो सोना तुम्हारे पास है, उसे भेजना पड़ेगा। जर्मनी से हरजाने में सोना मिल रहा था किन्तु सोवियत सरकार ने उसे लेने से इनकार कर दिया।

—लेना चाहिए था।

मैंने कहा—जर्मनी से सोना लेने की जगह सोवियत सरकार वहाँ से मशीनें और दूसरे सामान लेगी, जिनको खरीदने के लिए अमेरिका और इंग्लैंड को दुगना-तिगुना दाम चुकाना पड़ता। तुम्हें तो पसन्द आता, यदि जर्मनी का सारा सोना चला आता और लेना की खानों का सोना भी जेवर बनकर तुम्हारे कंठ-कानों में लटकता।

पुराने सामन्त और उच्च मध्यवर्ग की मनोवृत्ति में पहिले का असर अब भी देखने में आता है। जो 1917 की क्रान्ति के समय होश सँभाल चुके थे, उनकी तो बात ही क्या, जो क्रान्ति के बाद उस वर्ग में पैदा हुए, उनमें से भी कितने ही "ते हि नो दिवसा गता:" कहते अफसोस करते हैं। एक जारशाही जनरल की लड़की ने सर्गियेवा (आधुनिक चेकोस्पकी) सड़क पर एक तिमंजिला भव्य मकान दिखाकर कहा—हमारे पिता इसी में रहते थे, उनके लिए 11 कमरे थे। सर्गियेवा पहिले सामन्तों और उच्च मध्यवर्ग का मुहल्ला था। इसकी सड़क बहुत सुन्दर

है, जिसके दोनों तरफ वृक्ष और हरियाली लगी हुई है। पहिले इस सारे मुहल्ले में देवताओं का वास था, और अब सब धान बाईस पसेरी। जनरलों, ग्राफों तथा राजकुमारों के महलों में अब धूल-धूसरित भद्दे ढंग से कपड़े पहिने कितने ही मजदूर परिवार रहते हैं।

एक दिन (9 सितम्बर 1945) हमारी परिचिता की बुआ की बहू अपने पुत्र के साथ घूमने आई थीं। पुत्र 15 वर्ष का था, और था शरीर तथा मस्तिष्क दोनों से दुर्बल। माँ कम सुनती थी। पुत्र को छात्रवृत्ति मिलती है, वह फोटोग्राफी सीख रहा था। माँ को भी काम मिला था, जिससे खाने-पीने की तकलीफ नहीं थी। ऐसी सुविधाजनक स्थिति देखकर आदमी को सन्तोष होना चाहिए। यदि उच्च मध्यवर्ग के किसी परिवार का दिवाला निकल गया होता, फजूलखर्ची में उसकी जायदाद बिक गई होती, तो उसके परिवार को यह सुविधा जारशाही युग में नहीं मिल सकती थी। लेकिन क्या उक्त महिला इसके लिए वर्तमान शासन के प्रति कृतज्ञता प्रकट करने के लिए तैयार थी? उनको तो याद आते थे, वह दिन जबकि उनके पिता के परिवार में आधे दर्जन नौकर हरेक काम को इशारा पाते ही करने के लिए तैयार थे और अब बेचारी को अपने आप सब काम करना पड़ता है, खाना बनाना पड़ता है, घर का बर्तन और झाड़ू अपने हाथ से करना होता है, पैसा बचाने के लिए कपड़ा धोना और राशन की दुकान से सामान भी उठा के लाना पड़ता है। उक्त महिला क्रान्ति के समय सयानी थी, इसलिए अपने उन दिनों को भूल नहीं सकती थी।

इस पुरानी मनोवृत्ति का एक और उदाहरण दूँ। हमारे विद्यार्थियों में यद्यपि अधिकांश मजदूर और किसान वर्ग के थे, क्योंकि देश में उनकी संख्या अधिक है, लेकिन पहिले के उच्चवर्ग की सन्तानें शिक्षण संस्थानों से कम लाभ नहीं उठातीं। किसी समय उनके प्रति भेद-भाव भले ही रखा जाता हो, लेकिन अब वह वर्षों की पुरानी बात हो गई। पढ़ने की इच्छा होनी चाहिए, सभी के लड़के उच्च शिक्षा प्राप्त कर सकते हैं। हमारे द्वितीय वर्ष की कक्षा में 3 छात्र थे, जिनमें से एक मजदूर का पुत्र था। सोवियत के युद्धोपरान्त काल में जो चीजों का अभाव था, उसके लिए कभी-कभी लोग कुछ टिप्पणी कर बैठते, इस पर वह हरेक अभाव की व्याख्या करना चाहता था। वह कहता था—सोवियत सरकार बहुत कर रही है। लड़ाई से अभी-अभी देश बाहर निकला। इसलिए सब चीजें एक ही दिन में नहीं तैयार हो सकतीं। वह समझदार लड़का भली प्रकार जानता था कि अगर सोवियत-शासन न होता, तो आज वह यूनिवर्सिटी में पढ़ने का अवसर न पाता। इसलिए कुछ कमियों को देखकर वह दूसरे गुणों को भूलने के लिए तैयार नहीं था। हमारी एक क्लास में दो छात्राएँ थीं जो कि मजदूर या किसान वर्ग की नहीं थीं। उनमें से एक मध्यवर्ग की लड़की थी और दूसरी किसी सामन्त की। पहली लड़की—जिसका पति भी विश्वविद्यालय का छात्र था इस बात की शिकायत करती थी, कि उसके रहने के

लिए सिर्फ एक कमरा मिला है, वह पर्याप्त नहीं है। वह कह रही थी—मुझे दो कमरे चाहिए। उसकी माँग अनुचित नहीं थी, लेकिन लेनिनग्राद नगर के मकान बहुत भारी संख्या में ध्वस्त हो गए थे, उन्हें फिर से बनाया या मरम्मत किया जा रहा था। लोग दूसरी जगहों से अपने परिवारों को जल्दी-जल्दी बुला रहे थे। ऐसी स्थिति में दो कमरे देना कहाँ सम्भव था? दूसरी लड़की को दो कमरे मिले थे। उसका पति एक सैनिक अफसर था। वह कह रही थी—मुझे तो पाँच कमरे चाहिए। मैंने कहा—तब तो पाँचों कमरों को साफ-सुथरा रखने में तुम मर जाओगी।

—नौकर भी चाहिए।

लड़ाई के पहिले उसके घर में नौकर थे। सोवियत के विरुद्ध दुनिया में जो प्रचार हुआ है, उससे कुछ लोग समझते हैं कि क्रान्ति के दूसरे ही दिन पहिले के उच्चवर्ग के सभी परिवारों के हाथ में झाड़ू, टोकरी या फावड़ा दे दिया गया। वस्तुतः यह बात मूर्ख ही कर सकता था, क्योंकि सोवियत भूमि का नवनिर्माण इंजीनियरों, शिक्षाशास्त्रियों, वैज्ञानिकों, डॉक्टरों आदि की सहायता के बिना नहीं हो सकता था। उन्हें यदि झाड़ू और फावड़ा दे दिया जाता तो देश के नवनिर्माण के लिए विशेषज्ञ कहाँ से मिलते? इसीलिए किसानों और मजदूरों को अधिक अवसर देने का यह मतलब नहीं था कि पहिले के शिक्षितों और उनकी सन्तानों को पीछे ढकेल दिया जाए। एक भद्र महिला का कहना था—कुछ आदमी झाड़ू-बुहारू छोड़ और कामों के अयोग्य हैं, उन्हें परिवारों में नौकरी करने देना चाहिए। मुझे यह बात सुनते वक्त उस बहरी भद्र महिला की याद आ रही थी, जिसका पुत्र वस्तुतः शरीर और मन से इतना अयोग्य था कि वह फोटोग्राफी नहीं झाड़ू-वुहारू का काम ही अच्छी तरह कर सकता था, लेकिन क्या यह कुल पुत्री यह सुनकर उसे झाड़ू-बुहारू करने देना चाहती?

मध्यवर्ग में अब भी पुरानी मनोवृत्ति के लोगों का अभाव नहीं हुआ है और शायद उसमें और भी समय लगेगा। लोग अपने भावों को प्रकट नहीं करते, यह बात नहीं है। यह सच है कि पत्र-पत्रिकाएँ व्यक्तियों की नहीं, संस्थाओं की हैं, जिनकी नीति के विरुद्ध लेख उनमें छप नहीं सकते। लेकिन अपनी निजी गोष्ठियों (मित्र-मंडली) में अपने विचारों को प्रकट करने में कोई नहीं हिचकता। अपरिचित आदमी के सामने भी भावों को खोलने में कितनी ही बार अवसर मिल जाता है। सोवियत का रंगमंच (तियात्र) जारशाही समय में भी बहुत उन्नत था, उसके बैले (मूक) नाट्य पहिले भी दुनिया में अद्वितीय माने जाते थे। जार की सरकार और उस समय का सामन्तवर्ग जितना पैसा अपनी नाट्यशालाओं पर खर्च कर सकता था, उतना दुनिया का कोई देश खर्च नहीं कर सकता था, इसलिए आज से सौ-सवा सौ वर्ष पहिले ही से रूस का रंगमंच बहुत उन्नत हो चुका था। सोवियत काल में वह उन्नति की चरम सीमा पर पहुँचा। पिछली डेढ़ शताब्दियों से प्रभावशाली नटों

और नाट्यकारों ने जो-जो नाटक मास्को और पीतरबर्ग के रंगमंचों पर खेले, उन्हें आज भी वड़े सुन्दर रूप में खेला जाता है। पहिले की कमियों को दूर कर दिया गया है। यथार्थवाद हरेक क्षेत्र में वहाँ का मूल मंत्र है, इसलिए किसी नाटक के रंगमंच पर लाने के समय उसके देश, काल और पात्र का पूरा ध्यान रखा जाता है। जब किसी राजा या सम्राट् के दरबार, उसके विलासितापूर्ण जीवन का चित्र खींचना होता है तो उसमें महार्थ वस्त्र, हीरा-मोती और सोने-चाँदी की चीजों को बड़ी उदारता से काम में लाया जाता है। एक दिन मैं नाटक देख रहा था। पुराने राजशाही दृश्य के सामने आते ही अपरिचिता भद्र महिला वोल उठी—सौन्दर्य इसे कहते हैं! उनका अभिप्राय यह था कि बोल्शेविकों ने जीवन से सौन्दर्य को निकाल फेंका है, क्योंकि अब सौन्दर्य के सर्वोच्च प्रतीक जार, जारीना, और उनके दरबारी सदा के लिए लुप्त कर दिये गए हैं।

मास्को में एक पखवारा

मुझे लेनिनग्राद आए अभी एक ही महीना हुआ था। इसी समय मास्को जाने का अवसर मिला। मैं आते वक्त जल्दी-जल्दी में था, इसलिए मास्को को ठीक से देख नहीं सका था, इसलिए इस अवसर से फायदा उठाना चाहता था और 4 जुलाई (1945) को पाँच बजे शाम की स्त्रेला ट्रेन द्वारा रवाना हुआ। जुलाई का आरम्भ था। अभी पढ़ाने का काम दो महीने बाद शुरू होनेवाला था और इस बीच में मुझे भाषा में कुछ और प्रगति करने की आवश्यकता थी। उसमें कोई बाधा नहीं हो सकती थी। भाषा सीखने का सबसे अच्छा अवसर तभी मिलता है, जबकि आदमी अपनी पूर्व परिचित भाषाओं में किसी का उपयोग न कर सके। यहाँ रूसी छोड़ दूसरी भाषा का प्रयोग नहीं होता था। होटलों में भी यदि इन्तूरिस्त का न हो तो यह जरूरी नहीं है कि कोई अंग्रेजी या दूसरी यूरोपीय भाषा जाननेवाला मिल जाए।

लेनिनग्राद से रवाना होते समय बूँदा-बाँदी थी, लेकिन नगर से आगे बढ़ने पर मौसम अच्छा हो गया। चारों ओर हरियाली थी। युद्ध की ध्वंस-लीला के अवशेषों पर भी हरियाली छाई हुई थी। रात को अँधेरा रहा, जब कि हम वोल्गा के सामने से गुजरे। वोल्गा का उद्गम यहीं आस-पास है, इसलिए वह यहाँ महानद नहीं दिखाई पड़ती।

अगले दिन 10 बजे हमारी ट्रेन मास्को पहुँची। मेरे साथ एक और भद्र जन भी थे, इसलिए कैसे जाना है, कहाँ ठहरना है, इसके लिए कोई कठिनाई नहीं हुई। रेलवे स्टेशन से उतरकर पास में ही भूगर्भी (मैत्रो) रेलवे का स्टेशन था, जहाँ गाड़ी पर सवार हो चौथे स्टेशन पर उतर गए। मास्को होटल लगा हुआ था। यह होटल केवल मास्को का ही नहीं, बल्कि सारे सोवियत देश का सबसे बड़ा होटल है—तेरह मंजिला है, जिनमें सात मंजिलें तो सारे होटल में हैं, और कुछ भाग में 6 मंजिलें और भी हैं। इमारत के निचले भाग में लाल संगमरमर जैसा चमकीला पत्थर लगा हुआ है। सोवियत समय की इमारत होने से, और वह भी पंचवार्षिक

योजनाओं की सफलता के वक्त बनने से मास्को होटल को बहुत ही सुन्दर, स्वच्छ और भव्य बनाया गया है। इसमें हजारों कमरे हैं। लेकिन कमरा पाने में हमें ढाई घंटे की प्रतीक्षा करनी पड़ी। हमारे कमरे में दो मेजें, सात कुर्सियाँ, एक सोफा, एक टेलीफोन और एक रेडियो था। शयनकक्ष अलग था, जिसमें जोड़ी पलंग, दो कुर्सियाँ, एक मेज और दो कपबोर्ड रक्खे हुए थे। एक शीशेवाली बड़ी आलमारी के अतिरिक्त दीवारों में भी दो अलमारियाँ थीं। स्नानकोष्टक भी साथ में लगा हुआ था। कई लैम्प थे। मास्को होटल के अधिकांश कमरे इसी ढंग के थे। मेरा कमरा सातवीं मंजिल पर था, जिसके पीछे खुली विशाल छत थी। यहीं शाम के वक्त रेस्तोराँ (भोजनशाला) लगती, जिसमें वाद्य भी रहता—खाते-पीते हुए नर-नारी एक बजे रात तक मन बहलाव करते। उस समय होटल बहुत खर्चीला था, यदि राशनकार्ड न हो तो एक दिन के भोजन आदि पर 150 रूबल खर्च आता, अर्थात प्राय: 80 रुपये।

मित्रों के कहने से मालूम हुआ कि मैं एक पखवारा यहाँ रह सकता हूँ और 17 जुलाई की ही शाम को मैं फिर लेनिनग्राद लौट सका। यहाँ रहते हुए मैंने मास्को के अधिक से अधिक दर्शनीय स्थानों को देखना चाहा। भाषा की दिक्कत अभी दूर नहीं हुई थी, यद्यपि पिछले एक महीने में मैंने रूसी सीखने में कम प्रगति नहीं की। विदेशों से सांस्कृतिक सम्बन्ध कायम करनेवाली सोवियत संस्था-बोक्स ने एक पथ-प्रदर्शिका का इन्तजाम कर दिया था, लेकिन वह कुछ समय के ही लिए साथ रहती थी, बाकी पर्यटन स्वावलम्बी होकर ही मुझे करना था।

6 जुलाई को मैं लेनिन-म्यूजियम देखने गया। लेनिन की जीवनी और व्यक्तित्व को समझने के लिए यहाँ सारे साधन एकत्रित किए हुए हैं। हर अवस्था के समय-समय पर खींचे हुए फोटो तथा कलाकारों द्वारा बनाए चित्रों से लेनिन के जीवन को साकार रूप दिया गया है। लेनिन की पुस्तकों और भिन्न-भिन्न भाषाओं में उनके अनुवादों का भी यहाँ सुन्दर संग्रह है। मैं ढूँढ़ने लगा, देखूँ भारतीय भाषा में लेनिन सम्बन्धी साहित्य की कौन-सी पुस्तकें हैं। उर्दू और गुरुमुखी की कुछ छोटी-छोटी किताबें रक्खी मिलीं, जो कि मास्को में छपी थीं। भारत का रूस से कूटनीतिक सम्बन्ध टूट जाने के कारण हमारे यहाँ की चीजों के संग्रह करने में सोवियत वालों को दिक्कत रही तो भी कुछ और पुस्तकें भारत में मिल सकती थीं। लेनिन का पालन-पोषण, शिक्षा-दीक्षा और क्रान्तिकारी जीवन कैसे गुजरा, इसको चित्रों ही द्वारा नहीं बल्कि घरों और घरौंदों द्वारा भी अंकित किया गया था। जिस घर में लेनिन का जन्म हुआ था, उसका नमूना, सामान के साथ यहाँ मौजूद था। कारागृह के जीवन को भी इसी तरह साकार दिखलाया गया था। फरवरी क्रान्ति (1917) के बाद लेनिन पेत्रोग्राद पहुँचने में सफल हुए। बोल्शेविकों के बढ़ते हुए प्रभाव को देखकर करेन्स्की की सरकार को डर लगने लगा। वह लेनिन की गुप्त

हत्या कराने के लिए तुली हुई थी। उस समय लेनिन को अज्ञातवास के लिए जंगल में भेज दिया गया। जंगल में जैसी कुटिया में लेनिन रहते थे, उसका भी नमूना यहाँ मौजूद था। पूँजीवादी देशों ने लेनिन को अपने रास्ते का बड़ा रोड़ा समझा था। उन्हें मालूम होने लगा कि यदि साम्यवादी क्रान्ति स्थिर हो गई तो उनके देश में भी खैरियत नहीं। उन्होंने काप्लान नामक एक स्त्री को हत्या के लिए नियुक्त किया। आज स्तालिन के बराबर पर्दे में रहने का आरोप पूँजीवादी देशों में सुना जाता है, लेकिन क्या स्तालिन यदि इतनी सावधानी के साथ नहीं रक्खे जाते तो उनके देशी और विदेशी शत्रु अभी तक उन्हें जिन्दा रहने देते? काप्लान ने जिस पिस्तौल से लेनिन की छाती पर गोली चलाई थी, वह पिस्तौल भी यहाँ म्यूजियम में रखी हुई है। गोली खाते वक्त जिस ओवरकोट को लेनिन पहिने हुए थे, जो कि उनके खून से सन गया था, वह भी यहाँ रक्खा हुआ है। लेनिन का व्यक्तित्व शोषित वर्ग के उत्थान और मानवता की प्रगति के लिए कितना महत्त्व रखता है, इसे कहने की आवश्यकता नहीं। यह म्यूजियम लेनिन को समझने में बड़ा सहायक है। हर वक्त यहाँ लोगों की भीड़ लगी रहती है। लेनिन-समाधि में दर्शन के निश्चित घंटे हैं, और काफी दिक्कत होती लेकिन लेनिन-म्यूजियम में सब चीजें आसानी से देखी जा सकती हैं। वस्तुतः दर्शक के लिए यह अच्छा है कि पहिले वह लेनिन-म्यूजियम देखे, तब लेनिन-समाधि के भीतर जाकर उस महापुरुष के शव को देखे। लेनिन-म्यूजियम के पास ही लाल मैदान है, जो आस-पास की ऊँची इमारतों के कारण छोटा मालूम देता है, लेकिन महोत्सव के दिनों में उसमें लाखों आदमी खड़े हो सकते हैं। लेनिन-समाधि के पीछे क्रेमल (क्रेमलिन-दुर्ग) की दीवार है। अब वहाँ देवदार लगाए गए हैं, जो कुछ वर्षों बाद अपनी घनी छाया से इस मनुष्य-रचित वास्तु को अपना सौन्दर्य प्रदान करेंगे। क्रेमलिन की दीवार में देश के सम्माननीय पुरुषों की अस्थियाँ छोटे-छोटे छिद्रों में रक्खी जाती हैं। यद्यपि कब्र का रिवाज अभी हटा नहीं है, तो भी मुर्दों के जलाने का प्रचार काफी बढ़ चला है, इसलिए चितावशेष अस्थियों का कुछ भाग थोड़ी-सी जगह में रखा जा सकता है।

तालस्त्वा की अमर कृति *अन्ना करेनिना* को 25 बरस पहिले मैंने पढ़ा था। 7 जुलाई को उसे रंगमंच पर देखने का मौका मिला। नाटक साढ़े सात बजे रात तक होता रहा। वार्तालाप समझने-भर की शब्द-शक्ति नहीं थी, किन्तु हमने उसे बैले मान लिया। अभिनय बड़ा सुन्दर था, विशेषकर अन्ना करेनिना और अन्ना के प्रेमी का पार्ट बड़े ही निर्दोष रूप में अदा किया गया था। दृश्य साधारण पर्दों द्वारा ही नहीं दिखलाए गए थे, बल्कि वहाँ सभी चीजों को वास्तविक रूप में दिखाने की कोशिश की गई थी। जब अन्ना रेल से नीचे दबकर आत्महत्या करने गई तो उस वक्त इंजिन, लालटेन, आवाज सभी चीजों से पता लगता था कि एक रेलवे ट्रेन आ रही है। बोक्स की कृपा से नाटक का टिकट आसानी से मिल गया था,

और रंगमंच से चौथी पंक्ति में बैठा रहने के कारण मैं सभी चीजों को अच्छी तरह देख-सुन सकता था। शाला में भीड़ तो नहीं कह सकते, क्योंकि टिकट उतने ही काटे जाते हैं, जितनों की सीटें हैं, कोई जगह खाली रहने का सवाल ही नहीं था। सोवियत की नाट्यशालाओं के टिकट का बन्दोबस्त दो-तीन हफ्ते पहिले यदि न करें तो वह मिलते ही नहीं—विदेशी मेहमानों के लिए कुछ सीटें रख छोड़ी जाती हैं। अभिनय के बीच-बीच में विश्राम का समय था, जबकि दर्शक और दर्शिकाएँ बाहर के हॉल में टहलने या नाट्यशाला की प्रदर्शनी देखने में लगे रहते थे। नाटक देखने के लिए नर-नारी अपने सबसे सुन्दर वेश-भूषा में आते हैं। महिलाएँ उस दिन केश सज्जा (कोयपुर) कराना नहीं भूलतीं। नाट्यागार की प्रदर्शनी में पुराने और नये नाट्यकारों और अभिनेताओं के सैकड़ों फोटो रखे हुए थे।

दूसरी यात्रा में भाई प्रमथनाथ दत्त, (या दाऊद अली दत्त) लेनिनग्राद में ही रहते थे, अब वह लड़ाई के बाद मास्को चले आए थे। उनके साहसमय जीवन के बारे में आगे लिखूँगा। 8 जुलाई को साढ़े दस बजे मैं होटल से उनसे मिलने के लिए निकला। पता-ठिकाना, मोटर बस, और दूसरे यानों के बारे में नोट कर लिया था। अपनी महीने भर की जमा की हुई रूसी पूँजी के साथ चल पड़ा। एक मैदान के कोने पर बस का पता लगा, मगर वहाँ जाने पर बस नहीं, 25 नम्बर की त्रामवाय मिली, जो रोस्त्रोकिन्स्की पोयेज्द की ओर जा रही थी। आध घंटा जाने के बाद पूछा, तो मालूम हुआ, अभी स्थान बहुत दूर है। घंटे भर की यात्रा के बाद उपनगर के उस स्थान में पहुँचे, जहाँ किसान स्त्री और मजदूर पुरुष की दो संयुक्त विशाल मूर्तियाँ स्थापित हैं। पूछते-पाछते उपनगर से भी बाहर आलू के खेतों में चले गए। इधर से उधर भटकते, चढ़ाव-उतारवाली जमीन को लाँघते, एक रेल की लाइन को पार करते मील-दो मील चले गए। जुलाई का महीना था। निरभ्र आकाश से मध्याह्न के सूर्य की किरणें पड़कर अपना प्रभाव डाल रही थीं। मैं प्यास के मारे बहुत परेशान था। खैर, किसी तरह मास्को के प्राच्य प्रतिष्ठान में पहुँचा। पाठकों को इससे यह तो मालूम होगा कि रूसवाले हरेक विदेशी के पीछे अपना जासूस नहीं भेजते, अगर भेजते होते तो मुझे इस यात्रा में कृतज्ञ होना पड़ता। फाटक खोलते ही एक छोटा सा लड़का खड़ा मिला। उसके भूरे बाल पतले-दुबले शरीर को देखकर यह कैसे पता लग सकता था कि यह दत्त भाई का पुत्र है। मैंने तवारिश दत्त के बारे में पूछा। ईगर ने साथ आने के लिए कहा और मुझे तितल्ले पर दत्त भाई के पास ले गया। इस वक्त हिन्दुस्तानी कक्षा की परीक्षा हो रही थी। रूस में हिन्दी और उर्दू दोनों के लिए सम्मिलित शब्द 'हिन्दुस्तानी' का प्रयोग किया जाता है, और विद्यार्थियों को दोनों भाषाएँ दोनों लिपियों में पढ़ाई जाती हैं। दत्त भाई अपनी हिन्दुस्तानी कक्षा की परीक्षा में लगे हुए थे। 15-16 में दो-तीन ही तरुण थे, बाकी सभी तरुणियाँ थीं। यहाँ वालों को भी यह भ्रान्ति है,

कि उर्दू ही भारत की बहु-प्रचलित भाषा है। द्वितीय यात्रा के मेरे परिचित और डॉ. श्चेर्वात्स्की के शिष्य संस्कृत प्रोफेसर सिरायेफ भी आज-कल यहीं उर्दू पढ़ाते थे। परीक्षा स्थान में कुछ मिनट बैठने तथा विद्यार्थियों और अध्यापकों के साथ शिष्टाचार प्रदर्शन करने के बाद दत्त भाई मुझे अपने कमरे में ले गए। एक टाँग बेकार होने से वह अपनी काँख की लकड़ी के सहारे चल रहे थे। सात ही वर्ष पहिले मैंने भाभी दत्ता को तरुण सुन्दरी के रूप में देखा था और अब वह बूढ़ी मालूम हो रही थीं, चेहरे पर कुछ झुर्रियाँ भी आ गई थीं। दत्त भाई बात में लगे और भाभी चाय तैयार करने में। वह भारत के बारे में पूछते रहे, मैं अपने पूर्व परिचितों के बारे में। उन्होंने कहा—मास्को में ही क्यों न चले आएँ, यहाँ भी पढ़ाने का काम मिल सकता है।

साढ़े सात बजे अभी शाम आने में बहुत देर थी, लेकिन हमें तो न जाने कितने मील अपरिचित ट्राम के रास्तों से होते अपने होटल में पहुँचना था। भाभी ट्राम के अड्डे तक पहुँचाने आईं। उन्होंने बतलाया कि यहाँ से 4 नम्बर की ट्राम वहाँ जाती है। लेनिनग्राद या मास्को में त्रामवाय का टिकट 15 कोपेक (प्रायः पाँच पैसा) है। टिकट लेकर बैठ जाइए, जहाँ तक वह गाड़ी जाएगी, वहाँ तक उसी टिकट से काम चल जाएगा। पाँच ठहरावों के बाद हम मेत्रो (भूगर्भी) स्टेशन पर पहुँचे। रास्ते में देवदारों के उपवनों और सरोवरों का बड़ा सुन्दर नजारा था। आजकल घास की हरियाली चारों ओर दिखलाई पड़ती थी। रविवार होने के कारण छुट्टी मनाने के लिए लोग बड़ी भारी संख्या में इन उपवनों और सरोवरों का आनन्द लेने आए थे। ट्राम से उतर कर स्कोल्न के मैत्रो स्टेशन पर अखोत्निकीर्याद का टिकट लिया। मैत्रो यहीं से शुरू होती थी, इसलिए जगह मिलने में कोई दिक्कत नहीं हुई, लेकिन आगे बड़ी भीड़ थी—लोग सैर करके शाम को लौट रहे थे। 5 बड़े स्टेशनों को छोड़ते अखोत्निकीर्याद के छोटे स्टेशन पर उतरे, जो कि मास्को होटल के नीचे है। यह पहिले नहीं मालूम था, नहीं तो बहुत आराम से चला गया होता। अब रास्ता आसान मालूम होता था। होटल में पहुँचते समय मुझे आलू के खेतों में मिली बुढ़िया याद आ रही थी। उसके कपड़े बिलकुल मामूली थे। मैंने जब रास्ता पूछा तो वह फर फर फ्रेंच बोलने लगी। कुलीनवर्ग की लड़की होगी, जिसके लिए जारशाही जमाने में संस्कृत-शिक्षित, और सम्भ्रान्त साबित करने के लिए फ्रेंच पर अधिकार प्राप्त करना आवश्यक था। इनकी संख्या शायद इतनी अधिक थी कि सबको विदेशी भाषा सिखाने का काम नहीं मिल सकता था।

9 जुलाई को सूर्यग्रहण था। आकाश में कहीं-कहीं बादल थे, इसलिए सूर्य कितनी ही बार बादल में छिप जाता था। हमारे यहाँ होता तो पुराने ढंग के लोग स्नान की तैयार में रहते, बनारस के लिए ट्रेनों पर ट्रेनें छूटतीं। आज से आठ शताब्दी पहिले रूसी लोगों के पूर्वज सूर्य-पूजक थे—सूर्य ही उनका सबसे बड़ा

देवता था। ईसाई धर्म ने इन्हें उस देवता के पंजे से छुड़ाया। न मालूम उस समय सूर्यग्रहण के समय लोग क्या करते रहे होंगे। कोई धार्मिक अनुष्ठान तो जरूर करते होंगे। लेकिन आज के रूसी भी सूर्य ग्रहण को उपेक्षा की दृष्टि से नहीं देखते। चार बजे शाम को हाथ में काले किए शीशे या कोई और देखने के साधन के सहारे सूर्य को देख रहे थे।

देश छोड़े अब 10 महीने हो रहे थे। ईरान में रहते अंग्रेजी पत्र मिल जाते और कभी-कभी सैनिकों या व्यापारियों के यहाँ भारत के समाचार-पत्र भी देखने को मिलते, लेकिन यहाँ समाचार जानने का कोई साधन नहीं था। कुछ अंग्रेजी पत्र अन्तर्राष्ट्रीय घटनाओं पर विचार व्यक्त करने के लिए निकलते जरूर हैं, यद्यपि उनमें भारत के बारे में शायद ही कभी कुछ होता। पत्रों और पुस्तकों का मिलना उतना आसान नहीं था। *न्यू टाइम्स* के तीन अंक जब मिले तो मुझे बड़ी प्रसन्नता हुई।

सूर्यग्रहण समाप्त होने के बाद उस दिन खूब वर्षा हुई। बिजली भी खूब कड़की। वर्षा का यह दृश्य देखते हुए मुझे भारत का वर्षाकाल याद आ रहा था—वहाँ का जुलाई, अगस्त, घनघोर वर्षा का समय। जिस कमरे में मैंने आकर डेरा लगाया था, वह ऐसी जगह था, जहाँ धूप ज्यादा आती थी, जिससे वह गरम हो जाया करता था, इसलिए आज मैंने 726 नं. के कमरे को ले लिया। यह कमरा अच्छा था। यहाँ नहाने का टब नहीं था, उसकी जगह 'वर्षास्नान' का प्रबन्ध था। कमरा कुछ अधिक बड़ा, तथा सोफा आदि सब एक ही कमरे में थे। टेलीफोन काम कर रहा था, लेकिन रेडियो बिगड़ा हुआ था। उसकी मुझे जरूरत भी नहीं थी, क्योंकि अभी भाषा का ज्ञान अपर्याप्त था। मास्को के रेडियो से हिन्दी-प्रोग्राम प्रसारित करनेवाले सज्जन भी आए। उनके पूछने पर मैंने बताया कि हिन्दुस्तान में वह अच्छी तरह सुनाई नहीं देता, यद्यपि मास्को के और प्रोग्राम स्पष्ट सुनने में आते हैं। उन्होंने कहा—ताशकन्द से जोड़ने से शायद साफ हो जाए। फिर मैंने बतलाया कि जिस हिन्दी या हिन्दुस्तानी में मास्को से खबरें प्रसारित की जाती हैं, उसको भाषा बोलनेवाले नहीं बल्कि भाषा-तत्वज्ञ ही समझ सकते हैं। उन विचारों की एक दिक्कत यह भी थी कि कोई हिन्दी या उर्दू भाषा-भाषी वहाँ मौजूद नहीं था। दत्त भाई बड़ी अच्छी हिन्दी-उर्दू बांग्ला बोल सकते थे लेकिन शायद पैर से मजबूर होने के कारण उनसे वह काम नहीं लिया जाता था। बोलनेवाले रूसी होते थे, जिनका उच्चारण गलत होता था और लिखनेवाले भी हिन्दुस्तानी भाषा के जानकार नहीं थे, जिससे उनकी भाषा कहीं-कहीं तो डिक्शनरी से लेकर बनाई मालूम होती थी। आजकल 1951 में भी मास्को के हिन्दुस्तानी प्रोग्राम की करीब वही हालत है। हाँ, अब रूसी मुँह की जगह भारतीय (बंगाली) मुँह इस्तेमाल किये जाते हैं, जिनको कि बांग्ला के रूप में ही हिन्दुस्तानी बोलने का अभ्यास है। भाषा लिखनेवाले शायद कोई उसी देश के हैं, जिसके कारण वह बड़ी बेढंगी-सी

मालूम होती है। भाषा भी हिन्दी और उर्दूवालों के लिए एक ही इस्तेमाल की जाती है, जिसमें भ्रष्ट उच्चारण के साथ अरबी-फारसी की भरमार होती है। चाहे कोई समझे या न समझे, ब्रॉडकास्ट कर देना—यही ध्येय मालूम होता है। (हाल में बिहार के एक बड़े कम्युनिस्ट नेता ने, मास्को के हिन्दुस्तानी ब्रॉडकास्ट की भाषा को सुनकर बड़ा असन्तोष प्रकट किया था।) मैंने उनसे कहा कि भारत के श्रोताओं की दिलचस्पी ज्यादा होगी, यदि आप मध्य एशिया के लोगों के जीवन के बारे में अधिक बातें कहा करें।

विदेशी क्रान्तिकारियों को रूस में छिपकर रहने के समय नाम बदलना होता था, इसलिए बाज वक्त परिचित आदमी का भी पता लगाना मुश्किल हो जाता है। मास्को की एक तरुणी अपने भारतीय पिता के बारे में जानने के लिए बहुत उत्सुक थी, लेकिन वह जो नाम बता रही थी वह मलावारी था। पीछे मुझे मालूम हुआ कि वह हमारे परिचित चक्रवर्ती महाशय की कन्या थी। मैं साथी चक्रवर्ती को अच्छी तरह जानता था, लेकिन नाम बदला होने के कारण मैं उनकी कन्या को कोई हर्षप्रद समाचार नहीं दे सका। इसी तरह एक जावा के क्रान्तिकारी बीसों वर्षों से नाम बदल सोवियत में रह रहे थे। उनसे मेरा परिचय तेहरान में हुआ था, जहाँ मैं उन्हें आदिल खाँ के नाम से जानता था। पीछे समऊन नाम मालूम हुआ, यद्यपि यह भी उनका जावा का नाम नहीं था। आदिल खाँ और मैं कुछ दिनों तेहरान में एक ही होटल में रहे थे। मालूम है कि मैं अधिकतर मिर्जा महमूद के साथ रहा। आदिल खाँ से पहिले भी बराबर मुलाकात हो जाया करती थी और जावा और भारत के बारे में दिल खोलकर बातें होती थीं। वह बड़े ही बहुज्ञ तथा दृढ़ क्रान्तिकारी पुरुष थे। वह छटपटाते थे कि किसी तरह उनको जावा जाने दिया जाता। लेकिन कोई रास्ता हाथ नहीं आया और मेरे तेहरान से रवाना होने के कुछ समय पहिले ही वह मास्को लौट गए। उनकी एक चिट्ठी मिली थी, इसलिए 12 जुलाई को मैं सवा तीन बजे उनसे मिलने मास्को के पास एक गाँव उदेलूनया के लिए रवाना हो गया। यह गाँव 30 मील से कम नहीं होगा। पहिले चार स्टेशन मेत्रो से गया, फिर कजान्स्की स्टेशन में बिजली ट्रेन पकड़ी। पूरे एक घंटे की यात्रा थी। मैं अकेला था, और टूटी-फूटी रूसी भाषा एकमात्र सहारा थी। यह यात्रा भी इस बात को झूठ बतलानेवाली थी कि रूस में हरेक आदमी के पीछे खुफिया लगा दिया जाता है। ट्रेन मास्को से बिलकुल बाहर चली आई। अब यहाँ ग्रामीण दृश्य थे, लेकिन बस्तियाँ कस्बों जैसी थीं। यहाँ के ज्यादातर लोग मास्को में काम करते हैं। मैंने समझा था, रास्ते में देवदार के घने जंगल आएँगे, किन्तु वह नाममात्र को ही कहीं-कहीं दिखलाई पड़े। सड़क की दोनों तरफ के खेतों में आलू और सब्जी लगी हुई थी। मास्को में इन चीजों की बड़ी खपत थी। कहीं-कहीं जर्मन बमवारी के चिह्न थे, लेकिन बहुत कम। आखिर उदेलूनया स्टेशन आ गया। छोटा-सा

स्टेशन। बस्ती भी बहुत बड़ी नहीं, घर अलग-अलग थे। मैं ढूँढ़ते-ढूँढ़ते लकड़ी की कुटिया में पहुँचा। मेरे काले रंग-हमारे यहाँ साफ रंगवाले भी उस सफेद-सागर में काले ही दिखाई पड़ते हैं—को देखते ही एक स्त्री ने कहा—मैं जानती हूँ। आदिल खाँ जावी होने के कारण मंगोली मुखमुद्रा रखते थे, किन्तु रंग उनका भी मेरे ही जैसा था। स्त्री ने अपने घर तक ले जाकर फिर अपनी कन्या मेरे साथ कर दी। कुटिया तो मिल गई, लेकिन आदिल-दम्पती में से कोई घर पर नहीं था। घर की एक महिला ने पूछने पर कहा—न मालूम कब तक लौटेंगे। गर्मियों के दिनों में मास्को के लोग अक्सर नगर के पास के गाँव खेड़ों में चले जाते हैं। बिजली की रेल है ही, इसलिए आने-जाने में घंटे-डेढ़ घंटे को कोई दिक्कत की बात नहीं समझा जाता। अधिक प्रतीक्षा न करके कार्ड छोड़कर लौट पड़ा। यहाँ के मकान हाते की भीतर थे, जिनमें देवदार और दूसरे वृक्ष लगे हुए थे। इन्हीं उपवनों में काठ के एकतल्ले-दुतल्ले मकान बने हुए थे, जिनमें नागरिक लोग कुटीर का आनन्द लेने आते थे। घरों के दूर-दूर बसने से उदेलूनया की बस्ती दूर तक बसी हुई थी। लौटकर स्टेशन आया, थोड़ी देर प्रतीक्षा करने के बाद गाड़ी मिली और साढ़े सात बजे मास्को पहुँच गया।

मेरा कार्ड मिल गया था, इसलिए साथी आदिल मिलने आए। बड़े प्रेम से बहुत देर तक बातचीत होती रही। वह भी चाहते थे कि अगर मैं मास्को में रहता, तो अच्छा होता। मुझे कोई विशेषता नहीं मालूम होती थी।

14 जुलाई को मास्को के महान बाग गोर्की-संस्कृति उद्यान को देखने गया। पहिली यात्राओं में भी दो बार इसको देख चुका था, लेकिन इस समय तो यहाँ का एक और जबरदस्त आकर्षण था। युद्ध की सौगातों की प्रदर्शनी। जर्मनी से युद्ध के समय जितने अस्त्र-शस्त्र मिले थे, उनके नमूने यहाँ रक्खे हुए थे। दूर तक नाना प्रकार की तोपें रखी हुई थीं, जिनमें से कुछ दूरमारक तोपें थीं, कुछ हल्की तोपें, मार्टर और फिर टैंक-विध्वंसक तोपें। फ्रांस, बेल्जियम, चेकोस्लोवाकिया, हंगरी, रूमानिया, इताली, सभी देशों की बनी तोपें जर्मनों ने काम में लाई थीं। तरह-तरह के टैंक भी रक्खे हुए थे। दो इंच मोटे पत्तरवाले 'चीता' टैंक थे, व्याघ्र और राजव्याघ्र टैंक भी रखे थे, जो पानी में भी चल सकते थे। दो इंच मोटे फौलाद के पत्तर को तोप के गोले ने ऐसे तोड़ दिया था, जैसे किसी ने गीली मिट्टी के बर्तन को लकड़ी से बींध दिया हो। सोवियत तोपों की ऐसी करामात थी। रूस ने हमेशा से तोपों में कीर्ति हासिल की थी, जिसे सोवियत शासन ने विलुप्त नहीं होने दिया। हैंकल, मैसर्सस्मिथ, युन्कर, फोकउल्फ जैसे नाना प्रकार के बमवर्षकों को भी देखा। एक जगह नाना प्रकार के योधक विमानों की पाँती थी। बड़े-बड़े युद्ध-यंत्र बाहर आसमान के नीचे रक्खे हुए थे। कितनी ही चीजें घर के भीतर भी सजाई हुई थीं। एक जगह तरह-तरह की दवाइयों के नमूने थे। दूसरी जगह छोटे-छोटे

हथियार थे। एक जगह प्रेषक-रेडियो का प्रदर्शन था। प्रदर्शनागारों में तरह-तरह की जर्मन सैनिक पोशाकें भी थीं। एक जगह जर्मन तमगों का ढेर था। हिटलर ने समझा था कि मास्को के विजय करने पर हजार नहीं, लाखों की संख्या में तमगे जरूरी होंगे। तमगे हिटलर के सिपाहियों के भाग्य में नहीं बदे थे, क्योंकि विजय हिटलर को नहीं, उसके प्रतिद्वंद्वियों को मिली। कपड़ों की कमी के कारण जर्मनी ने नकली कपड़े और दूसरी चीजें तैयार की थीं, जिन्हें जर्मन भाषा में 'एर्सात्ज' कहते थे। यहाँ एर्सात्ज की पोशाक और एर्सात्ज के बूट बहुत तरह के मौजूद थे। रूस में इनकी आवश्यकता नहीं पड़ी, और न यहाँ की सर्दी में वह काम दे सकते थे। राइफलों, मशीनगनों, और सब-मशीनगनों का भी बहुत अच्छा संग्रह था।

आज हमारे साथ बोक्स की महिला पथ-प्रदर्शिका थीं। वहाँ से निकलते ही हम लोग पास ही में 'दोम सुयूज' में मिश्रित संगीत देखने चले गए। वहाँ जन-नृत्य और जन-संगीत का सबसे अच्छा नमूना देखने में आया। मास्को से दक्षिण-पूर्व में अवस्थित रेजान जिले के दो जन गीत गाए गए, जिन्हें लोगों ने आग्रह करके फिर-फिर सुना। मुझे आश्चर्य हो रहा था कि हमारे पूर्वी उत्तरप्रदेश के अहीरों का बिरहा कैसे यहाँ मास्को में आ गया। भाषा रूसी अवश्य थी, लेकिन राग बिलकुल बिरहा जैसा। अहीर भी तो शकों का ही एक कबीला था, जिन्हीं शकों की औलाद आज के रूसी हैं, इसलिए रेजान के जन-संगीत में बिरहा का आना कोई आश्चर्य की बात नहीं थी। लेकिन अहीरों को भारत गए दो हजार वर्ष हो गए। क्या जन गीतों के सुर इतने चिरस्थायी होते हैं? अवश्य जन-गीतों का स्वर भाषा से अधिक चिरजीवी होता है। इस नाट्य मंडली में सौ से कम कलाकार... नहीं थे। सभी जनता की चीजें दिखलाई और सुनाई जा रही थीं। हॉल खचाखच भरा था। बीच में पन्द्रह मिनट का विश्राम देकर 8 से 10 बजे तक प्रोग्राम जारी रहा। मुझे जहाँ नृत्य और संगीत का आनन्द आ रहा था, वहाँ यह भी सोच रहा था कि यह वहीं सम्भव है, जहाँ पर काम करनेवालों के हाथ में राजशक्ति चली गई हो। कलाकारों के सम्मान को देखकर ईर्ष्या होती थी। वह किसी वैज्ञानिक या प्रोफेसर से कम सम्मानित नहीं माने जाते थे। मुझे खयाल आया, मेरे अपने जिले के विश्राम ने भी बिरहे बनाए थे। करुणा-रस से सराबोर जन-कविता का उसने निर्माण किया था और जवानी में ही वह वियोगी मर गया। वह कविता करने के लिए कविता नहीं करता था, न उसके हृदय में उनके चिरस्थायी होने की आकांक्षा थी। जब मन में कोई व्यथा मालूम होती भाव पैदा होते, तो वह एक बिरहा बना लेता और उसे गुनगुनाता रहता। कागज पर उतारने का सवाल नहीं था। विश्राम एक बिलकुल ग्रामीण जन कवि था। मैंने उसके कुछ बिरहों को पढ़ा था। मैं समझता था, विश्राम के बिरहों को कुछ लोग बड़े प्रेम के साथ जमा कर रहे होंगे। लौटने पर मालूम हुआ कि विश्राम अब इस दुनिया में नहीं है और उसके पन्द्रह-सोलह

बिरहों से अधिक उतारे नहीं जा सके हैं। सोवियत में किसी विश्राम को इस तरह विलीन होने की सम्भावना नहीं है।

चित्रशाला— लेनिनग्राद में एक से अधिक चित्र-संग्रहालय हैं। मास्को की त्रेत्याकोफ चित्रशाला विश्व की चित्रशालाओं में एक महत्त्वपूर्ण स्थान रखती है। 16 जुलाई को मैं उसे देखने गया। मास्को के एक धनी-मानी नागरिक त्रेत्याकोफ को चित्रों के संग्रह करने का शौक था। उसने काफी संग्रह के बाद चित्रशाला के घर के साथ उन्हें नगर सभा को अर्पण कर दिया। यह जारशाही युग की बात है। नगर सभा के हाथ में आने पर त्रेत्याकोफ चित्रशाला की उतनी उन्नति नहीं हुई, जितनी कि सोवियत शासन के समय। यद्यपि त्रेत्याकोफ शोषक वर्ग था, लेकिन उसके सत्यप्रयत्न को देखकर बोल्शेविकों ने भी इस चित्रशाला का नाम त्रेत्याकोफ ही रहने दिया। त्रेत्याकोफ के समय सारे चित्रों का संग्रह पाँच-छह कमरों में रहा होगा, लेकिन आज पचास से भी अधिक कमरे हैं। एक दिन में कोई उसे देख नहीं सकता। चित्र ग्यारहवीं सदी से 20वीं सदी तक के हैं, अर्थात यहाँ रूसी चित्रकला के एक हजार वर्षों का इतिहास सामने रक्खा हुआ है। तेरहवीं सदी तक चित्रों में धार्मिक भावों की प्रधानता थी, उन पर अधिकतर विजातीय और हल्का-सा मध्य एसियाई चीनी प्रभाव था। सत्रहवीं सदी से यूरोपीय प्रभाव शुरू हो जाता है जो कि 18वीं-19वीं सदी में पूर्णता को प्राप्त होता है। यूरोपीय प्रभाव के साथ ही व्यक्ति (पोतरित) चित्रण शुरू होता है। पोतरित-चित्रण का हमारे देश में भी सदा अभाव रहा है। ग्रीक चित्रकला द्वारा प्रेरित पश्चिमी यूरोप ने इस महान् कला का विकास किया। पुराने रूस में कियेफ, त्वेर (कालनिन), नवोग्राद आदि कला केन्द्र थे। इवानोफ का एक विशाल चित्रफलक यहाँ रक्खा हुआ था, जो कि दुनिया के अद्‌भुत चित्रों में है। इवानोफ ने यह चित्र ईसा के जीवन के सम्बन्ध में बनाया है। इस अद्‌भुत चित्र को बनाने की सामग्री जुटाने के लिए इवानोफ ने कई साल ईसा की जन्मभूमि में बिताए थे और वहाँ के नर-नारियों, भूमि-पहाड़ों, पशु-वनस्पतियों के बहुत से चित्र उतारे, जिनके आधार पर फिर इस चित्र को बनाया। चित्रशाला में कुछ चित्र त्रिपार्श्वीय हैं, जिनमें खम्भे, कुर्सी, आदमी तथा दूसरी चीजें एक-दूसरे से अलग खड़ी मालूम होती हैं। सोवियत-काल में उतने महान चित्रकार नहीं पैदा हुए, जितने कि 19वीं सदी में थे। लेकिन पुश्किन और कालिदास प्रति-अर्धशताब्दी नहीं पैदा हुआ करते।

17 जुलाई को पाँच बजे फिर ट्रेन पकड़ी और लेनिनग्राद के लिए रवाना हो गया। रास्ते के स्टेशनों में स्ट्राबरी बिक रही थी। पाँच रूबल (तीन रुपये) में एक दोना स्ट्राबरी!

दत्त भाई— अप्रैल 1944 में मास्को दुवारा आने का मौका मिला। अबकी बार दत्त भाई से मिलने पर उनकी जीवनी के बारे में कुछ जानना चाहता था।

29 अप्रैल को जब मैं उनके यहाँ गया तो वह अपने नगरवाले घर में थे, इसलिए आलू के खेतों में खाक छानने की जरूरत नहीं पड़ी। दत्तभाई का नाम प्रमथनाथ दत्त था। उनके पिता मन्मथनाथ दत्त टरनर मौरिसन कम्पनी के मुत्सुद्दी थे। उनकी माँ का नाम स्वर्णकुमारी था। वह अपने माता-पिता के कनिष्ठ पुत्र थे। दो बड़े भाई नरेन्द्रनाथ और सुरेन्द्रनाथ थे। सुकिया स्ट्रीट (कलकत्ता) में इनका पैतृक घर था। जन्म संवत् उन्हें अच्छी तरह मालूम नहीं, लेकिन वह 1888 के आसपास रहा होगा। आरम्भिक स्कूल की पढ़ाई समाप्त करके ट्रेनिंग एकेडमी से 1906 के आसपास इन्होंने इंट्रेंस पास किया, फिर वह जनरल एसेम्बली में आई.ए. में पढ़ने लगे। बंग-भंग का जमाना था। बंगाल के दो टुकड़े करने के कारण बंगालियों में उग्र भावनाएँ जाग उठी थीं। प्रमथनाथ उससे प्रभावित हुए बिना कैसे रह सकते थे? फिर केवल असन्तोष करके दिल मसोस लेने से तो काम नहीं चलता। देश को गुलाम बनानेवालों और प्रदेश को दो टुकड़ों में बाँटनेवालों को कुछ सबक भी तो सिखाना चाहिए था। बंगाल में क्रान्तिकारियों के उस समय 'अनुशीलन' और 'युगान्तर' दो दल थे। दोनों का ध्येय था शस्त्र बल से अंग्रेजों को भगा देश को स्वतंत्र करना। तरुण प्रमथनाथ युगान्तर दल में शामिल हो गए। आगे सिटी कॉलेज में वह आई.ए. के द्वितीय वर्ष में पढ़ते थे। तीन साल तक वह पार्टी में रहे। इसी समय मिर्जा अब्बास (हैदराबादी) और एक दास-कानूनगो ने पैरिस में सीखकर पहिले-पहिल बम बनाया। प्रमथनाथ की भी इच्छा हुई कि बम बनाएँ और सैनिक शिक्षाएँ प्राप्त करें। देश में वैसा सुभीता न देख उन्होंने विदेश जाने का निश्चय किया। डॉ. कार्तिक बोस के भाई श्री चारुचन्द्र बोस ने रुपयों से सहायता की। उस समय अभी पासपोर्ट की दिक्कत नहीं थी—प्रथम विश्वयुद्ध के बाद अंग्रेजों ने पासपोर्ट की कड़ाई कर दी, अब कोई सरकार से पासपोर्ट लिये बिना भारत की सीमा से बाहर नहीं जा सकता था। 1908 ई. में प्रमथनाथ लन्दन पहुँचे। उनकी उमर 20 साल के आसपास रही होगी। प्रसिद्ध देश-भक्त श्याम जी कृष्ण वर्मा ने भारतीय क्रान्तिकारी तरुणों के लिए लन्दन में 'इंडिया हाउस' खोल रखा था। प्रमथनाथ उसमें शामिल हो वहाँ से छात्रवृत्ति पाकर बैरिस्टरी पढ़ने के लिए दाखिल हो गए। लेकिन यह तो लन्दन में ठहरने का बहाना मात्र था। इस समय सावरकर, मदनलाल धींगड़ा, गौरीशंकर (अजमेरी) आदि से उनकी मित्रता हुई। प्रमथ महीने से अधिक वहाँ टिक नहीं पाए। यह मालूम ही है कि मदनलाल धींगड़ा ने एक साम्राज्यवादी अंग्रेज (कर्जन वायली) को गोली का निशाना बनाया था, जिससे सारे इंग्लैंड में सनसनी फैल गई थी। प्रमथनाथ लन्दन से भागकर न्यूयॉर्क पहुँचे। न्यूयॉर्क में उनकी जान पहिचान बर्कतुल्ला और जोशी (बड़ौदा) जैसे क्रान्तिकारियों से हुई और उन्होंने मिलकर वहाँ हिन्दुस्तानी एसोशिएशन स्थापित किया। अब प्रमथनाथ किसी कारखाने में मजदूरी करते और आयरलैंड की स्वतंत्रता की हामी

आयरिश लीग के साथ मिलकर काम करते। अंग्रेजों से लड़े एक बोयर (दक्षिण अफ्रीकीय) ने उन्हें बम बनाना सिखलाया। उसी की सहायता से प्रमथनाथ का फ्रीमान से परिचय हुआ। फ्रीमान अपने पत्र *गैलिक अमेरिकन* में भारत की स्वतंत्रता के बारे में भी लिखा करता था।

प्रायः साल भर रहकर प्रमथनाथ पेरिस चले आए। उनको अब बाकायदा सेना में भरती होकर सैनिक शिक्षा प्राप्त करनी थी। बिना सैनिक शिक्षा के अंग्रेजों के साथ लड़ाई कैसे की जा सकती थी? फ्रांस में वह फ्रेंच विदेशी सेना (फॉरेन लिजियन) में भरती हो गए। इस सेना में जर्मन, अंग्रेज आदि सभी जातियों के लोग थे। मार्सेइ में छह महीना रखकर उन्हें सैनिक शिक्षा दी गई, फिर वह फ्रांस के अधीन देश अल्जियर के ओरान नगर में भेज दिये गए, जहाँ दो साल के करीब रहे। लेकिन भारत से दूर अफ्रीका में रहते हुए वह समय पड़ने पर देश में जल्दी कैसे पहुँच सकते थे, इसलिए भारत के नजदीक होने के लिए उनका खयाल इंदोचीन की ओर गया और लिजियन के एक छोटे अफसर बनकर हनोई चले आए। थोड़े ही दिनों बाद उन्हें फिर वापस चला जाना पड़ा, जब यह मालूम हुआ कि फ्रांसीसियों के अधीन रहकर वह कोई काम नहीं कर सकते। फ्रांस लौटकर वहाँ मदाम कामा के पत्र *वन्देमातरम्* में काम करते रहे। यहाँ उन्हें एक दूसरे भारतीय स्वतंत्रता-प्रेमी राना के सम्पर्क में आने का मौका मिला। प्रथम विश्वयुद्ध के आने के संकेत यूरोप में प्रकट होने लगे थे। प्रमथ भाई को फिर खयाल हुआ कि भारत के नजदीक कहीं चलें, इसलिए 1913 ई. में वह तुर्की की राजधानी कस्तुन्तुनिया में आए। नौजवान तुर्क दल ने तुर्की में काफी सफलता प्राप्त की थी, उसके नेता अनवर पाशा अब सुल्तान के बागी नहीं, बल्कि रईसुल्वजरा (प्रधानमंत्री) थे। प्रमथनाथ ने सेना में भरती होने की इच्छा प्रकट की। उनके भारतीयपने को ढाँकने के लिए नाम दाऊद अली पड़ गया। किन्तु जब भर्ती करने का मौका आया तो अंग्रेजों का जासूस होने के सन्देह में उन्हें भरती नहीं किया गया। हैदरावाद से अब्दुल कयूम बेग फैज (तुर्की) टोपी बनाने का काम सीखने गए हुए थे। हिन्दुस्तान में लम्बे फुंदनेवाली तुर्की टोपियों का काफी रिवाज हो गया। मूल स्थान फैज के नाम पर उन्हें फैज कहा जाता था। दाऊदअली ने भी बेग के सम्पर्क में आकर फैज बनाना सीखना शुरू किया। अबूसईद का *जहाने-इस्लाम* (इस्लाम संसार) अखवार निकलता था। दाऊद अली उसके लिए अंग्रेजी से उर्दू में लेख अनुवाद कर देते थे। यह पत्र अरबी, फारसी और थोड़ा-सा उर्दू में रहता था। इसी समय दाऊद अली मुहब्बत अली के *कामरेड* पत्र के विशेष संवाददाता थे।

1914 ई. में युद्ध आरम्भ होने के समय दाऊद अली अभी कस्तुन्तुनिया में ही थे। अब नौजवान तुर्क उन पर विश्वास करने लगे थे। धीरे-धीरे दाऊद अली भारत की ओर खिसकने लगे। बगदाद में आकर छह मास रहे। फिर अफगानिस्तान

की ओर बढ़ने के खयाल से ईरानिया के भीतर अंग्रेजों के विरुद्ध प्रचार करने के लिए नौजवान तुर्कों ने उन्हें 1916 में ईरान भेजा। बुशहर और शीराज होते यज्द में पहुँचे। विदेशी भाषाओं में फ्रेंच और इंगलिश के बाद तुर्की का उनको अच्छा ज्ञान हो गया था और अब फारसी के क्षेत्र में चले आए थे। वहाँ खानखोजे और मुहम्मद कोकनी मिले। प्रसिद्ध देशभक्त सूफी अम्बाप्रसाद उस वक्त शीराज में डटे हुए थे। उन्होंने एक मदरसा खोल रखा था, जिसमें बृहत्तर-इस्लाम पर लेक्चर देते थे। जनतांत्रिक दल के प्रचारक लूला से भी प्रमथनाथ का परिचय हुआ। यह सारे भारतीय वहाँ इसलिए जमा हुए थे कि ईरानियों को अंग्रेजों के विरुद्ध उभाड़ें और मौका पाते ही भारत में स्वतंत्रता का झंडा गाड़ने के लिए पहुँच जाएँ। 1917 के मध्य में अंग्रेज कूटनीतिज्ञ साइक्स वहाँ पहुँच गया। ईरान का वजीर-आजम कवामुस्सल्तनत (पिता) अंग्रेजों का पक्षपाती था। उसने हिन्दुस्तानियों को पकड़वाना शुरू किया। सूफी अम्बाप्रसाद को डर लगा कि अगर मुझे पकड़ के अंग्रेजों के हाथ में दे दिया गया तो वह बुरी मौत मारेंगे, इसलिए उन्होंने जहर खाकर आत्महत्या कर ली। दाऊद अली, मुहम्मद अली, खानखोजे भागकर कशकाई कबीले में शरणार्थी हुए। किसी ने कबीले के सरदार से इन लोगों का परिचय करा दिया था। यह लोग तंबू में रहते और नमाज पढ़ते। सरदार ने कह दिया था—ये अपढ़ लोग हैं। सन्देह न हो, इसके लिए तुम अपने को पक्का मुस्लमान दिखलाओ। साल-भर के करीब वह कशकाइयों के पास रहे। युद्ध के बाद अंग्रेजी सेना 1919 में हटी, तो दाऊद अली तेहरान पहुँच गए। वहाँ दारुत्फनून नामक संस्था में अंग्रेजी पढ़ाने लगे। अंग्रेजी, फ्रेंच, जर्मन, तुर्की, फारसी अच्छी तरह जानते थे। अब दाऊद अली से बदलकर वह अब्दुल रहमान हो गए थे।

1922 ई. में तार पाकर दाऊद अली मास्को पहुँचे। उस समय मास्को में भारतीय क्रान्तिकारियों का अड्डा-सा जमा हुआ था। चट्टोपाध्याय, आचार्य अवनी मुकर्जी आदि कितने ही भारतीय क्रान्तिकारी मौजूद थे। इनमें से कोई कम्युनिस्ट शिक्षा-दीक्षा से होकर नहीं निकला था, इसलिए सबकी मनोवृत्ति मध्यवर्ग की थी, और सभी अपने-अपने नेतृत्व के लिए आपस में लड़ते रहते थे। भारत से हिजरत करके आए कितने ही लोग यहाँ मिले। पुराने परिचित बर्कतुल्ला भी अब यहीं थे। दाऊद अली की इच्छा हिन्दुस्तान के पास रहने के लिए इंदोचीन जाने की थी, लेकिन दूसरे ईरान भेजना चाहते थे। इधर भारतीयों की भीतरी कलह को देखकर दाऊद अली को दु:ख होने लगा था। इसी समय प्रसिद्ध इंदोलॉजिस्त डॉक्टर ओल्देनबुर्ग से उनकी भेंट हुई। उन्होंने कहा—छोड़ो इस झगड़े को, चलो शिक्षा का काम करो। ओल्देनबुर्ग ने 1922 में उन्हें लेनिनग्राद बुला लिया और प्राच्य प्रतिष्ठान में फारसी और बांग्ला, पीछे उर्दू के भी पढ़ाने का काम दिया। दो साल तक उनका शरीर स्वस्थ रहा। अब वे 36 के करीब थे, इसी समय 1924 में

गिर जाने से पैर में कड़ी चोट आई। डॉक्टर ने बाँध दिया, जिसके कारण उनका दाहिना पैर हमेशा के लिए बेकार हो गया। सेनीटोरियम में रहने पर शायद कुछ फायदा हो, इसलिए 1927-1928 में वह कालासागर के तट पर गए। वहीं उनका लुबोव अलेक्सेन्द्रोवना से परिचय और प्रेम हुआ। दोनों की शादी हो गई। जिस समय (अप्रैल 1946) उनसे मैं बात चीत कर रहा था, उस समय उन्हें शिक्षक का काम करते हुए 23 बरस हो गए थे। 1941 में युद्ध आरम्भ हुआ। कितने ही और महत्त्वपूर्ण आदमियों की तरह प्रमथनाथ दत्त को हवाई जहाज से कजान भेज दिया गया, जहाँ वह छह मास रहे। फिर अगस्त 1943 में मध्य एसिया में फरगाना की उपत्यका में चले गए। वहाँ मलेरिया ने पकड़ा। अभी युद्ध समाप्त नहीं हुआ था, तभी नवम्बर 1943 में वह मास्को प्राच्य विद्या प्रतिष्ठान में पढ़ाने चले आए, और तब से यहीं रह रहे हैं।

पहिले तीन मास

जून, जुलाई, अगस्त रूस के गर्मी और बरसात के दिन हैं। इसे गर्मी तो शिष्टाचार ही के लिए कह सकते हैं, क्योंकि जहाँ तक लेनिनग्राद का सम्बन्ध है, इस समय कोई ही हफ्ता ऐसा होता, जिसमें अहोरात्र में किसी न किसी समय तापमान हिमबिन्दु से नीचे न जाता हो। तो भी इस वक्त हरियाली देखने में आती है। मास्को में तो पसीने की भी नौबत आई थी, किन्तु लेनिनग्राद में वर्षा होते समय हवा तेज होने पर सर्दी बढ़ जाती। हमारे पिछवाड़े जर्मन हवाई आक्रमण के कारण गिर गए मकानों की जगह कई एकड़ खाली जमीन निकल आई थी, जिसको, जैसा कि मैंने पहिले कहा, लोगों ने क्यारी-क्यारी में बाँट लिया था। जुलाई के अन्तिम सप्ताह में वहाँ खूब हरियाली दिखाई पड़ती थी, आलू बढ़ गया था। सलाद और प्याज को खाया जाने लगा था। हमारी दिनचर्या अगस्त के अन्त तक अधिकतर घर में रहकर पुस्तकों को पढ़ना, कभी-कभी सिनेमा या नाटक देखने जाना। यूनिवर्सिटी के प्राच्य पुस्तकालय से काम की पुस्तकें यथेच्छ मिल जाती थीं। यहाँ आते ही यह निश्चय हो गया था कि सोवियत मध्य एसिया के बारे में एक ऐसा ग्रंथ लिखें, जिससे उसके अतीत और वर्तमान का अच्छी तरह परिज्ञान हो सके। वर्तमान के लिए बहुत दिक्कत नहीं थी, क्योंकि उसके सम्बन्ध की सामग्री सुलभ थी। भारत लौटने पर पहिले (1947) के अन्त में ही मैंने सोवियत-मध्य एसिया के नाम से उसे लिख भी डाला, किन्तु मध्य एसिया का इतिहास उतना आसान नहीं था। जब मैं उनके बारे में पुस्तकें पढ़ने लगा तो मालूम हुआ कि यूरोप की समुन्नत भाषाओं—इंगलिश, फ्रेंच, जर्मन और रूसी में भी कोई सुसम्बद्ध इतिहास नहीं लिखा गया है।

डॉक्टर बरान्निकोफ संस्कृत और भारतीय भाषाओं के ही पंडित नहीं हैं, बल्कि रोमनी (सिगान) भाषा का भी उन्होंने विशेषतौर से अध्ययन किया है। मैंने उनकी पुस्तकें देखीं तथा रोमनियों के उद्गम के बारे में उनसे बातचीत की। इसमें

तो सन्देह नहीं कि रोम वस्तुत: हमारे डोम शब्द का ही परिवर्तित रूप है। यह घुमन्तू डोम किसी समय भारत से पश्चिम की ओर चले गए। लोली के नाम से प्रसिद्ध यह लोग ईरान और मध्य एसिया में मिलते हैं, किन्तु यूरोप में उन्होंने अब तक अपने पृथक् अस्तित्व को कायम रखा है। इनकी भाषा में भोजपुरी, बुन्देलखंडी, ब्रज और अवधी की विशेषताएँ मिलती हैं। मेरा खयाल था कि अधिकांश रोम (डोम) लोगों का सम्बन्ध मुस्लिम सन् की सातवीं या आठवीं शताब्दियों (ईसा की तेरहवीं चौहदवीं सदी) में भारत से विच्छिन्न हुआ। घुमन्तू होने से उनकी विचरण भूमि बहुत विस्तृत थी। वर्तमान काल में भारत में इतने निर्बन्ध होने के बाद भी हम पेशावर से रंगून और हरद्वार से मद्रास तक इन्हें अपनी सिरकी लिये हुए घूमते देखते हैं। जब राजनीतिक निर्बन्ध उतना नहीं था, उस समय तो यह भारत से मध्य एसिया, ईरान तक का चक्कर काटते रहते होंगे। किसी समय राजनीतिक उथल-पुथल के कारण उनका भारत लौटने का रास्ता कट गया, जिसके कारण वह भारत से फिर सम्बन्ध जोड़ नहीं सके और पश्चिम से और पश्चिम की ओर बढ़ते चले गए। बन्दर, भालू नचाना, हाथ देखना आदि के साथ पश्चिम में जाकर उन्होंने घोड़ा पालने-बेचने का भी पेशा स्वीकार कर लिया। पश्चिम में वह भैंसों, गदहों या टट्टुओं पर घर लादे फिरने की जगह गाड़ियों का इस्तेमाल करने लगे।

स्वाध्याय और घरू काम के सँभालने में विरोध है, इसका 24 जुलाई (1945) को पता लगा। बिजली की केतली में पानी गरम करने के लिए रखकर मैं लिखने-पढ़ने के लिए चला गया। दो घंटे बाद होश आया तो देखा पानी सारा सूख गया है, बर्तन का राँगा गल गया है, और तार भी जलने लगा है। केतली चौपट हुई, 300 सौ रूबल का चपत लगा!

लेनिनग्राद दो शताब्दियों तक रूस की राजधानी रहा उस वक्त उसका नाम पीतरबुर्ग था। इसलिए वहाँ राजधानी के अनुरूप बहुत-सी संस्थाएँ कायम हुईं, जिन्हें मास्को के राजधानी बनने के बाद भी हटाया नहीं जा सका। लेकिन इधर कुछ संस्थाएँ तो लड़ाई के कारण इतनी उजड़ गईं कि उनके फिर से जमने में देर लगेगी। 29 जुलाई को हम प्राणिउद्यान (जूसद) देखने गए। किसी समय यहाँ पर हर तरह के जानवर रहे होंगे, लेकिन अब दो-तीन भालू, दो बानर, लोमड़ियाँ, उल्लू, बाज, गिद्ध, खरगोश, नील गाय आदि रह गए हैं। जूसद के बहुत-से मकान बम-वर्षा में नष्ट हो गए, लेकिन तब भी लड़कों की भीड़ इतवार को जमा हो जाया करती है। वहाँ हम पार्क-कुल्तूर (संस्कृति-उद्यान) में गए। भीतर प्रवेश के लिए दो रूबल देना पड़ता है। यह बहुत विशाल उपवन है, जिसमें देवदार और दूसरे वृक्षों की हरियाली है। घास के मखमली फर्श के साथ-साथ टेढ़ी-मेढ़ी जलधाराओं में नौका-विहार का आनन्द मिलता है। उद्यान में जहाँ-तहाँ सिनेमा, नाट्यगृह, नृत्य अखाड़े मौजूद हैं। एक जगह बहुत-से नर-नारी नाच रहे थे। उद्यान का बैंड बज

रहा था। नदी में नौका पर चार कुमारियाँ जोर से दौड़ लगा रही थीं। एक बड़ी नदी भी उद्यान के किनारे से जाती है, जिसके बालुकामय-पुलिन पर तो लोगों का खासा मेला लगा हुआ था—तरुण-तरुणी, बच्चे-बूढ़े स्नान कर रहे थे। जुलाई के मध्याह्न में पानी अब इतना सर्द नहीं रह गया था। मैं भी उतरा और चाहा कि नदी पार कर जाऊँ, लोला को डर लगा कि मैं कहीं बीच में ही न रह जाऊँ तो भी आधी से अधिक नदी मैं तैर गया था, जहाँ से लौटने का मतलब था पूरी नदी पार कर जाना। खाने-पीने की चीजें जगह-जगह मिल रही थीं। यदि आप राशन-टिकट दे सकें तो दो रुपये का माल आने-डेढ़ आने में मिलता, नहीं तो बिना राशन के भाव लेना पड़ता। एक गुल्ला आइसक्रीम का दाम 6 रूबल (प्रायः पौने चार रुपया) था। बिना राशन चीजें बहुत महँगी थीं। मशहूर नौ पीतर-पाल दुर्ग सामने दिखाई पड़ रहा था, यहाँ के सैनिकों का बोल्शेविक क्रान्ति में बहुत हाथ था। लौटते वक्त हम उद्यान के बाहर किन्तु पास में ही अवस्थित बौद्ध मन्दिर होते गए। यह पत्थर की बहुत मजबूत और सुन्दर इमारत तिब्बती मन्दिरों के ढंग की बनी हुई है। अब कोई यहाँ पुजारी नहीं रह गया था, इसलिए मूल्यवान् मूर्तियाँ और चित्रपट किसी संग्रहालय में रख दिए गए हैं। मन्दिर की कोठरियों का इस्तेमाल यदि ध्वस्त नगर के नागरिक अपने रहने के लिए करते हैं, तो कोई बुरी बात नहीं। मेरे सामने ही मंगोलीय जन प्रजातंत्र के प्रधानमंत्री छोय-बल्सान कुछ और मंत्रियों के साथ मास्को होते लेनिनग्राद भी आए थे और मन्दिर को देखने गए थे। यह तो केवल पूँजीवादी देशों का प्रोपेगेंडा है कि कम्युनिस्टों ने धर्म को अपने यहाँ से उठा दिया। रूस में रविवार को गिरजे और धर्म-स्थान जितने भरे रहते हैं, उनके चतुर्थांश भी भगत पश्चिमी यूरोप के गिरजों में नहीं देखे जाते। वस्तुतः संस्कृति, साहित्य और कला के क्षेत्र में किसी धर्म ने देश की जितनी सेवा की है, उसकी जड़ भी उस देश में उतनी ही मजबूत होती है। इसी कारण मंगोल लोग बौद्ध धर्म को वैसे ही अपना राष्ट्रीय धर्म समझते हैं, जैसे रूसी लोग ग्रीक चर्च को। मंगोल प्रधानमंत्री ने इस मन्दिर को देखकर इच्छा प्रकट की थी कि फिर यहाँ कुछ भिक्षु रखकर इसे आबाद किया जाए।

30 जुलाई को बूँदाबाँदी होने लगी, जिसके कारण सर्दी भी बढ़ गई। लोग कह रहे थे, अब शरद (पतझड़) शुरू हो गया, अब बराबर इसी तरह वर्षा-बूँदी और सर्दी रहेगी, और सूर्य के दर्शन कभी-कभी हुआ करेंगे। सितम्बर में वर्षा बन्द होती है, किन्तु साथ ही सर्दी बढ़ जाती है। लेनिनग्राद शहर में गैस लगाने की योजना काम में लाई जा रही थी। पास के इलाके के पीत कोयले से बनाई गैस लाकर शहर में लगा देने पर ईंधन की बहुत बचत होती, इसलिए गैस योजना बनी थी। एक मध्य वर्गीय महिला कह रही थी—यह योजना दस वर्ष में पूरी होगी। लेकिन अपने रहते-रहते ही मैंने कई मुहल्लों में म्युनिसपैल्टी की ओर से गैस के चूल्हे भी

लगे देख लिये। म्युनिसपैल्टी को केवल गैस का पाइप ही नहीं, बल्कि हरेक घर में चूल्हा भी लगा देना था, जिसके लिए थोड़ा-सा किराया जरूर देना पड़ता। लेकिन 30 लाख की आबादी के शहर के लिए यह कितना बड़ा काम था, इसे कहने की आवश्यकता नहीं। बाहर के बहुत से लोग समझते हैं कि सोवियत के नागरिक तो अब होटल में खाना खाते हैं, उनके घरों में अब चूल्हे की आवश्यकता नहीं है। इसमें शक नहीं कि हर मुहल्ले में सामूहिक रसोईखाने भी हैं, लेकिन उनका उपयोग लोग समय-कुसमय पर करते हैं। मैं 25 महीने लेनिनग्राद में रहा; लेकिन मैंने अपने मुहल्ले के सामूहिक रसोईघर का मुँह केवल बाहर सड़क से ही देखा।

जितना समय बीतता गया, उतना ही मुझे भारत के समाचार जानने की उत्सुकता भी बढ़ती गई। चिट्ठियाँ संक्षिप्त होतीं और वह भी बहुत दिनों बाद मिलतीं। हमारे कमरे में रेडियो लगा हुआ था, लेकिन वह स्थानीय रेडियो था। सोवियत के प्राय: छोटे-छोटे नगरों में भी बड़े रेडियो स्टेशनों के प्रोग्राम को सुनकर टेलीफोन की तरह पुन: प्रसारित किया जाता है। इनके यंत्र दो-चार रुपये में मिल जाते हैं। ऐसे यंत्रों से शायद ही कोई घर खाली मिलेगा। किराया भी कम लगता है और अहोरात्र में बीस-इक्कीस घंटे वह बोलता रहता है। जापान में पाँच मिनट अंग्रेजी के लिए भी देते थे, किन्तु यहाँ वह भी नहीं था। संगीत की भरमार यद्यपि सोवियत के फिल्मों और नाटकों में नहीं होती, किन्तु इस रेडियो में उनके लिए काफी समय दिया जाता था। क्लासिकल (उस्तादी) संगीत सारी दुनिया में जान पड़ता है, एक ही साँचे में ढाला गया है। जैसे भारत के उस्तादों के संगीत को सुनने के लिए बड़े धैर्य की आवश्यकता होती है, वही बात यहाँ के बारे में भी है। गला फाड़ना ही उच्च संगीत है, यह मानने के लिए मैं तैयार नहीं हूँ। संस्कृत में कहते हैं "गद्यं कवीनां निकषं वदन्ति", उसी तरह पश्चिम के लोग ओपेरा अर्थात पद्यमय नाटक को नाट्यकला की चरम सीमा बतलाते हैं। लेकिन उस्तादी संगीत की तरह ही ओपेरा को सुनते वक्त भी मेरा कान पकने लगता था। परम्परा किस तरह आदमी को बेवकूफ बनाती है, यह दोनों उदाहरण उसी के प्रमाण थे। पुरुषों को संगीत-विद्या में हाथ नहीं लगाना चाहिए, यह तो मैं नहीं कहता लेकिन यह जरूर कहूँगा कि पुरुष संगीत के शिक्षक और संगीत-शास्त्री ही हो सकते हैं। उनके पास मधुर स्वर पैदा करनेवाला कंठ नहीं है। अधिकांश पुरुष गायक वस्तुत: स्त्रियों के क्षेत्र में अनधिकार चेष्टा करते हैं। लेकिन उस्तादी संगीत में स्त्रियाँ भी पुरुषों का कम कान नहीं काटतीं, विशेषकर जब वह बेसुरा क्रन्दन शुरू करतीं, अथवा कोयल या किसी दूसरे पक्षी के स्वर को अपने कंठ से निकालना चाहती हैं। मैं जबरदस्ती कभी-कभी स्थानीय प्रोग्राम सुनने के लिए मजबूर होता था, क्योंकि घर में गुणग्राहक मौजूद थे। उस समय इस तरह के खयाल मेरे दिमाग में दौड़ा करते थे। मेरी सबसे ज्यादा बेकरारी थी भारत का समाचार जानने की। धीरे-धीरे मुझे

निश्चय करना पड़ा कि विदेशी समाचारों को सुनानेवाला एक रेडियो लेना जरूरी है। अभी यह यंत्र कम ही तैयार किये जाते थे, इसलिए उनका दाम बहुत ज्यादा था। मेरे साथी बतला रहे थे, कुछ महीने और ठहर जाने पर वह सस्ते मिलने लगेंगे।

5 अगस्त को रविवार होने से छुट्टी का दिन था। मेरे लिए तो पहिली सितम्बर को ही काम का दिन शुरू होनेवाला था। आज धूप थी। शाम को थोड़ी-थोड़ी बूँदाबाँदी भी हुई। लोला की परुगा (सखी) सोफी वासिलियेवूना (वासिलीयेफ-पुत्री सोफी) हमारे ही मुहल्ले में पास ही रहती थी। वह जारशाही जमाने के एक जेकर जनरल की पुत्री, अतएव संस्कृत मध्यवर्ग की सन्तान थी। उनके कई विवाह हो चुके थे, जिनमें सबसे पिछला लड़ाई के दिनों में एक शोफर से हुआ था। लेकिन शोफर (मोटर ड्राइवर) का यह मतलब नहीं कि वह हमारे यहाँ के ड्राइवर जैसा था। वह साथ ही मोटर इंजीनियर भी था, और बहुत सुसंस्कृत भी। शायद उसके माता-पिता रूस में बसे हुए जर्मन थे। सोफी को आजकल अपनी कमाई पर भरोसा करना पड़ता था, जिसके लिए वह एक कारखाने में काम करने जातीं, और चार सौ रूबल मासिक पातीं। उन्होंने तीन कमरे ले रखे थे, जिनके किराये में सौ रूबल चले जाते। तीन सौ रूबल में वह कैसे अपने दोनों लड़कों और अपना खर्च चला लेती थीं, यह समझना कुछ मुश्किल जरूर था, किन्तु उनके पास तीन-तीन राशनकार्ड भी थे। सोफी का हमारे घर के साथ बड़ा घनिष्ट सम्बन्ध था, इसलिए किसी भी उत्सव या पर्वदिन में परस्पर बुलौआ जरूर होता। कभी-कभी जब पर्व के उपलक्ष में शराब का दौर चलता तो मुझे बड़ी कठिनाई होती, लेकिन पीछे लोगों ने जान लिया था कि शराब न पीने का मैं कड़ा नियम रखता हूँ। उनको इसका अर्थ नहीं मालूम होता था क्योंकि उनके देश में शराब को पानी से अधिक महत्त्व नहीं दिया जाता, हाँ, दाम के महँगे होने की शिकायत जरूर की जाती थी। मैं किसी को शराब पीते देखकर घृणा नहीं करता, किन्तु जीवन में एक चीज को जब कभी नहीं छुआ तो उस रिकॉर्ड को कायम रखने का लोभ जरूर रहता है।

6 अगस्त को हम यहाँ का एक रीनक (हाट) देखने गए। लकड़ी के बने हुए छोटे-छोटे स्टालों की यह हटिया हमारे यहाँ की हटिया का कुछ विकसित रूप थी। फरक इतना ही था कि यहाँ पर पेशेवर दुकानदार नहीं थे, आसपास के गाँवों के लोग अपने घरों में पैदा की हुई चीजें—साग-सब्जी, फल, अंडे आदि लाते, उसी तरह जिसको अपनी कोई अधिक प्रिय चीज लेने की इच्छा होती, वह भी आता। राशनकार्ड की यहाँ माँग नहीं थी, इसलिए हरेक चीज दस-गुने दाम पर मिलती थी। कोई अपना मक्खन इसलिए बेचता था कि उसकी जगह सिगरेट ले, कोई सिगरेट भी किसी दूसरी चीज के लिए बेचना चाहता था—सीधा अदला-बदला नहीं होता था। जूते भी मिल रहे थे, कोट और कपड़े भी। मैं तो इस खयाल से गया था कि अगर कोई पुराना रेडियो मिल जाता तो ले आता, लेकिन वहाँ उसका

कोई पता नहीं था। लोला की एक रिश्तेदार महिला के यहाँ रेडियो था, लेकिन वह दीर्घ तरंग का था, जिस पर भारत या इंग्लैंड को सुना नहीं जा सकता था।

7 अगस्त को खाते वक्त बड़ा आनन्द आया, जबकि अपने हाथ के उगाए आलू को सूप में पड़े देखा। अभी वह दो-तीन तोले के थे; मालूम हुआ कि यहाँ की भूमि आलू के लिए बहुत अनुकूल है।

9 अगस्त को जापान के विरुद्ध सोवियत का युद्ध आरम्भ हो गया था, अब रूसी खबरें भी मैं समझने लगा था, लेकिन भारत की एक भी खबर न सोवियत के रेडियो पर सुनने पाता, न यहाँ के अखबारों में ही।

13 अगस्त को सोमवार का दिन था। आज विश्राम दिन का टिकट मिला था। संस्कृत-उद्यान तथा दूसरे विश्राम स्थानों के लिए ऐसे टिकट सभी कार्यालयों में मिला करते हैं। यूनिवर्सिटी, कॉलेज, दुकान, कारखाने, ऑफिस सभी जगह काम करनेवाले इससे फायदा उठाते हैं। टिकट का दाम 30 रूबल (प्राय: 20 रु.) था, जिसमें 9 रूबल ही अपने देना पड़ता, बाकी मजदूर संघ देता। यह कहने की आवश्यकता नहीं कि प्रोफेसर हो या चपरासी, दुकान पर बैठनेवाला हो या कारखाने का मैनेजर, सभी दिमागी या शारीरिक काम करनेवाले, स्त्री-पुरुष मजदूर संघ के सदस्य होते हैं, और उनके वेतन से संघ का शुल्क कटता जाता है। संघ इस पैसे से अपने सदस्यों के मनोविनोद, स्वास्थ्य, बेकारी आदि के लिए प्रबन्ध करता है। यह एक दिन की छुट्टी का प्रबन्ध हमारे मजदूर संघ की ओर से था। हम उसे बिताने के लिए किरोफ-पार्क-कुल्तूर में गए, जिसके बारे में हम पहिले भी कह चुके हैं। नाट्यशाला की आज छुट्टी थी, नहीं तो उसका भी टिकट हमारे टिकट में शामिल था। सिनेमा देर से शुरू होनेवाला था, और उद्यान से हमारा मकान डेढ़ घंटे के त्रामबाय के रास्ते पर था, इसलिए दोनों का खयाल छोड़ना पड़ा। 9 बजे सबेरे ही हम रवाना हुए और साढ़े दस बजे उद्यान में पहुँचे। विश्राम लेनेवालों के लिए एक अलग कार्यालय है, जिसे 'वाजा अदना दिनेव्नी अदिखा (एक दिन विश्राम-केन्द्र) कहते हैं। कार्यालय में टिकट का आधा लेकर हमारा नाम लिख लिया गया। कितने ही और स्त्री-पुरुष आए थे, जिनमें स्त्रियों की संख्या अधिक थी। आज इतवार नहीं था, इसलिए पहिले जितनी भीड़ नहीं दिखाई पड़ी। नीचे-ऊपर दुमंजिले मकान में आठ कमरे थे, जिनमें नाचने, गाने, पढ़ने, अंटा खेलने के घरों में मनोविनोद का प्रबन्ध था। लेकिन विश्राम लेनेवाले आदमी घरों में बैठने के लिए यहाँ नहीं आते, वह प्रकृति की सुन्दर गोद का आनन्द लेना चाहते हैं। 11 बजे नाश्ता तैयार हुआ। रोटी अपने राशन-टिकट से लेनी पड़ी, नहीं तो बाकी चीजें विश्राम-टिकट में सम्मिलित थीं। खाने की चीजों में लप्सा भी था, जिसका नाम हमारी लप्सी से मिलता-जुलता है, किन्तु थी वह नमकीन सेवैयाँ। मछली, और साथ में मीठी चाय का एक गिलास—बस यही प्रातराश था। रूसी

लोग मीठी चाय, सो भी प्याले में नहीं शीशे के गिलास में पीते हैं। उसमें दूध डालना बेकार समझते हैं; हाँ, यदि मिल सके तो कागजी नींबू का रुपये बराबर का टुकड़ा डालना बहुत पसन्द करते हैं : मध्याह्न भोजन 1 बजे के करीब हुआ। इसमें लोबिया और किसी साग का सूप (रसा) पहिले आया। इसके बाद टिन का मांस, उबली हुई बड़ी लोबिया के साथ और अन्त में कम्पोत परोसा गया, जिसमें पतले मीठे शरबत में पड़ी हुई खूबानी थी। चीजें बहुत स्वादिष्ट नहीं थीं, किन्तु पुष्टिकारक अवश्य थीं। शाम के भोजन में रेजका (मूली के पतले टुकड़े), चावल भरी कचौड़ी (पेर्गस्त्रीसम) और मीठी चाय का गिलास था। यह शाम का भोजन नहीं, बल्कि शाम की चाय थी।

"सर्वे सत्वा आहारस्थिति का:" इस बुद्ध वचन के अनुसार प्राणी मात्र की सबसे जबरदस्त और अनिवार्य आवश्यकता है आहार, जिसके बारे में पहिले कहना आवश्यक था। लेकिन 10-11 घंटे जो हमने उद्यान में बिताए वह केवल खाने-पीने में ही नहीं बीते। प्रातराश के बाद हम स्नान के लिए नदी तट पर गए। वहाँ एक अच्छा-खासा मेला लगा हुआ था, जिसमें स्त्रियों की संख्या अधिक होना हमारे देश के लिए कोई नई बात नहीं थी। स्कूलों के छोटे लड़के-लड़कियाँ भी अपनी अध्यापिकाओं के साथ काफी संख्या में आए थे। पुरुष जाँघिया या स्नान-परिधान पहिने स्नान कर रहे थे, स्त्रियाँ स्नान-परिधान, स्तनबन्ध और जाँघिया में ज्यादा थीं। छोटे लड़के-लड़कियाँ नंगे नहा रहे थे। नहाना, तैराना, फिर बालू में आकर लेटे-लेटे धूप लेना, उसके बाद फिर नहाना और तैरना। दो बार मैं भी आधी नदी तक तैरने गया। धूप लेना यहाँ के लोग बहुत पसन्द करते हैं, और हफ्तों धूप लेते-लेते जब इनका रंग कुछ-कुछ ताम्रवर्ण हो जाता है, तो इसे बहुत पसन्द करते हैं, स्वस्थ शरीर का चिह्न मानते हैं। स्त्री-पुरुषों के मिलने-जुलने में कोई भेदभाव न होने के कारण अर्धनग्न सौन्दर्य की ओर भी लोग बिलकुल साधारण सी दृष्टि डालते हैं। नहा-धोकर घूमते-घामते 1 बजे हम फिर भोजनालय लौट आए। 2 बजे मध्याह्न भोजन हुआ। वहाँ कपड़ेवाली आरामकुर्सियाँ मिल गईं, जिनको लेकर हम नदी के तट पर वृक्षों के नीचे जा बैठे। हमारे पैरों के नीचे भी हरी-हरी घास थी। कितने ही लोग यहाँ के पुस्तकालय से कोई उपन्यास या दूसरी पुस्तक भी लाकर पढ़ रहे थे। कुछ लोग कुर्सी पर पड़े-पड़े सो रहे थे, और कुछ नहर के नौका विहार को देख रहे थे। नौका विहार को देखकर मुझे कश्मीर याद आ रहा था। जारशाही जमाने में यह उद्यान राजप्रासाद से सम्बद्ध था और राजवंशियों तथा उनके अनुचरों के सिवाय कोई दूसरा भीतर आने नहीं पाता था। लेकिन आज मजदूर अपने पैरों से इसे रौंद रहे थे। महल अब भी मौजूद है, जिसमें युद्ध के समय ग्राम-अर्थशास्त्रियों का स्कूल खुला था। थोड़ी देर हम भी चीनी अंटा खेल खेलते रहे, फिर गाना सुना, फिर टहलते रहे। लेनिनग्राद महानगर है, वहाँ हित-मित्र सगे-सम्बन्धी एक

दूसरे से दूर रहते हैं, जिससे मिलना-जुलना आसान काम नहीं है। यहाँ कभी-कभी उनसे मुलाकात हो जाती है। लोला की सखी वलन्तिना अपनी माँ के साथ आई हुई थी। वह किसी पुस्तकालय में काम करती थी। लोला के कथनानुसार वह बड़ी अच्छी गायिका है। सुन्दरी भी थी। मैंने कहा—फिर नाट्यमंच पर क्यों नहीं गई? वहाँ हमें गाना सुनने का मौका नहीं था। ट्राम के अड्डे पर आए। भीड़ इतनी थी कि आध घंटे तक ट्रामों में जगह ही नहीं मिल सकी। फिर किसी तरह चढ़कर साढ़े नौ बजे घर पहुँचे। लेकिन अगस्त के साढ़े नौ बजे क्या, साढ़े ग्यारह बजे तक गोधूली ही रहती है।

बाहर ही मनोरंजन और मनोविनोद की चीजें नहीं मिलती थीं, बल्कि घर के भीतर भी उसका काफी सामान एकत्रित था। लोला का अपने इकलौते पुत्र पर असाधारण प्रेम होना स्वाभाविक था, जिस पुत्र को उसने लेनिनग्राद के हजार दिनों के घिरावे में अपने प्राण देकर पाला था। जब राशन छटाँक-डेढ़ छटाँक रह गया था, तब वह अपना खाना उसे दे देती और स्वयं भूखी रह जाती। एक बार वह इतनी निर्बल हो गई कि खड़ी होते समय गिर पड़ी और सिर फूटने से उसके सूखे शरीर में से बहुत-सा खून निकला। तो भी कितनी ही बार मुझे उसके प्रेम में अन्धापन ज्यादा मालूम होता था। लड़का जानता था कि उसकी माँ किसी बात से इनकार नहीं कर सकती, इसलिए जिद्द करना उसका स्वभाव हो गया था। सुबह उठते ही लोला अपने ईगर को बुलाती—"कपड़ा पहिन, ईगुरुश्का, मोई किशिन्का" (कपड़ा पहिन ईगुरवा, मेरे ललुवा)। चाहे दो घंटा भी दिन चढ़ गया हो, लेकिन ईगर पड़ा सोता रहता। फिर थोड़ी देर में माँ का ध्यान उधर जाता, तो चिल्लाकर उसी बात को दुहराती। ईगर को उसकी परवाह नहीं थी। वह अपने मन की करना जानता था। यद्यपि बालोद्यान में जाते ही अच्छा प्रातराश मिलता, फिर भोजन आदि का भी प्रबन्ध था। लेकिन लोला अपने किशिन्का को बिना कुछ खिलाए कैसे जाने देती? एक गिलास दूध पीने में किशिन्का 15 मिनट लगा देता। बात न मानने पर बीच-बीच में लोला का चीखना-चिल्लाना जारी रहता। इस साल पहिली सितम्बर को ईगर स्कूल में जाने लायक हो गया था, क्योंकि उसके सात वर्ष में केवल चार दिन ही बाकी रहते थे, लेकिन लोला नहीं चाहती थी कि स्कूल में जाकर मजदूरों के लड़कों के साथ वह बिगड़ जाए। आखिर बालोद्यान में भी तो अधिकांश मजदूरों के ही लड़के-लड़कियाँ थे। लेकिन वहाँ बुद्धिवाद से क्या प्रयोजन था! कह रही थीं—एक बजे स्कूल से छुट्टी हो जाएगी, हम घर पर नहीं रहेंगे, फिर सारे मुहल्ले के गुंडे लड़कों में पड़कर गुंडा बन जाएगा। इसलिए सात वर्ष में चार दिन कम होने का बहाना लेकर उसे साल भर और स्कूल नहीं भेजा।

17 अगस्त को हम 'घिरे लेनिनग्राद की वीरता' नामक संग्रहालय देखने गए। यह नया संग्रहालय रीनेचना सड़क पर एक बड़े मकान में था। यह मुहल्ला

पहिले रूसी अमीरों का था। इस संग्रहालय में 1941-1944 तक के घेरावे का प्रदर्शन था। युद्ध से पहिले सोवियत के सारे औद्योगिक उत्पादन का 10.5 प्रतिशत लेनिनग्राद में पैदा होता था, इससे राजधानी न रहने पर भी लेनिनग्राद का महत्त्व मालूम होगा। इसी मुहल्ले में पुश्किन, चेकोव्स्की जैसे कलाकार रहे थे। वहाँ रखी हुई चीजों में एक जगह एक छोटी लड़की के पैन्सिल से लिखी डायरी के कुछ पन्ने रखे हुए थे। एक दिन लिखा था—पिता मर गए, माता...फिर पन्ना खाली। लिखनेवाला अब निर्जीव था!

18 अगस्त को कई दिनों की धूप के बाद सबेरे थोड़ी-सी वर्षा हुई। खटमलों और पिस्सुओं के मारे हम पहिले से ही परेशान थे, अब मच्छरों (कमारोफ) ने भी धावा बोल दिया। हमारा मुहल्ला शहर के एक छोर पर होने के कारण उस पर सबसे पीछे प्रबन्धकों की नजर पहुँचती, इसीलिए लड़ाई के दिनों में पैदा हो गए खटमल और पिस्सू अब भी यहाँ से नहीं हटाए गए थे। हम चाहते थे, अगर कहीं यूनिवर्सिटी के नजदीक मकान मिलता, तो अच्छा, लेकिन मकानों की इफरात तो नहीं थी। प्रोफेसर होने के कारण हमें चार-पाँच कमरे मिलने चाहिए थे, लेकिन हमें वहाँ दो कमरे भी मिल जाते तो हम उससे सन्तुष्ट थे। यूनिवर्सिटी के रेक्तर (चांसलर) ने मकानों के प्रबन्धक को खासतौर से चिट्‌ठी दी, लेकिन मकान की समस्या तो तभी हल होनेवाली थी, जबकि मकान बनाने की योजना पूरी हो। उस दिन 6 रूबल (4 रुपया) किलो (सवा सेर) खीरे बिना राशन कार्ड के मिल रहे थे। लोला दस किलो खीरे खरीद लाई। कहा सलाद बनेगा, अचार बनेगा। खीरे के अचार का रूस में बड़ा शौक है। पानी में खीरे को नमक डालकर रख देते हैं, और पन्द्रह-बीस दिनों के बाद उसमें कुछ खट्टापन आ जाता है, अचार तैयार हो गया।

20 अगस्त को मेरा एक दाँत दर्द करने लगा, 21 को वह पीड़ा और बढ़ती गई। सोवियत शासन ने जो बड़े-बड़े काम किए हैं, उनमें मुफ्त चिकित्सा का प्रबन्ध भी एक है। हमारा ही उदाहरण लीजिए। हम अपने मुहल्ले के चिकित्सा-केन्द्र से मुफ्त चिकित्सा करा सकते थे, डॉक्टरों को कुछ नहीं देना पड़ता था। हाँ, यदि बीमार रहने पर भी अस्पताल नहीं जाना चाहते तो दवाई का दाम देना पड़ता। तिरयोकी में यूनिवर्सिटी का सैनीटोरियम था, वहाँ पर भी मुफ्त चिकित्सा का प्रबन्ध था। इन दो जगहों के अतिरिक्त यूनिवर्सिटी के भीतर एक बहुत भारी चिकित्सालय था, जिसमें दर्जनों डॉक्टर काम करते थे। मैं दाँत की पीड़ा से मजबूर हो यूनिवर्सिटी के डॉक्टर के पास गया। डॉक्टर, एक महिला थी। उन्होंने देखकर बतलाया कि दाँत में छेद हो गया है, स्नायु सड़ गई है। दाँत को उन्होंने छील दिया, घाव को साफ कर दिया। बिजली से चलनेवाले दाँत सम्बन्धी सभी आधुनिक यंत्र वहाँ पर मौजूद थे। मुझे दर्द इतना मालूम हो रहा था कि चाहता था दाँत ही उखड़ जाए तो अच्छा। महिला डॉक्टर ने कहा नहीं, आपके दाँत बहुत अच्छे हैं। बनावटी

दाँत उतने अच्छे नहीं होंगे, और एक दाँत निकालने से दूसरे दाँत कमजोर पड़ने लगेंगे। फिर कहा—"मैं प्रोसलिन भरकर ठीक कर दूँगी, किन्तु पहले भीतर का घाव अच्छा हो जाना चाहिए।" उन्होंने दाँत को अच्छी तरह साफ करके अस्थायी तौर से प्रोसलिन भर दिया। 22 अगस्त को दिन-भर दाँत अच्छा रहा, किन्तु रात को फिर दर्द बढ़ना शुरू हुआ। मैं बिलकुल नहीं सो सका। खयाल आता था कि हनुमानबाहुक की पुस्तक होती, तो मैं भी तुलसीदास के शब्दों में बाहुपीड़ की जगह दाँत पीड़ बदलकर बजरंगवली की दुहाई देता। जान पड़ा, दाँत के भीतर अबी भी मवाद है। 23 अगस्त को 12 बजे फिर डॉक्टर के पास गया। रास्ते भर मार्मिक वेदना हो रही थी, दाँत के छिद्र को खोलने पर कुछ कम हुई। डॉक्टर ने भीतर साफ करके दवा भर दी। मैंने कहा—छिद्र का मुँह न बन्द करें, क्योंकि उससे पीड़ा बढ़ जाती है। उस दिन शाम को बुखार भी आ गया। बीच-बीच में अब मुझे डॉक्टर की सेवा में जाना जरूरी हो पड़ा। इधर कुछ पेट भी गड़बड़ हो गया था, दूसरे डॉक्टर ने पेट की बीमारी के बारे में देखभाल की। खून का दबाव नार्मल मालूम हुआ।

पहली सितम्बर को यूनिवर्सिटी खुली। मैंने पहले डॉक्टर को दाँत दिखाया, तो उन्होंने उसको अस्थायी तौर से भरने से पहिले रोन्तेगिन (एक्सरे) फोटो और परीक्षा करने के लिए विशेषज्ञ के पास भेज दिया। इन्दुस (भारतीय) जानकर सभी की जिज्ञासाएँ बढ़ जाती थीं। एक्सरे विशेषज्ञ ने दाँत का फोटो लिया और उसे डॉक्टर के पास भेज देने का वादा किया।

जापान पर विजय—3 सितम्बर (सोमवार) को जापान-विजय के उपलक्ष्य में छुट्टी हुई। 2 सितम्बर को तोकियो के बन्दरगाह में अवस्थित अमेरिकन नौसैनिक जहाज मिसौरी पर मेकार्थर के सामने जापानी मैकादो के प्रतिनिधि विदेश मंत्री और सेनापति ने अपनी हार पर हस्ताक्षर कर दिये। तोकियो रेडियो भी अमेरिकन हाथों में चला गया। मैंने तीन सितम्बर को अपनी डायरी में लिखा—इस समय दुनिया में अमेरिका का पलड़ा भारी है। सिर्फ सामग्री-सम्पन्नता के कारण ही नहीं, बल्कि सैनिक साइंस की शक्ति के कारण भी—अणु-बम का आविष्कार अमेरिका ने किया। अमेरिका पूँजीवादी जगत का प्रमुख अगुआ है। वह जर्मनी की भाँति जाति-सिद्धान्त को सामने नहीं ला सकता, मगर पूँजीवादी गुलामी को सारे संसार पर लादने के लिए वह वैसा ही प्रयत्न करेगा, जैसा जर्मनी ने कबीली सामन्तशाही को लादने के लिए (किया)...बात से काम न चलने पर सैनिक शक्ति का प्रयोग (भी करेगा)। दुनिया के सभी प्रतिगामी स्वार्थ का समर्थन पूँजीवादी दृष्टि से अमेरिका करेगा। यूनान में कर रहा है। बुल्गारिया में पासा खिलाफ पड़ने की आशंका से (उसने) पार्लियामेंट चुनाव रुकवा दिया। हालैंड और बेल्जियम में (उसके लिए) निष्कंटक क्षेत्र है। फ्रांस और इताली की जनता के रास्ते में अमेरिका भारी रुकावट साबित

होगा तो क्या तीसरा युद्ध आणवीय बमों और वामपंथियों का होगा?

5 सितम्बर को यूनिवर्सिटी से लौटते वक्त मैं बालोद्यान में गया। पैदा होने से तीन बरस तक के लिए यह यसली (शिशु भवन) बने हुए हैं, चौथे से सातवें वर्ष के लिए अचाक (बालोद्यान) हैं। कमरों में बच्चों के लिए सोने के वास्ते चारपाइयाँ कतार से लगी हुई थीं, बिस्तरा साफ बिछा हुआ था। तीन वर्ष से सात ही वर्ष तक के बच्चे थे, किन्तु उनका पाखाना साफ था। हाथ-मुँह धोने के लिए छोटे-छोटे नल लगे हुए थे और कुत्ता, बिल्ली आदि पशुओं की तसवीरोंवाली उनकी टॉवलें अलग-अलग खूँटियों से लटक रही थीं। चीजों को रखने के लिए छोटी-छोटी आलमारियाँ भी उन्हें मिली थीं, जिन पर उनके जानवर की तस्वीर बनी हुई थी। कहानी सुनने, खेलने, खिलौने रखने के कमरे अलग-अलग थे। एक हॉल भी था। घर से बाहर खेलने और मनोविनोद के लिए उद्यान था। मेरे आने से पहिले ईगर के लिए 70 रूबल मासिक देना पड़ता था, किंतु मेरे आने के बाद वह 140 हो गया। सभी लड़कों का खाना, रहना एक तरह का था, लेकिन फीस में इसका ध्यान रखा जाता था कि कौन कितना बर्दाश्त कर सकता है। कम वेतनवाले माता-पिता को कम पैसा देना पड़ता, अधिक लड़के होने पर फीस माफ हो जाती थी। लड़के नौ बजे बालोद्यान जाते, और पाँच बजे घर लौट आते थे। इस बीच में खाने का सारा इन्तिजाम बालोद्यान की ओर से होता था। वालोद्यान में लड़के-लड़कियाँ दोनों इकट्ठा रहती थीं। आयु के अनुसार उनके चार वर्ग थे। यहाँ पुस्तक की पढ़ाई नहीं होती थी, न अक्षर सिखाया जाता। उन्हें स्वावलम्बी बनाने की शिक्षा दी जाती। वह स्वयं अपना बिस्तरा ठीक करते। यद्यपि रसोई में मदद देना लड़कों का काम नहीं है, किन्तु बालोद्यान की बहनों (चाचियों) के साथ उनका इतना प्रेम हो जाता कि वह बिना बुलाए भी सहायता करने के लिए चले जाते। ईगर खास तौर से अपनी चाची की रसोई में सहायता करने जाता था। बालोद्यान की चाचियों के साथ लड़कों का कितना मधुर सम्बन्ध हो जाता है, इसका इसी से पता लगेगा कि ईगर जब बालोद्यान से निकलकर स्कूल में भरती हो गया था, तब भी वह अपनी चाचियों से मिलने जाता था, और वहाँ खाने और चाय का समय होने पर खा-पीकर ही लौटता था। हम बहुत डाँटकर कहते कि अगर खाना खाके आएगा तो फिर नहीं जाने देंगे; लेकिन वह कहाँ होनेवाला था। आकर कहता—क्या करूँ, चाची तान्या ने नहीं माना। बच्चों की शिक्षा और सेवा सुश्रूषा पर सोवियत सरकार का सबसे अधिक ध्यान है, इसे कहने की आवश्यकता नहीं है। बालोद्यान का लक्ष्य क्या है, इसके बारे में एक सोवियत शिक्षाशास्त्री के निम्न वाक्य पठनीय हैं—"बालोद्यान तीन से सात वर्ष तक की चार श्रेणियों के बालक-बालिकाओं के लिए है। यहाँ बच्चे 10-12 घंटे रहते हैं। कुछ बालोद्यान में इतवार को छोड़कर बाकी हफ्ते भर बच्चे रह सकते हैं। बालोद्यान स्थापित करने

का उद्देश्य है बच्चों का अच्छी तरह लालन-पालन और माँ को काम करने की छुट्टी। बालक की शारीरिक और मानसिक शक्तियों के विकास के लिए यहाँ खेल के मुख्य साधन रखे गए हैं। बालक अपने जीवन के चारों ओर की परिस्थितियों में सक्रिय भाग लेता है और इस प्रकार अपने शारीरिक विकास को बढ़ाता है। बच्चों से जो खेल खेलाए जाते हैं, जो सीधे-सादे मौखिक पाठ कराए जाते हैं, वह एक निश्चित व्यवस्था के अनुसार होते हैं, लेकिन उनमें सैद्धान्तिक शुष्कता का पता नहीं, जो कि फ्रेविल और मौन्तेसरी-प्रणाली में पाई जाती है। सोवियत शिक्षा-क्रम लड़के की भिन्न-भिन्न आयु की मनोवैज्ञानिक विशेषताओं को ध्यान में रखकर तैयार किया गया है। उसमें इस बात का ध्यान रखा जाता है—कि बच्चे की दिलचस्पी खेलने में जल्दी पैदा होती है, और वह हर एक चीज को साकार रूप में समझने की कोशिश करता है।" खेलों के चुनने में लड़कों को स्वतंत्रता रहती है। सोवियत बालोद्यान शिक्षा प्रणाली से बच्चों में निम्न भावों को पैदा किया जाता है—स्वतंत्रता-प्रेम, स्वास्थ्यकर आदत, परिश्रमशीलता, तथा चीजों को अच्छी तरह उपयोग में लाना, उनकी रक्षा करना, बड़ों के प्रति सम्मान, और सुन्दर बर्ताव। यह बालोद्यान के काम का मुख्य आधार है। हर 25 बालक पर एक शिक्षिका होती है, जो इससे कम पर भी हो सकती है। वह बालक की चाची है, जिसके प्रेम को बालोद्यान छोड़ने के बाद भी लड़के नहीं भूलते। सोवियत शिक्षा-प्रणाली ही नहीं, दूसरे भी इस तरह के आयोजनों में केवल प्रोपेगेंडा की ओर ध्यान नहीं दिया जाता, ऐसा करने के लिए दस-बीस बालोद्यान और शिशु-भवन काफी होते, लेकिन ऐसे दिखावे में माताओं के लिए काम का समय नहीं मिल सकता था। लड़ाई को खत्म हुए अभी एक महीना नहीं हुआ था कि 1 जून, 1942 को 18 हजार बालोद्यान थे, जिनमें 20 लाख रूसी प्रजातंत्र के बच्चे परवरिश पा रहे थे। 1945 में रूसी संघ प्रजातंत्र के 14,335 बालोद्यानों में 72,30,000 बच्चे रहते थे। इनके अतिरिक्त ग्रीष्मावासों में 20 लाख बच्चे अलग रखे गए थे।

मेरा ध्यान मध्य-एसिया की तरफ विशेष तौर से था। में समझता था, भारत की स्थिति वही है, जो कि बोल्शेविक क्रान्ति से पहिले मध्य एसिया की थी। इसलिए वहाँ साम्यवादी तजुर्बे ने कितनी सफलता पाई, क्या परिवर्तन किये, इसको सावधानी से देखना बहुत लाभदायक होगा। मैं अब की बार मध्य एसिया नहीं जा सका, तो भी पुस्तकों से मैंने जितना भी ज्ञान प्राप्त हो सकता था, उतना प्राप्त किया और मध्य-एसिया के विद्यार्थियों और दूसरों से भी मिलकर सूचना प्राप्त की। मुझे थोड़े ही अध्ययन के बाद पता लग गया कि उपन्यासकार सदरूद्दीन ऐनी के ग्रंथ मेरे काम में बड़े सहायक होंगे। ऐनी का पुत्र कमाल हमारे ही विश्वविद्यालय में पढ़ता था, यद्यपि वह हमारे विभाग से सम्बन्ध नहीं रखता था। ऐनी के *दाखुन्दा, गुलामन, अदीना, यतीम और सूदखोर की मौत* का मैं हिन्दी में अनुवाद भी करूँ

चुका हूँ। उनके दो बड़े उपन्यासों का अनुवाद तो वहीं उर्दू में कर डाला था। ऐनी अपनी भाषा का प्रथम उपन्यासकार है। ऐनी से पहिले ताजिक भाषा में कोई पुस्तक नहीं थी। ताजिक भाषा फारसी की एक बोली थी। लेकिन क्रान्ति ने उसे शिक्षा का माध्यम बनाकर साहित्यिक भाषा के रूप में परिणत कर दिया। किसी भाषा के पहिले मौलिक लेखक के रास्ते में जो कठिनाइयाँ होती हैं और जिनके कारण जो दोष दिखाई पड़ते हैं, वह ऐनी में मिलते हैं। उसके दोष हैं, विश्रृंखलता, योजनाहीनता, पात्रों के अयोग्य संवाद। लेकिन गुण कहीं अधिक हैं। ऐनी दृश्यों का चित्रण बड़े ही सुन्दर और स्वाभाविक ढंग से करना जानता है। मनोवैज्ञानिक विश्लेषण करने में भी वह सिद्धहस्त है। वर्ग-प्रतिक्रिया का वर्णन करनेवाले तो वैसे लेखक बिरले ही मिलेंगे। ऐनी के अतिरिक्त गनी अब्दुला जलाल इकरामी, लाहूती जैसे कितने ही दूसरे ताजिक ग्रंथकारों की पुस्तकों को भी मैं पढ़ता था। मुझे अफसोस इसी बात का था कि लेनिनग्राद के पुस्तकालयों में सभी पुस्तकें प्राप्त नहीं थीं। मैंने उनके लिए यूनिवर्सिटी पुस्तकालय, प्राच्य प्रतिष्ठान पुस्तकालय, लोक पुस्तकालय जैसे कई पुस्तकालयों की खाक छानी।

21 सितम्बर को लोला का भानजा सेरगी आया। लेनिनग्राद के घेरावे के दिनों में सेरगी के माता-पिता दोनों भूख से मर गए। वह जिस घर में रहा करते थे, उस पर बम गिर उसकी चारों छतों को बेधता नीचे तक चला गया। इस वक्त वह मकान खंडहर जैसा खड़ा था। सेरगी, जिसे रूसी प्रियालाव के अनुसार सिर्योजा बना दिया जाता है, फौज में रेडियो-ऑपरेटर का काम करता था। अब सेनाएँ विघटित हो रही थीं, इसीलिए वह वहाँ से छुट्टी पा गया था। वह बड़ा फक्कड़-सा नौजवान था। उसे न काम की चिन्ता थी, न खाने की। पैसा हाथ में आया, तो दो दिन में पी-पिलाकर खत्म कर दिया और फिर कभी मौसी के यहाँ, और कभी दूसरे मित्र के यहाँ। किसी काम पर स्थिर होकर रहना भी उसे पसन्द नहीं था। अगले साल उसने साइबेरिया की एक रेलवे लाइन में काम लिया था। लेकिन जाड़ा आरम्भ होते ही वहाँ से काम छोड़कर खाली हाथ लेनिनग्राद चला आया। आदमी वैसे बहुत अच्छा था। कोई भी काम होने पर बैठा नहीं रहना चाहता था। अगले साल उसने फिनलैंड की पुरानी भूमि में कोई काम स्वीकार कर लिया और जाड़े के आरम्भ होते-होते वहाँ से भी चला आया। साथ ही एक कारेलियन तरुणी को भी लेता आया। वह बेचारी अगर अपने गाँव में रहती तो वहाँ खेती-बारी करती, यहाँ लेनिनग्राद नगर में उसके करने लायक कोई काम नहीं था और सिर्योजा फिर सोवियत के किसी दूसरे कोने में अकेले ही जाने की तैयारी कर रहा था। वह एक तरह का सोवियत घुमक्कड़ था। सिर्योजा के उदाहरण से मालूम होगा कि यह प्रोपेगेंडा कितना झूठा है कि रूस में हरेक आदमी से जबरदस्ती काम लिया जाता है। जहाँ तक सरकार का सम्बन्ध है, वह कोई जबरदस्ती नहीं

करती। अपनी इच्छानुसार आदमी एक काम छोड़कर दूसरा काम पकड़ सकता है। हाँ, एक-दो महीने पहिले अवश्य काम छोड़ने की सूचना देनी पड़ेगी, ताकि प्रबन्धक दूसरे को नियुक्त कर सके। सिर्योजा के उदाहरण से यह भी पता लगेगा कि रूस में अभी पश्चिमी यूरोप की तरह बाप के खाने का बिल देना तो दूर, दूर के सम्बन्धी को भी लोग समेटकर रखना चाहते हैं, और एक-दूसरे की सहायता करना अपना कर्तव्य समझते हैं।

22 सितम्बर को अब थोड़ी-थोड़ी जाड़े की सर्दी आरम्भ हो गई थी। जाड़े की टोपियों के सिवा लोग अब जाड़े के ओवरकोट और पोशाक पहनकर सड़कों पर दिखाई पड़ने लगे। जाड़ों की टोपी अक्सर वहाँ चमड़े की होती है।

रूसी नाट्यमंच अपने बैले (मूक नाट्य) के लिए विश्वविख्यात है। मुझे ओपेरा पसन्द नहीं आता था, किन्तु नाटक बहुत पसन्द था, और सबसे अधिक पसन्द थी बैले। 26 सितम्बर को किरोफ (पुराना मारिन्सकी) तियात्र में प्रसिद्ध नाट्यकार चेकोव्स्की बैले 'गुप्त सुन्दरी' (स्पेश्वया क्रसावित्सा) देखने गया। नृत्य सुन्दर, दृश्य मनोहर थे। शाला के पाँचों तल और सामने की सीटें खचाखच भरी हुई थीं। सौ के करीब अभिनेता और अभिनेत्री इस बैले में भाग ले रहे थे। बच्चों की कहानी (पेरोकी) को आधार बनाकर चेकोव्स्की ने इस बैले को पिछली शताब्दी में तैयार किया था। दो शताब्दी पहिले के समाज को लिया गया था, इसलिए वेश-भूषा और दृश्यों में इसका पूरा ध्यान रक्खा गया था। नाच में भालुओं, बिल्लियों और बन्दरों के भी नाच थे। सोवियत नाट्यमंच बहुत पुराना है, उसी तरह उसके दर्शकों की परम्परा भी पुरानी है। जारशाही जमाने में स्त्रियाँ अपने बढ़िया से बढ़िया आभूषण, वस्त्र और सज्जा के साथ आती थीं, आज भी नाटक देखने के समय सोवियत नारी अपने को अत्यन्त सुन्दर रूप में सजा-धजाकर वहाँ पहुँचती हैं। विश्राम के समय जब नर-नारी हाथ मिलाए बड़े हॉल में मन्द गति से एक-दूसरे के पीछे टहलते हैं, उस वक्त नये से नया फैशन और बढ़िया से बढ़िया सौन्दर्य राशि को आप देख सकते हैं। वहाँ दर्शकों से दर्शिकाओं की संख्या अधिक थी और दर्शकों में भी अधिकतर सैनिक थे। अभी-अभी लड़ाई से वह बाहर हुए थे, इसलिए सैनिक-वेष का अधिक दिखाई देना स्वाभाविक था। दूसरे देशों में अपने सैनिक-वेष या सैनिक-तमगों को दिखाने का उतना शौक नहीं है। और जगह तो तमगों की जगह पर केवल उनके फीतों को कोट पर टाँग लेना पर्याप्त समझते हैं, लेकिन सोवियत सैनिक 15-20 तमगों को भी छाती पर लटकाना आवश्यक समझते हैं। कुछ इसके अपवाद भी हैं। लोला घिरावे के दिनों में लेनिनग्राद में रहकर काम करती रही, उसने अपने पुस्तकालय की बमों से रक्षा करने में काफी सावधानी से काम लिया, इस कारण उसे भी दो तमगे मिले हुए थे, लेकिन मैंने उसे कभी उन्हें लटकाए नहीं देखा।

27 सितम्बर से सर्दी काफी बढ़ गई। तापमान हिमबिन्दु के पास पहुँच रहा था। घर के भीतर भी सर्दी थी। मकान गरम होने की आशा भी कम मालूम होती थी। युद्ध के बाद नई व्यवस्था करने में समय लगता ही है, फिर घर अगर एकाध महीना गरम नहीं हुआ, तो उससे चीजों के उत्पादन में तो कमी नहीं हो सकती। लोग थोड़ी-सी तकलीफ महसूस करेंगे, लेकिन उसके तो वह लड़ाई के दिनों से आदी हो चुके थे, जबकि सारे जाड़े भर मकान को गरम नहीं किया जा सकता था। घर के कार्यालय से मालूम हुआ कि इस साल शायद नवम्बर में मकान गरम किया जाए, क्योंकि कोयले के खर्च के लिए पहिले कारखानों को देखना पड़ता है। यूनिवर्सिटी में भी लकड़ी तो काफी रखी हुई थी, लेकिन मकान गरम करने के लिए नौकर नहीं मिल रहा था। मजूरों की बहुत जगहों में माँग थी, फिर वह वहीं जाना चाहते थे, जहाँ वेतन अच्छा हो। यूनिवर्सिटी के अधिकांश मकान सौ-डेढ़ सौ बरस पुराने थे, जिस वक्त केन्द्रीय तापन का आविष्कार नहीं हुआ था और लकड़ी जलाकर मकान को गरम किया जाता था। केन्द्रीय तापन में बहुत सुविधा होती है। सैकड़ों कमरों के लिए एक जगह पानी गरम होता और उसके द्वारा हरेक कमरे में पहुँचाकर चपटे-चौड़े कल-पुर्जों द्वारा कमरे की हवा गरम कर दी जाती है। उसमें इतने आदमियों की आवश्यकता नहीं होती, न लकड़ी चीरकर तल्ले पर पहुँचाना पड़ता। हमारे पढ़ाने के कमरे न विषय के अनुकूल बँटे थे, और न क्लास के अनुसार ही। एक दर्जन से अधिक कमरों को तो मैंने देखा न होगा। अगर अध्यापक या क्लास के खयाल से कमरे बाँट दिये जाते, तो मकान गरम रखने में सुभीता होता। छात्रों में लड़कियाँ अधिक थीं। सोवियत के नर-नारी शारीरिक श्रम को बुरी दृष्टि से नहीं देखते। वह नीचे जमा किये हुए टाल से लकड़ियाँ उठा लाते और कमरा गरम करने की कोशिश करते। कुछ समय बाद देखा कि आँगन में एक लकड़ी चीरनेवाली बिजली की मशीन भी लग गई है, जिससे लकड़ी चीरने या टुकड़े करने का सुभीता हो गया था। तो भी जब विद्यार्थी एक कमरे को गरम करके दूसरे कमरे में चले जाते, तो वहाँ फिर से गरम करने की जरूरत पड़ती। ढाई सौ रूबल में काम करनेवाला कहाँ से मिलता? हमारे विभाग में एक या दो स्त्रियाँ काम करने को मिली थीं, जो किसी-किसी कमरे को गरम रखतीं। सोवियत में मानव की समानता का उदाहरण यहाँ देखने को मिलता। साधारण अशिक्षित-सी स्त्री लकड़ी जलाने का काम कर रही है। उसे महीने में दो-ढाई सौ रूवल मिलते हैं। उसी जगह कोई अकादमिक प्रोफेसर पढ़ाने आता है। अकादमिक होने से उसको 6 हजार रूबल मासिक पेंशन सम्मानार्थ मिलती है, प्रोफेसर होने के कारण ऊपर से साढ़े चार हजार रूबल मासिक और वेतन मिलता है। दूसरे कामों की आय को मिलाने पर उसे महीने में चौदह-पन्द्रह या अधिक हजार रूबल मिल रहे हैं। लेकिन लकड़ी झोंकनेवाली स्त्री के सामने जाने

पर अकादमिक प्रोफेसर अपनी टोपी उता कर उसके सामने अभिवादन करता है, यदि उसका हाथ कालिख में सना नहीं है तो उससे हाथ मिलाता है, यदि वह उसे अपने घर पर निमंत्रित करता है, तो एक साथ बैठकर मेज पर चाय पीता है। इस प्रकार स्त्री अपनी शिक्षा और योग्यता की कमी को ही अपने वेतन की कमी का कारण समझती है, लेकिन जहाँ तक मनुष्य का मनुष्य के साथ सम्बन्ध है, वह भी अपने को अकादमिक के बराबर समझती है। यही नहीं, बल्कि यदि उस स्त्री के लड़के या लड़कियाँ हैं तो उन्हें यूनिवर्सिटी तक अपनी पढ़ाई करने में कोई बाधा नहीं है, क्योंकि पढ़ाई माँ की जेब पर निर्भर नहीं है, बल्कि लड़के-लड़की की इच्छा पर। जहाँ 90 फीसदी विद्यार्थी सरकारी छात्रवृत्ति पा रहे हों, वहाँ गरीबी के कारण उच्च शिक्षा से वंचित होने की किसी को सम्भावना नहीं है।

मैं अक्सर 11 बजे अपने यहाँ से यूनिवर्सिटी जाता, और तीन बजे ही वहाँ से चल देने की कोशिश करता, यदि पढ़ाई के लिए रहने की मजबूरी न होती। सबेरे नौ बजे और शाम के 5 बजे के समय ट्रामों में बड़ी भीड़ होती। बाज वक्त तो चढ़ना मुश्किल हो जाता। मैंने पीछे एक युक्ति निकाली। मैंने देखा कि नगर के केन्द्रीय स्थान की ओर जानेवाली ट्रामें जिस वक्त भरी रहती हैं, उसी वक्त दूसरी तरफ को जानेवाली ट्रामों में अधिकतर खाली रहती हैं। चार-पाँच पैसा (पन्द्रह कोपेक) और कुछ मिनटों का सवाल था। मैं खाली ट्राम से उल्टी ओर चला जाता, आगे, केंन्द्र की ओर आनेवाली कम भरी ट्रामों पर सवार होकर केन्द्र में पहुँचने पर भीड़ तो होती, लेकिन बैठने की जगह पहिले मिल गई रहती। वस्तुतः लड़ाई के कारण लेनिनग्राद के लिए जितने ट्राम-डब्बों की आवश्यकता थी, उतने नहीं मौजूद थे, इसीलिए इतनी भीड़ रहती थी।

11 अक्टूबर को सर्दी अब अपने यौवन की ओर जा रही थी। रात को पानी जमने लगा था। बाहर जाने पर मेरे कान ठंडे होने लगते थे। अब वृक्ष कितने ही नंगे हो गए थे, और कितनों ही की पत्तियाँ पीली पड़ चुकी थीं। देवदार के झाड़ों को कभी पतझड़ का मुकाबिला नहीं करना था, और उन्हीं की तरह के कुछ हिम-जीवी पेड़ थे, जिनके पत्ते अब भी हरे रह गए थे।

स्नानगृह—अभी तक स्नान अपने घर में ही कर लेता था, किन्तु अब जाड़ों के आगमन से गरम स्नानगृह की आवश्यकता थी। लेनिनग्राद के मुहल्ले-मुहल्ले में ऐसे स्नानगृह हैं। 12 अक्टूबर को मैं पहिले-पहिल सार्वजनिक स्नानगृह में गया। 1 रूबल देकर टिकट खरीदना पड़ा। स्नानगृह के भीतर दो प्रबन्धिका स्त्रियाँ थीं। जिसको टिकट मिल गया था, वह उसे ले जाकर प्रबंधिका को देता, जो उसे एक धातु का टुकड़ा देकर आल्मारी का ताला खोल देती। आदमी अपने सारे कपड़ों को उस आल्मारी में बन्द कर देता। हाँ, सारे कपड़ों का एक भी सूत उसके शरीर पर नहीं रह जाता। वहाँ सभी पुरुष ही पुरुष थे, स्त्रियाँ वही दो

परिचारिकाएँ थीं। लोग नि:संकोच नंगे मादर-जाद थे, मुझे पछतावा हो रहा था, कि क्यों यहाँ फँसा। घर में ही गरम पानी करके नहा लेता, लेकिन अब तो आ चुका था। देखा-देखी कोट-पेंट निकाल भी चुका था। सब निकालने पर भी जाँघिया निकालने की हिम्मत नहीं हुई। परिचारिकाएँ बाबा आदम के खास पुत्रों के बीच में बड़ी बेतकल्लुफी से इधर से उधर घूम रही थीं और मैं था जो लाज के मारे धरती में गड़ा जा रहा था। आखिर जाँघिया पहिने ही मैं आल्मारियोंवाले कमरे से नहाने के कमरे में गया। वहाँ कई पंक्तियों में बेंचें रखी हुई थीं, ठंडे और गरम पानी के कई नल जगह-जगह पर लगे हुए थे। बहुत से लोहे के गोल बर्तन (एक बाल्टी पानी आने लायक) रक्खे हुए थे। लोग दो बर्तनों में अपनी इच्छानुसार गरम पानी भरकर बेंचों पर बैठकर नहाते। कितने ही शरीर मलने में एक-दूसरे की सहायता करते थे। मैं अपनी नैया अकेले ही खे रहा था। जब मैंने वहाँ आध घंटा स्नान करते, पैर मल-मलकर धोते, आसपास के दूसरे आदमपुत्रों को देखा, तो मुझे अपनी बेवकूफी पर आश्चर्य होने लगा। मैंने सोचा शायद यह लोग समझें कि इस आदमी को कोई बीमारी है, इसलिए यह जाँघिया पहिने हुए है। मैंने उसी वक्त कान पकड़ा और निश्चय कर लिया, कि अगली बार से फिर ऐसी बेवकूफी नहीं करूँगा। अब तो हर हफ्ते नहाने आना था। तब से देख लिया, कि सनीचर के रोज बड़ी भीड़ रहती है। इतवार के दिन उससे कम और सबसे कम सोमवार को होती है, इसलिए मैंने सोमवार को अपने नहाने का दिन निश्चित कर लिया। स्नानागार में वर्षा-स्नान (डूस) का भी प्रबन्ध था। लेकिन उसकी कल बिगड़ी हुई थी, जो कि मेरे पच्चीस मास के रहने तक न बनी। शायद नया स्नानागार बनने जा रहा था, जिसके कारण मरम्मत करने की आवश्यकता नहीं समझी जाती थी। स्नानगृह में स्नान करके लोग वैसे ही पानी चूते आल्मारियों के पास आते, और फिर अपने तौलिया से शरीर पोंछते। अगर कोई चाहता, तो उतने समय में अपने कपड़ों को परिचारिकाओं को देकर इस्तिरी भी करवा सकता था। एक-दो रूबल दे देने से काम चल जाता। बिना राशन के लेने पर हमारे यहाँ की चार-पाँच आने की साबुन की टिकिया का दाम पचास-साठ रूबल था। पामोलिव जैसे साबुन की टिकिया का दाम सौ रूबल (पैंसठ रुपये) होता, साबुन का डब्बा भी यहाँ साठ रूबल से कम का नहीं था। मैं अपना पैंसठ रुपये का साबुन और बीस रुपये का डब्बा वहीं भूल आया; वह फिर कहाँ मिलनेवाला था। मुझे सन्तोष हुआ कि डब्बा और साबुन मैं ईरान और हिन्दुस्तान से लाया था, जहाँ उसका दाम एक-सवा रुपये से अधिक नहीं था।

13 अक्टूबर को असली जाड़े की ऋतु के आगमन का मुझे पता लगा, जबकि सबेरे 8 बजे जरा-जरा बरफ पड़ती देखी। अब वर्षा का भय नहीं था। पत्ते बहुत कम हरे रह गए थे। अगले दिन तो बरफ रुई के बड़े-बड़े फाहों की तरह

गिर रही थी। अभी सभी भूमि उससे ढँकी नहीं थी। देवदारों के ऊपर-नीचे पड़ी ताजा बरफ कितनी सुन्दर मालूम होती है! दोपहर के बाद ताजा गिरी बरफ पिघल गई, और फिर कच्ची जगहों पर कीचड़ उछलने लगी। लोगों ने बताया, अभी तीन-चार सप्ताह तक कीचड़ की दुनिया में रहना होगा, फिर जमीन रूपहली फर्श बन जाएगी। यह समय सचमुच ही बहुत अच्छा नहीं मालूम होता था। ऊपर नरम बरफ पड़ी हुई है, लेकिन हो सकता है कि नीचे पानी कीचड़ हो। मुझे तो अब सर्दी मालूम हो रही थी। चमड़े के कनटोप को पहिने बिना बाहर निकलता था, लेकिन अभी लोग नंगे हाथों काम कर रहे थे और बहुतेरे लोग तो सारे जाड़े-भर कान ढाँकने की आवश्यकता नहीं समझते थे, वह इतने सहिष्णु हो गए थे।

19 अक्टूबर को सबेरे धूप निकली थी। जहाँ साग-सब्जी के खेत लहरा रहे थे, वहाँ अब सफेद बरफ की चादर पड़ी हुई थी। सर्दी खूब थी और मकान भी खूब ठंडा था। कपड़े सुखाने के लिए बाहर डाले थे। शाम तक कुछ सूख गए और जो गीले थे, वह बरफ के रूप में परिणत हो गए। एक दिन रस्सी पर कपड़े को टाँगा गया था, रस्सी इतनी बरफ बन गई थी, कि हम हाथ से उसे खोल नहीं सके। हाथों को नंगा करके खोलने पर वह खुद जवाब देने लगते, अन्त में खोलने की जगह रस्सी को काट लेना ही अच्छा समझा।

21 अक्टूबर को दो बजे दिन से बड़े जोर की बरफ पड़ने लगी। रुई के फाए आकाश से नाचते हुए जमीन की ओर आ रहे थे। अब सारी खुली जगहें बरफ से ढँक गई थीं। पाँच महीने तक शायद अब वह स्थान नहीं छोड़ेगी। लड़के बरफ से खेल खेलने लगे थे। कोई पैरों में बाँधनेवाली स्की पर दौड़ रहा था, कोई स्केटिंग के खेल में लगे हुए थे। छोटे-छोटे लड़के बिना पहिए की अपनी गाड़ियों (सानी) को लिये किसी साथी को ढूँढ़ने में लगे हुए थे, वह कोई ऊँची जगह देखकर सानी में लड़के को बैठा छोड़ देते, और सानी फिसलती हुई नीचे चली जाती।

24 अक्टूबर को घर के भीतर भी तापमान 5° सेंटीग्रेड था। 25 को वह 7° हो गया—हिमबिन्दु शून्य बिन्दु पर होता है। अभी तक कई दिनों तापमान शून्य बिन्दु पर था, तभी तो बरफ जमकर बैठी हुई थी। सात डिगरी पर तापमान के जाते ही सारी बरफ गल गई, जहाँ-तहाँ पानी ही पानी दिखाई पड़ने लगा। 26 अक्टूबर को सबेरे बरफ की चादर सभी जगह पड़ी हुई थी, लेकिन सर्दी उतनी अधिक नहीं मालूम होती थी। बरफ जब अच्छी तरह पड़ती रहती है, और हवा न चलती हो, तो सर्दी सचमुच ही कम हो जाती है। 27 अक्टूबर को फिर बरफ पिघलती दिखाई पड़ी। अब मालूम हो गया कि बरफ और जल की आँख-मिचौनी शायद एकाध हफ्ता इसी तरह रहे।

मुझे यह आँख-मिचौनी पसन्द नहीं थी, क्योंकि कीचड़ से बचना मुश्किल था। वैसे बरफ से ढँकी हुई पृथ्वी और देवदारों से भरे हुए वन दुनिया के सबसे

सुन्दर प्राकृतिक दृश्य हैं। वह भी समय आ ही जाएगा, यह विश्वास था, लेकिन जब बड़ी सावधानी के बाद भी जाड़ों में दो-तीन बार बिछलाकर धरती पकड़ना पड़ा, तो अच्छा नहीं लगा। यही नहीं कि लोगों के हँसने का खयाल आता था, बल्कि अचानक गिरने से कुछ चोट भी लग जाती थी। उस वक्त मुझे मालूम हुआ कि सर्द मुल्कों के लोगों के लिए स्केटिंग करना कितना जरूरी है।

30 अक्टूबर को फिर मैंने बैले देखने का टिकट लिया था। सारे लेनिनग्राद के लोगों को टिकट मिलने की दिक्कत हो सकती है, किन्तु मैं रोज ले सकता था। इन्तूरिस्त (सोवियत की यात्री-एजेंसी) का काम विदेशी मेहमानों को हर तरह से सहायता पहुँचाना है। मैं विदेशी प्रोफेसर था और पिछले तीन-चार महीनों से ऑफिस में मेरा काफी परिचय हो गया था। तो भी मैं नाटक बहुत ज्यादा देखने नहीं जाता था। उस दिन चेकोव्स्की का मूक नाट्य 'हंस सरोवर' (लेवेद्नोये ओजेरो) था, चेकोव्स्की की मुझ पर भी धाक थी, यद्यपि उसके उस्तादी संगीत को समझने की मेरे में शक्ति नहीं थी, लेकिन बैले को मैं बहुत पसन्द करता था। उसी मारिन्स्की-तियात्र में जाना था। नाटक साढ़े सात से ग्यारह बजे तक हुआ। दो टिकटों के लिए हमें छप्पन रूबल (प्राय: 36 रुपये) देने पड़े। इसे सस्ता ही कहना चाहिए। तियात्र की एक भी सीट खाली नहीं थी और लोगों ने दो-दो हफ्ते पहिले से टिकट लेने के लिए मार की होगी। अभिनेत्रियों में ग. न. किरिल्लोवा रूसी-संघ-प्रजातंत्र की जन-कलाकार की पदवी से विभूषित थी, दूसरी अभिनेत्री व. क. इवानोवा भी उसी पदवी से विभूषित थी। अभिनेता अ. न. सोल्यान्निको भी प्रसिद्ध कलाकार थे। राजकुमार जिदफ्रिद का पार्ट कलाकार उखोफ ने किया था। पहिले दृश्य में एक बड़े भोज को दिखलाया गया था। राजकुमार ने दावत दी थी, जिसमें बहुत से नर-नारी शामिल हुए थे। बैले का मतलब ही है, जिसमें वाणी का पूर्णतया बायकाट हो, इसलिए गूँगे संकेतों से सारे काम चल रहे थे। गोया जिस भाषा में यहाँ अभिनय हो रहा था वह अन्तर्राष्ट्रीय भाषा थी। बैले की सफलता का एक ही प्रमाण है कि आदमी को बिना वाणी के प्रयोग के सारी बातें साफ-साफ मालूम हों। बैले अपने नृत्य के कौशल के लिए भी प्रसिद्ध मानी जाती है। राजकुमार जिदफ्रिद ने बाण से उड़ते हुए हंस को मारा। उस वक्त सामने सरोवर का दृश्य जिस तरह का था, उसे देखकर कोई नहीं कह सकता कि हम नाटक देख रहे हैं। सचमुच वहाँ सुन्दर पहाड़ों से घिरा एक विशाल सरोवर था, जिससे पानी की लहरें भी उठ रही थीं, और लहरों का क्षीण स्वर भी सुनाई दे रहा था। उसी सरोवर पर से हंस उड़ता जा रहा था, जिसे राजकुमार ने बाण से बेध दिया था। आगे 24 बैलेरिना (नर्तकियाँ) और उतने ही नर्तकों ने बड़ा सुन्दर नृत्य किया। द्वितीय दृश्य में सरोवर तरंगित था, जिसके ऊपर हंस पंक्तियाँ धीरे-धीरे तैर रही थीं। राजकुमार का पार्ट लेनेवाले उखोफ ने अपने नृत्य से लोगों को मुग्ध कर

दिया। तृतीय दृश्य में राजा का दरबार था। राजा-रानी सिंहासन पर आसीन थे। यह राजकुमार के जन्मोत्सव के उपलक्ष्य में हो रहा था। राजकुमार वहीं एक नटी के ऊपर मुग्ध हो गया। फिर अपनी प्रियतमा को ढूँढ़ने के लिए राजकुमार को कितने ही देशों में भटकना पड़ा, जिन देशों की विशेषता वहाँ के नृत्यों द्वारा प्रकट की गई थी। इसमें स्पेन के भी नृत्य थे, पोलैंड के भी। चौथे दृश्य में भी कई सुन्दर नृत्य थे। मारिन्स्की तियात्र के दरवाजे पर ट्राम का अड्डा है। नाट्यशाला के भीतर से नर-नारियों की भीड़ जो निकली तो, ट्रामों में जगह पाने में काफी समय लगा। खैरियत यही थी, कि सभी लोग एक तरफ नहीं जा रहे थे। सब अपने-अपने नम्बर की ट्राम की खोज में थे। हम 12 बजे रात को उस दिन घर लौटे। चमड़े के ओवरकोट को पहनने में अब सर्दी नहीं मालूम देती थी। वस्तुतः लेनिनग्राद की सर्दी में मोटे से मोटा ऊनी कोट भी बहुत सहायक नहीं होता, यदि उसको चमड़े की सहायता न प्राप्त हो।

क्रान्ति महोत्सव— बोल्शेविक क्रान्ति को अब भी रूस में अक्टूबर क्रान्ति कहा जाता है। पुराने पंचांग के अनुसार क्रान्ति अक्टूबर में हुई थी, यद्यपि आजकल महोत्सव प्रतिवर्ष 7 नवम्बर को मनाया जाता है। रूस का यह सबसे बड़ा महोत्सव-दिन (दिना प्रानिक) है। हफ्ता-भर पहले से ही नगरों और गाँवों में तैयारियाँ होने लगती हैं। यूनिवर्सिटी में 4 नवम्बर को ही देखने से मालूम होता था कि महोत्सव नजदीक है। 7 नवम्बर के दिन को जलूसों का जन-महासागर उमड़ता, उसमें छोटी संस्थाओं को कौन पूछता, इसलिए वह अपने प्रोग्राम को पहिले ही से रखने लगती है। 5 नवम्बर को हमारे पास के बालोद्यान ने अपना महोत्सव मनाया था। जिनके बच्चे इस बालोद्यान में रहते थे, उनके माता-पिता निमंत्रित थे, और प्रायः सभी सम्मिलित भी हुए थे। लड़कों ने बाहर भी तैयारी की थी, लेकिन अधिकतर कार्यवाही बालोद्यान के शाल (हॉल) में सम्पन्न हुई। बच्चे, मालूम ही है चार और सात बरस के बालोद्यान में रहते हैं। माता-पिता ने आज अच्छे-अच्छे कपड़े पहिनाकर अपने लड़कों को भेजा था। लाल झंडियाँ लिये हुए दो पाँती में जलूस निकालते, बालोद्यान के सभी लड़के-लड़कियाँ शाल में फिरे, फिर बाजे के साथ कुछ गाने हुए। गाने की समाप्ति के बाद 'उरा' (हुर्रा) नाद भी आवश्यक था, फिर नाच। इस प्रकार आज प्रायः 10 बजे से शाम के 4-5 बजे तक उनका कोई न कोई प्रोग्राम चलता रहा।

7 नवम्बर के दिन सड़कों पर चलना आसान नहीं था। त्रामवाय नगर के केन्द्र (पुराने हेमन्त-प्रासाद के मैदान) तक नहीं जाती थी। नगर की मुख्य सड़क नेटस्की से चलना भी मुश्किल था। रास्ते में न जाने कितने जलूस अपने झंडों-पताकों और नेताओं की तस्वीरों के साथ चले जा रहे थे। हम साढ़े आठ बजे घर से निकले थे। इस समय भी वहाँ भीड़ दिखाई पड़ती थी। होटल यूरोपा के चौरस्ते

तक ही जाया जा सकता था, दूसरे रास्ते में भी इसी तरह रोक थी। आगे वही लोग जा सकते थे, जिनके पास पास थे। हमें मालूम नहीं था, नहीं तो पास मिलना कोई कठिन नहीं था, इसलिए चक्कर काटने के लिए मजबूर हुए। प्रासाद के ऊपर की ओर दूसरे पुल से नेवा नदी को पार किया। सारा नगर जलूसमय मालूम होता था। जहाँ-तहाँ सैनिकों के भी जलूस थे। तुषारकण बरफ के नाम पर जब-तब ही पड़ते थे, किन्तु आसमान बादलों से ढँका हुआ था, जिसके कारण सर्दी भी कुछ बढ़ गई थी। महोत्सव का दिन था, फिर शराब पिए बिना कैसे गुजारा हो सकता था? कितनों ने सोचा—शाम की जगह सबेरे से ही शुरू कर दो—'शुभस्य शीघ्रम्'। तो भी मीलों के सफर में एकाध ही शराबी मिले, यद्यपि वह मोरियों में लुढ़के नहीं थे। हम जलूस की समाप्ति के समय तक सड़क पर नहीं रह सके, तो भी साढ़े आठ से चार बजे तक पूरे साढ़े सात घंटे चलते ही रहे। जहाँ-तहाँ मिठाइयों और खाद्य वस्तुओं की सजी हुई लारियाँ चलती-फिरती दुकान का काम दे रही थीं। सबके ऊपर अपनी-अपनी फैक्टरियों का नाम था। लड़कों के लिए खिलौनों और मिठाइयों का पूरा हाट लगा हुआ था। चीजों का दाम साधारण राशन-विहीन दुकानों से कुछ कम अवश्य था, लेकिन तो भी इतना नहीं था कि लोग टोकरी की टोकरी चीजें खरीद लाते। सारे शहर में बरफ का कहीं नाम नहीं था। प्रकृति ने अपना ऐसा नियम बना रखा है कि जहाँ निश्चित बिन्दु पर तापमान पहुँचा कि बिना पहिले से तैयारी किये यकबयक पानी भाप बन जाता है, उसी तरह एक निश्चित विन्दु तक तापमान के गिरने पर वह हिम बन जाता है। नवम्बर के आगे भी कभी-कभी इस तरह तापमान की आँख मिचौनी देखी जाती थी। उस वक्त बरफ के पिघलने से चारों तरफ पानी ही पानी नजर आता था। हाँ, वृक्षों की या मकानों की छाया में सूर्य की किरणों के बहुत कम पहुँचने से बरफ नहीं गलती थी। इस साल बरफ कम पड़ने की बड़ी शिकायत थी।

9 नवम्बर को अब भी मकान गरम नहीं हो रहा था। सर्दी बहुत थी, जिसमें लिखना बहुत मुश्किल था। बिजली का चूल्हा जलाया, मगर उससे कोई काम नहीं बना। बारह नवम्बर से जब मकान केन्द्रीय तापन द्वारा गरम किया जाने लगा, तो मकान के भीतर का तापमान 10° या 12° सेंटीग्रेड हो गया और घर के भीतर आराम से काम किया जा सकता था। लेकिन अब एक दूसरी अड़चन आई। तपानेवाली मशीन दिन-रात घर-घर करती हुई चलती रहती, जो कानों को बुरा मालूम होता।

13 नवम्बर को जब 11 बजे पढ़ाने के लिए मैं विश्वविद्यालय गया तो नेवा में सबेरे बरफ बहुत थी, मगर शाम को सब पिघल गई थी। यूनिवर्सिटी के अधिकांश मकान नेवा के दाहिने तट पर हैं, जहाँ से दुनिया के दो सबसे विशाल गिरजों में से एक ईसाइकी सवोर सामने दिखाई पड़ता था। हम निश्चिन्त थे, कि अब बराबर के लिए मकान अहोरात्र गरम रहा करेगा। किन्तु 16 नवम्बर को मशीन

खराब हो गई, और मकान फिर ठंडे पड़ गए। मशीनों के विरोधी कह सकते हैं, कि मशीन युग का अर्थ ही तकलीफें और तरद्दुद है। लेकिन क्या किया जाए, मशीन-युग से बाहर जाया नहीं जा सकता। उस समय घर तपाना बहुत खर्चीला होगा, जिससे उसका उपयोग थोड़े ही आदमी ले सकेंगे। यह ठीक था कि अभी सरकार और नागरिक संस्थाओं का सबसे अधिक ध्यान मकानों के बनवाने या मरम्मत कराने की ओर था। बहुत जगह तो उन्होंने जल्दी करने के खयाल से, जिन दुतल्ले-तितल्ले मकानों को इंजीनियरों की सम्मति अनुसार मजबूत देखा, उन्हीं के ऊपर एक-दो मंजिलें और खड़ा करना शुरू किया था। नींव से मकान बनाने और मकान के ऊपर एकाध मंजिल बढ़ाने में श्रम और सामग्री की बड़ी बचत थी, इसीलिए ऐसा किया जा रहा था। बहुत से ऐसे मकान थे, जिनका लकड़ी का सारा सामान जल गया था, और तीन-तीन चार-चार मंजिला दीवारें मजबूत खड़ी थीं, ऐसे मकानों को पहिले हाथ में लिया गया था, क्योंकि उनके बनने में जल्दी हो सकती थी। मकानों की मरम्मत और बनाने का काम बड़ी तेजी से हो रहा था, क्योंकि नगरपालिका लोगों के कष्ट को जानती थी। सबसे ज्यादा आदमियों को उधर खींचा गया था। इसका एक प्रभाव मास्को, लेनिनग्राद जैसे नगरों की पुलिस पर पड़ा था। अब वहाँ सौ में नब्बे सिपाही स्त्रियाँ थीं। चौरस्तों पर रास्तों को स्त्रियों के ही हाथ दिखा रहे थे। त्रामवाय के कंडक्टरों में तो शायद पहिले से ही स्त्रियाँ अधिक थीं; लेकिन अब ड्राइवरों में भी पुरुषों का पता नहीं था। दुकानों, ऑफिसों में पहिले से ही स्त्री-राज्य था। सोवियतवाले सोचते थे कि पुरुषों को भारी कामों में भेजना चाहिए, हल्के कामों को तो स्त्रियाँ कर सकती हैं। पीछे तो मकान बनाने का विभाग चौबीसों घंटे अखंड काम करता था। हर आठ-आठ घंटे पर नये कामकर काम पर आ जाते थे। रात के अँधेरे को दूर करने के लिए रोशनी बिजली दे रही थी, लेकिन हिमबिन्दु से नीचे के तापमान में घोली हुई सीमेंट सेकेंडों में बरफ़ बन जाती, इसका हल उन्होंने पाइपों में भरी भाप द्वारा कर लिया।

24 नवम्बर की भारत की खबर सुनने में आई। पता लगा, विद्यार्थियों और जनता के प्रदर्शन पर कलकत्ता में पुलिस ने गोली चला दी। 21-22 नवम्बर दोनों दिन हड़ताल रही। 25 को कलकत्ता की हड़ताल की खबर रूसी पत्रों में छपी। मालूम हुआ, दो दिन गोलियाँ चलीं। हड़ताल में दुकानदारों ने भी साथ दिया। ऐसी बड़ी खबर को भी जब दो-तीन दिन बाद पढ़ने का मौका मिला, इससे आसानी से अन्दाजा लगाया जा सकता है कि भारत की खबरें वहाँ कितनी दुर्लभ थीं, असल में खबरें तो पाठकों के लिए छापी जाती हैं। रूसी पाठकों में कितने होंगे, जो भारत की खबरों में दिलचस्पी रखते होंगे, इसलिए हमें कुढ़ने की आवश्यकता नहीं थी।

27 नवम्बर को हमारे एक घनिष्ट दोस्त तथा असहयोग के जमाने के सहकारी के पुत्र की चिट्ठी भारत से आई। जब हम दोनों साथ काम करते थे, तो मित्र का

यह छोटा सा बच्चा था। बड़ी प्रसन्नता हुई। लेकिन उपाधि में कुमार लिखने से कुछ सन्देह की गन्ध आने लगी तो भी डॉक्टर की उपाधि से विभूषित देखकर सन्तोष हुआ। बहुत सालों बाद पता लगा कि वह ग्रेजुएट तो हो गए हैं, लेकिन घर-फूँकू बिगड़े तरुण हैं। मैंने हाल ही में *धरती की ओर* एक कन्नड़ उपन्यास के हिन्दी अनुवाद का संशोधन किया, उसमें एक पात्र इसी तरह का मिला। वह भी ग्रेजुएट था, और उसने अपनी सारी सम्पत्ति और इज्जत को बेच खाया था। कभी-कभी औपन्यासिक कल्पनाओं का अस्तित्त्व एक व्यक्ति में भी बहुत आश्चर्यजनक रूप से देखा जाता है। हमारे 'कुमार' साहब पिता के मरने के बाद अकेले पुत्र होने से अकेला घर के चकेला मालिक बने। आदत पहिले ही बिगड़ चुकी थी। अधिक लाड़-प्यार और बुरी संगति से आदमियों के बिगड़ने की बहुत सम्भावना जरूर है, लेकिन कुछ के भीतर तो यह मर्ज आनुवंशिक-सा मालूम होता है, जिसका यह अर्थ नहीं कि आनुवंशिकता पिता-माता से ही आए, उसकी तो बड़ी लम्बी बाँह होती है। जो केवल संगत के कारण बिगड़ता है, उसके सुधरने की सम्भावना है, किसी समय भी वह पलटा खा सकता है। मैं नहीं जानता कि 'कुमार साहब' किस तरह के मरीज हैं। उन्होंने अपने पिता की सम्पत्ति उड़ा डाली, पिता के सगे चाचा भी नि:सन्तान थे, उनके जीवित रहते तक तो 'कुमार साहब' कुछ संकोच में रहे, लेकिन उनके आँख मूँदते दो वर्ष भी नहीं हुए कि वह सम्पत्ति भी हवा हो गई। गाँव के किसी आदमी ने मन्दिर में अपनी सम्पत्ति लगाकर ट्रस्ट बना दिया था, जिसमें दादा के मरने पर 'कुमार साहब' मान-न-मान मैं तेरा मेहमान बन गए, और उसमें से भी जो कुछ निकल सका, उसे फूँक-फाँक दिया। *धरती की ओर* के नायक या उपनायक लच्चा ने अपनी सम्पत्ति समाप्त करने से पहिले ही गाँव छोड़ दिया था, इसलिए उनका बोझ बड़े-बड़े नगरों के ऊपर पड़ा। हमारे 'कुमार साहब' गाँव में ही डटे हुए हैं, और भले मानुषों की नाक में दम है। लोगों को लड़ाना ही एकमात्र उनकी जीविका का साधन रह गया है। जिस वक्त मुझे उनकी चिट्ठी मिली थी, उस वक्त यह सारे गुण मालूम नहीं हुए थे, वह घर से असन्तुष्ट थे, इसलिए रूस चला आना चाहते थे, लेकिन रूसवाले अगर इस तरह लोगों के आने की सुविधा कर दें, तब तो लाखों आदमी हिन्दुस्तान छोड़कर वहाँ जाने के लिए तैयार हो जाएँगे। असन्तुष्ट शिक्षितों को भारत से रूस बुलाने में साम्यवाद को उतना फायदा थोड़े ही हो सकता है, जितना कि उनके हिन्दुस्तान में रहने पर।

2 दिसम्बर का दिन आया। तापन-मशीन अब भी बिगड़ी पड़ी थी। घर के भीतर तापमान हिमबिन्दु से भी 12 सेंटीग्रेड नीचे था।

4 दिसम्बर को बादल घिरा हुआ था, सर्दी भी काफी थी, जबकि मैं यूनिवर्सिटी गया। सभी छात्र-छात्राएँ, अध्यापक-अध्यापिकाएँ और नागरिक जाड़ों की पूरी पोशाक में थे। स्त्रियों को अपनी पिंडली के सौन्दर्य को दिखाने के लिए

रेशमी मोजा पहिने देखकर बड़ा आश्चर्य होता था। कैसे वे इतनी सर्दी उस पतले मोजे से बर्दाश्त कर लेती थीं। किसी ने यह बतलाकर समाधान कर दिया—आँख-मुँह पर कौन चमड़े की पोस्तीन पहिनता है? आज यूनिवर्सिटी में पढ़ाई नहीं थी, हमारे भारतीय-विभाग की मासिक बैठक थी। विभागाध्यक्ष बरान्निकोफ और दूसरे अध्यापकों के साथ विद्यार्थियों के भी कुछ प्रतिनिधि उपस्थित थे। विद्यार्थियों की पढ़ाई की आलोचना हुई जहाँ कुछ बातों के लिए प्रशंसा हुई, वहाँ कुछ बेपरवाही की शिकायत भी की गई। लेकिन प्रशंसा और निन्दा का अधिकार केवल अध्यापकों को ही नहीं था, विद्यार्थी भी अपने अध्यापकों की त्रुटियाँ बतला रहे थे। वस्तुतः लेनिनग्राद या सोवियत के दूसरे विश्वविद्यालयों में विद्यार्थियों की कोई समस्या ही नहीं है। हमारे यहाँ विद्यार्थियों की उच्छृंखलता और अनुशासनहीनता की शिकायत करते हुए अध्यापक थकते नहीं। पूछते हैं—कैसे इनको ठीक रखा जाए? मेरा यूनिवर्सिटी से सम्बन्ध था, इसीलिए उसी के बारे में मैं अपने अनुभव से कह सकता हूँ। छोटी-बड़ी दूसरी शिक्षण संस्थाओं में भी वहाँ छात्र-छात्राओं की कोई समस्या नहीं है, इसका कारण वहाँ की सामाजिक व्यवस्था और शिक्षण संस्थाओं का संगठन है। यूनिवर्सिटी का प्रायः हरेक छात्र और छात्रा तरुण कम्युनिस्ट सभा का सदस्य होता है, जिसका अनुशासन सबसे कड़ा है। उसके अनुशासन का उल्लंघन छात्र किसी भी हालत में करने की हिम्मत नहीं करता, क्योंकि यह आत्मानुशासन है—अनुशासन को बाहर से लादा नहीं गया है बल्कि भीतर से प्रकट किया गया है। कोई छात्र या छात्रा ऐसे काम को करने की हिम्मत कैसे कर सकती है, जिसे अपने देश, अपने समाज और संगठन की दृष्टि से बुरा समझा जाए। साथ ही अध्यापकों और उनके छात्रों का सम्बन्ध स्वामी और दास, बड़े और वामन का नहीं है। 17 वर्ष पूरा करके छात्र-छात्राएँ यूनिवर्सिटी के चौखट के भीतर प्रविष्ट होते हैं, जिनके सम्बन्ध में वहाँ के अध्यापक हमारे पूर्वजों की नीति "प्राप्ते तु षोडशे वर्षे पुत्रे मित्रत्वमाचरेत्" का पालन करते हैं। यही वजह है कि न छात्रों को वहाँ तरद्दुद उठाना पड़ता है, न अध्यापको को।

जहाँ जून-जुलाई-अगस्त में दिन का पता ही नहीं था, गोधूलि और उषा में ही सिमटी हुई दो-तीन घंटों की रात खतम हो जाती थी, वहाँ 6 दिसम्बर को देखा 4 बजे से पहिले ही अँधेरा हो गया था। ताजा बरफ अच्छी होती है, जरा-सी कड़ी होने पर उस पर चलने में चुर-चुर की आवाज के साथ मानो अपने कोमल हाथों से वह पैरों को दबाती है। पुरानी हो जाने पर भी जब तक कि वह अछूती और सफेद दानेदार रहती है, तब तक कोई चिन्ता नहीं, लेकिन जब वह पत्थर होकर कुछ-कुछ स्फटिक जैसी बन जाती है, तो हमारे जैसों की आफत आ जाती है। 6 दिसम्बर को बड़े इत्मीनान के साथ पैर बढ़ाते हेमन्त प्रासाद के पासवाली सड़क से जा रहे थे, यकायक पैर फिसला और धड़ाम से ईजानिब ने जमीन पकड़ ली।

इधर-उधर झाँकने की आवश्यकता नहीं थी। वहाँ आदमियों की कमी नहीं थी, लेकिन उस देश के लिए यह नई बात नहीं थी, इसलिए किसी ने विशेष ध्यान नहीं दिया, अथवा लोगों का सांस्कृतिक तल इतना ऊँचा हो गया है कि किसी को गिरता देखकर हँसना पसन्द नहीं करते। मुझे शिक्षा मिली, लेकिन कितनी ही सावधानी रखने पर भी पाँच महीने के जाड़ों में दो-तीन बार गिरना जरूरी था। ऐसी धोखेबाज बरफ से जहाँ मैं सँभल-सँभलकर चलता था, दूसरी तरफ देखता था तरुण-तरुणियाँ फिसलने का आनन्द लेने के लिए अच्छी-खासी बरफ को भी फिसलाऊ बनाते चलते थे। बचपन से उन्हें स्केटिंग का अभ्यास है, इसलिए वह अपने शरीर को तौल लेते हैं। मैं इस अवस्था में उसे सीखने की हिम्मत नहीं कर सकता था। 8 दिसम्बर को नेवा की धारा बीच में थोड़ी-सी बह रही थी, बाकी सारी जम चुकी थी। 9 दिसम्बर को तापन मशीन के मरम्मत की अब भी बात नहीं हो रही थी। खैर, हमारे घर में एक बिजली की अँगीठी आ गई, जिससे कमरे के भीतर का तापमान 12 सेंटीग्रेड रहने लगा, उसने एक कमरे को सुखद बना दिया।

10 दिसम्बर को हमें विश्वविद्यालय नहीं जाना था। सोमवार होने के कारण वह स्नान का दिन था। लोला काम पर गई थी। हम ईगर को घर में छोड़ स्नानगृह गए। लौटकर आए तो दरवाजा भीतर से बन्द था। बहुत खटखटाया, लेकिन कोई सुन नहीं रहा था। हार गए तो खिड़की की ओर से जाकर आवाज दी। तब भी कोई सुगबुगाहट नहीं हुई। घंटे भर कोशिश करते रहे। फिर तरह-तरह की चिन्ता मन में आने लगी। हरेक घर का एक कन्त्रोल (नियामक) कार्यालय रहता है। हमारा कन्त्रोल सीढ़ी पर खुलनेवाले हमारे दरवाजे की दूसरी तरफ था, जाकर हमने वहाँ की बुढ़िया से कहा। उसने आकर जोर-जोर से धक्का लगाया, तब हजरत की नींद खुली और आकर उन्होंने दरवाजा खोला। मैंने कहा—तुम्हारी माँ से कहता हूँ, यह बन्दर बहुत खराब है, इसे हाट में बेंचकर दो छोटे-छोटे बन्दर लाएँगे, जो इतनी तकलीफ नहीं देंगे। फिर क्या था, हाथ-पैर पड़ने लगे। मैंने यह समझाने की कोशिश की थी कि तुम्हारी माँ छुटपन में हाट से एक बन्दरिया के पास से तुम्हें खरीद लाई थी। जब वह कहता—नहीं, मैं तो मामा का पुत्र हूँ। तो मैं कहता—तुम्हें याद नहीं है। तुम्हारे भी पूँछ थी। अम्मा ने उसे चाकू से काट दिया, फिर दवाई लगाकर बहुत दिनों तक जोर-जोर से मलती रही, तुम्हारे शरीर के बाल भी उड़ गए, फिर तुम आदमी के वच्चे की तरह रहने लगे, अब तुम्हारा शरीर आदमी के बच्चे जैसा हैं, लेकिन कान अब भी उसी तरह के हैं। ईगर का कान गाँधीनुमा है। लाड़-प्यार का लड़का था। तीन-तीन चार-चार बरस के लड़के बरफ में निधड़क फिसलते थे, किन्तु ईगर को जरा भी हिम्मत नहीं होती थी। किसी भी हिम्मत के खेल को खेलने के लिए वह तैयार नहीं था। मैंने नेवा के घाट पर देखा—एक माँ ने अपने चार-पाँच बरस के बच्चे को सानी (बेपहिये की गाड़ी) में बैठाकर ऊपर

से 30 गज नीचे की ओर खिसका दिया और वह बड़ी तेजी से सरकता हुआ नीचे चला गया। हिम्मत मजबूत करने का रास्ता यह है, लेकिन कांगरू माँ क्या अभी अपने बच्चे के साथ ऐसा कर सकती है?

दिसम्बर आधा बीतते-बीतते अब नेवा पूरी तरह जम गई थी, ऊपर दानादार चीनी-सी सफेद हिम की तह पड़ी थी। अब एक सुभीता हो गया था। पहिले हमें हेमन्त प्रासाद के नजदीक के पुल से नेवा को पार करने के लिए काफी चक्कर काटना पड़ता था और अब हम अपने प्राच्यविभाग के दरवाजे से निकलते ही नेवा में घुस जाते और नाक की सीध चलकर ईसाइकी सवोर पहुँचते। वहीं ट्राम की टिकान थी। चौरस्ते और केन्द्रीय राजपथ से अलग होने के कारण यहाँ ट्राम खाली मिल जाती थी। हम मजे में उस पर चढ़कर घर को रवाना हो जाते। यदि इन्तूरिस्त से काम होता अंग्रेजी अखबारों के लालच में काम रहता ही था तो थोड़ा ही आगे इन्तूरिस्त का कार्यालय भी अस्तोरिया होटल में था। बरफ और जाड़े का प्रभाव ट्रामवे की गाड़ियों पर भी पड़ता था। जहाँ शून्य-बिन्दु के पास तापमान पहुँचता कि आदमी श्वास की जगह भाप निकालने लगते। आदमियों से भरी ट्रामवे में भाप जमा हो जाती, जो शीशे में जमकर उस पर एक खासी मोटी बरफ की तह लेप देती। रात के वक्त विशेष करके ट्रामवे में चढ़ने में एक दिक्कत यह होती कि उतरने की टिकान का पता नहीं लगता। लोग नाखून से खरोंच-खरोंचकर जंगले के शीशों में कुछ जगह बना लेते, जहाँ से बाहर देखते। तापमान के ऊपर उठते ही यह बरफ अपने आप पिघलकर गिर जाती। 22 दिसम्बर को ऐसा ही हुआ था।

क्रिसमस— 25 दिसम्बर ईसाइयों का सबसे बड़ा पर्वदिन है, लेकिन सोवियत में किसी भी धार्मिक पर्वदिन की छुट्टी नहीं होती। वहाँ लोग राष्ट्र के तौर पर धर्म का प्रदर्शन नहीं करते। हमारे यहाँ तो इन धार्मिक पर्वदिनों ने नाक में दम कर रखा है। हिन्दुओं के तो 365 दिन ही धार्मिक पर्व के हैं। अलग-अलग सम्प्रदाय अपने-अपने पर्वदिनों की छुट्टी की माँग करते हैं। अंग्रेजों की चलाई परम्परा अब भी चली ही जा रही है। हाँ, नए-पुराने पर्वदिनों को आँख मूँदकर माननेवाली सरकार भारत के सबसे महान् ऐतिहासिक पुरुष बुद्ध के जन्म और निर्वाण-दिवस के लिए एक दिन भी छुट्टी करना नहीं पसन्द करती।

सरकारी छुट्टी न भी हो, सरकार चाहे बिलकुल धर्मनिरपेक्ष हो, किन्तु वहाँ की जनता व्यक्तिगत तौर से धर्मनिरपेक्ष नहीं है। आज भी रूसी गिरजे इतवार के दिन भक्तों से भरे रहते हैं। क्रिसमस के लिए हरी देवदार की शाखा खूब बिकती है और बहुत कम ही ऐसे घर होंगे, जिनमें क्रिसमस वृक्ष न लगा हो। बाप-दादा बचपन से क्रिसमस कल्पवृक्ष से सुपरिचित चले आए थे। सुन्दर हरी-हरी देवदार शाखाओं में तरह-तरह खिलौने लटकते, बत्तियाँ जलतीं और असली फल या स्वादिष्ट मिठाइयों का फल लटकता। खिलौनों और मिठाई को लड़के कैसे भूल

सकते हैं? इसलिए क्रिसमस का महत्त्व लड़कों के लिए बहुत था। यद्यपि रूस के नेताओं ने क्रिसमस के उत्सव को कालान्तरित करके बच्चों के दिवस और नव वर्ष के दिवस में परिणत करने की कोशिश की, लेकिन इसका फल इतना ही हुआ कि अब 25 दिसम्बर की जगह लड़कों का उत्सव 25 से पहिली जनवरी तक का हो गया। हमारे घर में भी क्रिसमस-कल्पवृक्ष गाड़ दिया गया था। उसके लिए खाने की मेज को एक ओर करना पड़ा। रंगीन बिजली के लट्टूवाले तार को भी शाखाओं में लगा दिया गया। कई छोटे-छोटे खिलौने भी लटकाए गए। लड़के के लिए वैसे ही खिलौने की एक पूरी आल्मारी भरी हुई थी, लेकिन फिर भी 1 दर्जन नए खिलौनों की आवश्यकता जान पड़ी। अब तक ईगर को स्कोल्निक हो जाना चाहिए था, लेकिन जैसा कि पहिले कहा, चार दिन की कमी के कारण उसे अभी बालोद्यान में ही रखा गया था। यह लड़कों का सप्ताह था। सब अपने इष्ट मित्रों को ले आकर अपने कल्पवृक्ष को दिखलाते और वह खिलौने, मिठाइयों और बिजली के लट्टुओं पर अपनी गम्भीर राय देते। 25 दिसम्बर, 1945 का क्रिसमस बहुत सर्द था। तापमान हिमबिन्दु से 27° सेंटीग्रेड (या पचास डिगरी फारनहाइट) नीचे था। तापमान के ऊँचे होने का हम भारतीयों को ज्ञान है। जब 100° फारनहाइट तापमान होता है तो शरीर से पसीना चूने लगता है, 104° होने पर विकलता होने लगती है, लेकिन हमारे यहाँ ऐसे भी स्थान हैं, जहाँ तापमान 116° तक पहुँचता है; जबकि घर के भीतर भी गर्मी असह्य हो जाती है, शरीर चिप-चिप करने लगता है, कोई काम करने का मन नहीं करता। ऐसे तापमान का अनुमान रूसवालों को नहीं हो सकता। उसकी जगह उनको अनुभव है हिमबिन्दु से 50°, 60° तक तापमान का नीचे जाना। सारी दुनिया में कितनी ही गणित सम्बन्धी बातें एक-सी मानी जाती हैं, लेकिन अंग्रेजों ने अपनी मथुरा को तीनों लोकों से न्यारी ही रखना चाहा है। इंग्लैंड और इंग्लैंड के साम्राज्य को छोड़कर सारी दुनिया में लोग सड़कों और रास्तों पर दाहिने चलते हैं, लेकिन अंग्रेज 'बाएँ चलो' की बात को मानते हैं। जिस वक्त भारत गणराज्य घोषित होने जा रहा था, उसके एक ही दो दिन पहिले मैंने नवनिर्वाचित राष्ट्रपति से कहा कि अंग्रेजों के रख छोड़े कम-से-कम इस बड़े कलंक को तो दूर कर दीजिए और 26 जनवरी (1950) को गणराज्य की घोषणा के साथ-साथ यह भी घोषित कर दीजिए—आज से हमारे यहाँ चलना दाहिनी ओर होगा। ईरान, अफगानिस्तान, चीन जैसे छोटे-बड़े हमारे पड़ोसी राज्य दाहिने चलने को मानते हैं; अमेरिका, और यूरोप के सारे देश दाहिने चलने को स्वीकार करते हैं, फिर भारत क्यों अंग्रेजों के पीछे वाममार्गी बना रहे। राष्ट्रपति ने पसन्द किया, लेकिन वह अपने को असमर्थ पाते थे, कहा—नेहरूजी से कहिए। भला नेहरूजी की खोपड़ी में कभी यह बात धँसनेवाली थी।

माप में भी सारी दुनिया शतिक मान को मानती है। सेंटीमीतर देसी मीटर,

मीतर, किलोमीतर, अफगानिस्तान और ईरान तक में चलते हैं। सारी दुनिया इस वैज्ञानिक मान को मानती है। दशोत्तर वृद्धि के होने से हिसाब में इससे बहुत आसानी होती है, लेकिन अंग्रेज 12 इंच का 1 फुट, 3 फुट का 1 गज और 1760 गज का 1 मील अब भी मानते जा रहे हैं। थर्मामीटर में भी दुनिया शून्य डिगरी को हिमबिन्दु और सौ डिगरी को उबाल-बिन्दु मान सेंटीग्रेद तापमान का व्यवहार करती है, लेकिन अंग्रेज उस थर्मामीतर को स्वीकार करते हैं, जिसमें 33 डिगरी पर हिमबिन्दु माना जाता है। विज्ञान सम्बन्धी कितनी ही बड़ी खोजें अंग्रेजों ने चाहे क्यों न की हों, लेकिन जाति के तौर पर वह महा अवैज्ञानिक हैं। उसके साथ रहकर हम भी अपनी इस मूढ़ता का परिचय अंग्रेज-भिन्न दूसरे लोगों के सामने दिखलाते हैं।

हाँ, तो-27° (ऋण) तापमान कहने में जितना आसान मालूम होता है, उतना सहने में नहीं। हिमबिन्दु से 24° तक तापमान के नीचे जाने पर मुझे कोई खास तकलीफ नहीं मालूम होती थी। वैसे इतनी सर्दी में भी मैं लोगों को कान खोले देखता था, लेकिन मैं केवल आँख, नाक और मुँह को ही नंगा रखने का पक्षपाती था। जब-25° से नीचे तापमान जाता तो उसका असर साँस लेते समय छाती में मालूम देता। इस वक्त नाक से निकली श्वास की भाप मुछन्दर आदमियों के ओठों के ऊपर जम जाती, भौहों पर भी सफेदी पुत जाती, और महिलाओं के आगे निकले बालों को भी रूपहला बना देती। इतना होने पर भी मैं उसे असह्य नहीं अनुभव करता था। वस्तुत: आदमी जितना निम्न तापमान पर नियंत्रण कर सकता है, उतना उच्च तापमान पर नहीं। यदि हिमबिन्दु से पचास डिगरी नीचे तापमान चला जाए, तो अधिक गरम कपड़ों की आवश्यकता होगी, जिनके नीचे चमड़ा या पोस्तीन रखना भी आवश्यक होगा। सारे शरीर को आम चमड़े के पतलून, चमड़े के कोट और ओवरकोट, चमड़े की टोपी तथा चमड़े के दस्ताने से गरम रख सकते हैं। अपनी द्वितीय यात्रा में मैं यह सारी चीजें ईरान से अपने साथ ले गया था, लेकिन अब की केवल टोपी और ओवरकोट चमड़े के ले गया था। चमड़े के ओवरकोट को पहनकर तो निश्चय ही कड़ी से कड़ी सर्दी पर विजय प्राप्त की जा सकती है, लेकिन 110, 112° डिगरी की अपने यहाँ की गर्मी पर आप कैसे नियंत्रण कर सकते हैं? ठंडे तहखानों में बैठने का रिवाज हमारे यहाँ बहुत पुराना है, छिड़काव के साथ खस की टट्टियाँ भी मदद करती हैं, और अब दिल्ली के देवताओं की कृपा से कम-से-कम उनकी कोठियों में वायु-नियंत्रित (एयर कंडीशंड) वातावरण रखने का प्रबन्ध हुआ है। लेकिन यह सभी साधन बहुत खर्चीले हैं और साथ ही ऐसे हैं, जो आपकी क्रियाशीलता और गति की रोक को हटा नहीं सकते। इसके विरुद्ध सर्द से सर्द मुल्क में आप अपने शरीर को अच्छी तरह ढाँक कर चल-फिर सकते हैं। सारा काम कर सकते हैं।

27° (सेंटीग्रेद) हिमबिन्दु से नीचे तापमान था, किन्तु तापन मशीन की मरम्मत

का अभी कोई ठिकाना नहीं था। घर-घर में क्रिसमस की पारम्परिक मिठाई (पुडिंग) तैयार की गई थी। पनीर, अंडा, चीनी और क्या-क्या न्यामतें मिलाकर यह रूसी पुडिंग तैयार होती है। उसके चौकोर पिंड के चारों पावों में क्रास (सलेव) का चिह्न अंकित करने का साँचा प्राय: सभी घरों में होता है। यह मिठाई बड़ी स्वादिष्ट होती है, और प्रभु मसीह का प्रसाद मानकर बड़े सम्मान के साथ खाई जाती है। क्रिसमस के दिन जो इष्ट, मित्र, सम्बन्धी घर पर मिलने आते हैं, वह इस प्रसाद में से थोड़ा अवश्य पाते हैं। पहिले क्रिसमस की बात तो मुझे याद नहीं, लेकिन 1946 के क्रिसमस का दिन अच्छी तरह याद है। घर में मिठाई बनाकर चुपचाप खा ली नहीं जाती, बल्कि उसे गिरजा में भेजना पड़ता है, जहाँ कुश की तरह की एक घास से गडुये में रखे पवित्र जल को छिड़ककर पुरोहित भोग लगा देता है, तब वह घर में लाकर खाई जाती है। हमारे यहाँ रथ-यात्राओं और दूसरी जगहों पर इसी तरह भक्त लोग भोग लगाने के लिए अपनी-अपनी चीज ले जाते हैं। रामलीला के चढ़ावे में आधा दोना खाली कर लेने पर भी हमारे यहाँ के पुजारियों को सन्तोष नहीं होता, लेकिन रूसी पुजारी केवल पवित्र जल छिड़क भर देना ही अपना कर्तव्य समझते हैं। पास ही के गिरजे में ईगर नौकरानी के साथ भोग लगाने के लिए अपनी मिठाई ले गया था। उनके लौटने में दो घंटे से ऊपर लगे। पता लगा, गिरजा हॉल ही नहीं, बल्कि उसके बाहर पगडंडी पर भी बहुत दूर तक भक्तों की दुहरी पंक्ति खड़ी थी। सबके पास पहुँचने में पुरोहित को काफी समय लगा, इसीलिए यह देर हुई।

कम्युनिज्म का दर्शन भले ही ईश्वर और धर्म का विरोधी हो, लेकिन लोगों के लिए धर्म का छोड़ना उतना आसान नहीं है। सोवियत के तजुर्बे से यह मालूम होता है। जिन लोगों को मसीह के भगवान होने पर विश्वास नहीं वह भी जब अपनी कला, संस्कृति और इतिहास देखते हैं तो पिछले सात-आठ सौ वर्षों से ईसाई धर्म के साथ उसका घनिष्ट सम्बन्ध पाते हैं। हरेक आदमी की सहानुभूति और रुचि सदा अपनी परम्परा के साथ होती है। बचपन के संस्कार मनुष्य के मन से सहज भूलनेवाले नहीं हैं। क्रिसमस को ही ले लीजिए, इसके साथ कितने पुराने सम्बन्ध याद आते हैं। आजकल पंचांग बदल गया है, किन्तु मुझे 1937 का क्रिसमस याद है। डॉ. श्चेर्बात्स्की ने अपना क्रिसमस पुराने पंचांग के अनुसार मनाया था।

आदमी जिस परिस्थिति में रहता है, उसी के अनुसार अपनी आत्मरक्षा और सुख का प्रबन्ध कर लेता है। रूस के लोग हजारों वर्षों से घुटने तक के लम्बे बूट पहनते आए हैं। आजकल वह ज्यादातर चमड़े का होता है, लेकिन पूर्वजों का नमदे का बूट भी लुप्त नहीं हुआ है। यह वही वूट है, जोकि शकों के साथ भारत आया और वहाँ की सूर्य-प्रतिमाओं के पैरों में आज भी दिखलाई पड़ता है। पुरुष को अपने कोट के ऊपर एक और कनटोप जैसी जाड़ों की टोपी रखनी पड़ती

है, जिसे खोलकर आवश्यकता पड़ने पर कान और गरदन को ढाँका जा सकता है, नहीं तो ऊपर करके उसे गोल टोपी-सा बना दिया जाता है। अधिकतर टोपियाँ पोस्तीन या समूर की होती हैं। स्त्रियाँ ऐसी कनटोपदार टोपी नहीं पहिनतीं, उसकी जगह उनके ओवरकोट का कालर काफी बड़ा होता है, जिसमें चमड़ा या समूर भी मढ़ा रहता है, जिसको उठा देने से सारा सिर, कान और गरदन ढँक जाते हैं।

27 दिसम्बर को हम विश्वविद्यालय गए, तो वहाँ मध्य-एसिया के एक प्रोफेसर से मुलाकात हुई। वह तुर्कमानी भाषा के पंडित तथा अशकाबाद में 22 साल से अध्यापन करते थे। अब हमारे सिर पर मध्य-एसिया जाने की धुन सवार हुई। पिछले छह महीनों में मध्य-एसिया के इतिहास और आधुनिक मध्य-एसिया को जानने के लिए काफी पुस्तकें पढ़ी थीं। इतने दिनों में यह तो मालूम हो गया था, कि यहाँ रहकर हम पुस्तक नहीं लिख सकते। पुस्तक लिखें भी तो दुहरे सेंसरों के कारण उसका भारत में पहुँचना सन्दिग्ध है। फिर खो जाने के डर से दो-दो कापी करना हमारे बस की बात नहीं थी। मन यही कहता था कि चलो सोवियत का दर्शन तीसरी बार भी कर लिया। यदि मध्य-एसिया देखने का अवसर मिले तो अब की गरमियों में वहाँ चला जाए, नहीं तो देश का रास्ता पकड़ना अच्छा है। भारत की कोई खबर नहीं मिलती थी। चिट्ठियों के भी आने में छह-छह महीने लग जाते थे। तुर्कमानिया के प्रोफेसर से मालूम हुआ कि मास्को से अशकाबाद का वैमानिक किराया 700 रूबल है। अकेले के लिए राशनकार्ड पर 20 रूवल में होटल का इन्तिजाम हो जाएगा। उनके कहने से मुझे मालूम हो गया कि अगर जाने की आज्ञा मिल जाए तो मैं अपने पैसे के बल पर भी वहाँ चार महीने घूम आ सकता हूँ। प्रोफेसर ने बतलाया कि चीजों का दाम यहीं जैसा है, सिर्फ मौसिम के समय मेवे कुछ सस्ते होते हैं। कह रहे थे वहाँ गर्मी बहुत पड़ती है, इसलिए ऐन गर्मी के महीनों (मई, जून, जुलाई) में नहीं जाना चाहिए, लेकिन उनको क्या मालूम कि हिन्दुस्तान में कितनी गर्मी पड़ती है। उन्होंने बतलाया कि तुर्कमानिया में भी अरबी भाषा-भाषी कहीं-कहीं मिल जाते हैं, उजवेकिस्तान में और भी मिलेंगे। उनके कहने से यह भी मालूम हुआ कि तुर्कमानिया में बलोची और अरबी बोलनेवालों के कुछ गाँव हैं। शाम को लौटकर जब घर आया तो देखा मकान गरम है-मशीन की मरम्मत कर दी गई थी।

29 दिसम्बर को घर के भीतर तापमान—12° और 15° था, लेकिन सर्दी बहुत मालूम नहीं होती थी। विद्यार्थी अर्धवार्षिक परीक्षा की तैयारी कर रहे थे, इसलिए नया पाठ नहीं चल रहा था। 30 दिसम्बर से नव वर्ष की तैयारी होने लगी। लाल झंडों और दूसरी चीजों से संस्थाओं के घरों को सजाया जाने लगा।

31 दिसम्बर भी आया। 1945 का सन् विदाई लेने लगा और 1946 आने को हुआ। आज अपने साल भर के कामों का जब मैं लेखा-जोखा करने लगा तो

मालूम हुआ इस साल में कुछ नहीं लिख सका। *मधुरस्वप्न* और *मध्य-एसिया* के सम्बन्ध में सामग्री अवश्य जमा की, लेकिन मालूम नहीं, उन्हें कब लिखने का मौका मिलेगा। अगला साल भी यदि इसी तरह बीता, तो बहुत बुरा होगा। आज सोफी के यहाँ दावत थी। उसका पति 3 साल बाद लौटा था। पीना दावत का अनिवार्य अंग है, फिर उसके बाद नाच भी। मैं दोनों ही में अनाड़ी था। सोफी ने बहुत चाहा कि यदि पीता नहीं तो थोड़ा नाच ही लूँ, लेकिन जिन्दगी में जब सीखा ही नहीं था, तो आज नाच कैसे सकता था। 2 बजे रात तक दावत चलती रही। मेहमान कुछ होश में और कुछ पैरों से लड़खड़ाते अपने घरों की तरफ चले। अगले वर्ष के लिए यही सोचा कि यदि मध्य-एसिया को अच्छी तरह देखने का मौका मिल गया, तो अगले 365 दिनों को भी यहाँ अर्पण करने के लिए तैयार हूँ।

वसन्त की प्रतीक्षा

जाड़ों को दो सालों में बाँटना बिलकुल बेवकूफी मालूम होती है—नवम्बर-दिसम्बर को 1945 में और जनवरी-फरवरी को 1946 में। वसन्त के आरम्भ से सम्वत्सर का आरम्भ ठीक था, लेकिन दुनिया परम्परा के पीछे इतनी पड़ी हुई है कि वह अपने पंचांग में इस साधारण से सुधार के लिए भी तैयार नहीं है, चाहे इसके कारण आय-व्यय पेश करते समय एक साल की जगह 1945-1946 भले ही लिखना पड़े। वसन्त की प्रतीक्षा जितनी उत्कंठा के साथ रूस जैसे ठंडे देशों में की जाती है, उतना हमारे देश में नहीं हो सकती। लड़कों की एक रूसी कविता में सुना था—

आ-आ वसन्त मेरी बहिनिया—
खिड़की पर बैठी तेरी प्रतीक्षा कर रही है।

छोटी-सी बहिनिया (सेस्त्रुच्का) नहीं, बल्कि जवान-बूढ़े सभी वसन्त की प्रतीक्षा करते हैं, लेकिन लेनिनग्राद में उसके पहुँचने में अभी पूरे चार महीने की देरी थी। पहिली जनवरी को तापमान 12° से 15° था। 3 जनवरी को यूनिवर्सिटी गए। प्रथम वर्ष के छात्रों को कुछ पढ़ाया, फिर अध्यापक तथा चतुर्थ वर्ष के छात्रों ने पाठ्यपुस्तक से *मृच्छकटिक* नाटक शुरू किया। अर्धवार्षिक परीक्षा हो रही थी। परीक्षा समाप्त होते ही कुछ दिनों की छुट्टी थी, इसलिए 10 फरवरी तक के लिए मेरा यूनिवर्सिटी में कोई काम नहीं था। मैं अब अधिकतर घर पर ही रह पुस्तकों को पढ़ता और उनसे नोट लेता।

8 जनवरी को पहिली बार देखा कि 50 के करीब जर्मन बन्दी मेरी खिड़की के बाहर से जा रहे हैं। इसके बाद तो रोज 10 बजे उन्हें काम की ओर जाते देखता और 4 बजे डेरे की ओर लौटते। उनकी देखभाल के लिए कभी-कभी तो बन्दूक लिये एक स्त्री-सिपाही होती। बन्दियों के चेहरे उदास और श्रीहीन हों तो आश्चर्य ही क्या? हिटलर ने विश्व-विजय के लिए उनको दुनिया के देशों में भेजा

था। हिटलर तो दूसरे लोक को विजय करने चला गया लेकिन यह बेचारे अपने देश से दूर रूस की सख्त सर्दी में काम करने के लिए छोड़ दिए गए थे। उनके खाने-पीने का इन्तिजाम अच्छा था, यह उनके स्वस्थ शरीर से मालूम होता था। हाँ, कपड़े उनके अपने पुराने फौज के थे, जो कुछ अधिक मैले थे।

14 जनवरी को यूनिवर्सिटी गए। चतुर्थ वर्ष की दोनों छात्राएँ संस्कृत में उत्तीर्ण हुई। *मेघदूत* से कुछ प्रश्न पूछे गए। सोवियत के विद्यालयों और विश्वविद्यालयों में परीक्षा के लिए कागज-स्याही बिलकुल खर्च नहीं करनी पड़ती। परीक्षा मौखिक होती है, और परीक्षक होकर अपने ही अध्यापकों में से तीन कुर्सी पर आ डटते हैं। पूर्णांक 5 होते हैं। छात्राओं के उत्तर देकर बाहर जाने के बाद तान्या को मैंने दो नम्बर देने के लिए कहा, तो मेरे सहकर्मियों ने बतलाया—इसका अर्थ तो है फेल करना। जान पड़ता है फेल शब्द विद्यार्थियों में ही नहीं वर्जित है, बल्कि अध्यापकों और परीक्षकों में भी। पर्याप्त दिनों तक जिस छात्र ने उपस्थिति दी है, उसे सोवियत की विद्या संस्था में फेल होने की सम्भावना ही नहीं है। प्रश्न का उत्तर देते समय विद्यार्थी अपनी सारी पुस्तकों को साथ रख सकते हैं, क्योंकि परीक्षा स्मृति की नहीं, बल्कि समझ की ली जाती है।

हमारे घर में अभी कोई नौकर नहीं था। राशन के जमाने में एक नौकर और रखकर अ-राशन दुकान से दस गुने दाम पर चीजें खरीदकर खिलाना आसान काम नहीं था। बर्तन मलना और चारपाई ठीक-ठाक करना मेरे जिम्मे था। जाड़े के दिन थे। नल का पानी काटने को दौड़ता था। मैं गरम पानी से धोने का पक्षपाती नहीं था, क्योंकि उसमें समय अधिक लगता था। और घर के नल के ठंडे पानी से धोने पर एक मिनट में ही दर्द के मारे हाथ और मन तिलमिला उठते। हमारा तो यह सिद्धान्त था—शारीरिक परिश्रम से घृणा करने की आवश्यकता नहीं, लेकिन उसमें इतना समय नहीं लगाना चाहिए कि लिखने-पढ़ने के समय में कोताही हो। मालकिन का विचार कुछ दूसरा ही था। हम बैठे-बैठे रात के 1-2 बजे तक पढ़ते और नोट लेते रहते, जिसे वह बेकार समझती।

24 जनवरी को जर्मन बन्दी सड़कों की बरफ फेंक रहे थे। मकान के काम को इस समय बन्द रखा गया था, लेकिन अगले जाड़ों में वह 24 घंटे अखंड चलता रहा। शहर की सभी बरफ तो कहाँ फेंकी जा सकती थी? छोटी-छोटी सड़कों और गलियों की बरफ वसन्त के आरम्भ होने पर ही गलकर साफ होती, लेकिन बड़ी सड़कों पर उसे बराबर हटाते रहना पड़ता, नहीं तो ट्रामों और मोटरों का आना-जाना रुक जाता, क्योंकि बरफ पर चलने से वह ऊँची-नीची हो जाती है, जिसके कारण उस पर वाहनों का चलना सरल काम नहीं होता।

अब भी भारत में क्या हो रहा है, इसके जानने का कोई इन्तिजाम नहीं हो सका था। स्थानीय रेडियो और रूसी समाचार-पत्रों से काम चलनेवाला नहीं था।

उनमें महीनों बाद शायद कभी कोई दो-चार पंक्तियाँ देखने-सुनने को मिलतीं। मुझे सबसे जरूरी मालूम होता था—एक रेडियो खरीदना, जिसमें देश-विदेश की खबरें मालूम होती रहें, लेकिन यह इच्छा पूरी होने में अभी चार-साढ़े चार महीनों की देर थी। 23 जनवरी की रात के रेडियो से मालूम हुआ कि दिल्ली की एसेम्बली ने राष्ट्रीय सरकार की माँग की है। जावा में वहाँ के स्वतंत्रता-प्रेमियों को दबाकर फिर से डचों का राज्य कायम करने से अंग्रेजी सेना ने जब इनकार कर दिया तो अंग्रेजों ने वहाँ भारतीय सेना भेजी। कहने को अब विलायत में मजदूर दल का शासन था, जो अपने को समाजवादी कहने का अभिमान करता है, लेकिन विलायत की मजूर पार्टी भी साम्राज्यवाद के अन्धानुसरण में अपने टोरी भाइयों से पीछे नहीं है। अब उसने भारतीय सेना का जावा में उपयोग करना शुरू किया था। दिल्ली की एसेम्बली ने इसका भी विरोध किया था। *प्राव्दा* सोवियत के सबसे अधिक छपनेवाले दो रूसी पत्रों में से एक है। कुछ स्थानीय खबरों के साथ मास्को की *प्राव्दा* का लेनिनग्रादीय संस्करण भी निकलता था, जिसमें अन्तर्राष्ट्रीय खबरें और कुछ लेख भी रहा करते थे। चाहे खबरें दो-चार पंक्ति की कभी-कभी निकलती हों, लेकिन उनसे यह मालूम हो रहा था कि युद्ध के बाद का भारत चुपचाप अंग्रेजों के जुए को नहीं ढो सकता। लेकिन मेरा वृद्ध नेताओं पर विश्वास नहीं था। मैंने 23 जनवरी (1946) की डायरी में लिखा था—वृद्ध नेता तो सभी कामों में रोड़ा अटकानेवाले हैं, राजनीति में और भी। नेता तरुणों को होना चाहिए। वृद्ध अपने ज्ञान और तजर्बे से परामर्श दे सकते हैं। भारतीय हिन्दू राजनीतिक बुड्ढों के खयाल में ही नहीं आता कि वह समय आनेवाला है जबकि हिन्दू-मुसल्मानों की सीमाएँ रोटी-बेटी से भी मिट जाएँगी। (हमारे वृद्ध नेता तो) अतीत पर नजर डालकर समझौता करना चाहते हैं।

द्वितीय विश्वयुद्ध समाप्त हो चुका था और ऐसे भीषण नरसंहार के साथ, जो कि 'न भूतो न भविष्यति,'—सोवियत रूस को सत्तर लाख आदमियों की बलि चढ़ानी पड़ी। लेकिन 27 जनवरी को मैं देख रहा था कि अन्तर्राष्ट्रीय क्षेत्र में फिर तनातनी शुरू हो गई है। राष्ट्रसंघ की बैठक में सोवियत प्रतिनिधि ने जावा में अंग्रेजी तथा उसकी सहायक जापानी सेना के इस्तेमाल करने के विरोध में पत्र लिखा। उक्रेइन के प्रतिनिधि ने ग्रीस में अंग्रेजी सेना की फासिज्म-पोषक नीति का विरोध किया। ईरानी प्रतिनिधि ने ईरान के भीतर हस्तक्षेप करने का इल्जाम रूस के ऊपर लगाया। कोरिया में सोवियत और अमेरिका रस्साकशी कर रहे थे। अमेरिका अल्यसंख्यक धनिकों के पक्ष में था और वहाँ की बहुसंख्यक पीड़ित जनता सोवियत के पक्ष में।

2 फरवरी को लोला के भाई की लड़की माया आई। वह मास्को में कॉलेज के तीसरे वर्ष में पढ़ रही थी। अभी दो और वर्ष बाकी थे। माया के नाम पर, नाम

से यह न समझें कि उसके नाम पर बुद्ध की माता का कुछ असर था। रूस में अब हजारों की तादाद में माया नाम धारिणी लड़कियाँ मिलेंगी। माया मई महीना है। मई का प्रथम दिवस दुनिया के मजदूरों का पवित्र दिवस है, इसलिए जो लड़की मई महीने में पैदा होती है, उसका नाम माया रखने की कोशिश की जाती है। माया अच्छी समझदार लड़की थी। बेचारी की माँ मर गई थी और अत्यन्त प्रतिभाशाली पिता जेल में था। वह सबसे तरुण सोवियत जनरल था। उसका दादा भी जारशाही युग का एक योग्य जनरल तथा सैनिक कॉलेज में गणित का अध्यापक था। माया के पिता ने तोपों के ऊपर एक खोजपूर्ण निबन्ध लिखा था, जिसके सिद्धान्तों को पीछे पाठ्यक्रम में ले लिया गया। द्वितीय विश्वयुद्ध में वह जिस जेल में भी रहा होगा, अपने देश की ओर से लड़ने के लिए जरूर तड़फड़ाता होगा। कुछ लोग तो यहाँ तक अफवाह उड़ाते थे कि नाम बदलकर उसने फिनलैंड की लड़ाई में भाग लिया—कुछ लोग इसके लिए कसम खाने के लिए भी तैयार थे। लेकिन यदि वह युद्ध में सीधे भाग लेने का अवसर पाता तो युद्ध की समाप्ति के बाद उसे जेल में रहने की आवश्यकता नहीं थी। हाँ, इसमें सन्देह नहीं कि सोवियतवाले अपने राज-बन्दियों की प्रतिभाओं का भी उपयोग करना भली-भाँति जानते हैं, इसलिए अपने इस प्रतिभाशाली जनरल की प्रतिभाओं का उपयोग उन्होंने जरूर किया होगा। जनरल जांकुल्या बिलकुल निरपराध थे। जब 1937 में विदेशी साम्राज्यवादियों से मिलकर उस समय के सोवियत मार्शल तुखाचेप्स्की तथा दूसरे फ़ौजी अफसरों ने षड्यंत्र करके सोवियत शासन को उलटाना चाहा, उसी वक्त जौ के साथ पिसनेवाले घुन की तरह जनरल जांकुल्या भी पकड़ लिये गए। तुखाचेप्स्की सबसे बड़ा सेनापति होने के कारण ऊँचे अफसरों पर प्रभाव रखता था। उसने उच्च अफसरों की बैठक बुलाई, जिसमें जनरल जांकुल्या भी चले गए। उपस्थिति-बही पर शायद हस्ताक्षर भी कर चुके थे। जैसे ही दो-चार मिनट बात सुनने को मिली, प्रयोजन का पता लग गया और वह बैठक से उठकर चले आए। लेकिन षड्यंत्रियों को पकड़े जाते समय जांकुल्या भी पकड़ लिये गए और अब वह सजा पा जेल में थे। माया ने बहुत जानने की कोशिश की तो उसे बतलाया गया : तुम्हारे पिता स्वस्थ और प्रसन्न हैं, और वह साल-डेढ़ साल में बाहर चले आएँगे।

जनरल जांकुल्या की तरह से हो सकता हैं, जौ के साथ और भी कुछ घुन पीसे गए हों, लेकिन इसमें तो सन्देह नहीं कि सोवियत शासन के विरुद्ध, दुनिया की प्रथम समाजवादी सरकार के विरुद्ध तथा शारीरिक-मानसिक कमकरों के भविष्य के विरुद्ध उस समय एक भीषण षड्यंत्र रचा गया था, जिसमें जापान और जर्मनी ने पूरी सहायता की थी। उन्होंने ऐसा इन्तिजाम किया था कि सोवियत शासन को खतम करके फिर वहाँ पूँजीपतियों की तानाशाही स्थापित कर दी जाए। जनरल जांकुल्या के पिता जारशाही जनरल थे, लेकिन उनका परिवार शुद्ध शिक्षित

वर्ग से सम्बन्ध रखता था, इसलिए उनकी सहानुभूति जारशाही के साथ नहीं रह सकती थी। क्रान्ति के बाद उन्होंने बोल्शेविकों का साथ दिया। जांकुल्या तो होश सँभालते ही लेनिन के पक्के भक्त थे। किन्तु जहाँ इतना जबरदस्त खतरा हो वहाँ जौ के साथ घुन के पिसने का डर सदा ही रहता है। लेकिन भयंकर से भयंकर अपराध करनेवालों को भी मृत्यु दंड देने में सोवियत शासक बड़ा संकोच करते हैं, इसे उनके शत्रु भी मानते हैं। अच्छा होता यदि इस तरह की घटनाएँ बिलकुल ही नहीं होतीं। लोला का भाई होने के कारण जांकुल्या के बारे में मैं जितना जान सकता था, उतना ऊपरवालों को कैसे मालूम होता? माया पढ़ने के लिए मास्को में दाखिल हुई थी। बीच में अब पढ़ाई छोड़ना नहीं चाहती थी। हम लोगों की इच्छा यही थी कि वह यहाँ रहती तो अच्छा होता। वह अपनी छुट्टियाँ बिताने के लिए फिनलैंड की खाड़ी के एक विश्रामालय में गई हुई थी, जहाँ से लौटते वक्त अपनी बुआ से मिलने आई थी।

जाड़े का दिन भी कितना नीरस होता है? हफ्ते-दो हफ्ते की बात होती, तो इसमें सन्देह नहीं कि रजत-राशि की तरह जहाँ-तहाँ फैली बरफ, तथा चारों ओर की निःशब्द शान्ति बड़ी मोहक मालूम होती, लेकिन जब अक्टूबर से अप्रैल के अन्त तक वही दृश्य सामने रहे, तो कहाँ से आकर्षण रहता। ऊपर से हरियाली के लिए आँखें तरसती थीं। अगर कहीं कोई देवदार का दरख्त हुआ तो आँखों को जरा-सा विश्राम मिला, नहीं तो हरे रंग का कहीं नाम नहीं था। और तो और, चिड़ियों का भी पता नहीं था। केवल घरों में रहनेवाली गौरैया सिकुड़ी-सिमटी कभी-कभी बरफ पर इधर-उधर फुदकती दिखाई देती। पचासों तरह की चिड़ियाँ, जो गरमियों में चहचहाया करती थीं, वे सब अब गरम इलाकों को ढूँढ़ते हुए दक्षिण की ओर चली गई थीं। जैसे-जैसे तापमान गिरने लगता, वैसे-वैसे यहाँ की चिड़ियाँ दक्षिण की ओर प्रयाण करती हैं। कहते सुना कि कौवे भी छमासी नींद लेकर सो जाते हैं, लेकिन मैंने किसी कौवे को सोया नहीं देखा।

संसद का चुनाव— महायुद्ध के बाद केन्द्रीय तथा प्रजातंत्रीय सोवियत संसदों (पार्लियामेंटों) का चुनाव होने जा रहा था। एक ही सूची में दिए हुए व्यक्तियों पर वोट देना था। कोई विरोधी उम्मीदवार खड़ा नहीं हुआ था, तो भी चुनाव के लिए जितना प्रचार और तत्परता रूस में देखी जाती थी, वह किसी देश के चुनाव से कम नहीं थी। शहर के बड़े-बड़े मकानों की दीवारों पर उम्मीदवारों के बड़े-बड़े फोटो लटक रहे थे। हजारों सिनेमाघरों में चुनाव की स्लाइड दिखलाई जाती थी। व्याख्यान भी उसी तरह जोर-शोर से हो रहे थे। कहीं-कहीं तो चलते-फिरते सिनेमा किसी दीवार को ही रजतपट बनाकर दिखलाए जा रहे थे। चुनाव ठीक तरह से हो, इसके लिए निरीक्षक समितियाँ चुनी जा चुकी थीं। हमारे चुनाव क्षेत्र की निरीक्षण समिति में लोला भी सम्मिलित थी।

10 फरवरी को चुनाव का दिन आया। इतवार होने से वैसे ही उस दिन छुट्टी थी। सुबह छह बजे से ही लोग वोट देने के लिए जाने लगे। प्रचारक समझते थे कि मैं भी वोटर हूँ। उन्हें निराशा हुई, जब मैंने कहा कि मैं सोवियत नागरिक नहीं हूँ। तब तक स्थानीय प्रचारक तीन बार हमारे घर में आ चुके थे, जब कि एक बजे लोला अपने वोट देने के लिए 14 नम्बर के चुनाव स्थान में गई, जो पास के ही स्कूल में था। सड़कों पर रास्ता बतलाने के लिए रंगीन पट्टियाँ लगी हुई थीं। चुनाव-स्थान में और भी झंडे-पताके लगे थे। अकारादि-नाम-सूची लिये चार-पाँच मेजों पर लोग बैठे हुए थे। नाम बतलाया, रजिस्टर पर निशान किया गया, वोट का कागज लिफाफे के साथ दिया गया। चूँकि इस स्थान से कलिनिन और ज्दानोफ दो उम्मीदवार संसद की दोनों उच्च संस्थाओं के लिए खड़े हुए थे, इसलिए हरेक वोटर को दो रंग की पर्चियाँ मिली थीं। यदि कोई अपनी पर्ची में कुछ लिखना चाहता, तो लाल परदों के घेरे के भीतर अलग-अलग कुछ छोटे-छोटे डेक्स रखे हुए थे, जहाँ जाकर वह लिख सकता था। किसने किसको वोट दिया, इसके जानने का वहाँ कोई उपाय नहीं था। प्रबन्ध बड़ा अच्छा था, इसलिए अधिक भीड़ नहीं थी, यद्यपि वोटरों में से 95-96 फीसदी से भी ज्यादा वोट देने गए थे। चुनाव-महोत्सव में गाने-बजाने-नाचने को कैसे भूला जा सकता था?

रेडियो और एक कैमरा दो चीजों की आवश्यकता मैं अपने लिए बहुत समझता था। कैमरा मैं अपना भारत की सीमा से बाहर न ले आने पाया और उसे क्वेटा में छोड़ आया था। कैमरे से पहिले भी मुझे रेडियो की जरूरत थी, किन्तु रेडियो का अभी डौल नहीं लग रहा था। अभी दाम बहुत ज्यादा था। लोग कह रहे थे—कारखाने अब रेडियो तैयार करने लगे हैं, कुछ ही महीनों में वह बाजार में बड़ी संख्या में आ जाएँगे, तब दाम कम हो जाएगा और मशीन भी अच्छी मिलेगी। अत्यावश्यक होने पर भी मैं रेडियो नहीं ले पा रहा था। सोवियत के शहरों में पुरानी चीजों के बेचने का बड़ा ही सुव्यवस्थित प्रबन्ध है। पुरानी किताबों की दुकानें 1 दर्जन के करीब तो मेरे रास्ते पर थीं, जिनका चक्कर काटना मैं अपने लिए अनिवार्य समझता था। उसी तरह दूसरी पुरानी चीजों की भी दुकानें थीं। 13 फरवरी को मैं एक ऐसी ही दुकान में गया, वहाँ लाइका के ढंग का सोवियत का बना 'फेद' कैमरा देखा। लैंस 3.5 शक्ति का था और दाम 11 सौ रूबल। यद्यपि वहाँ असली लाइका कैमरे भी थे, किन्तु दाम 3 हजार रूबल (2 हजार रुपया) था। रूबल का जो मूल्य हमारी दृष्टि में था, उसके लिहाज से दाम ज्यादा नहीं था, लेकिन तो भी हम यह नहीं चाहते थे कि कोई हमें फजूलखर्च कहे, इसलिए हमने फेद को ले लिया और सोवियत में रहते उससे कितने ही फोटो भी लिये, यद्यपि उनका उपयोग लेखों के न लिखने के कारण नहीं हो सका।

14 फरवरी को नृतत्व-म्यूजियम देखने गए। लेनिनग्राद में म्यूजियमों की संख्या

4 दर्जन से भी ऊपर है, और सब अपना-अपना महत्त्व रखते हैं। इस म्यूजियम में हमने साइबेरिया की जातियों की खास प्रदर्शनी को देखा, जो कि उस वक्त हो रही थी। चुकची, तुंगुस, याकूत, कम्स्चत और सखालीन जैसी जन-जातियों की कला का यहाँ बहुत अच्छा संग्रह था। साइबेरिया की इन जातियों को उनके आदिम जीवन से आधुनिक जीवन में लाने के लिए जब आवश्यकता पड़ी, तो सबसे पहिले जरूरी काम था, उनके भीतर से निरक्षरता का दूर करना। उनमें लिखने-पढ़ने का कोई रिवाज नहीं था, इसलिए अध्यापक कहाँ से मिलते? रूसी या दूसरे भाषा-भाषी अध्यापक मिल सकते थे, लेकिन सोवियत की नीति है—हरेक को उसकी मातृभाषा में शिक्षा देना। यहाँ केवल नीति का सवाल नहीं था बल्कि व्यवहारतः भी यही लक्ष्य पर पहुँचने का सबसे छोटा रास्ता मालूम हो सकता था। उस वक्त यह जरूरी समझा गया कि थोड़े-बहुत भी भाषा जाननेवाले रूसी या दूसरे लोगों को उनके भीतर भेजा जाए, लेकिन जब शिक्षा को और आगे बढ़ाने की जरूरत पड़ी, तो बाकायदा प्रशिक्षित अध्यापकों के तैयार करने के लिए लेनिनग्राद में स्कूल खोला गया। अत्यन्त शीत ध्रुवकक्षीय प्रदेश के रहनेवाले लोगों के लिए मास्को भी गरम था, जिसका प्रभाव उनके स्वास्थ्य पर बुरा पड़ता, इसके लिए लेनिनग्राद को उपयुक्त समझा गया। अब तो शायद वह स्कूल भी नहीं है। लेनिनग्राद यूनिवर्सिटी में भी इन जातियों के कई लड़के-लड़कियाँ पढ़ रहे थे। उच्च शिक्षा में भी वह काफी दूर तक आगे बढ़ चुके थे। म्यूजियम के डायरेक्टर ने भारतीय सामग्री को भी दिखलाने की बड़ी उत्सुकता प्रकट की, लेकिन अभी वह भाग खुला नहीं था। उन्होंने साइबेरिया की जातियों की प्रदर्शनी को स्वयं दिखलाया। वहाँ उनके हाथ की बनी हुई बहुत सी कलापूर्ण चीजें रखी थीं—परिधान, खिलौने, घरेलू बर्तन, आखेट की चीजें आदि थीं। सोवियत-मध्य-एसिया में मिली हुई सबसे पुरानी खोपड़ी (तेकिशताश मानव) का भी नमूना तथा उस खोपड़ी के आधार पर बना शरीर भी वहाँ देखने को मिला। गिरासिमोफ खोपड़ी देखकर असली मूर्ति बना देने में बड़ा सिद्धहस्त कलाकार माना जाता है। उसने तैमूर की खोपड़ी से जो आकृति बनाई, वह तैमूर के समकालीन चित्रों से बिलकुल मिल जाती है। बात यह है कि जहाँ तक चेहरे का सम्बन्ध है, हड्डी निर्णायक होती है। खोपड़ी पर चमड़ा, थोड़े स्नायु और कुछ चरबी ही तो और लगती है। उतनी मोटी तह जमाकर हम खोपड़ी को असली चेहरे का रूप दे सकते हैं। यहाँ के पुस्तकालय में कई भाषाओं में काफी पुस्तकें हैं। मेरे सामने मध्य-एशिया के इतिहास में शकों की समस्या थी। मैं कुछ निष्कर्ष पर पहुँच चुका था, लेकिन जब तक दूसरे विशेषज्ञ भी उससे सहमत न हों, तब तक अधिक आत्मविश्वास अच्छा नहीं है, इसे मैं मानता था। मैंने म्यूजियम के डायरेक्टर से इस विषय पर बातचीत की। उन्होंने बतलाया कि डॉक्टर बेर्नस्ताम इस विषय के विशेषज्ञ हैं। मैं इस निष्कर्ष पर पहुँचा था—छठी सदी ईसा पूर्व में

शक कास्पियन के उत्तर, उत्तर-पश्चिम में जहाँ देन्यूब के तट तक फैले हुए थे, वहाँ साथ ही वे दरबन्द (काकेशस) और सिर दरिया के उत्तर होते आगे तक चले गए थे। चौथी सदी ईसा-पूर्व में सिकन्दर के समय भी वह सिर से देन्यूब तक थे। द्वितीय सदी ईसा-पूर्व में सप्तनद के नीली आँखों तथा लाल बालोंवाले वूसुन भी शक थे। उस समय तरिम उपत्यका में भी यही जाति रहती थी। पीछे ईसा-पूर्व दूसरी शताब्दी में पूरब से हूणों के प्रहार के कारण उन्हें धीरे-धीरे दक्खिन और पश्चिम की ओर भागना पड़ा। 2 फरवरी के *मास्को न्यूज* में शकों के बारे में एक लेख पढ़ने को मिला, जिससे मालूम हुआ कि काला सागर के उत्तर-पूरब में शक राज्य चौथी सदी ईस्वी तक थे। इस भूमि में आजकल सोवियत पुरातत्व विभाग बड़े भारी पैमाने पर खुदाई का काम कर रहा है। क्रिमिया में नियोपोलिस शकों की राजधानी थी, जिसका जिक्र पुराने लेखकों ने किया है। खुदाइयों से मालूम होता है कि इस जगह पर ईसा-पूर्व चौथी सदी में एक शक नगरी थी, जिसके चारों ओर मोटा प्राकार था। घरों में कमरे बड़े-बड़े थे। घर के आँगन में संगमरमर के प्याले मिले, कुछ ग्रीक मृद्पात्र भी प्राप्त हुए और दूसरी तरह से भी पता लगा कि इन शकों पर ग्रीक संस्कृति का बहुत प्रभाव पड़ा था। उनके घरों और बर्तनों के सजाने, अलंकरण करने का ढंग वही था, जिसका प्रभाव आजकल की उक्रेइन के पुराने घरों में मिलता है। जेवरों को देखने से मालूम होता है कि उनका प्रभाव बहुत पीछे तक रहा है। छतों और खिलौनों को अलंकृत करने में रूसी हाल तक उसी ढंग का अनुसरण करते रहे हैं। यह सांस्कृतिक चिह्न जो शकों (सीथियन) के साथ सम्बन्ध बतलाते हैं, काला सागर के सारे उत्तरी तट से होते देन्यूब के किनारे तक मिलते हैं।

उधर हमारा पठन-पाठन और नोट लेना भी चल रहा था। चौका-बर्तन करते वक्त सर्दी की शिकायत भी करनी पड़ती थी, जब-तब रेडियो दो-चार शब्दों में भारत की खबर दे देता, जिससे मन और कल्पना दूसरी ओर दौड़ पड़ती। 15 फरवरी को मालूम हुआ कि कलकत्ता में भारी हड़ताल हुई है। टैंक आदि के साथ गोरी पल्टनें बुला ली गई हैं, गोली से दर्जनों आदमी मारे गए हैं—एटली की सरकार चर्चिल से क्यों पीछे रहने लगी? लेकिन यह तो निश्चय ही था कि तोपों और टैंकों के सहारे अब हिन्दुस्तान पर राज्य नहीं किया जा सकता। रूसी कथकली (बैले) तो कई देख चुके थे। अरमनी कथकली 'गयाने' की चारों ओर बड़ी चर्चा सुनी। सोचा, इसे भी देख लेना चाहिए। अरमनी देश कथकली के लिए तो प्रसिद्ध नहीं है, लेकिन रूस की विश्वविख्यात बैले का पथ-प्रदर्शन जब उसे मिला तो वह कैसे पीछे रह सकती थी? मारिन्स्की नाट्यशाला में 17 फरवरी को उसे देखने गए। सचमुच ही बहुत सुन्दर नाट्य था। सोवियत के प्रथम श्रेणी के कलाकारों में एक अरमनी खचतुर्यान ने इस बैले को तैयार किया था। बैले में जब

भाषा का पूर्ण तौर से बायकाट है, तो उसे रूसी कहें या अरमनी, इसका सवाल ही नहीं उठता। जहाँ तक देश, काल, पात्र का सम्बन्ध है, उसके सजाने में तो आज के रूसी परम यथार्थवादी होते हैं। यदि वह *शकुन्तला* का बैले तैयार करें तो उसमें कालिदास के भारत को अंकित करने की कोशिश करेंगे—*शकुन्तला* का बैले तो नहीं तैयार हुआ है, लेकिन नाटक के रूप में *अभिज्ञान शाकुन्तल* सोवियत काल में भी कई बार खेला जा चुका है। 'गयाने' के सारे नट-नटी रूसी थे। नृत्य बड़े सुन्दर थे, दृश्य बड़े ही मनोहर, वेश-भूषा भी आकर्षक, भावों की कोमलता के बारे में कहना ही क्या? यवनिकाओं से तैयार किए दृश्य बहुत ही स्वाभाविक, विशद और विशाल थे। स्वर शायद अरमनी थे। वहाँ अरमनी अभिनय और नृत्य के भावों की अत्यन्त कोमलता देखी जाती थी, किन्तु उक्रइनी और रूसी नृत्य जो इस बैले में दिखाए गए थे, उनमें कबीलेशाही परुषता की स्पष्ट छाप मालूम होती थी! जान पड़ता है, गजगामिता एसियायी नारियों पर ही ज्यादा लागू है, कूद-फाँदकर चलनेवाली यूरोपियन नारियाँ भला गजगमन करना क्या जानें? लेकिन 'गयाने' में नट-नटियों के रूसी होने पर भी उन्होंने एसियायी कोमलता का निर्वाह बड़े सुन्दर तौर से किया था।

18 फरवरी को तापमान हिमबिन्दु से 15° सेंटीग्रेड नीचे था, लेकिन मैं अब सर्दी का अभ्यस्त हो चुका था। नेवा जमी हुई थी, और हम विश्वविद्यालय से लौटते समय उसे सीधे पार कर ईसाइकी सवोर में ट्राम पकड़ते।

लेनिनग्राद यूनिवर्सिटी के प्राच्य विभाग के देकन (डीन) प्रोफेसर स्ताइन अर्थशास्त्र और राजनीति के एक माने हुए पंडित हैं। चीन में एक बार वह परामर्शदाता बन करके रह चुके थे और भारत के बारे में भी तो उनका अध्ययन बड़ा गम्भीर था। उन्होंने चीनी राजनीति और कौटिल्य पर हाल ही में एक लेख लिखा था। उनसे चीन और भारत के राजनीतिक सिद्धान्तों के दानादान पर देर तक बातचीत होती रही। बौद्ध धर्म और दर्शन के दानादान के बारे में मैं भी कुछ जानता था, लेकिन भारत और चीन के दो हजार साल पहिले आरम्भ हुए सांस्कृतिक सम्बन्ध में राजनीतिक दानादान कितना हुआ था, इसका पता नहीं था। मैं जो कुछ भी जानता था उसे बतलाता रहा, लेकिन मेरा ज्ञान कौटिल्य के अर्थशास्त्र से अधिक नहीं था। उस दिन (20 फरवरी) जब मैं कबाड़ियों की दुकान में किताबों की खोज में निकला तो मेरे साथ हिन्दी के लेक्चरर दोना मारकोव्ना गोल्दमान भी थीं। उन्होंने बतलाया कि हमारे रहने के स्थान के पास लितनी में अकादमी की एक बड़ी अच्छी दुकान है। मैने उनके साथ जा वहाँ से 330 रूबल में पुरातत्व और मध्य-एसिया सम्बन्धी कितनी ही पुस्तकें खरीदीं। जैसे और चीजें राशनहीन दुकानों पर महँगी मिलती हैं, किताबों की वैसी हालत नहीं थी, इसलिए ज्यादा लोगों को प्रिय पुस्तकें इन दुकानों में आकर भी टिकती नहीं थीं। यहाँ पर मुझे 1904-1905

की छपी पुरातत्व सम्बन्धी किताबें दीख पड़ीं।

23 फरवरी को छोटी लेकिन बहुत सी महत्त्वपूर्ण खबर भारत के बारे में रेडियो से मिली। बम्बई में भारतीय नौसैनिकों ने अंग्रेजों के खिलाफ विद्रोह कर दिया। मार्क्स का कहना ठीक होने जा रहा है। आधुनिक सैनिक-विद्या में शिक्षित-दीक्षित भारतीय अपनी बन्दूकों को सदा अंग्रेजों के लिए ही नहीं उठाते रहेंगे, बल्कि कभी उन्हें अपनी स्वतंत्रता के लिए भी उठाएँगे। आज वह उठने लगी हैं।

पश्चिम के समृद्ध और समुन्नत देशों में भी कितनी ही चीजें मिलती हैं, लेकिन उनका उपयोग हजार में एक आदमी से भी कम के लिए होता है। सोवियत में शारीरिक, बौद्धिक और सांस्कृतिक विकास के साधन इतने बड़े पैमाने पर हैं, कि उनसे सारी जनता फायदा उठाती है। यदि वहाँ शिशुशालाएँ हैं, तो उनमें डेढ़ महीने से तीन वर्ष के सोवियत के सभी बच्चों को रखकर लालन-पालन का प्रबन्ध है। यदि बालोद्यान हैं तो वह इतने अधिक हैं कि उनमें चौथे बरस से सातवें बरस के अन्त तक के सोवियत भूमि के सारे लड़के रखे जा सकते हैं। वह बहुत खर्चीली चीज है। ईगर की तरह 140 रूबल मासिक देनेवाले माता-पिता नहीं देते, लेकिन सबके लिए वहाँ अलग-अलग चारपाइयाँ, गद्दे, तकिया, चादर-लिहाफ, तौलिया, बर्तन, कुर्सी, मेज, खेलने के सामान सभी जमा किये हुए हैं। बालोद्यानों में खेलते-खेलते अधिक-से-अधिक चीजों और उनके गुणों के बारे में ज्ञानवृद्धि के साधन के तौर पर कुत्ते, सूअर, भेड़ें, बकरियाँ, मुर्गे और पक्षी भी रखे जाते हैं। फूलों का तो एक अच्छा-खासा उद्यान हरेक बालोद्यान के साथ लगा होता है। इसके अतिरिक्त चाचियाँ अपने बच्चों की जमात को लेकर नगर के दर्शनीय कौतुकागारों (म्यूजियम), उद्यानों, प्राणि उद्यानों तथा कितने ही ऐतिहासिक स्थानों तथा प्राकृत सौन्दर्य की जगहों को दिखलाने के लिए ले जाती हैं। बालकों के लिए अपने सिनेमा भी होते हैं, जिनमें उनके समझने लायक विषय को ही प्रस्तुत किया जाता है। एक समय भूतों-प्रेतों की कहानियों को मिथ्याविश्वास फैलाने में सहायक समझकर ऐसी किताबों को छापना बन्द कर दिया गया था, लेकिन पीछे पता लगा कि मिथ्याविश्वास से आँख मींचने से काम नहीं चल सकता, उसके तो सामने जाकर मुकाबिला करने की आवश्यकता है, और वह मुकाबिला और परिज्ञान द्वारा ही हो सकता है। अब यहाँ *पंचतंत्र* की तरह की पशु-पक्षियों की कहानियों से बच्चों का मनोरंजन और ज्ञानं वर्धन कराया जाता है, वहाँ भूतों-प्रेतों की कहानियों के कहने में भी परहेज नहीं किया जाता। बच्चों के मनोरंजन और ज्ञानवर्धन का एक और साधन है, सोवियत के पुतली नाटक (कुकल्यो तियात्र)।

24 फरवरी को ईगर के साथ हम पुतली नाटक देखने गए। तमाशा था *अलादीन और चिराग*। नाट्यशाला दर्शकों से भरी हुई थी, जिसमें 80 सैकड़ा बच्चे थे, और 20 सैकड़ा उनके साथ गए अभिभावक। हम लितनी के पीछे भी

नाट्यशाला में गए थे—नेव्स्की पथ पर भी एक पुतली नाट्यशाला थी। अभिनय 6 बजे से 8 बजे के करीब तक हुआ। लड़के तो देखते-देखते लोट-पोट हो रहे थे। अलादीन के चिराग में कोई ऐसी बात नहीं रखी गई थी, जिसे कि 8-9 बरस तक की उमरवाले न समझ सकें। चाहे सिनेमा हो, चाहे नाटक, चाहे वयस्कों के मनोरंजन की वस्तु हो या शिशुओं की, हर जगह सोवियत के निर्माता और कलाकार अपनी सफलता अपनी नहीं, बल्कि अपने दर्शकों की मानसिक प्रतिक्रिया से नापते हैं। हरेक ऐसी प्रस्तुत की जानेवाली वस्तु को पहिले प्रेक्षकों के सामने परीक्षार्थ पेश किया जाता है, और उनके मनोभाव को देखकर काफी सुधार करने के बाद उसे जनता के सामने लाया जाता है। यह कहने की आवश्यकता नहीं कि *अलादीन के चिराग* से बच्चों का बड़ा मनोरंजन हुआ, और वयस्कों का भी अच्छा मनोविनोद।

26 फरवरी को हमारे चौथे वर्ष की छात्रा वेर्था बड़ी प्रसन्न थी। बोली, आज चीनी का दाम बिना कार्ड के 120 रूबल (अस्सी रुपया) प्रति किलोग्राम (सवा सेर) हो गया। वह स्वयं और उसकी सखियाँ यह खबर सुनते ही बिना राशन की दुकानों पर टूट पड़ीं। कहती थीं बहुत आदमी हो गए थे, इसलिए आधा किलोग्राम (ढाई पाव) चीनी ही मिल सकी। चौसठ रुपया सेर, या चार रुपया छटाँक चीनी हमारे लोगों के लिए तो बड़े आश्चर्य की बात होगी और यहाँ किसी को टूट पड़ने की आवश्यकता नहीं पड़ेगी। लेकिन वहाँ उस दिन सचमुच ही बड़ा आनन्द मनाया जा रहा था। इसका यह मतलब नहीं कि उनको चीनी मिलती ही नहीं थी। राशन में चीनी सबको पर्याप्त मिलती थी, जिसमें रोज की चाय के अतिरिक्त हफ्ते में एकाध दिन मीठी पुडिंग भी बनाई जा सकती थी, लेकिन हमारे यहाँ की तरह रूसी भी मिठाई की चीजों के बड़े शौकीन हैं, अब तक खुलकर चीनी इस्तेमाल नहीं कर सकते थे, और अब उन्हें मौका मिला था। राशन में मिलनेवाली चीनी बहुत सस्ती थी। और इससे पहिले बिना राशन की चीनी 160 रूबल किलो थी। प्रतिकिलो मूल्य में 40 रूबल की कमी जरूर ही खुशी की बात थी। पूँजीवादी अर्थशास्त्र के जाननेवाले या कम-से-कम वहाँ के साधारण शिक्षित बिना राशन की दुकानों को चोरबाजारी की दुकान कहने की गलती कर सकते हैं, लेकिन बिना राशन की दुकानों में जो अतिरिक्त चीजें 10 गुने, 20 गुने दाम पर बेची जाती थीं, उनका पैसा किसी चोरबाजारी सेठ के हाथ में नहीं जाता बल्कि वह सरकारी खजाने में जाकर नवनिर्माण की योजना में लगता है। और जैसे ही जैसे टूटे हुए कारखानों का पुनर्वास और नये कारखानों का नवनिर्माण होता जाता था, वैसे ही उत्पादन बढ़ता, और उसके ही अनुसार दाम गिराया जाता था। इसका ही फल था 160 रूबल से चीनी भाव का 120 रूबल पर पहुँचना। हमें उसकी विशेषता इसलिए नहीं मालूम हो सकती थी कि प्रोफेसर होने के कारण हमें विशेष राशनकार्ड मिला था जिससे चीनी, मक्खन, मांस, दूध, अंडा, बिस्कुट आदि चीजें राशन के दाम

पर इतनी अधिक मिल जाती थीं कि राशन की दुकानों को देखने की आवश्यकता नहीं थी, और न खर्च में संकोच करने की ही।

सोवियत के फिल्म देखने से मुझे उतना वैराग्य नहीं होता था, जितना भारत के फिल्मों को। यहाँ तो बरस में कभी एक बार गला दबाने पर यदि जाता भी हूँ, तो ऊबकर बीच में ही चले आने की इच्छा हो जाती है। सोवियत के फिल्म केवल यौन आकर्षण को लेकर नहीं बनते, इसका यह मतलब नहीं कि उनमें स्त्री-पुरुषों के प्रेम-सम्बन्ध को छिपाने की कोशिश की जाती है। तो भी वह उतना ही रहता, जितना कि दाल में नमक। सोवियत फिल्मों में भी मैं ज्यादा देखता था एसियाई फिल्मों को—उज्बेकिस्तान, कजाकस्तान, आजुर्बाइजान, मंगोल आदि देशों के फिल्मों को। नये एसियाई कलाकार तरुण अब अपनी मातृभाषा के अतिरिक्त रूसी भाषा भी अच्छी तरह बोल सकते हैं, इसलिए अच्छे एसियाई फिल्मों को रूसी भाषा के साथ भी बनाया जाता है। अब मुझे भाषा की उतनी दिक्कत भी नहीं रह गई थी।

2 मार्च को मैं उज्बेक-फिल्म *ताहिर और जोहरा* देखने गया। यह आजुर्बाइजानी फिल्म था। ताहिर और जोहरा उस समय हुए थे, जबकि अभी बारूद का आविर्भाव नहीं हुआ था और तीर और धनुष चलते थे; एक खान (राजा) अपने सेनापति से बहुत प्रसन्न है। जोहरा खान की पुत्री और ताहिर सेनापति का पुत्र है। खान ने ताहिर को पुत्रवत् मान रखा है। बचपन में ही ताहिर और जोहरा साथ खेलते हैं। आगे किसी समय निरंकुश खान सेनापति के ऊपर क्रुद्ध हो जाता है और वह खान के इशारे पर जंगल में शिकार के समय में तीर का शिकार हो जाता है। ताहिर को अपने पिता की निर्मम हत्या का पता लग गया है—खान की निष्ठुरता और अन्याय से बाप ही नहीं मरा, बल्कि जनता भी त्राहिमाम् कर रही है। ताहिर के लिए अपने बाप के खून का बदला लेना अवश्य करणीय था, और उधर जोहरा का प्रेम भी यह छोड़ नहीं सकता था। खान को यह बात मालूम हो गई। वह ताहिर के मारने की फिक्र में पड़ा। एक समय ताहिर उसके पंजे में आ गया। खान ने उसे सन्दूक में बन्द करके नदी में फिंकवा दिया। आगे किसी खानजादी ने सन्दूक को निकलवा लिया। वह इस सुन्दर तरुण पर मुग्ध हो गई। ताहिर की जान बचाकर उसने बड़ा उपकार किया था, लेकिन ताहिर अपनी प्रेयसी जोहरा को छोड़ने के लिए तैयार नहीं था। उसने असमर्थता प्रकट की। खानजादी कुपित हो गई। ऊँट के पीछे बाँधकर उसे भगा दिया। किसी दोस्त ने रास्ते में बेहोश पड़े ताहिर को उठाया। ताहिर फिर जोहरा के पास पहुँचा। फिर उसका अपने पिता के हत्यारे के साथ सामना हुआ। ताहिर उसे मारकर पिता के खून का बदला लेने गया, किन्तु पकड़ा गया। खान के हुक्म से उसे बाँध उस स्थान पर ले गए। छुड़ाने के लिए मित्र आए, किन्तु चारुदत्त की तरह समय पर नहीं, तब तक ताहिर का कलेजा भाले से छिद चुका था। उधर बाप ने जोहरा का गला भी घोंट दिया। दोनों एक

अरथी पर कब्रिस्तान गए। कथानक और अभिनय की दृष्टि से फिल्म बड़ा सुन्दर था, लेकिन सोवियत फिल्मों में जो विशाल प्राकृतिक दृश्य देखने को मिलते हैं, वह इसमें नहीं थे, न वह अनन्त बयावान और पर्वतमाला, न नदी की विस्तृत उपत्यका, न नगर के ही हर अंग का प्रदर्शन।

एसियाई फिल्म अगर रोज-रोज भी नए-नए मिलते, तो मैं देखने के लिए तैयार था। अगले ही दिन (3 मार्च) को *अबाय के गीत* (पीस्ने अबायेफ) कजाक-फिल्म दिखाया जा रहा था। मैं उसे देखने के लिए चल पड़ा। कजाकस्तान मध्य-एसिया का सबसे बड़ा और सबसे धनी प्रजातंत्र है। लेकिन यहाँ के लोगों में काफी संख्या 1917 ई. तक घुमन्तू या अर्धघुमन्तू पशु-पालकों की थी। इसकी अपार खनिज सम्पत्ति पृथ्वी के गर्भ में अछूती पड़ी हुई थी और कजाक नर-नारी लिखने-पढ़ने से बिलकुल अपरिचित थे। बहुत थोड़े-से मुल्ला और सरदार—उनमें भी पुरुष ही पढ़ना-लिखना जानते थे, सो भी अरबी-फारसी भाषा में। अबायेफ कोई कल्पित नाम नहीं है। वह कजाक भाषा का महान् साहित्यकार और साहित्य-पिता माना जाता है। वह पिछली शताब्दी के उत्तरार्द्ध में हुआ था। अबायेफ के विद्याप्रेम ने परम्परा से चली आती मुल्लों और सरदारों के शिक्षा क्षेत्र तक ही उसे सीमित नहीं रखा, बल्कि कजाकस्तान के भिन्न-भिन्न स्थानों में बस गए रूसियों के सम्पर्क में आकर उसने रूसी भाषा और साहित्य का अध्ययन किया। इस प्रकार कजाक-साहित्य का आरम्भ करते ही उसने अपनी प्रौढ़ लेखनी से विनिःसृत परिपक्व ग्रंथों को अपनी जाति के सामने रखा। जीवन में उसको उतना मान नहीं मिला था, क्योंकि न उसने फारसी अरबी और न ही साहित्यिक तुर्की में अपनी पुस्तकें लिक्खी थीं। उसकी लेखनी अपनी मातृभाषा में चली थी, जो कि उस समय एक बोली समझी जाने से हीन दृष्टि से देखी जाती थी। यही कारण था अबायेफ के अपने जीवन में वह सम्मान न प्राप्त करने का, जो कि आज सोवियत काल में प्राप्त हो रहा है। आज वह कजाकस्तान का वाल्मीकि और अश्वघोष, कालिदास और बाण है। *पीस्ने अबायेफ* इसी अमर साहित्यकार के जीवन संगीत को लेकर बनाया गया था। प्राकृतिक दृश्य बड़े सुन्दर थे, जिनको देखकर घर बैठे कजाकस्थली की सैर हो सकती थी। कजाक घुमन्तू अपने तम्बुओं (किवितों) में रहते घोड़ों के अतिरिक्त भेड़ें भी बहुत पालते थे, उनका किवितों का गाँव उजड़ता बसता रहता था और घोड़े नई चरागाहों में घूमते रहते थे। चरागाहों का बड़ा सुन्दर दृश्य दिखलाया गया था। कजाकस्तान के पहाड़, नदियों की उपत्यकाएँ भी मनोहारिणीं थीं। किसी विशाल जलाशय के नजदीक कजाकों का डेरा पड़ने लगा। लकड़ी के गोल ढाँचे खड़े किये गए, फिर नमदों और कपड़ों को तानकर तम्बू बना दिया गया। बाहरी खोल को जहाँ-तहाँ से हटाया जा सकता था। एक दृश्य कजाक-न्यायालय का था—न्यायालय क्या, घुमन्तू कजाकों के पास तो आलय ही नहीं होता। एक सिरे

पर कुछ ऊँचे-से आसन पर कबीले का महापितर बैठा था, जिसके हाथ में न्याय का प्रतीक दंड था। उसके दाहिने-बाएँ कुछ और सरदार बैठे हुए थे। साधारण जनता इन अभिजात लोगों से कुछ दूर बैठी थी। पास में कितने ही घुड़सवार भी पाँती से खड़े थे। कवि अबायेफ और उसके एक मित्र का पुत्र वहाँ लाया गया। मित्र का पुत्र भी कवि था। वह किसी कजाक तरुणी पर मुग्ध था। बिना बड़ों की आज्ञा के उसको प्रेम करने का अधिकार नहीं था, इसलिए वह अदालत में लाया गया था। कवि अबायेफ ने उसके पक्ष में भाषण दिया, जिसके कारण विचारकों को राय पलटनी पड़ी। दोनों प्रेमियों का विवाह हो गया। कजाक-विवाह का वहाँ बड़ा सुन्दर दृश्य दिखाया गया था। घुमन्तू लोगों में उनके सरदार बड़ी मौज से रहते थे। लड़की के लिए बहुमूल्य वस्त्र-आभूषण प्रदान किये गए। जहाँ तक कजाक अमीरों का सम्बन्ध था, वह सामन्तशाही अवस्था में थे। इस समय कजाक संगीत और नृत्य का भी आनन्द लेने का मौका मिला। गीतों में बहुत-से वही-से-वही थे, जिनको अबायेफ ने बनाया था। लड़की का पिता इस विवाह को पसन्द नहीं करता था, लेकिन पंचों के फैसले के विरुद्ध कैसे जा सकता था? उसने अपना क्रोध अबायेफ के ऊपर उतारना चाहा, और उसके पान-चषक में जहर मिला दिया। लेकिन गलती से विष के प्याले को उसने अपने ही पुत्र को दे दिया। पुत्र अपनी प्रेयसी की गोद में मर गया। प्रेयसी एक-एक गहने को उतारकर फेंकने लगी। अबायेफ के शत्रु हैदर ने धर्म के नाम पर अबायेफ के ऊपर मुकद्‌दमा चलाया। उसमें असफल होने पर दल बाँधकर वह अबायेफ के उपर आक्रमण करने लगा। इन हथियारबन्द खूँखार लोगों के भीतर अबायेफ निर्भय होकर चला गया। हैदर के साथ आए लोग उसकी बात मानने से आनाकानी करने लगे, इस पर हैदर ने एक कँटीली गदा अबायेफ के ऊपर चला दी। अबायेफ प्रहार से घायल हो गया। यह देखकर लोगों ने हैदर के दल को मार भगाया। फिल्म बड़ा ही सुन्दर और मेरे लिए बड़ा ही ज्ञानवर्द्धक था।

6 मार्च को यूनिवर्सिटी जाते समय सड़क पर पानी-पानी दिखाई पड़ रहा था—तापमान गिर गया था। मैं तो समझने लगा कि वसन्त आ गया, लेकिन रूस में वसन्त अभी दो महीने बाद आनेवाला था, मई में जाकर नंगे वृक्ष कलियों के रूप में अपनी पत्तियों को दिखलाने लगते हैं। ऋतुओं में परिवर्तन अवश्य होता है, लेकिन हमारे यहाँ की प्राचीन परिपाटी की न छह ऋतुएँ वहाँ हैं, और न जाड़ा, गर्मी, बरसात जैसी तीन ऋतुओं का ही स्पष्ट अन्तर। मई के आरम्भ से लेनिनग्राद में वसन्त का आरम्भ जरूर हो जाता है, लेकिन जो बात लेनिनग्राद में आज होती है, वह उससे दक्षिण मास्को में हफ्ता पहिले होती है। और दक्षिण जाने पर वह और भी पहिले होती है। वसन्त, ग्रीष्म तथा वर्षा की ऋतुएँ एक साथ मिली-जुली-सी हैं। नये फूलों और नये पत्तों के कारण मई-जून को हम वसन्त मान सकते हैं,

लेकिन जुलाई से अगस्त के अन्त तक को यह कहना मुश्किल है कि यह गर्मी है या वर्षा। दोनों का यह मिश्रित समय है। कभी-कभी दो-चार दिन जब वर्षा नहीं होती, आकाश निरभ्र दिखाई पड़ता है तो उसे ग्रीष्म कह सकते हैं, लेकिन ग्रीष्म नाम से जो लू और गर्मी हमारे यहाँ होती है, उसका वहाँ नाम नहीं। सितम्बर के आरम्भ से जब तक कि पानी अभी बरफ नहीं बूँदों के रूप में बरसता है, लेकिन कुछ सर्दी अधिक होने के कारण हरियाली पर असर होता जाता है, इसे वह शरद कहते हैं, उसके बाद चार-पाँच महीने का जाड़ा। इस प्रकार बसन्त, ग्रीष्म, वर्षा, शरद, और हेमन्त में वहाँ के साल को बाँट सकते हैं, अथवा बसन्त, ग्रीष्म और हेमन्त इन तीन ही ऋतुओं में विभाजन कर सकते हैं। बसन्त सबसे छोटी ऋतु है, वर्षा उससे बड़ी और हेमन्त सबसे बड़ी। लेकिन अभी मार्च में बसन्त के आने की कोई सम्भावना नहीं थी। तापमान की आँख-मिचौनी में हम कई बार सड़क पर पानी फैलते देख चुके थे।

8 मार्च को सोवियत-काल के बनाए हुए, नये पर्वों में एक अन्तर्राष्ट्रीय महिला दिवस मनाया जा रहा था। सोवियत की हों, या दुनिया के किसी देश की, आज की हों या प्राचीन काल की, महिलाएँ सदा उत्सव-प्रिया होती हैं। हमारे प्राच्य विभाग में भी दिवस मनाया गया। प्राच्य विभाग के दोकानात (डीनशाला) में भोज की तैयारी थी। भाषण, भोज, गीत और नृत्य उत्सव के यह चार अंग थे। विभाग के सारे ही अध्यापक नहीं आए थे। वहाँ 25 के करीब व्यक्ति मौजूद थे, जिनमें दो-तिहाई स्त्रियाँ थीं। मंगोल भाषा के विशेषज्ञ वृद्ध अकादमिक कोजिन (दोकन विभागाध्यक्ष) ने भाषण किया, फिर चीन भाषा के विशेषज्ञ अकादमिक अलेक्सियेफ और मिस्रतत्ववेत्ता अकादमिक स्त्रूवे ने भी पर्व के महत्त्व पर भाषण दिया। दो-तीन महिलाएँ भी बोलीं, फिर पान से भोजन का आरम्भ हुआ। बिस्मिल्ला ही गलत मैं ही अकेला पान-विरत था। लोगों को समझाने के लिए व्याख्या करने की जगह अच्छा तो यही था कि प्याले को मुँह में लगाकर जीभ की नोक को तर कर लेता, लेकिन मैं तो अपने जीवन के रिकॉर्ड को कायम करने की धुन में था। पीने का बहुत आग्रह हुआ, किन्तु मैं कच्चा गुइयाँ नहीं था। लोगों को कुछ अचरज-सा जरूर मालूम हुआ होगा, लेकिन किसी ने मेरे नियम के तोड़ने तक आग्रह नहीं किया। रोटी, मक्खन, पनीर, कलवासा (सौसेज), मछली का अंडा, बिस्कुट, केक, मिठाइयाँ, चाय और नारंगी के फल यह सब मेरे खाद्य थे, और वहाँ प्रचुर नहीं तो काफी परिमाण में जरूर थे। भोज के लिए लोगों ने पैसे दिये थे, शायद राशन से अधिकतर चीजें ली गई थीं। भोजनोपरान्त गाना शुरू हुआ। दो प्राध्यापक महिलाओं ने सुन्दर गीत सुनाए। लोगों ने तालियाँ बजाईं। फिर नृत्य आरम्भ हुआ। जहाँ बूढ़े-बूढ़े तक नाच के अखाड़े में उतरने से नहीं हिचकिचाते, वहाँ जवान-सा दिखाई देनेवाला उस कला से अनभिज्ञ मैं कड़े आग्रह के बाद

चुपचाप बैठा टुकुरटुकुर देखता रहा। नृत्य के लिए मन तो ललचाता था लेकिन अब तो चिड़ियाँ खेत चुग गई थीं। और तो और, मैंने सोवियत सीमा के भीतर पैर रखते ही सिगरेट को भी छोड़ दिया था। वहाँ पुरुषों में तो कोई भी सिगरेट-त्यागी नहीं था, और कुछ स्त्रियाँ भी उसका आनन्द ले रही थीं। महोत्सव से लौटकर डेढ़ बजे रात को हम घर पहुँचे।

10 मार्च को कमाल ऐनी शाम के वक्त हमारे घर आए। यह प्रसिद्ध ताजिक उपन्यासकार सदरुद्दीन ऐनी के सुपुत्र तथा द्वितीय वर्ष के छात्र थे। समरकन्द में पैदा होने के कारण मातृभाषा ताजिक (फारसी) होने के साथ उज्बेक भाषा को भी मातृभाषावत् ही बोल सकते थे। उनके लिए अपने नगर में भी विश्वविद्यालय था, स्तालिनाबाद में ताजकिस्तान का विश्वविद्यालय था, जिसका माध्यम ताजिक भाषा थी। लेकिन वह समरकन्द से दूर लेनिनग्राद के विश्वविद्यालय में पढ़ने आए थे। शायद उनका लक्ष्य ताजिक भाषातत्त्व के अध्ययन की ओर था, तब तो संस्कृत पढ़ने की आवश्यकता थी। शायद वह चौथे-पाँचवें वर्ष में उसे पढ़ें। कमाल से उनके पिता, परिवार और देश के बारे में बहुत देर तक बातें होती रहीं। कमाल का समरकन्द से लेनिनग्राद आना कोई अनहोनी बात नहीं थी। सोवियत के सभी कॉलेजों और विश्वविद्यालयों में 90 प्रतिशत लड़के सरकारी छात्रवृत्ति पाते हैं, जो इतनी काफी होती है कि बिना माता-पिता की मदद के पढ़ सकते हैं। छात्रवृत्ति सखालीन से पोलैंड की सीमा तक, अफगानिस्तान से ध्रुवकक्षा तक फैले विस्तृत भूभाग के किसी भी विश्वविद्यालय या कॉलेज में जाने पर सुलभ थी, इसलिए कश्मीर के सीमान्त के छात्र के लिए भी मास्को या लेनिनग्राद में पढ़ना कोई बोझ का सवाल नहीं था। हाँ, अन्तर इतना अवश्य था कि जब आने-जाने में रेल पर दो हफ्ता लगता हो तो केवल ग्रीष्म के बड़े अवकाश में ही घर का मुँह देखा जा सकता था।

12 मार्च को मैं यूनिवर्सिटी गया तो द्वितीय वर्ष के एक दर्जन छात्रों में केवल दो मौजूद थे। मैंने उस दिन झुँझलाकर अपनी डायरी में लिखा—"ऐसी बेपरवाही से पढ़ना क्या अच्छा है? सचमुच ही यह मजाक है। सभी अध्यापकों को यह शिकायत है। माध्यमिक स्कूल समाप्त करने के बाद काम में जाने की आवश्यकता पड़ती, इसलिए कितनी ही छात्राएँ, अपने पाँच वर्ष यूनिवर्सिटी में आकर बिता देना चाहती हैं।" उस दिन तीन बजे प्राच्य विभाग के मजदूर संघ की बैठक हुई। लेक्चरर (दोत्सेन्त), प्रोफेसर, और अकादमिक जिस सभा के सदस्य हों, उसे मजदूर सभा कहना उपहासास्पद मालूम होगा? किन्तु मजदूर शब्द का मूल्य उस देश में बहुत बढ़ गया है, और वह अपमान नहीं, सम्मान का परिचायक है। अध्यापकों ने पढ़ाने की कठिनाइयों पर भाषण दिये, फिर कुछ प्रश्नोत्तर हुए, पदाधिकारियों का चुनाव हुआ और सभा विसर्जित हो गई।

वर्ष के अन्त से ही मैं अब मध्य-एसिया जाने की फिकर में पड़ा था। मेरे मास्को के मित्र इसके लिए कोशिश कर रहे थे। कभी उनकी चिट्ठी आशाजनक आती और कभी निराशाजनक। एक विदेशी को सोवियत के इस दूर भाग में जाने की इजाजत देना वैदेशिक मंत्रालय के हाथ में था। तुर्कमानिया के प्रोफेसर के कहने अनुसार मैं चाहता था कि गर्मियों से पहिले ही अपनी यात्रा खतम करने के लिए मार्च में ही चला जाऊँ, लेकिन 13 मार्च तक पता लगा कि अप्रैल में भी शायद ही यात्रा हो सके।

17 मार्च को अखबारों में पढ़ा कि अब से सोवियत के मंत्रियों का बोल्शेविक क्रान्ति के समय से चला आता पद नाम 'जन-कमीसर' न रह, मंत्री (मिनिस्तर) होगा। मंत्री शब्द सारी दुनिया में चलता है, और जन-कमीसर कहने से बाहरवालों को समझने में दिक्कत होती है, इसलिए सोवियत ने यह नई व्यवस्था की।

जल्दी कराने के लिए मैंने मास्को जाने का निश्चय कर लिया, और 25 मार्च को नरम दर्जे के लिए 250 रूबल इन्तूरिस्त को दे आया। पास ही में सोचा ईसाइकी-सबोर है, इसलिए उस पर चढ़ गया। सोवियत का यह सबसे बड़ा गिरजा म्यूजियम के रूप में परिणत कर दिया गया है। पिछली यात्रा में इसके भीतर घुसकर देख चुका था। अभी वह दर्शकों के लिए खुला नहीं था, इसलिए ऊँची छत पर चढ़कर नगर-परिदर्शन करके ही सन्तोष किया। छत पर पहुँचकर आस-पास की चारतले की इमारतें भी बहुत नीची मालूम होती थीं। छतों और सड़कों पर सफेद बरफ की चादर पड़ी हुई थी, नेवा भी सफेद चादर से लिपटी टेढ़ी-मेढ़ी सोई थी। हमारे विभाग की सहाध्यापिका दीना मार्कोव्ना इस्तेरान्त (एम.ए.) थीं, और चाहती थीं कि प्रेमचन्द के *सप्त-सरोज* पर कन्दीदा (डाक्टर-उम्मीदवार) के लिए निबन्ध लिख डालें। लेकिन अपेक्षित पुस्तकें नहीं थीं। वस्तुतः पिछले 20 वर्षों में शायद ही कोई हिन्दी पुस्तक लेनिनग्राद पहुँची हो। उन्होंने *सप्त सरोज* का रूसी में अनुवाद कर डाला था। मुहावरेदार भाषा को केवल कोश की मदद से नहीं समझा जा सकता, इसके उदाहरण उनके अनुवादों में कई जगह मिली। तारीफ यही थी कि उसे वह डॉक्टर बरान्निकोफ को भी दिखा चुकी थीं।

मास्को में सवा महीना

26 मार्च को यूनिवर्सिटी से छुट्टी का कागज मिल गया। खर्च के लिए कुछ अग्रिम पैसा लेना चाहते थे, लेकिन कार्यालय में भीड़ थी, इसलिए बिना लिये ही चल पड़े। इन्तूरिस्त ने लालतारा ट्रेन में सीट रिजर्व करा ली थी। हाँ, नरम सीट नहीं मिली थी। 175 रूबल में बिना गद्देवाली कड़ी सीट थी, जिस पर चादर और गद्दा ऊपर से उसी पैसे में मिल जाता था, इसलिए उसमें भी आराम गद्दीदार सीट जैसा ही था। सवा पाँच बजे घर से निकले। किसी भी काम को समय पर करना लोला ने नहीं सीखा था, हमें तो डर लग रहा था कि कहीं ट्रेन न छूट जाए। घर के पास ट्राम पकड़ी। तीन टिकान तक जाते-जाते वह थौसकर बैठ गई। भाग्य से पास से एक मोटर ट्रक निकली, जिसके ड्राइवर ने मेहरबानी करके स्टेशन पर पहुँचा दिया। ट्रेन सात बजे छूटनेवाली थी, हम आधा घंटा पहिले ही पहुँचे थे, यह जानकर आराम की साँस ली। हमारे कम्पार्टमेंट में इन्तूरिस्त के एक कर्मचारी भी जा रहे थे, जो अंग्रेजी जानते थे, लेकिन अब भाषा की वैसी दिक्कत नहीं थी। उनके पास कुछ अमेरिकन समाचार-पत्र थे। मैंने तो सारा समय उन पत्रों को चुनने में लगाया। यह कड़ा दर्जा भी नरम द्वितीय दर्जे ही जैसा था। गद्दी न होने पर भी उतने ही लैम्प और दूसरी चीजें थीं। पूरी की पूरी सीट मिलने से सोवियत में दीर्घयात्रियों को भीड़ का डर नहीं रहता।

27 मार्च को सबेरे जब हमने गाड़ी के बाहर की ओर देखा तो सफेद बरफ से ढँकी ऊँची-नीची भूमि में जहाँ-तहाँ सदा हरित देवदार दिखाई पड़ रहे थे। रेल के हरेक डब्बे में एक कंडक्टर होता है, जिसका काम बिस्तरा ठीक करना और डब्बे की सफाई करना भर ही नहीं है बल्कि वह गरम चाय भी दे देता है। चाय से हम निवृत्त हो चुके। ट्रेन ठीक 11 बजे मास्को पहुँची। इन्तूरिस्त को भी खबर दे दी गई थी और बोक्स तो हमारी यात्रा का प्रबन्ध करने ही वाली थी। दोनों के आदमी लिवाने के लिए स्टेशन पर आए थे, लेकिन विशाल स्टेशन में नहीं

मिल सके। मेरे पास सामान बिलकुल मामूली था, जिसके लिए भारवाहक की आवश्यकता नहीं थी, और भाषा की कठिनाई दूर हो चुकी थी, ऊपर से पहिले भी एक पखवारा मास्को रह गया था। मैंने मेत्रो (भूगर्भी रेल) पकड़ी और मास्को होटल के पास ही उतरकर पास के एक पुराने और अच्छे नेशनल होटल में पहुँच गया। नेशनल होटल जारशाही युग में भी बहुत प्रसिद्ध होटल था। क्रेमलिन उससे बिलकुल नजदीक है। कमरा ठीक रखने के लिए इन्तूरिस्तवालों को नहीं लिखा था, इसलिए 3 घंटे ऑफिस में बैठे रहना पड़ा, फिर 240 नम्बर का कमरा मिला। बोक्स के आदमी भी आए, उन्होंने कहा कि यात्रा का सारा प्रबन्ध हम कर देंगे, केवल विदेश मंत्री की आज्ञा-भर की आवश्यकता है। अगले दिन आवेदन-पत्र देने का निश्चय हुआ। उस दिन तो ऐसी आशा बँधी कि मालूम हुआ 15 अप्रैल तक हम अशकाबाद पहुँच जाएँगे।

इन्तूरिस्त के दफ्तर से अंग्रेजी के अखबार मिले। पता लगा, लार्ड पैथिक लारेंस, स्टूफोर्ड क्रिप्स, और अलेक्जेंडर तीन ब्रिटिश मंत्री समझौता करने के लिए भारत गए हैं। बात चल रही है, समझौता हो जाने की आशा है। लेनिनग्राद में अधिकतर रूसी पत्रों और रेडियो पर ही विदेशी समाचारों के लिए निर्भर रहना पड़ता था, जिसमें भारत की खबरें तो शायद ही कभी निकलती थीं। समझौते की बात को वहाँ वाले महत्त्व नहीं देते थे। उनके राजनीतिज्ञों का भी विश्वास था : भारत की स्थिति में परिवर्तन नहीं होने पाएगा, मजदूर पार्टी उतनी ही साम्राज्यवादी है, जितनी की टोरी पार्टी। उनकी तरह मैं भी मानता था कि अंग्रेज प्रसन्नतापूर्वक दान के तौर पर भारत को स्वतंत्रता नहीं अर्पित करेंगे, लेकिन अँगुली पकड़ा देने पर वह पहुँचे को बचा नहीं सकेंगे। भारत में स्वतंत्रता के लिए पागल जो शक्तियाँ पैदा हो गई हैं, वह अंग्रेजों के मन्सूबे को सफल नहीं होने देंगी।

पहली बातचीत से इतना तो मालूम हो गया था कि तीन हफ्ते मास्को में रहना ही पड़ेगा। इसमें शक नहीं कि यहाँ काम की वही पुस्तकें मिल सकती थीं, जिन्हें कि मैं अपने बलबूते पर ढूँढ़कर जहाँ-तहाँ से खरीद सकता था, लेकिन समाचार-पत्र हर तरह के मिल सकते थे। ब्रिटिश-दूतावास से मैं विशेष सम्बन्ध नहीं रखना चाहता था। ब्रिटिश प्रजाजन होने के कारण उनका पत्र भी मेरे पास पहुँचता था, और मेरा नाम वहाँ दर्ज हुआ था। वहाँ से भी कुछ ताजा अखबार मिल सकते थे, किन्तु केवल एक बार दूतावास के एक कर्मचारी ने कुछ पाठ्य सामग्री दी थी, वह कर्मचारी इसी होटल में रहता था।

28 मार्च को बैठे-ठाले रहने से मैंने सोचा, चलो मास्को की सैर भी हो जाएगी, और माया से भेंट भी। माया बहुत दूर शहर के एक छोर पर रहती थी। उसके कॉलेज को ढूँढ़ने के लिए घंटों की आवश्यकता थी। सबेरे दत्त भाई का पता लगाने गए, किन्तु उनका स्थान नहीं मिल सका। ट्रामों और पैदल की यात्रा

करते काफी समय बाद आखिर उस छात्रावास में पहुँचे, जिसमें माया रहती थी। वह पढ़ने गई थी, इसलिए अपना कार्ड और पता रख आए। लेनिनग्राद से मास्को कम सर्द है, यह आज के सैर-सपट्टे से मालूम हुआ। लेनिनग्राद की नेवा जहाँ सफेद चादर ओढ़े हुए अभी उठने का नाम नहीं लेती थी, वहाँ मास्क्वा नदी मुक्त प्रवाह बह रही थी। नगर में जहाँ-तहाँ अब भी बरफ थी, किन्तु ऐसी जगहों पर जहाँ दिन में छाया अधिक समय तक रहती थी।

उस दिन की बातचीत से तो मालूम होने लगा कि शायद पहली या दूसरी अप्रैल को ही अशकाबाद पहुँच पाएँ। हमारे पास वहाँ के लिए कपड़ों की कमी थी। बोक्स ने कहा कि हम यहीं तैयार करा देंगे।

28 मार्च को कुछ बरफ पड़ी, लेकिन पड़ते ही गल गई। आधे अप्रैल तक सभी बरफ के गल जाने की सम्भावना थी।

अब की दत्त भाई के यहाँ कई बार जाता रहा। वह इस वक्त नगरोपान्त में नहीं थे, बल्कि नगर में ही हमारी जगह से चार-पाँच फर्लांग पर रहते थे।

30 मार्च को 'लाल सेना सामूहिक नाट्य मन्दिर में गए! मास्को की यह सबसे बड़ी रंगशाला है। बड़ी भीड़ थी। लोग एक टिकट के लिए 30 रूबल (20 रुपया) देने के लिए खुशी से तैयार थे। आज प्रोग्राम था जन-संगीत का, लेकिन वह पड़ गया था उस्तादों के हाथ में, और वह उसे मटियामेट कर रहे थे। हाँ, रूसी और कंसाक नृत्य बड़े सुन्दर थे।

अगले दिन (31 मार्च) लेनिन की समाधि देखने गए। सामने से तो न जाने कितनी बार गुजरे होंगे, लेकिन वक्त निश्चित, सो भी संक्षिप्त तथा दर्शनार्थियों की भीड़ देखकर क्यू में खड़े होने की हिम्मत नहीं होती थी। आज निश्चय कर लिया था कि दर्शन करके ही हटेंगे।

क्यू की दुहरी पंक्ति थी। मुझे काफी दूर खड़ा होना पड़ा, लेकिन द्वार खुला, तो लोग जल्दी-जल्दी आगे बढ़ने लगे, और दस ही मिनट बाद मैं भी समाधि के भीतर चला गया। समाधि लाल पत्थर की है, और पॉलिस के कारण चमकती है। वह लाल मैदान के एक ओर है। उसकी चौरस छत उत्सव के समय नेताओं के खड़े होने के मंच का काम देती है। वह बाहर से देखने पर बहुत छोटी मालूम देती है, लेकिन उतनी छोटी नहीं है। साथ ही, जितनी जमीन के ऊपर है, उससे कम नीचे नहीं है। लेनिन का शरीर एक शीशे के खोल के भीतर रखा हुआ है। शीशा इतना साफ है कि दृष्टि को जरा भी बाधा नहीं होती। मांस सूख जाने से शरीर छोटा हो गया है-वैसे लेनिन शरीर में नाटे थे भी। चेहरे का रंग यथापूर्व कायम रखा गया है, आँखें दब गई हैं, दाढ़ी वैसी ही छोटी-सी दिखलाई पड़ती है। सामने आते ही लोग टोपी उतार देते हैं। लेनिन अद्वितीय महापुरुष थे, इसमें क्या किसी को शक है। यदि दुनिया के परिवर्तन से महान् पुरुषों की शक्ति को नापा जाता है,

तो लेनिन जैसा जग-परिवर्तन दुनिया में आज तक किसने किया? यह ठीक है कि लेनिन अपने को मार्क्स का शिष्य भर ही मानते थे, और यह भी निश्चित है कि रास्ता दिखलानेवाला, सिद्धान्त खोज निकालनेवाला कार्ल मार्क्स ही था। लेकिन क्रान्ति के सिद्धान्तों को व्यवहार में लाना और भी कठिन है, जिसे व्यवहार में लाकर लेनिन ने साम्यवाद को धरातल के ऊपर साकार खड़ा किया। लेनिन ने साम्यवाद को अपनी आँखों फूलते-फलते नहीं देखा, लेकिन वह उनके समय में ही दृढ़ मूलबद्ध हो चुका था। दुनिया की सारी बड़ी शक्तियाँ लगकर उखाड़ने की कोशिश 4 वर्ष तक करती ही रह गईं, लेकिन वह उच्छिन्न होने की जगह और मजबूत होता गया। लेनिन के बारे में कहा जाता है, क्रान्ति के दुरूह समस्या-प्रवाहों में वह उसी तरह आसानी से तैरता था, जैसे जल में मछली। मानवता के उत्कर्ष में जिस महापुरुष का इतना बड़ा हाथ है, उसके सामने खड़े होते समय मेरे दिल में कितने ही अद्‌भुत भाव क्यों न पैदा हों। वह मृत शरीर अब बोल नहीं सकता, अपने सिंहनाद से शत्रुओं के दिल को दहला नहीं सकता था, किन्तु उसने जो काम किया, और उसकी लेखनी ने मानवता के लिए जो पथ-प्रदर्शन दिया है, वह इतना मूल्यवान् है कि एक कट्टर भौतिकवादी भी उसके सामने जाकर श्रद्धा से अत्यन्त द्रवित हो जाता है। एक रास्ते से घुसकर दूसरे द्वार से मैं भी लोगों के साथ निकल आया। सामने लाल मैदान सूना पड़ा था।

2 अप्रैल आया। मैंने आज मास्को यूनिवर्सिटी के नृतत्वीय संग्रहालय को देखना चाहा। इसके भाई को लेनिनग्राद में देख चुका था। लड़ाई के कारण प्रदर्शनीय वस्तुएँ सुरक्षित स्थानों में भेज दी गई थीं और अब उन्हें लाकर धीरे-धीरे सजाया जा रहा था, अभी म्यूजियम का एक ही कमरा खुला था। तब तक लड़ाई बीते 11 महीने ही हुए थे। मैंने तो लड़ाई बीतने के 27 महीने बाद लन्दन के ब्रिटिश म्यूजियम के एक ही हॉल को सजा देखा था, और जिस गति से सजावट हो रही थी, उससे अभी वर्षों में सारे म्यूजियम के खुलने की उम्मीद थी। यहाँ नक्शे टँगे हुए थे, जिनसे मनुष्य के वंश की क्रमिक उत्क्रान्ति को देखा जा सकता था। मनुष्य का मस्तिष्क ही वह चीज है, जिसके कारण वह प्राणियों में सबसे ऊँचा उठा। अपने शरीर के अनुपात से मनुष्य के पास जितना मस्तिष्क है, उतना किसी जन्तु में नहीं है, यह नक्शे में दिखाया गया था—मनुष्य के कपाल में कितना अवकाश है, उसके पैर और पंजों में दूसरे प्राणियों से क्या अन्तर है, नेएंडरथल, क्रोमयो, और आज के सेपियन मानव के शारीरिक ढाँचों में क्या भेद है। मैंने वहाँ के प्रोफेसर से शक-सीथियन जाति के बारे में बातचीत की और अपने विचारों को भी प्रकट किया। उन्होंने बड़ी उत्सुकता से सुना और बतलाया कि डॉक्टर ताल्स्तोफ आजकल यहीं हैं, जोकि इस विषय के मानें हुए विशेषज्ञ हैं।

शाम को 'रोमन तियात्र' में सिगानुच्का (रोमनियाँ) नाटक देखने गए। रोमनी

हमारे यहाँ के उन्हीं घुमन्तुओं के भाई-बन्द हैं, जो आज भी अपनी सिरकी या डेरों को लादे भारत में एक जगह से दूसरी जगह घूमते-फिरते हैं। इस प्रकार मैं अपने भाई-बन्धुओं की नाट्यशाला में गया था, इसके कारण यदि वहाँ जाते समय मेरे मन में विशेष भाव पैदा हुए, तो इसमें आश्चर्य की बात नहीं। यह एक छोटी-सी नाट्यशाला थी, जो 15 वर्ष पहिले ही स्थापित हुई थी। सदा की तरह आज भी वह नाट्यशाला दर्शकों से भरी हुई थी, इसलिए अभिनय बड़ा ही प्रभावशाली था, यह कहने से मुझे भाई-बन्धों के प्रति पक्षपाती होने का दोष नहीं दिया जा सकता। मेरी भी यह इच्छा थी कि सिगान भाई-बहनों से मिलूँ, लेकिन पहले तो नाटक देखना था। जिस तरह की छोटी-सी दर्शकशाला थी, उसी के अनुसार रंगमंच भी छोटा-सा था, और नट-मंडली भी। लेकिन उसे हम उसके आकार-प्रकार से नहीं नाप सकते थे। कथानक था—एक स्पेन का सामन्त (ठाकुर) तरुण एक सिगान लड़की पर मुग्ध हो गया। सिगानों की जीविका में नाचना-गाना भी एक है, इसलिए यदि सिगानुच्का (सिंगान-कन्या) अपनी कला में निपुण थी, तो कोई असाधारण बात नहीं थी। वह बड़ी सुन्दरी थी। सिगानुच्का भी ठाकुर तरुण को प्रेम का प्रतिदान देने के लिए तैयार थी, लेकिन तब, जब कि वह भी सिगान बन जाए। तरुण तैयार हो गया। उसने अपनी पोशाक दूर फेंकी, सिगानों की मैली-कुचैली बेढंगी पोशाक धारण की, और वह तंबू का जीवन आरम्भ करके एक नगर से दूसरा नगर, एक देश से दूसरा देश घूमने लगा। धीरे-धीरे घुमक्कड़ी, नाच, घोड़े बेचने के व्यवसाय को भी सीख गया। वह इसी तरह घूमता फिर रहा था, फिर एक-दूसरे सामन्त की कन्या उस तरुण पर मुग्ध हो गई। तरुण ने इनकार किया। उसकी गठरी में चीज रखकर चोरी का इल्जाम लगा जेल में भेजा जानेवाला था। इसी बीच में एक कप्तान आ गया। सिगान यूरोप के दलित-अछूत समझे जाते हैं, इसलिए अगर कहीं चार गाली भी खा जाएँ, तो भी वह सन्तोष करने को भला समझते हैं। कप्तान ने भी इस तरुण सिगान को वैसा ही समझा था। लेकिन उसने द्वंद्व युद्ध के लिए ललकारा। द्वंद्व-युद्ध से इनकार करना 19वीं सदी तक के यूरोप में भी सबसे अपमान की बात समझी जाती थी। इसे वीरता की शिक्षा का सुन्दर पाठ समझकर यूरोप के लोगों ने हाल तक कायम रखा था। द्वंद्व-युद्ध में सिगान तरुण ने कप्तान को मार डाला। तरुण पर हत्या का मुकदमा चला। न्यायाधीश मृत्यु दंड देने जा रहा था। सिगानुच्का अपने प्रेमी के लिए न्यायाधीश के सामने बहुत रोती रही, उसकी पत्नी के हाथ-पैर जोड़ती रही। पत्नी ने भी अनुनय-विनय किया, लेकिन सिगान तरुण ने अक्षम्य अपराध किया था, उसने भद्रवर्गीय सामन्त तरुण को मार डाला था। उसे कैसे साधारण दंड देकर छोड़ा जा सकता था? इसी समय एक सिगान वृद्धा ने बच्ची का एक आभूषण सामने रखा। न्यायाधीश की पत्नी ने उसे तुरन्त पहिचान लिया : यह तो 12 वर्ष पहिले गुम हुई मेरी लड़की

का आभूषण है। जज की पत्नी ने कहा—यदि तू इस लड़की को ला दे, तो मैं सिगान तरुण को मुक्त करा दूँगी। लड़की लाई गई, लेकिन उसने असली माँ को स्वीकार करने से इनकार कर दिया। आभूषण ने तो बतला ही दिया था, इसलिए माँ-बाप अपनी लड़की को गले लगाकर अश्रुमोचन करने लगे। भला अपनी लड़की का जीवन-धन कैसे फाँसी पर चढ़ाया जा सकता था। तरुण मुक्त कर दिया गया, लेकिन माता-पिता इसके लिए तैयार नहीं थे कि उनकी लड़की सिगानों का जीवन व्यतीत करे। वह इसके लिए भी तैयार नहीं थे कि लड़की का ब्याह किसी सिगान से हो। अन्त में लड़की परदा खोल देती है—अन्द्रेइ सिगान नहीं है। उभयपक्षीय माँ-बाप अतिसन्तुष्ट। सिगान कुछ दिनों तक विवाह के आनन्द में सबकुछ भूल जाते हैं, लेकिन उसको तो किसी एक जगह में न रहने का शाप है। वह अपने डेरे को उखाड़ने लगते हैं और सिगानुच्का और उसका पति आँसू बहाने लगते, केवल अपने चिर-बन्धुओं के विछोह पर ही नहीं बल्कि सिगानों के मुक्त जीवन के छूटने पर भी। नाट्यशाला के परदे पर भी सिगानों का विशेष चिह्न रुपयों की माला जहाँ-तहाँ लगी हुई थी। नाटक की भाषा रूसी थी, लेकिन सज्जा सारी सिगानों जैसी थी। बीच-बीच में सिगानपन को दिखलाने के लिए कोई-कोई रोमनी शब्द भी आ जाते थे, और संगीत तो सारा का सारा रोमनी था। मैं अन्तराल में भी तियात्र के सेक्रेटेरी से मिला और उनसे कुछ बातें मालूम कीं। नाटक की समाप्ति के बाद तो सेक्रेटेरी ने अपने कई अभिनेता और अभिनेत्रियों से भी भेंट कराई। यद्यपि वह सभी सेक्रेटेरी की तरह शिक्षित थे, लेकिन उनमें से बहुत कम को मालूम था, कि वह हिन्दू हैं। सेक्रेटरी ने कहा—हाँ, मैंने सुना है। सबने फिर मिलने के लिए आग्रह किया। मैंने कहा—दूसरे नाटक के खेले जाने के समय मैं फिर आऊँगा।

लेनिनग्राद में तो पुस्तकों में डूबा रहता था, यहाँ उसके लिए न उतना सुभीता था और न मैं चाहता था। ज्यादा से ज्यादा सोवियत मध्य-एसिया सम्बन्धी साहित्य के पढ़ने तथा जगहों और संस्थाओं के परिदर्शन में लगा रहता था। बोक्स की ओर से कभी खबर आती कि जल्दी हो जाएगा, और कभी सन्देह की बात होने लगती। वस्तुतः सोवियत-शासन में अगर कोई बड़ा दोष है, तो यही कि वहाँ सन्देह की मात्रा चरम सीमा तक पहुँच गई है। मुझे मध्य-एसिया जाने का अनुज्ञापत्र न मिले, इसका कोई कारण नहीं था। वहाँ के पार्टीवाले चाहते थे, बोक्स संस्था हर तरह की सहायता देने के लिए तैयार थी, लेकिन विदेश विभाग किसी निर्णय पर ही नहीं पहुँच रहा था!

हमारे होटल के पास में ही कई म्यूजियम थे, जिनमें से एक इतिहास म्यूजियम था। यहाँ पुराण-पाषाण युग तथा नव-पाषाण युग की भी सामग्री थी, हस्तलेखों का बहुत अच्छा संग्रह था, शकों की भी कुछ चीजें थीं। सबसे पुरानी पुस्तक ग्रीक भाषा की थी, जो नौवीं सदी में चर्म पत्र पर लिखी गई थी। देखने

में वह पीले-से पड़ गए सफेद कागज की तरह मालूम होती थी। रूसी भाषा की भी कितनी ही पुरानी पुस्तकें थीं, और सबसे पहिले छापे में छपी पुस्तकों का भी अच्छा संग्रह था, लेकिन मैं तो जप रहा था मध्य-एसिया की माला, लिखना हो तो उसका इतिहास, और देखना हो तो उसकी भूमि।

रात को (3 अप्रैल) बोल्शोइतियात्र (महानाटकशाला) में बैले देखने गए। मारिन्स्की तियात्र जैसी ही इसकी भी इमारत है; हाँ, यह उससे अधिक बड़ी है। बैले बड़ी आकर्षक थी। गृहस्वामिनी की लड़की और नौकरानी छोकरी में छोकरी अधिक सुन्दर और निपुण थी, जिसे देखकर गृहस्वामिनी को अपनी लड़की की हीनता का भान होता, और फिर वह चंडिका हो नौकरानी के जीवन को दुर्भर करने पर उतारू हो जाती। तरुणी अपने भाग्य और जन्म को कोसती दिन काट रही थी। एक दिन घर में एक भिखमंगिन आई। साधारण भिगमंगिन ने प्रसन्न होकर अपने असली रूप को प्रकट कर दिया। वह तो परियों के देश की अप्सरा थी। उसने छोकरी को ले जाकर भिन्न-भिन्न ऋतुओं के नाच को दिखलाया। देखकर तरुणी भी आवेश में आई, उसने भी सुन्दर नाच नाचे। कुछ समय बाद छोकरी पर एक राजपुत्र मुग्ध हो गया, लेकिन छोकरी राजपुत्रों के वर्ग से निराश हो चुकी थी, इसलिए वह घर से निकल भागी। राजकुमार उसे ढूँढ़ते देश-विदेश मारा-मारा फिरा। बैले का मतलब ही है मूक अभिनय, इसलिए रंगमंच पर भिन्न-भिन्न देशों की विशेषता दिखलाने के लिए वहाँ के वेश, वाद्य और नृत्य के सिवाय कोई उपाय नहीं था। राजकुमार इस भ्रमण में उज्बेकों, अफरीका के बन्धुओं और न जाने किन-किन जातियों के देशों में गया। अन्त में छोकरी अपने पुरानी मालकिन के घर में मिली। नाटक सुखान्त था।

बोल्शोइतियात्र सोवियत रूस की सर्वश्रेष्ठ रंगशाला है। यह नाम बोल्शेविकों ने नहीं दिया, बल्कि रंगशाला के महान् होने के कारण ही उसे यह नाम मिला। इसका टिकट मिलना दुर्लभ है और मुझे तो स्थान भी मिला था पहली पंक्ति में, रंग के बिलकुल पास। अभिनेता और अभिनेत्रियाँ दो सौ रही होंगी। उन्होंने अभिनय और नृत्य में कमाल किया था। दृश्य अंकित करने में और भी अधिक चमत्कार मालूम होता था। अँधेरी रात में तारों का छिटकना देखकर किसी को सन्देह नहीं हो सकता था, कि यह वास्तविक रात्रि और तारे नहीं हैं। रंग के सीमित अवकाश में मीलों तक के जंगल, पर्वत, नदियों के दृश्य थे। लेकिन सोवियत रंगमंचों में पुराने साधनों के साथ-साथ अब आधुनिक साधन भी व्यवहार किये जाते हैं, जिनमें पता न देते हुए कुछ यंत्रों का भी उपयोग होता है।

अगले दिन (4 अप्रैल) दत्त भाई के यहाँ गए। वहाँ उनकी चौथे वर्ष की छात्राओं से बात-चीत हुई। यह यूनिवर्सिटी की पढ़ाई नहीं थी, जहाँ कि पुरानी चली आती परम्परा को पालन करते हुए संस्कृत का पढ़ना आवश्यक था। लड़कियाँ

केवल उर्दू-हिन्दी पढ़ती थीं। वह काफी ज्ञान रखती थीं, और मुझे विश्वास है, यदि भारत में 6 महीने रहने का मौका मिले तो वह शुद्ध भाषा बोलने लगेंगी। हिन्दी पुस्तकों और पत्रिकाओं के अकाल की शिकायत थी। वस्तुत: जो लोग इन विषयों में दिलचस्पी रखते हैं, वह तो लन्दन जाते नहीं, नहीं तो वहाँ से भी कितनी ही पुस्तकें इकट्ठा कर सकते थे। भारत से दौत्य सम्बन्ध स्थापित हो जाने के बाद तो अब वह अभाव नहीं होगा, यह मुझे विश्वास है।

शाम को केन्द्रीय लालसेना तियात्र में *कतुजोफ* फिल्म देखने गए। यथार्थवाद में सोवियत का रंगमंच चरम सीमा तक पहुँचा हुआ है। कतुजोफ रूसी सेनापति था, जिसने नेपोलियन को बड़ी दुर्गति के साथ रूस के बाहर खदेड़ दिया। इस अभिनय में नेपालियन के समकालीन रूस का चित्रण था। सैनिकों और सेनापतियों, नागरिकों और ग्रामीणों को उसी समय की पोशाक, उसी समय के अस्त्र-शस्त्र थे। कहीं पर भी ऐतिहासिक या भौगोलिक अनौचित्य नहीं आने दिया गया था, यहाँ तक कि समकालीन चित्रों में नेपोलियन और कतुजोफ का चेहरा जैसा देखा जाता है, उनका पार्ट लेनेवाले अभिनेताओं का भी वैसा ही चेहरा-मोहरा बना दिया गया था। कतुजोफ एक आँख का काना था, इसलिए अभिनेता अपने सारे अभिनय में एक आँख बन्द कर काना बना रहा। इस फिल्म में एक भी स्त्री पात्र नहीं थी, शायद इसीलिए इस विशाल शाला में 10 सैकड़ा सीटें खाली थीं। जाड़े की हिमाच्छादित भूमि, पर्वत में दूर-दूर तक बसे गाँव, देवदार और भुर्ज के वृक्ष ही नहीं, बल्कि बड़े-बड़े रुई के फाहों जैसी पड़ती बरफ, और सनसनाती झंझा को भी इस फिल्म में दिखलाया गया था। संवाद और भी कमाल का था। नेपोलियन की परेशानी और कष्ट को दिखलाया गया था, लेकिन कहीं भी उसके अभिमानपूर्ण चेहरे को दीन नहीं होने दिया गया। दर्शकों में लालसैनिकों की संख्या अधिक थी।

6 अप्रैल को फिर बोल्शोइतियात्र में 'यूगे... ओनेगिन' ओपेरा देखने गए। बोल्शोइतियात्र में अभिनय और महान् कलाकार चेकोस्की की कृति, फिर उसकी साज-सज्जा और तैयारी के बारे में क्या कहना? लेकिन यह ओपेरा था, जिसमें सारे संवाद पद्यमय होते हैं और स्वर में तो अगर श्रोता पहिले से दीक्षित और अभ्यस्त न हों, तो वह हमारी तरह कान फाड़नेवाली चीख के सिवाय और कुछ न समझें। दृश्य अत्यन्त सुन्दर बने हुए थे। परिधान देश-काल-पात्रोचित थे। नृत्य या दूसरी बातें भी निर्दोष थीं, लेकिन उस अस्वाभाविक पद्यमय वार्तालाप ने मुझे मजबूर कर दिया, कि पहिला अंक समाप्त होते ही वहाँ से उठकर चल दूँ। आज कुछ हल्का-सा बुखार भी था, शायद यह भी इतनी असहिष्णुता का कारण हो। मुझे इस नाट्यशाला के दो टिकट गिले थे, इसे बड़ा सौभाग्य समझना चाहिए। एक टिकट को तो मैंने पहिले ही अपने होटल के किसी आदमी को दे दिया था, दूसरे टिकट को बाहर निकलते ही एक तरुण को दे दिया। बहुत से चूके हुए

लोग आशा लगाए बोल्शोइतियात्र के बाहर मँडराते रहते हैं। तरुण कुछ पैसा देना चाहता था, मैंने कहा—नहीं, तुम जाकर देखो।

जान पड़ता है, शरीर में धीरे-धीरे कुछ विकार पैदा हो गया था, जो किसी बीमारी का रूप लेना चाहता था। हल्का बुखार, पेट में कब्ज, और सिर में भनभनाहट देखकर 10 अप्रैल को खयाल आया कि अस्पताल चलना चाहिए। एक पंथ दो काज—चिकित्सा भी हो जाएगी और सोवियत चिकित्सालय को भी देख लेंगे। 11 अप्रैल को एक वृद्ध डॉक्टर ने आकर देखा। क्रान्ति के पहिले धनाढ्य और आभिजात्य कुलीन पुरुष थे, बोल्शेविकों के तेज को सहन करने के लिए आवश्यक आदर्शवाद की भारी घूँट भी नहीं पी थी, फिर वह कैसे सन्तुष्ट हो सकते थे। आज उनकी लिखी हुई दवाओं को सेवन किया और अस्पताल नहीं जा सका।

12 अप्रैल को तापमान नहीं था, किन्तु पेट भी साफ नहीं था। बीमारी थी, लेकिन पढ़ने की चीजों को छोड़ भी नहीं सकता था। शाम को एक विख्यात डॉक्टर आए, उन्होंने देखा, कुछ मैंने भी कहा, इसलिए अस्पताल जाना तय हो गया।

सोवियत अस्पताल में

अगले दिन मोटर एक बजे के करीब शहर से दूर हवाई अड्डे के पास बोत्किन अस्पताल में पहुँचा आई। अस्पताल क्या इसे एक पूरा मुहल्ला ही समझिए। बोत्किन नाम के कोई प्रसिद्ध डॉक्टर थे, जिनका नाम इस संस्था के साथ जोड़ दिया गया है। डॉक्टर के पूछने पर मैंने बतलाया था कि 1924-1925 ई. में मुझे साल भर के करीब क्रॉनिक डिसेंटरी रही, उसके बाद पिछले साल ईरान में सन्देह हुआ। इसी सन्देह पर मुझे छूतवाली बीमारियों के बक्स (कमरे) में रखा गया था। कमरा छोटा था; किन्तु चारों तरफ से पूरी तौर से प्रकाश आने के लिए शीशे ही शीशे लगे हुए थे। कमरा एक तल्ला था, जिसके भीतर लोहे की एक छोटी चारपाई थी। हरेक रोगी का कमरा अलग-अलग था। डॉक्टर तथा परिचारिका के अतिरिक्त कोई दूसरा भीतर नहीं आ सकता था। यात्रा के सम्बन्ध में बातचीत करने के लिए एक उच्च पदस्थ सज्जन मुझसे मिलना चाहते थे। उन्होंने बहुत कोशिश की, लेकिन अस्पताल के अधिकारियों ने इजाजत नहीं दी—छूत के वार्ड में हैं, वहाँ कोई नहीं जा सकता। हालाँकि मुझे कोई छूत की बीमारी नहीं थी, डिसेंटरी भी नहीं थी, केवल पुराने सम्बन्ध से उसका सन्देह-भर था। अन्त में उक्त सज्जन को स्वास्थ्य मंत्री का दरवाजा खटखटाना पड़ा। सोवियत में ऐरे-गैरे-नत्थू-खैरे को मंत्री बनाकर तो कोई भी विभाग नहीं थमा दिया जाता। किसी विभाग का मंत्री ऐसा ही आदमी होता है, जो उस विषय में काफी जानकारी रखता हो। हिन्दुस्तान नहीं है कि राजकुमारी अमृतकौर को स्वास्थ्य मंत्री और मौलाना को शिक्षा मंत्री की गद्दी पर बिठा दिया जाए। सोवियत का स्वास्थ्य मंत्री वही हो सकता है जो चिकित्सा-विज्ञान को जानता हो। यदि मंत्री ऐसा न होता तो शायद उसकी बात को भी अस्पतालवाले पर्वाह न करते। खैर, कुछ मिनटों के लिए उक्त सज्जन को अनुमति मिली। वह अस्पताली सफेद कपड़ा पहनाकर पिछले द्वार से भीतर लाए गए, और बात करके चले गए। हमारा भी कपड़ा बदल दिया गया। कपड़े सादे

थे, लेकिन बहुत साफ थे। यहाँ अब परीक्षाओं का ताँता शुरू हुआ।

13 अप्रैल की 9 बजे से पहिले ही नींद खुलने पर देखा, चारों ओर लोग अपने-अपने काम में लगे हुए हैं। गरम पानी से मेरा मुँह-हाथ धुलवाया गया। उससे पहिले ही तापमान ले लिया गया था। डॉक्टर ने पेट, छाती, फेफड़े आदि की परीक्षा की। स्वास्थ्य-इतिहास लिखा जाने लगा—1924 में क्रॉनिक लाल-डिसेंटरी थी। जापान, मंचूरिया, रूस हो भारत लौटने पर 1935 में मैं दो हफ्ते टाइफाइड का शिकार, जिसमें एक सप्ताह बेहोश, 1941 में कई महीने मलेरिया से पीड़ित, 1944 में फिर डिसेंटरी।

मुँह-हाथ धो लेने तथा बिस्तरा ठीक हो जाने पर प्रातराश आया। टोस्ट, मक्खन, दो अंडा, दूध की लस्सी और काफी। यह प्रातराश क्या, भोजन ही हो गया। फिर एक प्रोफेसर डॉक्टर ने आकर परीक्षा की। डॉक्टर से प्रोफेसर डॉक्टर का दर्जा ऊँचा है, वही किसी मेडिकल कॉलेज का प्रोफेसर होता है। सबने अपना काम बहुत सावधानी और शिष्टता के साथ किया। खाना 2 बजे और सात बजे फिर चाय की आवश्यकता होने पर वह भी मिल सकती थी। अब शाम सबेरे तापमान लेकर लिखा जाने लगा, तापमान नॉर्मल था। दवाई भी दो बार पिलाई जाने लगी। उस दिन दो प्रोफेसर डॉक्टरों और दो डॉक्टरों ने देखा। मेडिकल कॉलेज के विद्यार्थी भी इस वार्ड में आते थे, लेकिन मेरे पास नहीं आए।

14 अप्रैल को रविवार साधारण छुट्टी का दिन था, इसलिए केवल अपने डॉक्टर मलेरिना आईं। खून के दबाव को देखने पर कहा—तरुणों जैसा है। दिन में दो इंजेक्शन कल ही से शुरू हो गए थे। एकान्त अवश्य था, यद्यपि उसके तोड़ने के लिए डॉक्टर मलेरिना तथा उनकी तरुण-सहायिका दूसरी डॉक्टर आकर कुछ देर बैठती थीं। मैं अपने साथ कुछ पुस्तकें भी लाया था। अस्पताल में प्रत्येक कमरे में दो आदमी रखे जाते हैं, मगर मेरे कमरे में मैं अकेला था। अस्पताल में बहुत भीड़ नहीं थी। मुख्य नर्स येष्ट श्वसा (स्ताङसेस्त्रा) परिमाण से अधिक स्थूल थीं। वह बराबर आकर पूछती रहतीं। कोई खास खाने-पीने की चीज चाहिए। मैं कहता—नहीं, धन्यवाद। डॉक्टर मलेरिना से काफी बात होती। उन्होंने रवीन्द्र की कुछ किताबें पढ़ी थीं, इसलिए भारत के बारे में अधिक जिज्ञासा रखती थीं। मैं एक छोटी कोठरी में बन्द था, लेकिन मेरी बड़ी इच्छा होती थी, बोत्किन अस्पताल (बोल्नित्सा बोत्किना) के हरेक भाग को देखने की। 15 तारीख से अब कोई शिकायत भी नहीं थी। दस्त बाकायदा होता था। बुखार भी नहीं था।

16 अप्रैल को दोपहर तक धूप रही, फिर आसमान घिर आया। सभी को शिकायत थी कि अब की साल बादल बार-बार लौट रहा है, शायद मई तक भी बरफ न पिघले। मैं चूँकि मध्य-एसिया जानेवाला था और दत्त भाई से फरगाना की मलेरिया की बात सुन चुका था, इसलिए चाहता था कि उसकी सुई ले लूँ।

डॉक्टर ने बताया, मलेरिया और इन्फलुएंजा की सुइयों की आवश्यकता नहीं, हैजा और टाइफाइड की ले लीजिए।

मुझे जगह-जगह परीक्षा के लिए जाना पड़ा। एक जगह रोन्तगिन (एक्सरे) के लिए, दूसरी जगह अंतड़ियों की परीक्षा के लिए जाना पड़ा। सभी परीक्षकों ने यही बतलाया—बहुत ठीक है, कोई विकार नहीं, फेफड़ा, छाती बिलकुल स्वस्थ हैं। यहाँ के चिकित्सक घोर प्रत्यक्षवादी हैं। केवल आँख की देखी बात पर विश्वास करते हैं।

12 अप्रैल को अस्पताल आया था और 20 अप्रैल को मैंने उसे छोड़ा। छोड़ते वक्त अस्पताल की ओर से एक पूरी रिपोर्ट तैयार करके दी गई और आगे के लिए क्या करना चाहिए, इसकी हिदायत भी। सोवियत शासन की सफलता का एक बड़ा प्रमाण चिकित्सालयों की सुव्यवस्था है। नगर हो या ग्राम, सभी जगह हरेक नागरिक निःशुल्क चिकित्सा पाने का अधिकार रखता है। आरम्भ में डॉक्टरों की कमी से चाहे कितने ही गाँव अस्पतालों से वंचित रहे हों, लेकिन अब तो शायद ही कोई गाँव होगा, जहाँ अस्पताल और डॉक्टर न हों। किरगिजिस्तान और कजाकस्तान में क्रान्ति के समय तक बहुत भारी संख्या में लोग घुमन्तू या अर्धघुमन्तू जीवन बिताते थे। भेड़ों और घोड़ों का पालन उनका मुख्य व्यवसाय था। किरगिजिस्तान और कजाकस्तान के घोड़े तुखारी घोड़े के नाम से प्राचीन भारत में भी मशहूर थे। आज भी उन्होंने अपनी कीर्ति को खोया नहीं है। सोवियत-काल में तो बल्कि घोड़ों की परवरिश के लिए विशेष ध्यान दिया गया है और अच्छी से अच्छी नसल के घोड़ों को जल्दी से व्यापक रूप में पैदा करने में कृत्रिम वीर्य निक्षेप द्वारा भारी सफलता प्राप्त की गई है। आज वहाँ बड़े स्वस्थ, मजबूत और सुन्दर जाति के घोड़े देखे जाते हैं। वहाँ हजार-हज़ार दो-दो हजार घोड़ों के रेवड़ का एक जगह देखा जाना आश्चर्य की बात नहीं है। घोड़े रिसाले के लिए आवश्यक हैं, इसलिए भी सोवियत सरकार को उनकी ओर ज्यादा ध्यान देना पड़ा। अब तक किरगिज और कजाक लोग अपने स्वाभाविक जीवन में घूमते हुए अश्वपालन करते थे। सभी चरागाहें एक समय चरने लायक नहीं होतीं, त्यानशान और अल्ताई की पर्वतमालाओं में ऊँचाई के अनुसार आगे-पीछे बरफ पिघलती और हरियाली उगती है, इसलिए पुराने घुमन्तुओं ने किस चिरभूमि में किस समय जाना चाहिए, इसका एक नियम बना रखा था। आजकल भी उससे पूरा फायदा उठाने की कोशिश की जाती है।

कल के घुमन्तुओं के अब अच्छे-खासे गाँव बस गए हैं, जिनमें अधिकांश में मिट्टी के तेल की जगह बिजली जलती है। इन गाँवों में अब कोई निरक्षर नहीं मिलता। और गाँवों के आसपास कुछ साग-सब्जी, फल-फूल भी उगाए जाते हैं, लेकिन अश्व-पालन को छोड़ नहीं चुके हैं, अब भी वह अपनी पुरानी चरागाहों में

करीब-करीब उसी समय में पहुँचते हैं, लेकिन तब से अब भारी अन्तर है। अब रेवड़ों के जाने के रास्ते में हर मंजिल पर चारा-पानी, लोगों के रहने का इंतजाम नहीं होता, बल्कि उसके साथ खबर भेजने का रेडियो भी होता है, आदमियों और पशुओं के चिकित्सक साथ होते हैं, और साथ में चलती-फिरती पाठशाला भी रहती है। कई जगहों में स्थायी घर भी बन गए हैं, लेकिन अधिकतर चरागाहों में लोग तम्बुओं के भीतर ही रहते हैं। सोवियत के विशाल राज्य में कोई मनुष्य चिकित्सा से वंचित न हो, इसका अब पूरी तौर से इन्तिजाम हो चुका है। जैसा कि पहले कहा, पशुओं की चकित्सा का भी इसी तरह प्रबन्ध है। मुफ्त चिकित्सा से आदमियों को कितना सुभीता है, इसके महत्त्व को सोवियत के लोग नहीं समझते। हवा अनमोल चीज है, लेकिन अत्यन्त सुलभ होने के कारण हम उसके महत्त्व को नहीं समझते। पूँजीवादी देशों में मध्य वर्ग के लोगों को बीमारी के पीछे बिकते देखा है, वह इसके महत्त्व को समझ सकते हैं। नगरों में हरेक आदमी के लिए एक-एक नहीं, तीन-तीन जगह निःशुल्क चिकित्सा का प्रबन्ध है। मेरा ही उदाहरण ले लीजिए। त्काचेई मुहल्ले में अलग डॉक्टर थे, जो कि टेलीफोन पाते ही रोगी के पास पहुँचते थे, मैंने कभी उनके आने में पन्द्रह मिनट से अधिक समय बीतते नहीं देखा। यदि डॉक्टर कहता है अस्पताल चलो तो वहाँ सारी व्यवस्था मुफ्त है। यदि हम आग्रहवश घर रहना चाहते हैं, और बीमारी छूत की नहीं है, तो डॉक्टर जबरदस्ती नहीं करेगा; हाँ, घर रहने पर सरकारी दुकान पर सस्ते दाम पर मिलनेवाली दवाइयों-भर का दाम देना पड़ेगा। त्काचेई के अतिरिक्त विश्वविद्यालयों में भी निःशुल्क चिकित्सा का प्रबन्ध था और तीसरा वैसा ही प्रबन्ध था तिरयोकी में।

प्रतीक्षा और निराशा

20 अप्रैल को बोक्स की कार आई और 4 बजे के करीब मैं फिर नेशनल होटल में उसी 240 नं. कमरे में चला आया। इतने दिनों तक अनुपस्थित था, लेकिन कमरा रख छोड़ा गया था। एक जगह पड़े रहने के कारण ही शायद कुछ कमजोरी मालूम होती थी। उस रात को कुछ बुखार-सा भी मालूम हुआ। चाहे कुछ भी हो, मैं पढ़ने को तो छोड़ नहीं सकता था। शाम को भूख नहीं लगी, कुछ सन्देह होने लगा, लेकिन अब अस्पताल नहीं जानेवाला था।

21 अप्रैल को कल के हल्के बुखार के डर से मैंने बाहर निकलने का संकल्प छोड़ दिया। शाम के वक्त अपनी पत्नी सहित साथी समउन आए। जिस जावी मित्र से मैं तेहरान में आदिल खान के नाम से परिचित था, उन्हीं का नाम साथी समउन था। उनके साथ शाम को रोमन तियात्र में *भट्टी की बहू* नाटक देखने गया। यूरोप के सिगानों का जहाँ भीख माँगना, हाथ देखना, घोड़ा फेरी करना व्यवसाय था, वहाँ नाचना-गाना भी, विशेषकर शराब के भट्टीखाने के सामने। शराब पीनेवालों को ऐसे सस्ते मनोरंजन का साधन सिगान ही दे सकते थे। नाटक में एक ऐसी बहू का वर्णन था, जो कि भट्टीखाने से लाई गई थी। सिगानों का घुमन्तू जीवन बड़ा ही आकर्षक होता है। रूस के कालिदास कवि पुश्किन भी इस जीवन पर मुग्ध हो गए थे, और उन्होंने इस पर एक सुन्दर कविता लिखी थी। शराबखाने पर नाचना-गाना दिखलाया गया। सिगान नर-नारी अपनी कला दिखाकर पैसा माँग रहे थे। एक सिगान तरुण दूसरी सिगान तरुणी पर मुग्ध हो गया। तरुण केवल कलाकार था। कन्या का हाथ माँगनेवाले दो दूसरे तरुण भी थे, जिन्होंने बड़ी-बड़ी भेंट माता-पिता के सामने रखीं। लेकिन जो नाच-गाना तथा सिगानों की दूसरी विद्याओं को नहीं जानता 'तस्मै कन्या न दीयते।' पिता-माता ने गुण नहीं देख गृह और भेंट-सौगात पर फैसला करते हुए, एक बूढ़े के हाथ में अपनी कन्या को सौंपना चाहा, लड़की के विरोध करने पर पिता ने कोड़ों से

मारा। प्रेमी तरुण ने फिर एक बार कोशिश की, लड़की भी रोई-कलपी, किन्तु पिता के सामने किसी की नहीं चली, जबरदस्ती विवाह कर दिया गया। सिगान धर्म के बारे में कट्टर नहीं रहे, जहाँ जिस धर्म की प्रधानता थी, वहाँ वही उनका धर्म हुआ। रूस में वह ग्रीक चर्च के माननेवाले बने, लेकिन दिखावा मात्र था, नहीं तो सिगानों की अपनी प्रथा सर्वत्र एक-सी थी। उनका भोजन, गाना-नाचना भी एक ही जैसा था। लड़की का विवाह हुआ, जिसमें सारे नर-नारियों ने भाग लिया। नववधू भी प्रथा के अनुसार नाचने के लिए बाध्य थी, किन्तु उसने रोदन-नृत्य किया। घोड़े की चौपहिया गाड़ी पर तरुणी को चढ़ाए जाने के समय तरुण प्रेमी क्रीमिया के भूतपूर्व सुल्तान के रूप में जादूगर बनकर आ गया। उसने चादर के नीचे से एक अनुपम सुन्दरी (परी) को निकाला, जिसने कुछ भविष्यवाणी की। सुल्तान ने घोड़ागाड़ी में उसे लुप्त कर दिया। वर-वधू उस गाड़ी पर सवार हो विदा हुए। रास्ते में परी चुड़ैल का रूप लेकर चढ़ पड़ी। सिगान बेचारे भूत-प्रेत के बड़े विश्वासी होते हैं। सभी डर गए—बराती कहीं भागे, वर कहीं भागा। सुल्तान का वेश छोड़कर तरुण अपनी प्रेयसी से मिला। बूढ़ा वर पागल हो गया, जब उसने दोनों को चुम्बन करते देखा। लोग फिर लौटकर आए। प्रेमी के साथी ने दोनों को गाड़ी में छिपा दिया, और लोगों को बहकाकर दूसरी ओर ढूँढ़ने के लिए भेज दिया। अन्त में दोनों प्रेमी पकड़े गए। बूढ़े वर ने अपने श्वसुर पर बड़ा रोष प्रकट किया। श्वसुर नाराज हो गया और उसकी बीवी ने सभी भेंटों को निकाल फेंका। अन्त में प्रेमी और प्रेमिका का मिलन हुआ। सारी सिगान मंडली ने उनका स्वागत किया। सिगानों के इतने सुन्दर नाट्य को देखकर मुझे अफसोस होता था कि उन्हें घर का तहखाना देकर क्यों छोड़ दिया गया। उनके लिए तो एक खास इमारत होनी चाहिए। इनका तियात्र सदा भरा रहता था। ग्रीष्म के दिनों में इनकी मंडली दूसरे शहरों में भी जाती। लेनिनग्राद में कई बार तो उनका टिकट नहीं मिलता था। अगर यहाँ बड़ी नाट्यशाला होती; तब भी वह खाली न रहती।

यद्यपि अभिनेता सारे सिगान और सिगानियाँ थीं, लेकिन दर्शक प्राय: सारे ही सिगान-भिन्न थे, इसलिए रूसी भाषा अनिवार्य थी। प्रौढ़ा अभिनेत्री ने बतलाया कि अभी हम अपनी भाषा को भूले नहीं हैं। यह भी मालूम हुआ कि सिगानों को उनकी मातृभाषा द्वारा शिक्षा देने की भी कोशिश की गई थी, लेकिन सिगानों का न कोई प्रदेश और न कोई गाँव है। दूसरे लोगों के बीच में यह बिखरे होते, साथ ही सभी द्विभाषी हैं, इसलिए व्यवहारत: यह प्रयोग चल नहीं सका।

अब भी मास्को-यात्रा में नाटकों के देखने की मैंने छूट कर दी थी। 24 अप्रैल को भी यूरेई (यहूदी) नाट्यशाला में एक सामाजिक नाटक देखने गए। उसके संगीत को देखकर मुझे मालूम हुआ कि भारतीय फिल्मों में जो संकर-संगीत की इतनी अधिकता है, उसका कारण यही यूरेई प्रभाव है। रोमन तियात्र की तरह

यह नाट्यशाला भी अल्पसंख्यकों की नाट्यशाला थी। यूरोप में सबसे अधिक यहूदी रूस में शताब्दियों से रहते आए हैं, किन्तु जनसाधारण में हजम नहीं हो सके। इसमें यहूदियों की कठोर जात-पाँत की मर्यादा ही कारण नहीं रही; बल्कि ईसाइयों की—ईसा के प्राण हरनेवाले बन्धुओं के प्रति घृणा भी कारण थी। क्रान्ति से पहिले तो वह एक तरह अछूत (छोटी) जाति के समझे जाते थे। शायद लहसुन का प्रयोग वह खाने में ज्यादा करते हैं, इसलिए लहसुनखोर कहकर रूसी उनके प्रति घृणा प्रकट करते थे। कोई आदमी अपनी लड़की को यहूदी को देने के लिए तैयार नहीं था, और न कोई रूसी यहूदी लड़की से ब्याह कर अपने वर्ग और परिवार में सम्मानित रह सकता था। जन्मभूमि से उजड़कर सूखे पत्तों की तरह दुनिया भर में बिखरे यहूदी शायद उसे चाहते भी नहीं थे, या चाहने पर भी उनको अवसर नहीं मिला जो कि वह खेती में नहीं लगे। बनिया-महाजन का व्यवसाय ज्यादा लाभप्रद था, इसलिए वह उसी तरफ आकृष्ट हुए और यूरोप के देशों के मारवाड़ी बन गए। उनकी अपनी भाषा इबरानी अब केवल पढ़ने की भाषा रह गई, तो भी वह जर्मन-मिश्रित एक तरह की भाषा (यिद्दीश) आपस में बोलते हैं। शिक्षा का द्वार खुलने के साथ उन्होंने उस तरफ भी कदम बढ़ाया और अच्छे-अच्छे वकील, डॉक्टर, प्रोफेसर और इंजीनियर उनमें होने लगे। उनके व्यवसाय सीमित थे, विवाह-सम्बन्ध सीमित थे, इसलिए उनका सामाजिक क्षेत्र भी बहुत संकुचित था। वह जेन्तील (अ-यहूदी) को चूसना अपना धर्म समझते थे, और दूसरे उन्हें तुच्छ दृष्टि से देखकर आत्मसन्तोष कर लेते थे।

लेकिन क्रान्ति के बाद युगों से चले आए पक्षपातों को हटाने का प्रयत्न किया गया। आज वही लोग पुराने दुर्भावों को अपने मन के भीतर रखे हुए हैं, जो सोवियत शासन से भी प्रेम नहीं रखते। सोवियत-शासन ने यहूदियों के रास्ते की सभी रुकावटों को दूर कर दिया है, तो भी अभी 70 प्रतिशत विवाह सम्बन्ध उनके अपने ही धर्म-भाइयों में होते हैं और वह अपने आस्पदों—स्ताइन, मान आदि को कायम रखे हुए हैं। यूरोपीय रूस में उनकी कोई विशेष भाषा न होने के कारण उसमें तो प्रयत्न नहीं किया गया, लेकिन मध्य-एसिया के यहूदी एक तरह की विशेष फारसी बोलते हैं, उसमें छपी हुई स्कूली किताबों को लोक पुस्तकालय (लेनिनग्राद) में मैंने देखा था। लेकिन यह तजर्बा उसी तरह असफल रहा, जिस तरह सिगानों को उनकी भाषा में शिक्षा देने का। वस्तुतः जब सभी यहूदी अपने गणतंत्र की भाषा को मातृभाषा की तरह बोलते हैं, तो वह क्यों अपने क्षेत्र को सीमित रखते हुए थोड़े आदमियों की भाषा में पढ़ना पसन्द करेंगे। यूहदियों की शुक जैसी नासा का जातीय चिह्न पश्चिमी यूरोप की तरह रूस में ज्यादा नहीं मिलता, लेकिन उनके बाल काले आमतौर से देखे जाते हैं।

यह नाट्यशाला छोटी नहीं थी। इसका हाल विशाल था, जिसमें ऊपर-नीचे

500 (पाँच सौ) से अधिक दर्शक बैठ सकते थे। यहाँ के गाने हमें ज्यादा पसन्द आ सकते थे, क्योंकि इनमें अरबी और भारतीय गानों के स्वर मिलते थे। पोशाक भी एसियायी यूरोपीय मिली थी। वही शेरवानी थी, जिसका प्रचार मुसल्मानों ने तुर्की का समझकर भारत में किया और अब महापुरुष नेहरू द्वारा जिसको भारत की राष्ट्रीय पोशाक के पद पर प्रतिष्ठित करने का प्रयत्न हो रहा है। संक्षेप में वेष, वातावरण, सजावट आदि में यह तियात्र भारत के अधिक नजदीक था।

नाटक का कथानक था : एक पुरोहित सनातनी विचारों का था। उसकी इकलौती लड़की का प्रेम एक तरुण विद्यार्थी के साथ हो गया। लेकिन पिता नास्तिक विद्यार्थी के साथ अपनी कन्या का विवाह कैसे करता? उसने वर के ढूँढ़ने के लिए घटक दौड़ाए। घटकों ने एक धनिक परिवार के तरुण को पसन्द किया, जो कि लँगड़ा, काना, और हकला भी था। लेकिन विद्यार्थी इतनी जल्दी अपने दावे को छोड़ने के लिए तैयार नहीं था। जब विवाह-पत्र लिखा जाने लगा, तो उसने पुरोहित को रिश्वत देकर अपना नाम लिखवा दिया, और जिसमें पिता को मालूम हो कि यह वही लँगड़ा-काना हकला लड़का है, उसने भी वैसा ही अपने को बनाया। लोग उसके अभिनय को देखकर लोट-पोट हो जाते थे। उसके चलने, बोलने की सभी बातें धनिक पुत्र की तरह थीं। नाटक की भाषा यिद्दीश थी, लेकिन अभिनय इतना अच्छा था कि भाषा जाने बिना भी आदमी नाटक का आनन्द ले सकता था। दूसरों की तरह हँसते-हँसते मेरे पेट में भी दर्द होने लगा। जब तक असली लँगड़ा, किसी काम के लिए आने की तैयारी में होता, तब तक नकली लँगड़ा पहुँच जाता, और कोशिश यह करता कि दोनों एक समय सामने न आएँ। यिद्दीश भाषा का उपयोग होने के कारण यहाँ बहुत-सी सीटें खाली थीं, शायद रोमन-तियात्र में भी सिगान भाषा का आग्रह किया जाता तो वहाँ भी यही हालत होती।

25 अप्रैल को एक ओर मन मारकर अनुज्ञापत्र की प्रतीक्षा कर रहा था, और दूसरी तरफ शाम को पैर केन्द्रीय बाल नाट्यशाला की ओर चले। यह नाट्यशाला 12 साल से ऊपर के बच्चों के लिए है। नाटक था *नगर के दो कुबड़े*। लड़कों के लिए मनोरंजन की चीज थी, यह इस नाम से ही प्रकट होता है। झाड़ू देनेवाला कुबड़ा तरुण करकाल बड़ा सुन्दर गायक, नगर-भर के लोगों का प्रेमपात्र तथा ईमानदार था। नगरवासी खान (राजा) के अत्याचार से पीड़ित थे। खान के अमीर का एक महामूर्ख लड़का था, जिससे नगर की सर्व सुन्दरी कन्या का उसके पिता ने विवाह करना चाहा। पता पाने के बाद खान ने स्वयं शादी करने का प्रस्ताव किया। उधर दुष्टों ने कुबड़े तरुण का काम तमाम करने के लिए षड्यंत्र रचा, लेकिन नगर के प्रेम-पात्र कुबड़े के गड्ढे में न गिरने की जगह मूर्ख तरुण और खान दोनों उसमें गिरे। तरुण गायक कुवड़े ने उन्हें गड्ढे से बाहर निकाला। पहिले ही से उसके गान पर मुग्ध जंगल के भालू, सिंह, खरगोश देख रहे थे। लेकिन

अपने प्राण बचानेवाले कुबड़े तरुण के उपकार के लिए कृतज्ञ होने की जगह, खान ने उस पर अपराध लगाया। नगर के मैदान में कचहरी लगी। उसी मूर्ख तरुण का पिता न्यायाधीश था। गवाहों की पुकार हुई, किन्तु एक भी गवाह कुबड़े के खिलाफ बोलने के लिए तैयार नहीं हुआ। इस पर न्यायाधीश ने कुछ बूढ़ों को न्यायाधीश चुना स्वयं मुद्दई और अपने मूर्ख पुत्र को गवाह बदकर अभियोग लगाया। तरुण अपराधी से गवाह के बारे में पूछने पर उसने जंगल के वासियों को गवाह के रूप में पेश करना चाहा। विरोधी इस पर हँस पड़े। गवाहों की पुकार का धोतू तीन बार बजा, और इसके बाद मृत्यु दंड को कार्य रूप में परिणत करने के लिए कुबड़े को ले ही जानेवाले थे कि सिंह, भालू, खरगोश आ पहुँचे। लोग दंग रह गए। जंगल के वासियों की गवाही पर कुबड़े करकाल को मुक्त कर दिया गया। तब खान ने स्वयं मुक़दमा देखना चाहा, किन्तु अब तक अपराधी वहाँ से लुप्त हो चुका था। उसे फिर पकड़कर लाने का हुक्म हुआ। स्वयं दूसरों का हाथ न उठने पर खान ने स्वयं उसे पकड़ना चाहा और छीना-झपटी में करकाल के हाथ मारा गया। इस पर खान के एक सेनापति विलियम ने जादू की तलवार से करकाल को मारना चाहा। जमकर लड़ाई हुई। खान के आदमी मारे गए, और विलियम भी बन्दी बना। अब जादू की तलवार करकाल के हाथ में थी, फिर उसे कौन जीत सकता था? नगर की सर्वसुन्दरी कन्या ने उसी कुबड़े से विवाह किया—रूप से गुण को उसने अधिक पसन्द किया। नगर खान के अत्याचार से मुक्त था। किसी बुढ़िया की भविष्यवाणी के अनुसार करकाल का कूबड़ भी गल गया। इस नाटक में श्रमिक जनता की ईमानदारी और प्रभु वर्ग के अत्याचार का अच्छा चित्र खींचा गया था। 14 वर्ष तक के लड़कों के लिए ही यह अधिक मनोरंजक और शिक्षाप्रद नहीं था, बल्कि सयाने भी उसका आनन्द ले रहे थे। सभी अभिनेता कुशल थे। नाट्यशाला का मकान अच्छा था, कई कमरे थे। हॉल में 700 आदमियों के बैठने की जगह थी।

डॉक्टर ताल्स्तोफ के बारे में मैं पहिले भी सुन चुका था। यह भी मालूम था कि कई वर्षों से उनके नेतृत्व में सोवियत पुरातात्विक अभियान मध्य-एसिया के उजड़े नगरों के अनुसन्धान के लिए जा रहा है। 26 अप्रैल को ढाई बजे दिन को मैं उनसे मिलने गया। कराकल्पक और ख्वारेज्म के अपने अनुभवों के बारे में 2 घंटे तक वह बात करते रहे। यूची और शक लोग मंगोल नहीं बल्कि हिन्दू-यूरोपीय जाति के थे, इस बात से वह भी सहमत थे और कह रहे थे कि उनका सम्बन्ध मेसागित (महाशक) जाति से था। वो सुनों की भूमि (सप्तनद) तक ही नहीं बल्कि देन्यूब से लेकर तरिम उपत्यका तक शक जाति का निवास था। शक और हिन्दू-ईरानी जाति का परस्पर बहुत नजदीक का सम्बन्ध था। ईसापूर्व तीसरी-चौथी सहस्राब्दी के अरंजित मृद्पात्र-काल में शायद शक और आर्य शाखाएँ अलग हुईं। फिनो-उइगुर

और मुंडा-द्रविड़ जाति का भी उसी तरह का सम्बन्ध था। भाषा की समीपता से जो बात मालूम होती है, उसको पुरातात्विक खुदाई में प्राप्त सामग्रियों का भी समर्थन प्राप्त है। ख्वारेज्म और भारत के नव-पाषाण युग के हथियारों में समानता है, किन्तु तत्काल मृद्पात्रों में कैसी समानता है इसको ध्यान से देखने की आवश्यकता है। मैंने कहा : ओरल स्टाइन को मकरान में जो मृद्पात्र मिले थे, वह रंगीन हैं। उससे पहिले के आड़ी रेखाओं से अंकित पात्र मैंने नहीं देखे हैं। प्रोफेसर ने बतलाया कि ख्वारेज्म में कुषाणों के सिक्कों का पूर्व रूप देखने को मिला है, नाम भी उनके उसी ओर संकेत करते हैं। ताल्स्तोफ का मत है कि अंतर्वेद (सिर और बक्षु दरिया के बीच के प्रदेश) में पहुँचने पर पहिले-पहिल यूचियों की राजधानी ख्वारेज्म में थी। श्वेत हूणों (हैफतालों) की राजधानी उनके मत से सम्भवतः बरक्शा में थी, जिसकी खुदाई 1938-1939 में ताशकंद के प्रोफेसर शिक्शिन ने कराई। वहाँ की खुदाई में ईसा की चौथी-पाँचवीं सदी की चीजें और भित्ति चित्र मिले हैं।

मध्य-एसिया से प्राप्त पुरातात्विक सामग्री के बारे में पूछने पर उन्होंने बतलाया : उनका कितना ही भाग मास्को में है, और कितना ही अशकाबाद, समरकन्द, ताशकन्द, तेरमिज, स्तालिनबाद, फ्रुन्जे आल्माअता के म्यूजियमों में। खुदाइओं के समय और नेताओं के बारे में उनसे पता लगा—

खनक	खनन प्रदेश	सन्	संग्रहालय
फ्राइमान	पंजकेन्त (मुकगिरी)	1934	मास्को
बेर्नश्ताम	सप्तनद	1936-45	फ्रुन्जे
ताल्स्तोफ	ख्वारेज्म	1927-44	मास्को कलासंग्रह
शिक्शिन	बरक्शा (बुखारा)	1938-48	ताशकन्द
तेरेतोश्किन	अफरासियाब	1945	ताशकन्द
मासीव	फरगाना नहर	1939	ताशकन्द
मासीव	मेर्ब	1939	अशकाबाद

ताल्स्तोफ अपने विषय के डॉक्टर श्चेर्वात्स्की जैसे ही गम्भीर विद्वान् हैं और उसी तरह की प्रबल जिज्ञासा रखते हैं। 2 घंटे की बातचीत के बाद भी मेरी ही तरह वह तृप्त नहीं थे, और फिर आने के लिए निमंत्रित किया। अभी संग्रहालय में चीजों को नहीं दिखा सके, लेकिन कितने ही फोटो उन्होंने दिखलाए, साथ ही यह जानने की इच्छा प्रकट की कि भारत में पुराण-पुरातत्व के विशेषज्ञ कौन-कौन हैं। मैं इसका क्या उत्तर देता? हमारे यहाँ तो सर्वज्ञता को सर्वश्रेष्ठ माना जाता है, पुरातत्व जाननेवाले ही पुराण पुरातत्व पर भी हाथ साफ कर देते हैं।

27 अप्रैल को पता लगा कि शायद विदेश विभाग से स्वीकृति न मिल सकेगी, लेकिन आशा तन्तु अभी बिलकुल टूटा नहीं था। उस दिन हम मास्को के दूसरे सबसे बड़े माली-तियात्र में *प्रतिभा से दुःख* (गरे अत्उमा) नाटक देखने गए, इसमें 19वीं सदी के आरम्भ के रूसी सामन्त वर्ग का जीवन दिखलाया गया था। बोल्शोयी-तियात्र की तरह माली-तियात्र भी अपना एक शताब्दी बहुत पहिले पूरा कर चुका, और उसके नाट्यमंच पर भी सैकड़ों प्रतिभाशाली अभिनेता और अभिनेत्रियों ने अपनी कला का प्रदर्शन किया है। इन पुरानी नाट्यशालाओं के अपने संग्रहालय, और शिक्षणालय हैं। यह केवल रूसी रंगमंच के लिए ही कलाकार नहीं तैयार करते, बल्कि सुदूर साइबेरिया और मध्य-एसिया के बुरियत, उज्बेक, कजाक आदि तरुण-तरुणियाँ यहाँ से नाट्य कला सीखकर अपने देशों में उनका बड़ी सफलता के साथ प्रचार और प्रसार कर रहे हैं। संग्रहालय में भिन्न-भिन्न समय पर खेले गए नाटकों की ऐतिहासिक सामग्री देखी जा सकती है-नेपथ्य का खाका, वेश-भूषा के नमूने, कलाकारों के चित्र या फोटो।

नाटक का कथानक था : वृद्ध ग्राफ (काउंट) की इकलौती लड़की अत्यन्त सुन्दरी थी। ग्राफ विधुर था, वह अपनी तरुण नौकरानी—जोकि उसके रैय्यत की पुत्री थी—को फँसाना चाहता था। उस समय रूस में किसान अर्धदास (सर्फ) थे, भूमिपति के हाथ में किसानों की जान-माल, इज्जत सब कुछ था। ग्राफ लोग राजधानी और शहरों के अपने महल्लों में बड़े आराम से रहा करते, और कभी-कभी सैर-सपाट्टे तथा मन बहलाव के लिए अपनी ताल्लुकदारी के महल में चले जाते थे, उस समय किसान तरुणियों की इज्जत नहीं बच पाती थी। कितनी ही किसान कुमारियाँ इन विलासियों से गर्भवती होतीं और पीछे उनको बड़ी बुरी अवस्था में अपने गाँव में रहना या नगर में जाकर वेश्या बनना पड़ता। वृद्ध ग्राफ की तरुण नौकरानी इस घोर परिणाम को जानती थी, इसलिए वह बूढ़े से घृणा करती थी। ग्राफ-पुत्री के तीन प्रेमी थे—एक पैंतालीस साल का कर्नल, जिसकी सैनिक हेकड़ी मूर्खता की चरम सीमा तक पहुँची गई थी, दूसरा चापलूस तरुण जो ग्राफ-पुत्री से भी अधिक तरुण नौकरानी पर लट्टू था, और तीसरा एक स्वतंत्रता-प्रेमी नवयुवक चास्की, जिसका साहित्य और मानवता पर बहुत प्रेम था, और प्रेमिका के ऊपर दिलोजान से फिदा था। पिता कर्नल को दामाद बनाना चाहता था, पुत्री लम्पट तरुण को चाहती थी। साहित्य और स्वातंत्र्य के प्रेम में पागल तरुण को न पिता चाहता था, न पुत्री।

पिता और पुत्री के साथ तीनों उम्मीदवारों ने कई बार बातचीत की थी। बूढ़े ने एक बड़ी दावत की, जिसमें बीसों कन्याज (राजुल), ग्राफ (काउंट) अपनी पत्नियों और पुत्रियों के साथ आए थे। उनकी पोशाक बड़ी भड़कीली थी, जैसी कि 19वीं सदी के आरम्भ में होती थी। रत्नों और आभूषणों की प्रदर्शनी-सी खुल गई थी। पुरुष सम्मान प्रदर्शित करते हुए महिलाओं का हस्त-चुम्बन और किसी

का मुख चुम्बन भी करते थे। स्त्रियाँ घाघरे को कमर के पास से पकड़कर जरा-सा झुककर अभिवादन करती थीं। देश-काल-पात्र में किसी तरह का अनौचित्य न हो, इसका ध्यान सोवियत नाट्यशाला में बहुत किया जाता है और इसके लिए भिन्न-भिन्न विषयों के विशेषज्ञ परामर्श के लिए बुलाए जाते हैं। रूसी उच्च वर्ग के हरेक व्यक्ति की अलग-अलग रुचि थी, जिसे अभिनय में बड़ी अच्छी तरह दिखलाया गया था। स्त्रियाँ वृद्धा हों, प्रौढ़ा या तरुणी, सभी का व्यवहार इतना स्वाभाविक था कि जान पड़ता था मानव शरीर नहीं बल्कि पुतलियाँ हिल-डोल रही हैं। चौथे और अन्तिम दृश्य में ग्राफ के दरवाजे का प्रदर्शन किया गया था। जाड़े का समय था। परिचारक अपने-अपने मालिक और मालकिनों के बहुमूल्य समूरी ओवरकोट और टोप लिये बाहर प्रतीक्षा कर रहे थे। मालिक और मालकिन एक-एक करके बाहर निकल नौकरों के हाथ से अपने कोट और परिधान लेकर सवारियों पर सवार हो जाने लगे। कर्नल भी विदा हुआ। चास्की में और गुण थे, लेकिन बोलने में वह सीमा पार कर जाता था, इसलिए उसका लम्बा भाषण अभी खतम नहीं हुआ था। वह आकर नौकरोंवाली कोठरी में रुक गया। दरवाजे पर कोई नहीं था। चिराग गुल हो चुके थे। ग्राफ-कुमारी ने अपने लम्पट प्रेमी को बुलाया। परिचारिका उसे लेने गई, लेकिन प्रेमी परिचारिका से ही प्रेम का प्रस्ताव करते आगे बढ़ा। कुमारी ने देख लिया। उसने कुपित हो बक-झककर उसे त्याग दिया। इसी समय चास्की पहुँच गया। उसने स्मरण दिलाया, किन्तु कमारी मौन रही। पिता ने आकर दोनों को देखा, और उसने शक करके उन पर कोप प्रकट किया। तरुण ने पहले कुमारी को सम्बोधन कर खरी-खोटी सुनाई, उससे अन्तिम नाता तोड़ा, और अन्त में बूढ़े पिता को भी चार सुनाकर अपना रास्ता लिया।

सोवियत के नाटक केवल सुन्दर कला और सुरुचिपूर्ण मनोरंजन के ही उत्कृष्ट उदाहरण नहीं होते बल्कि वह इतिहास, समाज-विज्ञान की सुन्दर पाठशाला का काम देते हैं। जिस समय का नाटक देखने का आपको अवसर मिला है, वहाँ उस समय का इतिहास आपके सामने बिलकुल असली रूप में आ जाता है, और ऐसे रूप में जिसे आप जल्दी भूल नहीं सकते। हमारे यहाँ की तरह नहीं है कि अशोक के समय उस विक्रमशिला का भिक्षु पेश कर दिया जाए, जिस विक्रमशिला का अस्तित्व अशोक से 11 शताब्दियों बाद हुआ। रेडियो नाटकों में कलिंग-विजय के समय बारूद का धड़ाका दिखाया जाए, जिसको कि बाबर के आने से पहिले हिन्दुस्तान के लोग जानते नहीं थे। हमारा ही देश क्या, इस विषय में पश्चिमी यूरोप और अमेरिकावाले भी अभी सोवियत-रूस से बहुत पीछे हैं। माली और बोल्शोई-तियात्र की नाटक-परम्पराएँ बहुत पुरानी हैं और आज भी दोनों चोटी के तियात्र समझे जाते हैं। देश के सर्वोत्तम अभिनेता और अभिनेत्रियाँ यहीं हैं। बहुत-से उन नाटकों को आज भी खेला जाता है, जिन्हें कि आज से शताब्दी पहिले खेला गया

था; हाँ, उनसे अनौचित्य के दोष को हटाकर और सामग्री और अभिनेताओं के परिमाण और गुण को बढ़ाकर। सामन्त-युग के सामाजिक के विलासमय जीवन को दिखलाने में आज के शासक कोई संकोच नहीं करते, उनसे उन्हें कोई खतरा नहीं है। हाँ, अब भी पुराने सामन्त वर्ग की सन्तानों में से कुछ हीरा, रत्न, रेशम और समूर के प्रदर्शनों को देखकर ठंडी साँस लेकर कह उठते हैं—"कला तो यह है। सौन्दर्य तो यह है", जिसका अर्थ है—"ते हि नो दिवसा गतः।"

बोल्शोई की तरह माली-तियात्र का टिकट मिलना भी सौभाग्य की बात है। उसके तीनों तल और फर्श की सीटें बिलकुल भरी हुई थीं। मैं फर्श पर तीसरी पंक्ति में रंगमंच के बिलकुल नजदीक होने से सभी चीजों को साफ-साफ देख-सुन सकता था।

28 अप्रैल आया। मन नहीं लग रहा था। दुविधा में पड़ा हुआ था। यात्रा का प्रबन्ध करनेवाले देर होने से शंकित जरूर थे, किन्तु अब भी आशा छोड़ नहीं बैठे थे। उस दिन मैं मास्को के ओपरेता-तियात्र में डरते-डरते गया। मैंने समझा था, ओपरेता भी ओपेरा का ही छोटा भाई होगा और सिरदर्द मोल लेना होगा। लेकिन यहाँ ओपरेता का मतलब है नृत्य-संगीत सहित सुखान्त नाटक, अर्थात ऐसा नाटक जिसे भारतीय रुचि ज्यादा पसन्द करती है। इसका ओपेरा से कोई सम्बन्ध नहीं। यहाँ के सभी गीत, नृत्य और संवाद स्वाभाविक थे। नृत्य में बैले का उच्च नृत्य भी शामिल था। नाटक में आधुनिक समाज को चित्रित करते हुए नौसैनिक के प्रेम को दिखलाया गया था। इसमें विनोद की मात्रा भी बहुत थी। अत्यन्त स्थूला अभिनेत्री साविस्कया का अभिनय बड़ा विनोदकारी था। निकुलकीना अभिनय में और उजमिना नृत्य में परम दक्ष।

28 अप्रैल ही से चारों ओर मई महोत्सव की जोरों से तैयारी होने लगी। कितने ही मकानों पर नेताओं के चित्र लगा दिये गए थे, दीपमालाएँ भी जग गई थीं। 7 नवम्बर के (क्रान्ति-दिवस) के बाद सोवियत का दूसरा सबसे बड़ा त्यौहार मई-दिवस है।

लेनिनग्राद छोड़े महीना भर हो गया था, इसलिए वहाँ के बारे में क्या कह सकता था? लेकिन मास्को में तो 29 अप्रैल को बसन्त का आगमन-सा मालूम हो रहा था। प्रथम मई त्यौहार के लिए बसन्तारम्भ से बढ़कर सुन्दर समय कौन-सा मिल सकता था? उस दिन तीन-चार घंटा हम शहर में टहलते रहे। मास्क्वा नदी में कहीं बरफ का नाम नहीं था, वह मुक्त प्रवाह बह रही थी। छत या जमीन पर भी बरफ का पता नहीं था, सिर्फ दत्त भाई की गली में एकाध घरों के निचले स्थानों में हिम नहीं, वरफ (ख़) दिखाई पड़ती थी। मास्क्वा के उस पार बच्चों की हाट लगी हुई थी, जिसमें खिलौने, बिस्कुट, चाकलेट आदि की बेचनेवाली संस्थाओं ने अपनी-अपनी छोटी-छोटी दुकानें खोल रक्खी थीं। दुकानें लकड़ी की थीं, लेकिन

सुचित्रित, सुसज्जित, और शीशे के गोल केस के साथ। पानी का खयाल रखना जरूरी था, इसलिए वर्षा का असर न पड़नेवाली छतें बनाई गई थीं। सारा बाजार चित्रशाला-सा मालूम होता था, और चित्र भी वैसे ही जिनकी ओर बालक बहुत खिंचते हों। यहाँ पर कई झूले और कठघोड़वा भी लगे हुए थे। मन्दिरनुमा छतदार स्थान बाजे के लिए सुरक्षित था। बरफ-मलाई बेचनेवाले कितने ही ठेले भी पहुँच गए थे, लेकिन अभी दुकानों में चीजें सजाई नहीं गई थीं। नगर के बड़े-बड़े घरों को भी सजाया गया था। जगह-जगह पर लेनिन और स्तालिन तथा दूसरे नेताओं के भी विशाल चित्र टँगे हुए थे। लेनिन पुस्तकालय के ऊपर लेनिन और स्तालिन का चित्र इतना ऊँचा था कि वह नीचे से चौतल्ले के ऊपर तक पहुँचता था। कोई जगह ऐसी नहीं थी, जिसमें स्तालिन का चित्र न हो। जहाँ-तहाँ 'ग्लावा बेलीकम स्तालिन' (महान् स्तालिन की जय) बड़े-बड़े अक्षरों में लगे हुए थे। एक जगह वर्तमान पंच वार्षिक योजना के आँकड़ों का रेखाचित्र भी लगा हुआ था।

इतने दिन रहे, तो बिना मई-महोत्सव देखे जाना अच्छा नहीं, इसलिए इन्तूरिस्तवालों को 2 मई के लिए लेनिनग्राद की ट्रेनों में सीट रिजर्व कराने को कह दिया और लेनिनग्राद तार भी दे दिया। अब मेरा मन बिलकुल उकता गया था। मध्य-एसिया की यात्रा को मैं बड़ी लालसा भरी दृष्टि से देख रहा था, जिसके लिए टका-सा जवाब मिल गया। उक्त खबर को सुनाने के लिए एक उच्चपदस्थ भद्र पुरुष आए, और संकोच करते हुए कहने में झिझक रहे थे। मैंने कहा—कोई परवाह नहीं। लेकिन प्रभाव तो पड़ा था। अब मेरी यही इच्छा थी कि कब भारत लौट चलूँ। केवल पढ़ाना मुझे पसन्द नहीं आ सकता था। पुस्तक की सामग्री काफी जमा कर चुका था, लेकिन लिखने के लिए कलम नहीं उठती थी, क्योंकि कई सेन्सरों के भीतर होकर प्रेस-कापी भारत में प्रकाशक के पास पहुँच भी सकेगी, इसमें सन्देह था।

29 अप्रैल को फिर प्रोफेसर ताल्स्तोफ के पास जाकर दो घंटे तक बातचीत की। आज अधिकतर मध्य-एसिया के मानवतत्व, पुरातात्विक सामग्री के प्राप्ति स्थान, पुरापाषाण अस्त्र, तेशिकताश (नेएंडरथल-मूस्तेर) मानव आदि के बारे में बातें हुईं। उन्होंने बतलाया कि पुरा-पाषाण युग का अवशेष तेशिकताश में मिला है।

मध्य पाषाण और पश्चात् पुरापाषाण युग के अवशेष तेशिकताशवाले बाइसुन इलाके में मिले हैं, जिनकी खोपड़ी हिन्दू-यूरोपीय, कपाल दीर्घ और मुँह पतला।

आरम्भ नवपाषाण—इस काल के शिकार के चित्र दराउत्साई में मिले हैं, जिनमें मनुष्य, पशु, धनुष, चमड़ा-परिधान अंकित हैं। चित्र बनानेवाले ने पहिले रेखाओं को पाषाण में खोदा, फिर उस पर रंग लगाया। ओश (मध्य-एसिया) के पास के पर्वतों में भी इस काल के चित्र मिले हैं, पाषाणास्त्र और मृद्पात्र तो मध्य-एशिया की और जगहों में भी प्राप्त हुए हैं।

दो संस्कृतियाँ—प्रोफेसर ने बतलाया कि मध्य-एसिया में प्रागैतिहासिक काल में दो संस्कृतियाँ थीं, जिनमें दक्षिणी संस्कृति की दो शाखाएँ थीं—(1) अलाउ-तेरमिज-फरगाना में नव-पाषाण-युग में हिन्दू-यूरोपीय संस्कृति थी। यहाँ के लोग कृषि जानते थे। इनके मृद्पात्र रंगीन होते थे। (2) अराल-द्रोणी निम्न वक्षु में उत्तरी नव-पाषाण (4000 ई. पू.) संस्कृति थी। लोग शिकारी और पशुपालक थे। इनके मृद्पात्र अरंजित और उत्कीर्ण होते थे।

आदिम पित्तल—युग—ईसा-पूर्व द्वितीय सहस्राब्द के इस काल में यहाँ के लोग पशुपालन के साथ कृषि भी किया करते थे। मृद्पात्र पहिले लाल रंग के थे, फिर उनके ऊपर काली रेखाओं से चित्रण करने लगे। दोनों दक्षिणी और उत्तरी संस्कृतियाँ भेद रखती थीं। इनका संगम स्थान ख्वारेज्म था।

मानव—इसके बारे में उनका मत था कि तीसरी-दूसरी सहस्राब्द ईसा-पूर्व के आदिम पित्तल युग में उत्तर (कजाकस्तान) में जो मानव रहता था, उसका चेहरा पतला था। उसी प्रदेश में ईसा-पूर्व दूसरी सहस्राब्दी में पित्तल-युग के समय क्रोमियो जाति से सम्बन्ध रखनेवाला दीर्घ कपाल, चौड़े मुँहवाला मानव रहता था। उत्तर हो या दक्षिण : सिर-चक्षु उभय-उपत्यकाओं में ईसा-पूर्व द्वितीय और प्रथम शताब्दियों में हूण के पहिले मंगोलायित मानव का कोई पता नहीं था। ईसा-पूर्व 1000-500 में दक्षिणी साइबेरिया (खकाशिया) ओइरोद, क्रास्नोयार्स्क में मंगोलायित मानव के अवशेष मिले हैं।

हूण—हूणों के आक्रमण काल ई. पू. द्वितीय-प्रथम शताब्दियों में पहिले-पहिल मंगोलायित मानव अल्ताई से पश्चिम में दिखाई पड़ता है। उस समय अल्ताई-एनीसेई मंगोलायित और हिन्दी-यूरोपीय जातियों की सीमारेखा थी। शुद्ध हूण लक्षण आजकल याकूतों, और तुंगूतों में ही अधिकतर पाया जाता है।

श्वेत-हूण—मेरी राय का समर्थन करते हुए श्वेत हूण या हैफ्तालों के बारे में उनका कहना था : ग्रीक लेखक भी इस शब्द को भ्रामक कहते हैं। श्वेत हूण का चेहरा-मुहरा हिन्द-यूरोपीय जैसा है। श्वेत हूण की भाषा में एकाध प्रत्यय हूणों के मिलते हैं, जैसे मिहिरकुल में कुल (कुल्ली, दास)।

पश्चिम में मंगोलायित—प्रोफेसर ताल्स्तोफ ने पश्चिम में मंगोलायितों के तीन लहरें आती बतलाईं।

(1) लाप—यह नव-पाषाणयुग में ध्रुवकक्षीय भू-भाग से होते पश्चिम में फिनलैंड और नार्वे तक पहुँचे, इन्हीं के वंशज आज के लाप हैं।

(2) हूण—ई.पू. द्वितीय-प्रथम शताब्दियों में हूण अपनी पुरानी भूमि (ह्वांग हो से मंगोलिया) छोड़ पश्चिम की ओर चले। यह लहर अतिला के हूणों के रूप में चौथी सदी में मध्य-देन्यूब-उपत्यका (हंगरी) तक पहुँची, जहाँ कि आजकल उनके यूरोपीय मिश्रित वंशज रहते हैं। इसी लहर के अवशेष वोल्गा के आसपास

चुवाश, वोल्गार और कजार थे, चुवाश आज भी मौजूद हैं, लेकिन उनकी भाषा में मंगोलायित प्रभाव अधिक है, शरीर-लक्षण में वह हिन्दी-यूरोपीय मिश्रण से अधिक प्रभावित हैं।

(3) तुर्क—यह लहर छठी सदी में पश्चिमाभिमुख प्रयाण करने लगी और द्वियेपर के तट तक पहुँची। इसके दो भाग थे (क) किपचक (ख) आगूज। मंगोलायितों के भाषा विकास के बारे में उन्होंने बतलाया कि तुर्क पहले दो भागों में बँटे एक सप्तनद (इली छू-परेस) में जो कि पहले आए थे। इन्हीं के वंशज वर्तमान कजाक और किरिगिज हैं, जिनमें कजाकों का लिखित साहित्य 19वीं सदी से पहिले का नहीं मिलता। तुर्कों की दूसरी शाखा सिरवक्षु उपत्यका में आई। इसका प्रथम लेखक 11वीं सदी का महमूद काशगरी है, जिसने अपने समय की भाषाओं और जातियों पर बहुत ज्ञातव्य बातें बतलाई हैं। यही उज्बेक भाषा का मूलरूप है। उज्बेक भाषा पर ईरानी भाषा का बहुत प्रभाव पड़ा है, केवल उधार के शब्दों में ही नहीं, बल्कि भाषा के ढाँचे पर भी।

तुर्कों से भिन्न गूज (या आगूज) हूण शाखा के ही वंशज वर्तमान तुर्कमान, आज़ुर्बायजान और उस्मानी (तुर्कीवाले) तुर्क हैं।

तुर्कमानों के बारे में उन्होंने बतलाया कि इन पर हिन्दी-यूरोपीय प्रभाव ज्यादा, मंगोलायित कम है। इनकी भाषा मंगोलायित है और संस्कृति ईरानी। उज्बेकों की भी यही बात है। कजाकों में जितना ही पश्चिम की ओर जाएँ, उतना ही हिन्दी-यूरोपीय अंश अधिक होता जाता है। यह छठी से दसवीं शताब्दी के तुर्कों के वंशधर हैं। किरगिजों में मंगोल रक्त अधिक है।

ई.पू. द्वितीय शताब्दी में सप्तनद के निवासी शक-वंशज बूसुन आयत-कपाल थे।

फिनिश और मुंडा-द्रविड़ भाषाओं का सादृश्य भाषा-तत्त्व की एक वही समस्या है। यह सादृश्य बतलाता कि किसी समय ध्रुवकक्ष में रहनेवाले फिनों और भूमध्य रेखा के पास रहनेवाले द्रविड़ों का एक वंश था। प्रोफेसर ताल्स्तोफ के अनुसार इस वंश का विभाजन शायद नव-पाषाण युग में हुआ—ख्वारेज्म और भारत के तत्कालीन पाषाणास्त्रों की समता भी इसी बात को बतलाती है लेकिन मृद्पात्रों को अभी देखना है। इस वंश की एक शाखा—फिनो-उइगुर और दूसरी द्रविड़। द्रविड़-शाखा भी दक्षिणी, (मलयालम, तमिल, तेलुगु, कन्नड़, तुलु) और मुंडा (कोल, गोंडी, मुंडा, कुबी, कुरुख, कुई, मल्तो) में विभक्त है।

ताल्स्तोफ का ज्ञान बहुत ही विशाल है, इसे कहने की आवश्यकता नहीं। मैंने चलते वक्त बहुत कृतज्ञता प्रकट की और उन्होंने फिर मिलने के लिए निमंत्रण दिया। उसी दिन मैंने दत्त भाई की जीवनी के लिए नोट भी लिये।

अब मैं भारत लौटने की सोच रहा था। किन्तु आए रास्ते से लौटना मेरी आदत

के विरुद्ध है, इसलिए ईरान के रास्ते जाने का खयाल नहीं होता था। अब दो रास्ते रह जाते थे। सबसे नजदीक का रास्ता अफगानिस्तान होकर था। मैं अफगानिस्तान की सीमा तक तो आसानी से पहुँच सकता था, आगे के लिए मेरे पास जो पौंड में चेक थे, उनका यदि यहाँ पर पौंड मिल जाता तो मैं निश्चित रह सकता था, नहीं तो आमू दरिया तट से काबुल तक के यात्राव्यय का प्रबन्ध किये बिना जाना ठीक नहीं था। मैं ब्रिटिश-कौंसिल के पास गया। उन्होंने कहा कि चेक के बारे में मैं कुछ नहीं कर सकता, लेकिन यदि तीस पौंड का रूबल जमा कर दें, तो हम अपने स्टाकहोम दूतावास में या काबुल में तार दे देंगे, जहाँ पैसा मिल जाएगा। उन्होंने सलाह दी कि लेनिनग्राद से स्टाकहोम होते हुए लन्दन जाना ही अच्छा है, खर्च 30 पौंड से अधिक नहीं पड़ेगा। हमारे पासपोर्ट पर स्वीडन और अफगानिस्तान का नाम भी लिख दिया गया। काबुल का रास्ता मुझे पसन्द था, लेकिन तेरमिज से काबुल पहुँचने का कोई उपाय नहीं सूझ रहा था। लन्दन के रास्ते जाने में एक यह भी सुभीता था कि हम रूबल में किराया चुकाकर सोवियत जहाज से जा सकते थे। उस वक्त बातचीत करने से तो यही मालूम होता था, कि दो-ही-तीन महीने में यहाँ से चल देना है, लेकिन जल्दी करते-करते भी पन्द्रह महीने और रह जाना पड़ा।

8 बजे रात को सरकस देखने गए। कोई खास विशेषता नहीं थी। कई सिंह अपना खेल दिखाते रहे। बाजीगर ने खाली अखबार से बहुत-सी कागज की चिटें निकालीं, जरा ही देर में उनका ढेर लग गया, फिर आग लगा के जला दिया। एक चीनी बाजीगर ने तीली से चीनी मिट्टी की तश्तरियाँ उछालकर दिखलाई। फिर सरकस की कई कसरतें हुईं। आज भी शाम को शहर में दीपमालिका थी।

मई दिवस— लाल मैदान मई-महोत्सव का परिदर्शन देखने जाना था। पास के बिना कोई वहाँ पहुँच नहीं सकता था। बोक्स ने पास का इन्तिजाम कर दिया था। यद्यपि लाल मैदान हमारे होटल के सड़क पार करके कुछ ही कदम आगे शुरू होता था, लेकिन आज का रास्ता उतना सीधा नहीं था। चारों ओर जबरदस्त सैनिक प्रबन्ध था। कुछ जगहों पर तो जाने पर यही जवाब मिला-जाओ, यहाँ से नहीं जाने देंगे। फिर किसी ने कहा—"तीसरी धार से जाओ"। एक दर्जन से भी अधिक बार पास और पासपोर्ट दोनों दिखलाने पड़े। लाल मैदान में आज बहुत कीमती जानें आई हुई थीं, पूँजीपतियों का कोई गुंडा पहुँचकर पिस्तौल न चला दे, इसीलिए इतना प्रबन्ध था। अन्त में आध घंटा चक्कर काटते मैदान में पहुँचे। नेताओं के खड़े होने के स्थान की दाहिनी ओर सीमेंट की गैलरियाँ बनी हुई थीं, जिनमें 14 नं. की गैलरी में हमारा स्थान पिछली पंक्ति में था। सभी लोग खड़े थे, इसलिए हमें भी खड़ा होना पड़ा। मैदान के परले पार विशाल मकान पर सबसे ऊपर विशाल सोवियत लाँछन लगा हुआ था, जिसके नीचे मई का अभिनन्दन तथा दूसरे नारे अंकित थे। लेनिन और स्तालिन के विशाल चित्र भी वहीं लगे हुए थे।

मकान के ऊपर संघ के 16 प्रजातंत्रों के अपने लाँछनों सहित झंडों की पंक्तियाँ फहरा रही थीं। इतिहास-म्यूजियम के मकान के ऊपर भी नारा लगा हुआ था, जिसके बाएँ विशाल हँसिया-हथौड़ा और दाहिने तारा था।

9 बजे से ही जगह भरने लगी। मैदान में भिन्न-भिन्न वर्ग की सेनाएँ पंक्तिबद्ध खड़ी थीं। 10 बजे नेता लोग आए। सबसे पहिले सैनिक वेश में स्तालिन, मार्शल रोकोसोवस्की, फिर मंत्रीगण, कितने ही मार्शल और जेनरल। मार्शल रोकोसोवस्की आज की परेड के प्रमुख थे। स्तालिन का वक्तव्य रोकोसोवस्की ने पढ़ा, फिर प्रदर्शन शुरू हुआ। पहिले पैदल, फिर नौसेना के जवान मार्च करते निकले, फिर सवार तथा दूसरी सेनाएँ, घोड़ोंवाला तोपखाना, मोटर और टैंकवाली सेनाएँ। आकाश में 6 गिरोह विमानों के इसी समय दिखलाई पड़े। डेढ़ घंटा सेना-प्रदर्शन में बीता। दर्शकों के सामने से अपार सेना गुजरी। नाना भाँति की तोपें, एक ही साथ पाँच-पाँच, सात-सात गोलों की माला छोड़नेवाली कंतूसा, विशाल तोपें, फिर पराशूटी जवानों से भरी लारियाँ निकलीं। मौसिम बड़ा अच्छा रहा। देशी-विदेशी सम्वाददाता, और फिल्मवाले चित्र लेने में लगे हुए थे। साढ़े ग्यारह बजे नागरिकों का प्रदर्शन शुरू हुआ। हम आखिर तक नहीं ठहर सके, प्रदर्शन को दो घंटे ही देखा। कितने ही दर्शक तो सेना के प्रदर्शन के बाद ही लौटने लगे थे।

यद्यपि हमारा होटल बिलकुल नजदीक था, किन्तु लौटना आसान नहीं था। लौटते वक्त भी कितनी ही सैनिक पंक्तियों में पास दिखाना पड़ा। 10 सैकड़े सैनिक रूखे भी मिले, नहीं तो वह बड़ी मुलायमियत से रास्ते बतला देते थे। नागरिक प्रदर्शन पंक्तियों से सारी सड़क भरी हुई थी। इस चलायमान नर समुद्र को पार करना आसान काम नहीं था। पता लगा कि नगर के केन्द्र का रास्ता बन्द है। नेशनल होटल नगर-केन्द्र में ही था। तो क्या शाम तक होटल नहीं जा पाएँगे? लेकिन आधा ही घंटे में हम अपने होटल में पहुँच गए। भोजन के लिए जावी मित्र सिमाउन के यहाँ निमंत्रित थे, साथी सिमाउन का पुत्र करीम लेने के लिए आया था। 9 बजे बाद दीपमाला देखने गए। लेकिन इस नगर के एक छोर पर थे, इसलिए अच्छी दीपमालिका नहीं देख सके और आतिशबाजी से तो बिलकुल वंचित रह गए। भूगर्भ रेल से आकर पुश्किन चौरस्ते पर लड़कों के बाजार को देखा। अपार भीड़ थी। पता लगा छह बजे ही सारे रास्ते खुल गए थे। जगह-जगह दीपमालिकाएँ थीं, किन्तु सभी घरों और निवी पर नहीं। केन्द्रीय तारघर पर चलती-फिरती रंग-बिरंगी रोशनी बड़ी सुन्दर मालूम होती थी। मोटे प्रकाशाक्षरों में 'प्रथम माया' और बीच में घूमता हुआ भू-मंडल, लहरदार दीपपंक्तियाँ जल रही थीं। हमारे होटल के सामनेवाले मैदान में भी दाहिने छोर पर नागरिक नृत्य-गान और कसरत दिखाने में मग्न थे। मई का अपूर्व महोत्सव देखकर साढ़े ग्यारह बजे रात को हम अपने कमरे में लौटे। आज ही हरी-हरी पत्तियाँ भी देखीं, बसन्त आ गया।

फिर लेनिनग्राद में

2 मई को 7 बजे शाम की गाड़ी पकड़ी और अगले दिन लेनिनग्राद पहुँच गए। ब्रिटिश कौंसल ने बहुत-से समाचार-पत्र दे दिए थे, जिनको रेल में भी पढ़ते रहे, और यहाँ भी। लेनिनग्राद में भी अब वृक्षों के ऊपर कलियों जैसी पत्तियाँ निकल रही थीं, नेवा की धार मुक्त हो गई थी, लेकिन अब भी उसमें बरफ की शिलाएँ बह रही थीं। 6 मई को वनस्पति की हालत देखकर कहना पड़ा कि वृक्षों पर पत्तियाँ बहुत धीरे-धीरे निकल रही हैं। सर्दी अभी गई नहीं थी। लदोगा झील अपनी बरफ की सौगात को नेवा द्वारा समुद्र में भेज रही थी, जो 6 मई को भी उसी तरह चली जा रही थी। 10 मई तक निश्चय कर लिया कि साल भर और यहीं रहा जाए। मध्य-एसिया नहीं गए, मध्य-एसिया के इतिहास की सामग्री इतने में और जमा हो जाएगी, लेकिन फिर एक साल बिना रेडियो के नहीं रहा जा सकता, इसलिए 10 मई को ही साढ़े तीन हजार रूबल में एक नया रेडियो खरीद लाए। हमारे पास राशन जैसा एक कार्ड था, जिसके कारण 700 रूबल कम देने पड़े। हमारे साथी और विद्यार्थी कह रहे थे—यदि छह महीने रुक जाएँ तो आधे ही दाम पर मिल जाएगा। (उनकी बात सच निकली। छह महीने बाद वही रेडियो 1600 रूबल में मिलने लगा था)। लेकिन हम दूना दाम देने के लिए तैयार थे, क्योंकि छह महीने और देश-विदेश की खबरों से वंचित नहीं रहना चाहते थे। रेडियो छोटा और बहुत सुन्दर था। उसी दिन दिल्ली सुना। लन्दन तो खूब साफ सुनाई देता था, पीछे तार बाँध देने पर तो दिल्ली भी लन्दन की तरह सुनाई देती थी। मद्रास कभी-कभी सुनने में आता था। यह कहने की आवश्यकता नहीं कि दूर से लघु तरंग की ही बातें सुनने में आती थीं। अब हम निश्चिन्त हो गए थे। अपने यहाँ का नाटक भी सुन लेते थे, गाना भी सुन लेते थे, और समाचार भी हमारे घर में इन चीजों का आनन्द लेनेवाला मुझे छोड़ और कोई नहीं था। कई हफ्ता सुनने के बाद स्टेशनों और समयों का पता लग गया। मन में सन्तोष प्रकट किया—चलो अब निश्चिन्त

होकर एक साल और रहा जा सकेगा।

नियत समय के अनुसार अब फिर हम यूनिवर्सिटी जाने लगे। विद्यार्थी तो पढ़ते ही थे, अध्यापक भी मेरी उपस्थिति से लाभ उठाना चाहते थे। उन्होंने कुछ दिनों व्याकरण महाभाष्य को भी पढ़ा। आरम्भ के आहिक उतने नीरस नहीं हैं, विशेषकर भाषातत्त्व में दिलचस्पी रखनेवालों के लिए वहाँ पद-पद पर दिलचस्प बातें निकल आती थीं। थोड़े से उच्चारण में परिवर्तन करके कई शब्दों को रूसी जैसा देखकर छात्र बहुत प्रसन्न थे।

12 मई को श्रीमती श्चेर्वात्स्की के यहाँ दावत हुई। डॉक्टर श्चेर्वात्स्की का मेरे साथ असाधारण स्नेह-सम्बन्ध था। वह बड़े ही मधुर स्वभाव के थे। दूसरी यात्रा में मेरे जल्दी लौट आने का उन्हें बड़ा अफसोस था, और वह इस बात की कोशिश कर रहे थे कि मैं अधिक समय के लिए रूस जाऊँ। इसी समय लड़ाई छिड़ गई और लड़ाई के दिनों में लेनिनग्राद से उत्तरी कजाकस्तान में जाकर उन्होंने अपनी शरीर यात्रा समाप्त कर दी। उसी घर में आज गए, जिसमें 1937 में न जाने कितनी बार घंटों हमारी बातचीत होती थी। पहिले ही दिन मिलते हुए उन्होंने कहा था—"स्वागतम् इदमासनं उपविश्यताम्।" अब भी वे शब्द मेरे कानों में गूँज रहे थे। भोज में संस्कृताध्यापक कलियानोफ भी सपत्नीक आए थे। 2 बजे ही चलने की बात थी, लेकिन श्रीमती की तैयारी में घर पर ही छह बज गए। श्चेर्वात्स्की के रिक्त स्थान को देखकर मन में बहुत तरह के खयाल आ रहे थे, जिन्हें वैराग्य का मधुर-सम्मिश्रण भी कह सकते हैं। श्रीमती श्चेर्वात्स्की जर्मन वृद्ध महिला हैं। जब वह श्यामा (तरुणी) थीं, तभी श्चेर्वात्स्की के ताल्लुकदारी वंश में परिचारिका बनकर आई थीं। वह पाकविद्या में निपुण थीं। आचार्य श्चेर्वात्स्की के मरने तक वह उनकी पाचिका रहीं। बोल्शेविक क्रान्ति ने श्चेर्वात्स्की की विशाल ताल्लुकदारी को खतम कर दिया, लेकिन "विद्याधनं सर्वधनप्रधानम"। श्चेर्वात्स्की पहले ही अपनी विद्या के बल पर अकादमिक हो चुके थे। अपने राजा बाबू-बन्धुओं की तरह वह पागल नहीं हुए। उन्होंने राजनीति को अपने से अलग रखा, और बोल्शेविकों के बर्ताव से जान लिया कि उनके यहाँ विद्या की कदर पहिले से भी अधिक रहेगी, इसलिए बड़ी लगन के साथ अपने काम में जुट गए। पहिले उन्हें कुछ समय जमींदारी के काम में भी लगाना पड़ता था, लेकिन अब उनकी सारी चिन्ता को सरकार ने लिया था। जिस वक्त अन्न का भारी अकाल था, उस वक्त भी सबसे पहिले अकादमिक देवताओं की ओर सरकार का ध्यान जाता था। श्रीमती 1937 में मेरे यहाँ आने के समय भी अपने मालिक की पाचिका मात्र थीं। पीछे मालूम हुआ कि 70 वर्ष के दूल्हे ने 55 वर्ष की दुलहिन से ब्याह किया है। आचार्य श्चेर्वात्स्की जीवन-भर अविवाहित रहे, पारिवारिक झंझट को केवल अपनी मातृभक्ति भर सीमित रखा उनकी माता बहुत दिनों तक जीवित रहीं। मरने

के समीप पहुँचने पर श्चेर्वात्स्की ने सोचा कि अपनी वृद्ध-पाचिका के साथ यदि विवाह कर लें तो अकादमिक की पेंशन उसे जीवन भर मिलती रहेगी, इसीलिए उन्होंने विवाह किया। अकादमी विद्या-सम्बन्धी सोवियत की सबसे बड़ी संस्था है। किसी विद्वान का सबसे अधिक सम्मान जो हो सकता है, वह है अकादमी का सदस्य बनना अर्थात अकादमिक होना। अपने विषय का चोटी का विद्वान् तथा नये ज्ञान का देनेवाला व्यक्ति ही अकादमिक बनाया जाता है। सोवियत रूस में आजकल भी अकादमियों की संख्या 150 से ज्यादा नहीं है। अकादमिक बनते ही आदमी जीवन-भर 600 रूबल मासिक पाने का अधिकारी हो जाता है। श्रीमती श्चेर्वात्स्की उस वेतन को पा रही हैं, और जब तक जीवित रहेंगी, तब तक पाएँगी। इसके अतिरिक्त श्चेर्वात्स्की का बहुत-सा सामान : चित्र, बाजे, पुस्तकें, सोने-चाँदी के बर्तन आदि उनकी सम्पत्ति हैं। पुस्तकों का बहुत-सा भाग पचास हजार रूबल देकर यूनिवर्सिटी खरीद भी चुकी है।

श्रीमती श्चेर्वात्स्की की पाकविद्या की मित्रमंडली में काफी ख्याति है, भोज और दावत देने का उन्हें बहुत शौक भी है। आखिर रुपया भी तो बहुत आता है, उसके खर्च का भी तो कोई इन्तिजाम होना चाहिए। उन्होंने बड़े सुन्दर-सुन्दर भोजन तैयार किए थे। एक मांस हिन्दुस्तानी ढंग से भी बनाया था, और करी पाउडर (मसाला चूर्ण) का डिब्बा दिखलाकर कहा—देखिए यह हिन्दुस्तान की चीज भी मेरे पास है। भोजन और बातें करते बहुत देर तक हम वहाँ बैठे रहे। बीच-बीच में मुझे खयाल आता था—अगर डॉक्टर श्चेर्वात्स्की इस वक्त होते! 9 बजे तक उजाला रहा, 11 बजे हम घर लौटे। कहने को मई का मध्य था, लेकिन अभी भी हमारे यहाँ के माघ-पूस के जाड़े को ठोकर लगानेवाली सर्दी वहाँ मौजूद थी। रास्ते में ट्राम से उतरकर घर जा रहे थे। इसी समय पुलिस एक लड़के को पकड़े लिये जा रही थी। आखिर सभी मकानों में शीशे की खिड़कियाँ हैं, शीशे पर पत्थर चलाने से उसके टूटने की आवाज बड़ी कर्णप्रिय मालूम होती है, इसलिए लड़के ने शीशा तोड़ दिया था, इसके लिए पुलिस पकड़े लिये जा रही थी। गलती यही थी कि साधारण शीशे को न तोड़कर उसने आग बुझाऊ ब्रिगेड को बुलाने के लिए रखे यंत्र का शीशा तोड़ दिया था। लड़का बेचारा चिरौरी-मिनती कर रहा था, रो रहा था। पुलिसवाला उपहास करते हुए कह रहा था—नहीं बाबा, चलो। तुमने खेल का अच्छा ढंग सीखा है। अन्दाज से यही मालूम होता था कि दो-चार घंटे डरा-धमकाकर लड़के को छोड़ दिया जाएगा। लेकिन अभी तो उसके गालों पर आँसू की धार बह रही थी।

रेडियो लाने का चमत्कार और फल जल्दी ही मिला। पन्द्रह मई को दिल्ली-रेडियो ने खबर दी कि भारत में नई राष्ट्रीय सरकार बनने जा रही है। प्रान्तों में भी नई सरकार बन गई है, जिनमें बंगाल को छोड़ प्राय: 'सारी ही कांग्रेस की हैं।

प्रान्तों के मुख्यमंत्रियों के नाम भी सुने। 16 मई को ब्रिटिश मंत्रियों का भारत में ‘वक्तत्व निकला, जिसमें पाकिस्तान को अव्यावहारिक तथा राष्ट्रीय सरकार कायम करने के सम्बन्ध में कितनी ही बातें बतलाई गई थीं। उसी दिन पैथिक लारेंस का भी भाषण रेडियो पर हुआ। ये सब खबरें भारत के लिए महत्त्व की थीं, लेकिन मास्को-रेडियो में महीने से चल रही इन गम्भीर बातों का कोई उल्लेख नहीं होता था। युगों बाद 18 मई को 20 मार्च को कलकत्ता में डाला आनन्द जी का पत्र मिला, जिससे मालूम हुआ कि हमारे लंका के आचार्य श्री धर्मानन्द महास्थविर अब संसार में नहीं रहे। 80 के पास पहुँचकर मरे, इसलिए काल की तो शिकायत नहीं करनी चाहिए, लेकिन बिछुड़नेवाले अपने गुणों का स्मरण दिलाकर दुःख देते हैं। महास्थविर बड़े ही सरल और मधुर हृदय के आदमी थे। अपने शिष्यों पर और मुझ पर तो और भारी स्नेह रखते थे। मैं पहिली यात्रा में तिब्बत में था। नेपाल और तिब्बत में युद्ध ठनने लगा था, खबर मिलने पर उन्होंने तार पर तार दिये और पूछा कि ल्हासा हवाई जहाज जा सकता है या नहीं। उस झगड़े के खतम होने के बाद उन्हीं के आग्रह पर और उन्हीं के भिजवाए रुपये से 22 खच्चर पुस्तकों और दूसरी चीजों को लेकर मैं सवा वर्ष बाद तिब्बत से लौटकर लंका चला गया। जिस समय भारत में 1930-31 का सत्याग्रह चल रहा था, मैंने बहुत संकोच करते-करते कई दिनों के प्रयत्न के बाद जब उनसे भारत जाने की इजाजत माँगी तो वह स्नेह-परवश हो एकदम फूट-फूटकर रोने लगे। मुझे उस समय अपना विचार छोड़ देना पड़ा। मेरे ही साथ उनका यह असाधारण स्नेह नहीं था, अपने सभी शिष्यों में वह अपना स्नेह बड़ी उदारता के साथ वितरण करते थे। वह अब संसार में न रहे। वह पालिभाषा और व्याकरण के महान् विद्वान् थे। उन्होंने कई पुस्तकों का सम्पादन और उद्धार किया था। हो सकता है, कुछ समय और उनका नाम लिया जाए, लेकिन काल के महासमुद्र में हजार-दो हजार वर्ष भी तो कोई हस्ती नहीं रखते। आदमी के हाथ से काल कितनी जल्दी निकलता चला जाता है। जिनको हमने बच्चा देखा था, वह हमारे सामने ही जवान हो बाल भी पका बैठे। हमारे बचपन के कितने ही तरुण और वृद्ध तो न जाने कब से अनन्त मौन की गोद में लीन हो गए। सबको एक दिन उसी रास्ते पर जाना है। मरने के बाद भी अमर होने की चाहे कितनी ही इच्छा हो, लेकिन सभी को रेत पर पड़े पद चिह्न की तरह आखिर में लुप्त हो जाना है। लेकिन इसका अर्थ यह नहीं कि शरीर और जीवन क्षण-निःसार है, तुच्छ है, घृणास्पद है, परित्याज्य है। आखिर इन्हीं क्षणों में जीवन जैसा बहुमूल्य रत्न भी है। उसको तुच्छ नहीं कहा जा सकता। जीवन से सम्बन्ध रखनेवाला हरेक क्षण—जो कि वर्तमान क्षण ही हो सकता है—अनमोल है, सत्य है!

अगले दिनों में हमारा रेडियो भारत की बहुत-सी खबरें लाता रहा। त्काचेई

के हमारे कमरे के वायुमंडल में हिन्दी और भारतीय संगीत का बराबर प्रसार होता रहा। दिल्ली-रेडियो के कमरे में बैठा गायक या वक्ता क्या जानता होगा कि उसकी आवाज 6 हजार मील दूर इस अज्ञात नगर के अज्ञात घर के भीतर गूँज रही है।

22 मई को जिज्ञासावश हम सोवियत अदालत देखने गए। अदालत हो, चाहे सरकार, सभी के रोब को सोवियत-शासन-प्रणाली ने खतम कर दिया है। यह मुहल्ले की अदालत थी। आज प्रधान जज के बीमार होने के कारण हम कार्यवाही नहीं देख पाए, यहाँ की हरेक अदालत में तीन जज बैठते हैं, जिनके लिए लाल कपड़े से ढँकी मेज के पीछे तीन कुर्सियाँ इजलास के रूप में कुछ ऊपर रखी थीं। छोटा-सा कमरा था। जज अधिकतर निर्वाचित होते हैं, जो कुछ समय के लिए उस पद पर रहते हैं। वकीलों की संख्या कम हो गई है, क्योंकि पूँजीवादी वैयक्तिक सम्पत्ति की सीमा उस देश में बहुत संकुचित है, तो भी वकील हैं और वह प्रेक्टिस भी करते हैं, लेकिन अधिकतर सरकारी वेतनभोगी नौकर के तौर पर हर मुकद्दमे में उन्हें तकलीफ करने की आवश्यकता भी नहीं पड़ती। उनके ऑफिसों पर साइनबोर्ड लगे रहते हैं। जिनको कानूनी सलाह लेनी होती है, वह नियत समय पर वहाँ जाकर ले सकते हैं। भला जहाँ जज को देखते ही लोग साँस न बन्द कर लें वह भी कोई अदालत है, जहाँ जिला मजिस्ट्रेट का नाम सुनते ही आदमी की साँस ऊपर न टँग जाए, वह भी कोई जिला शासक है? सोवियत में तो बस वही एक नमूना है। गाँव के 18 वर्ष के अधिक उमर के लोगों ने मिलकर वोट दे गाँव का शासन करने के लिए अपनी सोवियत (पंचायत) चुन ली, जिसका एक मुखिया सोवियत चुन लेती है। गाँव की तरह ही तहसील (रायेन) और जिले की भी सोवियतें चुनी हुई होती हैं। लेकिन जिले की सोवियत का सभापति—जिसको हमारे यहाँ का मजिस्ट्रेट कहना चाहिए—को देखकर किसी की साँस ऊपर नहीं टँगती, बल्कि कोई भी जाकर उसके साथ बेतकल्लुफी से बात कर सकता है। रौबदाब सचमुच ही उस देश से उठ गया है। लेनिनग्राद-जैसे उच्च विश्वविद्यालय की प्रोक्तर (वाइस चांसलर) महिला को कमरे की झाड़ू देनेवाली अथवा टाइपिस्ट स्त्रियों के साथ बैठा देने पर आप पहिचान नहीं सकते कि वह प्रोक्तर है। विद्यार्थियों, अध्यापकों ही नहीं, साधारण नौकर तक भी उसको संबोधन करने में न बहुत आदाब-उलझाव का प्रयोग करते हैं, न बहुत सम्मान ही। लेकिन इसका यह अर्थ नहीं कि वहाँ सब धान बाईस पसेरी हैं। योग्य स्थान पर योग्य आदमी ही पहुँच पाता है।

26 मई को देखा, फिर शुक्ला रात्रि आ गई। 9 बजे शाम तक धूप थी। मालूम होता है, जब से दिन 18 घंटों को अपनी जेब में रख लेता है, तब से वह बाकी 6 घंटे को भी रात्रि के पेट में जाने नहीं देता। शुक्ला रात्रि में घर के बाहिर 12 बजे रात्रि को भी आप अखबार पढ़ सकते हैं। शुक्ला रात्रि दीर्घ दिन का पता देती थी। दीर्घ दिन का मतलब है सूर्य अधिक समय तक अपने प्रकाश और ताप

को फैला रहा है। लेकिन सर्दी तो अब भी गई नहीं थी। हाँ, नेवा अब मुक्त-धार बह रही थी। यह समुद्री मछलियों के अंडा देने का समय था। लेनिनग्राद में ही नेवा समुद्र में मिलती है, इसलिए अंडा देने के खयाल से करोड़ों मछलियाँ नेवा से ऊपर की ओर चढ़ आई थीं। मछुओं की पाँचों अंगुलियाँ घी में थीं, लोगों को भी सुभीता था। मछली 60 रूबल (20 रुपये) किलोग्राम (सवा सेर) लग गई थी।

मास्को में तो नाटकों के देखने में मैंने हद कर दी थी। लेनिनग्राद में उतनी जाने की इच्छा नहीं होती थी। मास्को का ओपेरा देख आए थे, पहिली जून (1946) को हम यहाँ के मालों ओपेरा थियेटर में गए, जिसमें काल्पनिक वर बैले खेला जा रहा था। ओपेरा होता तो मैं नहीं जाता या गला दबाने पर ही जाता, किन्तु बैले को तो मैं पसन्द करता था। अभिनय और नृत्य बहुत सुन्दर था। यह नाट्यशाला भी मारिन्स्की ही जैसी, किन्तु छोटी है। इसमें 7-8 सौ आदमी बैठ सकते हैं। बाहर से देखने पर तो बिलकुल साधारण घर-सा मालूम होता, किन्तु भीतर काफी अवकाश है। दर्शकों की भीड़ थी। नाटक का कथानक था : पारिवारिक बाधा के कारण तरुण-तरुणी विवाह नहीं कर पाते और दोनों अलग-अलग घर से भागकर इताली के किसी शहर में अज्ञातवास करते हैं। तरुणी पुरुष वेश में भगी थी। वह इस अज्ञातस्थान में दूसरी तरुणी के परिवार के सम्पर्क में आई। पिता उसे उपयुक्त वर समझकर अपनी पुत्री को विवाह के लिए मजबूर करने लगा। सूखने के लिए डाले कपड़े से भेद खुल गया। कुशल नृत्य प्रेमी को उसकी प्रियतमा के मरने की और नवविवाहिता को उसके नवीन वर के मरने की खबर दे देता है। दोनों छुरी लेकर आत्महत्या के लिए निकलते हैं, और एक-दूसरे को पाकर आनन्द-पारावार में डूब जाते हैं। चतुर भृत्य दूसरी लड़की का पति हो जाता है, और एक ही समय दोनों विवाह सम्पन्न होते हैं। भिन्न-भिन्न प्रकार के नृत्य नाटक की खास विशेषता थी। दोनों नायक-नायिका और उनके मित्र इस कला में बड़े निपुण थे। इतालियन नृत्य में गणनृत्य, बालनृत्य, तथा और कितने ही प्रकार के नृत्य थे। हमने तीन का टिकट लिया था, लेकिन तीसरे व्यक्ति न आने से 25 रूबल बरबाद गए।

3 जून, 1946 को सोवियत भूमि में आए मुझे। साल हो गया। आज लेखा-जोखा का दिन था। मध्य-एसिया न जा सकने के लिए दिल उदास अवश्य था। मैं चाहता था कि मध्य-एसिया जाकर अपनी आँखों देखी बातों पर एक पुस्तक लिखूँ और अपने देशभाइयों को बतलाऊँ कि पहिले हमारी-ऐसी परिस्थिति में रहा मध्य-एसिया कितनी जल्दी आगे बढ़ा है, और आगे बढ़ता जा रहा है। लेकिन वह नहीं हो पाया। मध्य-एसिया के इतिहास के सम्बन्ध में मैंने पिछले साल भर में काफी अध्ययन किया, काफी नोट लिया और आशा है कि उनके बल पर विश्वास के साथ कोई पुस्तक लिख सकूँगा।

3 जून को दिन-भर वर्षा होती रही। 4 को भी वर्षा जारी रही। 3 को सोवियत

के भूतपूर्व राष्ट्रपति कालनिन का देहान्त हो गया। उसके उपलक्ष्य में 4 को सारे नगर की तरह यूनिवर्सिटी ने भी शोक मनाया! शोक सभा हुई। कालनिन ने वृद्धपन के कारण कुछ ही समय पहिले हुए चुनाव के बाद राष्ट्रपति पद नहीं सँभाला था। वह बहुत जनप्रिय थे। एक साधारण साईस और मजूर की स्थिति से बढ़ते-बढ़ते वह राष्ट्रपति बने थे। जून के प्रथम सप्ताह के बाद यूनिवर्सिटी में मेरे पढ़ाने का काम खतम-सा हो गया था, इसलिए पुस्तकालय या और जगह कोई काम होने पर ही मैं वहाँ जाता था, नहीं तो अधिकतर घर पर रहकर ही पुस्तकें पढ़ता रहता।

मध्य-एसिया-यात्रा का भूत उतर गया था, लेकिन मध्य-एसिया-इतिहास का भूत सिर पर चढ़ा रहता ही था। ताल्स्तोफ से कितनी ही बातें मुझे मालूम हुईं, और कितनी ही अपनी कल्पनाओं की सत्यता का पता लगा। 13 जून को मैं मध्य-एसिया के इतिहास के एक दूसरे विशेषज्ञ प्रो. बेर्नश्लाम के पास गया। पता कुछ ऐसा ही वैसा था, लेकिन मैंने कोशिश करके किसी तरह उनके घर को ढूँढ़ निकाला। यदि स्थान पहिले से ही निश्चित होता; तो ढूँढ़ते-ढाँढ़ते निश्चित समय से पौन घंटा बाद उनके पास जाने का अपराधी न होता। डॉक्टर बेर्नश्ताम और उनकी पत्नी दोनों ही पुरातत्त्व और इतिहास के विशेषज्ञ हैं। ढाई घंटे तक किरगिजिया और कजाकस्तान के बारे में बातचीत होती रही। उन्होंने बतलाया कि सोवियत काल में वहाँ बहुत जगह खुदाइयाँ हुई हैं, और बहुत-सी ऐतिहासिक चीजें मिली हैं।

पुरापाषाण युग—इस युग के हैडलवर्गीय (मूस्तेर) मानव के हथियार दक्षिणी उज्बेकिस्तान (तेशिकताश) के अतिरिक्त समरकन्द और कुदाई (इर्तिश-उपत्यका) में भी मिले हैं। ऊपरी पुरापाषाण युग के सलातुर-मर्दालन मानव के भी हथियार कोपितदाग (तुर्कमानिया) और हिसारताग (उज्बेकिस्तान) में प्राप्त हुए।

सूक्ष्मपाषाण (मैक्रोलिथ)—इस युग के यायावरों के हथियार दक्षिणी कजाकस्तान में तुर्किस्तान-शहर, अरालतट, सिर-उपत्यका, कराताउ, म्युनकम (जम्बुक के पास), वेत्पकदला (अल्माअता के पास) में मिले हैं।

नव पाषाणयुग—इस काल के हिन्दू-यूरोपीय मानव के कपाल और हथियार एलातान (फरगाना), अनौ (तुर्कमानिया) और ख्वारेज्म से मिले हैं। उन्होंने यह भी बतलाया कि ख्वारेज्म-जैसे कपाल मध्य पाषाण युग के घुमन्तुओं और नवपाषाण युग के कृषकों में भी पाए गए हैं।

सप्तसिन्धु में सप्त, जान पड़ता है, हिन्दू-यूरोपीय, या शकार्य जाति के 'सप्त' शब्द और नदियों के प्रेम को बतलाता है। भारतीय आर्यों के देश को ईरानी लोग सप्त सिन्धु कहा करते थे, जोकि सिन्धु और उसकी छह शाखा नदियों का पर्याय था। मुस्लमानों ने सप्तसिन्धु को 'पंजाब' नाम दिया, लेकिन उससे पहिले ही शायद ताजकिस्तान का पंजाब मौजूद था। उत्तरी मध्य-एसिया में भी सप्तसिन्धु मौजूद है, जिसका पर्याय तुर्की में भी कुछ होगा, जिससे कि रूसियों ने उसका अनुवाद

सेमीरके (सप्तनद) किया। हमने भी अपने इतिहास में सप्तसिन्धु को भारत के लिए छोड़कर इसके लिए सप्तनद इस्तेमाल किया है। डॉक्टर वेर्नशताम के कथनानुसार यह सात नदियाँ हैं—अरिस, अतल, चू, इली, कोकसु कराताल, लेप्सा और यागूज। यह सभी नाम तुर्की हैं, जिसमें चू और सू जल और नदीवाचक शब्द हैं। कोकसु का अर्थ है नीलनद और कराताल का काला समुद्र।

छठी सदी से लेकर दसवीं-ग्यारहवीं-बारहवीं शताब्दी तक के बहुत-से बौद्ध अवशेष सप्तनद में मिले हैं। चू-उपत्यका में क्रुन्जे के पास अस्सिकअता में बारहवीं शताब्दी तक बौद्धों के निवास थे, यह वहाँ के पुरातात्त्विक अवशेषों से पता लगता है। सारिग (क्रास्नयारेचुकालोहित नदी) की उपत्यका में भी छठी सदी के बौद्ध भित्तिचित्र और मानी धर्म के भित्तिचित्र मिले हैं। बलाशागून में भी बुद्ध की मूर्तियाँ मिली हैं। तलस में छठी-सातवीं सदी के मानी धर्मी अवशेष मौजूद हैं। सप्तनद में नेस्तोरी ईसाइयों की बहुत-सी मुहरें तथा दूसरी चीजें प्राप्त हुई हैं। डॉक्टर बेर्नशताम ने बहुत से फोटो दिखलाए, जिनमें एक सातवीं-आठवीं सदी की एक पीतल की बौद्ध मूर्ति पर उत्कीर्ण था—"देयधर्मोयं श्री" साफ पढ़ा जा रहा था। उन्होंने बतलाया कि और भी अभिलेख वहाँ से प्राप्त हुए हैं। बौद्ध सामग्री के परिचय में वह चाहते थे कि मैं सहायता करूँ। मैंने भी अपने मध्य-एसिया सम्बन्धी अनुसन्धानों के बारे में कहा और आधुनिक जातियाँ किस तरह प्राचीन जातियों के विकास और सम्मिश्रण से बनीं, इसे भी बतलाया। उन्होंने उसे युक्ति-युक्त बतलाया। डॉ. ताल्स्तोफ की तरह डॉ. बेर्नशताम भी बहुभाषाविद्, बहुश्रुत, विद्याप्रेमी पंडित पुरुष हैं। रूसी विद्वानों में मुश्किल से कोई मिलता है, जो कि अंग्रेजी या दूसरी विदेशी भाषा में अपने विचारों को प्रकट कर सके। असल में बोलना अभ्यास से आता है लेकिन ये विद्वान अंग्रेजी, फ्रेंच और जर्मन का इतना काफी ज्ञान रखते हैं कि अपने विषय-सम्बन्धी शोध-पत्रिकाओं और ग्रंथों को पढ़ सकते हैं।

14 जून को पुश्किन-तियात्र में बर्नार्ड शा का नाटक *पिगमेलियन* देखने गए। रूसी स्वदेशी का कोई भेदभाव किये बिना कला के साथ प्रेम दिखलाते हैं। इसके कहने की आवश्यकता नहीं कि यह शा के नाटक का रूसी अनुवाद था, जिसको रंगमंच पर खेला गया। हॉल खचाखच भरा था। लोला-जैसी कितनी ही महिलाओं को वह उतना पसन्द नहीं आया। बूर्ज्वा समाज पर शा ने बड़ी तीखी बाण-वर्षा की थी, इसलिए भूतपूर्व मध्यवर्गीय विचारधारा के पोषक उसे कैसे पसन्द करते? भीख माँगने के लिए फूल बेचनेवाली लन्दन की एक लड़की सिखा-पढ़ाकर लेडी बना दी जाती है। अब जैसा जीवन उसे बिताना पड़ता है, उसको अनुभव करने के बाद कहती है—"मैं फूल बेचा करती थी, लेकिन अपने को तो नहीं बेचती थी।" लेडी बन जाने के बाद वह बिना अपने को बेचे जीवन नैया को खे नहीं सकती थी। मुझे नाटक और अभिनय दोनों बहुत पसन्द आए।

15 जून को अपने साढ़े चार सौ रूबल के विशेष राशनकार्ड से अपने लोगों की विशेष दुकान में चीज खरीदने गए। वहाँ से बहुत-सा सामान लिया। दुकान त्रामवाय तक सौ गज से ज्यादा नहीं रहा होगा, कुली करते तो नाहक 10-15 रूबल चले जाते और फिर त्रामवाय छोड़ अपने घर आने में भी उतना ही पैसा देना पड़ता। शायद पैसे की उतनी परवाह नहीं थी, लेकिन दूसरे प्रोफेसरों और अध्यापकों को देख रहे थे, वह भी 20-25 किलोग्राम का बोझा उठाए आनन्द से चले जा रहे हैं, तो हमीं क्या घास-फूस के बने हुए थे? रास्ते में मास्को के परिचित रोमन-तियात्र के एक अभिनेता मिल गए। उन्होंने बतलाया कि आजकल हमारी नाटक मंडली यहीं आई हुई है। उन्होंने आने के लिए बहुत आग्रह किया। वह लोग अस्तोरिमा होटल में ठहरे हुए थे।

16 जून के भारतीय रेडियो से वायसराय की घोषणा सुनी, जिसमें उनकी कार्यकारिणी (मंत्रिमंडल) का भार कांग्रेस, लीग, सिक्ख और ईसाई प्रतिनिधियों के हाथ में सौंपा जानेवाला था। कांग्रेस की ओर से थे—जवाहरलाल नेहरू (उत्तर प्रदेश), राजगोपालाचार्य (मद्रास), बल्लभ भाई पटेल (बम्बई), म.प. इंजीनियर (बम्बई), राजेन्द्रप्रसाद (बिहार), जगजीवनराम (बिहार), हरेकृष्ण महताब (उड़ीसा) और लीग के थे—मुहम्मद अली जिन्ना, लियाकत अली (उ.प्र.), मुहम्मद इस्माइल (उ.प्र.), नजीमुद्दीन (बंगाल), अब्दुर्रब नश्तर (सी.प्रा.), सिक्ख प्रतिनिधि बलदेवसिंह (पंजाब) और ईसाई थे जान मथाई (मद्रास)।

मुस्लिम लीग पाकिस्तान के सवाल को लेकर तनी हुई थी, इसलिए वायसराय ने घोषित कर दिया था कि यदि कोई पार्टी इनकार करेगी तो उसके स्थान पर दूसरे आदमी नियुक्त कर दिए जाएँगे।

राष्ट्रीय मंत्रिमंडल भारत में समाजवाद स्थापित करेगा, या आर्थिक समस्याओं को हल करेगा, इसकी सम्भावना तो थी नहीं, किन्तु गोरे हाथों से काले हाथों में यदि शासन चला आए तो क्रान्तिकारी शक्तियों को सीधे लड़ाई लड़ने में बहुत सुभीता हो जाता, इसलिए विदेशी काँटे को रास्ते से निकलना अच्छी बात थी, इसे मैं मानता था। 17 जून की सूचनाओं से मालूम हुआ कि कांग्रेस और लीग ने अभी अपना निश्चय प्रकट नहीं किया। निश्चय करने में काफी समय लगा, लेकिन यह तो मालूम हो गया कि अंग्रेज शासक युद्धपूर्व की स्थिति में लौट नहीं सकते।

20 जून को अस्तोरिया होटल गए। वहाँ से कुछ अंग्रेजी पत्रों को लेना था। कुछ चिट्ठियाँ हवाई डाक से भेजना चाहते थे, लेकिन अभी हवाई डाक का कोई इन्तिजाम नहीं था। हवाई डाक से भी उसे लन्दन होकर जाना पड़ता और दोहरे-तिहरे सेंसर भी काफी समय लेते। वहीं हमारी सिगान नाटक मंडली के कलाकारों नीकोलाय नरोज्नी, लीना इवानोव्ना चीजेन्को तथा दूसरों से बड़ी देर तक बातें होती रहीं। उस वक्त तक मैंने सिगान भाषा के सम्बन्ध में कुछ पुस्तकें

पढ़ ली थीं, और हिन्दी तथा सिगान के सम्मिलित सौ के करीब शब्द मेरे पास थे। पहिले उन लोगों का विश्वास नहीं था कि उनका भारत से कोई सम्बन्ध है। अब वह देख रहे थे कि मैं और वह एक ही रंग रूप के थे। जब मैंने उन शब्दों को पढ़कर सुनाया जो रूसी में नहीं हैं, और हिन्दी में जैसे के तैसे मिलते हैं तो उन्हें विश्वास हो गया कि वह भी इन्दुस (हिन्दू) हैं। फिर उन्होंने भारतीय सिगानों के बारे में पूछा। उनकी भाषा, संस्कृति, शिक्षा, पेशा, नृत्य-संगीत आदि के बारे में कितने ही प्रश्न किये, लेकिन मैं अपने देश में यहाँ के सिगानों के सम्पर्क में कभी-कभी जेल में आया था और वहाँ भी मैंने इन बातों के सम्बन्ध में विशेष पूछताछ नहीं की थी। लीना एक प्रौढ़ा अभिनेत्री थी। सिगान नाटक मंडली की स्थापना में उनका विशेष हाथ रहा और आज भी वह मंडली की ज्येष्ठा समझी जाती थीं। वहाँ उनके साथ दो तरुण अभिनेत्रियाँ भी थीं, जिनमें से एक असाधारण सुन्दरी तथा भौंहों, बालों, चेहरे पर मधुर सौन्दर्य के साथ अधिक गोरी भारतीय लड़की जैसी मालूम होती थी। उन्होंने यह विश्वास हो जाने पर कि भारत की मिट्टी से उनका बहुत घनिष्ठ सम्बन्ध है, भारतीय कला के बारे में पूछा और यह भी कि भारतीय कलाकार यहाँ क्यों नहीं आते? मैंने कहा—अंग्रेजों का राज्य हटने दीजिए फिर भारतीय कलाकार भी यहाँ आएँगे, और आप लोगों को भी तो जाना चाहिए। लीना ने अपनी परम सुन्दरी लड़की की ओर देखकर विनोद करते हुए कहा—मैं तो चाहूँगी अपनी बेटी को किसी इन्दुस् से ब्याह दूँ। मैंने कहा—हमारे यहाँ तो अभी तक विवाह करने का अधिकार माता-पिता को ही है, यहाँ क्या यह तुम्हारी लड़की इस तरह के कन्यादान को पसन्द करेगी। इस पर लड़की ने कहा—हाँ, मैं इन्दुस् को पसन्द करूँगी। वस्तुत: सिगानों के रंग और मुखमुद्रा में भारतीयों से अब भी इतनी समानता है कि बाज वक्त लोग मुझे भी सिगान समझ लेते थे। ईगर को तो उसके साथी लड़के-लड़कियाँ जब सिगान नहीं कहते थे, तो यूरेई (यहूदी) कहते थे, जिसका वह सदा प्रतिवाद करते हुए अपने को इन्दुस् कहता था। एक दिन मैं सांस्कृतिक उद्यान में घूम रहा था। वहाँ दो सिगनियाँ मिलीं। उनमें से एक ने कहा—हाथ दिखा लीजिए। मैंने कहा—क्या रोमनियाँ रोम का भी हाथ देखा करती हैं? उसकी सखी ने कहा—हाँ, देख नहीं रही है, हमारे रोम (डोम) तो हैं। फिर उन्होंने कितनी ही बातें पूछीं और उनकी बातों से मालूम हुआ कि अब भी हाथ दिखलानेवाले उन्हें कुछ मिल जाते हैं। पहिले सांस्कृतिक उद्यान के पास ही उनका एक छोटा-सा मुहल्ला बसता था, जिसमें इधर-उधर घूमकर वह आके रहा करते थे, लेकिन अब वह मुहल्ला उजड़ गया है। नवशिक्षित सिगान तरुण-तरुणियाँ अब सोवियत के साधारण जन-समुद्र में मिलते जा रहे हैं। यदि वह मुहल्ला रहता तो मुझे तो अवश्य फायदा होता, मैं उनके यहाँ कुछ समय देकर बहुत-सी बातें जान सकता था।

23 जून को ईगर कहीं से एक छोटी बिल्ली पकड़ लाया। वह जल्दी ही घर की बन गई, लेकिन खाती थी केवल मांस, रोटी को तो छूती भी नहीं थी। भला ऐसी महँगी बिल्ली को कौन रखता। कुछ ही समय बाद वह जिसकी थी, उसके पास चली गई।

उस दिन इतवार था। हमारे साथी अध्यापक व्लादीमिर इवानोविच कलियानोफ के यहाँ दावत थी। ईगर और लोला के साथ हम वहाँ गए। भोजन के उपरान्त प्याले आए। ऐसे तो ईगर कह देता था : मेरे पापा नहीं पीते, इसलिए मैं भी नहीं पीता; लेकिन आज मंडली में वह भी शामिल हो गया और चषक के लिए आग्रह करने लगा। जब कुएँ में ही भाँग पड़ी हो तो बच्चा कैसे अपने को रोक सकता था। लेकिन कलियानोफ ने लाल रंग के शरबत को शराब कहकर उसके हाथ में दे दिया। थोड़ी ही देर में लोग कहने लगे : ईगर तेरी आँखें लाल हो गई हैं। वह भी अनुभव करने लगा कि नशा चढ़ने लगा है।

रात के एक बजे हम घर लौटे। वस्तुत: अब वह रात थी ही कहाँ? आधीरात को भी हम लाल रंग को पहिचान सकते थे। यह शुक्ला रात्रि का मौसम चल रहा था।

25 जून को एक दिन के विश्राम का टिकट लेकर हम किराफ संस्कृति उद्यान में गए। खाने में अभी कोई अन्तर नहीं आया था, वह फीका-फीका था। वहीं काली रोटी, वही काली खिचड़ी (कासा) और वही फीकी चाय। आजकल मास्को की रोम (सिगान) नाटक मंडली उद्यान के थियेटर में अपना खेल दिखा रही थी। नाटक का नाम था *गुरुसिंका*। हमारे टिकट में दर्ज स्थान रंगमंच से बहुत दूर था, लेकिन सिगान मंडली तो अपनी थी, इसलिए अभिनेताओं ने हम तीनों को पहिली पंक्ति में ले जाकर बैठा दिया। 3 घंटे नाटक देखते रहे। 11 बजने लगा, तो घर जाने का भी खयाल आया, इसलिए बिना अन्त तक देखे ही वहाँ से चल पड़े। ईगर को तो तरुण सिगानुच्काओं ने इतना मोह लिया था कि वहाँ से हटने का नाम नहीं लेता था। इस नाटक में भी सिगान जीवन को ही दिखलाया गया था। पुराने ढंग की सिगान स्त्रियों की पोशाक पश्चिमी उत्तर-प्रदेश की स्त्रियों के घाघरे और सलूके जैसी थी। चाँदी के सिक्कों की माला गले में ही नहीं, बल्कि सिर से भी लटकती थीं।

29 जून को इतनी वर्षा हुई कि मालूम होता था भारत के वर्षा के दिन आ गए हैं। हमारे घर के पिछवाड़े की क्यारियों में लोग साग-सब्जी बोए हुए थे। शाम को सभी अपनी-अपनी बाल्टियों में पानी भरे, फावड़ा हाथ में लिये वहाँ पहुँच जाते थे। वर्षा हो जाने से अब पानी देने की आवश्यकता नहीं थी। चारों ओर साग-सब्जी की हरियाली दिखाई पड़ रही थी।

जून के अन्त में अब ग्रीष्म कालीन दो महीने की छुट्टियाँ आ गई थीं। अब की गर्मी बिताने के लिए हमने यूनिवर्सिटी के विश्रामोपवन तिरयोकी जाने का

निश्चय किया था। अभी वहाँ इतना स्थान नहीं था कि अधिक संख्या में लोगों को स्थान दिया जा सके। लेकिन सभी अध्यापक या विद्यार्थी तिरयोकी ही जाना भी नहीं चाहते थे। कितने ही काकेशस और क्रीमिया और कुछ बाल्तिक समुद्रतट पर जाने की फिकर में थे। विद्यार्थियों में भी कितने ही अपने घरों में जाकर छुट्टियाँ बिताना चाहते थे, विशेषकर कमाल की तरह के मध्य-एसिया, साइबेरिया और सुदूर स्थानों के विद्यार्थी दो महीने की छुट्टियों को अपने लोगों में बिताना अधिक पसन्द करते थे। मुझे और लोला को तिरयोकी का टिकट मिलने में कोई कठिनाई नहीं थी, लेकिन बच्चों के लिए अभी तिरयोकी में स्थान नहीं था। अन्त में प्रबन्धक राजी हो गए कि हम अपने साथ उनको रख सकते हैं। लोला को हरेक काम ठीक चलने के समय याद आता था। पहिले से ईगर के लिए ओवरकोट नहीं सिलवाया था। पहिली जुलाई को रात भर बैठकर वह ओवरकोट सिलवाती रही। रूस में जाड़ों के लिए ही नहीं, गरमियों के लिए ओवरकोट की जरूरत होती है, क्योंकि माघ-पूस का महीना तो वहाँ बराबर बना रहता है; हाँ, गरमियों का ओवरकोट पतला होता है। मैंने कहा था कि अपनी परिचिता सीनेवाली को दे दो, लेकिन वहाँ तो पेरिस के फैशन का खयाल था। अन्त में वही करना पड़ा, खुद रात भर जागी और बेचारी जीना कन्स्तन्तिनोवा को भी जगाकर कोट सिलवाया। हमें साढ़े आठ बजे की बस (2 जुलाई) को पकड़नी थी, जो सीधे तिरयोकी पहुँचाती, लेकिन इतनी जल्दी तैयारी कहाँ हो सकती थी? बस का खयाल छोड़ना पड़ा और हम लोग फिनलैंड स्टेशन पर पहुँचे। मास्को और लेनिनग्राद में गन्तव्य स्थान की ट्रेनों के ठहरने के स्थान को उस नाम से पुकारते हैं। फिनलैंड स्टेशन से पुराने जमाने में फिनलैंड को रेल जाती थी। आजकल फिनलैंड रूस से अलग है, शायद ही कोई सीधे ट्रेन लेनिनग्राद से फिनलैंड जाती हो, लेकिन उसकी सीमा तक तो वह अवश्य जाती है। ग्रीष्मावकाश के दिन थे। विश्रामोपवनों में भारी संख्या में लोग जा रहे थे। बसें भी ढो रही थीं, और स्टेशन पर भी मेला लगा हुआ था, लेकिन टिकट कई जगह बिक रहे थे, इसलिए मिलने में ज्यादा दिक्कत नहीं हुई। हम अपनी गाड़ी में चढ़ गए। यह दूर जानेवाली गाड़ी नहीं थी, इसलिए सारी सीट के रिजर्व करने का सवाल नहीं था। गाड़ी का डब्बा बिना गद्दे का था। गाड़ी में बैठने के बाद कुछ समय तक इन्तिजार करना पड़ा, फिर 1 बजे वह रवाना हुई। हमारी यात्रा दो घंटे की थी।

तिरयोकी में

युद्ध से पहिले तिरयोकी फिनलैंड की भूमि में था। 1940 में फिनलैंड की सीमा लेनिनग्राद से 14-15 मील पर थी, जिसे हमारी ट्रेन आधा घंटे में ही पार हो गई। लेनिनग्राद शहर से इतनी नजदीक एक अमित्र सरकार की भूमि रहने से खतरा था, इसीलिए रूस ने चाहा था, भूमि के बदले ड्योढ़ी भूमि लेकर फिनलैंड अपनी सीमा को कुछ दूर हटा ले, लेकिन फिनलैंड ने इसे स्वीकार नहीं किया। जर्मनों का खतरा सामने देखते हुए, रूसियों को हथियार उठाना पड़ा। तिरयोकी और आगे बिपुरी तक युद्ध की ध्वंसलीला के चिह्न अब भी बहुत दिखाई पड़ रहे थे। स्टेशनों और बस्तियों की इमारतें ध्वस्त थीं। उस समय की भीषण गोलाबारी में प्रकृति को भी बहुत हानि उठानी पड़ी थी, लेकिन उसने अपने सौन्दर्य को फिर से स्थापित करने में बड़ी शीघ्रता से काम लिया। लेनिनग्राद के शहर से निकलते ही पहिले कुछ खेत और बस्तियाँ आईं। फिनलैंड की पुरानी सीमा में घुसते ही वह दृश्य सामने आया, जिसके लिए फिनलैंड विख्यात है। चारों ओर देवदार और भुर्ज के हरे जंगल थे, घास की हरियाली भी फैली हुई थी, नाना प्रकार के सुन्दर फूल खिले हुए थे। जहाँ-तहाँ जल और छोटी-छोटी नदियाँ दिखाई पड़ती थीं। यह सौन्दर्य लेनिनग्राद के बाहर से शुरू हुआ, और आगे बढ़ते हुए अपनी चरम अवस्था को पहुँचा। रेल का किराया 2 रूबल 20 कोपेक था, बच्चों का रिकाया केवल 55 कोपेक। प्रकृति के सौन्दर्य को देखते हुए हम अन्त में तिरयोकी स्टेशन पर पहुँचे। वहाँ पर यूनिवर्सिटी की बस आई हुई थी—बस क्या खुली लारी थी, जिस पर बेंचें लगा दी गई थीं। अभी लड़ाई का प्रभाव था, लेकिन हमारे लौटते समय कुछ नई बसें भी काम में आने लगी थीं। थी तो यूनिवर्सिटी की बस, लेकिन किराया तो देना ही था। 5-5 रूबल देकर हम आघ घंटे में स्टेशन से अपने विश्रामोपवन में पहुँचे, जो वहाँ से सात-आठ किलोमीटर था। यह महावन आदिकाल से कभी उच्छिन्न नहीं हुआ था। स्टेशन के पास बाजार था, उसके बाद बस्तियों का अभाव

था और ऊँची-नीची पहाड़ी जैसी धरती पर घने जंगलों के बीच से सड़क चली गई थी। समुद्र के किनारे के घने देवदार-वनों को मीलों तक भिन्न-भिन्न संस्थाओं ने आपस में बाँटकर वहाँ अपने विश्रामोपवन स्थापित किये थे। यूनिवर्सिटी ने भी दस हजार एकड़ के करीब जंगल घेरा था। हमारे पास ही इन्तूरिस्त ने भी अपना विश्रामोपवन कायम किया था और लड़कों-लड़कियों (प्योनीर, प्योनिर्काओं) के तो कई दर्जन सैनिटोरियम यहाँ मौजूद थे। लेनिनग्राद या बिपुरी की तरफ मीलों चले जाइए, जंगल के बीच में उसी तरह के कितने ही विश्रामोपवन मौजूद थे।

यूनिवर्सिटी का विश्रामोपवन वस्तुत: प्राकृतिक जंगल था। प्रकृति की शोभा को बिगाड़ने की कम से कम कोशिश की गई थी। इसी वन में जहाँ-तहाँ कुछ छोटी-बड़ी इमारतें थीं, जिनमें अधिकांश काष्ठ की थीं, और सोवियतकाल से पहिले की अर्थात फिन लोगों की बनाई हुई थीं। तिरयोकी जारशाही काल में भी अपने प्राकृतिक सौन्दर्य के लिए प्रसिद्ध थी, इसलिए धनी लोगों ने यहाँ अपने लिए बँगले बनवा रखे थे। विश्वविद्यालय के उपवन की इमारतें भी अधिकतर उसी समय की बनी हुई थीं। नई इमारतों के बनाने की योजना तो बन चुकी थी, लेकिन अभी नगर में काम अधिक होने के कारण यहाँ काम बहुत कम शुरू किया गया था। हम पहिले प्रबन्ध-कार्यालय में गए। पता लगा लोला बिना अनुमतिपत्र के ही ईगर को अपने साथ लाई थी। दीना गोल्दमान ने अपने लड़के का प्रबन्ध बालोद्यान में कर दिया था। बालोद्यानवाले ऐसे समयों में अहोरात्र के लिए लड़कों को ले लेते हैं, लेकिन लोला बेचारी अपने बच्चे को आँखों से दूर रखने के लिए तैयार नहीं थी, इसलिए अनुमति मिले या न मिले, वह अपने साथ उसे लेती आई थी। मैंने मन में कहा—कांगरू माता की जिम्मेवारियाँ वही जानती है। मुझे यह जानकर कुछ बुरा तो लगा, लेकिन चारा क्या था। प्रबन्धकों ने साथ रहने के लिए इजाजत दे दी, लेकिन कहा कि खाने का प्रबन्ध स्वयं करना पड़ेगा। लोला से यह भी नहीं हो सका था कि शहर से चलते वक्त कुछ खाने की चीजें और रोटी लाई होती। नाम लिखा गया, फिर उपवन के छोटे से चिकित्सालय में डॉक्टर ने भी परीक्षा करके वजन आदि के साथ कितनी ही बातें अपने रजिस्टर में लिखीं।

हमें तो यहाँ गंगोत्री की जड़गंगा के किनारे का वह रम्य देवदार वन याद आ रहा था, जिसे तीन वर्ष पहिले हमने देखा था। उसी तरह देवदार की घनी छाया थी, उसी तरह देवदार की भीनी-भीनी सुगंध आ रही थी, यद्यपि यहाँ 10 हजार फुट ऊँचा पहाड़ नहीं था, बल्कि हम फिनलैंड खाड़ी समुद्र के तट पर थे। वृक्षों में यहाँ देवदार-जातीय केलू अधिक थे। भुर्ज भी नजदीक में नहीं थे। ऑफिस के कामों से छुट्टी पाते तक हमारा सामान, हमारे कमरे में पहुँचा दिया गया। कमरा कहना उस शब्द का अपमान करना होगा। वस्तुत: वह बड़ी-बड़ी दियासलाई के दोमंजिला डब्बों जैसा लकड़ी का दरबा था। सँभलकर न चलने पर सिर में

टक्कर लगने का भी डर था। उद्यान में कुछ इमारतें अच्छी भी थीं। उनके कमरे बड़े-बड़े थे, लेकिन वह एक-एक आदमी को नहीं दिये जा सकते थे। उनमें से कुछ भोजनशाला के रूप में परिणत किये गए थे, और कितनों में एक-एक दर्जन चारपाइयाँ रखकर अधिक आदमियों के विश्राम का इन्तिजाम किया गया था। हमें अलग कोठरी लेनी थी, सो कोठरी मिली। वह 5 हाथ लम्बी और 5 हाथ चौड़ी थी, जिसमें दो पतली-पतली लोहे की खाटें पड़ी थीं, सिरहाने एक छोटी-सी मेज और एक कुर्सी रख दी गई थी। इतनी छोटी होने पर भी जाड़े में गरम करने का इन्तिजाम था। तिरयोकी में जाड़ों में भी लोग आया-जाया करते हैं। हमारे छात्र-छात्राओं में से भी कुछ यहाँ दिसम्बर में चन्द दिनों के लिए आए थे। देवदार की लकड़ियों का मकान तो बुरा नहीं होता और यदि वारनिश न हो, तो एक तरह की उससे सुगन्ध आती है। हमें ऊपरी मंजिल पर कोठरी मिली थी। कोठरी की दो पतली चारपाइयाँ तीन प्राणियों के लिए थीं। कोठरियों का द्वार एक पतले-से बरांडे की ओर खुलता था, जिसके एक सिरे पर नीचे उतरने की सीढ़ी थी। कोठरी में जँगला काफी बड़ा था, इसलिए हवा की कमी नहीं थी। कुछ वृक्षों के बीच से एक ओर समुद्र लहरें मार रहा था। यहाँ के समुद्र का जल उतना खारा नहीं था।

भोजन तीन बार मिलता था। आठ से दस बजे तक प्रातराश का समय था। भोजनशाला में सभी एक साथ नहीं बैठ सकते थे, इसलिए कई टोलियों में होकर अपनी निश्चित मेज पर बैठ जाते थे। मध्याह्नोत्तर एक से तीन बजे तक मध्याह्न-भोजन और सात से नौ बजे तक रात्रि-भोजन। भोजन सुस्वादु नहीं था, इसकी सभी शिकायत कर रहे थे। लड़ाई के समय जो अभाव और अव्यवस्था हुई, वह अभी तक ठीक नहीं हो सकी थी। पाचिकाएँ कहती थीं : हमें उतनी और वैसी सामग्री नहीं मिल रही है। कुछ महिलाएँ कह रही थीं : यह स्वयं खा जाती हैं।

मनोरंजन का प्रबन्ध अच्छा था। समुद्र में तैरना और बालू पर धूप लेना, देवदार के जंगलों में मीलों घूमना तो था ही, इनके अतिरिक्त यहाँ क्लबघर की शाला में सौ कुर्सियाँ पड़ सकती थीं। वहाँ छात्र-छात्राएँ, अध्यापक-अध्यापिकाएँ दिन में जाकर अखबार और पुस्तकें पढ़ सकते थे, शतरंज खेल सकते थे। शाला शाम के बाद नृत्य और गीत के अखाड़े के रूप में परिणत हो जाती थी। हमारे पास-पड़ौस में कितनी ही दूसरी संस्थाओं के भी उपवन थे। भारत में यदि पुरी के समुद्र और गंगोत्तरी की भैरवघाटी को इकट्ठा कर दिया जाए, तो यह प्राकृतिक सुषमा मिल सकती है।

दिन में थोड़ा ही सोए, रात को खूब सोना ही था, लेकिन रात थी कहाँ? यहाँ 10 बजे शाम तक तो सूर्य की पीली-पीली किरणें देवदार के शिखरों पर झलकती रहीं, फिर बेचारी गोधूलि आई, सूर्यास्त हुआ; लेकिन उसके बाद ही उषा आ पहुँची।

3 जुलाई को तिरयोकी आकर अब हम प्रकृतिस्थ हो गए थे। दो व्यक्तियों के भोजन का प्रबन्ध था, उसी पर तीनों का गुजारा करना मुश्किल था, इसलिए एक के भोजन का अन्वेष करना जरूरी था। किसी ने आशा दिलाई कि शायद राशन की काली रोटी मिल जाए। काली रोटी कहने से पाठकों को एक प्रकार की दुस्वादु रोटी याद आएगी। हाँ, ऐसी भी रोटी है, लेकिन रूस में एक और भी कोयले जैसी काली रोटी होती है, जिसको एक बार खा लें तो मुँह से छूटेगी नहीं, वह इतनी सुमिष्ठ होती है। खैर, रोटी की चिन्ता थी और वह हमारी अपनी गलती से, क्योंकि अतिरिक्त राशनकार्ड में हमें बहुत रोटी मक्खन, मांस-मछली तथा दूसरी चीजें मिलनी थीं, जिन्हें हम लेनिनग्राद से साथ ला सकते थे। यदि विश्वविद्यालय की लॉरी में आते, तो यहाँ उपवन के फाटक के भीतर तक वह पहुँचा देती। लेकिन अब तो फिर वहाँ से जाकर लाना था।

हमारे आगे पश्चिम की ओर समुद्र था जिसके आगे कुछ कगार-सा था, जिसके बाद यह देवदारों का जंगल कुछ समतल भूमि पर था। क्लबघर करीब-करीब समुद्र तट पर था। बालू उसके बिलकुल पास तक चली आई थी। इसके बाद हजारों वर्ष के प्राकृतिक परिवर्तन से एक के बाद एक छोटी-छोटी पहाड़ियों की समतल सीढ़ियाँ-सी बन गई थीं, जिनके ऊपर देवदार के जंगल खड़े थे। हमारे फाटक के बाहर ही लेनिनग्राद जानेवाली सड़क थी। यूनिवर्सिटी का उपवन सड़क की दोनों तरफ था। सड़क पर चलना मुश्किल था, क्योंकि अभी सड़क पक्की करके कोलतार नहीं किया गया था, जिसके कारण लॉरियाँ धूल उड़ाती चलती थीं। इसीलिए सड़क के किनारे से टहलना और धूल फाँकने का प्रयत्न करना एक ही था। टहलने को समुद्र के तट पर भी चल सकते थे, किन्तु वहाँ रास्ते में डले और पत्थर बहुत थे, भूमि भी ऊबड़-खाबड़ थी, इसलिए चलना सुखद नहीं था। हाँ, सड़क के ऊपर की कम चलती एक दूसरी सड़क टहलने के लिए बहुत अच्छी थी। वन में मलीना और जैम्ल्यान्का (स्ट्राबेरी) के फूल फूल चुके थे, और जाने से पहिले यह खट-मीठे फल मिलनेवाले थे। खुम गुच्छियों की फसल अगस्त में आनेवाली थी, जबकि हम यहाँ से चले गए रहेंगे।

हमारे बासे से समुद्र की ओर देखने पर उसके भीतर गंधर्व नगर की तरह दूर क्रोन्स्तात् का मशहूर सामुद्रिक अड्डा था। जर्मन चारों ओर प्रहार करते हार गए, लेकिन वह अजेय क्रोन्स्तात् को नहीं ले सके। खाड़ी बहुत उथली थी, बहुत दूर चले जाने पर भी पानी कमर-कमर तक ही मिलता था, जिससे तैरनेवालों को बहुत आगे जाना पड़ता। नीचे बालू अगर होती तो चलने में अच्छा रहता, किन्तु पानी में पत्थरों के ढेले ऊबड़-खाबड़ बिछे हुए थे। हमारा काम था दिन में एक या दो मर्तबे समुद्र स्नान करना, कभी क्लब की छोटी लाइब्रेरी में जाकर अखबार पढ़ना या दूसरों को नाचते-गाते मनोविनोद करते देखना। हमने यह बहुत जानने

की कोशिश की कि फिन लोगों ने इन इमारतों को किस अभिप्राय से बनाया था, लेकिन फिनलैंड की लड़ाई के समय ही यहाँ के जितने फिन-नौकर-चाकर या आस-पास की बस्तियों के किसान थे, सभी अपने संकुचित होते हुए देश की ओर भाग गए। सौभाग्य से एक नौकरानी—जो बारहों महीना यहीं रहती थी, और हमारी कोठरी के नीचे रहती थी—उस युग को भी देख चुकी थी। उससे पता लगा कि पहिले यहाँ फिन लोगों का एक होटल और रेस्तराँ था। जिन दियासलाई के दरबों में हम लोग रह रहे थे, उनमें अतिथियों के लिए वेश्याएँ रखी जाती थीं। मेहमान अलग-अलग बँगलों में रहते थे, मैनरहाइम-राज्य में इस उपवन की यह स्थिति थी। यह भी प्रश्न होता था कि यहाँ के मकान युद्ध में क्यों नहीं ध्वस्त हुए? शायद यहाँ जमकर लड़ाई नहीं हुई, लेकिन आस-पास घूमने पर मालूम हुआ कि ऐसी बात नहीं थी। अब भी कितनी ही जगहों पर नोटिसें लगी हुई थीं—"माइनों से खबरदार"—अर्थात शत्रु को उड़ा देने के लिए धरती के नीचे बिछाई बारूद भरी माइनों को निकालने का पूरा प्रयत्न किया गया था, तो भी कहीं-कहीं उनके होने की सम्भावना थी। भूतपूर्व चकलेवाले होटल की कायापलट देखते हुए मेरे मन में तरह-तरह की कल्पनाएँ आती थीं। कुछ ही वर्षों बाद जब यहाँ के मकानों की योजना कार्यरूप में परिणत हो जाएगी और भोजन की व्यवस्था भी ठीक हो जाएगी, तो यह स्थान कितना सुन्दर और सुखद होगा।

4 जुलाई को समुद्र स्नान करने गए। पानी खारा नहीं था। वस्तुत: वह समुद्र भी तो नहीं था, समुद्र की एक पूँछ निकली हुई थी, जिसमें बहुत से नदी-नाले मीठा पानी ला-लाकर डाल रहे थे। बहुत भीतर तक घुसे, किन्तु पानी पहिले घुटनों तक, फिर जाँघ तक आया। तैरने का आनन्द कहाँ था! यदि बहुत भीतर तक दीवार खड़ी कर दी जाए, तो बहुत-सी सूखी धरती समुद्र के ऊपर से निकाली जा सकती है, किन्तु इस देश में धरती की कमी थोड़े ही है, यहाँ अगर कमी है तो लोगों की। शाम को 2 घंटे टहलने के लिए 'पहाड़ी' से गए। यह स्थान और भी रमणीय था। देवदार और केलू के वृक्ष ही ज्यादा थे, जो बतला रहे थे कि जाड़ों में आने पर खाड़ी और भूमि सभी श्वेतहिम से ढँकी होने पर भी देवदार इसी तहर हरे-भरे रहेंगे, अर्थात उस वक्त लेनिनग्राद की तरह यहाँ हरियाली के लिए तरसने की जरूर नहीं रहेगी। मकान की कमी अवश्य थी, स्थान जनाकीर्ण-सा मालूम होता था, पाखाना गन्दा था, फ्लश का इन्तिजाम नहीं था। इस समय सारी तिरयोकी के लिए सीवरेज के पाइप बैठाए जा रहे थे। अभी तो पाखाना जरूर बुरा लगता था। साफ करने का अच्छा इन्तिजाम नहीं था। लकड़ियों को खड़ा करके जैसे-तैसे पाखाना खड़ा कर दिया गया था। तख्ते के ऊपर बैठकर पाखाना जाने को मन नहीं करता था। यद्यपि कुछ दवाइयाँ डाली जाती थीं, लेकिन बदबू नहीं हटती थी। हमारी कोठरी के ठीक सामने और नजदीक होने के कारण, हमें तो

कभी-कभी बदबू अपनी कोठरी तक में मालूम होती थी, इसके लिए हमें बरांडे की खिड़की और अपने दरवाजे को बन्द रखना पड़ता था। खैरियत यही थी, कि हम उस देश में नहीं थे, जहाँ पर लोग लोटे में पानी भरकर पाखाने जाते हैं, नहीं तो न जाने गन्दगी कहाँ तक पहुँचती। उपवन में बिजली की बत्तियाँ भी एकाध ही जगह पर थीं। पीने के पानी की भी दिक्कत थी, लेकिन पहाड़ी पर उसके लिए नलके भी बिछाए जा रहे थे। पानी और पाखाने की दिक्कत अगले साल तक खतम हो जाएगी, यह रंग-ढंग से मालूम हो रहा था।

पहाड़ी से मतलब हमारा है, ऊपर की ओर कुछ ऊँचाई पर दूर तक चली गई समतल भूमि और उसे ढाँके हुए देवदार-वन। पहाड़ी पर जहाँ-तहाँ छोटी-छोटी कुटियाँ थीं, जिनके पास साग-सब्जी के खेत थे। पहिले इन कुटियों में फिन किसान रहते होंगे, अब उनमें रूसी भूतपूर्व सैनिक परिवार आ बसे थे। लेकिन वह अभी थोड़े ही खेतों को आबाद कर सके थे। इस अक्षांश में अच्छे सेबों की होने की सम्भावना नहीं है, लेकिन साग-सब्जी और आलू तो प्रचुर परिमाण में पैदा हो सकता है। पहाड़ों से घूमते समय मुझे याद आ रहा था, सिक्किम में तिब्बत जानेवाले रास्ते पर 10 हजार फुट की ऊँचाई पर बसा लाछेन गाँव, जहाँ फिन-जातीय मिशनरी बुढ़िया डेरा लगाए हुए है। यदि मुझे यहाँ हिमालय याद आता था, तो उसे फिनलैंड की देवदारू वनाच्छादित भूमि याद आती होगी?

तिरयोकी में मेरी दिनचर्या थी--सबेरे साढ़े आढ़ बजे उठना, हजामत कर मुँह-हाथ धोना। लोला को अपने प्रसाधन और ईगर को खिलाने में काफी समय देना पड़ता था। प्रातराश का समय 8 से 10 बजे तक था, मगर 10 बजे से पूर्व हमारा वहाँ पहुँचना मुश्किल था। हम आखिरी बैच में भोजनशाला में जाते। तीन-चार बड़े-बड़े कमरे भोजनशाला का काम दे रहे थे, जिनमें से एक-एक में आठ-आठ नौ-नौ मेजें, और हरेक मेज पर चार-चार आदमियों के बैठने के स्थान थे। प्रातराश में मिलते टोस्ट, मक्खन और चाय या कॉफी। चाय-कॉफी में इतनी चीनी डाली जाती थी, जिसमें नाम हो जाए, लेकिन वह मीठी न होने पाए। भोजन सुस्वादु बनाने के लिए लोग अपने साथ लाई चीजें लाते थे। 2 बजे तक का समय लिखने-पढ़ने या पास की देवदारुवनी अथवा समुद्र की बालुका पर बिताते थे। फिर मध्याह्न भोजन के लिए जाते। घास-पात का सूप, छुछ रोटी, शोकलात (चॉकलात, चॉकलेट) और कोई कम मीठी दूसरी चीज। एक तश्तरी मांस सहित होती थी। जहाँ तक मात्रा का सवाल था, वह पर्याप्त थी, लेकिन गुण के लिए अपनी सामग्री को इस्तेमाल करना पड़ता था। दुःस्वादु भोजन तैयार करने में यहाँ की सूपकारिणियाँ पारितोषिक पाने की अधिकारिणी थीं, इसमें कोई सन्देह नहीं। भोजनोपरान्त फिर समुद्र की ओर जाते, जहाँ कुछ देर तक नहाना होता, फिर आकर लिखने-पढ़ने में लग जाते। 7 से 9 बजे तक ब्यारू का समय था, लेकिन

सूर्यदेव का दर्शन 10 बजे तक होता रहता था—यह जुलाई का प्रथम सप्ताह था। कहने की आवश्यकता नहीं कि आजकल सर्वश्वेता रात्रि थी, इसलिए निद्रा के आवाहन के लिए अँधेरे का सहारा प्राप्त नहीं था। हम ब्यारू से साढ़े आठ बजे के करीब निवृत्त होते, फिर टहलने के लिए 'पहाड़ी' पर जाते। समुद्र तट पर रोड़े दुःखदायक थे, और राजपथ पर लगातार आती-जाती मोटरें धूल उड़ाती थीं।

6 जुलाई—समुद्र आज भी कल की तरह शान्त था। हमारी फेकल्टी के डीन प्रोफेसर स्ताइन से भारत के सम्बन्ध में कितनी ही देर तक बातचीत होती रही। भारत में अंग्रेज नई नीति स्वीकार करने जा रहे हैं, जिसमें शासन और शोषण में वहाँ के मध्यवर्ग को शामिल करना चाहते हैं। लेकिन कितने ही और अध्यापकों की तरह इस बात पर उनका भी विश्वास नहीं था, इसलिए अभी वह भारत को विश्व राजनीति में कोई महत्त्व नहीं देना चाहते थे।

स्टेशन के लिए सवारियाँ कभी-कभी मिलतीं, इसलिए लेनिनग्राद जानेवाले को पाँच-छह मील का रास्ता पैदल काटना पड़ता। वैसे लेनिनग्राद के लिए भी कभी-कभी बसें या लारियाँ मिल जाती थीं। माल ढोनेवाली लारियाँ तो लगातार चलती रहती थीं, किन्तु उनमें बैठने की जगह ड्राइवर के परिचय बिना मुश्किल से मिलती थी। आज लोला को रसद लाने के लिए लेनिनग्राद जाना था। पैदल गई, हम भी कुछ दूर तक धूल फाँकते हुए पहुँचाने गए।

मध्याह्न-भोजन के समय आज मलाई बरफ का ठेला भोजनशाला के बाहर खड़ा हो गया था। सौ-डेढ़ सौ मेहमान जहाँ खरीदने को तैयार हों, वहाँ क्यू क्यों न लग जाती? हमने भी 4.80 रूबल में ईगर के लिए बिस्कुट-मलाई ली। रुपये का हिसाब करने पर यह तीन रुपया होता, लेकिन विनिमय के इस हिसाब को हमें खयाल में नहीं लाना था। चीजों के सस्तेपन का प्रमाण हम इस बात को मानते थे कि उनके ऊपर खरीदार कितने टूट रहे हैं। बात की बात में ठेला खाली हो गया। ठेले का आना अच्छा सगुन था। राशन से भिन्न और भोजनशाला से अलग भी स्वादिष्ट खाद्य वस्तुएँ तो खरीदी जा सकती थीं।

रेडियो से दूर होने के कारण मैं जैसे तिब्बत में आ गया था। दो-एक दिन बाद लेनिनग्राद की *प्राव्दा* आ जाती थी। तिरयोकी से भी हमारे साप्ताहिकों के आकार के दो पृष्ठों का तिरयोकी पार्टी का पत्र निकलता था, लेकिन उसमें केवल स्थानीय कलखोजों (पंचायती खेतीवाले गाँवों) की बातें ही भरी रहती थीं, और विदेशी क्या, स्वदेशी समाचार भी नहीं आते थे। हाँ, खेतों में कैसी फसल है, क्या काम हो रहा है, कारखानों की क्या हालत है, पुनर्निर्माण के बारे में क्या हो रहा है, तथा स्थानीय पार्टी क्या कर रही है—यही सब बातें उसमें रहती थीं। ऐसे दो पृष्ठवाले अखबार सोवियत रूस में देहातों में आमतौर से निकला करते हैं, और स्वावलम्बी इसके कहने की आवश्यकता नहीं। आज रात को अमेरिकन फिल्म

चोचका चार्ली दिखलाया गया। रूस के गाँवों में भी चलते-फिरते फिल्म बराबर दिखलाए जाते हैं, कोई हफ्ता नहीं जाता कि गाँव में सिनेमा की लॉरी न आती हो। लॉरियों में बिजली का भी प्रबन्ध रहता है, इसलिए अगर गाँव बिजलीवाला न भी हो, तब भी फिल्म दिखलाने में कोई दिक्कत नहीं होती। हमारे यहाँ बाकायदा सिनेमावाली लॉरी नहीं आई थी। खबर सुनते ही लोग अपनी कुर्सियों पर आ डटे थे। ईगर को भी भनक लग गई थी, लेकिन मैंने किसी तरह समझा-बुझाकर उसे सुला दिया, 11 बजे गोधूलि थी, जबकि फिल्म आरम्भ हुआ।

7 जुलाई रविवार का दिन था। कल रात को थोड़ी वर्षा हो गई थी, जिससे वन की शोभा भी निखर आई थी। सागर उच्छ्वलित था, तिरयोकी का यह उपवन लेनिनग्राद से 54 किलोमीतर दूर था। उपवन में डॉक्टर और कम्पाउंडर सहित चिकित्सालय था। क्लब के साथ छोटा पुस्तकालय था, जिसकी शाला में नाट्य, नृत्य और गीत हो जाया करते थे। रसोईशाला अलग थी। अभी तो किसी तरह ही गुजारा करना पड़ रहा था, क्योंकि पाँच हाथ लम्बी पाँच हाथ चौड़ी कोठरियों में दो-दो आदमी भरे हुए थे, लेकिन लोग आशा कर रहे थे उन दिनों की, जबकि उपवन की योजना कार्य रूप में परिणत हो जाएगी, फिर प्रत्येक विश्रामेच्छुक को एक-एक कमरा मिल जाएगा। आज एक छोटा-सा नाटक और उजबेक नृत्य हुआ, जिसके करनेवाले हमारे छात्र थे। बचपन से ही नाट्य-नृत्य-संगीत का अभ्यास होने के कारण छात्रों को अपना पार्ट अदा करते जरा भी हिचकिचाहट नहीं होती थी, इसलिए इस मनोरंजन को निम्न कोटि का नहीं कह सकते थे। अगले दिन भी बूँदा-बाँदी रही, रात को तो काफी वर्षा हुई। हरीतिमा और मोहक हो गई। सागर भी उच्छ्वास ले रहा था। उपवन में बोलीबाल, और टेनिस खेलने के क्षेत्र थे। हम कभी-कभी देखने के लिए चले जाते थे। खेलनेवालों में लड़कों की संख्या कम और लड़कियों की अधिक थी। बोलीबाल के कई क्रीड़ा क्षेत्र थे। पास ही लक्ष्य गाड़कर एक बन्दूक रखी रहती थी। लोग वहाँ निशाने का अभ्यास करते थे। एक रूबल में 10 'गोलियाँ' मिल जाती थीं—वस्तुतः यह गोलियाँ नहीं बल्कि छोटा-सा बाण होता था। लोगों को लक्ष्यवेध की कोशिश करते देख मैंने भी दो-एक रूबल खर्च किए, लेकिन लक्ष्यवेध कभी नहीं कर सका। यह अभ्यास केवल मनोरंजन के लिए नहीं था, क्योंकि अभ्यास करनेवालों को समय पड़ने पर बन्दूक लेकर रण-क्षेत्र में उतरना होगा। वैसे यह मनोरंजन के सिवा उतनी आवश्यक चीज नहीं थी, क्योंकि सोवियत के हरेक नागरिक के लिए बरस-दो बरस की सैनिक शिक्षा अनिवार्य है, तथा स्कूलों से ही लड़के-लड़कियों को कवायद परेड सिखाई जाने लगती है।

ईगर को अपने दोस्त मिल गए थे, समवयस्क नहीं बल्कि यूनिवर्सिटी की छात्राएँ और प्रौढ़ाएँ, जिनसे वह कहानी सुनता, गाने याद करता। इन 'दोस्तों'

का कहना था, यह लड़का गायक और अभिनेता होगा। गायक होने में सन्देह है, लेकिन अभिनेता शायद अच्छा-बुरा हो जाए, यह मैं भी मानता था। उसके स्कूल का प्रथम वर्ष माँ के दुराग्रह के कारण बरबाद हो रहा था, लेकिन नये दोस्तों के सम्पर्क में आने के कारण उसको अंक लिखने का शौक हो गया था और कुछ ही दिनों में 100 से ऊपर पहुँच गया। अक्षर और नाम लिखने को उसका मन नहीं करता था। वह केवल अपने मन का काम करना पसन्द करता था। उस दिन लोला को लेनिनग्राद से लौटना था। 10-11 बजे रात तक प्रतीक्षा करके निराश हो गए थे, जबकि 12 बजे रात को वर्षा में भीगती, खाद्य सामग्री से लदी-फदी चार-पाँच किलोमीटर की पैदल यात्रा करके लोला रानी पहुँचीं। समय की पाबन्द होती तो इतनी देर करने की आवश्यकता नहीं थी, लेकिन 12 रात्रि का मतलब अँधेरा नहीं था।

टहलने के लिए एक-दो मील जाकर लौट आते थे। 9 जुलाई को हमने कदम कुछ आगे बढ़ाया। 9 बजे निकले। अँधेरे का डर नहीं था, इसलिए सारी रात घूम सकते थे। सड़क से तीन किलोमीटर से ऊपर समुद्र के पाल की सड़क से गए। किलोमा स्टेशन मिला। पानी बरस जाने से गर्द नहीं उड़ रही थी, इसलिए हमने सड़क पर टहलने की हिम्मत की थी। लॉरियों और मोटरों की दौड़ बराबर जारी थी। एक जगह आमने-सामने से आनेवाली दो लॉरियाँ लड़ गई थीं, जिससे एक ड्राइवर और उसकी सहायिका घायल हो गई थी। पुलिस बयान ले रही थी। आगे बाईं ओर से पहाड़ी की ओर मुड़े। 'पहाड़ी' के द्वार पर मचान बँधा था, जिस पर से लड़ाई के समय छिपे हुए बन्दूकची शत्रुओं पर निशाना लगाते रहे होंगे। जहाँ-तहाँ खाइयाँ अब भी वैसी ही पड़ी थीं। पहाड़ी चौरस मैदान जैसी थी। वहाँ बहुत सारे मकान खड़े थे। पहिले मकान का हाता बहुत विशाल था, उसके कोने पर छतरी-सी थी, जहाँ बैठकर फिन-देवियाँ समुद्र की लहरें गिना करती थीं। आज यह लेनिनग्राद के लोगों की विश्राम भूमि है, तो युद्ध से पहिले फिन सामन्तों और धनिकों ने भी इसका उपयोग किया था। स्टेशन तक जाकर लौटे। एक विशाल प्रासाद के चारों तरफ लकड़ी और पत्थर की ऊँची चहारदीवारी खड़ी थी। पहिले यहाँ मैनरहाइम के भाई-बन्दों का विलास भवन रहा होगा, किन्तु आजकल प्यूनीरों (बालचरों) का केन्द्र था। आज कागज की एक योजना को धरती पर उतरते देखा। मीलों तक भिन्न-भिन्न संस्थाओं के विश्रान्ति-निवास बन रहे थे। आदमी भी काम कर रहे थे और मशीनें भी। तिरयोकी, किलोमा जैसे नाम अब फिनों के अवशेष रह गए हैं। लेनिनग्राद भी पहिले फिनों का ही था। उसकी नदी नेवा का नाम फिनिश है। इस तरफ अब लेनिनग्राद से बिपुरी के रास्ते में दूर तक की भूमि विश्रान्ति उपवनों के लिए ही रख छोड़ी गई है। 12 बजे टहलकर लौटे तो केवल वृक्षों के नीचे जरा जरा अँधेरा मालूम होता था।

मैनरहाइम दुर्गपंक्ति—फिनलैंड देवदार की वनाली, ऊँची-नीची पहाड़ी जैसी भूमि और अपनी हजारों छोटी-बड़ी झीलों के लिए विख्यात है। 10 जुलाई को 11 बजे लॉरी करके हम मैनरहाइम दुर्गपंक्ति देखने गए। अखबारों में लड़ाई के समय मैनरहाइम पंक्ति को जर्मनी 'सिफ्रिद' और फ्रांस के 'मगिनों पंक्ति' का छोटा भाई कहा जाता था, इसलिए जब उसे देखने का प्रस्ताव साथियों ने किया, तो मैंने बड़ी उत्सुकता से उनका साथ दिया। लेनिनग्राद से 64वें किलोमीतर पर पहाड़ समुद्र से बहुत नजदीक आ गया है। यहीं से यह दुर्गपंक्ति शुरू होती है, और पूरब में लादोगा महासरोवर तक चली जाती है। टैंकों और दूसरे युद्धवाहनों को रोकने के लिए तीन-तीन टन की बगैर छिली चट्टानें चौड़ाई में 3-3, 4-4 रखी हुई थीं। इन चट्टानों को तोड़े बिना कोई युद्धवाहन आगे नहीं बढ़ सकता था। नीचे कहीं-कहीं, भू-गर्भी तोपखाने थे, जिनके ऊपर बहुत मोटी सीमेंट की तह थी। एक जगह तो इस मैली पहाड़ी में इतना मजबूत दुर्ग बना था, कि उसको उड़ाने पर वहाँ गहरी खड्ड बन गई, तब जाकर पर्वत-समुद्र द्वार को पार करने में सोवियत टैंक समर्थ हुए। यहाँ से हम दुर्गपंक्ति के साथ-साथ पहाड़ पर चढ़े। पहाड़ चढ़ने का मतलब कोई हिमालय या विन्ध्याचल जैसा पहाड़ चढ़ना नहीं था। हैं तो यह भीतर पत्थर के ही पहाड़, किन्तु ऊपर की मिट्टी इतनी धुल नहीं पाई कि वह पहाड़ का रूप लेते। हाँ, समुद्र की तरफ से जाने पर थोड़ी-सी चढ़ाई जरूर चढ़नी पड़ती है। इसी वजह से इन्हें पहाड़ कहने में संकोच होता है। धरती यहाँ चढ़ाव-उतार चली गई है, जिसके नीचे पत्थर की चट्टानें ढँकी हुई हैं। मैनरहाइम दुर्गपंक्ति इस चढ़ाव-उतार पहाड़ी भूमि पर चलती चली गई है। पंक्ति के परले पार एक गाँव दिखाई पड़ा। कुछ लकड़ी और एक लाल खपरैल से छाया मकान भी था। गाँव में अब रूसी रहते हैं, घरों के बनानेवाले तो, कब के उन्हें छोड़कर चले गए। मलीना और जिम्ल्यांका (स्ट्राबरी) बहुत थीं, लेकिन अभी पकी नहीं थीं। याग्दी (एक जंगली मकोय) बहुत थी, जिसका स्वाद करोंदे जैसा मालूम होता था। इस गाँव में आलू के खेत ज्यादा थे, लेकिन सिंचाई का प्रबन्ध न होने से दैव भरोसे ही खेती की जा सकती थी। लौटकर लॉरी से फिर दो फर्लांग आगे 66वें किलोमीटर तक गए। यह सड़क बिपुरी (वीबुर्ग) जा रही थी। 66वें किलोमीतर पर एक टूटा हुआ गिरजाघर मिला, जिसकी दीवार पर अब भी क्रास (सलीब) लगा हुआ था। यहाँ युद्ध द्वारा ध्वस्त बहुत-से घर कंकाल रूप में या जमीन टिमलाए पड़े हुए थे। शायद फिनों ने इस ऊँचे स्थान को दुर्ग के तौर पर इस्तेमाल किया, जिसके कारण गिरजा को बरबाद होना पड़ा। कितने ही लोग अपनी बहुज्ञता का परिचय देते कह रहे थे : यह 'माइनरहाइम' का महल है। फिनों में माइनरहाइम का ही नाम जानते थे, इसलिए हर बड़ी इमारत उनके खयाल में माइनरहाइम का महल था। इससे जरा नीचे एक छोटी-सी पर्याप्त पानीवाली नदिका बह रही थी,

जिसका पानी काला था उसे आसानी से काली नदी कहा जा सकता था। काली नदी ने भी उस समय रक्षा-पंक्ति का काम दिया होगा। यहाँ कुछ आलू के खेत थे। एक स्त्री केवल स्तनबन्द और घाघरा पहिने अपने आलू के खेतों में काम कर रही थी। कई दृश्यों के फोटो लिये थे, लेकिन हमारे परिचित वृद्ध फोटोग्राफर की असावधानी के कारण वह खराब हो गए। ढाई घंटे की यात्रा के बाद हम लौटे। सड़क पर उस वक्त बाईं ओर शिशु-उद्यान और प्यूनीरों के निवास स्थान चले गए थे। जहाँ किसी समय फिनों के गाँव, कस्बे और मनोरंजनशालाएँ रही होंगी, वहाँ अब सोवियत संस्थाओं ने अपना आधिपत्य जमाया था। भोजनशालाएँ, रेस्तराँ और खाद्यपण्यशालाएँ सभी जगह मौजूद थीं।

11 जुलाई को 11 बजे से फिर हमारी शाला गरम हुई। अभिनेता और गायक विश्वविद्यालय की छात्र और छात्राएँ थीं। आखिरी अभिनय था : तरुणी प्रेमिका का पत्र पाकर तरुण छात्र उससे मिलने की सोच रहा है, फिर कहता है: अभी समय बहुत है, थोड़ा और पी लें। फिर पीने बैठ जाता है। एक बोतल समाप्त होती हैं, फिर वही कहकर दूसरी वोतल उठाता है। इस प्रकार तीन, चार, पाँच, छह बोतलें समाप्त करता है। हरेक बोतल के अनुसार उसकी चेष्टा और चेहरे पर विकार आता जाता था। देखकर लोग लोट-पोट हो रहे थे। ईगर तो शराबी की बातें सुनकर इतना जोर से हँसने लगा कि उसको चुप कराना मुश्किल हो गया। अन्त छठी बोतल समाप्त कर वह प्रेमिका के पास पहुँचता है। प्रेमिका उसको झिड़कती है। न कोई साज-सामान था, न रंगमंच पर सदा रहनेवाले पर्दे के सिवा और कोई पर्दे का प्रबन्ध था, न अभिनेता छात्र-छात्राओं ने विशेष पोशाक ही इस्तेमाल की थी, लेकिन अभिनय मनोरंजक था।

सरोवर की सैर— 12 जुलाई को प्रोफेसर स्ताइन, उनकी पत्नी तथा एक दूसरे सपत्नीक प्रोफेसर के साथ हम सरोवर देखने गए। हमारे उपवन से वह तीन-चार किलोमीतर पर अवस्थित था, इसलिए पैदल ही चल पड़े। रास्ते में लेनिनग्राद से बिपुरी जानेवाली रेल सड़क मिली। कुछ आगे बढ़ने पर देवदारों का घना और सुन्दर जंगल आया। यहाँ केवल देवदार (योल्का) के वृक्ष थे। एक जगह बाईं ओर जमीन के कुछ ऊँची हो जाने के कारण दृश्य बिलकुल हिमालय जैसा मालूम होता था। घने जंगल में दो किलोमीतर चले गए। फिर केलू (सरल) के वृक्षों की प्रधानता आई। यहाँ युद्ध के अवशेष-खाइयाँ और भूधरे बहुत-से मौजूद थे। सरोवर खुकड़ी के आकार का था। जान पड़ता था, युद्ध से पहिले सैलानियों की यह प्रिय भूमि थी, इसीलिए सरोवर के पास दो कमरों का एक अच्छा-खासा बँगला था, जिसको जाड़ों में गरम करने का भी प्रबन्ध था। शायद युद्ध के समय यहाँ अफसर रहे हों। सरोवर काफी लम्बा था। पानी नमकीन नहीं मीठा था, जिसमें मछलियाँ बहुत थीं, कुछ नावें भी थीं। पुराने निवासी फिन लोग

चले गए थे, और नये निवासियों से युद्ध के पहिले की अवस्था के बारे में जितना जाना जा सकता था, हम उसे अपनी कल्पना से जान सकते थे। रास्ते में कितने ही झोंपड़ों को हमने उजाड़ देखा था। कितने ही खेतों में, जान पड़ता था, 1940 के बाद फसलें नहीं बोई गई थीं, इसलिए घास उग रही थी। कुछ में गेहूँ भी लगे हुए थे, लेकिन आसपास आदमियों का पता तथा जुताई का चिह्न लुप्त होने के कारण यही कह सकते थे, कि कटे हुए गेहूँ झड़कर यहाँ स्वयं जंगली गेहूँ के रूप में फसल तैयार करने लगे। ऐसे लाखों एकड़ खेत और सैकड़ों-हजारों गाँव इस भूमि में परित्यक्त पड़े हैं, आबाद करने के लिए आदमी मिलने मुश्किल हैं। सोवियत रूस का क्षेत्रफल 7 भारत के बराबर है, आबादी भारत से आधी। मुझे कभी-कभी खयाल आता था—यदि हमारे यहाँ की एक साल की जन संख्या की वृद्धि यहाँ भेज दी जाती, तो यह सारी भूमि आबाद हो जाती। लेकिन हमारे मैदानी लोग यहाँ की सर्दी आसानी से बर्दाश्त नहीं कर सकते थे। खैर, भारत के लिए अपनी आबादी को कहीं बाहर भेजकर अपनी समस्या हल करने का द्वार चारों ओर से बन्द है। रूस में नहीं जा सकते, यद्यपि वहाँ काले-गोरे का प्रश्न नहीं है। आस्ट्रेलिया के एक करोड़ गोरों ने एक महाद्वीप को दखल कर लिया है, जिसमें कालों का प्रवेश निषिद्ध है, इसलिए वहाँ भी नहीं जा सकते। दक्षिणी अफ्रीकावाले हमारे उन बन्धुओं को भी निकाल बाहर करने पर तुले हुए हैं, जिनके जाँगर से वह भूमि आदमियों का सुख-निवास बनी।

लेनिनग्राद से 66 किलोमीतर तक की भूमि को देखने से मालूम हो गया, कि कुछ ही वर्षों में यह भव्य ग्रीष्मनिवासियों की भूमि बन जाएगी, लेकिन इस तरह की जो कितनी ही झीलें, कितने ही परित्यक्त ग्राम या रमणीक स्थान हैं, उनको कब तक बसाए जाएगा? सोवियत में तो हर जगह खाली जमीन पड़ी हुई है। युद्ध में 70-80 लाख आदमी मारे गए, जिनकी पूर्ति करना भी समयसाध्य है, तो भी इस भूमि के महत्त्व को यहाँ के शासक जानते हैं, इसलिए दूसरी जगहों से लाकर लोगों के बसाने के कोशिश कर रहे हैं। इनमें कितने ही भूतपूर्व सैनिक हैं। सरोवर के तट के काठमांडव में नया मछुवा परिवार आकर बसा था। मछुवाही के अतिरिक्त उन्होंने खरगोश भी पाल रखे थे, कुछ साग-सब्जी भी लगा रखी थी। सामने उस पार एक 'दाचा' (ग्रामीण विश्रामगृह) दिखाई पड़ा, जहाँ नाव से पहुँचा जा सकता था। अतिहरित देवदारों के बीच में यह काला सरोवर बहुत ही सुन्दर मालूम होता था, लेकिन इस सौन्दर्य का आनन्द लेने के लिए यहाँ कितने ही और घरों और मछुवे परिवारों की आवश्यकता होगी। जंगल में इन लकड़ी के घरों की खिड़कियों में भी शीशे लगे थे। उनके बिना जाड़े में घर को गरम कैसे रखा जा सकता था? रूस में तो सर्दी के मारे सभी दरवाजे और खिड़कियाँ दुहरे बनाए जाते हैं। आज पकी चोर्नीका (काली) याग्दी (मकोय) यहाँ बहुत थी। सारे

विश्रामविहारी उसे जमा करने में लगे थे। यहाँ आनेवालों में हमीं सात आदमी नहीं थे, बल्कि भिन्न-भिन्न विश्रामोपवनों के सैकड़ों नर-नारी और बच्चे पहुँचे हुए थे। दो बच्चियों ने मकोय खा-खाकर अपने होंठों और दाँतों को काला कर लिया था। जहाँ पाव भर मकोय का दाम दो-तीन रुपया हो, वहाँ जंगल में उन्हें मुफ्त जमा करने और खाने में कितना आनन्द आता होगा, इसके कहने की आवश्यकता नहीं। आस-पास की ग्रामीण स्त्रियाँ मकोय लेकर हमारे यहाँ पहुँचा करती थीं, और नाप-नापकर अपने फलों को बेचा करती थीं।

छात्र-छात्राओं को विश्राम का टिकट 15 दिनों का मिलता था। पन्द्रह तारीख को अब पहिले के आए छात्र-छात्राएँ लौट गए, जिससे उपवन में उदासी-सी छा गई। उनके रहने से कभी संगीत, कभी अभिनय और खेल देखने का मनोरंजन रहता था। उनमें से बहुत से परिचित हो गए थे। परिचित चेहरों के अभाव के कारण मनुष्य का हृदय एकान्त अनुभव करता ही है। लेकिन प्रोफेसर एक महीने के लिए आए थे, इसलिए हमारे सहकारी परिचित अभी रहनेवाले थे। समुद्र स्नान प्राय: रोज ही और कभी-कभी दिन में दो बार होता था।

17 जुलाई तक नये आनेवाले आ पहुँचे! मकान तो फिर भर गए, किन्तु अभी पहिले-जैसी धूम नहीं थी। दो-तीन दिन तो परस्पर परिचय के लिए चाहिए। परिचय स्थान क्रीड़ा क्षेत्र और नृत्यशाला थी। विद्यालय में पाँच छात्राओं के पीछे एक छात्र का क्रम भी नहीं था, इसलिए छात्र दुष्प्राप्य थे, तो भी मुँहदब्बू तरुण सहभागिनी तरुणी पाने में समर्थ नहीं होते थे। मात्रा से अधिक मुँहजोर तरुण भी निराशा का मुँह देखते थे। छात्रों को यहाँ एक-एक कोठरी में सात-सात आठ-आठ की संख्या में रखा जाता था। यह कहने की आवश्यकता नहीं कि छात्र-छात्राओं की कोठरियाँ अलग-अलग होती थीं। स्नान के स्थान में, समुद्र में या रेत पर अर्धनग्न तरुण-तरुणियाँ नहाते या धूप में शरीर सेंकते, बिना संकोच अकृत्रिम भाव से घंटों पड़े रहते। 12 बजे रात तक उन्हें हाथ में हाथ मिलाए वनस्थली में घूमने की स्वतंत्रता थी। चुम्बन भी इन देशों में कोई महार्घ वस्तु नहीं है, उसे तो अधिक परिचित व्यक्तियों का परस्पर साधारण शिष्टाचार माना जाता है। लेकिन हाथ में हाथ डालकर घूमने, चुम्बन या पार्श्वोलिंगन का यह अर्थ नहीं समझना चाहिए कि सम्बन्ध यौन संसर्ग तक पहुँच गया है। वस्तुत: स्वच्छन्द नर-नारियों के इन जैसे देशों में भारतीय तर्कशास्त्र बेकार हो जाता है। यद्यपि इसका यह अर्थ नहीं, कि वहाँ सभी अखंड ब्रह्मचर्य पालन करते हैं।

हमारी कोठरी के नीचे रहनेवाली परिचारिका का छोटा-सा लड़का अलेक करीब-करीब उसी उम्र का था जितना कि ईगर। कद में वह छोटा था, उसके बाल बिलकुल पीले, और रंग अत्यन्त गोरा था। फिन माता का पुत्र होने से नाक और चेहरा वैसा ही था, जैसा कि हमारे यहाँ के किसी शुद्ध द्रविड़ का। अलेक

ने हाथ-मुँह धोने का एक नया आविष्कार किया था। अभी नल और बिजली का प्रबन्ध अच्छी तरह नहीं हुआ था, उसने अपने मुँह को नलका बना लिया था। टमलर में पानी ले बाहर आता, फिर मुँह में पानी भरकर उसकी कुल्ली से हाथ-मुँह धोता। अलेक का आविष्कार बहुत सुन्दर था और उसमें माता की ओर से भी कोई बाधा नहीं थी। लेकिन वहाँ शुद्धता और स्वास्थ्य का खयाल लुप्त था। हम यह नहीं कहते कि भारत के लोग बहुत शुद्धता रखते हैं। शुद्धता का मान हमारी सभी जातियों और सभी प्रदेशों में एक-सा नहीं है। जिनमें शुद्धता है, वह भी शुद्धता को वैयक्तिक शरीर तक सीमित रखते हैं। चाहे आँगन का नाबदान सड़ाँध फैला रहा हो, द्वार पर कूड़ा-कर्कट भरा हो, तो भी इसकी परवाह नहीं। यह तो कहना पड़ेगा कि जूठ मीठ का जो विचार स्वाभाविक तौर से हमारे दिमाग में लड़कपन से ही घुसा दिया जाता है, वह दूसरे देशों में नहीं मिलता। स्वास्थ्य और साइंस सम्बन्धी अध्ययन के बाद यहाँ के लोग समझने लगे हैं, और उसका धीरे-धीरे प्रचार भी होने लगा है, लेकिन चिरप्रचलित प्रथा का स्थान वह उतनी जल्दी नहीं ले सकते।

18 जुलाई को समुद्र अत्यन्त तरंगित था, जिसके कारण पानी स्वच्छ नहीं था। नहाने से कपड़े गंदे होते थे, शरीर की भी सफाई नहीं होती थी, उधर सूर्य बादलों के कारण जब-तब ही झाँकी दे सकते थे, जिसके कारण पानी ठंडा हो गया था। आज नहानेवालों का समुद्र तट पर पता नहीं था। इस हफ्ते शहर से एक चौपड़ लाकर माँ ने ईगर को दे दिया था, जिसमें पासा फेंककर अपने-अपने मोहरे चलाने होते थे। खेल के लिए ही ईगर ने बड़ी तत्परता से अंकों को सीखा था। लेकिन उसमें कुछ स्थल ऐसे थे, जिनके आ जाने पर मुहरे को चार-पाँच सीढ़ी नीचे गिर जाना पड़ता। बीच का स्थान दूर पड़ने के कारण ऐसे उतराव की जगह पर ईगर रोने और झगड़ा करने के लिए तैयार हो जाता। उसको कितना ही समझाया कि इसमें किसी का कसूर नहीं है, पासे में ही ऐसी गिनती आ गई है, लेकिन वहाँ तर्क को सुननेवाला कौन था? वह कहता—तुम्हारा मुहरा क्यों आगे बढ़ता जा रहा है?

शाम के वक्त आज एक वक्ता ने अन्तर्राष्ट्रीय स्थिति पर भाषण दिया। वक्ता साधारण शिक्षित व्यक्ति था और श्रोताओं में थे यूनिवर्सिटी प्रोफेसर, उच्च कक्षा के विद्यार्थी, किन्तु सबने बड़ी सावधानी से सुना। भाषण ज्ञानपूर्ण था। अमेरिकन पूँजीवाद युद्ध के बारूदखाने तैयार कर रहा है। चीन में खुलकर वह चाङ्काइशेक की प्रतिगामी शक्ति को मदद देते, जनतांत्रिकता को ध्वस्त करने पर तुला हुआ है। बहुत काल तक सोवियत निष्पक्षता नहीं दिखला सकती। कोरिया और जापान में मैकार्थर प्रतिगामी शक्तियों को दृढ़ कर रहा है। इताली के उपनिवेशों को इंग्लैंड लेकर अफ्रीका में अपने को और बढ़ा रहा है। पोलैंड, चेकोस्लोवाकिया, फ्रांस और इताली के हाल के निर्वाचनों ने बतला दिया कि जनता का अधिक भाग प्रतिगामिता

को पसन्द नहीं करता, लेकिन एंग्लो-अमेरिकन पूँजीशाही अपने मंसूबे पर दृढ़ है। दक्षिणी ईरान को इंग्लैंड हथियारबन्द कर रहा है और चाहता है कि वहाँ से जनतांत्रिकता को खतम कर दे। लेकिन अणुबम की नीति सफल नहीं हो सकती। जिस अणुबम के बल पर अमेरिका कूद रहा है, वह भी इतना अमोघास्त्र नहीं है। हाल में प्रशान्त महासागर में जो तजर्बा किया गया, उसमें लक्ष्य के तौर पर रखे हुए कितने ही जहाजों में बकरियाँ पगुराती रहीं, जब कि उनके पास ही में अणुबम गिराया गया था। अमेरिका के जापान पर किये गए अणुबम के तजर्बे से बाहर के लोग जितने भयभीत हो रहे हैं, वैसा प्रभाव रूसियों पर नहीं देखा जाता। वह पूरी तरह विश्वास रखते हैं कि जर्मनी को पश्चिमी शक्तियाँ हरा नहीं सकती थीं, यदि रूस युद्ध में नहीं पड़ा होता। साथ ही रूसी अपने यहाँ भी अणुबम के आविष्कार में रत थे। वस्तुतः जहाँ तक अणुबम-सम्बन्धी मौलिक आविष्कार का सम्बन्ध है, उसका आरम्भ अमेरिका ने नहीं किया था, बल्कि रूस के दो वैज्ञानिकों ने द्वितीय विश्वयुद्ध के पहिले ही अणु-सम्बन्धी अपने महत्त्वपूर्ण अनुसन्धान को एक रूसी शोधपत्रिका में छपवाया था, जिसका अंग्रेजी अनुवाद एक अमेरिकन पत्रिका में निकला था। यह शायद 1938 के आस-पास की बात है। उसी को लेकर एक जर्मन विज्ञानवेत्ता ने आगे बढ़ाते अणु के गर्भ से ऐच्छिक विस्फोट पैदा किया। यह चीजें तब अँधेरे में नहीं की जा रही थीं। लेकिन युद्ध के छिड़ते ही जब हिटलर ने उन पर पर्दा डाल करके अपने यहाँ इस तरह के आविष्कार करने की कोशिश की, तो मित्र-शक्तियों का ध्यान भी उधर जाना जरूरी था। हिटलर के अत्याचारों से पीड़ित कुछ जर्मन विज्ञानवेत्ता भागकर पश्चिमी यूरोप और अमेरिका के देशों में चले गए थे, जिनकी सहायता और अपने अपार यांत्रिक साधनों का प्रयोग करके अमेरिका सबसे पहिले अणुबम बनाने में समर्थ हुआ और ट्रूमन और चर्चिल जैसे महान् राक्षसों ने यह निर्णय करते जरा भी आनाकानी नहीं की कि हारने के लिए तैयार जापान के दो नगरों के लाखों निरीह मनुष्यों पर अणुबम छोड़ा जाए। यद्यपि सोवियत में यह बड़ी गुप्त बात थी, तो भी यह पता लगता था, कि सोवियत विज्ञानवेत्ता अणुबम और अणुशक्ति के आविष्कार की तैयारी में लगे हुए हैं। जिन परिवारों के व्यक्ति इन अनुसन्धानों में भाग ले रहे थे, और अपने नगरों से दूर गए हुए थे, उनको किसी न किसी तरह अपने आदमियों का पता लगता था, जिससे लोग जानते थे कि सोवियत में इस दिशा में काम बड़ी तत्परता से हो रहा है।

19 जुलाई को भी समुद्र उत्तरंगित रहा। हम भी नहाने नहीं गए। तिरयोकी में अब मच्छरों की सेना आ पहुँची थी। खटमल और पिस्सू पहिले भी कुछ संख्या में मौजूद थे, लेकिन तब तो केवल रात को ही अपना प्रभुत्व दिखलाते थे। यह मच्छर (कमारोफ) देवता न तो दिन को दिन गिनते थे, न रात को रात। तीनों की मार में अब मन परेशान रहने लगा। पाखाने खुले हुए थे। पानी के निकलने का

प्रबन्ध नहीं था, यही कारण मच्छरों की अधिकता का हो सकता था। मोरी के नल बैठाए जा रहे थे, उस समय शायद जल से बहाए जानेवाले पाखाने के कारण मच्छरों की कमी हो जाए। लेकिन जहाँ-तहाँ दलदली भूमि थी, जिसमें सड़ती हुई घासों पर पानी उछलता दिखाई पड़ता था। मच्छर वहाँ अपना बसेरा कर सकते हैं।

20 जुलाई को अब कुछ निठल्लेपन की एकान्तता-सी मालूम होती थी। कोई ऐसा काम नहीं कर रहे थे, जिससे आत्मसन्तोष होता। 20 को नहाने गए। दो दिनों के उत्तरंगित समुद्र ने अपने भीतर की कितनी ही चीजें लाकर किनारे पर वमन कर दिया था और वहाँ हरी काई की मोटी तह पड़ी हुई थी, जिसमें कुछ घोंघों जैसे सामुद्रिक प्राणियों के अवशेष भी मौजूद थे। उनसे बदबू बहुत आती थी। गन्दे पानी में नहाने से शरीर का कपड़ा भी गन्दा हो जाता। किनारे से काफी दूर भीतर घुसने पर पानी कुछ कुछ साफ था। आज स्नान के शौकीन कम दिखाई पड़े। समुद्र के उथले पानी में छोटी-छोटी मछलियाँ अक्सर दिखाई पड़ती थीं। ईगर भी कुछ मछलियाँ पकड़ लाया था और उन्हें उसने पानी डालकर टीन में रखा था। तीन मछलियों में एक गुम हो गई थी, एक मरणासन्न मालूम हो रही थी। हमने कहा—इन्हें समुद्र में डाल दो। लेकिन पालने का आग्रह था, किन्तु तो भी उसने इस बात को अनुभव किया कि मछलियों को तड़पाकर मारना अच्छा नहीं है, इसलिए मछलियों को समुद्र में छोड़ आया।

खाने-पीने का प्रबन्ध अभी अच्छा नहीं था, यह हम कह आए हैं। साथ ही निजी तौर से पकी-पकाई चीजों को छोड़कर कोई इन्तिजाम करना भी मुश्किल था, तो भी लोगों ने कुछ कर ही लिया था। हमारे तो तीन व्यक्तियों पर दो टिकट थे, इसलिए एक के भोजन का पृथक प्रबन्ध करना आवश्यक था। लोला अब की बार एक पॉकेट चूल्हा लाई थी, जिस पर ईंधन की टिकिया जलती थी। वर्षों रहनेवाला चूल्हा चार रूबल का था, और टिक्की का दाम भी चार रूबल। टिक्की चार घंटे तक जलकर खतम हो जाती। चार रूबल का अर्थ था ढाई रुपया, चार घंटे तक जलनेवाला ईंधन ढाई रुपये का और सो भी जेवी चूल्हे में! किन्तु सचमुच ही टिक्की देखने से पता नहीं लगता था, कि यह इतनी देर तक जलेगी। उसी पर हम अंडे उबालते। प्याले-भर मकोय का दाम पाँच रूवल था अर्थात ईंधन या चूल्हे से भी ज्यादा। यहाँ इस देश में आकर सारे अर्थशास्त्र को छोड़ना पड़ता है और यही देखकर सन्तोष करना पड़ता है—यहाँ कोई आदमी बेकार नहीं है, कोई आदमी ऐसा नहीं है, कि जिसको खाने-कपड़े, मकान तथा लड़कों की शिक्षा देने में कठिनाई हो और जब सस्ते दाम में राशन की चीजें पर्याप्त मिल जाती हैं, तो आप शिकायत करना क्यों चाहेंगे। प्रोफेसर, मंत्री या जनरल साढ़े चार हजार रूवल मासिक पाते हैं, वह तो रोज सौ रूबल से अधिक खर्च कर सकते हैं।

बिपुरी की यात्रा—21 जुलाई के लिए लोगों ने बिपुरी चलने का प्रबन्ध

किया। 1940 से पहिले बिपुरी (बीबुर्ग) फिनलैंड के अच्छे शहरों में से था। यह तिरयोकी से प्राय: 100 किलोमीटर पर था। इतनी दूर के सैर-सपट्टे का अवसर मिला था, फिर मैं कैसे अपने को वंचित रखता? लॉरी पौने ग्यारह बजे हम लोगों को लेकर चली। रास्ते में पौन घंटा विश्राम करना पड़ा, फिर तीन बजे हम वहाँ पहुँचे गए। जाते समय हमारा रास्ता समुद्र तट से दूर-दूर से था, लेकिन लौटते वक्त हम समुद्र की पासवाली सड़क से आए। दो-तीन जगह कुछ बस्तियाँ मिलीं, नहीं तो सारी भूमि जंगलों से ढँकी पर्वतस्थली थी, जिसमें जहाँ-तहाँ कितने ही छोटे-बड़े सरोवर थे। देवदार, केलू और भुर्ज के वृक्ष ही जंगलों में देखे जाते थे। रास्ते में एक जगह उसी जंगल में आग लगी हुई थी। यह जंगल लगातार हमारे उपवन तक चला आया था। आग बुझाने की चिन्ता छोड़ चुपचाप बैठे हुए आदमियों को देखकर हमें आश्चर्य होता था, आग बढ़ते-बढ़ते वह हमारे पास न चली आए। देवदार, केलू, भुर्ज के हरे-हरे वृक्षों को जलाने में अग्निदेवता को सूखे गीले की परवाह नहीं थी। लेकिन जंगलों में जहाँ-तहाँ चौड़ी पट्टियाँ कटी थीं, इसलिए आशा थी कि शायद आग वहीं पहुँचकर रुक जाए। सड़कें वैसे सड़क का सारा रंग-रूप रखती थीं, लेकिन उनमें धूल की बहार थी। सत्तरवें किलोमीतर के पास ऊँची-ऊँची किन्तु कुछ खुली-सी भूमि आई, यहाँ अनेक गाँव और बहुत सारे खेत थे। खेतों को आबाद करना कितना मुश्किल था इसके बारे में कह चुके हैं, लेकिन तब भी कई जगह ट्रैक्टरों की हराई पड़ी थी, जिससे आशा होने लगी। पुराने बाशिन्दों के घरों में अब आकर रूसी नर-नारी बस गए थे, ज्यादातर स्त्रियों का होना आश्चर्य की बात नहीं थी। जिस मैनरहाइम दुर्ग पंक्ति को हम पहिले देख आए थे, उसकी दो-तीन और सुरक्षा पंक्तियाँ मिलीं। कई टैंक रास्ते में टूटे पड़े थे। स्वयं मैनरहाइम पंक्ति पर 4 बड़े-बड़े टैंकों की लाश देखी। सीमेंट की कंकरीट के दुर्ग, भुँइघरे सभी जगह दिखाई पड़ते थे। फिनों ने बिपुरी तक डँटकर लड़ाई की थी। इधर की किलेबन्दी भी बहुत मजबूत थी। जहाँ-जहाँ सरोवर थे, वहाँ जरूर तीन-तीन टन की शिलाओं की रोधक पंक्तियाँ तैयार की गई थीं। तैयार फसल ज्यादातर आलू की थी, उसके बाद जई और फिर गेहूँ का नम्बर था। घरों के पास बन्दगोभी के खेत भी दिखाई पड़ते थे। लोटान के रास्ते में चुकन्दर के खेत भी मिले। जान पड़ता था, सभी सोबखोज (सरकारी खेतीवाले गाँव) थे। खेती में मशीनों को बहुत इस्तेमाल किया गया था। उनके बिना इतनी भूमि को थोड़े-से आदमी आबाद भी नहीं कर सकते थे। दो घंटे के बाद जंगल में विश्राम करने के लिए हमारी लॉरी खड़ी हो गई। यहाँ याग्दी (मकोय) बहुत थी, मकोय जैसा स्वाद था, वैसे वह हमारी मकोय नहीं, कोई दूसरा फल था, आज जिम्ल्यांका (स्ट्राबरी) भी खाने को मिली। लारी के खड़े होते ही लोग उतरकर फलों पर टूट पड़े। जहाँ घास ज्यादा थी वहाँ मच्छरों की सेना भी यात्रियों से भिड़ने के लिए फिन-सेना

से कम खूँखार नहीं थी।

पौन घंटे बाद फिर हमारा काफिला चला, वही नीची-ऊँची जंगलों की पर्वतस्थली, सरोवरों की भूमि। जहाँ-तहाँ दो साल पहिले युद्ध के चिह्न दिखाई देते थे। तीन बजे हम बिपुरी पहुँचे। पहिले एक चौमंजिला मकान आया, जिसकी दीवारें स्वस्थ खड़ी थीं, लेकिन खिड़कियाँ और दरवाजे नदारद—सभी लकड़ी की चीजें युद्धाग्नि में स्वाह हो गई, ईंटों का मुँह झुलसा हुआ था। नगर में घुसने से पहिले ही ईंटें पाथने का बहुत बड़ा यांत्रिक भट्ठा दिखाई पड़ा, जिससे पता लगा कि सोवियत शासक पुनर्निर्माण के सम्बन्ध में बड़ी गम्भीरता के साथ कदम उठा रहे हैं। रास्ते में हमने दो बार लेनिनग्राद से यहाँ आनेवाली रेल को पार किया था। नगर में घुसते ही ट्राम की लाइन बिछी मिली, लेकिन उसके खम्भे निर्जीव खड़े-खड़े झाँक रहे थे। ट्राम शायद 1940 के बाद फिर नहीं चली। नगर में आदमियों की कमी के कारण शायद अभी और कितने ही समय तक इसे चलने की तकलीफ नहीं करनी पड़ेगी। बिपुरी बहुत भव्य और सुन्दर नगर रहा होगा, यह अब भी उसके खँडहर बता रहे थे। यहाँ से पहाड़ दूर-दूर हैं। मकानों में एक तो बारहमंजिला था, छह-सात मंजिलेवाले तो बहुत-से थे। नगर की सड़कें सीधी नहीं थीं। नगर के बीच में पार्क-लेनिन था, जिसका फिन नाम कुछ दूसरा ही रहा होगा। इसी में 1924 में मन्ताइनिन द्वारा बनाई गई बारहसिंगा की सुन्दर मूर्ति है। दूसरी जगह एक और कुत्ता लिये हुए काले तरुण की मूर्ति फिन कलाकार की सफल साधना का उदाहरण है। बड़ी प्यास लगी थी। प्यास से निवृत्त हो हमने नगर की सैर शुरू की। अभी मुश्किल से सौ में से दस मकानों को ही कामचलाऊ करके लोग रहने लगे थे। नगर के पुराने निवासी (फिन) तो लड़ाई के समय ही भाग गए, अब सारे रूस से ढूँढ़-ढाँढ़ कर लोग लाए जा रहे थे। युद्ध ने बड़ा ध्वंस किया था; तो भी 10 सैंकड़ा आबाद घरों के अतिरिक्त 50 सैकड़ा और भी आसानी से आबाद किये जा सकते थे। उनकी खिड़कियों, दरवाजों और छतों की ही मरम्मत करनी पड़ेगी। छह ही बरस पहिले जहाँ सब जगह केवल फिन भाषा सुनी जाती थी, अब उसका स्थान रूसी ने ले लिया है। केवल दीवारों पर लिखित पुराने विज्ञापनों में ही "कसल्लिस ओसके पांडकी यस्काच विस्की" जैसे विज्ञापन लैटिन अक्षरों में थे। फिन लोगों को रोमन चर्च ने ईसाई बनाया था, पीछे वहाँ उसी चर्च की सुधारवादी शाखा प्रोटेस्टेंट की प्रधानता हुई, इसलिए फिन भाषा ने रोमन लिपि को स्वीकार किया। प्रथम संस्कृति फैलानेवाले लोग इस तरह जातियों में अपना स्थायी चिह्न छोड़ते हैं। मध्य-एसिया में और दूसरी जगहों में भी जहाँ-जहाँ अरबी संस्कृति फैली, वहाँ अरबी लिपि ने चाहे तो पुरानी लिपि को मार करके अथवा भाषा के अलिखित होने पर अपनी लिपि को देकर अपने लिए चिर स्थायी स्थान बनाया। रोमन चर्च प्रभावित यूरोप के देशों ने इसी तरह

रोमन (लातिन) लिपि को अपनाया। ग्रीक चर्च ने जहाँ-जहाँ ईसाई धर्म फैलाया, वहाँ (रूस, बुल्गारिया आदि) देशों में ग्रीक लिपि अपनाई गई! भारतीय संस्कृति के प्रभाव से ही आज भी भारतीय लिपि से निकली लिपियाँ तिब्बत, बर्मा, स्याम, कम्बोज आदि में प्रचलित हैं।

बिपुरी से समुद्र दूर है, लेकिन समुद्र की एक मूँछ यहाँ तक पहुँच गई है, जिसके कारण यह समुद्र तटवर्ती बन्दरगाह है। नगर के एक सिरे पर जल की खाई के बीच में पुराना 'जामुक' (गढ़) है, जिसकी बनावट स्वीडिश ढंग की है। अभी तक स्वीडिश वंश के लोगों का ही फिनलैंड का आभिजात्य वर्ग रहा है, जिनमें से ही एक मैनरहाइम कई सालों तक फिनलैंड का सर्वेसर्वा रहा। पहिले यह गढ़ सारा पत्थर का था, पीछे कितनी ही ईंटों की मीनारें जोड़ दी गईं। शताब्दियों पहिले यह गढ़ बनाया गया होगा। जो इमारतें तथा रक्षा-प्राकार आदि यहाँ बने हैं; वह शताब्दियों के मानव श्रम के परिणाम हैं। लेकिन रक्षा पंक्तियों में मानव का जितना श्रम लगा, कुछ ही समयों के भीतर लगाया गया, उसके सामने यह जामुक कुछ भी नहीं था। जामुक में अब भी आदमी रह सकते हैं, जबकि उन रक्षा पंक्तियों का अब कोई उपयोग नहीं रहा। नगर में रीनक (हाट) थी, जिसमें आस-पास के गाँव की चीजें बिक रही थीं। बेचनेवालों के देखने से ही पता लग जाता था कि अब इस देहात में केवल रूसी रह गए हैं। रूसियों को उजड़े हुए बिपुरी और आगे तक फैले इस विभाग को बसाने के लिए अपने पुत्र-पुत्रियों को भेजना पड़ रहा है, इसी लड़ाई में क्रीमिया के तातार वहाँ से लुप्त हो गए और उस उजड़े हुए मनोरम प्रायद्वीप में भी अब रूसियों को ही जाकर बसना पड़ रहा है। पूर्वी प्रूशिया (जर्मनी) के भी एक भाग को रूसियों को बसाना पड़ रहा है, इस प्रकार इस युद्ध में रूसी जाति को उत्तर, दक्खिन और पश्चिम में बहुत दूर तक फैलना पड़ा। पहली फिनलैंड की लड़ाई के बाद इस इलाके में मध्य-एसिया के मंगोलायित जातियों में से भी कितने ही लोग लाकर बसाए गए थे, लेकिन अब तो उनके यहाँ भी विशाल मरुभूमि को उर्वर भूमि में परिणत किये जाने के कारण उन्हें यहाँ नहीं भेजा जा सकता। पार्क के एक कोने में लाल रंग का गिरजा था, जो लड़ाई में ध्वस्तप्राय हो गया। कुछ बड़ी इमारतों को मरम्मत करके उनमें सैनिकों को बसा दिया गया है। सैनिकों में कुछ तुर्क और मंगोल चेहरे भी दिखाई पड़ रहे थे। सोवियत में कितनी ही पल्टनें 'मिश्रित' होती हैं, अर्थात एक ही रेजीमेंट में कई तरह की जातियों के नौजवान भर्ती रहते हैं। सात साल की अनिवार्य शिक्षा—जिसमें चार साल रूसी भी अनिवार्य है—के कारण भाषा की कोई दिक्कत नहीं। सैनिक जीवन में वह सोवियत भूमि के भ्रातृभाव का परिचय भी पाते हैं। रीनक (हाट) में सेब बिक रहे थे। कश्मीर की तरह मीठे सेब तो ईरान और मध्य-एसिया छोड़ कहीं नहीं मिलते, तो भी यहाँ के सेब बुरे नहीं थे। हमने नौ रूबल में 2 सेब खरीदे, चार रूबल में कुलफी की

बरफ खाई। चीजों के बहुत महँगे होने का एक बुरा प्रभाव तो यह जरूर देखने में आता है कि आदमी मुक्तहस्त होकर अपने मित्रों का स्वागत नहीं कर सकता और मैं और मेरा के फेर में जल्दी पड़ जाता है।

4 बजे हमारी लॉरी तिरयोकी की ओर रवाना हुई। एक जगह बिपुरी के पास ही यात्रियों के कागज-पत्र देखे गए, किन्तु मेरे पास अपना पासपोर्ट भी नहीं था। देखना शिष्टाचार ही जैसा मालूम होता था, नहीं तो एक विदेशी बिना पासपोर्ट के इतनी दूर की सैर आसानी से नहीं कर पाता। एक जगह हमें एक बड़ा सरोवर दिखाई पड़ा। जल में काई थी, लेकिन गर्मी होने से स्नान करने का मन कर रहा था। घंटा भर ठहरकर हम लोगों ने स्नान किया। 80 वें किलोमीतर के पास दूर तक खेत थे, स्थान ऊँचा-नीचा था। यहाँ खेतों में बन्दगोभी, आलू जैसी फसलें खड़ी थीं और खेती करनेवाले जर्मन युद्धबन्दी थे। कोई जेलखाने की तरह बन्द करके वह रक्खे नहीं गए थे, बल्कि वह परित्यक्त घरों में रहते खेतों में काम करते थे। सोवियत शासक निश्चित जानते थे—भागने पर यह कहीं दूर नहीं जा सकते, इनकी भाषा ही पकड़वाने में सहायक नहीं होगी, बल्कि सोवियत नागरिकों की तत्परता भी वैसा न होने देगी। लौटते वक्त हम समुद्र के किनारे-किनारे चलनेवाली सड़क से जा रहे थे। कितने परित्यक्त ग्राम, घर और खेत देखकर अपने यहाँ की जनाकीर्ण बस्तियाँ याद आती थीं। हम लोगों ने सौ-सौ रूबल पर लॉरी किराया की थी। लॉरी क्या खुला हुआ ठेला था, जिस पर देवदार की लकड़ी के बेंच रख दिये गए थे। पीछे उठगनी भी नहीं थी। और यात्रियों की बात नहीं जानता, लेकिन मेरी तो गत बन गई थी। मुझे सबसे पिछली बेंच पर कोने में जगह मिली थी। रीढ़, घुटने और कमर में जो दर्द हो रहा था, उसके बारे में क्या पूछना? रास्ते भर खूब धूल फाँकना पड़ा था। कहीं-कहीं पर सोवियत सैनिकों को भी खेतों के काम में लगे देखा—अन्न समस्या को अपने देश से दूर जो रखना था। बिपुरी से चलने के 4 घंटे बाद हम अपने उपवन में आ पहुँचे।

हमारी शाला में आज एक कलाकार कहानीवाचक आया था। उसके कहानी पढ़ने में अभिनय का आनन्द आता था।

अब हमारे रहने के एक हफ्ते और रह गए थे। 22 जुलाई को दोपहर को भोज हुआ। भोज यूनिवर्सिटी की तरफ से था, इसको कहने की आवश्यकता नहीं, अथवा जब अध्यापकों को खाने-पीने का पैसा देना पड़ता था तो हमारी तरफ से ही भोज था, यह भी कह सकते हैं। यूनिवर्सिटी के रेक्तर (चांसलर) वोज्नेसेन्स्की आज स्वयं मौजूद थे। वैसे हफ्ते में एक-दो बार अपनी कार पर वह तिरयोकी जरूर हो जाया करते थे। एक-एक मेज पर भोजन करनेवाले चार-चार व्यक्तियों के लिए एक-एक शराब की बोतल और दो-दो 'पीवा' (बियर) की बोतलें एक-एक लेमोनाद के साथ रखी हुई थीं। मैं तो लेमोनाद में से ही कुछ ले सकता था,

इसलिए हमारी मेज के तीन साथियों को एक पूरी बोतल मिली। हमारे मेज की शराब जार्जिया की बनी हुई पुरानी अंगूरी शराब थी। दूसरी मेजों पर भी अच्छी-अच्छी अंगूरी शराबें थीं। भोज में लेनिनग्राद के पाँच-छह प्रसिद्ध कलाकार आनेवाले थे, लेकिन समय की पाबन्दी हमारे देश की तरह रूस में भी तुच्छ समझी जाती है, फिर वह तो कलाकार थे। उनके लिए घंटा-पौन घंटा प्रतीक्षा की गई, फिर भोज शुरू हो गया। वोज्नेसेन्स्की ने भोज का व्याख्यान दिया। मातृभूमि के लिए मद्य चषक उठाए जाने लगे। बीच-बीच में बराबर मनोरंजन वक्तृताएँ होती रहीं। शराब के साथ मछली, रोटी तथा दूसरी स्वादिष्ट चीजें थीं। दीन विक्तर मोरिसोविच स्ताइन ने भी भाषण दिया, दो-तीन और भी वक्ता बोले रेक्तर ने हमारे कमरे की हरेक मेज के पास अपने मद्य चषक को ले जाकर टुनटुनाते हुए स्वास्थ्य और स्वदेश के लिए पान किया, फिर इसी तरह दूसरे कमरों की भी प्रत्येक मेज पर गए। उस वक्त क्या, दूसरे समय में भी वोज्नेसेन्स्की को लोगों में खड़े-बैठे देखकर कोई नहीं कह सकता था कि वह इतने बड़े विश्वविद्यालय के चांसलर हैं।

मेरे मद्य न पीने की असामाजिकता का प्रभाव मेरी मेज तक ही रहा-वहाँ के लोग मद्य को एक सुन्दर पानी से अधिक नहीं मानते और उसे अतिथि सत्कार का सबसे अच्छा साधन समझते हैं। हमने किसी को यहाँ या और जगहों में भी नशे में गिरते पड़ते नहीं देखा।

आज भोज के उपलक्ष्य में संगीत-मंडली (कंसर्त) भी होनेवाली थी। तब तक कलाकार लोग आ पहुँचे थे। साढ़े नौ बजे प्रोग्राम रूस की 70 वर्षीया प्रसिद्ध नीटो ग्रानोव्स्कया के कला प्रदर्शन से आरम्भ किया गया। दूसरे कलाकारों में संगीतकार जर्जिन्स्की भी था, जिसने 'तीखी दीन' (शान्त दीन) ओपेरा तथा दूसरे बहुत-से नाट्य वस्तु तैयार किये थे। ग्रानोव्स्कया बोल्शेविक क्रान्ति के समय 40 साल की थी। उस समय भी वह जार की राजधानी की लाड़ली रही होगी। उजड़े वसन्त को देखने से ही मालूम होता था कि वह तरुणाई में अत्यन्त सुन्दर थी। उसने चेखोफ की कहानियों में एक का अभिनय-पूर्ण ढंग से पाठ किया। बहुत प्रभावशाली अभिनय था। कहानी के जितने पात्र थे, उनके कथन को वह उचित तथा भिन्न-भिन्न स्वरों में अदा करती थी। कहानी पढ़ना भी एक उच्च कला है, इसका वह प्रमाण दे रही थी, और वह कला रूस में चरम सीमा तक पहुँची थी। 11 बजे के बाद तक कंसर्त जारी रहा।

जान पड़ता है, समय बीतने के साथ मच्छरों, खटमलों और पिस्सुओं के बल में भी वृद्धि हुई थी। रात को उन्होंने नींद हराम कर दी थी। 3 हफ्ते बाद हमारे पीछे के पाखाने की बदबूदार हवा ही कह रही थी कि अब यहाँ से डंडा-कुंडा उठाओ।

23 जुलाई को भोजनोपरान्त 9 बजे हम 'पहाडी' पर घूमने निकले। साथ घूमनेवाली एक महिला कह रही थी—4-5 साल पहिले कफकाश (काकेशस) के

श्री विश्रामोपवन में कुछ लोग ठहरे हुए थे, 10 जोड़ी नर-नारी जंगल में टहलने गए, वहाँ डाकुओं ने उन्हें पकड़कर सब कुछ छीन नंगा करके छोड दिया; बेचारे वैसे ही नंगे अपने विश्रामस्थान को लौटे।

मैंने कहा—जिस तरह यहाँ तिरयोकी के वन में आधी रात को घूमते हुए हम इस कहानी को सुन रहे हैं, उसी तरह न जाने इस वक्त काकेशस के वन में घूमते हुए कुछ लोग तिरयोकी में फिन-डाकुओं द्वारा 50 जोड़ों को लूटकर नंगे करके छोड़ देने की कथा सुनते होंगे।

सचमुच ही जो वर्ग अपने प्रभुत्व को खो चुका है, उसके अवशेष अपनी हरकतों को जल्दी छोड़ नहीं सकते। शायद इस शताब्दी के अन्त तक भी पुराने वर्ग समाज की प्रतिक्रिया और प्रतिध्वनि यहाँ से पूर्णतया लुप्त नहीं होगी। आज के घूमने में हमें एक सीमेंट और लोहे का बना हुआ चबूतरा मिला, जिस पर युद्ध के समय 10 मील तक मार करनेवाली बड़ी जर्मनी तोप लगी हुई थी। वैसे कँटीले तारों की बाड़ें, मोटे तख्तों से पटी युद्ध की खाइयाँ, खाली टिन तथा दूसरी चीजें अब भी जगह-जगह मिलती थीं। यह तोप शायद कोन्स्तात के नौ सैनिक दुर्ग पर आक्रमण करती थी।

24 जुलाई को समुद्र उत्तरंगित और हवा-पानी ठंडे थे। स्नान करनेवाले बहुत कम दिखलाई पड़ रहे थे। प्राणि-शास्त्र का एक छात्र समुद्र के पास छोटा-सा गड्ढा खोद रहा था। पूछने पर उसने बतलाया कि इसमें मेढक रखेंगे। ईगर ने भी एक मेढक पाल रखा था। वह अपना मेढक भी दौड़कर ले आया। उसने समझा, मेढक तैरेंगे, उसी में मेरा भी मेढक वहाँ मेढकों के लिए एक छोटा-सा सरोवर बनेगा। जिसमें विद्यार्थियों के मेढक तैरेंगे, तैर लेगा। वह मेढक लेकर अपने परिचित विद्यार्थी के साथ वहाँ काम में लग गया। मैंने घर में जाकर घंटा-भर प्रतीक्षा की, लेकिन ईगर का कहीं पता नहीं था, वह वहीं डटा हुआ था। जाकर देखा तो विद्यार्थी कैंची से मेढक के सिर को मूली की भाँति काट रहा है, बिलकुल निश्चित हो। जरा भी संकोच न दिखलाते हुए वह एक के बाद दूसरे मेढक को काटता जा रहा है, और शीशियों में से किसी में आँखें और किसी में उसके कोई दूसरी ग्रंथि डालता जा रहा था। मेरे लिए वहाँ एक क्षण-भर भी ठहरना असह्य था, हृदय फूलने-पचकने लगा था; किन्तु ईगर उस तमाशे को विद्यार्थी की तरह ही वहाँ बैठा देख रहा था। अभी उसे दया के संस्कार प्राप्त नहीं थे कि किसी प्राणी का वध होते देख तिलमिलाता। माँ ने जब उसे उस दृश्य को देखते देखा तो घबड़ा गई और डाँट-डपटकर उसको अपने साथ लाई। फिर वह बड़ी गम्भीरता से लेक्चर दे रही थी—वहाँ फिर मत जाना, यह बहुत बुरा है। यदि कोई तुम्हारा सिर काटे! मुझे भी उपदेश देने के लिए कह रही थी, लेकिन मैंने कहा—छोड़ दो, क्या जाने उसे आगे डॉक्टर या प्राणिशास्त्री बनना हो, फिर हमारी यह शिक्षा उसके रास्ते

में बाधक होगी। यह तो वहाँ साफ ही दिखाई पड़ रहा था कि दया भी अभ्यास और संस्कार का परिणाम है। आज भी विद्यार्थियों ने हल्ला कर रखा था—"कंसर्त होनेवाली है और लेनिनग्राद के कई प्रसिद्ध कलाकार आ रहे हैं।" लोग 9 बजे से पहिले ही कुर्सियों पर डट गए। 9 बज गए, किन्तु कलाकार और कलाकारिनियों का कहीं पता नहीं था। फिर रियाल (पियानो) पर एक छात्र बैठ गया और उसने तानसेनी लय में कुछ उस्तादी संगीत के हाथ दिखलाने शुरू किये। आध घंटे तक पट्टा पियानो पर डटा रहा। श्रोतामंडली भी कलाकारों की प्रतीक्षा में बैठी रही। फिर अंतराल (विश्राम) की घोषणा हुई, लोग अब भी विश्वास किये हुए थे कि कलाकार आ रहे हैं। फिर हमारी यूनिवर्सिटी की एक छात्रा, लँगड़ी किन्तु सुमुखी और सुकण्ठी ने कई गाने सुनाए। लेनिनग्राद शहर की गैर पेशेवर गायिकाओं की प्रतियोगिता में वह प्रथम आई थी, इसीलिए 'घर की मुर्गी साग बराबर' कहकर भले ही कोई कदर न करे, लेकिन उसने गाया अच्छा था। अब श्रोतामंडली भी समझ गई कि संगीतशाला में जल्दी जमा करने के लिए छात्रों ने यह अफवाह उड़ाई थी। साढ़े दस बजे प्रोग्राम समाप्त हुआ। अभी पश्चिम की ओर गोधूलि की लालिमा छाई हुई थी और मध्य रात्रि होने में केवल डेढ़ घंटा रह गया था।

हमारी ऊपर की कोठरियाँ कबूतरों के दरबे जैसी ही थीं, जिनमें एक-एक में एक-एक सपत्नीक प्रोफेसर ठहरे हुए थे। हमारी कोठरी आखिर में थी, उसकी बगल की कोठरी में यूनिवर्सिटी के प्रोरेक्तर (वायस चांसलर) आक्रोख्वेख्खुवा अपनी पुत्री आसिया के साथ ठहरी हुई थीं। युद्ध के समय वह सरातोफ यूनिवर्सिटी में रेक्तर थीं। इनकी योग्यता को देखकर रेक्तर वोज्नेसेन्स्की उन्हें यहाँ खींच लाए थे। शिक्षण, छात्रवृत्ति आदि का काम इनके जिम्मे था, साथ ही प्राणि-शास्त्र का अध्यापन भी करती थीं। लड़का सेना से अभी लौटा नहीं था। 12 साल की लड़की पाँचवीं क्लास पढ़ रही थी, जो यहाँ साथ आई थी। उन्हें यूनिवर्सिटी के काम से बीच-बीच में जाना पड़ता था। उनकी माँ उक्रेन की और पिता जार्जिया का था, पिता के ही कारण शायद अत्यधिक ऊँची नाक उन्हें मिली थी। उनकी कोठरी के बाद की कोठरी में मध्यकालीन इतिहास के प्रमुख विद्वान् प्रोफेसर गुकोव्स्की उपनाम गोरिल्ला अपनी तरुणी भार्या के साथ रहते थे। गुकोव्स्की की यह चौथी पत्नी बहुत सुन्दर थी। लोग कह रहे थे, कि तृतीया बहुत ही सुन्दर थी। और उसके पहिलेवाली भी कम सुन्दर नहीं थी। प्रोफेसर की आयु 45 वर्ष के आस-पास थी। वह सिद्धहस्त प्रोफेसर समझे जाते हैं। उनके बाद यूनिवर्सिटी के एक कार्यकर्ता कोर्सनोफ सपत्नीक ठहरे हुए थे। उसके बाद हमारे परिचित दोकन (डीन) स्ताइन सपत्नीक ठहरे हुए थे। प्रोफेसर स्ताइन 1926 में चीन की राष्ट्रीय सरकार के अर्थशास्त्रीय परामर्शदाता रह चुके थे। प्राचीन अर्धशास्त्र के भी वह मर्मज्ञ हैं, विशेषकर चीन और भारत के। उनके वाद प्रो. मावरोदिन रूसी इतिहास के अच्छे

पंडित और *प्राचीन रूस राज्य निर्माण* ग्रंथ के कर्ता तथा इतिहास-फेकल्टी के डीन सपत्नीक ठहरे हुए थे। मावरोदिन पैर से कुछ लँगड़े थे। उनकी तरुण पत्नी हर वक्त सजी-धजी रहतीं—आँखों में खूब काजल पुता, मुँह पर जरूरत से ज्यादा पाउडर, ओठों पर मात्रा से अधिक अधर-राग और पोशाक अत्यन्त भड़कीली। इतना बनाव-सिंगार तो रूस की स्त्रियों में क्या विदेशी, स्त्रियों में भी कम ही देखने को मिलेगा। उनका सारा समय शरीर रँगने और पोशाक वदलने में जाता था। प्रौढ़ पति तरुणी भार्या की हरेक नाजबरदारी के लिए तैयार थे। कोर्सनोफ को छोड़कर इन दरबों में रहनेवाले सभी उच्च दर्जे के प्रोफेसर और उनमें से दो डीन थे। मैं इन दरबों के भाग्य पर सोच रहा था : कहाँ 6 वर्ष पहिले यहाँ फिनिश आभिजात्य वर्ग के अतिथियों के मनोरंजन के लिए वेश्याएँ रखी जाती थीं, और कहाँ अब उनका संभ्रान्त पुरुषों के अतिथि-विश्राम के रूप में परिवर्तन। स्ताइन, मावरोदिन और गुकोव्स्की यहूदी थे, जिनमें दो अपनी फैकेल्टी के डीन थे। इससे पता लगेगा, कि यहूदी कितने प्रतिभाशाली होते हैं। स्ताइन को छोड़कर बाकी की पत्नियाँ रूसी थीं। वस्तुतः शिक्षित यहूदी अब विशाल रूसी जाति में खप जाने के लिए तैयार हैं। योग्यता होने पर अब जाति किसी के रास्ते में रुकावट नहीं हो सकती, यह भी कारण है, जो कि वह इतने आगे बढ़ सके हैं। रूसी तरुणियाँ यहूदी प्रोफेसरों की पत्नी बनने में कोई हिचक नहीं दिखलातीं। वर्तमान शताब्दी के अन्त तक जान पड़ता है, अधिकांश यहूदी सन्तानें रूसी बन गई दीख पड़ेंगी। यह भी पता लगा कि फिजिक्स-मैथमेटिक्स के डीन भी यहूदी ही हैं।

26 जुलाई को खटमलों, पिस्सुओं और मच्छरों के बाद अब मक्खियों ने भी दर्शन देना शुरू किया, लेकिन अभी कम संख्या में ही। चोर्नीका (मकोय) अब सब पक गई थीं, और हमारे उपवन में क्या, बल्कि हमारे निवासस्थान के बगल ही में उनके काले फलों में लदे हुए पौधे थे, जिनसे लड़के चिमटे रहते थे। इस महीने के अन्त तक ही उन्हें खतम हो जाना था। मलीना (रास्पबरी) अभी अपनी कलियों में सकुचाकर छिपी हुई थी। हमारे रहने-भर तो वह मुँह खोलने के लिए तैयार नहीं थी। अगले महीने आनेवाले उसको पाएँ होंगे। उसके पौधे भी यहाँ बहुत ज्यादा थे। जेम्ल्यांका (स्ट्राबरी) के पौधे बहुत कम थे, लेकिन इस वक्त वह पकने लगी थी। लड़ाई के समय बहुत से कलखोज जब उच्छिन्न हो गए और उसके बाद आदमियों का मिलना भारी समस्या हो गया तो लेनिनग्राद जैसे नगरों के आसपास के खेतों को भिन्न-भिन्न फैक्टरियों और संस्थाओं ने सोवखोज (सरकारी खेती) बना लिया। इन खेतों में अधिकतर साग-सब्जी और स्ट्राबरी जैसे फलों की खेती होती थी। वैतनिक श्रमिक वहाँ काम करते थे, जो मालिक संस्थाओं के पास चीजों को भेजते रहते हैं। आज हमारे अपने सोवखोज की स्ट्राबरी भोजन के समय लोगों के सामने आई थी। लोग बड़े उत्साह के साथ कह रहे थे—हमारे

सोवखोज की स्ट्राबरी है। हम समुद्र के किनारे दूसरी ओर टहलने गए, वहाँ एक अच्छा-खासा बँगला युद्धाग्नि में दग्ध देखा। लोहे की चारपाइयाँ और कितने ही धातु के टूटे-फूटे बर्तन वहाँ अब भी दिखलाई पड़ रहे थे। यह भी युद्ध के पहिले किसी फिन तालुकदार का विलास भवन रहा होगा।

27 जुलाई को अब 3 दिन ही रह गए थे। उपवन में पहिली-दूसरी या पन्द्रहवीं तारीख को लोग आया करते हैं, जानेवाले दो दिन पहिले ही स्थान खाली कर देते हैं, ताकि नये मेहमानों के लिए जगह ठीक-ठाक की जा सके। लोग चलाचलू से हो रहे थे, अध्यापकों को प्रति व्यक्ति प्रति मास साढ़े सात सौ रूबल देना पड़ता था। दीन मार्कोव्ना गोल्दमान जैसी महिला-अध्यापकों को—जिनके पति युद्ध में मर गए—आधा ही, और छात्रों को कुछ भी नहीं देना पड़ता। खाने की कुछ अव्यवस्था जरूर थी, जिसे अस्थायी कहना चाहिए, नहीं तो सैकड़ों-हजारों विद्यार्थियों को मुफ्त ग्रीष्म-निवासों में खाते रहने का स्थान तथा प्रोफेसरों को भी कम खर्च पर सुन्दर प्रकृति की गोद में बैठकर एक-दूसरे से मिलने और अपने भविष्य के काम के चिन्तन के लिए अवसर देना अन्यत्र सुलभ नहीं हो सकता था।

लोगों को यहाँ सबसे ज्यादा शौक था—समुद्र स्नान करना, पुरुषों को केवल जाँघिया, और स्त्रियों को स्तनबन्द और जाँघिया पहिने धूप में लेटकर शरीर को साँवला बनाना। शरीर जितना ही साँवला बन जाए, उतनी ही प्रशंसा की बात मानी जाती थी। किसी ने हमारी सफलता के लिए प्रशंसा की तो मैंने कहा—यह तो सैकड़ों सहस्रों पीढ़ियों के आतप में तपने तथा तत्सम्बद्ध रुधिर सम्मिश्रण का परिणाम है। कितनों ने तो धूप लेते-लेते अपनी गरदन और पीठ के कितने ही हिस्सों के खाल की एक तह निकलवा डाली, कुछ लोग मेरे जैसे रंग में परिणत हो भी गए थे।

शाम को फिर घूमने गए। जहाँ तोप की सीमेंट-लोहेवाली पीठिका पड़ी थी, वहीं अब नये मकानों के बनाने का काम शुरू हो रहा था। भारी-भारी टैंकों को देवदार के जंगलों में घुमा दिया गया था, जिससे बेचारे देवदार जड़ सहित धराशायी हो गए थे। उनको बिजली के आरों से काटकर लकड़ियाँ स्थानान्तरित कर दीवारें बनाने का काम होने जा रहा था। विशाल देवदारों को टैंकों ने कितनी ही आसानी से उखाड़ फेंका था, यह देखकर मनुष्य की शक्ति पर आश्चर्य होता था। अगर हाथ से काटना पड़ता तो दो आदमी शायद एक दिन में दो दरख्त भी नहीं काट सकते थे, और टैंक ने एक दिन में हजारों को उखाड़ फेंका था। गिरे दरख्तों के नीचे निकल आई काली मिट्टी बतला रही थी कि सहस्राब्दियों में पत्तियों के सड़ने से यह मोटी काली मिट्टी बनी होगी। यदि आज यहाँ खेत बनाए जाते तो सैकड़ों वर्षों की फसल के लिए यहाँ खाद मौजूद थी।

और आगे जाने पर अकादमिकों का उपवन मिला। अकादमिक सोवियत रूस के देवता हैं। उन्हें देवत्व-प्राप्ति अपनी विद्या से हुई। जितना नाम-सम्मान तथा

आराम उनको प्राप्त है, उतना रूस में किसी को प्राप्त नहीं है। उन्हें कुछ काम न करने पर भी 6 हजार रूबल मासिक पेन्शन मिलती है। हर जगह पर उनके बैठने, रहने, खाने का विशेष ध्यान रखा जाता है। देवदार के जंगलों की शोभा को कम-से-कम नुकसान पहुँचाते हुए उनके लिए यहाँ बँगलों का एक गाँव बन रहा था। मकान बहुत कुछ तैयार हो गए थे। एक-एक के लिए कई कमरेवाले मकान, बरामदे, स्नानागार आदि का प्रबन्ध था। इसी मुहल्ले में उनके लिए भोजन आदि की शालाओं और दुकानों आदि का प्रबन्ध था। इमारतों को जल्दी से जल्दी तैयार करने की ओर ध्यान था। आखिर अमेरिका के अणुबमों के मुकाबिले में अपने अणुबमों को तैयार करना इन्हीं का तो काम है, फिर क्यों न उनकी इतनी पूजा-प्रतिष्ठा की जाती।

28 जुलाई हमारे तिरयोकी-वास का अन्तिम दिन था। आज का भोजन अच्छा था। चलते वक्त ही क्यों ऐसा किया गया?

'कालो न दुरतिक्रमः'

तिरयोकी से लेनिनग्राद लौटने के लिए रेल के अतिरिक्त यूनिवर्सिटी की लॉरियों का भी प्रबन्ध था। एक के बाद एक लॉरियाँ छूटती रही थीं, लेकिन अभी लोला की तैयारी ही ठीक नहीं हो रही थी। ढाई बजे तक तो उनका समुद्र स्नान होता रहा। हम सबसे पीछे भोजनशाला पहुँचे। जब लोग 4 बजे सामान लेकर लॉरी की जगह पर पहुँच रहे थे, तब हमारा सामान धीरे-धीरे बाँधा जा रहा था। दो लॉरियों के चले जाने पर डर लगने लगा कि कहीं लॉरी हमें मिले ही नहीं। 5 बजे के करीब हम अड्डे पर गए। अड्डा उपवन के भीतर ऑफिस के पास था। पता लगा कि एक लॉरी यहाँ से सीधे लेनिनग्राद जानेवाली है। लोला लॉरी के इतने लम्बे सफर को कष्टप्रद कह रही थी, मैंने बतलाया, ट्रेन से जाने पर तीन-तीन बार बक्सों को उतारना, फिर ट्राम पर भी चढ़ाना-उतारना पड़ेगा। खैर उसके दिमाग में बात समा गई। लॉरी आई, ड्राइवर की बगल में माँ-बेटे को बैठा दिया। लॉरी का किराया नहीं देना था, क्योंकि यूनिवर्सिटी की थी। ड्राइवर को 20-20 रूबल दे देने पर उसने मुसाफिरों को उनके घर पर छोड़ना स्वीकार कर लिया।

सवा पाँच बजे लॉरी रवाना हुई। सड़क समुद्र के किनारे से जा रही थी। फिनलैंड की पुरानी सीमा तक महावन चला गया था, जिसमें सभी जगह युद्ध की मोर्चाबन्दियाँ थीं। हमारे उपवन से 15 किलोमीतर तक तो विश्रामोपवन ही चले गए थे, जिनमें से सबसे ज्यादा बालोद्यान के थे। 20 किलोमीटर जाने पर फिनलैंड की पुरानी सीमा मिली। जंगल उच्छिन्न करके अब ग्राम और कस्बे बस गए। रास्ते में ही सेस्त्रोनेच (स्वसा नदी) का अच्छा-खासा कस्बा था। घंटे भर की यात्रा करने के बाद हम लेनिनग्राद के बौद्ध विहार के पास पहुँच गए। लेकिन लोगों को घर-घर उतारना था, इसलिए दो घंटे बाद 8 बजे से थोड़ा पहिले हम अपने घर पहुँचे। अच्छा हुआ जो रास्ते में वर्षा नहीं हुई, नहीं तो लॉरी खुली थी। घर पर सामान रख देने के बाद वर्षा शुरू हुई। हमारी सड़क अधिकतर गोल-मोल

पत्थरों के डलों की थी, जहाँ लॉरी बहुत दचके खाती थी। खैर, शारीरिक कष्ट का कोई सवाल नहीं था।

महीने-भर बाद रेडियो अर्थात बाहरी दुनिया के समीप पहुँचे थे। भारत का प्रोग्राम खतम हो चुका था, लन्दन और मास्को ही सुन सके।

यूनिवर्सिटी खुलने में एक महीने की देर थी। इसलिए फिर हम अपने पढ़ने और नोट लेने में लग गए।

31 जुलाई को सबेरे थोड़ी वर्षा हुई। आज अपने कोपरेटिव दुकान से सामान लाना था। राशन के लिए हमारे वास्ते दो दुकानें थीं, एक अपने मुहल्ले की, जहाँ कि हम अपने साधारण राशनकार्ड की चीजें लेते थे, और दूसरी यूनिवर्सिटी से नातिदूर अध्यापकों की कोपरेटिव दूकान थी, जहाँ हम साढ़े चार सौ रूबलवाले विशेष राशन कार्ड की चीजें लेते थे। इस दुकान में साधारण कार्ड की चीजें भी ले सकते थे, लेकिन विशेष कार्ड की चीजें साधारण दुकान से नहीं ली जा सकती थीं। उस दिन चार बजे ट्राम से कजान गिरजे के पास कोपरेटिव में गए। घंटे भर प्रतीक्षा करने के बाद लोला भी आ गई। फिर चीजों के खरीदने में तीन घंटे लगे। एक दिन पहिले कार्ड देने से चीजें सब तैयार मिल सकती थीं। हाँ, हमारे यहाँ की तरह वहाँ की भी घड़ियाँ दो घंटे लेट रहती हैं, किन्तु, जब आदमी हरेक चीज अपनी आँखों से देखकर बँधवाना चाहे, तो वह कैसे हो सकता था? आज महीने का आखिरी दिन था, इसलिए बचा हुआ राशन ले लेना जरूरी था, चाहे उसके लिए कितना ही समय लगे। शिक्षितवर्ग में अब भी पुराने मध्यवर्ग की संख्या काफी है, और कमकरवर्ग से आए हुए लोगों में से भी कितनों ने शादी-सम्बन्ध या दूसरी तरह पुराने मध्यवर्ग के भावों को ग्रहण कर लिया है। महिलाओं को मालूम हुआ, कि अक्टूबर में राशनकार्ड उठ जाएगा। वह बहुत डरने लगीं। कह रही थीं—भारी क्यू की पाँती में घंटों खड़ा रहना पड़ेगा, जो हमारे बस की बात नहीं है। वहाँ तो जो ज्यादा खड़ा रह सके, वही ज्यादा खरीद सकेगा, और पीछे हाथ में ज्यादा दाम पर बेच भी सकता है। मैंने कहा—यदि दुकानें ज्यादा खुल जाएँ जैसी कि अब भी राशन की दुकानें हैं, तो उतनी देर क्यों होगी?

टिनवाली मछली, मांस, मक्खन, अनाज, सभी चीजें एक मन से ज्यादा खरीदी थीं। इतनी चीजों को पीठ पर ढोना शक्ति के बाहर की बात थी, हालाँकि संकोच का वहाँ कोई खयाल नहीं था, क्योंकि सभी प्रोफेसर और लेक्चरर, पुरुष और महिलाएँ 15-20 किलोग्राम सामान अपनी पीठ पर लादे चले जा रहे थे। मैंने कहा—अभी इन्तिजाम करता हूँ, और जाकर इन्तूरिस्त से किराये पर एक टैक्सी माँग लाया। किराया 26 रूबल था, यद्यपि हमने 40 रूबल दिए। यदि भारवाहक लेना होता तो इससे कहीं ज्यादा मजदूरी देनी पड़ती।

शहर में घरों की मरम्मत और पुनर्निर्माण बड़े जोरों से जारी था। तितल्ले

मकान चौतल्ले बनाए जा रहे थे। हमको आशा होने लगी कि शायद मकानों की अधिकता होने पर यूनिवर्सिटी के पास कहीं तीन कमरे मिल जाएँ। यूनिवर्सिटीवाले भी यूनिवर्सिटी नगर बसाने की सोच रहे थे और यूनिवर्सिटी के आसपास के मुहल्लों को ले लेना चाहते थे। यह कोई मुश्किल नहीं था, क्योंकि "सभी भूमि गोपाल की" अर्थात लेनिनग्राद के सारे मकान लेनिनग्राद नगरपालिका के थे।

पहली अगस्त का दिन आया। आज न बिजली काम कर रही थी, न पानी का नल ही। कल-कारखानों के उत्पादन के आँकड़े गला दबाने के लिए तैयार थे, इसलिए वहाँ हरेक काम घड़ी की सुई की तरह बड़ी तनदेही से होता था। जो पानी, बिजली का कष्ट नागरिकों को हो रहा था, उसका टन या मीटर में आँकड़ा नहीं बन सकता था, इसलिए उधर उतनी सावधानी नहीं रखी जा सकती थी।

कल की लाई खाद्य सामग्री में टिन से बाहर का कलवासा और मछली जैसी चीजें काफी थीं, जिनको ज्यादा देर तक रखा नहीं जा सकता था, इसलिए मित्रों को दावत देना जरूरी था। लोला की सखी सोफी पास में ही थी, लेकिन उसको बुलाने में विशेष तैयारी की जरूरत थी, इसलिए उसे नहीं निमंत्रित किया; लेकिन और कई बन्धु-मित्र नर-नारियाँ पधारीं। अगस्त में अब सर्दी पड़ने लगी थी, इसलिए मैं जँगलों को बन्द रखना चाहता था, लेकिन लोला का आग्रह खिड़की खोल रखने का था, क्योंकि उससे 'वितामिन' का झोंका आ रहा था। मैं खिड़की इसलिए भी खुला रखना नहीं चाहता था, कि खाने के कमरे में काम करते समय खिड़की से कोई चीज न उठ जाए। नल बिगड़ने से पानी को हमें दूर से भरकर लाना पड़ा। बिजली खैर, देर से आ गई, उससे केवल इतना ही नुकसान हुआ कि मैं भारतीय रेडियो नहीं सुन सका।

4 अगस्त को गृहिणी के आग्रह पर अमेरिकन फिल्म *वलेरिना* देखने गए। पुराने मध्यवर्ग की स्त्रियाँ ब्रिटिश या अमेरिकन फिल्मों को अधिक पसन्द करती थीं, क्योंकि वहाँ उनके वर्ग की जीवन की सुन्दर झाँकी मिलती थी। फिल्म बुरा नहीं था। वहाँ से हम फोटोग्राफ की दुकान पर गए फोटोग्राफर न कहकर फोटोग्राफी की दुकान कहना चाहिए, क्योंकि इस दुकान का मालिक कोई व्यक्ति या व्यापारिक कम्पनी नहीं थी। सभी दुकानें यहाँ बिचवई के बिना हैं। लेकिन यदि कोई फोटोग्राफर अपनी दुकान रखना चाहे, तो उसमें बाधा नहीं। उसे सरकारी फैक्टरियों से बने माल के मिलने में भी कोई दिक्कत नहीं, लेकिन वह नौकर नहीं रख सकता। हाँ, चार-छह फोटोग्राफर मिलकर अपनी कोपरेटिव दुकान खोल सकते हैं। घड़ीसाजों के बारे में भी यही बात है। हम फोटोग्राफी-कार्यालय में गए। बड़ों के फोटो का दाम बहुत कम था, मगर लड़कों का पचास-पचास रूबल पड़ता था। लड़कों को फोटो के लिए ठीक बैठाने में दिक्कत थी, इसलिए उनके कई फोटो लेने पड़ते थे। हमने भी कुछ फोटो खिंचवाए। फिर 'उनीवर मार्ग' (विश्व-पण्यशाला) में गए, जहाँ

कई तल्लेवाले मकानों में हजारों तरह की चीजें बिक रही थीं। वहाँ ईगर के लायक कोई तैयार चीज नहीं मिली। कपड़ा था, लेकिन हमारे पास पहले से ही काफी कपड़ा रखा हुआ था, और दर्जियों की ढिलाई के कारण सिल नहीं रहा था। फिर आगे पोस्तीन की दुकान थी, जिसमें बहुमूल्य साइबेरियन समूर तथा मध्य-एसिया की कराकुल भेड़ों के रेशम जैसे चमकते खाले रखे हुए थे। छोटा कोट बनवाने में भी 8-10 हजार रूबल से कम नहीं लगता था, फिर ईगर तो जल्दी-जल्दी बढ़ रहा था, इसलिए छह महीने के बाद ही कोट उसके लिए बेकार हो जाता। पहली सितम्बर से ईगर को स्कूल में जाना था, इसलिए ओवरकोट और दूसरी पोशाक बनवानी ही थी। माँ का काम हमेशा धीरे-धीरे होता था। इसलिए यह कम सम्भव था, कि महीने भर बाद भी उसके कपड़े बन सकेंगे।

5 अगस्त को फिर हम मुहल्ले की अदालत में गए। समय की पाबन्दी न करने की तो मानो लोगों ने कसम खा रखी है। इसका यदि अपवाद था, तो उत्पादन-स्थान, क्योंकि वहाँ पंचवर्षीय योजना के आँकड़े गला दबाने के लिए तैयार थे। अदालत में एक जज और दो सहायक जज बैठे हुए थे। सहायकों में एक स्त्री भी थी। एक प्रधान सहायक कानून जानता था। कानून न जाननेवाले निर्वाचित जज कुछ समय के लिए होते थे, यह हम बतला आए हैं। लाल कपड़ा बिछी मेज की एक ओर तीनों जज बैठे हुए थे। मेज की बाईं ओर एक क्लर्क स्त्री बैठी थी। सामने दर्शकों के बैठने के लिए पन्द्रह-बीस कुर्सियाँ पड़ी थीं। एक कठघरे में कारखाने का मजदूर खड़ा किया गया था। मालूम हुआ, वह रेल इंजन बनानेवाले कारखाने का छह-सात सौ मासिक पानेवाला मिस्त्री है, जो चार साल सेना में भी काम कर चुका है, और सीनियर सर्जेंट होकर होकर पिछले सितम्बर में ही सेना से अलग हुआ। किसी मार-पीट में फँसकर आज कठघरे में आया था। शराब पीकर मार-पीट कर बैठा था। बयान लेकर उसे भेज दिया गया। बाकी मुकदमे ज्यादातर मकान से सम्बन्ध रखते थे। युद्ध के समय लोग घर छोड़कर सेना में या दूसरी जगह चले गए, तब तक उनके घरों को दूसरों ने आकर दखल कर दिया, अब लौटकर वह अपना घर माँग रहे थे। वर्षों से बस गए लोग घर छोड़कर जाएँ कहाँ, इसलिए उजुर-माजुर कर रहे थे। हमारे यहाँ की तरह मुकदमों को महीनों लटकाए रहने की प्रथा यहाँ नहीं थी। गवाही-साक्षी लेकर एक-दो पेशी में फैसला हो जाता। हमारे देश के कूप-मंडूक यही जानते हैं कि यूरोप में एक ही कानून-व्यवस्था चलती है, और वह वही है, जिसे कि अंग्रेज मानते हैं। अंग्रेजों की प्रथा के अनुसार कानून शब्द का अनुगमन करना सबसे आवश्यक है; लेकिन जर्मनी, रूस आदि देशों में शब्द की नहीं बल्कि भाव की प्रधानता है, इसलिए वहाँ वकीलों की इतनी ज्यादा नहीं चलती। सोवियत व्यवस्था ने तो मुकदमों की संख्या को वैयक्तिक सम्पत्ति की सीमा को संकुचित करके बहुत ही कम कर दिया

है। दीवानी मुकदमे एक तरह से नाम मात्र के हैं, और सम्पत्ति तथा स्त्री-पुरुष के सम्बन्धवाले फौजदारी मुकदमों की संख्या भी बहुत कम हो गई है। अदालतों का यही ढाँचा नीचे से ऊपर तक चला गया है, एक जज न होकर तीन जज रहते हैं। हाँ, ऊपर की अदालत के जज कानून के विशेषज्ञ हुआ करते हैं।

6 अगस्त को, जान पड़ता है, तापमान उनके अनुकूल था, इसलिए मक्खियाँ बहुत हो गई थीं, दिन में बहुत हैरान कर रही थीं। शायद वगल की खाली जमीन में जो साग-सब्जी और दूसरी चीजें पड़ी हुई थीं, उनके कारण मक्खियों का जोर बढ़ा। मक्खियों के मारने के कागज बहुत सस्ते मिल रहे थे, और पेंदी की ओर से खुले शीशे के बर्तनों में भी मक्खियाँ फँसाई जाती थीं, किन्तु सौ-पचास के बलिदान से उनकी संख्या क्या घटती? दिन के शत्रु मक्खियाँ और रात के खटमल-पिस्सू एवं दिन-रात दोनों में अखंड राज्य था मच्छरों का।

7 अगस्त को तीन बजे के बाद गरम कपड़ों की जरूरत पड़ने लगी। वैसे तापमान तो यहाँ बराबर आँख-मिचौनी करता रहता है, लेकिन अब पता लग गया कि अगस्त के प्रथम सप्ताह के बाद जाड़े का आगमन नहीं तो शरद का आगमन जरूर हो जाता है। बादल भी जब तब दिखलाई पड़ने लगे, नलके का पानी भी ठंडा हो चला।

9 अगस्त से हमारे घर में मरम्मत का काम लगा था। घर के स्वामियों (नगरपालिका) की ओर से मरम्मत हो रही थी, लेकिन काम करनेवाली एक दिन का काम चार दिन में करना चाहती थी। अभी रसोई घर और चौपालिका के घरों की ही मरम्मत होनी थी, जिनका हमें बराबर काम नहीं पड़ता था। दीवारों पर कागज लगाने की आवश्यकता थी। वह हम से कागज माँग रही थी किन्तु कार्यालय से पूछने पर मालूम हुआ कि वह दिया जा चुका है। रहने की कोठरियों में भी थोड़ी मरम्मत की आवश्यकता थी, जिसके 250 रूबल माँग रही थी। हफ्ते में एक दिन तो घरों के लकड़ी के फर्श को धोना आवश्यक था, उसके लिए एक स्त्री 50 रूबल माँग रही थी—अर्थात दो घंटे के काम के लिए 30-35 रुपया। लेकिन, आपको मजबूर कौन कर रहा था, काम अपने हाथ से कर लीजिए। शारीरिक श्रम का मूल्य वहाँ कम नहीं था। लोला ने दूसरी स्त्री को 15 रूबल और एक किलो (सवा सेर) आटा पर राजी किया। 10 अगस्त को घर की मरम्मत खतम हो चुकी थी। सामान को ठीक जगह पर रख दिया गया था। सामान के बारे में क्या कहना है? 'सर्व-संग्रह: कर्तव्य क: काले फलदायक:' के महामंत्र का लोला अक्षरश: अनुगमन करनेवाली महिला थी। दोनों कमरे और रसोई का घर भी सामान से भरा हुआ था। वह किसी चीज को फेंकने या देने के लिए तैयार नहीं थी : पतीलियाँ कब की टूट चुकी हैं, लेकिन वह भी आले में पड़ी हुई हैं, कितने बरतन फेंके जा चुके हैं, लेकिन उनके ढक्कन जमा करके रखे हुए हैं। बोतल और शीशियाँ

इतनी कि उनको सालों से भूला भी जा चुका है, किन्तु जगह खाली करने की आवश्यकता नहीं। ऐसी स्थिति में यदि खाने और सोने के कमरे भी मालगोदाम बन गए हों, तो आश्चर्य क्या? हाँ, खैरियत यही थी, कि वह आलमारियों या खुले रैकों में रखे हुए थे।

अत्यन्त प्रेम करनेवाली माँ अपने लड़के के स्वास्थ्य की शत्रु होती है, इसका प्रमाण भी हमें घर से मिल रहा था। ईगर का पेट कभी नहीं ठीक होने पाता था, क्योंकि माँ उसे हँस-हँसकर खिलाना चाहती थी। आखिर पाचन शक्ति की भी कोई हद होती है। हम तो समझते थे कि हमारे देश में ही घी, तेल, चर्बी की भरमार पसन्द की जाती है, किन्तु यहाँ भी यही हालत थी। 14 अगस्त को हमने नोट किया—"पेट में गड़बड़ी प्राय: ही हो जाती है, कारण लोला का चर्बीपूर्ण भोजन।"

16 अगस्त अर्थात अगस्त के मध्य में पहुँचते-पहुँचते कितने ही अल्पजीवी तृण पीले हो पतझड़ के आने की सूचना दे रहे थे। आलू अभी तैयार नहीं थे। चीजें सस्ती और अधिक प्राप्य होने के कारण इस वर्ष लोगों ने साग-सब्जी के खेतों में उतनी तत्परता नहीं दिखलाई। लोला को एक नौकरानी की अत्यन्त आवश्यकता थी, घर के काम करने के लिए ही नहीं बल्कि इसलिए कि 1 सितम्बर से ईगर स्कूल जाने लगेगा और उसके लौटने के समय (एक बजे) हम दोनों यूनिवर्सिटी रहेंगे। एक बुढ़िया काम करने के लिए मिल रही थी। राशन की कड़ाई और चीजों की महँगाई का लोगों के सदाचार पर भी प्रभाव पड़ रहा था। बुढ़िया ने कहा—"मैं भगवान-विश्वासिनी हूँ, कोई चीज नहीं छूती।" 200 रूबल मासिक और भोजन देने में राजी हो जाती। बुढ़िया के कोई नहीं था, पेन्सन पाती थी। न जाने किस कारण लोला की उससे नहीं पटी। नौकरानी की खोज जारी रखी गई।

18 अगस्त को हमारे मुहल्ले में भी एक रोमनी (सिगानिका) नंगे पैरों घूम रही थी। दो पुरुष उससे हाथ दिखला रहे थे। पाँच-पाँच रूबल तो देते ही, इस प्रकार 20 आदमियों का हाथ देखकर वह सौ रूबल रोज कमा सकती थी, फिर उसे काम करने की क्यों परवाह होने लगी? सहस्राब्दियों का कोढ़ एक अवतार रखने से नहीं दूर होता। हाथ देखना, भाग्य भाखना, यह आज का मिथ्या विश्वास नहीं है, इसको दूर करने के लिए बुद्धिवाद के बड़े जबरदस्त घूँट की आवश्यकता है।

यूनिवर्सिटी बन्द थी, छात्र-छात्राएँ भी छुट्टी पर थे। सबसे ऊपरी वर्ग की छात्रा वेर्था कभी-कभी हमारे परिदर्शन में सहायता करती थी। 19 अगस्त को वह हमें शहीदों की समाधि की ओर ले गई। अक्टूबर-क्रान्ति के समय जो लोग हेमन्त-प्रासाद और आसपास के स्थानों में बलिदान हुए, उन्हीं वीरों की यहाँ समाधियाँ थीं। संगखारा की चमकती हुई चट्टानों की पाँच-छह हाथ ऊँची दीवारों से यह समाधियाँ घिरी हुई थीं। पास में वारी पुष्पोद्यान तैयार किया जा रहा था। समाधि-उद्यान के पास ही लैत्नीइसाद (ग्रीष्मोद्यान) था, जो कि जारशाही युग के धनी-मानी लोगों के

विहार का स्थान था। सचमुच ही ग्रीष्म में इसकी शोभा निराली थी। ग्रीष्म की धूप से बचने के लिए यहाँ वृक्षों की घनी छाया थी। यूरोप के प्रसिद्ध-प्रसिद्ध मूर्तिकारों की कृतियाँ—प्रतिमूर्तियों के रूप में—यहाँ रखी हुई थीं। अधिकांश मूर्तियाँ संगमरमर की थीं, जिनमें से कितनी ही अंग-भंग थीं। 18वीं सदी, प्रसिद्ध कथाकार क्रिलोफ की धातुमयी मूर्ति भी यहाँ स्थापित थी। क्रिलोफ ने पंचतंत्र की तरह पशु-पक्षियों के नाम से बहुत सी कहानियाँ लिखीं, जिनसे तत्कालीन समाज के बड़ों पर गहरी चोट की गई थी, लेकिन सीधी चोट न होने के कारण वह तिलमिलाकर रह जाते थे, और क्रिलोफ का कुछ बिगाड़ नहीं सकते थे। आखिर क्रिलोफ भी उच्च वर्ग का पुरुष था। उसकी मूर्ति के साथ कहानियों के पशु, पक्षी पात्रों की भी मूर्तियाँ बनी हुई हैं। सोवियत युग में भी क्रिलोफ की कहानियाँ लड़कों और बड़ों का बड़ा मनोरंजन करती हैं। लड़के तो यहाँ बड़े चाव से देखने आते हैं, और एक-एक जन्तु की मूर्ति को देखकर अपनी पढ़ी हुई कहानियों का स्मरण दिलाते हैं। मुझे इस बाग के सैलानियों में अधिकतर लड़के ही दिखाई पड़े। कला के अद्भुत नमूनों को देखने पर खयाल आता था कि कितनी भारी धनराशि इनके निर्माण में लगी होगी। लेकिन जन-शोषण से प्राप्त अपार सम्पत्ति में से कुछ को कला पर खर्च कर देना शोषक के लिए कोई भारी बात तो नहीं है।

21 अगस्त को वेर्था के साथ हम रूस-म्यूजियम और एरमिताज-म्यूजियम देखने गए। रूस-म्यूजियम 1895 ई. में स्थापित हुआ था। पहिले यह विशाल प्रासाद जार अलेक्सान्द्र प्रथम के छोटे भाई मिखाइल पावलिच के लिए 1819 ई. में आरम्भ हो चार वर्ष बाद 1823 में तैयार हुआ। उसके बहुत दिनों बाद 1895 ई. में जार के विशेष फरमान के अनुसार इसे रूसी कला का म्यूजियम बना दिया गया। यद्यपि इसका आरम्भ आधी शताब्दी पहिले हुआ था, किन्तु इसमें सबसे अधिक चीजें 1917 की क्रान्ति के बाद आईं, जबकि धनियों और सामन्तों के घरों में कला की चीजें बाजारों में बिकने लगीं, और म्यूजियमों ने ढूँढ़-ढूँढ़कर उन्हें खरीदना शुरू किया। युद्ध के समय और म्यूजियमों की तरह यहाँ की भी सामग्री सुरक्षित स्थानों में भेज दी गई थी, अभी केवल 18वीं-19वीं सदी के चित्रकारों और कुछ मूर्तिकारों की ही कृतियाँ प्रदर्शित की गई थीं। वैसे यहाँ की 11वीं-12वीं सदी की दुर्लभ कृतियाँ खासतौर से दर्शनीय हैं, मगर, अभी वह नवम्बर तक यथास्थान रखी जानेवाली थीं। इवानोफ का प्रसिद्ध चित्र 'लोगों में मसीह की यहाँ भी एक प्रति है, जिसे अपेक्षाकृत छोटे रूप में उस कलाकार ने पहिले तैयार किया था। यहाँ वह सब ड्राइंग तथा दूसरी वस्तुएँ सुरक्षित रखी हुई हैं, जिनको महान चित्रकार ने अपनी फिलिस्तीन की दीर्घ यात्रा में उतारा था और पीछे उन्हें जोड़कर इस मध्य चित्र को तैयार किया था। शिस्किन प्रकृति का महान चित्रकार था। बसन्त, हेमन्त, शरद, ग्रीष्म को वह सजीव करके दिखलाने में अद्वितीय था। उसके कितने ही

चित्र देखे, जो बड़े ही गम्भीर और सुन्दर हैं।

वहाँ से एरमिताज-म्यूजियम गए। एरमिताज-म्यूजियम पहिले जार के महान प्रासाद (हेमन्त-प्रासाद) के पास के एक राजमहल में खोला गया था, जो क्रान्ति के समय (1917) तक उसी महल तक सीमित रहा, लेकिन क्रान्ति के बाद जनता के युग के आरम्भ होते ही प्रदर्शनीय वस्तुओं की संख्या बड़ी तेजी से बढ़ी, इसलिए पास का हजार कमरोंवाला जार का हेमन्त प्रासाद भी म्यूजियम को दे दिया गया। युद्ध के समय नष्ट होने से बचाने के लिए सामग्री दूसरी जगह भेजी गई थी, अब चीजें आ रही थीं, उन्हें सजाया भी जा रहा था, लेकिन सारे म्यूजियम को सजाकर तैयार करने में अभी काफी समय की देर थी। वहाँ जाने पर मध्य-एसिया के इतिहास के विशेषज्ञ प्रोफेसर याकूबोव्सकी से भेंट हुई। वह यूनिवर्सिटी में इतिहास के प्रोफेसर भी हैं, और उजबेकिस्तान तथा ताजकिस्तान में भेजे जानेवाले अभियानों के नेता भी होते रहे हैं। उन्होंने बरक्शा के बारे में बतलाया कि वह पाँचवीं-छठी सदी का ध्वंसावशेष है, और श्वेत हूणों की राजधानी हो सकता है, लेकिन भित्तिचित्र के हाथियों, अंकुश, महावतों की वेश-भूषा को वह भारत से ज्यादा सम्बन्धित नहीं कहते थे। उनका कहना था कि उन चित्रों पर सासानी-प्रभाव ज्यादा है। उनका ध्यान इस ओर नहीं था कि श्वेत हूण आधे उत्तरी भारत के स्वामी थे, और उनके एक राजा तोरमान ने ग्वालियर में एक बहुत ही सुन्दर सूर्य-मन्दिर बनवाया था। उनसे यह मालूम हुआ कि बरक्शा के खनन के नेता शिश्किन का एक अच्छा लेख किसी पत्रिका में निकलने जा रहा है, कई चित्र भी होंगे। मैंने उसके लिए पीछे बहुत छान-बीन की, प्रेस तक दौड़ लगाई, लेकिन कहीं उस लेख का पता नहीं लगा।

एरमिताज-म्यूजियम के एक विशेषज्ञ प्रोफेसर इस्सिन मिले। वह काकेशस और मध्य-एसिया के धातुयुग के विशेषज्ञ हैं। उन्होंने बड़े प्रेम से कितनी ही बातें बतलाईं और फिर मुझे कई कमरों को दिखलाया। नव-पाषाण-युग, शकयुग, और उत्तरी कजाकस्तान की प्रागैतिहासिक सामग्री चुनी जा चुकी थी। ई.पू. दसवीं से सातवीं सदी में ऊपरी इर्तिश उपत्यका पर जाइसन झील के उत्तर सोने की खानों में काम होता था। वहाँ सोने के पत्थरों को चूर्ण कर धुलाई के द्वारा सोना अलग किया जाता था। कोकचेतोफ में भी सोने की और भी बड़ी खाने थीं। यहाँ का ही सोना दक्षिण की ओर (भारत, ईरान) जाता था। लेना का सोना अभी सुलभ नहीं हुआ था। उत्तरी काकेशस में टिन की भी खान हैं। ताँबा तो वहाँ तथा बलकाश के उत्तरी तट तथा दूसरी जगहों में बहुत पाया जाता है। उत्तरी काकेशस के धातु के इतिहास पर पुस्तक लिखने के बाद अब वह कजाकस्तान-साइबेरिया के धातु-स्थानों पर कलम चला रहे हैं। उन्होंने ई.पू. तृतीय शताब्दी के शक-सरदार की कब्र से निकले एक लाल रंग के घोड़े के शव को भी दिखलाया। यह कब्र उत्तर-पूर्वी कजाकस्तान में अल्ताई के पास निकली थी। कब्र में सरदार के शव के साथ

काफी सोने आदि की चीजें रखी गई थीं। लेकिन उसी समय चोरों ने खोदकर उसे निकाल लिया। लकड़ी की शवाघानी, घोड़े, और घोड़ों की चीजें वहाँ बच गई थीं। जिस छेद से चोर भीतर घुसे थे, उसी छेद से उसी समय पानी भीतर चला गया, जो सर्दी के मारे चिरकाल के लिए बरफ बन गया; जिससे घोड़ों के रोम, चर्म आदि सभी 22 शताब्दियों के बाद भी सुरक्षित मिले। जिस स्थान पर कब्र थी, वह हूणों और शकों की सीमा पर थी। लेकिन वहाँ सिवाय कुछ अलंकरण के कहीं पर भी मंगोलायित शरीर-लक्षणों का प्रभाव नहीं था। चीन का भी प्रभाव इस कब्र की चीजों पर नहीं था। इस्सिन ने बतलाया कि यहाँ के घोड़े और चारजामे तथा काकेशस के उत्तर की सीथियन समाधियोंवालों जैसे ही हैं, जिसका अर्थ है : दोनों जातियाँ—पश्चिमी सीथियन और पूर्वी शक—एक थीं। इनके घोड़े हूणों के जैसे नहीं, बल्कि दक्षिण और पश्चिम के घोड़ों जैसे बड़े-बड़े थे।

हमने साथ-साथ और कुछ चीजें देखीं, जिनमें पुराने रूसियों के आभूषणों में हँसली, वंगरी, केयूर, और कर्णफूल भारत जैसे थे। हो सकता है, इनमें से कुछ आभूषण शकों द्वारा भारत पहुँचे हों।

24 अगस्त को खबर मिली कि भारत में राष्ट्रीय सरकार के नामों की घोषणा कर दी गई है। मुस्लिम लीग उसमें शामिल नहीं हुई।

रूस में देशों और व्यवसायों की सीमा रेखा कितनी कम हो गई है और मस्तिष्कजीवी भी शरीर जीवी बनने में कोई संकोच नहीं महसूस करते, इसका पता हमारे घर की दीवारों पर कागज चिपकाने के लिए आई महिला थी। वह इंजीनियर थी, लेकिन अपने काम से बाहर यदि कोई काम मिल जाता, तो उसे स्वीकार करने में आनाकानी नहीं करती थी। हमने अपनी छोटी-सी शयन कोठरी की दीवार पर रंगीन कागज चिपकाने के लिए कहा। वह 150 रूबल पर राजी हो गई, और 25 अगस्त को इतवार के दिन उसने उस काम को कर दिया। उसे 14 घंटे लगाने पड़े। हजार रूबल से कम उसका वेतन नहीं होगा, तो भी यदि महीने में पाँच-सात दिन इस तरह काम करके हजार रूबल और मिल जाएँ, तो हरज क्या?

29 अगस्त को यह सुनकर लोला और उसकी साथिनों ने सन्तोष की साँस ली कि अभी साल भर राशन हटनेवाला नहीं है। सरकारी दुकानें ऐसी भी थीं, जिनमें राशन-बिना चीजें मिलती थीं। वे राशन की चीजों के मिलने का एक और स्थान रीनक (हाट) था। वहाँ 120 रूबल किलोग्राम चीनी 70 या 80 रूबल में मिल जाती थी। इसी तरह दूसरी चीजें भी तिहाई कम दाम पर बिक रही थीं। हाँ, बिना राशन की दुकान की तरह यहाँ चीजें बराबर नहीं मिलती थीं, क्योंकि लोग अपनी राशन की चीजों को बेचकर दूसरी अपेक्षित चीजें खरीदते थे, कोई मध्यवर्गीय आदमी लोगों से चीजें जमा करके बेचने नहीं पाता था, इसीलिए बराबर चीजों का मिलना सम्भव नहीं था।

30 अगस्त आया। एक दिन छोड़ पहली सितम्बर से ईगर को स्कूल जाना था। आज पास के स्कूल में उसका नाम दर्ज हो गया। माँ को खिलाने की बहुत फिक्र थी। यद्यपि बालोद्यान में पूरा खाना मिलता था, किन्तु शाम-सबेरे अपने मिश्का (चूहे) को ठूँस ठूँसकर खिलाए बिना माँ कैसे रहती? पहिली तारीख को सभी माताएँ स्वयं और अपने लड़कों का अच्छी तरह बनाव-सिंगार करके स्कूल पहुँचीं। आज उनके बच्चे अक्षर आरम्भ करनेवाले थे। पिछले महीने का अन्तिम सप्ताह लड़कों और उनकी माताओं के भी बालोद्यान से छुट्टी लेने में बीते थे! लड़कों के यह स्मरणीय दिन थे, बालोद्यान के बाद अब अगले दस वर्षों तक की स्कूली पढ़ाई, लड़कों और लड़कियों की अलग हुआ करेगी, और चार साल साथ बितानेवाले लड़के-लड़कियाँ अब घर पर ही एक-दूसरे से मिल सकेंगे। कई वर्षों के तजर्बे के बाद सोवियत के शिक्षा-शास्त्रियों को सह-शिक्षा उठा देने की जरूरत मालूम हुई। उन्होंने देखा कि 17 वर्ष की आयु के भीतर लड़कियों के विकास की गति कुछ अधिक होती है।

सितम्बर के साथ शरद अब पूरी तौर से प्रकट होने लगी। यही वर्षा के भी दिन थे, जो तापमान के गिरने के साथ हिम-वर्षा के दिन बन जाएँगे। लोगों ने अब अपने आलुओं को जल्दी-जल्दी खोदना शुरू किया, क्योंकि कुछ आलू चोरी चले गए थे। हमारी क्यारी में पिछले वर्ष से ज्यादा साठ किलोग्राम (प्रायः दो मन) आलू हुआ। 6 सौ रूबल का आलू पैदा करना कम सफलता की बात नहीं थी। हमारी पड़ोसिन को जब खेती करने की बात कही गई तो उसने कहा—क्यों खेत खोदने जाऊँ, जबकि एक रात के जागने में मेरा काम बन सकता है। चाहे वेतन अधिक भी कर दिया जाए, लेकिन चीजों के महँगे होने से लोगों के सदाचार पर बुरा प्रभाव पड़ता है, यह यहाँ मालूम हो रहा था।

अभी तक लोला को कोई नौकरानी नहीं मिली थी। नौकरी ढूँढ़ती एक बुढ़िया 31 अगस्त को आई। वह फ्रेंच, अंग्रेजी, इतालियन और जर्मन भाषाएँ जानती थी। पुराने आभिजात्य वर्ग की लड़की थी, इसलिए यूरोप के भिन्न-भिन्न देशों की सैर करना और कई भाषाओं का पढ़ना उसके लिए आवश्यक था। बुढ़िया का बाप जार की पार्लियोमेंट का मेम्बर था। कितनी ही बार वह यूरोप की सैर कर चुकी थी। युद्ध के समय शहर छोड़कर चली गई थी, इसलिए उसके कमरे में कोई दूसरा बैठ गया था। अब झोली में अपना सारा घर लिये बेघर होकर घूम रही थी। वह भोजनशाला में रहने की जगह मिल जाने पर यहीं रहकर ईगर की देख-भाल करने के लिए तैयार थी, लेकिन हमें तो ऐसे आदमी की आवश्यकता थी, जो कि खाना भी बना सके।

कल-मशीन का काम ऐसा ही होता है, जब तब वह बिगड़ जाती है, और फिर काम ठप्प हो जाता है, इसलिए मशीन युग के हरेक नागरिक को कल-मशीन

की बातें भी सीख लेनी आवश्यक हैं। बिजली और चूल्हे के मिस्त्री तो हम बन ही गए थे, पहिली सितम्बर को हमारा रेडियो भी बन्द हो गया। पीछे से खोलकर परीक्षा की, तो एक बल्ब बिगड़ा मालूम हुआ। पास-पड़ोस में ढूँढ़ने पर एक रेडियो-विशेषज्ञ मेजर निकल आए। उन्होंने आकर अपना बल्ब लगा दिया, और साथ कुछ बातें भी हमें बतला दीं। पारिश्रमिक देने पर लेने से इनकार कर दिया।

पहिली सितम्बर रविवार को पड़ी थी, इसलिए शिक्षण संस्थाओं के साल का आरम्भ 2 सितम्बर से हुआ। यूनिवर्सिटी में पिछले साल की तरह लड़कों का नितान्त अभाव नहीं था, अब लड़के भी दिखाई देने लगे थे। पढ़ाने के घंटों आदि का निश्चय पहिले ही हो गया था, इसलिए अब फिर हमारी गाड़ी पहिले की तरह चलने लगी।

उसी दिन एक भारतीय छात्र की चिट्ठी अमेरिका से आई। वह योजना के सम्बन्ध में विशेष अध्ययन करने के लिए आना चाहते थे। भारत से उन्होंने कई पत्र रूस भेजे, लेकिन उन्हें कोई उत्तर नहीं मिला। हम से चाहते थे कि उनके लिए कोई प्रयत्न करें। बेचारे जानते नहीं थे कि पूँजीवादी दुनिया के कटु अनुभवों के कारण सोवियतवाले विदेशी विद्यार्थियों को लेने के लिए तब तक तैयार नहीं होते, जब तक पूरी तौर से विश्वास न हो जाए कि वह किसी विदेशी सरकार के खुफिया नहीं हैं। भारत से 24 जून को हवाई डाक से भेजा पत्र 7 सितम्बर को मिला, इससे मालूम होगा कि भारत के साथ सम्बन्ध रखना कितना मुश्किल था। कुछ पत्र तो चार महीने के भी बाद हमारे पास पहुँचे।

200 रूबल मासिक, भोजन, तथा रविवार की छुट्टी पर भी नौकरानी मिलना मुश्किल हो रहा था। यदि कोई काम करने के लिए तैयार था, तो उसे अपने काम से हटने के लिए जल्दी आज्ञा नहीं मिल रही थी। हमने दोनों कमरों की धुलाई के लिए प्रति रविवार 40 रूबल पर प्रबन्ध कर लिया था।

सितम्बर के प्रथम सप्ताह में भारत में जगह-जगह साम्प्रदायिक दंगों की खबरें आ रही थीं। कांग्रेस ने राष्ट्रीय मंत्रिमंडल को सँभाल लिया था। लीग अपने हठ पर डटी थी और उसके कारण जगह-जगह झगड़े हो रहे थे। 8 सितम्बर को जवाहरलाल नेहरू की वक्तृता रेडियो पर सुनी : 'भाइयो और बहनो' से शुरू और 'जय हिन्द' के साथ समाप्त। 12 मिनिट की वक्तृता थी। अभी पहिले पहिल सरकार की बागडोर हाथ में आई थी, इसलिए ऊपरी बातें ही ज्यादा थीं।

11 सितम्बर को यूनिवर्सिटी जाते समय पहिले प्रोफेसर इस्सिन से एरमिताज में जाकर बातें कीं। उन्होंने बतलाया कि कजाकस्तान की ताँबे, टिन और सोने की खानें अधिकतर पित्तल-युग (प्राय: ई.पू. 13वीं सदी) की थीं। सोने की खानों में एकाध लोहे के हथियार भी मिले हैं। ताम्रयुग कजाकस्तान में ई.पू. द्वितीय शताब्दी तक रहा। इसके बाद खानों में काम बन्द हो गया। यह खानें उसके बाद 18वीं और

19वीं सदी में और अधिकतर तो 20वीं सदी में फिर से चालू हुईं। अकमोलिन्स्क में आधे भुईघरवाले घर मिले हैं, जिनमें खानों के कमकर रहा करते थे, और जो हिन्दू-यूरोपीय जाति के थे। उस समय अकमोलिन्स्क में और अधिक जंगल था। खानों के स्थानों के बारे में उन्होंने बतलाया—

ताम्र—अकमोलिन्स्क, बलखाश, अल्ताई (इर्तिश से दक्षिण)।

स्वर्ण—कोवचेतोफ प्रदेश में 30 स्थान, अल्ताई में (इर्तिश से दक्षिण)।

टिन—दक्षिणी अल्ताई, कल्वा पहाड़, इर्तिश का उभय तट।

उनसे यह भी मालूम हुआ कि क्रान्ति के पहिले कजाक-कमकर बहुत कम थे, लेकिन वह खानों और कारखानों में काफी हैं।

यूनिवर्सिटी की पढ़ाई बाकायदा शुरू हो गई थी, किन्तु बाकायदा का मतलब था अध्यापकों का बाकायदा जाना। युद्ध के बाद विद्यार्थियों के मनोभावों के बारे में यह अक्सर शिकायत की जाती थी कि वह पढ़ने की अधिक परवाह नहीं करते। मुझे संस्कृत, तिब्बती और हिन्दी पढ़ानी पड़ती थी। घर से यूनिवर्सिटी पहुँचने में डेढ़ घंटा और उतना ही लौटने में लगता था। जब वहाँ विद्यार्थियों को गुम देखता, तो समय की बर्बादी का अफसोस होता। लौटते समय त्राम में चलना आसान नहीं था। खड़े होने की जगह मिलती तो भी लोगों के मारे दबने-पिचने लगता। यदि बैठने की जगह मिल जाती तो घुटनों से नीचे के पैरों की खैरियत नहीं थी।

मैंने प्रधानमंत्री को एक बधाई का तार भेज दिया था। सेंसरों की धाँधली जैसी चल रही थी, उससे यह आशा नहीं थी कि तार पहुँच ही जाएगा; हालाँकि उसमें कोई वैसी बात नहीं थी। लेकिन 14 सितम्बर के दिल्ली-रेडियो से नेहरूजी के पास शुभेच्छा भेजनेवाले लोगों में लेनिनग्राद के प्रोफेसर राहुल सांकृत्यायन का नाम भी सुना। इससे यह तो मालूम हुआ कि रूस देश में भी नई सरकार के शुभेच्छु हैं, लेकिन जहाँ तक हमारे इष्ट मित्रों का सम्बन्ध था, वह इस नई सरकार को कोई अहमियत नहीं देते थे।

लोला ने अपने सगे सम्बन्धियों को नौकरानी के लिए कह रखा था। एक महिला एक 70 वर्षीया वृद्धा को अपने साथ लेकर 15 सितम्बर को आई। फिर एक दूसरी भी सम्बन्धिनी अपने दो बच्चों के साथ आई। घर में चार-पाँच लड़के, और तीन-चार मेहमानों के आ जाने से कुछ चहल-पहल हो गई। लोला के चचेरे भाई की लड़की नताशा बड़ी भद्र महिला थी। उसके दो बच्चे थे, पति दूर चला गया और शायद छोड़ भी चुका था। दोनों बच्चों का पालन माँ स्वयं कमाकर कर रही थी। उसने अपने छोटे बच्चे को पितृकुल का नाम (वेर्नस्ताम) दे रखा था। लोला बहुत ज्यादा स्नेह प्रकट करनेवाली स्त्री नहीं थी, लेकिन नताशा के साथ उसका स्नेह था। उसको इस बात का अफसोस था कि इस रक्तकेशी ने एक यहूदी से विवाह किया है। उसके लड़के का भी केश लाल था। वह यद्यपि ईगर से एक ही

साल बड़ा था, लेकिन कहानियाँ खूब पढ़ लेता था, पढ़ने का शौक भी उसे बहुत था, और यह अनुभव करने लगा था कि माँ कितनी मेहनत करके हमारी परवरिश कर रही है। वृद्धा शायद काम नहीं कर सकती थीं, इसलिए उनको नहीं रखा गया।

16 सितम्बर सोमवार होने से हमारे स्नान का दिन था। हर हफ्ते की तरह आज भी स्नान करने गए। दोपहर बाद वर्षा ही वर्षा रही। गोया शरद धूम-धाम से आरम्भ हो गई थी। अब दिन में भी घर में बैठते वक्त गरम कोट की जरूरत पड़ने लगी थी। बिना राशन की दुकानों में दाम और कम हो गया। चीनी 120 रूबल की जगह 70 रूबल किलोग्राम हो गई, राशनकार्ड से चीनी पाँच रूबल किलोग्राम मिलती थी। चौकोर चीनी के डले, 5.70 रूबल से 15 रूबल किलोग्राम कर दिए गए थे, अर्थात एक तरफ राशन की चीजों का दाम ऊपर उठाया गया था और दूसरी तरफ बिना राशन की चीजों का दाम नीचे किया जा रहा था। काली रोटी 1.10 रूबल से 3.40 रूबल किलोग्राम हो गई थी। मक्खन बिना राशन का साढ़े तीन सौ से 260 रूबल हो गया था। रोटी का इतना दाम बढ़ना कम वेतनवालों के लिए कष्टप्रद था, क्योंकि सबसे कम वेतन पानेवाले दो सौ से तीन सौ रूबल तक ही तनख्वाह पाते थे। हाँ, 800 रुपये तक, मासिक पानेवालों के वेतन में 20 सैकड़े की वृद्धि भी कर दी गई थी। वहाँ के अर्थशास्त्र को समझना मुश्किल मालूम होता था, किन्तु हम किसी को भूखा नहीं देखते थे।

हमारे ही मुहल्ले की एक प्रौढ़ा मान्या को लोला ने नौकरानी ठीक किया। उसका मकान पास ही में था। वह एक लड़के और लड़की की माँ थी। लड़ाई के बाद उसका घर बिखर गया था।

शिश्किन के बरक्शा सम्बन्धी लेख को ढूँढ़ने के लिए हम 19 सितम्बर को अकादमी प्रेस गए, किन्तु वह वहाँ नहीं मिला। अकादमी के प्राच्य प्रतिष्ठान के पुस्तकालय में गए। बिना पासपोर्ट देखे भीतर जाने की इजाजत नहीं थी। इस तरह के अनुत्पादक श्रम में हर जगह काफी आदमियों को लगे देखकर खयाल आता था : क्या इन्हें यहाँ से हटाकर किसी उत्पादन में और आवश्यक काम में नहीं लगाया जा सकता? इसमें सन्देह नहीं कि ऐसे प्रबन्ध के खतरे की गुंजाइश बहुत कम रह जाती है, लेकिन ऐसे खयाली खतरों के भय से सभी क्षेत्रों में यांत्रिक प्रबन्ध को अपनाना अच्छा नहीं मालूम होता था। खैर, मेरे पास पासपोर्ट था, यूनिवर्सिटी के प्रोफेसर होने का प्रमाण-पत्र था, इसलिए जाने में कोई दिक्कत नहीं हुई।

बरान्निकोफ बहुत कम बोलनेवाले विद्वान् हैं, जिसका अर्थ यह नहीं कि वह अपने विषय पर भाषण देने या लिखने में अक्षम हैं। उन्होंने बहुत-सी पुस्तकें लिखी हैं, और *प्रेमसागर* का गद्यमय और तुलसीकृत *रामायण* का पद्यमय रूसी अनुवाद किया है, इसलिए हम उन्हें आलसी-संकोची नहीं समझ सकते। 21 सितम्बर को मैं उनके घर गया था। बरान्निकोफ अकादमिक हैं, इसलिए वह रूस के डेढ़ सौ

जीवनमुक्त देवताओं में से हैं। उनकी पत्नी भी प्रोफेसर हैं। पुस्तकों के जमा करने का कितना शौक है, यह उनके घर का विशाल पुस्तकालय बतला रहा था। उक्रेइन के एक दरिद्र बढ़ई के पुत्र ने अपने अध्यवसाय से इस स्थान को प्राप्त किया था। यदि सोवियत शासन नहीं स्थापित हुआ होता तो वह शायद ही इस पद पर पहुँच पाते। मुझे कई मर्तबे तुलसीकृत *रामायण* के अनुवाद के सम्बन्ध में परामर्श देने के लिए जाना पड़ा था। जहाँ तक अनुवाद का सम्बन्ध है, उसे उन्होंने पहिले ही पूरा कर लिया था, अब वह प्रेस में जा रहा था।

23 सितम्बर को हाथ और पैर ठिठुर रहे थे। जान पड़ता था, तापमान हिमबिन्दु से नीचे चला गया है। अब साढ़े पाँच बजे अँधेरा हो जाता था और दो दिनों से रेडियो खराब होने से 24 सितम्बर को तो हमें जग अँधेरा मालूम होता था।

26 सितम्बर को जब यूनिवर्सिटी से घर लौटे तो देखा हमारी नई नौकरानी मान्या ने घर को घर बना दिया है, अस्त-व्यस्त चीजों को एक जगह पर ठीक से रख दिया है, घर साफ है। लेकिन पूरी व्यवस्था कायम करने के लिए मान्या स्वतंत्र कहाँ थी।

27 सितम्बर को पेड़ों के पत्ते करीब-करीब सभी पीले पड़ गए थे। सर्दी बढ़ गई थी, लेकिन लोग अभी कंटोप नहीं पहिन रहे थे। पौस्तीन का कोट कोई-कोई पहिने हुए थे।

नाटकों और फिल्मों के बारे में न कहने से यह न समझना चाहिए कि हम अब उन्हें देखने नहीं जा रहे थे। 28 सितम्बर को मारिन्स्की-तियात्र में हम एक ऐतिहासिक ओपेरा *कन्याज ईगर* (राजुल ईगर) देखने गए। ओपेरा का लेखक महान् नाट्यकार अ. प. बोरोदिन (1874-87 ई.) था। आज से 70-75 साल पहिले यह ओपेरा अभिनीत हुआ था। ईगर रूस का ऐतिहासिक वीर है, जिसने तातारों से लड़कर रूस को स्वतंत्र रखने की कोशिश की। उसी वीरता के कारण रूसी लड़कों में ईगर नामवाले बहुत अधिक मिलते हैं। क्रीमिया और दक्षिणी रूस में उस वक्त तातारों का बड़ा जोर था। वह रूसियों का नाक में दम किए हुए थे। उस समय रूस का शासन-केन्द्र कियेफ था। साथ-साथ और भी छोटे-छोटे राजा जहाँ-तहाँ रहा करते थे। 1187 ई. में ईगर अपने पुत्र सहित तातार खान का बन्दी हो गया। इसी घटना को लकर यह ओपेरा लिखा गया था। नवोग्राद शिविस्की के रावल ईगर खयातो स्लविच ने पड़ोसी पलोवेत्स्की खान कोचक पर धावा किया। पिता-पुत्र पकड़कर जेल में डाल दिए गए। अभियान के लिए जाते वक्त ईगर पहले भगवान् से प्रार्थना करने के लिए गिरजे में गया, फिर अपनी पत्नी यारोस्लाना से विदाई लेने गया। जिस वक्त ईगर विदेश में बन्दी था, उस वक्त की विरह वेदना को प्रकट करने के लिए किसी अज्ञात कवि ने *स्लावा ओ पोल्कु ईगररेवे* (ईगर के कटक की वाणी) के नाम से एक काव्य लिखा। काव्य बहुत बड़ा नहीं है, लेकिन

रूसी भाषा का यह सबसे पुराना आदिकाव्य है, इसलिए इसका बड़ा महत्त्व है। बन्दी ईगर के साथ कोन्चक खान का बर्ताव अच्छा था। ईगर के पुत्र व्लादिमिर का खान की कुमारी से प्रेम हो गया था। खान भी धीरे-धीरे ईगर पर विश्वास करने लगा था, लेकिन उस विश्वास से फायदा उठाने की ईगर ने कोशिश नहीं की। खान ने इस पर प्रसन्न होकर कहा—यदि मैं तुम्हें छोड़ दूँ तो तुम क्या करोगे? ईगर ने उत्तर दिया—वही जो एक दुश्मन के साथ करना चाहिए। ईगर इस तरह बन्दी का जीवन व्यतीत कर रहा था, और उधर उसकी रानी का भाई व्लादिमिर व्लादिमि, तथा पुतिव्ल षड्यंत्र करके राज्य पर हाथ साफ करना चाहते थे। दरबारियों को मनमानी करने की छूट थी। यह खबर ईगर को मिली। वह वहाँ से भाग निकला। पत्नी और प्रजा ने वीर का स्वागत किया।

यह समय 1185 ई. करीब-करीब वही था, जबकि जयचन्द का राज्य समाप्ति पर था और दिल्ली पर तुर्क-मुस्लमानों का झंडा गड़नेवाला था। कथानक, संगीत और अभिनय की दृष्टि से ही यह नाटक सुन्दर नहीं था बल्कि इसके रूप में उस समय की वेश-भूषा, रहन-सहन, नगर-ग्राम, राजा राजनीति का एक बहुत सुन्दर पाठ दर्शकों के सामने उपस्थित किया जा रहा था। उसमें हथियार भी उसी समय के थे और कवच भी। सामन्तों के उस समय जैसे काष्ठमय घर और काष्ठदुर्ग होते थे, घरों के भीतर जैसे चित्र बनाए जाते थे, यहाँ तक कि बर्तन और वाद्य तक भी उसी समय के इस्तेमाल किये गए थे। बजानेवाले स्वयं नाच और अभिनय कर के दर्शकों का मनोरंजन कर रहे थे। उस समय के बाजों में एक सारंगी से कुछ मिलता-जुलता था।

29 सितम्बर को शनिवार था। मैंने अपने एक विद्यार्थी से कह रखा था। आज कलखोज की सैर में वह मेरा पथ-प्रदर्शक हुआ। फिनलैंड स्टेशन से जानेवाली लाइन के पास के किसी गाँव में हमें जाना था। दसवें नम्बर की ट्राम जहाँ खतम होती है, वहाँ तक ट्राम से जाकर फिर हमने रेल पकड़ी, और कितनी ही दूर जाकर उतर पड़े। हम उस भूमि में थे, जहाँ जर्मनों से घमासान लड़ाई हुई और जहाँ पर जर्मन नौ सौ दिनों से ज्यादा डटे रहे। कलखोज पहिले की तरह से अभी जम नहीं सके थे। रास्ते में एक जगह एक पूरी की पूरी कवचधारी ट्रेन खड़ी थी। मालूम होता था, लड़ाई अभी-अभी खतम हुई है। पुराने कलखोजों के खेतों को भिन्न-भिन्न कारखानों ने आपस में बाँटकर आलू-गोभी की खेती करनी शुरू की थी। पहले हम जिस फार्म पर गए, उसके बिग्रादीर ने बड़ी प्रसन्नता से हमें खेत दिखलाया। उसके पास 25 एकड़ खेत थे। एक कोठरी थी, जिसमें काम करनेवालों के लिए छह-सात खाटें पड़ी थीं। फैक्टरी के मजदूर, समय-समय पर आकर काम कर जाते थे। जाड़ों में वहाँ कोई नहीं रहता था। वहाँ से फिर हम 'खिमिचेस्की कम्बिनात' (रसायन समवाय) की खेती देखने गए। ढाई सौ एकड़ में साग-सब्जी

की खेती थी। बाएँ हवाई अड्डे को छोड़ते हम वहाँ पहुँचे। यहाँ ट्रेक्टर और दूसरी मशीनें भी खड़ी थीं। संयोग से कम्बिनात का डायरेक्टर भी अपनी मोटर से वहाँ आया था, उसने हमारे विशेष रूप-रंग को देखकर जन्म भूमि का नाम पूछा। छात्र ने हमारे विदेशीपन को छिपाने के लिए मध्य-एसिया कह दिया। ताजिक लोगों में हमारे जैसे भारतीय रूप-रंगवाले आदमी बहुत कम मिलते हैं। खैर, मैंने पासपोर्ट फिरकर दिखला दिया। उन्हें मालूम हुआ कि मैं विश्वविद्यालय का प्रोफेसर हूँ। हमने खेत में जहाँ-तहाँ घूम-खेती को देखा। पास ही में सैनिक हवाई अड्डा था, इसलिए वहाँ पर किसी विदेशी के लिए उतनी स्वतंत्रता तो नहीं होनी चाहिए थी। शायद इतनी स्वतंत्रता इंग्लैंड और अमेरिका के वह लोग भी अपने देशों में नहीं दे सकते, जो मौके-बे-मौके वैयक्तिक स्वतंत्रता की डींग मारा करते हैं और सोवियतों को लौह-परदे का देश बतलाते हैं। उस दिन हम शाम तक इधर-उधर घूमते रहे। कलखोजों को देखने की अभी यहाँ बहार नहीं थी, क्योंकि उजड़े गाँव बस नहीं पाए थे, और शहरवाले कारखानों ने केवल अपनी साग-सब्जी लायक जमीन को ही आबाद कर लिया था, अभी किसानों का गृह जीवन देखा नहीं जा सकता था।

30 सितम्बर को आज एक सरकारी हुक्म की बड़ी चर्चा थी, जिसमें कहा गया था कि कारखानों और राष्ट्रीय संस्थाओं में जो काम नहीं करते या पैन्शनर नहीं हैं, उन्हें राशनकार्ड नहीं मिलेगा। वस्तुतः यह इसलिए किया जानेवाला था कि देश के पुनर्निर्माण और नवनिर्माण का काम सोवियत सरकार जल्दी करना चाहती थी, जिसके लिए आदमियों की बहुत कमी थी। युद्ध की सेना से लौटकर लोग मजदूरों की सेना में भरती हो रहे थे, लेकिन तब भी हिसाब से मालूम हुआ कि लाखों स्त्रियाँ ऐसी हैं, जो गृहिणी बनकर घर पर बैठी हैं, इसीलिए यह तिकड़म लगाया गया था, जिससे बेकार बैठी महिलाएँ कुछ काम करने लग जाएँ। असर जादू की तरह हुआ, क्योंकि राशनकार्ड छिन जाने पर अब 10 गुना, 20 गुना दाम देकर रोटी, मक्खन खरीदकर घर में बैठे रहने के लिए कोई स्त्री तैयार नहीं थी और काम भी कोई मुश्किल नहीं था। सभी बैठी ठाली स्त्रियों को वह हल्का से हल्का काम देने के लिए तैयार थे। वह समझते थे कि हल्के काम को यदि स्त्रियाँ सँभाल लें तो भारी काम में पुरुषों को लगाया जा सकता है। वह इसका तजर्बा भी काफी कर चुके थे। नगर की पुलिस में सड़कों पर 90 फीसदी स्त्रियाँ थीं। ट्रामों की ड्राइवर भी प्रायः सभी वही थीं। अफवाह उड़ानेवाले रोटी का दाम बढ़ जाने से यह भी कह रहे थे कि स्नानागार का शुल्क अब एक से साढ़े तीन रूबल हो जाएगा, ट्राम का टिकट 15 से 45 कोपेक हो जाएगा। कम वेतनवाले लोग परेशान थे, लेकिन ऐसी कोई बात नहीं हुई। अधिक से अधिक सरकार का यही उद्देश्य मालूम होता था कि देश के हरेक काम कर सकनेवाले आदमी कुछ काम करें।

इधर रेडियो खराब हो गया था। यदि बल्ब बदलने की बात हम जानते, तो

स्वयं कर सकते थे। उनिवर्-भाग में गए। 3 महीने से ज्यादा खरीदे हो गया था, इसलिए वह पुर्जे बदल नहीं सकते थे, लेकिन मरम्मत करने के लिए आदमी भेजने के लिए तैयार थे। वहाँ उसकी हाट में चीजें भरी हुई थीं। समूरी ओवरकोट का दाम 12 हजार रूबल था। उसके खरीदनेवाले तो अकादमिक वरान्निकोफ जैसे लोग ही हो सकते थे। साधारण गरम ओवरकोट का दाम 4 हजार रूबल था। यह बिना राशन की कीमत थी। राशन या सीमित कार्ड हो, तो एक-तिहाई दाम कम हो सकता था। 1700 रूबल में रेडियो मिल रहा था। हमारे साथियों की बात ठीक उतरी, अगर हम रुके होते तो 35 सौ की जगह 17 सौ देना पड़ता! हिसाब बड़ा उलट-पुलट मालूम देता था। 17 सौ रूबल अर्थात ढाई मन रोटी एक रेडियो का दाम, जो कि आजकल भारत में 50 रुपये से अधिक की नहीं होगी।

घर पहुँचने पर स्कूल के डॉक्टर की सूचना आई : ईगर को स्कारलेट लाल ज्वर है, उसे अस्पताल भेजना चाहिए। स्कूली डॉक्टर ने केवल हमको ही सूचना देकर ही सन्तोष नहीं कर लिया था बल्कि सीधे अस्पताल में भी सूचित कर दिया था। अभी हम कुछ निश्चय नहीं कर पाए थे कि शाम को अस्पताल की मोटर आ गई। अस्पताल के नाम से शिक्षित मध्यवर्गीया लोला उतना ही डरती, जितना कि एक गाँव की पैदा हुई स्त्री मरुस्या। उसने कोशिश की कि मोटर खाली हाथ लौट जाए, लेकिन यह तो छूत की बीमारी थी, दूसरे और मुहल्ले का भी खयाल करना था। लोला-जैसी स्त्रियों को सामाजिक धर्म से कोई वास्ता नहीं होता। उस दिन तो खैर, उसकी जिद काम कर गई।

2 अक्टूबर को हम यूनिवर्सिटी गए। वहाँ से लौटकर आए तो देखा घर के द्वार पर दो लाल-लाल कागज चिपके हुए हैं, जिन पर "सावधान स्कारलेट ज्वर" छपा हुआ था। लोला अब भी अस्पताल भेजने में हीला-हुज्जत कर रही थी। मैंने मना किया। अंत में डॉक्टर ने अस्पताल को लिख भेजा। खबर आई, कल ले आएँगे। घर में देखा तो अस्पताल की मोटर निष्क्रमीकरण के साधनों के साथ पहुँच गई है, और सभी कोटरियों को सभी जगह भाप और दवा डालकर निष्क्रमित किया जा रहा है। पहिले तो अस्पतालवालों ने अगले दिन ले जाने के लिए कहा था, लेकिन मोटर 10 बजे ही पहुँच गई। तैयारी में 1 घंटा लगा, फिर हम भी लड़के के साथ अस्पताल गए। एक घंटे में लिखा-पढ़ी समाप्त हुई, फिर एक बक्सावाले कमरे में उसे रक्खा गया, जिसमें कि सन्दिग्ध छूत के रोगी रखे जाते हैं। माँ चाहती थी कि उस कमरे के भीतर भी घुसे। लेकिन मुझे तो मास्को के अस्पताल का तजर्बा था। वह हर जगह झगड़ती रही। घर पर डॉक्टर से, अस्पताल में प्रवेशक डॉक्टर से, यहाँ भी जब बुढ़िया ने मना किया तो उससे भी लड़ पड़ी और चलते समय लेनिनग्राद के घिरावे में अपने प्राण देकर रक्षा किये गए पुत्र के वियोग के लिए रो भी पड़ी।

3 अक्टूबर को जब मैं यूनिवर्सिटी गया, तो वहाँ स्थानापन्न रेक्तर का पत्र मौजूद पाया—क्लास लेने से छुट्टी है, क्योंकि घर में छूत की बीमारी होने की खबर आई है। दूसरे कामों में घड़ी की सुई दो घंटा पीछे रहा करती थी, मालूम होता है, खतरनाक बीमारी के समय वह अपनी सारी मन्द गति को भूल जाती है। अब हमें कुछ दिनों के लिए यूनिवर्सिटी से छुट्टी मिल गई थी। उस दिन अस्पताल में ईगर को देखने गए। बक्सकोठरी का मतलब यह नहीं कि वह छोटी-मोटी कोठरी थी। हाँ, उसमें सिवाय डॉक्टर और परिचारिका के कोई दूसरा नहीं जा सकता था। मिलने-जुलनेवाले पिछवाड़े खड़े होकर शीशे की खिड़की के पीछे खड़े लड़के को देख सकते थे। दो हरे शीशोंवाली खिड़की बन्द थी, इसलिए आवाज बहुत मुश्किल से सुनाई देती थी। परिचारिकाओं से पता लगा कि वह लड़के की मधुर-भाषिता और सलीकेदारी से बहुत प्रभावित है। उसके लिए कुछ फल लाना जरूरी समझ हम नेवस्की सड़क पर गए। सेब, नाख, अंगूर जैसे फल 70-80 रूबल प्रति किलो मिल रहे थे। तरबूजा भी 10 रूबल किलो था। इतनी महँगी चीजों को खरीदने के लिए इतने अधिक खरीदार कैसे तैयार हो जाते हैं, मुझे तो वही देखकर आश्चर्य होता था। मैंने 80 रूबल का फल लिया।

4 अक्टूबर को अस्पताल जाने पर मालूम हुआ कि थोड़ा-सा ज्वर आया था, लेकिन स्कारलेट ज्वर का अभी निश्चय नहीं है। आज उनके बर्ताव को देखकर लोला ने भी स्वीकार किया कि डॉक्टर और नर्स सभी भलेमानस हैं, उनके हाथ में ईगर बिलकुल सुरक्षित है। ईगर ने अभी एक ही महीना हुए पढ़ना-लिखना शुरू किया था, लेकिन उसने कागज पर चिट्ठी लिखने की कोशिश की थी। मामा, पापा कैसे हो? वह अपनी बुढ़िया परिचारिका को क-ख सीखने के लिए बड़ा जोर दे रहा था। वह बेचारा कह रही थी—अब मैं 70 वर्ष की बुढ़िया, कब्र में पैर लटकाए हूँ, पढ़ने से क्या फायदा? सर्दी इतनी बढ़ गई थी कि पानी रात में जमने लगा था। पत्तियाँ तेजी से पीली पड़ रही थीं।

5 अक्टूबर को हम ईगर के लिए खाने के फल और दूध दे गए। कोपरेटिव में चीजों को लेने जाना था। मालूम हुआ चीजों का दाम वहाँ भी बढ़ गया है, और 450 रूबल की जगह अब हम नौ सौ रूबल की चीजें निम्न मात्रा में खरीद सकते थे—

मांस	7 किलोग्राम
चिड़िया का मांस	1 किलो. } 34 रूबल प्रति किलो. आधा किलो.
कलवासा	आधा किलो.
भुनी मछली	1 किलो.
कच्ची मछली	2 किलो.
चरबी	ढाई किलो.

तेल	आधा किलो.
अंडे	35 किलो.
दूध	4 लीटर
चीनी	2 किलो.
टिन खाद्य	2 टिन
आलू	26॥ (साढ़े छब्बीस सेर), 26 टिन भाजी
साबुन	2 नहाने का
साबुन	2 धोने का
चाय	100 ग्राम (2 छटाँक)

यह विशेष राशन कार्ड की चीजें थीं, इनके अतिरिक्त साधारण राशन कार्ड की चीजें भी थीं। लोला को भी इस साल से सहायक प्रोफेसर होने के कारण एक विशेष कार्ड मिला था, जिसमें इससे एक-तिहाई चीजें मिलती थीं। इससे मालूम होगा कि राशन की कठिनाई के दिनों में भी साधारण नागरिकों और शिक्षित कर्मियों को कितना खाने-पीने का सुभीता रहता था।

6 अक्टूबर को जब अस्पताल गए, तो ईगर को ज्वर आदि की कोई शिकायत नहीं थी। कांगरू माँ समझती थी कि जैसे मैं अपने पुत्र के बिना एक क्षण नहीं रह सकती, वैसे ही मेरा बेटा भी होगा, किन्तु वह अकेले में घबड़ाता नहीं था। बड़े आदर के साथ अस्पतालवालों के साथ बातचीत करता था, इसलिए डॉक्टर, नर्स और परिचारिकाएँ सभी सन्तुष्ट थीं। ईगर की इस बेपरवाही को देखकर लोला ने चार साल पहिले के शिशुशाला के अनुभव को बतलाया : उस समय वह तीन-चार बरस का था। माँ किसी काम से एक महीने उसे देख न पाई थी। जब वह वहाँ मिलने गई तो ईगर ने इतना ही कहा—"चोची (मौसी), तू बैठ, मैं जरा खेलने जाता हूँ।" और वह खेलने चला गया। माँ बेचारी रोती बैठी रही। उसका बेटा इतनी जल्दी उसे भूल गया, और मामा नहीं, चोची (मौसी) कह रहा है। उस दिन तिरयोकी से जब हम आ रहे थे, तो भी ईगर वहीं रह जाने को कह रहा था। मैंने कहा—अब अस्पताल छोड़ते वक्त भी शायद वही बात होगी, और चोची मामा को खाली हाथ ही लौटना पड़ेगा। आदमी का बच्चा स्वभावतः स्वावलम्बन का पाठ पढ़ना चाहता है।

7 अक्टूबर को देखा, रात को बर्फ बना हुआ पानी 11 बजे दिन तक वैसा ही पड़ा था। वृक्षों की पत्तियाँ अब बहुत गिरने लगी थीं। 8 अक्टूबर को अस्पताल गए, तो ईगर कलंडर बनाने में लगा हुआ था। खेलना, गाना, और बात करना बस यही उसका काम था। मिश्का को चोच्या मामा की बहुत परवाह नहीं थी। घर लौटकर देखा, लॉरियों पर ढोकर कोयला लाया जा रहा है। आशा बाँधी कि अब के साल मकान जल्दी गरम होने लगेगा। लोगों ने भी कहा, अब के 15

अक्टूबर से ही गरम होगा।

10 अक्टूबर को समय से पहिले जाकर नेव्स्की महापथ पर किताबों और नये फिल्मों की तलाश में घूमता एक मंगोल फिल्म (मरुभूमि के सवार) देखने गया। फिल्म 1946 ई. में मंगोलिया की राजधानी उलान्बतुर (उर्गा) में तैयार किया गया था। इसके सारे अभिनेता और अभिनेत्रियाँ मंगोल थीं, केवल टेक्नीकल सहायक रूसी थे। फिल्म का कथानक 17वीं सदी के एक मंगोल विजेता का जीवन था। फिल्म में रूसी भाषा का प्रयोग यहाँ के लिए किया गया था। मंगोलिया का प्राकृतिक दृश्य बहुत सुन्दर था, जिसमें वहाँ के विस्तृत मैदान, रेगिस्तान, छोटे-छोटे पहाड़, नदियाँ, देवदारों से ढँके पर्वत, पशुपालों के तम्बू और चरागाहों में जानवर दिखलाए गए थे। उस समय के हथियारों के साथ युद्ध के भी दृश्य थे। हथियार और पोशाक को ठीक देश-कालानुसार रखा गया था। लामा और गुम्बा (मठ) के भी कितने ही दृश्य थे। पुरानी मंगोल प्रथा के अनुसार कथा के नायक को जब खान (राजा) बनाया गया तो उसे नम्दे पर बैठाकर लोगों ने जलूस निकाला। मंगोल राजाओं का सिंहासनारोहण नहीं, नमदारोहण होता था। खान ने मंगोलों के लगातार होनेवाले घरू झगड़ों को हटाकर सारी मंगोल जाति को एकताबद्ध किया। फिर उसे जब पता लगा कि हमारे धर्म के पोप दलाईलामा को बहुत कष्ट दिया जा रहा है तो वह मंगोलों की एक बड़ी वाहिनी लेकर तिब्बत की ओर चल पड़ा। तत्कालीन दलाईलामा एक दस-बारह साल का बालक था, जो बड़ा ही सुन्दर था। उसका अभिनय भी बड़ा प्रभावशाली था। फिल्म में पोतला और ल्हासा को भी चित्रित करने की कोशिश की गई थी। खान के दामाद ने विरोधी सेना को पूर्णतया पराजित किया। विरोधी तिब्बती सामन्त ने एक सुन्दरी (विषकन्या) भेजकर उसे फँसाने की कोशिश की, जिसकी खबर पाकर खान ने अपने इकलौते दामाद को प्राणदंड देने का पत्र भेजा। तरुण का सिर काटकर लाया गया। खान का हुक्म था, इसलिए कोई मंगोल उसमें ननुनच नहीं कर सकता था। ससुर आँसू बहाने लगा, लेकिन उसको सन्तोष था कि उसने राजधर्म का पालन किया। उसकी लड़की मूर्च्छित हो गई, पिता अपने आँसुओं को पोंछ-पोंछकर उसे समझाता था। लड़की लड़ाई में लड़ती मारी गई। इस फिल्म से यह भी मालूम होता था कि चिंगीज को कैसे लोग मिले थे, जिनके बल पर वह विश्व विजयी होने में सफल हुआ!

पुनः हिमकाल

13 अक्टूबर को सबेरे उठा, तो देखा बाहर सब जगह बरफ की चादर बिछी हुई है। रात को बरफ पड़ी थी, यद्यपि तापमान देखने से यह आशा नहीं थी कि वह ठहरेगी। शाम तक बहुत सी पिघल भी गई। इस जाड़े में यद्यपि सर्दी कम नहीं थी, किन्तु बरफ की कमी की बहुत शिकायत रही।

15 अक्टूबर को अब तो कुछ बरफ बाकी थी। 17 को सबेरे फिर तीन इंच मोटी सफेद बरफ से धरती ढँकी हुई थी, लेकिन शाम तक सड़कों की बरफ बहुत कुछ गल चुकी थी।

यूनिवर्सिटी हमें रोज जाना नहीं पड़ता था। यदि वहाँ न जाते तो, घर में बैठे पढ़ा-लिखा करते। जाने पर हमारे यहाँ से यूनिवर्सिटी 4-5 मील थी और नगर का सबसे बड़ा राजपथ नेव्स्की से होकर जाना पड़ता था। रास्ते में बहुत से सिनेमाघर पड़ते थे। यदि कहीं ऐसा फिल्म देखते, जिससे अतीत या वर्तमान सोवियत भूमि के सम्बन्ध की कुछ विशेष बातें मालूम होतीं, तो जाते या लौटते उसे जरूर देखते। वयस्कों के सिनेमा घरों में बच्चों को ले जाने की इजाजत नहीं है, इसलिए ईगर के वंचित होने का सवाल नहीं था। सिनेमा से ज्यादा मुझे पुरानी किताबों की दुकानों में जाकर अपने विषय की किताबों को ढूँढ़ने का शौक था। कुछ ऐसी दुकानें नेवस्की राजपथ से हटकर भी थीं। कभी-कभी वहाँ बड़े काम की पुस्तकें मिल जाती थीं। यूनिवर्सिटी में भी पुरानी पुस्तकों की दुकान थी। यह कबाड़ी दुकानें संस्थाओं की थीं, किसी कबाड़ी व्यापारी की नहीं। नई पुस्तकों का मिलना दुर्लभ था, हमारे लिए तो यही दुकानें कामधेनु थीं।

18 अक्टूबर को काफिदरल (विभाग) के अध्यक्ष अकादमिक बरान्निकोफ के घर पर अध्यापकों की बैठक हुई, जिसमें अध्ययन-अध्यापन तथा विद्यार्थियों के परिश्रम आदि के विषय में सबने अपनी-अपनी रिपोर्ट दी। पहिले और दूसरे वर्ष में कितने ही अच्छे छात्र आए थे। तृतीय वर्ष की तान्या कतिनिना, और सासा

मेल्नीकोफ की सभी तारीफ कर रहे थे। चौथा वर्ष युद्ध के कारण छात्रशून्य था। पाँचवें वर्ष की दोनों छात्राओं से अध्यापक उतने सन्तुष्ट नहीं थे, वह अक्सर फ्रेंच-लीव (मनमानी छुट्टी) ले लिया करती थीं। रात को 11 बजे लौटते समय बूँदें पड़ रही थीं। नीचे भूमि पर बरफ बिछी हुई थी और ऊपर से जल-वर्षण, अर्थात जमीन ज्यादा ठंडी और आसमान ज्यादा गरम था। भूमि बरफ को छिनने नहीं देना चाहती थी।

सोवियत विश्वविद्यालयों के विदेशी भाषाओं के शिक्षण का स्तर पश्चिमी यूरोप के विश्वविद्यालयों से ऊँचा है, इसमें सन्देह नहीं। पाँचवें वर्ष में *दशकुमार चरित* पढ़ाया जाता था। तान्या कतिनिना और सासा ने पहिले बड़े उत्साह में आकर तिब्बती भाषा शुरू कर दी, लेकिन सासा का उत्साह बहुत दिनों तक नहीं रहा। सासा का झुकाव अर्थशास्त्र और राजनीति की तरफ बहुत था, इसलिए वह उसी दृष्टि से भारत का अध्ययन करना चाहता था। तृतीय वर्ष में जाकर अब वह हिन्दी काफी समझता था और चाहता था कि भारत से इतिहास, राजनीति, और अर्थशास्त्र पर लिखी नई-नई हिन्दी की पुस्तकें मिलें। मैंने कोशिश की। सासा ने एक भाषातत्व की दुर्लभ रूसी पुस्तक को भी भारत भेजा, लेकिन पुस्तकों का आदान-प्रदान भी पूँजीवादी दुनिया समाजवादी देश के साथ आसानी से करने देना नहीं चाहती। तिब्बती भाषा के आरम्भिक पाठों के बाद मैंने *जातकमाला* को पाठ्यपुस्तक चुना, क्योंकि उसके संस्कृत और भोट (तिब्बती) अनुवाद दोनों प्राप्त थे। एक पुस्तक होने पर भी कोई दिक्कत नहीं थी, क्योंकि यूनिवर्सिटी के पास अपना बहुत अच्छा फोटो और फिल्म स्टूडियो था, जहाँ अपेक्षित कापियाँ तैयार कराई जा सकती थीं। कतिनिना गम्भीर छात्रा थी, उसकी बुद्धि भी अच्छी थी, और परिश्रम तो इतना करती थी कि पुस्तकों में मग्न होने पर हाथ-मुँह धोना तक भूल जाती थी, और उसके सहपाठी शिकायत करते थे कि नहाने में वह बहुत आलसी है। ऐसी लड़की भला अपने को सँवार-सिंगार करके कैसे रख सकती थी? मुझे विश्वास था कि यदि वह अपने रास्ते पर चली गई तो रूसी संस्कृतज्ञ विद्वानों की परम्परा को आगे बढ़ाने में सफल होगी।

20 अक्टूबर को अब भी ईगर अस्पताल में था। उसकी सवसे अधिक माँग थी खिलौनों की, यद्यपि छूत की बीमारीवाले अस्पताल में रहने के कारण वह खिलौने फिर लौटकर साथ नहीं आ सकते थे, तो भी उसकी माँग पूरी की जाती थी। वह अपने खेल और कागजों पर मनमानी लिखने में अब घर को भूल-सा गया था।

24 अक्टूबर तक सारे वृक्ष नंगे हो गए थे, केवल देवदार जैसे सदा हरित रहनेवाले वृक्ष ही आँखों को अपनी हरियाली से तृप्त करते थे। मैं सोचता था—क्यों न, सड़कों या बागीचों में इन्हीं के वृक्षों की भरमार की जाती। लेकिन पीछे मालूम हुआ कि उनकी देखभाल अधिक परिश्रम-साध्य है। दूसरे वृक्ष तो अक्टूबर के अन्त

तक अपने पत्तों को झाड़कर नंगे हो जाते हैं। उनके पत्तों को बर्फ ढाँक लेती है, इसलिए उनकी सफाई की आवश्यकता वसन्त में ही एक बार पड़ती है। देवदार के पत्तों के गिरने का कोई निश्चित काल नहीं है। वह हर समय अपनी सूइयों को बिखेरने-बिछाने के लिए तैयार रहता है, जिसके कारण रोज झाड़ू-बुहारू की आवश्यकता पड़ती है।

हमारी नौकरानी मान्या काम करने में बड़ी दक्ष थी और सफाई तथा व्यवस्था के साथ फुर्ती भी काफी रखती थी। वह 35-36 वर्ष की अधेड़ स्त्री देखने में अधिक बूढ़ी-सी मालूम होती थी। उसके एक पुत्री और एक पुत्र थे, जिन्हें लेकर वह लड़ाई के दिनों में लेनिनग्राद छोड़कर बाहर चली गई थी। उसका ड्राइवर पति यहीं रहा। तीन वर्ष तक बेचारा कहाँ तक संयम करता और विशेषकर जबकि पुरुषों का इतना ठाला था? वह किसी दूसरी स्त्री के प्रेमपाश में बँध गया। मान्या लड़के-लड़कियों को लेकर लौटी और बाप अपने बच्चों को प्यार भी करता था, लेकिन डाइन बख्शने के लिए तैयार नहीं थी। मान्या को जब-तब वह पैसों की मदद भी करता था। मान्या बहुत रोती-धोती थी। पति कभी आ जाने का विश्वास भी दिलाता था, लेकिन ऐसे निश्चित किये न जाने कितने दिन बीत चुके थे, इसलिए लौट आने की आशा कम ही रह गई थी। हाँ, बच्चों को देखने वह जरूर आता था। मान्या कभी रोती और कभी कुपित होती। एक दिन ऐसे ही समय उसकी अष्टवर्षीया कन्या माँ को बड़ी गम्भीरतापूर्वक सलाह दे रही थी—मामा, बालों में स्थायी लहर करा ले, पाउडर तथा अधर-राग भी लगा लिया कर, शायद यह देखकर पापा आ जाए। आठ वर्ष की लड़की की इतनी ठोस सलाह दरअसल बतलाती थी कि बाल्या ने भी अपनी माँ के स्वावलम्बी जीवन से कुछ लाभ उठाया था। दूसरे दिन बाल्या कह रही थी—मामा, पापा के आने पर उसे अच्छा-अच्छा खिला, शायद वह लौट आए। बाल्या के पापा ने अबकी पहिली नवम्बर को आकर रहने का वचन दिया था, किन्तु वह अपनी प्रेमिका के साथ अधिक आराम से रहता था। मान्या एक गँवार लड़की 17-18 वर्ष की उमर में गाँव छोड़कर शहर की ओर आई थी। उसी समय उसका उससे प्रेम हुआ था, लेकिन पति अब अधिक नागरिका को पसन्द करने लगा था। मान्या जीवन-भर गँवार की गँवार ही रही। हमने सोचा था, मान्या के लिए भी राशनकार्ड मिल जाएगा और खाने की चिन्ता नहीं रहेगी, लेकिन नये नियम के अनुसार घरू नौकरों के काम को राष्ट्रीय महत्त्व का नहीं समझा गया। इसलिए मान्या को हमें बिना राशन की चीज लेकर खिलाना पड़ता। लोला ने चिन्ता प्रकट की, तो मैंने कहा—आलू-गोभी ज्यादा खाएँगे। लेकिन वह भी तो 30-40 रूबल किलो थे।

29 अक्टूबर को अस्पताल गए तो डॉक्टर ने बतलाया कि स्कारलेट ज्वर नहीं था; हाँ, खून में डिप्थेरिया के कीटाणु पाए गए हैं। उसी दिन हम ईगर को

अपने साथ घर लाए।

31 अक्टूबर को महीने के अन्तिम दिन तथा जाड़ों का भी एक महीना बीत चुका था, लेकिन सर्दी कम थी। रास्ते में कहीं कीचड़ थी। लोला को अब नौकरानी रखने का पश्चात्ताप हो रहा था। 200 रूबल की जगह अगर 500 रूबल देने से काम चलता और खाना न देना पड़ता, तो वह खुशी से तैयार थी, लेकिन अब तो राशन कार्ड बन्द था। नौकरानी को हटाने की सोच रही थी, लेकिन उसको हटाने पर गृह-व्यवस्था में गड़बड़ी पैदा होती। हमारे यूनिवर्सिटी के एक प्रोफेसर ने मोटर खरीद ली थी। मोटर खरीदना बहुत मुश्किल नहीं था, उसका दाम दो रेडियो के बराबर था। प्रोफेसर साहब ने ड्राइवर और नौकरानी भी रखी थी। दोनों नौकरों की बात ही क्या, अब तो स्वयं प्रोफेसर साहब की बीवी का भी राशनकार्ड छिन गया था, तीन-तीन व्यक्तियों को बिना राशन की चीजों पर खिलाना-पिलाना दुवालिया होने की तैयारी थी। सरकारी दुकानों से हाट में चीजें कुछ सस्ती मिलती थीं, लेकिन वहाँ अब भीड़ बहुत होने लगी थी। आलू 12 रूबल किलो मिल रहा था। मान्या बेचारी अकेले ही अच्छा-अच्छा खाना कैसे खा सकती थी, जबकि उसके दो बच्चे थे। रूसी नौकरों के बारे में यह समझ लेना चाहिए कि काम के समय वह अवश्य नौकर थे, बाकी समय उनके साथ बिलकुल समानता का बर्ताव करना पड़ता था। मालिक के साथ वह एक ही मेज पर बैठकर चाय पीते। मान्या अपना खाना घर ले जाकर खाती थी, और बच्चों का खयाल करके कुछ अधिक ही ले जाती थी। लोला को अपने दिवालिया होने का डर लगने लगा।

2 नवम्बर को हमारे प्रबन्ध ऑफिस की बुढ़िया सर्दी के मारे बिजली की अँगीठी पर आग तापने लगी। कहीं पर आग का सम्बन्ध लकड़ी से हो गया और वह जलने लगी। बुढ़िया और ऑफिसवालों को पता नहीं लगा, लेकिन बगल में ही हमारी कोठरी धुएँ से भर चली। हमें जान पड़ा शायद नीचे के तहखाने में आग लगी है, जिसमें बढ़ई काम कर रहे थे। नीचे जाकर देखा तो ताला लगा हुआ था। धुआँ इतनी तेजी से भर रहा था कि हमने खिड़की खोलकर जल्दी-जल्दी पुस्तकों को बाहर ले जाने की तैयारी शुरू कर दी। हमारी कोठरी के तहखाने से ऊपर होने से खिड़की बाहर की धरती से बहुत ऊँची नहीं थी। लोला अपनी आदत के मुताबिक एक घड़ी का काम चार घड़ी में करना चाहती थी। उससे फायर ब्रिगेड को बुलाने के लिए फोन करने को कहा और अपना सामान समेटने लगे। फायर ब्रिगेड तुरन्त आ गया। उन्होंने तहखाने का ताला तोड़कर देखा, तो वहाँ कहीं आग नहीं थी। अन्त में असली बात का पता लगा। बुढ़िया ने सर्दी का बहाना बनाया। लेकिन सर्दी का बहाना करके घर में आग लगाने का किसी को कैसे अधिकार मिल सकता था? शायद फायर ब्रिगेडवालों ने बुढ़िया के खिलाफ रिपोर्ट नहीं दी, नहीं तो बेचारी की मुश्किल हो जाती। इससे एक फायदा हुआ : आज ही शाम से

घर गरम करनेवाला इंजिन काम करने लगा। इंजिन का काम था, उबलते हुए पानी को चौमंजिले मकानों के हर कमरे में फैले हुए मोटे नलों के जाल में पहुँचाना। नल स्वयं गरम हो कमरे की हवा को भी गरम कर देते थे, इस प्रकार तापमान हिम-बिन्दु से 10°-15° सेंटीग्रेड ऊपर उठ जाता था। लेकिन 4 नवम्बर को देखा कि इंजिन की घरघराहट से हमारे कान बहरे हो रहे हैं, और दूसरी ओर कमरे ठंडे के ठंडे हैं। शायद कुछ टन कोयलों की बचत दिखलाने के लिए इंजिन को भूखा रखा जा रहा था, अथवा इंजिन की मरम्मत ठीक से नहीं हुई थी। उत्पादन के आँकड़ों का राज्य जहाँ न हो, वहाँ ऐसा होना अभी अस्वाभाविक नहीं था। लेनिनग्राद का सबसे प्रभावशाली नेता अर्थात पार्टी मंत्री को इसकी ओर देखना चाहिए था, लेकिन उनको लोगों ने गदहे का खिताब दे रखा था। न जाने कैसे वह ऐसी जिम्मेवारी के पद पर पहुँचा था। जैसा बड़ा नेता होगा, वैसे ही छोटे नेता भी हो जाएँगे, इसलिए पपोफ के कारण बड़ी अव्यवस्था थी। सोवियत रूस में ऐसे अयोग्य व्यक्तियों का भी कभी-कभी दायित्व के पद पर पहुँच जाना सम्भव है, लेकिन "उघरे अन्त न होई निबाहू" के अनुसार पता लग जाने पर फिर वह उस पद पर टिक भी नहीं सकते। पपोफ का पतन हमारे वहाँ से चले आने के बाद हुआ। इंजिन की यह अवस्था कुछ ही दिनों रही। 8 नवम्बर से घर के भीतर तापमान 14°-15° सेंटीग्रेट रहने लगा।

क्रान्ति महोत्सव—क्रान्ति का दिन 7 नवम्बर आ पहुँचा। 4 तारीख ही से उसकी तैयारियाँ होने लगीं। झंडियाँ, तस्वीरें, तथा रंग-बिरंगे बड़े-बड़े विज्ञापन जगह-जगह चिपकाए जाने लगे। हमारे स्नानागार के सामने एक बड़ा रंगीन चित्र चिपका हुआ था, जिसमें मशीन के सामने खड़ी जुलाहिन कपड़ों को दिखला रही थी। उसके आगे दुमंजिले के बराबर का एक और विज्ञापन-चित्र था, जिसमें स्तालिन बच्चों के बीच में खड़े थे। एक जगह सड़क की दोनों बगल में लेनिन और स्तालिन के द्विपार्श्वीय चित्र खड़े किये गए थे, जिनके बीच में रात्रि को बिजली जलकर उन्हें प्रकाशित करती थी। लेकिन चीजों के दाम बढ़ जाने से लोगों को आज के उत्सव में उतना आनन्द नहीं आ रहा था। राशन की चीजों का दाम बढ़ना और बे-राशन की चीजों के दाम को घटाना इस प्रकार दोनों को एक तल पर लाकर राशनिंग को हटा देने का जो विचार किया गया था, वह अच्छा हो सकता था, यदि राशन की चीजों का दाम उतना ही बढ़ाया गया होता, जितनी तनख्वाहों में वृद्धि हुई थी। ऐसा न करने के कारण कम वेतनवालों को तकलीफ थी, ज्यादा वेतनवाले नौकरों को रखकर परेशान थे। सौभाग्य से बड़ी तनख्वाह पानेवाले भी अपना काम अपने हाथ से करने के आदी थे।

7 नवम्बर को क्रान्ति-महोत्सव के बड़े-बड़े जुलूस निकले। नगर सब तरह से अलंकृत किया गया था। मास्को की खबरों से मालूम हुआ कि आज के महोत्सव

में लाल मैदान में स्तालिन उपस्थित नहीं थे, और वार्षिक वक्तव्य को उनके सबसे प्रिय और प्रभावशाली शिष्य ज्यानोफ ने दिया था। रात को दीपमाला हुई।

11 नवम्बर को हमें बरान्निकोफ के घर जाना था, आज वहाँ अगली छमाही का प्रोग्राम बनाना था। कल तक बादल, बूँदों और कीचड़ से लोग परेशान थे, रात को बरफ पड़ गई थी, जिससे जमीन डेढ़-दो इंच ढँक ही नहीं गई थी, बल्कि कीचड़ से भी जान छूट गई थी। वरान्निकोफ उन अकादमिकों में से हैं, जो सोवियत के सबसे अधिक सम्मानित, सम्भ्रान्त और धनी व्यक्ति हैं। बरान्निकोफ की आमदनी सब मिलाकर 30 हजार रूबल प्रतिमास से कम नहीं थी। अकादमिक होने से छह हजार रूबल मासिक पेंशन तो मिलती ही थी, उसके बाद प्रोफेसर, शिक्षा-परामर्शदाता, पुस्तकों की रॉयल्टी आदि की भारी आमदनी थी। लोग ऐसे अकादमिकों की तनख्वाह को देखकर कह बैठते हैं: सोवियत में कम-से-कम ढाई सौ रूबल वेतन जहाँ है, वहाँ अधिक से अधिक है 30-35 हजार। लेकिन इसे हम नियम नहीं कह सकते। महान् विज्ञानवेत्ताओं, और साहित्यकारों को हम साधारण कोटि में नहीं रख सकते, और उनकी संख्या भी कुछ सौ से अधिक नहीं है। यदि अपने विज्ञानवेत्ताओं और आविष्कर्ताओं को इस तरह का पारितोषिक न दिया जाए, तो आखिर सभी तो आदर्शवादी कम्युनिस्ट नहीं हैं। उनमें से कुछ को इंग्लैंड और अमेरिका बड़ी-बड़ी तनख्वाहों का प्रलोभन देकर अपनी ओर खींचने की कोशिश करेगा। वैसे लघुतम और महत्तम वेतन का अन्तर 18-20 गुने से अधिक नहीं है। यह भी याद रखना चाहिए कि वहाँ एक यूनिवर्सिटी के प्रोफेसर, सेना के जनरल और सरकार के मंत्री के वेतन एक जैसे हैं, इसलिए हमारे यहाँ की तरह यूनिवर्सिटी छोड़कर प्रतिभाशाली तरुणों को सिविल सर्विस की ओर भागने की जरूरत नहीं पड़ती।

बरान्निकोफ खाने खिलाने के बारे में बड़े ही उदार थे। जब भी अध्यापकों और छात्रों की बैठक उनके घर पर होती—और वह अक्सर होती रहती तो खान-पान की अच्छी तैयारी होती थी। वह अपने पुराने मकान में ही थे, इसलिए लेनिनग्राद के मकानों की किल्लत का सामना उन्हें नहीं करना पड़ा। उनके पास चार-पाँच बहुत अच्छे-अच्छे कमरे थे, जिनमें पुस्तकालयवाला कमरा अतिथि सत्कार का भी स्थान था। अच्छी-अच्छी शराबें, तरह-तरह की स्वादिष्ट मिठाइयाँ और बहुत तरह के फल वहाँ सजाकर रखे रहते। बरान्निकोफ डायबिटीज के मरीज होने से मिठाई से अपने को वंचित रखते, लेकिन अतिथियों को खिलाने-पिलाने में बहुत आनन्द अनुभव करते थे। वस्तुत: वह जितने अल्पभाषी थे, उतने ही अधिक सहृदय थे। वह चाह रहे थे कि मैं हिन्दी और संस्कृत की पाठ्यपुस्तक लिखूँ, लेकिन अब तो अगले साल भारत जाने का मैंने निश्चय कर लिया था।

14 नवम्बर को डेढ़ मास बाद ईगर स्कूल गया। गणित को मैंने ठीक करा

दिया था और माँ ने पुस्तक-पाठ को भी; इसलिए स्कूल में जाकर सहपाठियों से पीछे नहीं रहा। पहिले मुझे भय था कि वह मन्द-बुद्धि होगा, लेकिन वह खयाल जल्दी ही हट गया। स्कूल के प्रथम वर्ष के लड़कों के पास भी एक छोटी-सी नोटबुक रहती है, जिस पर अध्यापिका रोज नम्बर दे दिया करती है। पाठ्य विषय में जहाँ पूर्णांक 5-5 थे, वहाँ आचरण के भी चार अंक थे। बराबर 5-5 अंक मिलने से ही मालूम हो जाता था, कि वह सभी विषयों में अच्छा है। एक दिन आचरण के सामने शून्य लगा हुआ था। हमने पूछा तो बात खुल गई : वहाँ किसी सहपाठी से हजरत झगड़ पड़े थे। स्कूल में बच्चों को किसी तरह का शारीरिक दंड नहीं दिया जाता। कसूर करने पर बेंच पर खड़ा कर दिया जाता है, और कुछ करने पर क्लास से बाहर कर दिया जाता है, जिससे वह अपने सहपाठी लड़कों की संगति से वंचित हो जाता है। यह दंड पर्याप्त है।

यूनिवर्सिटी में बसन्तारम्भ के समय प्रथम वर्ष में 22 के करीब छात्र-छात्राएँ दाखिल हुए थे। लेकिन उनमें से कई पीछे अपने-आप दूसरे विषय को लेकर चले गए, हिन्दी और संस्कृत का उच्चारण हमारे विद्यार्थियों के लिए एक समस्या थी। जहाँ तक संस्कृत के संयुक्ताक्षरों का सम्बन्ध है, रूसी उसमें हमसे भी अच्छे होते हैं, और तीन-तीन, चार-चार संयुक्त व्यंजनों का उच्चारण कर लेते हैं, लेकिन टवर्ग उनके बस की बात नहीं है, टवर्ग की जगह तवर्ग ही चलता है। दरअसल, टवर्ग का दुनिया में प्रचार भी बहुत कम है। अंग्रेजों की नकल करते हुए हम लोग विदेशी नामों और शब्दों में ट की भरमार करते रहते हैं, हम यह समझ लें तो अच्छा है, कि दुनिया में टवर्ग का क्षेत्र बहुत संकुचित है इसलिए यदि टवर्ग के स्थान पर तवर्ग का इस्तेमाल करें तो बहुत गल्ती नहीं करेंगे। जापान और चीन में टवर्ग नहीं है। बीच में तिब्बत टवर्ग का देश आ जाता है। उसके बाद मध्य एसिया की तुर्की-फारसी तथा रूस की सारी भाषाएँ, पूर्वी यूरोप की भाषाएँ, इसी तरह ग्रीस, इताली, पुर्तगाल, स्पेन और फ्रांस ही नहीं, बल्कि आधी जर्मनी की भाषा भी टवर्ग शून्य है। अंग्रेजी में टवर्ग अवश्य है। जर्मन भाषा से सम्बन्ध रखनेवाली भाषाएँ भी टवर्ग-बहुल हैं। भारत में आर्यों की भाषाएँ अपने कुलधर्म के विरुद्ध जाकर टवर्ग-बहुल हो गईं। टवर्ग द्रविड़ भाषाओं की विशेषता है। मुझे याद है : बम्बई में भारत के भिन्न-भिन्न भाषा-भाषी लोगों का समागम था, जिसमें उन्होंने अपने यहाँ के गीत गाकर सुनाये। वहाँ हिन्दी भाषा-भाषी काफी थे। लोग दूसरे प्रदेशों के गीतों को बड़े प्रेम से सुन रहे थे, लेकिन जब एक तैलंग तरुण ने अपनी भाषा में गाना शुरू किया, तो जल्दी ही लोगों ने अनिच्छा प्रकट करनी शुरू की। मैंने उनसे कारण पूछा, तो बतलाया—हम समझते नहीं हैं। मैंने कहा—अभी आसामी गीत जो आपने बड़े चाव से सुना, उसे क्या आपने समझा था? वस्तुतः टवर्ग की बहुलता ही उनकी इस अनिच्छा का कारण थी। एक दक्षिणी तरुण बनारस में

रवीन्द्र-जयन्ती के समय तैलुगु भाषा में अपनी नवनिर्मित कविता सुनाने की बात कह रहे थे। मैंने कहा—आपने लोगों की अनिच्छा को कैसे रोका। उन्होंने बतलाया कि मैंने तैलुगु के उन्हीं शब्दों को चुनकर रखा जो अधिकतर संस्कृत के थे और जिनमें टवर्ग नहीं था।

रूसी यदि टवर्ग का उच्चारण नहीं कर पाते, तो कोई बात नहीं है, लेकिन मुश्किल यह है कि वह ह्रस्व-दीर्घ का विस्तार नहीं रखते। बहुत-सी वर्णमालाओं की तरह रूसी वर्णमाला में दीर्घ स्वर के लिए अलग संकेत नहीं है, और ह्रस्व स्वर को भी इच्छानुसार दीर्घ भी पढ़ा जा सकता है, इसीलिए गंगा को वह "गांग" पढ़ते हैं। प्रथम वर्ष के विद्यार्थियों को उच्चारण सिखाने के लिए मुझे कभी-कभी जाना पड़ता था। ह्रस्व-दीर्घ का विचार नहीं करते देख मैं उन्हें बतलाता था, कि नागरी वर्णमाला में दीर्घ के लिए अलग संकेत है, फिर क्यों गलती करते हो?

देखा, साइबेरिया की सबसे बड़ी जाति (स्किमो जातियों में से एक) नेनेत्स्क जाति की दो लड़कियाँ यूनिवर्सिटी में तृतीय वर्ष में पढ़ रही थीं। मैंने समझा मंगोल या कजाक होंगी। असली बात मालूम होने पर आश्चर्य की बात नहीं थी, सोवियत ने कितनी जल्दी अक्षर ज्ञान-शून्य सबसे पिछड़ी जातियों को इतना आगे बढ़ा दिया, यह प्रशंसा की बात अवश्य थी। क्रान्ति के बाद नेनेत्स्क और दूसरी अलिखित भाषाओं को ही शिक्षण का माध्यम बनाया गया। तब इन जातियों में कोई पढ़ा-लिखा नहीं था, और न कोई लिपि ही थी। उस समय यह काम कठिन जरूर मालूम हुआ होगा, लेकिन आज तो यूनिवर्सिटी से पढ़कर निकले कितने ही लड़के-लड़कियाँ वहाँ पहुँच गए हैं। यह जातियाँ शुद्ध मंगोलयित हैं, क्योंकि इनके देश में अन्य जातियों का आना-जाना ज्यादा नहीं हुआ, इससे यह रक्त सम्मिश्रण से बची रहीं। शुद्ध मंगोलयित जाति का चेहरा अपेक्षाकृत शरीर से अधिक भारी और चौड़ा होता है, आँखें और भौंहें कुछ तिरछी और गाल की हड्डियाँ अधिक उठी होती हैं। पुरुषों को दाढ़ी-मूँछ बहुत कम आती हैं।

20 नवम्बर को नेवा को जमी देखकर बड़ा आनन्द हुआ, क्योंकि अब हम घूमकर पुल से पार होने की जगह सामने ही नदी पार कर ट्राम पकड़ सकते थे। लेकिन यह आनन्द चिरस्थायी नहीं रहा। नेवा बहुत दिनों तक आँख-मिचौनी करती रही। अभी अकाल में ही उसको यह नींद आई थी।

मेरे पसन्द के फिल्मों में आधुनिक मंगोलिया के फिल्म भी थे। 21 तारीख को *मंगोलिया-पुत्र* फिल्म देखने को मिला। फिल्म निर्माताओं में सोवियत विशेषज्ञ भी थे, लेकिन अभिनेता और अभिनेत्रियाँ सारे ही मंगोल थे। कथानक था—उलान बातुर का एक तरुण ड्राइवर किसी तरुणी से प्रेम करता था, लेकिन उससे प्रेम करनेवाले दो और तरुण भी थे। बेचारा ड्राइवर असफल रहा। वह वहाँ से भागकर अन्तरमंगोलिया चला गया, जहाँ पर कि उस समय जापानियों का शासन

था—अन्तरमंगोलिया, मंचूरिया का भाग माना जाता था। जापानियों के जुल्म और स्वेच्छाचार के विरुद्ध तरुण ने वैयक्तिक बहादुरी भी दिखलाई, किन्तु इतने से जापानियों का जुआ थोड़े ही हटाया जा सकता था। अन्त में उसे उनके हाथ से बचने के लिए फिर उलान बातुर चला आना पड़ा। चिंगीजखान और पहले से भी वीरता और बहादुरी के टूर्नामिंट मंगोलों में हुआ करते थे। तरुण ने उसमें भाग लिया और मंगोलिया के सर्वश्रेष्ठ पहलवान को पछाड़ दिया। कुश्ती, दर्शकों आदि के दृश्य बड़े ही सुन्दर थे। देश के सर्वश्रेष्ठ पहलवान को उसकी प्रेमिका अब कैसे तिरस्कृत कर सकती थी? दोनों फिर मिले और जनता ने उनका स्वागत किया। पहिले मंगोल फिल्मों की तरह इस फिल्म का संवाद रूसी में नहीं, बल्कि मंगोल भाषा में ही था, इसलिए वार्तालाप समझ में नहीं आया।

भारत में एसियाई सम्मेलन होनेवाला था, जिसके लिए रूस से भी कुछ लोग निमंत्रित किए गए थे। आशा की जा रही थी कि अकादमिक बरान्निकोफ जाएँगे। उनकी इच्छा भी थी। जिस देश के अतीत और वर्तमान के साहित्य के अध्ययन-अध्यापन में ही उनका सारा जीवन बीता था, उस देश को उन्होंने अभी एक बार भी नहीं देखा था। लेकिन स्वास्थ्य के कारण डॉक्टरों ने मना कर दिया और वह नहीं जा सके।

26 नवम्बर को एक मिस्र-प्रवासी रूसी विद्वान् का पत्र आया। उनके पिता क्रान्ति से पहिले क्याख्ता (बुरियत, साइबेरिया) में शराब के कारखानेदार और धनी आदमी थे। पुत्र को काहिरा में रहते 16 साल हो गए थे और उन्होंने इस्लाम स्वीकार कर लिया था तथा सूदान की राजकुमारी से विवाह भी किया था, जिसके बारे में उनका कहना था : शायद पूर्वजन्म में भी वह मेरी सहयात्रिणी थी। पूर्वजन्म के कहने से ही मालूम हो गया कि उनकी इस्लाम में कोई अनुरक्ति नहीं रह गई थी, यद्यपि वह काफी समय से एक मुस्लिम देश में मुस्लमान बनकर रह रहे थे। उन्हें किसी से मेरे बारे में मालूम हो गया था, इसलिए पत्र में पूछ रहे थे कि मैं अनुवादों से अलग पालि और बौद्ध धर्म को कैसे पढ़ सकता हूँ। मैंने उन्हें स्वयं पालि पढ़ने का ढंग लिख दिया तथा बौद्ध धर्म के परिचय के लिए कुछ आवश्यक अंग्रेजी की पुस्तकों के नाम भी दे दिये।

सोवियत में जब साधारण लोगों के सुख और निश्चितता के तल को देखते हैं, तो कहना पड़ता है कि दुनिया में अमेरिका जैसे अत्यन्त धनी देश में भी इतनी अच्छी हालत में लोग नहीं हो सकते, आखिर अमेरिका में हर वक्त लाखों की तादाद में लोग बेकार रहते हैं। बेकार का मतलब है, दाने-दाने के लिए तरसना। रूस में कोई बेकार नहीं है, और न किसी को दाने-दाने के लिए तरसने की आवश्यकता है। गरीबी का वहाँ अत्यन्ताभाव है, वेतन और आमदनी सबकी एक सी नहीं है; लेकिन कम-से-कम वेतन पानेवाले को भी खाना, कपड़ा और रहने

आदि की चिन्ता करने की जरूरत नहीं है। आदमी तो अपने वर्तमान से सन्तुष्ट नहीं रहता—और न उसे सन्तुष्ट रहना चाहिए, न अपनी पूर्व स्थिति से मुकाबला करना चाहता, विशेषकर यदि वह दु:ख और दारिद्र्य की हो। जो लोग अपने आप बेबकूफी कर बैठते हैं, उन्हें तो कष्ट सहना ही पड़ता है। हमारे ऊपर की कोठरी में बच्चों की माँ एक प्रौढ़ा स्त्री थीं। राशन कार्ड बन्द होना ही था, जबकि उसने किसी काम को करना नहीं स्वीकार किया। अन्त में 27 नवम्बर की रात को फाँसी लगाकर वह मर गई।

मान्या उस दिन सुना रही थी मैंने आज स्वप्न में बड़ी सींगोंवाला चोर्त (शैतान) देखा। मैंने लोला से पूछा—मान्या ने तो चोर्त देखा और तुमने?

लोला—मैंने कुछ नहीं देखा।

मैंने कहा—भगवान् को ही देखा, न चोर्त को ही, फिर ईसाई धर्म की इतनी भक्ति से क्या फायदा?

लोला अपने ईगर को पूरा धार्मिक (ईसाई) बनाने की कोशिश कर रही थी। उसे त्रिमूर्ति (पिता-पुत्र-पवित्रात्मा) का नाम लेकर क्रॉस बनाना भी सिखला दिया था। भगवान् के प्रति ईगर का कुछ विश्वास हो चला था। कभी-कभी तो वह अपनी प्रार्थना में कहता था—"हे बोजिन्का (भगवान्), ऐसा कर कि मेरी मामा चीखना-चिल्लाना छोड़ दे।" लेकिन भगवान् उसकी प्रार्थना नहीं सुन रहा था। अब मैं भारत जाने का निश्चय कर चुका था, इसलिए कभी-कभी वह बोजिन्का की प्रार्थना में मेरे भारत न जाने का वरदान भी शामिल करता था। इस भगवान् भक्ति का एक प्रभाव तो तुरन्त दिखाई पड़ा—वह अब अँधेरे कमरे में पैर नहीं रखता था। जब भगवान् जैसी महान् चीज बिना देखी रह सकती है, तो शायद चोर्त (शैतान) कहीं उस अँधेरे में न छिपा हो! विश्वास की पराकाष्ठा तब पहुँची, जब पड़ोसिन तोस्या के छह महीने के बच्चे (कोल्या) के हाथ को वह आलपीन से कुरदने की कोशिश करने लगा। वह उस बच्चे को बहुत प्यार करता था, अपने हाथ से खिलाता था, इसलिए समझ में नहीं आया कि आलपीन से उसकी हथेली क्यों कुरेदना चाहता था। पीछे मालूम हुआ : हमारे शयन कक्ष के कोने में ईसा मसीह की मूर्ति रखी हुई थी, जिसकी हथेली में खून लगा था। मालूम नहीं उसे असली कथा मालूम थी या नहीं कि ईसा मसीह को सिर-पैर, और दोनों हाथों को फैलाकर उन्हें कीलों से लकड़ी की सलीब पर गाड़ दिया गया था, इसलिए उससे उतरने पर हाथ में खून के दाग थे। ईगर के दिमाग में यह बात आ गई कि उस छोटे कोल्या को भी ईसा मसीह का रूप दे दिया जाए। इसी सदिच्छा से प्रेरित होकर उसने कोल्या की हथेली में आलपीन चुभोनी चाही। मैंने लोला से कहा—लो और धर्म की बातें बच्चे को सिखलाओ। उन्होंने भी कहा—हाँ, इसने तो अभी हाथ में ही आलपीन चुभोनी चाही थी, यदि कहीं सरे मर्मस्थान में चुभा देता! लेकिन इसका यह अर्थ

नहीं कि ईगर की धर्म-शिक्षा को कुछ कम कर दिया गया।

पहिली दिसम्बर को सबेरे तापमान हिम-बिन्दु से नीचे चला गया था और दिन में बरफ भी पड़ गई। हमारी तरह और भी बहुत से लोग कहने लगे—चलो कीचड़ से जान छूटी। लेकिन अगले ही दिन बर्फ गलने भी लगी थी, छत से बूँदें टप-टप चूने लगीं।

वैसे गरीबी और बेकारी के न होने के कारण रूस में भिखमंगों को नहीं होना चाहिए, लेकिन भिखमंगी को पैदा करनेवाली केवल गरीबी और बेकारी नहीं है; कामचोर भी भीख माँग सकते हैं। कानून का डर होने के कारण वह लुक-छिपकर अपने पेशे को करते हैं। कितनों के लिए यह अच्छा-खासा पेशा है। एक दिसम्बर को एक बहुत बुढ़िया भिमंगिन हमारी खिड़की की तरफ आई। उसकी आँखें भीतर घुसी हुई थीं, कमर दुहरी थी, ऐसी मूर्ति को देखकर किसको दया नहीं आएगी? लोला ने एक टुकड़ा रोटी और मछली दी। बुढ़िया निहाल हो गई। आजकल के राशन की कड़ाई के दिनों में इतने दयालु कहाँ मिलने लगे? उसने बहुत-बहुत आशीर्वाद दिया—भगवान् की माता तुम्हारी रक्षा करे, तुम फूलो-फलो। मान्या ने बतलाया, उसका पति जिस स्त्री के पास रहता है, उसकी माँ भी भिखमंगिन है, और दिन में इतना रोटी, आलू आदि माँग लाती है कि तीनों प्राणियों को खाने की चिन्ता नहीं।

4 दिसम्बर को अभी बरफ और कीचड़ बारी से आते-जाते रहते थे। उस दिन रात को बरफ पड़ गई, सबेरे भी पड़ती रही। तापमान हिम-बिन्दु के पास था। शाम तक बहुत-सी बरफ गल गई, फिर कच्चे रास्ते में कीचड़ उछलने लगी। कई दिनों से सूर्य के दर्शन नहीं हुए थे, फिर दिसम्बर के प्रथम सप्ताह में इतना ऊँचा तापमान क्यों? इस गर्मी का कारण सूर्य से अन्यत्र ढूँढ़ना पड़ेगा।

यदि लिखी-पढ़ी चीजों को तुरन्त भारत भेजने और छपने का प्रबन्ध होता तो शायद मेरा दिल इतनी जल्दी नहीं उचटता, लेकिन चिट्ठियों की यह हालत थी कि आधी भी यदि पहुँच जाए, तो मैं उसके लिए धन्यवाद देता। निराला, रवीन्द्र और प्रेमचन्द पर तीन लेख लिखकर मैंने वहाँ से भेज दिये; और एक ही के छपने का पता लगा। ऐसी अवस्था में महीनों वर्षों लगाकर लिखी गई पुस्तकों को मैं डाक के हवाले कैसे कर सकता था?

पहले रात्रि छोटी होकर शून्य तक पहुँची थी। अब दिसम्बर के प्रथम सप्ताह में दिन छोटा होते-होते 6 घंटे का रह गया था, यद्यपि संधिबेला कुछ समय तक लाल किरणों, लाल आभा को दिखलाती थी। नेवा का अभी सोने का कोई ठिकाना नहीं था। पहले सूर्य के न दिखलाई देने पर भी तापमान ने ऊँचे उठकर कीचड़ फैलाया। 8 तारीख को सूर्य का खूब दर्शन हो रहा था, लेकिन तापमान ने नीचे उतरकर कीचड़ को बरफ बना दिया। 9 दिसम्बर को भी सूर्य दिन-भर निरभ्र

आकाश में उगा हुआ था, किन्तु तापमान हिमबिन्दु से काफी नीचे था। 10 को सर्दी खूब थी, लेकिन बरफ का नाम नहीं था, नेवा भी अपनी मस्तानी चाल से चल रही थी। आज यूनिवर्सिटी में रवीन्द्र-दिवस मनाया गया। प्रेमचन्द-दिवस और रवीन्द्र-दिवस मनाने की लेनिनग्राद यूनिवर्सिटी में परिपाटी-सी चल गई है। यद्यपि प्राच्य विभाग के अध्यापक और छात्र ही इसे अधिक मनाते हैं, लेकिन उत्सव में भाग लेनेवाले सभी विभागों से आते हैं। हॉल की सारी कुर्सियाँ उस दिन श्रोताओं से भरी हुई थीं, लोग चार घंटे तक भाषण सुनते रहे। बरान्निकोफ ने कवि के जीवन पर प्रकाश डाला। हमारे अर्थशास्त्र और राजनीति के अध्यापक साथी सुलेकिन ने रवीन्द्र के समय के सामाजिक और आर्थिक ढाँचे का सिंहावलोकन कराया और रवीन्द्र के मानवता-प्रेम तथा प्रगतिशीलता की प्रशंसा की। बेरा नावीकोवा ने 'रूसी भाषा में रवीन्द्र साहित्य' के ऊपर एक सुन्दर लेख पढ़ा। फिर रवीन्द्र महिमा पर मैंने अपना लेख हिन्दी में पढ़ा, जिसका रूसी अनुवाद दीना मार्कोव्ना ने पढ़ सुनाया। यह मालूम ही है कि अंग्रेजी में अपना लेख पढ़ने पर भी उसे रूसी अनुवाद ही द्वारा श्रोताओं तक पहुँचाया जा सकता था, इसलिए ऐसे द्रविड़ प्राणायाम की क्या आवश्यकता थी। एक रेडियो-कलाकारिणी ने रवीन्द्र की एक कहानी को नाटकीय ढंग से रूसी में पढ़ा, जिससे लोगों का बड़ा मनोरंजन हुआ। सारी कार्यवाही का फिल्म लिया जा रहा था—यूनिवर्सिटी का अपना फिल्म-स्टूडियो है। जयन्ती बहुत अच्छी तरह मनाई गई। लेकिन भारत में जो नया राजनीतिक परिवर्तन हाल में हुआ था, उसके महत्त्व को मानने के लिए वहाँ के लोग तैयार नहीं थे; हाँ, भारत के महत्त्व को वह अच्छी तरह मानते थे, जिसका ही प्रमाण तो यह उत्सव था।

13 दिसम्बर को तापमान हिमबिन्दु से 14° और 14 दिसम्बर को 16° सेंटीग्रेड नीचे चला गया था। नेवा अब तक बहुत इठलाती थी, लेकिन आज उसे जबरदस्ती सो जाना पड़ा। 18 को मोटी बरफ देखकर मालूम हुआ कि अब साधारण हिमकाल शुरू हो गया, लेकिन अगले ही दिन तापमान ऊपर उठ गया और नेव्स्की राजपथ की बरफ गल गई। नेवा भी फिर जाग उठी, उसका पानी बहता दिखाई पड़ा। घर पर हमारे कंट्रोल-ऑफिस की शाला में ही लड़कों को दिखलाने के लिए फिल्म आया था। मुहल्ले भर के लड़के जमा हुए थे, ईगर भी देखने के लिए गया, लेकिन उसकी माँ हाय-तौबा कर रही थी; क्योंकि लड़का साधारण लड़कों में चला गया, कहीं वह उनके साथ गुंडा न बन जाए।

20 दिसम्बर आ गया। 5 ही दिन बाद क्रिसमस (बड़ा दिन) होगा। इस साल बरफ का जिस तरह अभाव देखा गया, उससे लोगों को डर मालूम हो रहा था कि कहीं इस साल काला क्रिसमस और काला नववर्ष न देखना पड़े। 22 को काले क्रिसमस की सम्भावना और अधिक हो गई। बरफ शायद ही कहीं दिखलाई दी थी। शहर के भीतर तो उसका बिलकुल अभाव था। साढ़े तीन बजे तक सूर्य

की किरणें दिखलाई पड़ती थीं। 24 को क्रिसमस की संध्या आई। लोला ने त्योहार की विशेष तैयारी की। देवदार शाखा भोजनगृह में सजा दी गई। बन्धुओं के पास क्रिसमस की भेंटें भी भेजी गईं। 25 का सबेरा भी आ गया। सर्दी काफी लेकिन बर्फ का अभाव, इसलिए काला क्रिसमस ही अबके देखना पड़ा। सरकारी त्योहार न होने से आज काम से छुट्टी नहीं थी, लेकिन लोगों ने अपने पर्व को अच्छी तरह से मनाया। गिरजा में प्रसाद के लिए खाद्य को तैयार करके भोग लगवाने के लिए जो लोग गए थे, उन्हें दो-दो घंटा क्यू में खड़े रहकर इन्तिजार करना पड़ा। कौन कहता है कि बोल्शेविकों ने रूस से धर्म को उठा दिया? लेनिनग्राद के गिरजों में क्रिसमस को ही नहीं, इतवार को भी इतनी भीड़ रहा करती थी, जो और देशों में देखना मुश्किल है।

26 दिसम्बर को 17वीं सदी के उक्रइनी नेता *बगदान ख्मेलित्स्की* फिल्म देखने को मिला। ऐतिहासिक फिल्म या नाटक इतिहास-प्रेमियों के लिए स्वयं एक ज्ञान-वर्द्धक पाठशाला का काम देते हैं। बगदान का अर्थ है भगवानदत्त। बग भगवान और दान भी दत्त या दीन का रूसी पर्याय है। लेकिन उक्रइनी नेता अपने नामानुसार कोई भगवान का भक्त नहीं, बल्कि एक दूरदर्शी राजनीतिज्ञ था। बेलोरूसी, और उक्रइनी वस्तुत: रूसी भाषा की ही बोलियाँ हैं, किन्तु अब तीनों स्वतंत्र साहित्यिक भाषा मानी जाती हैं। रूसी शासक जाति थी, इसलिए क्रान्ति से पहले उक्रइनी और बेलोरूसी अपने स्वतंत्र अस्तित्व की माँग कर रहे थे। क्रान्ति के बाद उसकी आवश्यकता खतम हो गई। जहाँ जारशाही अदूरदर्शिता के कारण 20वीं सदी के आरम्भ तक उक्रइनी स्वतंत्र होना चाहते थे, वहाँ आज से प्राय: तीन सदी पहले के इस उक्रइनी दूरदर्शी नेता ने समझ लिया था कि उक्रेन का हित रूस के साथ रहने में है। उस समय उक्रेन रूस के अधीन नहीं था। उसके पड़ोस में एक ओर पोलैंड के पोल शासक उसे दबाने के लिए तैयार थे, और दूसरी तरफ क्रीमिया के तातार उन्हें "कमजोर की बहू सारे गाँव की भाभी" बनाए हुए थे।

उस समय के उक्रेन के लोग सिर में हिन्दुओं की तरह ही लम्बी चोटी रखते थे। प्रथम रूसी राजा (जो 10वीं शताब्दी में विजन्तीन राजधानी कंस्तन्तिनोपोल में पहुँचा था) का भी सिर घुटा और बीच में हिन्दुओं जैसी चुटिया थी। न जाने कैसे यह हिन्दुओं की चोटी उक्रेन में पहुँची या उनकी चोटी हिन्दुओं के पास आई। अथवा हिन्दुओं में भी तो पहले सारे केश रखने की प्रथा थी, जिसे पूजा आदि के समय न बिखरने देने के लिए बाँधना पड़ता था और इस प्रकार शिखा-बन्धन धर्म का एक अंग हो गया था। जब शिखा से लोगों को अरुचि हो गई अर्थात फैशन बदल गया तो धर्म की माँग शिखा-बन्धन को पूरा करने के लिए केश का कुछ भाग रख छोड़ा गया, यह शिखा के क्रम विकास का इतिहास हमारे देश में और उक्रेन में एक तरह का ही रहा है। लेकिन ईसाई हो जाने के बाद भी शिखा

को रखना क्यों आवश्यक समझा गया? शायद इसमें ईसाइयों का मुस्लमानों जैसा असहिष्णु न होना ही कारण था। बगदान को अगर अकबर, जहाँगीर के समय किसी ने देखा होता तो रंग के कारण चाहे सन्देह पैदा होता, लेकिन चुटिया तो जरूर उसे हिन्दू बतला देतीं। पोल, तातार और उक्रेनी कैसी वेश-भूषा और रीति-रिवाज रखते थे, इसका इस फिल्म से प्रत्यक्ष ज्ञान होता था। सभी दृश्यों और चीजों को बड़े व्यापक पैमाने पर दिखलाया गया था। बगदान पोलों को भगाकर अपने देश को स्वतंत्र करने में सफल हुआ। कई लड़ाइयों में अपने सफल वीर नेता को दरबारियों ने स्वतंत्र राजा बनाना चाहा और उसे खिलअत लाकर पहनाई। बगदान ने उस खिलअत को वहीं फाड़ फेंका और कहा कि उक्रेन की स्वतंत्रता की रक्षा की गारंटी अपने भाई रूसियों के साथ रहने में है।

29 दिसम्बर को एक बैले *बखशी का सराय फौवारा* देखा। यह भी 16वीं-17वीं सदी की ऐतिहासिक घटना को लेकर लिखी गई थी। उस वक्त पोल सामन्त दक्षिणी रूस पर मनमानी कर रहे थे, क्रीमिया का तातार खान दक्षिण से चोट कर रहा था। लेकिन उक्रेन के स्वतंत्रता-प्रेमी लोग अपनी तलवार रख देने के लिए तैयार नहीं थे। तातारों के आक्रमण में नायक तरुण मारा गया और उसकी प्रेमिका को खान पकड़ ले गया। तरुणी के सामने खान के हरम की सारी सुन्दरियाँ फीकी पड़ गईं। ईर्ष्या के मारे खान की पटरानी (शाहबेगम) ने उसे मरवा दिया। खान शाहबेगम को पानी में डुबा अपनी किस्मत को झखने लगा। बैले का सौन्दर्य है देश-कालानुकूल परदे, वेश-भूषा और उत्कृष्ट नृत्य, यह सभी चीजें इस बैले में मौजूद थीं। नाट्यशाला में हजार से कम दर्शक नहीं रहे होंगे, और टिकट पच्चीस-तीस रूबल (18-20 रुपया)। इतनी महँगी चीजों को सामन्तवाद या साम्यवाद ही प्रस्तुत कर सकता है, वह पूँजीवाद के बस की बात नहीं है। पूँजीवादी देशों में तो सिनेमा के आते ही नाट्यशालाओं पर वज्र पड़ गया।

31 दिसम्बर को सोवियत में बच्चों का त्योहार मनाया जाता है और उससे अगले दिन पहिली जनवरी का नव वर्ष का त्योहार सभी लोगों के लिए है। हमारे घर में दो देवदार-शाखाएँ पहिले ही लाकर खड़ी कर दी गई थीं। लोला को कहीं एक और अच्छी शाखा बाजार में बिकती दिखाई पड़ी, वह उसे भी खरीद लाई। अब छोटी-सी भोजनशाला देवदार वन का रूप ले चुकी थी। ईगर के स्कूल और बालोद्यान के मित्र लड़के-लड़कियाँ भी आकर देवदार-शाखा की बहार देख मिठाई भी खा गए थे। उनके गान और नृत्य का कुछ आनन्द हमें भी मिला।

आज फिर एक वर्ष समाप्त हो रहा था। हमने काम क्या किया था? मध्य-एसिया के लिए कुछ पुस्तकें पढ़कर सामग्री जरूर जमा की थी, अपने साथ ले जाने के लिए कुछ पुस्तकें भी इकट्ठा कर ली थीं, लेकिन जहाँ तक लिखने का सवाल था, वह नहीं के बराबर था।

1947 का आरम्भ

पहिली जनवरी, बुधवार का दिन आया। आज थोड़ी-सी बरफ दिखाई पड़ी, सर्दी भी थी। मेहमानों की आशा से भोजन तैयार किया गया, लेकिन मेहमान निमंत्रित नहीं थे। त्योहार के दिन मिलने-जुलनेवाले आते ही रहते हैं, इसी खयाल से तैयारी की गई थी। किन्तु हमारे अधिकांश मिलने-जुलनेवाले तो यूनिवर्सिटी के आसपास रहते थे। 5 मील ट्राम में धक्के खाते आना सबके बस की बात नहीं थी। देवदारों का प्रदर्शन केवल घरों में ही नहीं था, बल्कि बालोद्यानों और स्कूलों में उसको और भी ज्यादा धूमधाम से सजाया गया था। ईगर के स्कूल में भी बड़ी देवदार शाखा खड़ी की गई थी। 2 जनवरी को ईगर अपनी माँ के साथ उसे देखने गया। उसे 2 सेब, 1 नारंगी मिली, जिसका अर्थ हैं, सारे स्कूल के लड़कों को दो-दो सेब और एक-एक नांरगी मिली होगी। यही नहीं, ईगर का स्कूल क्यों, लेनिनग्राद नगर ही क्यों, सारे सोवियत के स्कूलों के बच्चों को दो-दो सेब और एक-एक नारंगी जैसी कोई चीज अवश्य मिली होगी।

ईगर अब बराबर स्कूल जाते थे। चाहे अपने सहपाठियों से आठ ही दस महीने बड़े हों, किन्तु वह अपने को लड़का नहीं पुरुष समझते थे। व्यवहार, बातचीत का ढंग अच्छा था, इसलिए सभी सन्तुष्ट रहते थे। अपने क्लास की चाची (अध्यापिका) के तो स्नेह-पात्र थे ही, लेकिन लड़कों के खेल के समय वह अक्सर दूसरी अध्यापिका के साथ टहला करते थे। उनकी अपनी अध्यापिका ने मजाक करते हुए कहा—यदि वही पसन्द है तो कहो उसी को क्लास में भेज दें।

ईगर ने बड़ी गम्भीरता से जवाब दिया—"नहीं इसकी जरूरत नहीं, तरुणी अधिक मनोहर है, इसलिए उसके साथ टहलने चला जाता हूँ।"

2 जनवरी को तापमान हिमबिन्दु से 80° नीचे चला गया था अर्थात फारनहाइट से लेने पर हिमबिन्दु से 30°-32° नीचे था। मुझे कोई उतनी सर्दी नहीं मालूम होती थी। शरीर तो गरम कपड़े से ढँका ही रखना पड़ता था। सर्दी का पता

लगता था कान से। जब मैं कान खोले ही बाहर जा सकता था, तो इसका मतलब था, कि अभी सर्दी अधिक नहीं है। अगले दिन तापमान 20° (हिमबिन्दु 35°-36° फारनहाइट) नीचे चला गया था। कश्मीर 9° ही नीचे गया था, जबकि वहाँ 60 इंच बरफ पड़ी थी, यह रेडियो बतला रहा था। लेनिनग्राद की इतनी सर्दी में बरफ मुश्किल से कहीं दिखाई पड़ती थी। उस दिन भारत के एक प्रकाशक की चिट्ठी आई। मालूम हुआ बड़े-बड़े करोड़पति सेठों ने 50 लाख की पूँजी से एक कम्पनी कायम की है, जिसके उद्देश्यों में हिन्दी के भी अच्छे-अच्छे ग्रंथों का प्रकाशन करना है। उनकी ओर से मेरे पास पत्र आया था—हम 15 प्रति सैकड़ा रॉयल्टी देंगे। मैंने डाइरेक्टरों के नामों को देखा। उनमें कुछ करोड़पति सेठ थे और कुछ बड़े-बड़े राजनीतिक नेता तथा मंत्री। परामर्श देनेवाले बोर्ड में 38 आदमी थे, जिनमें मुश्किल से 11 को ही कहा जा सकता था कि वह साहित्य और लेखन-व्यवसाय से सम्बन्ध रखते हैं। पाँच प्रान्तों के मंत्री भी इन परामर्शदाताओं में थे। क्या यही लोग हमारी पुस्तकों का मूल्यांकन करेंगे! खैर, झूठी हो या सच्ची यह तो आशा बँधने लगी, कि अब करोड़पतियों के रुपये साहित्य के प्रकाशन में भी आगे आने लगे हैं। भारतीय मंत्रिमंडल की स्थापना का एक फल तो यह जरूर था।

6 जनवरी को अब भी बरफ के अभाव की शिकायत की जा रही थी। अब चार दिनों के लिए स्कोल्निकों की छुट्टियाँ थीं, इसलिए ईगर भी घर पर था। आज उसे अन्तर्राष्ट्रीय प्रतियोगिता में पारितोषिक प्राप्त सोवियत-फिल्म *पाषाण-पुष्प* दिखाने ले गए। हमारे मुहल्ले के सिनेमाघर में ही फिल्म आया था, टिकट था 1 रूबल। शाला खचाखच भरी हुई थी। सभी माताएँ अपने लड़कों के साथ वहाँ पहुँचती थीं। फिल्म उराल पर्वत की एक जन कथा को लेकर बनाया गया था। सामन्त द्वारा सताया वृद्ध पाषाण शिल्पी (संगतराश) रंग-बिरंगे पत्थरों की कलाकृतियाँ निर्माण कर रहा था। उसका दत्तक पुत्र और भी प्रभावशाली था और मुरली बजाने में भी अद्वितीय था। तरुण का मन उराल की एक तरुणी ने मोह लिया। दोनों का विवाह हुआ। पुराने समय के वेश, पुराने समय के नृत्य और पुराने समय के वैवाहिक रीति-रिवाज दिखलाए गए थे, जो कि एसिया से ज्यादा समीपता रखते थे। शिल्पी तरुण को वनदेवी पाषाण-पुष्पों का लोभ दिलाती पहाड़ों के भीतर ले गई। वहाँ रंग-बिरंगे चमकीले पत्थरों के तरह-तरह के पुष्प बने हुए थे। शिल्पी स्वयं छेनी और हथौड़ा लेकर वहीं एक ऐसा विशाल पुष्प बनाता है जो अपने सौन्दर्य में वनदेवी के दिखलाए पुष्पों से कम नहीं है। अन्त में दोनों प्रेमियों का मिलाप हो गया—यह फिल्म भारत में भी आ चुका है।

8 जनवरी को विश्वविद्यालय में निबंधों का पखवारा चल रहा था। अध्यापक लोग अपने-अपने विषय पर ज्ञानपूर्ण निबन्ध पढ़ रहे थे, जिनके सुनने के लिए काफी श्रोता—प्रोफेसर और विद्यार्थी—इकट्ठा होते थे। अकादमिक बरान्निकोफ

ने तुलसी की कविता पर एक निबन्ध पढ़ा, जिसे लोगों ने बहुत पसन्द किया। प्रोफेसर फ्राइमान और दूसरे विद्वानों ने भी अपने निबंध पढ़े। साढ़े तीन हजार जहाँ अध्यापक हों, वहाँ निबन्ध सुनने के लिए सबका इकट्ठा होना सम्भव नहीं है। तो भी सबके पास निबन्धमाला की सूचना पहुँचाने का पूरा प्रबन्ध किया गया था। यूनिवर्सिटी की अपनी एक पत्रिका थी, जिसमें सूचना निकलती थी, इसके अतिरिक्त पखवारे के निबन्धों के सम्बन्ध में संक्षिप्त विवरण के साथ एक छोटी-सी पुस्तिका निकाल दी गई थी।

12 जनवरी को बम्बई का डॉक्टर सूफी ने किसी से मेरा पता पाकर लिखा कि हमदानी सन्त की कब्र का हमें फोटे भिजवाइए। उन्होंने सोवियत की भिन्न-भिन्न संस्थाओं को कई पत्र भेजे, किन्तु जवाब नहीं पाया। हमदानी की कब्र ताजकिस्तान के खुत्तल प्रदेश में है, लेकिन फोटो मिलना मुझे भी उतना आसान नहीं जान पड़ा, तो भी मैंने स्तालिनाबाद की यूनिवर्सिटी को पत्र लिख दिया। पत्रों का उत्तर न देना, यहाँ के लोगों का स्वभाव-सा है। खासकर अपरिचित आदमी से पत्रोत्तर के मिलने की आशा कम ही रखनी चाहिए। जो लोग पुस्तक या फोटो मँगाना चाहते हैं, उनके लिए तो और भी दिक्कत है, क्योंकि इन चीजों को दो-दो राज्यों के सेन्सरों के भीतर से गुजरना पड़ता है।

18 जनवरी को भी तापमान ऊपर उठा हुआ था, इसलिए सड़कों पर जहाँ-तहाँ पानी ही पानी दिखाई पड़ता था। रात को अपने मुहल्ले की क्लब (बोलोदार्सकी क्लब) के हाल में *च्यू-च्यू-सान* दुःखान्त ओपेरा-नाटक देखने गए। यह किसी स्थायी नाट्य संस्था की ओर से नहीं खेला जा रहा था बल्कि नगर की ही एक नाटक मंडली ने अभिनय करने का आयोजन किया था। थी तो यह मुहल्ले के क्लब की शाला, लेकिन दूसरे देशों की बड़ी-बड़ी नाट्यशालाओं का मुकाबिला कर सकती थी। हर तरह के मनोरंजन और कलाप्रदर्शन में चूँकि अब जन साधारण बहुत भाग लेने लगा है, इसलिए ऐसी शालाओं और मकानों पर पैसा खर्च करने में सरकार संकोच नहीं करती। लोग भी मंचों को भरकर काफी पैसा जमा कर देते हैं। ओपेरा अर्थात पद्यमय नाटक मुझे पसन्द नहीं हैं, यह मैं पहिले कह चुका हूँ, लेकिन इष्ट मित्रों के आग्रह को भी देखना पड़ता है, इसलिए मैं भी चला गया। कथानक था—एक अमेरिकन अधिकारी जापान की गैसा (नर्तकी) से जापानी रीति से विवाह करता है। कुछ दिनों के दाम्पत्य जीवन के बाद पुरुष अपने देश चला जाता है। तरुण पत्नी च्यू-च्यू-सानू अपने पति के जाने के बाद पैदा हुए पुत्र को लिये आशा लगाए बाट जोहती रहती है। आर्थिक संकट का पहाड़ उसके ऊपर टूटता है। अमेरिकन कौन्सल से जाकर पूछती है, तो वह कहता है—तरुण ने दूसरी शादी कर ली है। बच्चे को देखकर उसने कहा—चाहो तो इसे दे सकती हो। लेकिन माँ बच्चे को छोड़ने के लिए तैयार नहीं। आशा-निराशा में पाँच-छह साल और

बीत जाते हैं। पीछे पति के आने की खबर सुनकर अपने घर को फूलों से सजा सारी रात प्रतीक्षा करती है। वह सबेरे अपनी अमेरिकन पत्नी के साथ आता है।

अमेरिकन पत्नी अपनी निर्दोषता को प्रकट करते हुए च्यू-च्यू-सानू से सहानुभूति दिखलाते बच्चे के साथ प्रेम करने का वादा करके उसे माँगती है, लेकिन माँ अब पुत्र को भी कैसे दे दे। अन्त में आर्थिक संकटों से मजबूर होकर बुद्ध की मूर्ति के सामने प्रार्थना करके वह हाराकिरी (आत्महत्या) करना चाहती है, इसी समय पुत्र आ जाता है। उसे किसी तरह बहलाकर फिर वह पेट में छुरी मार लेती है। पिता अमेरिकन कौन्सल के साथ आता है और बच्चे को उठा लेता है। अभिनय बहुत सुन्दर था। पुरुषों के वेश अच्छे नहीं थे, और बुद्ध की मूर्ति भी भद्दी थी, लेकिन यह तो एक व्यवसायी मंडली द्वारा किया गया अभिनय नहीं था।

लेनिनग्राद की सबसे पुरानी और बड़ी लाइब्रेरी 'लोक-पुस्तकालय' (पब्लिक लाइब्रेरी) है। मैं उसमें भी जब-तब जाने लगा था। मुझे ज्यादातर काम था मध्य एसियायी विभाग के ताजिक उपविभाग से। यहाँ मैंने बहुत सी नई-नई पुस्तकें भी देखीं, जोकि न यूनिवर्सिटी के प्राच्य पुस्तकालय में थीं, न अकादमी के प्राच्य प्रतिष्ठान में। पुस्तकालयाध्यक्षा बड़े स्नेह से हरेक चीज को दिखलाती थीं। यह पुस्तकालय जारशाही जमाने में भी बहुत प्रसिद्धि रखता था और हर साल हजारों पुस्तकें दूसरे देशों से भी मँगाई जाती थीं। सोवियत क्रान्ति के बाद भी उसमें किसी तरह की कमी न करके बजट को और बढ़ाया गया था। जाड़े के दिनों में रूस की और संस्थाओं की तरह यहाँ भी घर के भीतर जाने के बाद एक जगह अपने ओवरकोट, हैट, और हाथ के बैग को रखना पड़ता था। मकान गरम है, और आदमी के शरीर पर गरम सूट भी है, फिर भीतर सर्दी का डर क्या? कपड़े लेकर नम्बर लगाकर रखने के लिए आदमी वहाँ तैनात रहते हैं। एक लेनिनग्राद ही में 5-7 हजार से कम आदमी ओवरकोटों की रखवाली के लिए नहीं होंगे। इसे आप अपव्यय कह सकते हैं, लेकिन यह आदमी के आराम के लिए ही किया जाता है। मोटे ओवरकोट के साथ कुर्सी पर बैठना भी मुश्किल है, और जहाँ वहुमूल्य पुस्तकें पड़ी हों, वहाँ थैलों को ले जाने देना भी बुद्धिसंगत नहीं है, इसलिए यह प्रबन्ध करना ही पड़ता है। वाचनालय में मेज-कुर्सियों का जंगल-सा लगा हुआ था, जहाँ सैकड़ों आदमी चुपचाप बैठे अध्ययन कर रहे थे। पुस्तकों का अंक और नाम दे देने से आपकी मेज पर उनके आने में देर नहीं लगती। अनुसन्धान करनेवाले विद्वानों और विद्यार्थियों को इस तरह का सुभीता लन्दन-म्यूजियम के पुस्तकालय में भी है।

जर्मनी के साथ युद्ध समाप्त होते ही सोवियत और उसके पश्चिमी मित्रों की अनबन प्रकट होने लगी। जापान के मुकाबिले में सोवियत सेना जिस तेजी के साथ मंचूरिया और कोरिया को दखल करती जा रही थी और इंग्लैंड और अमेरिका

की सेनाएँ अपनी कमजोरी को जिस प्रकार पश्चिमी युद्धक्षेत्र में दिखला चुकी थीं, उसे देखते हुए पश्चिमी साम्राज्यवादियों को डर लगने लगा कि कहीं ऐसा न हो कि हमारे पहुँचने के पहिले ही सोवियत सेनाएँ जापान पर भी कावू कर लें; इसलिए बिना सोवियत से पूछे ही चर्चिल की राय से ट्रूमन ने जापान के हिरोसिमा और नागासाकी नगरों पर दो परमाणु बम गिरा दिये। अब युद्ध बन्द हुए दूसरा साल हो रहा था, इसलिए वैमनस्य भी बहुत आगे तक बढ़ चुका था। सोवियत ने भी अपनी जनता को सजग रखने के लिए युद्ध सम्बन्धी फिल्मों का उत्पादन बन्द नहीं किया। बोल्शेविक क्रान्ति के बाद रूस को कमजोर देखकर अरमेनिया और जार्जिया के कुछ भाग तुर्की ने हड़प लिये थे, और सो भी हजारों अरमेनियन नर-नारियों, बूढ़े-बच्चों की बड़ी निर्मम हत्या के बाद। इस हत्या को सुनकर इस वक्त सारे पश्चिमी देश बौखला उठे थे। अब सोवियत अरमेनिया अपने खोए हुए भू-भाग को लौटाने की माँग कर रही थी। तुर्की उसे देने के लिए कैसे तैयार हो जाता, जबकि अमेरिका उसकी पीठ ठोंकने के लिए तैयार था। अरमेनिया के हाथ से छिने, ये जिले सोवियत और तुर्की के वैमनस्य के मुख्य कारण हैं। तुर्की को चेतावनी देने के लिए ही मानों *एडमिरल नखिमोफ* फिल्म बनाया गया था। 1853 की घटना है, जबकि क्रीमिया के लिए तुर्की और रूस में झगड़ा हुआ। इंग्लैंड और फ्रांस ने पीठ ठोकी और तुर्की ने सारे कालासागर को अपने हाथ में करने की कोशिश की। दोनों पश्चिमी साम्राज्य पहिले गुप्त सहायता देते रहे, लेकिन जब तुर्की को पिटते देखा तो वे भी युद्ध में कूद पड़े। इंग्लैंड फिर भी चालाकी करता रहा। वह चाहता था कि बलिदान अधिकतर तुर्की और उससे भी ज्यादा फ्रांस को देना पड़े। उस समय रूसी नौसेना का महा सेनापति नखिमोफ था। अपने निकम्मे दरबारियों की सलाह से जार ने नखिमोफ को अपना बेड़ा डुबा देने का हुक्म दिया, जिससे कि वह दुश्मनों के हाथ में न पड़े। लाचार होकर नखिमोफ को वैसा करना पड़ा। सेवेस्तापोल की रक्षा के लिए नखिमोफ ने बड़ी बहादुरी से लड़ते हुए अपने प्राण दिये। तुर्की को अन्त में फायदा नहीं हुआ। नखिमोफ ने भी तुर्की को अन्तिम उपदेश दिया था—"तुर्की ने जब-जब बाहरवालों की बात सुनी, तब-तब उसे मुँह की खानी पड़ी।"

फरवरी का महीना आया। 4 फरवरी को तापमान 25°, 7 को 27°, 8 को 24°, इस प्रकार सर्दी बढ़ती ही गई। 10 फरवरी को सर्दी भी खूब थी और बरफ भी खूब पड़ रही थी। बरफ गिरानेवाले बादलों के बीच से निखरकर आता सौर-प्रकाश वृक्षों की शाखाओं और टहनियों में लिपटे हुए बरफ को बड़ी सुन्दर रीति से चमका रहा था। टहनियाँ तो मालूम होती थीं, जैसे सफेद मूँगे की बेलें हों। अधिक टैम्परेचर गिरने से श्वास से निकलनेवाली भाप की मात्रा ज्यादा थी। इसके अतिरिक्त काम-काज में मुझे कोई कष्ट नहीं मालूम होता था। 23 फरवरी

को ब्लीनी (चीले) का सप्ताह समाप्त हुआ। चीला मीठा और नमकीन दोनों तरह का उत्तरी भारत में बहुत पसन्द किया जाता है। मुझे तो मीठे चीले खास तौर से पसन्द हैं। चीले को रूसी भी हमसे कम पसन्द नहीं करते। पुराने समय में जब उनके यहाँ चीनी नहीं होती थी, तो सादे चीले को पकाकर ऊपर से मधु लगा लेते थे। अपने चीले प्रेम के कारण ही रूसियों ने इस ब्लीनी-सप्ताह को अब भी कायम रखा है। आज से 8 शताब्दी पहिले, जब रूसी ईसाई नहीं हुए थे, तो वह सूर्य देवता के पूजक थे। मक्खन को चुपड़कर या पूड़े की तरह मक्खन में डालकर पकाया चीला रूसी भाषा में ब्लीनी कहा जाता है। गोल आकार तथा आटे के रंग के कारण पकने पर लाल रंग और उस पर भी मधु चुपड़ने से रंग और लाल होना—सूर्योदय के समय के सूर्य का अनुकरण है। बसन्त के सूर्य के उपलक्ष्य में यह त्योहार प्राचीन रूसी लोग मनाते थे। उस वक्त खूब ब्लीनी खाई जाती थी, उसी तरह जैसे कि पूर्वी उत्तर प्रदेश और बिहार में कार्तिक की छठ को ठकुआ। कार्तिक की छठ भी सूर्य पूजा का ही त्योहार है। हमारे घर में ब्लीनी अक्सर बन जाया करती थी और ब्लीनी-सप्ताह में तो आने-जानेवालों को भी खिलाई जाती थी।

जान पड़ता है, ब्लीनी-सप्ताह के लिए ही सूर्य भगवान् ने बरफ को रोक रखा था। देर ही से सही, किन्तु 6 फरवरी को 6 इंच बरफ पड़ गई। वह दिन-भर पड़ती रही। हवा बरफ की धूल उड़ा रही थी, सर्दी बहुत थी। वह स्नान का दिन था, लेकिन स्नानागार में सर्दी को घुसने की आज्ञा नहीं थी। हम स्नानागार से लौटकर स्कूल में ईगर को लाने गए। देखा पहिली बारी के लड़के स्कूल से निकल रहे हैं, और दूसरी बारी के अन्दर जा रहे हैं। साढ़े बारह बजे का समय था। लड़ाई के कारण मकानों की जो क्षति हुई थी, उसके कारण स्कूलीय इमारतों की भी कमी थी, उसी के लिए एक ही स्कूल की इमारत में बारी-बारी से दो बार स्कूल लगता था।

अकादमिक बरान्निकोफ ने बड़े परिश्रम और अनुराग के साथ तुलसीदास के अमरकाव्य *रामायण* का रूसी में पद्यानुवाद किया था। अकादमी ने भी उसे बढ़िया से बढ़िया रूप में छापने का निश्चय किया था। मेरे भारत आ जाने पर पुस्तक छपी और साल ही भर के भीतर बिक भी गई, जिससे मालूम होता है, कि विद्वान् और साधारण पाठक दोनों ने बरान्निकोफ के अनुवाद को पसन्द किया। पुस्तक को सजाने, चित्रित करने आदि में जहाँ अनुवादक ने मुझसे परामर्श लिया था, वहाँ तुलसी-काव्य कितना उत्कृष्ट है, इसको जतलाने के लिए रेडियो ने भी उन्हें तुलसीदास पर बोलने के लिए निमंत्रित किया था। मुझे बरान्निकोफ ने मूल चौपाइयों को दोहरा देने के लिए कहा। 28 फरवरी को हम दोनों रेडियो कार्यालय में गए। मैंने साधारण लय में मूल को पढ़ा और बरान्निकोफ ने अपनी भूमिका के बाद उसका पद्यानुवाद रूसी में पढ़ा। रेडियो स्टूडियो वाले अंगुल-भर चौड़े

रबर जैसे फीते पर शब्दों को उतरवाकर समय अनुकूल करने के लिए फीते को काट-छाँट रहे थे। मैंने देखा, दो-तीन हाथ फीता कैंची से काटकर उन्होंने फेंक दिया और जोड़कर भाषण को फिर से सुनवाया। पहली बार मुझे अपना स्वर सुनने का मौका मिला था। मुझे विश्वास नहीं हो रहा था कि यह मेरा ही स्वर है। हरेक आदमी समझता है कि मैं अपने ही स्वर को सुन रहा हूँ, लेकिन वस्तुतः कोई अपने स्वर को नहीं बल्कि अपनी प्रति ध्वनि को सुनता है, जो प्रति-ध्वनि उतनी साफ नहीं होती, जो अच्छे रेडियो या फोनोग्राफ के रिकॉर्ड से निकलती है। फिल्म को काटकर फेंक देने के बारे में रेडियोवाले कहते थे कोई परवाह नहीं, हमें क्या दूसरे देश से मँगवाना है। हाँ, रूस सभी चीजें अपनी तैयार करता है, वह परमुखापेक्षी नहीं है, और न चीजों को दूसरे देशों से मँगाने के लिए उसे विदेशी विनिमय की भारी रकम भेजनी पड़ती है।

आज सात बजे से ईरानी सम्मेलन भी हो रहा था। मैं वहाँ गया। अकादमिक फ्राइमान का ईरानी संस्कृति के किसी पहलू पर भाषण हुआ। ऐनी के भी आने की आशा थी, लेकिन स्वास्थ्य के कारण वह नहीं आए। ताजिक (फारसी) के महान् कवि लाहूती आए थे। लाहूती की कविताओं को मैं पढ़ चुका था और मेरे पास उनकी कुछ पुस्तकों का संग्रह भी था। श्वेतकेश, रूसियों जैसे गोरे, चमकीली आँखोंवाले इस महान् कवि को अपने क्रान्तिकारी विचारों के कारण ईरान छोड़ना पड़ा, किन्तु 25 साल से उसकी मातृ-भूमि ताजकिस्तान है, जहाँ का वह महान् नागरिक और महान् कवि है।

पहली मार्च (1947) को सर्दी हिमबिन्दु से 23° नीचे थी। पिछले साल तापमान 28° तक पहुँचा था और इस साल—29° तक पहिले ही सप्ताह पहुँचा था। लेकिन लन्दन की तरह यहाँ कोई नहीं कहता था—ऐसी सर्दी तो पहिले सौ साल में कभी नहीं पड़ी थी। खेत में शरद में बोये गेहूँ जमकर बरफ के नीचे दबे रहते हैं, जो बरफ पिघलने के बाद ही बड़ी तेजी से बढ़कर बसन्त के बोए गेहूँ से जल्दी पक जाते हैं। जाड़े के गेहूँ को तभी हानि पहुँचती है, जबकि बरफ पतली या नहीं हो, और सर्दी ज्यादा पड़े। ऐसी सर्दी गेहूँ के पौधों को मार देती है। लेकिन बोये गेहूँ के ठंडे होने का डर नहीं था, क्योंकि जहाँ उसकी बोआई ज्यादा हुई थी, वहाँ बरफ की मोटी तह पड़ी हुई थी। अब तो बरफ काफी पड़ गई थी।

मुहल्ले की क्लब की रंगशाला में वैसे वयस्कों के लिए अक्सर फिल्म और दूसरे परिदर्शन हुआ करते थे, कभी-कभी वहाँ वच्चों का भी तमाशा होता था। 2 मार्च को लड़कों का प्रोग्राम था और इतना मनोरंजक था कि शाला में बैठने की जगह नहीं रह गई थी। बन्दरों का तमाशा होनेवाला था। मुहल्ले के सैकड़ों बन्दर भी आकर तमाशा देखने के लिए अपनी सीटों पर जम गए थे। उनको हल्ला-गुल्ला और मार-पीट से रोकना आसान नहीं था। थोड़ी ही देर में सारा हॉल उनके शोर

से भर गया। लेकिन बालकों के लिए तमाशा करने वाले उनके मनोविज्ञान से भी परिचित होते हैं। तुरन्त हारमोनियम लिये एक पुरुष और उसके साथ प्रश्नोत्तर करनेवाली स्त्री रंग मंच पर आ गई। उसने कुछ प्रश्न किये, कुछ पहेलियाँ कहीं और कुछ गाने गाए, इस तरह मिनट भी नहीं बीता, कि लड़कों के ऊपर पूरी तौर से नियंत्रण कायम हो गया। खेल के साथ सरकस भी था, जिसमें एक बन्दर, 4 भालू, 4 कुत्ते, 1 भेड़िया, 1 बकरी, 1 गिलहरी पार्ट ले रहे थे। कुत्ते, भालू नाच भी करते थे, उनका 'गाना' भी बड़ा मनोरंजक था। लड़के खेल खतम हो जाने के बाद भी और की प्रतीक्षा में उठना नहीं चाहते थे, लेकिन आखिर उठना ही पड़ा और सब अपने मित्रों से आज के खेल की चर्चा करते खुश-खुश घर लौटे।

3 मार्च को स्नान का दिन था। सर्दी कम रही, लेकिन बरफ फिर पड़ी थी। स्नानागार जाते समय भी अपने चमड़े के ओवरकोट और चमड़े की टोपी को छोड़ा नहीं जा सकता था। उस दिन स्नानागार में बड़ी भीड़ रही, क्योंकि भगेड़ू लड़कों की 50-50 की दो पाँतियाँ आ रही थीं। ये लड़के युद्ध की उपज थे। युद्ध में माँ-बाप के मरने या आश्रय-हीन रहने के कारण भाग खड़े हुए, और जगह-जगह भीख या दूसरी तरह खाते-पीते दुनिया की सैर करते ऊधम मचा रहे थे। युद्ध में बे माँ-बाप के लड़कों को लाखों की संख्या में लोगों ने दत्तक पुत्र बनाया था। मध्य एसिया के तुर्कों और ताजिकों के परिवारों में भी यूरोपीय दत्तक पुत्र पल रहे थे। इस प्रकार अनाथ बच्चों को उतना अधिक कष्ट नहीं हुआ, जितना कि ऐसी स्थिति में किसी पूँजीवादी देश में होता, तो भी कुछ मनचले लड़के किसी के दत्तक पुत्र न हो मनमाना घूमना और मनमाना करना पसन्द करते थे। उन्हें वैसी अवस्था में छोड़ देने पर जहाँ उनके बिगड़ने का डर था, वहाँ उनकी शिक्षा का समय भी चला जाता, इसलिए सोवियत ने जगह-जगह बच्चों के घर स्थापित किये थे, जिनमें उनके पालन-पोषण और शिक्षा-दीक्षा का प्रबन्ध था, लेकिन बिगड़े लड़के जरा-सा मौका पाते ही भागने के लिए तैयार हो जाते हैं, इसलिए उन्हें कड़े शासन में रखना पड़ता था। वह हर हफ्ते पाँती बाँधकर स्नानागार में जाते थे। सारे देश में पुलिस को ताकीद थी कि भगेड़ू लड़कों को पकड़कर नजदीक के बालगृह में भेज दें। इनके अतिरिक्त युद्ध में मृत सैनिकों के होनहार लड़कों के लिए सुवारोफ सैनिक स्कूल स्थापित थे, जिनमें उन्हें शिक्षा के साथ भविष्य के सैनिक अफसर बनने का अवसर दिया जाता था। क्रान्ति दिवस या मई दिवस में जब सुवारोफ स्कूल के लड़के अपनी सुन्दर वर्दी में बड़ी शान के साथ परेड करते लाल मैदान में निकलते, तो कितनी ही देर तक तालियों की गूँज होती रहती।

भारत की आई चिट्ठियों की विचित्र हालत थी। अमृतराय की चिट्ठी बनारस से एक महीने में पहुँच गई और मेरी चिट्ठी भी उन्हें एक महीने में मिल गई, किंतु आनन्दजी के पास मेरी हवाई चिट्ठी 7 महीने में पहुँची! हवाई डाक पर क्या

भरोसा हो सकता था? जिस दिन (9 मार्च) को यह चिट्ठियाँ मिलीं, उसी दिन मैंने दाखुन्दा (ताजिक भाषा) का उर्दू में अनुवाद समाप्त किया था। समय काटने के लिए मैंने सोचा, भारत जाकर अनुवाद करने की जगह यहीं अनुवाद कर लूँ, तो अच्छा। उर्दू में ताजिक (फारसी) के मूल शब्द बहुत रखे जा सकते थे, इसलिए मैंने पहिले उर्दू में ही तर्जुमा किया। सोवियत में रहते ही मध्य-एसिया के महान् उपन्यासकार ऐनी के *दाखुन्दा* और *गुलामान* दो उपन्यासों का उर्दू में अनुवाद कर लिया था। दो-दो कापी करने के लिए समय नहीं था और उसी एक कापी को डाक और सेन्सर की गड़बड़ी में भारत भेजना बुद्धिमानी की बात नहीं थी।

17 मार्च को सर्दी हिमबिन्दु से 10° नीचे थी, जिसे हम गर्मी मानने लगे थे। अब सूर्य के दर्शन भी अक्सर हो जाते थे, लेकिन बसन्त में अभी डेढ़ महीने की देर थी, हमारे यहाँ और लेनिनग्राद के बसन्त में इतना अन्तर होता है। हमारे यहाँ पतझड़ और बसन्त एक साथ आते हैं, किन्तु रूस में पतझड़ सितम्बर में और बसन्त मई में आता है। मद्रास की तरफ जाने पर तो बसन्त और पतझड़ का ही नहीं, बल्कि सारी ऋतुओं का आगम एक ही साथ होता है, अन्तर केवल वर्षा और अवर्षा का है।

समय बीतता जा रहा था। वह दिन भी आनेवाला था, जब यूनिवर्सिटी की पढ़ाई का वर्ष खतम हो जाएगा और मैं यहाँ से चल पड़ूँगा। सबसे ज्यादा फिकर इस बात की थी कि कौन रास्ता पकड़ा जाए? लन्दन का रास्ता बहुत चक्कर का था। अदेस्सा (काला सागर) से जहाज पर समुद्र द्वारा बम्बई पहुँचने का रास्ता था। तीसरा रास्ता ईरान से था, किन्तु आए रास्ते से लौटना मुझे पसन्द नहीं है। चौथा रास्ता स्थल मार्ग का अफगानिस्तान होकर था, जो सबसे समीप का भी था। लेकिन दिक्कत यह थी कि मेरे पास विदेशी विनिमय का जो चेक था, वह सोवियत या भारत में ही भुनाया जा सकता था। सोवियत रूबलों की कमी नहीं थी, किन्तु वह तेरमिज (आमूदरिया तट) तक ही काम आ सकते थे। तेरमिज से दरिया पार होते ही अफगानिस्तान आ जाता, जहाँ सोवियत के सिक्के बेकार हो जाते, और वैधानिक तौर से हम अपने साथ उन्हें ले भी नहीं जा सकते थे। आमू के घाट पर उतरकर मजारशरीफ तक का किराया कहाँ से आता और मजारशरीफ से काबुल जाने का भी सवाल था। भाग्य भरोसे यात्रा करना मेरे लिए कोई नई बात नहीं थी, शायद मानवता वहाँ भी कोई रास्ता निकाल देती या पास की एकाध चीज बेंचकर किराये का पैसा जमा कर लेता, किन्तु मेरे पास जो ढाई वर्षों में काम की बड़ी दुर्लभ पुस्तकें जमा हो गई थीं, और प्राय: सभी रूसी भाषा में थीं, उनके लिए खतरा हो सकता था। कम्युनिज्म से सभी देशों के शासक पनाह माँगते हैं, यदि उन्होंने कुछ किताबों को रख लिया तो?

13 मार्च को एक और दु:खद घटना सुनी। लिथुआनिया में उत्पन्न बहुत-सी

भाषाओं के पंडित डॉक्टर सिल्वोचिकस मर गए। सिल्वोचिकस लन्दन में भी रहे थे, लन्दन यूनिवर्सिटी के पीएच.डी. थे। यूरोप की नई-पुरानी तथा इबरानी और उससे सम्बन्ध रखनेवाली कितनी ही भाषाओं के अच्छे पंडित थे। लिथुआनिया पर जब जर्मनों का हमला हुआ तो वह वहाँ से सोवियत की ओर भाग आए। सारी लड़ाई भर कोई-न-कोई काम करके गुजारा करते रहे। यहूदी होने से उनको जर्मनों से जितना डर था, उससे वह सोवियत विरोधी हो नहीं सकते थे। 4-5 साल तक सोवियत में शरणार्थी होकर घूमते अब यूनिवर्सिटी में आए थे। नौकरी के लिए यूनिवर्सिटी में बहुत सी जगहें खाली थीं। उन्हें आशा थी कि कोई काम मिल जाएगा। वह प्राच्य विभाग के पुस्तकालय में रोज आते, और धीरे-धीरे बहुत-से लोग उनके परिचित और मित्र बन गए थे। राष्ट्रीय महत्त्व के काम न करनेवाले के लिए राशन-टिकट बन्द हो गया था, इसलिए बेचारे सिल्वोचिकस पर भारी विपता आई। उनकी पत्नी और एक छोटा बच्चा था। तीनों को राशनविहीन खाद्य से गुजारा करना बहुत मुश्किल था। बड़ी दौड़-धूप लगाई, सब तैयार थे, पर हमारे विभाग का दल सेक्रेटरी ऐसा मूर्ख मिला था कि उसने इनकार कर दिया। कहा—लन्दन का पीएच.डी. है, क्या जाने अंग्रेजों का गुप्तचर हो। उसकी इस राय के विरुद्ध किसी को जाने की हिम्मत नहीं थी। प्रो. स्टाइन हमारे डीन यहूदी थे, इसलिए वह भी कोई कदम उठाना नहीं चाहते थे। मालूम हुआ, थोड़ा-बहुत जो खाना सिल्वोचिकस जमा कर पाते, वह अपने शिशु—बच्चेवाली पत्नी को दे देते, और खुद कोई बहाना करके भूखे रह जाते। सिल्वोचिकस का स्वास्थ्य बहुत अच्छा नहीं था। इस अनाहार से वह धीरे-धीरे घुलने लगे। अन्त में एक दिन प्राणों ने उस शरीर को छोड़ दिया और एक प्रतिभाशाली भाषातत्वज्ञ से देश को वंचित हो जाना पड़ा। सिल्वोचिकस का खून किसी के सिर पर तो जरूर पड़ना चाहिए। लेकिन उसका दोषी हम साम्यवाद या रूस की कम्युनिस्ट पार्टी को नहीं कह सकते। लेनिनग्राद में कुछ मूर्ख उस समय पार्टी के सर्वेसर्वा हो गए थे, जिन्हें दो साल बाद दंड अवश्य मिला, लेकिन उस वक्त तो वह अपनी हरकतों से अनर्थ कर डालने में समर्थ थे। इसी तरह एक मंगोल विद्वान् भी उस समय अध्यापक का काम ढूँढ़ने लेनिनग्राद आया था। वह पिछले षड्यंत्रों में जौ के साथ घुन की तरह पिस गया था और कुछ साल जेल में रहकर अभी-अभी छूटा था। वैसे उसने यूनिवर्सिटी में साइंस की शिक्षा पाई थी, लेकिन मंगोल बौद्ध होने के कारण पहिले अपनी धर्मभाषा तिब्बती को पढ़े हुए था, और जेल में उसे और पढ़ने का मौका मिला। 9 साल में उसने तिब्बती भाषा का बहुत अच्छा अध्ययन कर लिया था। आजकल प्राच्य विभाग में तिब्बती भाषा के अध्यापक की आवश्यकता भी थी। विभागीय पुस्तकालय में ही एक ऐसे व्यक्ति की जरूरत थी। वह भी समय-समय पर पुस्तकालय में बैठकर अध्ययन करता और प्रबन्धिकाओं की मदद करता था। उसे

भी अध्यापक नियुक्त करना लोग चाहते थे, किन्तु सिल्वोचिकस के साथ अन्याय करनेवाला वही मूर्ख फिर बाधक हुआ। कहा—राजद्रोह में जिसको सजा हुई है, उसे कैसे नौकर रखा जा सकता है? लेकिन मंगोल विद्वान् को सिल्वोचिकस की हालत में पहुँचने की आवश्यकता नहीं पड़ी। कुछ मंगोल (बुरियत) लेनिनग्राद में रहते थे, जिनकी सहायता से रेल पर बैठकर वह फिर अपने देश को लौट गया। यह काले दाग हैं, जिनका कि अत्यन्त उज्ज्वल वस्त्र पर रहना बहुत खटकता है। इसमें शक नहीं कि सोवियत के शासक इसके लिए जागरूक भी रहते हैं, और पता लगते ही बिना रू-रियायत के अपराधी को दंड भी देते हैं।

पूर्वी भाषाओं के पढ़ाने में सबसे अधिक कठिनाई उच्चारण की थी। मैं अपने विद्यार्थियों के उच्चारण को ठीक करने का काफी प्रयत्न करता था। हमारे अध्यापकों ने जब सुना कि मैं भारत लौट रहा हूँ—यद्यपि उस वक्त मैंने दो वर्ष के लिए ही जाने की बात कही थी तो उन्होंने कहा कि मैं उच्चारण के लिए कुछ ग्रामोफोन रिकॉर्ड में बोल दूँ। यूनिवर्सिटी के साथ बड़ा सा फोटोग्राफी का विभाग भी है। फिल्म और ग्रामोफोन जैसे विभागों को सुनकर हमारे यहाँ शायद आश्चर्य किया जाए, लेकिन रूस में साधन-सम्पन्न हुए बिना शिक्षण संस्थाओं के कार्य में बाधा होती है, खयाल रखा जाता है। ग्रामोफोन रिकॉर्ड करने का विभाग हमारे प्राच्य विभाग की इमारत के पास में ही था। मैंने वहाँ संस्कृत, प्राकृत, अपभ्रंश, हिन्दी, उर्दू, और तिब्बती भाषा के ग्रंथों के पाठ रिकॉर्ड कराए।

24 मार्च को दिल्ली-रेडियो से भारत में हुई अन्तर एसिया-कॉन्फ्रेंस की रिपोर्ट सुनी। वक्ताओं ने अपनी भाषा में कितने ही भाषण दिये थे। सोवियत के प्रतिनिधियों में गुर्जी (स्तालिन की जाति), कजाक, और उज्बेक प्रतिनिधि भी थे। एसिया का इतना बड़ा सम्मेलन बहुत दिनों बाद भारत की भूमि पर हुआ था। मुझे नालन्दा का खयाल आता था, जहाँ पर कि मध्य-एसिया तथा सारे पूर्वी-एसिया के छात्र पढ़ने के लिए आया करते थे। भारत को फिर एक बार अपने पुराने सम्बन्धों को जाग्रत करने का अवसर मिला। यद्यपि उस समय भी बौद्धधर्म ने आक्रमणकारी संस्कृति का प्रचार नहीं किया था, बल्कि जिस देश में भी वह गया, वहाँ की संस्कृति की रक्षा करते हुए अपनी देन से उसे आगे बढ़ाने का प्रयत्न किया, तो भी आज के युग में तो भिन्न-भिन्न संस्कृतियों के संघर्ष का कोई कारण नहीं है। संघर्ष का कारण तो वस्तुतः आर्थिक शोषण होता है। आर्थिक शोषण हटा दीजिए तो संस्कृतियों का समन्वय बड़ी मधुरता के साथ हो जाता है। सोवियत रूस इसका उदाहरण है। मध्य-एसिया इस्लामिक संस्कृति में पला है, रूसी अपने इतिहास के आरम्भ ही से ईसाई संस्कृति को अपनी मानते आए हैं, मंगोल बौद्ध संस्कृति को अपनी जाति से अलग करके देख नहीं सकते। इनके अतिरिक्त यहूदी धर्म के अनुयायी सारे रूस में बिखरे हुए हैं, और जिनकी एक भौगोलिक इकाई स्थापित

करने के लिए सुदूर-पूर्व में बोरोबिजान का एक स्वायत्त शासित भू-भाग स्थापित किया गया है। इन संस्कृतियों में काफी भेद है, और पिछले इतिहास को देखने पर मालूम होता है कि उनका पारस्परिक सम्बन्ध कितना कटु था। धर्म-निर्भर संस्कृति के अतिरिक्त रक्त में भी परस्पर भेद था, जोकि ऊँच-नीच के भावों को उठाकर झगड़े का कारण बन जाता था। लेकिन आज सारी संस्कृतियाँ परस्पर नीर-क्षीर हो गई हैं। एक-दूसरे के भावों को लोग आदर की दृष्टि से देखते हैं और एक-दूसरे के वीरों का सम्मान करने में पीछे नहीं रहते। संस्कृतियों का सुन्दर समन्वय कैसे हो सकता है, इसका रास्ता सोवियत रूस ने दिखलाया है, लेकिन उसके लिए आर्थिक शोषण का अन्त होना आवश्यक है।

तिरयोकी में एक वृद्ध आरमेनियन संगीतकार से मेरा परिचय हुआ था। यह लेनिनग्राद के गिने-चुने उस्तादों में से थे। 4 मास वह लेनिनग्राद की प्राचीन और प्रतिष्ठित कन्सवेंतरी (संगीत-विद्यालय) में प्रोफेसर का काम करते, और 8 महीने अपनी जन्मभूमि की राजधानी येवरान नगरी में। उनके निमंत्रण पर 26 मार्च को हम उनके घर गए, जहाँ एक और 70 वर्षीया वृद्धा संगीताचार्य निमंत्रित थीं। वृद्धा के साथ उनका तरुण नाती (बेटी का लड़का) भी आया था। 20 वर्षीय तरुण वैसे साइंस का विद्यार्थी था, लेकिन संगीत तो उसके खून में था, इसलिए उसमें भी उसकी काफी गति थी। जन-संगीत को वह बहुत पसन्द करता था और इसके लिए अपनी छुट्टियों को एसिया और दूसरी जगहों की जातियों के जन-संगीतों के अभ्यास और संग्रह में बिताता था। भारतीय संगीत के बारे में मैं क्या बतला सकता था? मैंने पहिले ही कह दिया कि संगीत और काव्य यह मेरे लिए दो सर्वथा अपरिचित से विषय हैं, उनकी ओर न मेरी क़ोई विशेष रुचि है, न गति। मैं तो शायद अपने को उनके सम्बन्ध में शून्य समझ सकता था, किन्तु कुछ संगीत—विशेषकर जन-संगीत और कुछ कविताओं विशेषकर जन-कविताएँ और दूसरी कविताओं से मेरा हृदय आप्लावित हो जाता है, इसलिए अपने को सर्वथा शून्य नहीं कह सकता। भारतीय संगीत के बारे में कुछ न कह सकने की जगह मैंने अपने साथ लाए दो ग्रामोफोन रिकॉर्डों को रख दिया। उनमें से एक में मामूली चलता सिनेमा का गाना था, जिसे बड़ी अरुचिपूर्वक दोनों वृद्ध-वृद्धाओं ने सुना और अलग रखवा दिया। सौभाग्य से *तानसेन* फिल्म में गाए दो गाने के भी रिकॉर्ड थे, जिनमें भारतीय संगीत का ज्यादा शुद्ध रूप था, जिसे बहुत पसन्द किया गया। मैंने दोनों संगीत-विशेषज्ञों से पूछा : भारतीय संगीत को अन्तर्राष्ट्रीय नोटेशन में लिखा जा सकता है? वृद्धा ने इसके जवाब में किसी अंग्रेजी शोधपत्रिका के पुराने दो-तीन अंक निकालकर रख दिये। वहाँ हमारे रागों को यूरोपीय नोटेशन में बद्ध किया गया था। लेकिन छपे हुए नोटेशन तो मेरे लिए भैंस के आगे बीन बजाना था। इस पर वृद्धा के नाती ने कहा—मैं नोटेशन में बाँधकर सुनाता हूँ। रिकॉर्ड फिर लगाया गया। उसने

जल्दी-जल्दी कागज पर नोटेशन लिख लिया। फिर "बरसो रे बरसो रे" के राग को पियानो पर बजाकर दिखा दिया। उन्होंने कहा : किसी भी वास्तविकता को रेखाओं में बाँधना सम्भव नहीं है, यह बात संगीत पर भी घटती है। नोटेशन का काम है स्वर और लय में वास्तविकता के समीप तक पहुँचने में सहायता करना। मैंने देखा, वह काम यहाँ हो गया था। फिर मुझे खयाल आया—हमें भारतीय संगीत के लिए अन्तर्राष्ट्रीय नोटेशन को अपनाना चाहिए। न अपनाकर हम अपना ही नुकसान करेंगे। नोटेशनबद्ध भारतीय संगीत की महिमा को दुनिया के वे लोग समझने लगेंगे, जिनके लिए यह बन्द हुई पुस्तक-सा है। अन्तर्राष्ट्रीय नोटेशन का उद्गम चाहे यूरोप रहा हो, किन्तु आज वह जापान तक एसिया के सारे देशों में प्रचलित है। संकीर्ण राष्ट्रीयता के फेर में पड़कर उसका बायकाट करना हमारे लिए न श्रेयस्कर है, न वांछनीय ही। तरुण ने कई एसियायी जनगीतों को गाकर सुनाया। संगीत के लिए शुष्क-सा मेरा हृदय भी उस मंडली में सरस हो उठा था।

27 मार्च को यूनिवर्सिटी जाते समय रास्ते में पानी ही पानी दिखाई पड़ा। नेवा में भी बरफ के ऊपर पानी तैर रहा था। अब के साल हमारे लिए नेवा ने रास्ते का काम बहुत कम कर दिया। अब तो लोग उसकी जमी धार पर भी विश्वास नहीं करते थे—क्या जाने कहीं बरफ पतली हो और बोझ सह न सके, फिर गड़ाप से गिरकर समुद्र में पहुँचने की किसको इच्छा होती? आज हिन्दी-उर्दू की कविताएँ, तथा *यजुर्वेद* के कुछ सस्वर, मंत्रों का रिकॉर्ड करवाया।

28 मार्च को मानवतत्व-संग्रहालय में फिर गए और वहाँ के पुरातत्व-विशेषज्ञ से देर तक बातें करते रहे। अर्थार्जन की कठिनाई से निश्चिंत होने के कारण सोवियत विद्वानों को शास्त्रचर्चा करने के लिए काफी समय मिलता है और उसकी तरफ उनकी रुचि भी होती है। अपने विषय में जिसकी रुचि नहीं वह उस विषय के अध्ययन और अध्यापन की ओर पैर ही नहीं बढ़ाता—यह सभी लोगों को काम मिलने की गारंटी का परिणाम है। उक्त विद्वान् से मैं मध्य-एसिया के प्रागैतिहासिक काल पर बातें कर रहा था। उन्होंने निम्न बातें बतलाईं—

उज्बेकिस्तान— यहाँ मूस्तर (निएंडरथल) मानव के शरीरावशेष तेशिकताश की गुफा में मिले हैं। पास में ही अमीर तैमूर गुफा में हड्डियाँ तो नहीं किन्तु उनके पाषाणास्त्र मिले हैं। तेरमिज के पास मचई गुफा में मूस्तर और मध्य पाषाणयुगीन हथियार मिले हैं। समरकन्द इलाके में ऊपरी पुरा-पाषाण युग के हथियार प्राप्त हुए हैं।

ताजकिस्तान— यहाँ पर पाषाणयुग के अवशेषोंवाली बहुत-सी गुफाएँ हैं, मगर अभी खुदाई का काम नहीं हुआ है।

तुर्कमानिस्तान— तुर्कमानिस्तान में वक्षु नदी की पुरानी धार उजबोई के कास्पियन समुद्र से मिलन के स्थान पर मनकिश्लक में ऊपरी पुरापाषाण और मध्य-पुरापाषाण युगों के हथियार प्राप्त हुए हैं। यह स्मरण रखना चाहिए कि किसी

समय वक्षु (आमू दरिया) आज की तरह अराल समुद्र में न गिरकर कापिस्पन में गिरती थी, पीछे वह अराल समुद्र में गिरने लगी। 12-13वीं शताब्दी के भीषण युद्धों में नहरों के लिए बने बाँध टूट गए तो एक बार फिर उजबोई ने वक्षु का रूप लिया था। शताब्दियों से उजबोई सूखी पड़ी थी। वर्षा के अत्यन्त कम होने से आस-पास की धरती वक्षु के पानी से वंचित रहकर कितने दिनों तक हरी-भरी रहती? वहाँ की भूमि कराकुम के विशाल रेगिस्तान के रूप में परिणत हो गई। लेकिन अब फिर उसका समय लौटनेवाला है। इसी साल से दुनिया की सबसे बड़ी नहर—मुख्य तुर्कमान नहर—आधुनिकतम यांत्रिक साधन द्वारा खुदने लगी है। चंद ही सालों बाद आमू फिर कास्पियन में गिरने लगेगी। उसकी नहरों के जालों से कराकुम की भूमि फिर हरी-भरी हो उठेगी। नहरों के खोदने के समय इस भूमि के भी पुराने मानव अवशेषों का पता लगेगा, जिनसे बीते युग की सभ्यताओं पर अच्छा प्रभाव पड़ेगा।

कजाकस्तान— इर्तिश नदी के तट पर अल्ताई के पास यहाँ ऊपरी पुरा-पाषाण युग के जो हथियार मिले हैं, उनका सम्बन्ध साइबेरिया से प्राप्त सामग्रियों के साथ है। कुसतना जिले में केरिनकुल झील के किनारे अणु-पाषाणयुग के हथियार मिले हैं, किन्तु उनके साथ मृद्पात्र नहीं हैं।

किर्गिजिस्तान— त्यान-शान पर्वतमाला में अवस्थित इस गणराज्य में भी ऊपरी पुरा-पाषाणयुग के अवशेष प्राप्त हुए हैं।

जिस तरह मध्य-एसिया के इतिहास की सामग्री के लिए हमें पुस्तकों का अध्ययन करना आवश्यक था, उसी तरह पुरातत्व-सामग्री के बारे में विद्वानों का सत्संग भी जरूरी था। मध्य-एसिया की पुरातत्विक ऐतिहासिक सामग्री कई संग्रहालयों में रखी हुई है, जिनमें से कुछ तो मध्य-एसिया के गणतंत्रों में थे, जहाँ हमारे जाने की अब सम्भावना नहीं रह गई थी। लेनिनग्राद और मास्को के संग्रहालयों के कमरों को धीरे-धीरे सजाया जा रहा था, इसलिए विद्वान् ही इस बारे में ज्यादा सहायक हो सकते थे।

29 मार्च को पता लगा कि भारत सोवियत भूमि के साथ दौत्य-सम्बन्ध स्थापित करने जा रहा है। श्रीमती विजयलक्ष्मी पंडित भारत-दूत बनकर आ रही हैं और यहाँ से जूकोफ दिल्ली जा रहे हैं। हमारे रहने तक विजयलक्ष्मी जी नहीं आईं और पीछे जूकोफ नहीं, दूसरे दूत सोवियत की तरफ से दिल्ली भेजे गए। अप्रैल के पहिले हफ्ते से अब भारतीय अखबार भिन्न-भिन्न भाषाओं में काफी संख्या में मेरे पास पहुँचने लगे। यद्यपि सभी 3-3 महीने के पुराने थे, किन्तु उनसे देश की बहुत-सी बातें मालूम होती थीं। ताजा खबरों के लिए रेडियो पास था ही। हाँ, किसी अखबार के सारे अंक नहीं मिल रहे थे। मालूम होता था, कुछ को समाचारपत्र-प्रेमी रास्ते ही में झटक लेते हैं। लेकिन जो भी मिल जाते थे, हम तो

उन्हें ही गनीमत समझते थे। काश, यदि यही बात डेढ़ वर्ष पहिले से हुई होती! 15 अप्रैल को एक और भी काम हमारे पास आया। वह था रूसी फिल्मों का हिन्दी भाषान्तर करना। *शपथ* फिल्म के सिनारियो को हमारे पास रूसी से हिन्दी में तर्जुमा करने के लिए भेजा गया था। इसमें जितना अभिनय था, उतना वार्तालाप नहीं था। कुल 74 पृष्ठ की सामग्री रही होगी। फिल्म-विभाग ने इसके अनुवाद करने के लिए साढ़े चार हजार रूबल पारिश्रमिक देने के लिए लिखा था। खैर, रूबल बुरे तो नहीं थे, किन्तु मुझे उनकी उतनी परवाह नहीं थी। उन्होंने यह भी लिखा था, कि हम ऐसे बहुत से फिल्मों का अनुवाद-कार्य आपको देंगे। उधर पत्र-पत्रिकाओं ने भी लेख लिख देने का आग्रह किया था और मैंने एक लेख लिखा भी था। अब भी आय के बारे में अकादमिक बरान्निकोफ का रास्ता कुछ छोटे आकार में सामने दिखाई पड़ने लगा था। रेडियो की भी माँग शुरू हो गई थी। भारतीय इतिहास से सम्बन्ध रखनेवाली सामग्री एमताज और मानवतत्व-म्यूजियमों में थी, वहाँ पर विशेषज्ञ परामर्शदाता होने की बात चलने लगी। सोवियत में किसी विद्वान् से कोई काम मुफ्त नहीं लिया जाता। हर जगह काम करने के लिए पारिश्रमिक नियत था। इसलिए जहाँ तक पैसे का सवाल था, उसकी बाढ़ सी आनेवाली थी। यूनिवर्सिटी की ओर से तीन-चार कमरों वाले अच्छे मकान की भी पूछताछ अब ज्यादा गम्भीरता से होने लगी थी। हमारे सामने अब प्रश्न था—क्या यहाँ रहकर आराम का जीवन बिताएँ, या भारत लौटकर अपने साहित्यिक काम को जारी करें। पहिला रास्ता मुझे जीवन-मृत्यु जैसा मालूम होता था। ऐसी आराम की जिन्दगी लेकर क्या करना था, जब कि वास्तविक काम को मैं यहाँ रहकर ठीक तरह से कर नहीं सकता था। भारत से आए ढाई वर्ष से अधिक हो गए थे। भारत में रहते इतने समय में दो-ढाई हजार पृष्ठ तो जरूर लिखा होता। इन ढाई वर्षों में मेरा दिमाग खाली बैठा नहीं था, कितनी ही पुस्तकों की कल्पना मन में तैयार हो रही थी, जिनको यहाँ रहकर कागज पर उतारना बेकार था, क्योंकि इसमें बहुत सन्देह था कि सेंसरों की मार से बचकर वह प्रेस में पहुँचने में सफल होतीं। मुझे यह निश्चय करने में जरा भी कठिनाई नहीं हुई कि मैं जीवन-मृत्यु को कभी पसन्द नहीं कर सकता। दिल में जो इसके कारण कसक होती थी, उसी को मिटाने के लिए ही मैंने *दाखुन्दा, गुलामान* का अनुवाद करना शुरू किया था। *दाखुन्दा* समाप्त होकर 6 अप्रैल को *गुलामान* (जो दास थे) में भी 394 पृष्ठ तक पहुँच गया था। प्रति सप्ताह 200 पृष्ठ की गति थी। लेकिन जब उनके प्रकाशित होने का खयाल आता तो रास्ता नहीं दिखलाई पड़ता।

6 अप्रैल को ईसाइयों का ईस्टर-रविवार बहुत बड़ा त्योहार आया। कैथोलिक उसे आज मना रहे थे, लेकिन रूस में ग्रीक चर्च की प्रधानता है, जिसका त्योहार अगले (13 अप्रैल) रविवार को होनेवाला था। लोला के पितामह फ्रेंच कैथोलिक

थे, जिसके कारण पिता और लोला भी कैथोलिक रहे। आज वह ईगर को लेकर कैथोलिक चर्च में पूजा-प्रार्थना करने गई। घर में तो ईगर रोज ही ईसा मसीह की प्रार्थना कर लिया करता था, लेकिन चर्च के भीतर जाने का उसे यह पहिली ही बार मौका मिला था। बोजिन्का (भगवान्) के दर्शन के लिए बड़ा उतावला हो रहा था। समझता था कि गिरजे में जरूर भगवान विराज रहे होंगे। वहाँ मैं तो नहीं गया था, लेकिन उसकी माँ के मुँह से सारी बातें सुनीं। वह सामने बैठा रो रहा था। एक भक्तिन बुढ़िया ने देखकर कहा—"कैसा सुन्दर-हृदय लड़का है, भगवान् की भक्ति में गद्गद् होकर रो रहा है।" ईगर बहुत चाहता था कि भगवान् के पास पहुँचे, लेकिन त्योहार के कारण भीड़ बड़ी थी, वहाँ तक पहुँचने का मौका नहीं मिला। फिर वह जल्दी करने लगा—"मामा, किनो (सिनेमा) खतम हो जाएगा। जल्दी करो।" यहाँ ईगर की भक्ति नंगी हो गई थी, उसे बोजिन्का के दर्शन से ज्यादा फिल्म अपनी ओर खींच रहा था। मालूम नहीं बुढ़िया ने इस भक्त हृदय शिशु के इस रूप को देखा या नहीं। रात के वक्त कभी-कभी मैं भी बोजिन्का की बात करता और दुनिया के सारे दुःख-सुख अन्याय-पक्षपात का जिम्मेवार उस सर्वशक्तिमान को बतलाकर ऐसा चित्रित करता कि वह बोजिन्का (भगवान्) नहीं बल्कि चोर्त (शैतान) दीखने लगता। लोला को यह बात बहुत बुरी लगती, वह खीझकर कहती—बच्चों के सामने ऐसा नहीं कहना चाहिए। मैं कहता—बच्चों के हृदय को कोरी स्लेट की तरह रहने देना चाहिए। वह ईश्वरविश्वासी हों या नास्तिक, इस बात को उन्हीं के ऊपर छोड़ देना चाहिए।

यह बतला चुके हैं कि रूस में भीख माँगना कानूनन नहीं व्यवहारतः भी उठ गया है, लेकिन कुछ कामचोर इसे अच्छे लाभ का पेशा समझकर मौका पा करने से बाज नहीं आते। गिरजों के पास ऐसे भिखमंगे कभी-कभी मिल जाते हैं। किसी बुढ़िया को लोला ने उस दिन पैसा दिया था, जिस पर क्रिस्तुस् के लिए कहकर बुढ़िया ने अपने दाहिने हाथ की अंगुलियों से सिर, छाती और दोनों कंधों को छूकर क्रॉस बनाया। उस दिन घर लौटकर ईगर को जब माँ ने मिठाई दी, तो उसने ठीक बुढ़िया की तरह ही 'क्रिस्तुस्' के लिए कहकर क्रॉस बनाया। क्रिस्तु की भक्ति में आकर पड़ौसी तोस्या के 7-8 महीने के बच्चे कोल्या की हथेली में सुई चुभोने की कोशिश करते हुए ईगर पकड़ा गया था और वह बच्चे को क्रिस्तुस् नहीं बना सका। उसका स्मरण दिलाकर मैंने लोला से बहुत कहा कि अभी होश सँभालने दो, इसे अभी से धर्म की गहरी घुट्टी मत दो, लेकिन वह कहाँ होनेवाला था।

10 अप्रैल को मास्को की खबर से मालूम हुआ कि वहाँ नदी मुक्तधार होकर बह रही है, यहाँ नेवा की नींद अब भी नहीं खुली थी; हाँ, कभी-कभी पतली धार निकलकर टेढ़ी-मेढ़ी चाल से दूर तक जा बरफ में गुम हो जाती थी।

हमारे विभाग में हिन्दी पुस्तकों की कमी थी, नई पुस्तकें तो आती ही नहीं

थीं। 11 अप्रैल को मेरी अपनी लिखी 11 पुस्तकें पहुँचीं, जिनमें *जीवनयात्रा, मानवसमाज, दिमागी गुलामी, सतमी के बच्चे, नई समस्याएँ, इस्लाम की रूपरेखा, विस्मृति के गर्भ में, शैतान की आँख, साम्यवाद ही क्यों, बाईसवीं सदी* थीं। मैंने एक-एक प्रति यूनिवर्सिटी को दे दी। प्रकाशक ने यह देखने के लिए थोड़ी ही और हल्की-हल्की पुस्तकें भेजी थीं कि वह वहाँ पहुँचती हैं या नहीं, लेकिन अब दूसरी पुस्तकें मँगाने का अवसर नहीं रह गया था। मैंने कुछ हिन्दी संस्थाओं को कुछ नई पुस्तकें मुफ्त भेजने के लिए लिख दिया। दाम भेजने में विदेशी विनिमय का झगड़ा इतना था, जिसके फेर में पड़कर काम होना मुश्किल था। हाँ, सोवियत के राजदूत के दिल्ली में पहुँच जाने पर यह कठिनाई दूर होने की सम्भावना थी।

13 अप्रैल रविवार को ग्रीक-चर्च का पासख (ईस्टर) दिन था। ग्रीक चर्च के अनुयायियों की संख्या अधिक होने से आज सभी घरों में उत्सव मनाया जा रहा था। ईगर ने पूछा—मामा, उत्सव का दिन है तो झंडा-पताका क्यों नहीं?

लोला—यह सरकारी महोत्सव नहीं है, बेटा!

लड़के को बात समझ में नहीं आ रही थी : सरकारी महोत्सव क्या गैर-सरकारी महोत्सव क्या। आज कई मेहमान घर में निमंत्रित थे, जिनमें तीन लोलाएँ और दो सिरियोजा थे। एक लोला, लोला की भतीजी थी और दूसरी लोला उसके बहिन के लड़के सिरियोजा की बीवी। सिरियोजा के बहनोई का नाम भी सिरियोजा था। भोज में पान की छूट थी। भोज भी अच्छा था। दो सप्ताह के बछड़े के मांस का सूप, उसके बाद भेड़ का मांस, बैकन, केक थीं। पनीर और दूसरी चीजों को मिलाकर बहुत स्वादिष्ट पासख बना था। सब लोग चषक उठा रहे थे, तो ईगर कैसे चुप बैठता। उसे शरबत में नीबू का रस डाल दिया गया। पहिले ही चषक में वह मतवाला होने लगा। जान पड़ता है, लड़के में अभिनेता बनने के कुछ गुण अवश्य हैं, शायद दूसरे ही चषक पीते-पीते वह लोट-पोट हो जाता, किन्तु शरबत देते उसने देख लिया, इसलिए नशा बहुत नहीं चढ़ा। मान्या आज काफी पी गई थी, उस पर नशे का असर ज्यादा था। वैसे सभी की आँखें लाल थीं। पीवा वहाँ साधारण पान को कहते हैं, जिसमें नशा नाममात्र होता है, लेकिन वोदका बहुत मशहूर और कड़ी शराब है, जो आजकल अधिकतर आलू से बनाई जाती है। शब्दार्थ को लीजिए तो पीवा संस्कृत का पेय है, और वोदका संस्कृत का उदक। रूसी में वदा (उदा) पानी को कहते हैं, लेकिन क और जोड़ देने से वदका (वोदका) कड़ी शराब का वाचक हो जाती है। हमारी पड़ोसिन ने अपने सात मास के बच्चे को पीवा नहीं, वोदका का प्याला चखाया। आखिर उसे बचपन ही से तो आदत लगाना था। पासख त्योहार ठहरा। त्योहार में अगर इतनी चीजें न पकाई जाएँ, जो कि दो-तीन दिन चलें, तो वह त्योहार ही क्या?

19 अप्रैल से हफ्ते भर ईगर को बराबर बुखार पकड़े रहा। खैरियत यही थी

कि छूत की बीमारी नहीं थी, इसलिए वह घर पर ही रहा। दूसरे ही दिन डॉक्टर बुलाया गया और फिर वह प्रतिदिन आता रहा। यदि फीस देनी होती तो सारी बीमारी में हजारों रूबल खर्च होते। चिकित्सा के लिए सोवियत में किसी को एक पैसा भी खर्च करने की आवश्यकता नहीं है। बीमारी का कोई साफ पता नहीं लगता था, इसलिए हम डॉक्टर की सलाह से ईगर को मुहल्ले के अस्पताल में ले गए, जो कि समीप में ही था। उसकी तिमंजिला विशाल और भव्य इमारत और कर्मचारियों की सेना को देखकर विश्वास नहीं होता था कि यह मुहल्ले का अस्पताल है, वहाँ चिकित्सा का इन्तिजाम सरकार ने मुफ्त कर रखा था। चाहे शिशुशाला हो या बालोद्यान, पाठशाला हो या चिकित्सा स्थान जितने बड़े पैमाने पर उनका इन्तिजाम है, और उनका जो सालाना खर्च है, उसे देखकर तो हम भारत से तुलना करते वक्त निराश हो जाते थे। सोवियत सरकार जितना लेनिनग्राद के अस्पतालों पर खर्च करती है, उतना तो हमारे उत्तर प्रदेश का सारा बजट होगा। फिर उसका अनुसरण हमारे यहाँ कैसे हो सकता है? रोन्तेगेन (एक्सरे) के कमरे में ले जाकर डॉक्टर ने ईगर के फेफड़े आदि की अच्छी तरह परीक्षा की—हमारे यहाँ जिसे एक्सरे कहते हैं, उसके आविष्कारक जर्मन वैज्ञानिक रोन्तेगेन के नाम से उसे रूस और दूसरे देशों में पुकारा जाता है। एक्सरे के डॉ. ने कहा : टी.बी. का असर नहीं है। दूसरे डॉक्टर ने कहा : लगातार ज्वर है, इसलिए अस्पताल में रखें। लेकिन लोला की खोपड़ी में यह बात जल्दी आनेवाली नहीं थी, उसे डॉक्टर और दवा से ज्यादा अपने हाथ के भोजन पर भरोसा था। फिर हम एक बड़े हॉल में गए, जहाँ बीसों स्त्रियाँ काम कर रही थीं। चिट के देने पर एक महिला ने कई ट्यूबों और स्लाइडों पर ईगर का खून लिया। यह स्पष्ट ही है, कि यहाँ के डॉक्टर अत्युग्र भौतिकवादी हैं और पूछताछ पर उतना विश्वास नहीं रखते, जितना कि अपने यांत्रिक साधनों पर। लड़की ने एक दर्जन ट्यूबों में ईगर का खून ले ईगर का नम्बर चिपका दिया। अब वह कहीं दूसरे अपरिचित व्यक्ति के पास जाँच करने के लिए जाएगा, जहाँ से वह अपने-अपने विषय की बीमारियों की कीटाणुओं के होने या न होने की सूचना देगा। खून लेने में महिला बड़ी दक्ष थी और उसका औजार भी यंत्र चालित था, जिसमें शायद सेकेंड के सैकड़े हिस्से में घाव होकर खून निकलने लगता था। दिमाग में घाव की सूचना पहुँचने से पहिले ही काम हो जाता था, फिर कष्ट मालूम क्यों होता? इस विशाल कार्यालय को देखते समय हमारे दिल में यह भी खयाल आ रहा था, कि यह लेनिनग्राद के एक मुहल्ले का चिकित्सालय है।

24 अप्रैल को यूर्निवर्सिटी जाते वक्त देखा, नेवा अब पूरी तौर से जागकर मुक्तप्रवाह है। शायद दो-एक दिन पहिले ही वह हिममुक्त हुई थी। अब बरफ का कहीं पता नहीं था। आज गर्मी भी मालूम होती थी। चमड़े के ओवरकोट और

टोपी को घर पर रखकर गए थे, लेकिन जब शाम के वक्त लौटने लगे तो सर्दी भी लौट आई थी, इसलिए अपनी बेवकूफी पर हँसी आती थी।

पहिली मई को फिर मई का महोत्सव आया, फिर झंडे-पताके और नेताओं के फोटो, योजनाओं के रेखाचित्र जगह-जगह चिपकाए गए। मुझे मई दिवस देखने की आवश्यकता नहीं थी, इसलिए घर में रेडियो से ही उत्सव की सारी बातें सुनता रहा। हाँ, उस दिन तीन लड़के लिये एक स्त्री भीख माँगती फिर रही थी। हमारा मुहल्ला एक कोने में था, पुलिस आसपास में नहीं थी, इसीलिए वह निडर हो अपने व्यवसाय को कर सकती थी, केवल एक लज्जा छोड़ देने की जरूरत थी, फिर ऐसा लज्जा-हीन कौन होगा, जो एक टुकड़ा रोटी या एक रूबल देने से इनकार करे।

नेवा लदोगा नाम की एक बड़ी झील से निकलकर आती है, जिसकी बरफ जल्दी खतम नहीं होती, इसलिए मुक्तप्रवाह नेवा की धारा में अब लदोगा से बहकर आते बरफ के बड़े-बड़े खंड आ रहे थे। लोग कह रहे थे कि उन्हीं के कारण आजकल सर्दी बढ़ी हुई है, वैसे सूर्य का दर्शन बराबर हो रहा था। बहते हुए हिमखंडों के साथ हवा ने भी कुछ सहायता कर दी थी, इसलिए हम बसन्त को पूरी तौर से अपने पास नहीं पा रहे थे। 10 मई को एक जगह कुछ छोटी-छोटी पत्तियाँ मैंने देखीं, एक-दो जगह हरी घास भी निकली हुई थी। नगर में वैसे बालोद्यानों के सिवाय हरियाली की कमी थी। पाँच-पाँच महीने तक हरियाली के लिए तरसती आँखें क्यों न हरी पत्तियों और घासों की ओर एकटक लग जाएँ? बसन्त का मूल्य यहीं के लोग समझ सकते हैं।

यात्रा के रास्ते की फिर चिन्ता होनी जरूरी थी, क्योंकि अप्रैल का आधा महीना बीत रहा था और शायद जून में ही यहाँ से जाना हो। लन्दन के एक मित्र को लिखा तो मालूम हुआ वहाँ से बम्बई तक का जहाज का किराया 72 पौंड है। जहाजों की कमी और यात्रियों की अधिकता के कारण कभी-कभी महीना भर इन्तिजार करना पड़ता है। उन्होंने यह भी लिखा कि लन्दन में महीने भर के लिए 40 पौंड खर्च चाहिए। 112 पौंड का सीधा हिसाब बन रहा था, और यहाँ अपने पास 60 ही पौंड का चैक रह गया था, इसलिए वहाँ होकर जाने का खयाल छोड़ने का मन हो रहा था। कालासागर के रास्ते की ओर कभी-कभी मन जाता था। पता लगाने पर मालूम हुआ कि अदेस्सा बन्दर से सोवियत के जहाज बराबर जाया करते हैं। सोवियत जहाजों में सबसे बड़ा फायदा यह था कि हम सोवियत के सिक्के को इस्तेमाल कर सकते थे, लेकिन और पूछने पर मालूम हुआ कि सोवियत जहाज बम्बई की ओर नहीं जाता, वह फिलस्तीन के बन्दरगाह पर उतारकर अमेरिका की ओर चला जाएगा। फिलस्तीन से पोर्तसईद तक का पैसा कहाँ से आएगा और पोर्तसईद से बम्बई के लिए भी तो किराया चाहिए। अगर लड़ाई नहीं होती, तो हमारे साठ पौंड के चैक पर रूस का नाम दर्ज होने की

आवश्यकता नहीं थी, फिर तो हम आसानी से फिलस्तीन या पोर्तसईद में अपने चैक को भुना सकते थे, लेकिन वह तो होनेवाली बात नहीं थी। अभी हम यात्रा मार्ग के बारे में किसी निश्चय पर नहीं पहुँच पाए, यही कह सकते थे, कि अब भारत जाना निश्चित है। ईगर इस साल दो-दो बार बीमार पड़ा, जिससे उसकी पढ़ाई में हर्ज हुआ। आखिर में परीक्षा के समय भी बीमार हो घर में पड़ा रहा। लेकिन सोवियत के शिक्षा विभाग को सिर्फ पढ़ाने की ही नहीं, बल्कि बच्चों को आगे बढ़ाने की भी फिकर रहती है, इसलिए ईगर की अध्यापिका ने घर आकर उसकी परीक्षा ली। गणित और रूसी भाषा की परीक्षा में उसे 5-5 अंक मिले, यानी शत-प्रतिशत। लिखना उतना अच्छा नहीं था, इसलिए 4 अंक मिले, चित्रण में भी 4 अंक। सबसे कम अंक उसे शारीरिक व्यायाम में मिले अर्थात 3 जो कि पास मार्क है। आज सभी माँ-बाप अपने बच्चों की सफलता के बारे में जानने के लिए स्कूल में इकट्ठा हुए थे। अध्यापिकाओं ने साल भर का हिसाब दिया। ईगर अपनी क्लास में प्राय: सभी विषयों में प्रथम रहता रहा, यह जानकर खुशी हुई।

अन्तिम महीने

सिनेमा कोई दुर्लभ नहीं था, मेरे लिए ही नहीं, बल्कि दूसरे नागरिकों के लिए भी यही बात थी। वह तो गाँवों तक में सुलभ था, लेकिन नाटक दुर्लभ चीज थे, उसमें भी बैले (कथकली) मेरी सबसे प्रिय चीज थी। अब चलते-चलाते उसके देखने के किसी अवसर को मैं हाथ से छोड़ने के लिए तैयार नहीं था, तो भी प्रति सप्ताह एक से ज्यादा देखना पसन्द नहीं करता था। उस वक्त *जोलुश्का* नामक बैले हो रही थी। रूस अपने बैले के लिए अद्वितीय है, सर्वोत्कृष्ट नृत्य और अभिनय देखना हो तो रूसी बैले को देखें। मैं सोच रहा था, सोवियत के अभिनेता यूरोप तक अपनी कला का प्रदर्शन करने जाते हैं, फिर क्या इन्हें भारत नहीं भेजा जा सकता। यहाँ भाषा का भी सवाल नहीं, उसके लिए जैसा लेनिनग्राद, वैसा ही लन्दन और वैसा ही दिल्ली। लेकिन फिर खयाल आता : अभिनय के सामान और कलाकारों के सम्बन्ध में जो शाहखर्ची यहाँ बरती जाती है, उसे ले जाना मुश्किल होगा। आधे हजार नटों और नटियों, वादकों और वादिकाओं को यहाँ से हिन्दुस्तान भेजना कितना व्यय-साध्य होगा। यदि उन्हें कम कर दिया जाए, जिसके लिए बैले में काट-छाँट करनी पड़ेगी, तो शायद भेजा जा सके। इसे देखकर भारतीय नागरिकों और कलाकारों की आँख खुल जाएगी और वह समझेंगे कि यह उन्हीं बोल्शेविकों के देश की चीज है, जिनको कला और संस्कृति का शत्रु समझा जाता है!

20 अप्रैल को लोला की बालसखी वेरा निकोलायेटना की खबर आई : उसको कारवन्कल (जहरबाद) हो गया था। बेचारी बड़ी मुश्किल से बची थी। इधर कई महीनों से वह लेनिनग्राद और किविशियेफ को एक कर रही थी। अपने पिता की इकलौती बेटी थी। लोला और उसके पिता एक ही वर्ग के तथा मित्र थे, इसलिए उनकी पुत्रियों में भी बड़ी दोस्ती थी। वेरा का पिता एक मशहूर इंजीनियर तथा बहुत धनी आदमी था। उसके पास एक डब्बे-भर चाँदी-सोने और कीमती चीनी मिट्टी के बर्तन तथा अन्य चीजें थीं जिन्हें साथ लिये बिना वह युद्ध के समय

लेनिनग्राद छोड़ने के लिए तैयार नहीं था। जर्मन लेनिनग्राद के नजदीक पहुँच गए थे इसलिए ऐसे दक्ष इंजीनियर को खोने के लिए सरकार तैयार नहीं थी। आखिर सोवियत सरकार अपने विशेषज्ञों की नाजबरदारी के लिए तैयार तो रहती ही है, इसलिए वेरा के पिता को एक माल का डब्बा दिया गया, जिसमें बूढ़ा अपने सामान को लादकर किविशियेफ पहुँचा, जहाँ उस समय सोवियत की अस्थायी राजधानी थी। वेरा का पति लड़ाई के बाद लेनिनग्राद चला आया, इसलिए वेरा बराबर पिता के साथ नहीं रह सकती थी। पिता की कोई परिचारिका थी, जो मरने के समय उसके साथ रही। लड़की को खबर आई। पहुँचते-पहुँचते दो-चार दिन लग ही गए, तब तक कितनी ही चीजें परिचारिका हटा चुकी थी। उसने यह भी दावा किया था कि वह बूढ़े की पत्नी है, इसलिए बची-खुची सम्पत्ति—जो भी पचासों हजार की होगी—में उसका हिस्सा है। वेरा बेचारी को अब दीवानी अदालत का मुँह देखना पड़ा। यह ठीक था, विवाह की रजिस्ट्री नहीं हुई थी, इसलिए परिचारिका के पास विवाह का कोई प्रमाण-पत्र नहीं था, किन्तु सोवियत कानून विवाह के लिए रजिस्ट्री को अनिवार्य नहीं मानता। अब मामला गवाहों पर था। गवाह वेरा के पक्ष में ही मिल रहे थे, इसलिए उसे उम्मीद थी, कि सारी सम्पत्ति उसे मिल जाएगी, उसे एक कपवोर्ड (अलमारी) की बड़ी चिन्ता थी। कह रही थी, उसकी दराज के एक कोने में मेरे पिता ने अपने घर के पुराने रत्नों को छिपा रखा है, जिसका पता पिता और पुत्री के सिवा और किसी को नहीं है। वह किसी तरह से उस कपबोर्ड को अपने हाथ में करना चाहती थी, लेकिन अभी तक उसमें सफल नहीं हुई थी, बीच में बेचारी दो-तीन महीने से इस बुरी बीमारी में फँस गई थी और संकोच के मारे उसने अपनी बालसखी को भी अभी-अभी सूचित किया। वेरा के इस उदाहरण से सोवियत के दीवानी मुकदमे की भी थोड़ी-सी बानगी मिल जाती है। सोवियत में वैयक्तिक सम्पत्ति है, यद्यपि धरती और कल-कारखाने आदि उत्पादन के साधन किसी की वैयक्तिक सम्पत्ति नहीं हो सकते। दूसरे रूप में आदमी लाखों की सम्पत्ति रख सकता है। वस्त्राभूषण, बहुमूल्य रत्न, बरतन, चित्रपट, घरू सामान आदि-आदि बहुत-सी चीजें यहाँ वैयक्तिक हैं, जिन पर सोवियत सरकार स्त्री और बच्चों का उत्तराधिकार मानती है, और उस पर लालचभरी नजर नहीं डालती।

22 अप्रैल को ईगर को लिये प्राणी संग्रहालय में गए। अब की एक सिंह आ गया था, बाकी करीब-करीब वही जन्तु थे, जिन्हें हमने पिछले साल देखा था। हाँ, एक ऊँट और एक सफेद भालू भी शायद नये थे। ऊँट पर लड़कों को चढ़ाकर घुमाया जाता था। ईगर को देखने में बड़ी दिलचस्पी थी, किन्तु चढ़ने के लिए न वह ऊँट पर तैयार था, न कठघोड़े पर।

इधर-उधर घूमते रहे, इस खयाल से कि अब चला-चली की बेला है; लेकिन 15-20 पौंडों के बिना काम बिगड़ रहा था। सोचते थे यदि काबुल तक विमान

जाता, तो कितना अच्छा रहता, किन्तु अच्छा कहने से थोड़े ही ऐसा हो सकता था। तेहरान तक विमान जाता था, लेकिन भरसक हम ईरान के रास्ते लौटने के लिए तैयार नहीं थे। हम अपनी खिड़की पर बैठे इसी तरह की बातें सोच रहे थे, और लोग बाहर की पड़ी जमीन में आलू और दूसरी तरकारियाँ बो रहे थे। 25 अप्रैल को वर्षा हो गई थी, लोग अपने काम में जुट गए थे। यहाँ साग-भाजी और गाँवों में गेहूँ आदि खेतों में बोए जा रहे थे, उसी समय तुर्कमानिया में अभी-अभी फसल काटी गई थी। तुर्कमानिया यद्यपि सोवियत का सबसे गरम प्रदेश माना जाता है, लेकिन वहाँ भी ऐसा स्थान नहीं है, जहाँ पर साल में एक बार बरफ न पड़ती हो।

25 अप्रैल की दिल्ली रेडियो की खबरों को सुनकर मैं कहने लगा: क्या हो गया, जो अब हिन्दी शब्द भी आने लगे। दिल्ली रेडियो तो हिन्दुस्तानी के नाम से उर्दू का पृष्ठपोषक था। कभी-कभी सिरदर्द पैदा करनेवाला प्रोग्राम भी हमारे रेडियो पर चला आता था। 27 अप्रैल को अशोक के कलिंग-विजय का नाटक प्रसारित किया गया, जिसमें लेखक ने बारूद का धमाका भी करवाया था। इन्हें दैव राजा का भी डर नहीं। ऐतिहासिक कहानी और नाटक खेलते वक्त तत्कालीन समाज के ज्ञान की बिलकुल आवश्यकता ही नहीं समझी जाती। दुनिया में कहाँ-कहाँ और कैसे-कैसे लोग ऐसे नाटकों को सुनते होंगे, वह हमारे उथलेपन पर कितना हँसते होंगे?

29 अप्रैल आया। अब विदेशी विनिमय और सोवियत से बाहर जाने का (निर्यात) वीसा लेने की चिन्ता हुई। पढ़ाई का काम बस दो ही तीन दिन रह गया था, जिसके बाद वार्षिक छुट्टी हो जानेवाली थी। सरकारी बैंक में गए। कहा गया—विदेशी चैक का विदेशी सिक्का नहीं मिल सकता, वह रूबल देने के लिए तैयार थे, लेकिन हमारे पास तो हजारों रूबल थे। यही दिखलाई पड़ने लगा कि और रास्ता न निकलने पर लन्दन का रास्ता ही लेना पड़ेगा। लन्दन और काबुल बस दो ही तरफ नजर थी। जल्दी जाने और कुछ नई चीजों को देखने के लिए तो काबुल का रास्ता अच्छा था, लेकिन निश्चिततापूर्वक जाना लन्दन के रास्ते ही हो सकता था। इन्तूरिस्त वाले हमारी विशेष सहायता नहीं कर सकते थे। वह मास्को जाने की सलाह दे रहे थे। मैं सोच रहा था, अगर मास्को जाना हो तो फिर उधर से उधर ही जाना अच्छा होगा। तेहरान जाने में कोई दिक्कत नहीं थी, वहाँ इतने परिचित थे कि भारत लौटने के लिए रुपया मिल सकता था, अथवा दो-चार दिन रहकर तार से रुपया मँगा सकता था, लेकिन चार मन किताबें जो साथ थीं।

जून का महीना शुरू हो गया। 3 तारीख को लन्दन में 92 डिग्री फारेनहाइट तापमान था, लोग गर्मी के मारे तड़फड़ा रहे थे। और यहाँ आज बादल नहीं था, तो भी सर्दी साथ छोड़ने के लिए तैयार नहीं थी। मई के अन्तिम सप्ताह से ही सर्व शुक्ला रात्रि शुरू हो गई थी, जिससे अब अखंड प्रकाश देखने को मिल रहा था। इस साल ज्यादा तैयारी मालूम होती थी। लड़ाई के दिनों में उदास हो गए

लेनिनग्राद का एक विशाल उद्यान बाबुश्किन अब काफी सजा हुआ था। पान, भोजन आदि की दुकानें खुल गई थीं, लड़कों के झूलने का कठघोड़ा भी लग गया था। रँगाई और सफाई का काम भी हो चुका था। एक तरफ बाबुश्किन पर हिटलरी आक्रमण का चिह्न नहीं रह गया था, जो घर से बहुत दूर नहीं था, इसलिए चाहते तो रोज बाबुश्किन उद्यान जा सकते थे, लेकिन हमको टहलने का और ईगर को परिश्रमवाला खेल खेलने का कम शौक था। 5 जून को जब हम वहाँ गए, तो ईगर की समवयस्का लड़कियाँ जितनी अच्छी तरह खेल रही थीं, वह उतना भी खेल नहीं सकता था। चार साल का बच्चा भी यदि झिड़क दे, तो वह डर जाता था। मैं सोचता था—इतना डरपोक क्यों? क्या यह स्वाभाविक भीरुता है, या काँगरू माँ के लालन-पालन का परिणाम? शायद दोनों का। पढ़ने में वह अच्छा रहेगा, इसमें शक नहीं। तीसरे दर्जे में पढ़ाई जानेवाली साहित्यिक पुस्तकों को वह घंटों अकेले में पढ़ता रहता था, कविताओं को भी समझता और रस लेता था; लेकिन जान पड़ता है, शारीरिक साहस के कामों में वह पीछे रहेगा। शायद पीछे बुद्धि के ताले जब पूरी तौर से खुल जाएँ, तो वह अपने आप ही कुछ सोचकर इतना डरना पसन्द न करे।

7 जून को वस्तुतः गर्मी मालूम हुई। लेकिन गर्मी का मतलब हमारे यहाँ का गर्मी का मौसम नहीं। किसी वक्त अपनी स्कूली पाठ्य पुस्तक में पढ़ा था—

"मई का आन पहुँचा है महीना। बहा चोटी से एड़ी तक पसीना।"

लेकिन यहाँ मई में तो अभी ऊनी कपड़ों को छोड़ने की हिम्मत नहीं थी, लेकिन आज तापमान 30° सेंटीग्रेड से नीचे ही आता था। यह तो यहाँ का सर्वोच्च तापमान समझा जाता है। लेकिन प्रतिमास वही तापमान दुहराया जाए, यह कोई आवश्यक नहीं है। 9 तारीख को हम सांस्कृतिक उद्यान में गए। पिछले साल जून में नदी में तैरा था, लेकिन अब के पानी ठंडा था, इसलिए लोग पिछले साल की तरह नहाने की हिम्मत कैसे कर सकते थे?

इन्तूरिस्त ने बतलाया कि आज (7 जून) यहाँ से लन्दन का जहाज छूट रहा है और अब से हर पखवारे एक जहाज जाएगा। अगले महीने में 5 जुलाई के आसपास उसके जाने की बात सुनकर मैंने उसी दिन को प्रस्थान-दिन मित्रों को बतलाया। जाने का समय निश्चित-सा हो रहा था। मन में विचित्र-सा भाव पैदा हो रहा था। 25 महीने लेनिनग्राद में रहकर उस स्थान को छोड़ना था। वहाँ के अनुभव अधिकतर मधुर थे, कटु अनुभवों की मात्रा बहुत कम थी, और उसमें भी जो बात दिल को खटकती थी, वह थी लेखनी का रुका रहना। अदेस्सा चिट्ठी भेजकर इन्तूरिस्त ने खबर मँगवाई थी, इतना ही मालूम हुआ कि वहाँ से अमेरिका जानेवाला जहाज जुलाई के प्रथम सप्ताह में जाएगा और हैफा (फिलस्तीन में मुझे छोड़ देगा। आगे की समस्या का कोई हल नहीं था।

15 जून (रविवार) को संस्कृति उद्यान में एक दिन की छुट्टी बिताने गए। सचमुच ही इस साल उसकी कायापलट हो गई थी। उद्यान बहुत साफ-सुथरा और सुव्यवस्थित था। इमारतों की भी मरम्मत हो गई थी और उन पर रंग भी पुत गया था। भोजन की अब कोई शिकायत नहीं थी, और न मेज पर बैठे देर तक प्रतीक्षा करने की आवश्यकता थी। पिछले साल से भारी उन्नति हुई थी, इसमें शक नहीं। उतनी गर्मी नहीं थी, इसलिए आज नदी में नहानेवाले कम थे। एक जगह मैदान में अमेरिकन साज बज रहा था, वहाँ और दूसरी जगह वाद्य, गान और नृत्य हो रहे थे। आज यह देखकर प्रसन्नता हुई कि पिछले दो सालों में लोगों को जिन बातों की शिकायत थी; वह दूर हो गई। वस्तुत: सोवियतवाले प्रथम काम को प्रथम करना जानते हैं। पहले मकानों और कारखानों को रहने और उत्पादन के लायक बनाने की आवश्यकता थी, इसलिए उनका सारा ध्यान उधर लगा था; अब वह बाकी चीजों पर भी ध्यान दे रहे थे। नेव्स्की राजपथ और दूसरी सड़कों पर गिरे पड़े या टूटे-फूटे मकान बिलकुल तैयार हो गए थे—मुख्य नगर में एक तरह से युद्ध का कोई चिह्न बच नहीं रहा था। मकानों के निर्माण और मरम्मत की ओर ही ध्यान नहीं दिया गया था बल्कि उन पर सुन्दर रंग भी पोता गया था। रंग के काम में छात्र-छात्राओं के संगठनों ने बड़ी सहायता की थी और इस तरह उन्होंने दूसरे मजदूरों को अन्य कामों के लिए मुक्त कर दिया था।

मैं पता लगा रहा था कि कोई सुदूर पूर्व की ओर जानेवाला जहाज जाता मिले। सोचा था शायद भारत समुद्र से व्लादीवोस्तोक का जहाज जाता हो, जिससे हम कोलम्बो में जाकर उतर सकते। बहुत ढूँढ़-ढाँढ़ करने पर भी ऐसा कोई जहाज नहीं मिला। अदेस्सा से 5 जुलाई को अमेरिका जानेवाला जहाज हैफा में छोड़ देगा, इतना मालूम हुआ। एक सहृदया महिला ने अपने पास देर से रखे 12 डॉलर मुझे दे दिये, लेकिन तीन-साढ़े तीन पौंड से क्या हो सकता था? हाँ, इतने से वक्षु-तट से मजार शरीफ तो मैं पहुँच सकता था। लेकिन 19 जून को मेरे मित्र डॉ. बाँकेबिहारी मिश्र का पत्र लन्दन से आया, जिससे फिर विचार बदलना पड़ा। उन्होंने कहा, यहाँ से दूसरे दर्जे का बम्बई तक का किराया 52 पौंड है और लन्दन में रहने के लिए 4 पौंड सप्ताह से काम चल जाएगा। 60 पौंड का चैक मेरे पास था, इसलिए बिना किसी की ओर मुँह ताके यह बात होने लायक थी। बाँकेजी मेरे पुराने सहयोगी मित्र थे। बिहार में किसान-सत्याग्रह करके मैं जेल चला गया, तो उन्होंने एक हाईस्कूल की प्रधानाध्यापकी छोड़कर किसान-सत्याग्रह को सँभाला और बड़ी लगन से काम किया। इधर वह इतिहास में पीएच.डी. करने के लिए लन्दन आए थे। उनकी सलाह थी, साथ ही भारत चलने की। मैंने उनको लिख दिया कि पाँच जुलाई के जहाज से यहाँ से चलूँगा और 19 जुलाई को लन्दन पहुँच जाऊँगा।

खिड़की से देख रहा था 20 जून को लोग खेतों से आलू निकाल रहे थे। निराई

करके पानी देना भी शुरू कर दिया था, लेकिन हमारे आलू राम भरोसे चल रहे थे।

21 जून से यात्रा की तैयारी की कुछ चीजें भी खरीदी जाने लगीं। कपड़ा लत्ता हमें लेना नहीं था। 15 रूबल की एक टूथपेस्ट खरीद लाए। पोर्टफेल का दाम 110 रूबल था। हमने सोचा, बाहर और सस्ता मिल सकता है, इसलिए खरीदने की क्या आवश्यकता? हमारे पड़ोसी इंजीनियर-महिला से जब साग-सब्जी के बारे में पूछा तो उसने कहा—हम में से कुछ ने लेनिनग्राद से 30 किलोमीतर पर अपनी तरकारी की खेती कर रखी है। छुट्टी के दिन हर सप्ताह चले जाते हैं। जब बीस-तीस रूबल किलोग्राम आलू खरीदना हो, तो लोग क्यों न 20 मील तक का धावा बोलें। हाँ, ये खेत रेलवे स्टेशन के पास थे। युद्ध के कारण बहुत-से गाँव उजड़ गए, इसलिए खेतों के मिलने में कोई दिक्कत नहीं थी। पूँजीवादी देश में यह नहीं हो सकता था, चाहे खेत परती रहती किन्तु मालिक को बेदखल कैसे करते?

तलाक के कानून के कड़ा करने से कैसी अवस्था हो सकती है, इसके उदाहरण हमारी पड़ोसन महिला तोस्या थी। वह बिजली-मिस्तिरी थी। उसने पहिला पति छोड़ दिया था, शराबखोरी और मार-पीट शायद कारण था, अब दूसरे पुरुष की पत्नी थी, जिसके साथ वह कई सालों से रह रही थी। पति लड़ाई के बाद सेना से मुक्त होकर घर आया था। दोनों का 7-8 महीने का बच्चा कोल्या था। चूँकि तलाक लेना मुश्किल था, इसलिए पहिले पति से विवाह विच्छेद नहीं हुआ था और अब कोल्या कागज पत्र में अपने बाप का नहीं बल्कि अपनी माँ के पहिले पति का पुत्र था। ईगर की मौसेरी बहिन लोला ने भी विवाह कर लिया था, लेकिन उसके पति की भी पहिली पत्नी मौजूद थी। तलाक लेने के लिए दो हजार रूबल दंड देने पड़ते, इसलिए दोनों ने बिना रजिस्ट्री के ही विवाह करके साथ रहना शुरू किया था। यह विचित्र-सी बात मालूम होती थी एक स्वच्छन्द समाज में इतने कठोर वैवाहिक नियम क्यों रखे जाएँ और क्यों पुत्र को अपने बाप को छोड़कर दूसरे का नाम रखने के लिए मजबूर किया जाए? लेकिन इसके समाधान में कहा जाता था : "तलाक को सुलभ करना अच्छा नहीं है। स्त्री-पुरुष के सम्बन्ध का प्रभाव केवल उन्हीं तक सीमित नहीं है बल्कि वह उनकी सन्तान पर भी लागू होता है। तलाक को सुलभ कर देने पर कितने ही परिवार जल्दी-जल्दी बनते-बिगड़ते रहेंगे, जो कि सन्तान के लिए अच्छा नहीं होगा, यद्यपि तोस्या और कोल्या की स्थिति को हम अच्छा नहीं समझते; तो भी पारिवारिक स्थायित्व को अधिक लाभदायक समझकर हमें तलाक के लिए कड़ा नियम बनाना ही पड़ा।"

25 जून को हम निर्गम वीसा (देश के बाहर जाने का आज्ञापत्र) के लिए आवेदन-पत्र देने गए। अधिकारी ने कहा : यदि दक्षिणी सीमान्त (अफगानिस्तान के रास्ते) से जाते तो हम दो दिन में वीसा दे देते, लन्दन के रास्ते जाने के लिए वीसा मास्को की स्वीकृति से देना पड़ता है, जिसमें काफी दिन लग सकता है।

जुलाई 5 का जाना फिर सन्दिग्ध होने लगा। फिर लन्दन के रास्ते को छोड़ने का विचार मन में आने लगा। सोचने लगे, क्यों न अफगानिस्तान के रास्ते ही चलें।

अब बोरिया-बिस्तरा बँधना और देखने-सुनने की बातें रह गई थीं। 27 जून को मैं फिर रूस म्यूजियम देखने गया। अभी सारे कमरे तो नहीं सजाए जा चुके थे, किन्तु काफी चित्र और दूसरी चीजें देखने को मिलीं। चित्रों को देखने से मालूम हुआ कि ग्यारहवीं से चौदहवीं सदी तक यहाँ भी पुराने ढंग के अधिकतर काल्पनिक और धार्मिक चित्र बनाए जाते थे। हमारे यहाँ की तरह वास्तविकता से उनका नजदीक का सम्बन्ध नहीं था। इसीलिए पोतरेत (व्यक्ति) चित्र नहीं बन सके थे। भारतीय कला गुप्तकाल में उन्नति के शिखर पर पहुँची थी। उस समय चित्र और मूर्तियाँ दोनों ही बड़ी सुन्दर और भावपूर्ण बनती थीं; लेकिन जहाँ तक पोतरेत का सम्बन्ध है, हमारे कलाकार बिलकुल बच्चों जैसे थे, यह गुप्तकाल के सिक्कों को ग्रीको-बाख्तरी सिक्कों से मिलाने से साफ मालूम हो जाता है। 14वीं सदी तक यही हालत रूस की भी थी। यह कहने की आवश्यकता नहीं, कि ईसाई होने से पहले के चित्र और देवमूर्तियाँ रूस में प्राप्य नहीं हैं। हाल में पुराने शकों के कुछ पुराने नगरों की खुदाइयाँ हुई हैं, जिनमें कुछ मूर्तियाँ मिली हैं। उन पर ग्रीक प्रभाव साफ है। विशाल शक जाति-जो ईस्वी सन् के आरम्भ के समय चीन की सीमा से देन्यूब के तट तक फैली हुई थी—के पूर्वांचल पर जहाँ भारतीय संस्कृति अपना प्रभाव डाल रही थी, वहाँ पश्चिमांचल पर ग्रीक प्रभाव पड़ रहा था। 16वीं शताब्दी में रूस की चित्रकला का जरा-जरा वास्तविकता की ओर खिंचाव होने लगा, लेकिन अभी तक भूतकाल के भूत ने पीछा नहीं छोड़ा था। 17वीं सदी में वह कुछ-कुछ छूटा, 18वीं सदी में प्रथम पीतर ने रूस को पश्चिमी यूरोप से मिलाना चाहा, जिसके कारण नये प्रकार के वस्तुवादी चित्र बनने लगे, पोतरेत भी अच्छे-खासे तैयार होने लगे, जिसमें पश्चिमी कला-गुरुओं की सहायता बहुत लाभदायक हुई। लेकिन अब भी बहुत-सी तस्वीरों में प्रत्येक मुख का पृथक व्यक्तित्व रेखाओं में अंकित करना बहुत कम हुआ था। यह काम 19वीं सदी के शुरू से होने लगा। इवानोफ, रेपिन, सुरिवोफ जैसे महान् चित्रकारों के तूलिका पकड़ने पर रूसी चित्रकला विश्व की चित्रकला में सिर उठाकर खड़ी होने लायक हो गई।

उसी दिन *स्तारिन्नी वोदोविल* नामक सोवियत रंगीन फिल्म देखने गए! 1946 में बनने से, यह बिलकुल नई चीज थी। इसमें, 1914 ई. के आस-पास के रूसी समाज और मास्को का बड़ा ही वस्तुवादी चित्रण किया गया था। अभी तक सोवियत फिल्मों में युद्ध और वीरता अथवा आर्थिक योजनाओं की प्रधानता रहती थी, जिसके कारण जो अमेरिकन या ब्रिटिश फैशन और प्रेम के फिल्म आते थे, उनमें भीड़ लग जाती थी। *लेडी हेमिल्टन* चित्र को लोगों ने न जाने कितनी बार

देखा, क्योंकि उसमें अंग्रेज सेनापति नेल्सन और उसकी प्रेमिका का रंगीला जीवन चित्रित किया गया था। शायद सोवियत-फिल्म-उत्पादक भी अपनी त्रुटि को समझने लगे थे—केवल रूखे-सूखे ज्ञानवर्द्धक चित्रों के प्रति लोगों के मन में आकर्षण नहीं पैदा किया जा सकता, अतएव ऐतिहासिक पृष्ठभूमि पर बिलकुल वस्तुवाद के आधार पर बने इस फिल्म में प्रेम की मात्रा ज्यादा थी, इसलिए दर्शकों की भीड़ बहुत होती थी। क्रान्ति के पहिले कितने ही वर्षों तक या पिछली पंचवर्षीय योजना के समय भी मुखचूर्ण, अधरराग जैसी विलास सामग्रियों का उत्पादन और व्यवहार सोवियत में अच्छा नहीं समझा जाता था लेकिन उन्होंने देखा कि स्त्रियों के इस स्वाभाविक आकर्षण को इस तरह हटाया नहीं जा सकता, इसका परिणाम यही होता है कि घटिया और स्वास्थ्य के लिए हानिकारक वस्तुओं का उपयोग बढ़ जाता है। इसीलिए उन्होंने कितनी ही विलास सामग्रियों के उत्पादन के लिए कारखाने खोल दिये।

29 जून को अब हम साथ ले चलने की पुस्तकें छाँट रहे थे। दो साल में 6-7 मन पुस्तकें जमा हो गई थीं—वैसे जहाज द्वारा चलने के कारण सभी को ले चलने में किराये के अधिक होने का डर नहीं था, लेकिन डर लग रहा था : कहीं सोवियत कस्टमवाले कहने न लगे—"यह सारा पुस्तकालय यहाँ से उठाए लिये जा रहा है।" यह डर पीछे गलत साबित हुआ, लेकिन उस समय कितनी ही पुस्तकों को छोड़ देना पड़ा। हमारे बड़े चमड़े के सूट केस और दूसरे बक्सों में भी सारी पुस्तकें नहीं आ सकती थीं। एक लकड़ी का पुराना मामूली बक्स हमने मान्या से खरीदा। लोला की भागिनेयी लोला कुजमिना के पति ने जब सुना तो वह एक बहुत बड़ा बक्स बना के ले आए। उनका पेशा बढ़ई का नहीं था, लेकिन सभी तरह के कामों का अभ्यास करना यहाँ वालों की शिक्षा और रुचि में सम्मिलित हो गया है। हमें पुस्तकों के रखने की चिन्ता नहीं रही।

30 जून को वीसा के लिए एक और झगड़ा पैदा हो गया। वीसा देनेवाले ने कहा : यूनिवर्सिटी से छुट्टी-पत्र लाइए। मैंने सोचा था, साधारण ग्रीष्म की छुट्टियाँ दो महीना चलेंगी ही, चलते वक्त और आगे के लिए छुट्टी की दरख्वास्त दे दूँगा। छुट्टी-पत्र में मुश्किल यह थी कि उस पर रेक्तर का हस्ताक्षर होना चाहिए। दिन 5 रह गए थे, और रेक्तर बहुधंधी थे, भय था, शायद फिर मास्को का ही रास्ता लेना पड़े, क्योंकि सारी तैयारी करके दूसरे जहाज के लिए पन्द्रह दिन और प्रतीक्षा करना मेरे बस की बात नहीं थी। लोला को मेरी यात्रा पसन्द नहीं थी, यह स्वाभाविक था।

पहिली जुलाई को इसी अनिश्चित अवस्था में छुट्टी-पत्र के फेर में पड़े, यूनिवर्सिटी गए। लोला के कहने से पता लगा कि शायद अब वह इतनी जल्दी न मिल सकेगा। दीना मार्कोव्ना ने रूसी में आवेदन-पत्र लिख दिया। मैंने रेक्तर के

सेक्रेतरी को दे दिया। उन्होंने कहा—शायद कल तैयार मिले। कुछ आशा बढ़ी, लेकिन अगले दिन तिरयोकी भी जाना था, ईगर से अन्तिम भेंट करने।

उस दिन हमारे विभाग की वार्षिक बैठक हुई। यह जानकर हमें और छात्राओं को भी प्रसन्नता हुई कि पाँचवें वर्ष की दोनों तरुणियाँ—वेर्था बल्चुक और तान्या शोगलोवा उत्तीर्ण हो गईं और पाँच वर्ष की पढ़ाई के बाद, विश्वविद्यालय की स्नातिका बनीं। लड़ाई के समय उनका एक-दो वर्ष खराब हो गया था, नहीं तो पहले ही पढ़ाई समाप्त कर किसी काम में लगी होतीं।

वार्षिक बैठक और मेरी विदाई थी, इसलिए अकादमिक बरान्निकोफ के यहाँ विशेष तैयारी थी। कितनी ही मिठाइयों और फलों के साथ उत्कृष्ट जाति का मद्य भी मौजूद था। हमारे सहकारियों में विस्क्रोव्नी की तबीयत ठीक नहीं थी, इसलिए वह नहीं आ सके, नहीं तो सभी यहाँ मौजूद थे। प्रो. कालियानोफ संस्कृत *महाभारत* के रूसी अनुवादक डॉ. श्चेर्वात्स्की के प्रिय शिष्यों में थे, जिसके कारण उनके साथ मेरी अधिक घनिष्ठता होनी ही चाहिए थी। वह संस्कृत के विशेषज्ञ तथा उसमें विशेष रुचि रखते थे। वह मुझसे बहुत मिलते और संस्कृत की अपठित पुस्तकों को पढ़ते रहते थे। दीना मार्कोव्ना गोल्दमान हिन्दी पढ़ाती थीं। *सप्तसरोज* का उन्होंने रूसी में अनुवाद किया था। सुलेकिन, अब्रामोफ भी आज की पान-गोष्ठी में सम्मिलित थे। अकादमिक वरान्निकोफ ने विदाई के समय अपने हार्दिक भाव प्रकट किये। अंगूरी शराब से मैं आज भी वंचित रहा, शायद जीवन-भर वंचित रहूँ।

2 जुलाई की रेल से तिरयोकी गए। लोला ने देर कर दी, ट्रेन छूट गई, और डेढ़ घंटा फिनलैंड स्टेशन पर प्रतीक्षा करनी पड़ी। दो घंटे में उन्हीं परिचित दृश्यों के बीच से गुजरते ट्रेन ने हमें तिरयोकी पहुँचाया। साल भर में देश कितना आगे बढ़ा, इसकी नाप के लिए आज स्टेशन से उपवन में ले जाने के लिए लॉरी नहीं बल्कि यूनिवर्सिटी की बस खड़ी थी—खूब रँगी-पुती आरामदेह, नई बस। उपवन में देखा, वहाँ बहुत-से नये घर बन गए थे, कमरे भी साफ थे, सभी घरों में बिजली लग गई थी। क्लब में रेडियो भी था। किनारे से समुद्र के जल तक लकड़ी के तख्तों का रास्ता तैयार हो गया था। भोजन भी पहिले से बहुत अच्छा था। कितना जल्दी युद्ध का प्रभाव लुप्त हो गया था? पिछले साल दावाग्नि स्वच्छन्दतापूर्वक कुछ ही मील पर जल रही थी, और कोई उसकी खोज-खबर लेनेवाला नहीं था; इस साल जगह-जगह दावाग्नि से सावधान रहने के लिए नोटिसें टँगी थीं। हमारे पिछले परिचित चेहरे बहुत कम दिखाई पड़ रहे थे। पेरिस में शिक्षा प्राप्त एक महिला अपनी दूसरी सखी के साथ समुद्र तट पर घूप और हवा लेने आई थी। वह अपने साथ स्वास्थ्य लाभ के लिए अपनी बिल्ली भी लाई थी, जो एक बड़ी समस्या बन गई थी। अपरिचित नई जगह थी, बेचारी को वह पसन्द नहीं आती थी, और वह रात भर चिल्लाती रहती थी। शाम को टहलते वक्त अकादमिकों की

नगरी में गए। अब वह अपने मेहमानों के स्वागत करने के लिए बहुत कुछ तैयार थी। घर सारे काठ के थे, लेकिन बहुत ही सुरुचिपूर्ण और सुखकर थे। उस रात तिरयोकी में ही रह गए। अगले दिन भी चार बजे तक वहीं रहना था, इसलिए कितनी ही दूर तक घूमने गए। सभी जगह साल भर बेकार न रहनेवाले हाथों की करामात का परिचय मिल रहा था। यह निश्चय था कि अब की साल आनेवाले अतिथियों को बहुत सी बातों की शिकायत नहीं रह जाएगी।

4 बजे चलने के लिए तैयार हुए। ईगर थोड़ी दूर तक आया। 9 वर्ष का हो रहा था, उसी के अनुसार उसकी समझ भी बढ़ी थी। विदाई लेते वक्त वह फूट-फूटकर रोने लगा। मैंने बहुत समझाया—लेकिन वह धैर्य धरने के लिए तैयार नहीं था। कहता था—तुम नहीं आओगे। क्या जाने उसकी भविष्यवाणी ठीक निकले, यह खयाल मेरे मन में भी आया, लेकिन जीवन-कर्तव्य किसी माया-मोह के फन्दे को मानने के लिए तैयार नहीं था। द्रवित हृदय को कुछ कड़ा करके उससे छुट्टी ली। लोला वहीं रह गई, और मैं पाँच बजे शाम की गाड़ी पकड़कर लेनिनग्राद की ओर चल पड़ा—किराया 4 रूबल था। ट्रेन शायद तिरयोकी से भी पीछे से आ रही थी। उस वक्त उसमें खाली जगह बहुत थी, लेकिन नगर के पास के स्टेशनों से तरकारीवाले खेतों के नर नारी शाम को लौट रहे थे, इसलिए भीड़ बहुत थी।

4 जुलाई को सबेरे उठने पर भी चिन्ता का बोझ हमारा बढ़ता ही जा रहा था। पुलिस में जाने पर वीसा-सहित पासपोर्ट मिल गया। जहाज में बड़ी भीड़ नहीं थी, इसलिए एक दिन पहले टिकट मिलने में कोई दिक्कत नहीं हो सकती थी। मैंने पासपोर्ट और लन्दन तक का 451 रूबल किराया इन्तूरिस्त को दे दिया। लोला उस दिन दोपहर को तिरयोकी से आई। उसने बतलाया कि कल मोहर लगवानी है, नहीं तो मेरे दो महीने के वेतन के पैसे नहीं मिलेंगे। वेतन साढ़े चार हजार रूबल मासिक था, लेकिन उसमें चन्दे, मजूर-सभा की मेम्बरी का शुल्क, इंश्योरेन्स तथा पंचवार्षिक योजना के ऋण आदि के लिए डेढ़ हजार के करीब निकाला जाता था। खैर, पैसे न मिलने की दिक्कत से मैं कल की यात्रा को स्थगित करनेवाला नहीं था, तो भी यह जरूर चाहता था कि रुपये उसे मिल जाएँ।

5 जुलाई का दिन भी आ गया। आज मुझे लेनिनग्राद से प्रस्थान करना था। यूनिवर्सिटी में जा यह देखकर प्रसन्नता हुई, कि दो महीने के वेतन के रूबल लोला को मिल गए। हमारे खर्च के लिए 451 रूबल जहाज का किराया और भोजन तथा मोटर, कुली आदि के लिए 110 रूबल खर्च हुए। लोला के पास कई हजार रूबल रह गए। मासिक दो हजार रूबल उसको मिलते ही रहेंगे, यदि मंगोल-भाषा की अध्यापकी पाकर उसने पुस्तकालय का काम नहीं छोड़ दिया। लन्दन में पैसों की कमी होगी, इसलिए अपने प्रकाशक के पास रुपया भेजने के लिए तार दे दिया, बाँकेजी को भी लन्दन आने की सूचना तार द्वारा दे दी, कितने ही मित्रों को

चिट्ठियाँ लिख दीं। यूनिवर्सिटी में दोस्तों से भी मुलाकात हो गई। सभी अफसोस प्रकट कर रहे थे, लेकिन मैं कहता था—दो वर्ष में मेरा लिखने का काम खतम हो जाएगा, फिर मैं यहाँ आ जाऊँगा, लोला मेरी बात पर विश्वास नहीं करती थी। हम दोनों की प्रकृति में सामंजस्य नहीं था। मैं पुस्तकों का एकान्त प्रेमी था और वह उसे उतनी आवश्यक बात नहीं समझती थी। कितनी ही बार हमारा मन-मुटाव भी हो जाता था, यद्यपि झगड़ा करने का स्वभाव न मेरा था, न उसका ही; इसलिए बात दूर तक नहीं बढ़ती थी। मुझे कविरत्न सत्यनारायण की पंक्तियाँ याद आती थीं—"भयो क्यों अनचाहत को संग।" तो भी मैं उसका कृतज्ञ अवश्य था, क्योंकि कुछ स्वभाव-सी बन गई बातों को छोड़ देने पर उसमें गुण भी अनेक थे।

उस दिन रेक्तर के कार्यालय में मालूम हुआ कि अब भी छुट्टी-पत्र तैयार नहीं हुआ। इन्तूरिस्तवालों ने 47 दिन के मेरे विश्राम-पत्र को पाकर कह दिया, कि इससे काम चल जाएगा। मेरे सहकारी मित्र जहाज पर पहुँचाने आना चाहते थे, लेकिन इन्तूरिस्तवालों ने बतलाया कि पास बिना बन्दर के फाटक के भीतर जाने की इजाजत नहीं है। इन्तूरिस्त की कार सामान लेकर हमारे घर पर आई। सवा दस बजे निकलकर हम पहिले इन्तूरिस्त के ऑफिस में गए। सामान भेजने का काम उनका था। जहाज पाँच बजे जानेवाला था, इसलिए अभी हमारे पास दो-तीन घंटे थे, जिन्हें हमने जाकर यूनिवर्सिटी में अपने मित्रों के साथ बिताया। फिर काम पर लोला के साथ बन्दरगाह के फाटक पर पहुँचे। फाटकवाले ने रोका; इसलिए फाटक पर से ही लोला को विदा करना पड़ा। बेचारी निराश और विकल थी। हमने शोकातिरेक को अधिक दिखलाने की कोशिश नहीं की। वह वहाँ से चली गई। कार हमें समुद्र के तट पर पहुँचाने गई। मेरे साथ इन्तूरिस्त के एजेंट थे। जहाज में चले जाने के बाद पानी बरसने लगा। मैंने समझा था, अब सबसे विदाई ले चुका, लेकिन कलियानोफ नहीं माने। भीगते हुए पास की दिक्कतों को न जाने कैसे दूर करते जहाज तक पहुँचे।

जहाज में कस्टमवालों ने आकर चीजों की देखभाल की, लेकिन उसमें बहुत दिक्कत नहीं हुई। एक पुरानी छपी हुई पुस्तक को उन्होंने निकाल लिया। इन्तूरिस्त के आदमी ने जब मेरा परिचय दिया तो उन्होंने उसे भी दे दिया और दो-एक बक्सों को तो खुलवाया भी नहीं। "कैमरे में फिल्म तो नहीं है?" पूछने पर मैंने समझा था, नहीं है, लेकिन 36 एक्सपोजरवाला सोवियत लाइका (फेद) फिल्म इतनी जल्दी थोड़े ही खतम होने वाला था। फिल्म वहाँ मौजूद था। खैर, उसको निकाल दिया। अब मालूम हुआ, जैसे हृदय के ऊपर से भारी भार उतर गया। कलियानोफ से बहुत अभिवादन और अनुनय-विनय के साथ विदाई ली, जरूर श्चेर्वात्स्की के बाद उनके साथ ही मेरा बहुत घनिष्ठ स्नेह था।

लन्दन के लिए प्रस्थान

निश्चय और अनिश्चय के झूले में झूलते आखिर महीने भर पहिले निश्चय किए दिन (5 जुलाई) को मैं लेनिनग्राद से विदा हुआ। 3 जून, 1945 को मैं सोवियत सीमा में दाखिल हुआ था। 4 को लेनिनग्राद पहुँचा था। गोया 25 महीने तीन दिन रहने के बाद मैं सोवियत भूमि छोड़ रहा था।

हमारे जहाज का नाम 'वेलोस्त्रोफ' अर्थात 'श्वेतद्वीप' था। पाँच बजे वह रवाना हुआ। 'श्वेतद्वीप' बहुत सुन्दर नया पोत था। केबिन और शाला की सफाई और सजावट आदि में कमाल किया गया था। बिजली के लैंप भी कलापूर्ण थे, और वही बात कुर्सियों और मेजों की थी। 12 नम्बर का केबिन मुझे मिला था, जिसमें एक ही आदमी के लिए स्थान था। चार बिछौना आदि और केबिन की भीतरी स्थिति बहुत साफ-सुथरी थी, भीतर ही गरम ठंडे पानी के नलों के साथ चीनी का प्रक्षालनपात्र भी चमक रहा था, छोटे-से काष्ठ-फलक से ढाँक देने पर वह छोटी-सी मेज का काम देता था। केबिन में दो बत्तियाँ भी थीं। गवाक्ष समुद्र की तरफ खुलता था, जिससे दूर तक का दृश्य हम चारपाई पर बैठे-बैठे देख सकते थे। सभ्यता और स्वच्छता की कसौटी, रहने का कमरा नहीं, बल्कि पाखाना होता है। हमारा शौचालय भी बहुत साफ था, शांक का कमोद चमचम चमक रहा था। पॉलिश की हुई लकड़ी की दीवारों में चेहरा देखा जा सकता था। सादगी को हाथ से न देते हुए भी काफी सजावट और सफाई हर जगह पाई जाती थी। मैं इसकी तुलना उस हवाई जहाज से कर रहा था, जिस पर चढ़कर तेहरान से सोवियत भूमि में आया था। शायद अगर दो वर्ष पहिले सामुद्रिक यात्रा करनी पड़ती, तो उस समय 'श्वेतद्वीप' जैसा जहाज न मिलता। लड़ाई बन्द होने के दो वर्षों को सोवियत-राष्ट्र ने हर काम में बड़ी तत्परता के साथ इस्तेमाल किया। उसका ही हमारे सामने यह फल था। लेनिनग्राद का बन्दरगाह सीधे समुद्र के तट पर न होकर जरा भीतर की ओर है, लेकिन वह बहुत बड़ा है, उसमें दुनिया के

बड़े से बड़े जहाज सैकड़ों की संख्या में लंगर डाल सकते हैं। जहाज के चलते वक्त किनारे पर हम देख रहे थे—मालगोदामों की पंक्तियाँ दूर तक चली गईं। यहाँ लड़ाई का प्रभाव अब भी था। बहुत-सी पेट्रोल की टंकियाँ टूटी-फूटी पड़ी थीं। युद्ध के समय पेट्रोल की टंकियों को सबसे पहिले लक्ष्य बनाया जाता है। उनके तेल को ही नष्ट करना आवश्यक नहीं समझा जाता, बल्कि भीषण आग की लपट पैदा करके शत्रु के नगर को भी तबाह करने की कोशिश की जाती है; यद्यपि तेल-टंकियों को नगर से दूर रखा जाता है।

कुछ ही समय में हमारा 'श्वेतद्वीप' अब फिनलैंड-खाड़ी के खुले समुद्र में आ गया। समुद्र चंचल नहीं था। 7 बजे रात्रि भोजन हुआ—कटलेट, मकरोनी, कोई मिठाई, रोटी मक्खन और सेब। भोजन सुस्वादु था। हमारा जहाज उत्तर की ओर जा रहा था। साढ़े ग्यारह बजे रात्रि को अभी गोधूली थी, रात केवल रूढ़िवश ही कह सकते थे। समुद्र हिलोरें लेने लगा था, किन्तु हमें तो प्रकुपित समुद्र भी विचलित नहीं कर सकता था।

हेलसिंकी—6 बजे सबेरे जब खिड़की से बाहर की तरफ देखा तो सामने फिनलैंड की हरित-भूमि दिखलाई पड़ रही थी। देवदार वृक्षों से ढँकी पहाड़ियाँ मानो समुद्र में डुबकी खेल रही थीं। बहुत-से छोटे-झोटे द्वीप थे, जिनमें से अधिकांश आदमियों के वास लायक नहीं थे। 9 बजे 'श्वेतद्वीप' किनारे से जा लगा। मालूम हुआ, कि अब 24 घंटे जहाज को यहीं रहना है। हमारे जहाज में 40 से ज्यादा मुसाफिर नहीं थे। 16 घंटे में हम लेनिनग्राद से हेलसिंकी पहुँचे थे। अब अगले 24 घंटों में अठारह-बीस घंटे तो हम घूमने-फिरने में लगा सकते थे।

फिनलैंड के एक भूतपूर्व नगर—बिपुरी—को एक साल पहिले मैं देख चुका था, लेकिन बिपुरी युद्ध-ध्वस्त और पुराने निवासियों से परित्यक्त था, उससे हम किसी फिन-नगरी का अच्छी तरह अन्दाजा नहीं लगा सकते थे। यहाँ हमारे सामने फिनलैंड की राजधानी थी—किला, विशाल घर और गिरजे दूर तक दिखाई पड़ रहे थे। जहाजों के ठहरने के डॉक एक नहीं, अनेक थे। समुद्र इतना गहरा था, कि जहाज किनारे जाकर लग सकता था। बन्दर पर कोई युद्ध-चिह्न नहीं दिखाई पड़ा। पास-पोर्ट देखते समय नगर देखने का आज्ञा-पत्र भी मिल गया, लेकिन बादल और वर्षा का डर था। मक्खन, गोभी, जाम, आमलेट, कोको का प्रातराश हुआ। 1 बजे मध्याह्न भोजन भी किया, फिर अपराह्न चाय तक हमारा घूमना-फिरना अधिकतर बन्दरगाह के पास ही रहा। वस्तुतः यात्रा में दो सैलानियों की बहुत आवश्यकता होती है, नहीं तो आदमी आलस्यवश या अरुचिवश देखने-भालने में अपने समय का पूरा उपयोग नहीं कर सकता। हमारे लिए हेलसिंकी नई नगरी थी, लेकिन वह यूरोप के दूसरे ही नगरों जैसी होने से कोई अधिक आकर्षण नहीं रखती थी। प्राकृतिक सौन्दर्य को हमने 6 बजे से ही देखना और आन्नद लेना

शुरू किया था। खैर, पाँच बजे शहर देखने के लिए निकले। यहाँ हमें कलकत्ते के धर्मतल्ला जैसा मालूम होता था—मकान चौमंजिले-पचमंजिले ज्यादा थे, और उसमें भी अधिकांश 1917 के बाद के बने थे। कितनों ही की छतें सीमेंट की थीं, और कुछ पर लाल टाइल भी दिखाई पड़ती थी—खासकर पास के द्वीपों में जो मकान थे, उनकी लाल टाइलवाली छतें, हरियाली के बीच में सुन्दर मालूम होती थीं। चौड़ी सड़कों के ऊपर छायादार वृक्ष लगे हुए थे। लेनिनग्राद से यहाँ की ट्राम और मोटर बसें अधिक साफ-सुथरी थीं, लेकिन हेलसिंकी को लेनिनग्राद जैसी युद्ध की भयंकर भट्टी में से गुजरना नहीं पड़ा था। यहाँ वर्ग-भेद का रूप स्पष्ट दिखाई पड़ता था। लेनिनग्राद में मजदूरिनें भी बाजार या विनोदोद्यान में जाते समय भद्र वर्ग की महिलाओं जैसा कपड़ा पहिनकर निकलती थीं, वहाँ फटे-बुरे कपड़े पहिने नर-नारी मिलते नहीं थे, किन्तु यहाँ मजूरों के ऊपर दरिद्रता की झलक स्पष्ट दिखाई पड़ रही थी, और उसके विरुद्ध उच्च और मध्य वर्ग की फैशन से भरी नारियाँ सौन्दर्य-प्रदर्शन करती देखने में आती थीं। जरा ही आगे बढ़ने पर एक और बात ने दोनों संसारों के अन्तर को स्पष्ट कर दिया। एक आदमी ने आकर अंग्रेजी में कहा—"बहुत सुन्दर लड़कियाँ और बढ़िया अंगूरी शराब तैयार है, चलिए, रात की मेहमानी कीजिए।" मैंने कहा—"धन्यवाद, मुझे दोनों नहीं चाहिए।" सोवियत भूमि में यह कभी सोचने की भी बात नहीं थी। रविवार के कारण आज दुकानें बन्द थीं, खुली रहने पर भी खरीदने के लिए हमारे पास पैसा कहाँ था? 12 डालर जो किसी सहृदयजन ने दिये थे, उन्हें इतनी जल्दी खतम कर देना अच्छी बात नहीं थी। नगर के घरों, कारखानों, सम्पत्ति तथा नागरिकों की पोशाक और जीवनतल को देखकर मैं सोचता था—फिनलैंड हमारे एक गोरखपुर जिले के बराबर भी नहीं है, लेकिन क्या गोरखपुर जिले में हेलसिंकी और बिपुरी जैसे नगरों की कल्पना की जा सकती है? क्या कारण है जो गोरखपुर इतना दरिद्र है और यह इतना धनी? इसका उत्तर कोई मुश्किल नहीं था। यह तो साफ था कि गाँधीवाद गोरखपुर को हेलसिंकी के बराबर नहीं बना सकता। यहाँ के लोग अपने हाथ और मस्तिष्क का उपयोग करते हैं, साइंस के नये-नये आविष्कारों को तुरन्त बरतने के लिए तैयार रहते हैं। पूँजीवादी बाधा के बाद भी यह इतनी सम्पत्ति पैदा कर सके हैं। फिनलैंड के जंगल कागज की खान हैं : यहाँ कितनी खानें भी हैं। इनके कारण इसके उद्योगीकरण में बहुत सुभीता हुआ, लेकिन हमारे यहाँ भी तो गढ़वाल और कुमाऊँ में इससे भी ज्यादा खनिज और वानस्पतिक सम्पत्ति है, फिर वहाँ दरिद्रता का क्यों अखंड राज्य है? यदि फिनलैंड कागज की भूमि है, तो गोरखपुर चीनी की भूमि है। वह अपनी चीनी से देश भर की आवश्यकता को पूरा कर सकता है, फिर पैसा पैदा करने के लिए तम्बाकू, सिगरेट के कारखाने, कपास और सूती मिलें जैसे-से उद्योग-धंधे वहाँ चल सकते हैं, धन से उस भूमि को पाट सकते हैं। यही

सोचते हुए स्थावर-जंगम वस्तुओं पर दृष्टि डाले हेलसिंकी की सड़कों पर पैरों को आगे बढ़ाता जा रहा था। किताब की दुकानें आईं। शीशे के भीतर पचासों बहुत ही सुन्दर छपी नई-नई पुस्तकें सजी हुई दिखाई पड़ रही थीं। एक नहीं, कई किताबों की दुकानें थीं? क्या गोरखपुर शहर में इस तरह की किताबों की दुकानें देखी जा सकती थीं? क्या जिस भाषा के 35 लाख बोलनेवाले हों, उस भाषा में इतनी पुस्तकें भारतवर्ष में छप सकती हैं? 35 लाख क्या, 15-16 करोड़ नर-नारियों की भाषा होने पर भी हिन्दी को इतनी संख्या में ऐसी पुस्तकों के छापने का सौभाग्य प्राप्त नहीं है। इसके लिए शिक्षा प्रचार इतना होना चाहिए कि देश में कोई स्त्री-पुरुष अनपढ़ न रहे, साथ ही धन पैदा करने के आधुनिक साधनों के उपयोग से लोगों की जेबों में पैसे भर देने चाहिए। राजधानी के दो-तीन उद्यानों को भी हमने देखा। आज छुट्टी का दिन था इसलिए नर-नारी वहाँ मनोविनोद के लिए आए थे। दो रेस्तोराँ खूब सजे हुए थे, जिनमें नर-नारी खचाखच भरे हुए थे। उनकी सजावट को देखकर पहिले मालूम हुआ कि फूलों का बाजार है। 'किनो सवाय' मिला। उसके सामने टिकट खरीदनेवालों की इतनी लम्बी पाँती थी, जिससे मालूम होता था, शायद इनमें से कितने ही आज तमाशा देखने से वंचित रह जाएँगे। लेनिनग्राद में सिनेमाघरों की संख्या बहुत अधिक है, वहाँ दर्शकों से सीटें सदा भरी रहती हैं। लेकिन वहाँ सिनेमाघरों की अधिकता के कारण भीड़ नहीं होती, हरेक सिनेमाघर में एक और भी विशाल शाला दर्शकों के प्रतीक्षा-गृह के तौर पर अवश्य होती है। टिकट न पानेवाले वहाँ जाकर बैठ जाते हैं। टिकट लेकर भी लोग प्रतीक्षा करने के लिए वहाँ चले जाते हैं। किन्हीं-किन्हीं प्रतीक्षागृहों में तो गान-वाद्य का भी इन्तिजाम है। इसे हरेक पूँजीवादी देश फिजूलखर्ची समझेगा। सिनेमा का टिकट आप 1 रूबल में खरीदें, और मुफ्त में गान-वाद्य का आनन्द भी मिले। सोवियत के इन प्रतीक्षागृहों के साथ खाने-पीने की चीजों की दुकानें होती हैं। प्रतीक्षकों के वहाँ रहने से चीजों की बिक्री भी होती है। शायद इस बिक्री से प्रतीक्षागृह का खर्च निकल आता हो। फिनलैंड के लोग उसी वंश से सम्बन्ध रखते हैं, जिससे हमारे देश के द्रविड़-मुंडा लोग। भाषातत्वज्ञों का विचार है कि नव पाषाण युग में द्रविड़ों की पूर्वज जाति की एक शाखा उत्तर की ओर फेंक दी गई। उसी की सन्तानें कोमी, इस्तोनिया और फिनलैंड में आजकल रह रही हैं। हमारे यहाँ शुद्ध द्रविड़ की पहिचान शरीर का काला होना है, लेकिन हेलसिंकी में काले बालवाले नर-नारी भी मिलने बहुत मुश्किल थे। क्या 6-7 हजार वर्षों तक अतिशीतल प्रदेश में रहने के कारण इतना अन्तर हो गया? हाँ, हेलसिंकी की गलियों में भी ऐसे नर-नारी बहुत थे, जिनका फोटो लेकर यदि किसी शुद्ध द्रविड़ पुरुष-स्त्री के फोटो से मिलाया जाता तो समानता साफ दिखलाई पड़ती—फरक रंग का ही था, नहीं तो नाक, चेहरे की हड्डी और बनावट तथा शरीर की खर्दकायता एक ही जैसी थी।

हेलसिंकी को 'श्वेतद्वीप' ने 7 जुलाई के सबेरे छोड़ा। रास्ते में कई जगह उसने थोड़ी-थोड़ी देर तक रुककर, कहीं कोयला लिया और कहीं यात्री। अब जहाज में खाली स्थान नहीं रह गया था। मेरे दिमाग में अब भी फिनलैंड हलचल मचाए हुए था। 35 लाख की आबादीवाले देश में हेलसिंकी जैसे नगर, ट्राम, रेल, जहाज, विभान, युद्ध के बहुव्ययसाध्य यंत्र और आदमियों का सारा लिफाफा। फिर वहाँ के सैकड़ों यात्री मनोविनोद या किसी और काम के लिए स्वीडन और इंग्लैंड की यात्रा कर रहे थे। हमारे देश के लिए तो यह स्वप्न की-सी बात थी। पुराने रूस के पीतरबुर्ग जैसे नगरों में भी आभिजात्यवर्ग की सुख-सम्पत्ति बहुत रही होगी, लेकिन जन-साधारण रूसी तथा पराधीन एसियाई दरिद्रता की क्रूर चक्की में पिस रहे थे। सोवियत शासन का बहुत बड़ा काम यह है—समाजवाद के आधार पर अपने उद्योग-धंधों को बहुत तेजी से अत्यन्त विशाल रूप में प्रस्तुत करना। समाजवाद ने इतनी शक्ति और साधन पैदा किये, जिसके कारण रूस ने युद्ध में अपने को अजेय साबित कर दिया। संस्कृति और शिक्षा का जितना सार्वजनिक प्रसार वहाँ पर है, उतना कहीं पर भी देखने को नहीं मिलेगा। अब भी उसको करने को बहुत काम है। अपनी कितनी ही त्रुटियों को दूर करने की आवश्यकता है, लेकिन जो काम सोवियत शासन ने किया, उसके लिए हम उसके सात खून नहीं, हजार खून माफ करने के लिए तैयार हैं। समय के साथ सोवियत की नौकरशाही यांत्रिकता से अवश्य हटेगी, और उसके कार्यों में ज्यादा विकेन्द्रीकरण होगा। नगण्य से लोग जिनकी संख्या शायद हजार क्या, लाख में एक हो, यदि चाहते हैं कि सोवियत तंत्र और उसके नायकों के खिलाफ कुछ कहे तो उन्हें भी पूरा मौका दिया जाएगा, क्योंकि इससे कोई हानि नहीं हो सकती। ऐसी कुछ त्रुटियाँ—जिनका असर बहुत ही नगण्य-सी संख्या पर पड़ता है, वही हैं, जिनको लेकर सोवियत और समाजवाद के शत्रु दुनिया में तरह-तरह का प्रोपेगेंडा करते हैं। केवल इस खयाल से भी उन्हें हटाना होगा।

8 बजकर 10 मिनट पर 'श्वेतद्वीप' ने हेलसिंकी छोड़ा। यहाँ से हमने हवाई डाक से कई चिट्ठियाँ भेजीं।

स्टाकहोम—8 जुलाई को सबेरे समुद्र कुछ तरंगित था। 5 बजे शाम को देवदारों से आच्छादित स्वीडन की पथरीली भूमि दिखाई पड़ी। 6 बजे 'श्वेतद्वीप' फ्योर्ड में घुसा। स्वीडन और नार्वे अपने इन फ्योर्डों के लिए मशहूर हैं—समुद्र की मूँछें फ्योर्ड के रूप में स्थल के भीतर घुसी चली गई हैं। इनके किनारे बालुकाहीन तथा पथरीले हैं, किन्तु मिट्टी अवश्य है, तभी तो इन पथरीली पहाड़ियों और द्वीपों पर सब जगह हरे-भरे देवदार-जातीय वृक्ष दिखाई पड़ते हैं। एक-एक फ्योर्ड से निकलकर हजारों टेढ़े-मेढ़े सोते वे दूर तक चले गए हैं। एक घूम-घुमौधे फ्योर्ड के भीतर हमारा जहाज चला जा रहा था। किनारे की पहाड़ियों पर जगह-जगह लाल

टाइल के लाल-गृह बने हुए थे, जिनमें यातायात का साधन नौकाएँ थीं, जोकि अधिकतर मोटर-परिचालित थीं। हम राजधानी की ओर बढ़ रहे थे, इसलिए एकाध किला-बन्दी न हो, तो कैसे काम चलाता? लेकिन स्वीडन अपनी किला-बन्दी पर नहीं, बल्कि तटस्थता पर ज्यादा विश्वास रखता है। दो-दो महायुद्धों में वह तटस्थ बना रहा और हमारे देश के दो-तीन जिलों के बराबर के देश ने धन से अपने देश को मालामाल कर दिया। कभी यह छोटा-सा देश इतना शक्तिशाली था कि इसके विजेता रूस तक धावा मारते थे। उन्होंने ही वहाँ के रोइरिक राजवंश को जन्म दिया। 25 घंटे की यात्रा के बाद 9 बजे सबेरे 'श्वेतद्वीप' स्टाकहोम के तट पर जा लगा। शहर यहीं से शुरू हो जाता था। पासपोर्ट देखने दूखने में काफी देर लगी, शायद बोल्शेविकों के देश का जहाज था, इसलिए पूँजीवादी स्वीडन को बहुत भय था। मालूम हुआ, अब परसों शाम तक जहाज यहीं रहेगा। देखने के लिए बहुत समय था। काश, अगर पन्द्रह ही पौंड और हमारी जेब में होते तो हम आधे स्वीडन को देख आते। केवल 12 डालरों पर क्या भरोसा कर सकते थे, जबकि लन्दन में कुली और टैक्सी का पैसा भी इन्हीं में से चुकाना था। स्वीडन के अधिकारी ने पासपोर्ट देख दाखकर वहीं राशन का कार्ड भी दे दिया। लेकिन हम राशनकार्ड लेकर क्या करते, हमें तो 'श्वेतद्वीप' के भोजन पर ही सन्तोष करना था। नगर भी सामुद्रिक धाराओं के किनारे ही बसा हुआ है। जनसंख्या में स्वीडन फिनलैंड से दूना बड़ा है, इसलिए उसकी राजधानी भी हेलसिंकी से अधिक विशाल और भव्य होनी चाहिए। कितने ही मकान पास की पहाड़ियों पर बने होने से और भी अधिक बड़े मालूम होते हैं। लोग प्राय: सभी पिंगल या पांडु-केश थे। खोपड़ियाँ उनकी लम्बी तथा कद ऊँचे थे। इन्हें असली हिन्दी-यूरोपीय (आर्य) जाति का नमूना माना जाता है। अपेक्षाकृत यहाँ के लोगों में सौन्दर्य भी अधिक है, यह मानना पड़ेगा।

9 जुलाई को सारे दिन स्टाकहोम में रहना था। खर्च करने के लिए पैसे तो नहीं थे, भूखे रहने का भी डर नहीं था, इसलिए चाय और भोजन के समय को छोड़कर बाकी समय हमने अपने पैरों चलने में लगाया। टामस कुक की यहाँ शाखा थी, हमारा यात्री-चैक भी उसी का दिया हुआ था, किन्तु उसने उसे भुनाने में अपनी असमर्थता प्रकट की, क्योंकि चैकों पर स्वीडन का नाम नहीं था। 12 डालरों में से 7 डालरों को 3.6 क्रोनर प्रति डालर से भुना लिया, क्रोनर करीब-करीब एक रुपये के बराबर था। चीजें देखने में सस्ती मालूम हो रही थीं। 43 क्रोनर की अच्छी बरसाती मिल रही थी। सौ-सवा सौ क्रोनर का गरम सूट अवश्य सस्ता था। किताबें उतनी सस्ती नहीं थीं। स्टाकहोम गाइड (अंग्रेजी) को 5 क्रोनर में खरीदना पड़ा। अन्न-इफरात का पता इसी से मालूम होता था कि एक बाग में चिड़ियों के लिए रोटी के टुकड़े नहीं बल्कि तीन-चार छोटी-छोटी रोटियाँ फेंकी हुई थीं। कई डिपार्टमेंट स्टोर (महा दुकानें) थीं। फैशन भी खूब देखने में आता

था। राजा का प्रासाद विशाल और बहुत दूर तक फैला हुआ था। पार्लियामेंट का भवन भी बहुत ही भव्य था। नगर के पास में ही कई विशाल गृह थे। मजूरों की वेश-भूषा देखने पर मालूम होता था कि नगर और देश का सारा वैभव उनके लिए नहीं है, हालाँकि सबसे कठोर काम उनसे ही लिया जाता है। यहाँ की ट्रामवे और बसें अधिक साफ थीं और भीड़ भी कम थी। लन्दन के अखबार हवाई जहाज से यहाँ आते थे, हमने *टाइम्स* और दूसरे दो-एक पत्र लिये। मालूम हुआ, कलकत्ता में फिर हिन्दू-मुस्लमानों में झगड़ा हो गया, खून की नदी बह रही है। पाकिस्तान ने अनाज देना रोक दिया है। अब तक पाकिस्तान बन चुका था, यद्यपि अभी सीमा-कमीशन ने अपना कार्य नहीं खतम किया था।

10 जुलाई को फिर मेरे पैर स्टाकहोम की सड़कों पर थे। शहर पहाड़ी जगह में बसा हुआ है, लेकिन पहाड़ शिमले या मसूरी की तरह ऊँचे नहीं हैं, घरों और सड़कों के बनाने में अच्छी योजना से काम लिया है। नगर में जगह-जगह कितने ही उद्यान हैं। मैं एक बड़े उद्यान में गया। यह पता लगा, लोग विलासोपवनों में देवदारों को क्यों नहीं रखते। इनके पतझड़ का समय नियत न होने के कारण वह बराबर सूखे पत्ते गिराते रहते हैं। यदि नीचे घास भी हो, तब तो इन पत्तों का झाड़ना आसान नहीं है। उद्यान बड़ा मनोरम था।

95 क्रोनर अर्थात प्राय: एक रुपये में बाल बनाने का साबुन सस्ता नहीं कहा जा सकता। पोशाक जरूर सस्ती थी, यदि सिलाई के महँगे दाम को भी उसमें शामिल कर लिया जाए। उस दिन घूमते हुए मैंने लिखा था—"स्वीडिश नर-नारी कद में ही बड़े नहीं होते, बल्कि अपेक्षाकृत ज्यादा सुन्दर भी होते हैं। सभी दीर्घकपाल हैं।" स्वीडन हमारे दो बड़े जिलों के बराबर है और उसका यह वैभव! वह अपने लिए ही नहीं, सोवियत के लिए भी दर्जनों जहाज बना रहा है, जिसके लिए सारी सामग्री इसके कारखानों में तैयार होती है। हाँ, मोटर और विमान यहाँ भी अधिकतर बाहर से आते हैं। बाजार में दूसरी चीजें भी काफी विदेशी हैं। भारत की चीजों की एक दुकान थी, जिसमें हाथी दाँत की चीजें रखी थीं।

6 बजे शाम को 'श्वेतद्वीप' ने फिर लंगर उठाया। 11.40 बजे रात को अभी गोधूलि ही थी, फिर रात की क्या आशा की जा सकती थी। 11 जुलाई को हमने समुद्र में बिताया। आज समुद्र तरंगित था, किन्तु बहुत अधिक नहीं, तो भी लोगों ने खाना छोड़ दिया था, मुझे झूला झूलने का आनन्द आ रहा था। हमारा पोत समुद्र तट से नातिदूर चल रहा था। उसका मुँह दक्षिण और कभी-कभी दक्षिण-पश्चिम की ओर होता था। मैं कभी शाला में जाकर वहाँ रखी सोवियत सम्बन्धी अंग्रेजी पुस्तकें पढ़ता और कभी बाहर की ओर समुद्र और तट-भूमि का दृश्य देखता। कुछ अंग्रेजी भाषा-भाषी लोग भी हमारे जहाज में थे, लेकिन मेरा किसी से अधिक परिचय नहीं हुआ।

12 जुलाई को सबेरे ही तटभूमि दिखाई देने लगी। पहिले दाहिनी ओर डेनमार्क की भूमि और बाईं तरफ जर्मनी की! सवा दो बजे दिन को 'श्वेतद्वीप' कील नहर के मुख पर पहुँचा। इस नहर में हमें 6 घंटे चलना था। अगर नहर न होती, तो डेनमार्क और नार्वे के बीच से होते दो दिन से अधिक का चक्कर काटना पड़ता। तीन बजे से साढ़े नौ बजे तक 'श्वेतद्वीप' चलता रहा। गति 15 किलोमीतर प्रति घंटा रही होगी। नहर के दोनों तरफ पहिला नगर आया। घरों की छतें अधिकतर लाल टाइल की थीं। कारखानों की चिमनियाँ निर्धूम थीं। नहर में दो उल्टे पड़े जहाज विगत महायुद्ध का परिचय दे रहे थे। कारखाने भी जख्मी थे और तेल की टंकियाँ विदीर्ण पड़ी हुई थीं। वैसे युद्ध की ध्वंसलीला लेनिनग्राद की तुलना में बहुत ही कम थी। एक सहयात्रिणी अंग्रेज महिला कह रही थीं—"प्रदेश समृद्ध है।" इधर तो युद्ध केवल वैमानिक बम-वर्षा तक ही सीमित था। कील नहर स्वेज से दुगनी से अधिक चौड़ी है, इसमें एक साथ दो नहीं, तीन जहाज चल सकते हैं। कुछ दूर तक नहर आसपास की भूमि से ऊपर थी। नहर के आसपास कुछ कारखानेवाले कस्बे भी थे। बहुत-सी खेती लायक भूमि गोचर छोड़ दी गई थी, आखिर दूध और मांस की भी तो इस देश में अधिक जरूरत होती है। सारा प्रदेश हरा-भरा था। देवदार वन भी जहाँ-तहाँ थे। जर्मनी का यह भाग अंग्रेजों के हाथ में था, इसलिए कहीं-कहीं अंग्रेजी सेना की छावनियाँ भी दिखलाई पड़ती थीं। यह वह जर्मनी थी, जो संसार-विजय के लिए उठकर अब पराजित पड़ी हुई थी। यदि युद्ध का मद हिटलर के सिर पर सवार न हुआ होता, तो आज उसकी यह दशा क्यों होती? लेकिन पूँजीवाद का तो मतलब ही है युद्ध। शांति के वक्त में वह अपनों का खून पीता है, और युद्ध के समय परायों का। यदि शोषण सम्भव न होता तो देश के अधिकांश लोगों को दरिद्रता की मार न खानी पड़ती; यदि शोषण का लोभ न होता, तो दूसरे देशों से युद्ध करने की इच्छा न होती।

नहर के दूसरे छोर पर पहुँचकर घंटे से ज्यादा जहाज खड़ा रहा, और पौने दस बजे (लेनिनग्राद समय) वह फिर अतलांतिक समुद्र की ओर बढ़ा।

बाहरी समाचार हमें जो कुछ मिला था, वह स्टाकहोम में खरीदे अंग्रेजी पत्रों द्वारा ही। अब फिर सन्नाटा था। रेडियो बहुत कम काम देता था। खेलों में शतरंज की दो जोड़ी के सिवाय और कुछ नहीं था। शतरंज के मोहरे को मैंने देवलो की नजरबन्दी के समय हाथ लगाया तो था, लेकिन उसके लिए जितने समय की आवश्यकता है, उसे देने के लिए मैं कभी तैयार नहीं हुआ; इसलिए पुस्तकों और प्रकृति-निरीक्षण के सिवाय मन बहलाव का कोई साधन नहीं था। हाँ, इस समय मैं अपने ताजिक भाषा के अनुवाद किये *दासुन्दा* और *गुलामान* की आवृत्ति जरूर कर लेता था।

13 जुलाई (रविवार) को दिन-भर तटभूमि दिखाई नहीं पड़ी। 'श्वेतद्वीप'

इतनी तेजी दिखला रहा था कि परसों शाम की जगह कल ही लन्दन पहुँचने की उम्मीद थी। आज जहाज हिल-डुल ज्यादा रहा था। रेडियो की खबरों में पता लगा कि सिलहट ने 50 हजार के मताधिक्य से पाकिस्तान में जाने का निश्चय किया है।

14 जुलाई (सोमवार) को सबेरे 8 बजे ही 'श्वेतद्वीप' टेम्स के भीतर चल रहा था। लन्दन की धुंध ने आगे बढ़कर हमारा स्वागत किया, लेकिन लन्दन डॉक पर पहुँचते-पहुँचते वह छँट गई। साढ़े दस बजे हम तट पर पहुँचे। पासपोर्ट मामूली तौर से देखा गया। यात्रियों की सुख-सुविधा का खयाल अंग्रेज बहुत ज्यादा रखते हैं। जो देश ऐसा करेगा, वही अपने यहाँ पाकेट खाली कराने के लिए अधिक यात्रियों को बुला भी सकेगा। मेरे बड़े बक्स का कस्टमवालों ने मुँह-भर खोला, बाकी हमारे यह कह देने पर कि सभी पुस्तकें हैं, उन्होंने देखने की भी जरूरत नहीं समझी। यद्यपि वहीं मालूम हुआ कि भारत से चेकोस्लोवाकिया जाने के लिए आई एक भारतीय महिला के साथ की सब पुस्तकों को रखवा लिया गया था। उन पुस्तकों में शायद साम्यवाद के प्रचार की सामग्री हो, लेकिन मैं तो साम्यवाद की जन्मभूमि से आ रहा था। जहाज समय से 30 घंटा पहिले आया था। मैंने समझा, शायद बाँके जी इसी कारण नहीं आ सके। अब भारत का जहाज मिलने तक के लिए लन्दन में कहीं ठौर-ठिकाना ढूँढ़ने की जरूरत थी।

इंगलैंड में

जहाज घाट से टैक्सी करके मैं टामस कुक के मुख्य कार्यालय में गया, क्योंकि पहिले अपने चैक के बारे में पूछना था। वहाँ तक पहुँचने में घंटा भर लगा। सोचा था, सामान रखने की जगह मिल जाएगी, किन्तु वहाँ उसके लिए कोई स्थान नहीं था। शायद होटल का इन्तिजाम हो सकता था, किन्तु उसमें अपने पाकेट को देखना था। टैक्सी ड्राइवर ने सलाह दी कि सामान को स्टेशन में रख देना अच्छा होगा। मैंने वहाँ असबाब-घर में सामान रखा और भले मानुस टैक्सी ड्राइवर ने साढ़े तीन शिलिंग से 16 हिलग्रोव रोड में पहुँचा दिया, जहाँ पर बाँकेजी का रहना होता था। पता लगा, बाँकेजी तीन सप्ताह से एडिम्बरा की ओर चले गए हैं। हमारा तार आया था, जिसे वहाँ भेज दिया गया है। नहीं मालूम हो सका, वह भारत चलने के लिए तैयार है या नहीं, लेकिन अभी सबसे पहले तो ठहरने का कोई सस्ता प्रबन्ध करना था। इस बोर्डिंग-हाउस में बिहार के एक-दो विद्यार्थी थे। उन्होंने 35 लौंगरिज रोड पर वेयरली होटल का नाम दिया। मैं उक्त होटल में पहुँचा। वहाँ बहुत-से भारतीय थे। तीन गिन्नी, 3 पौंड 3 शिलिंग या 40 रुपये के करीब प्रति सप्ताह में एक कमरे में जगह मिली, जिसमें पहिले से ही एक भारतीय छात्र रह रहे थे। इसी में दो वक्त का भोजन भी शामिल था। 7 शिलिंग खर्च पड़ा, स्टेशन से टैक्सी पर सामान लाने में। अब हाथ में 55 पौंड रह गए थे। यह कहने की आवश्यकता नहीं कि रूस के लिए दिए गए चैक को टामस कुक यहाँ भुनाने को तैयार था। अब पैर जमीन पर था, इसलिए बहुत भय नहीं लग रहा था। अभी यह नहीं मालूम था, कि कितने दिनों बाद जहाज मिलेगा। पहिली चिट्ठी से मैं एक महीना प्रतीक्षा करने के लिए तैयार था।

लन्दन में जहाँ-तहाँ अब भी गिरे हुए मकान पड़े थे। लेनिनग्राद में ऐसा दृश्य देखने के लिए नगर के छोर पर जाने की आवश्यकता होती। लेनिनग्राद उस तरह भी लन्दन से बहुत सुन्दर था, उसकी सड़कें बड़ी प्रशस्त थीं। दोनों ओर

के मकान भी बड़े भव्य थे। सफाई यहाँ भी कम नहीं थी। हरेक चौरस्ते पर बड़ी भीड़ दिखाई पड़ती थी, जो लेनिनग्राद में दिन के किसी-किसी समय ही देखने को मिलती थी। लेनिनग्राद की सड़कें भी अधिक चौड़ी थीं, और यहाँ की सँकरी, कुछ तो टेढ़ी-मेढ़ी थीं। आज पता लगा, पाकिस्तान डोमीनियन के गवर्नर-जनरल मुहम्मद अली जिन्ना हुए।

दूसरे दिन बाँकेजी के एक मित्र से मालूम हुआ कि वह ऑपरेशन कराकर ग्लासगो में पड़े हुए हैं। यह भी मालूम हुआ कि वहाँ उनके एक डॉक्टर मित्र हैं। खैर, यह तो निश्चितता हुई कि वह अपरिचित स्थान में नहीं पड़े हैं। टामस कुक और इंडिया ऑफिस में जाकर भारत की यात्रा के लिए कुछ करना था, सोचा उसके बाद ग्लासगो चलेंगे। मेरे पास के 55 पौंड काफी नहीं थे।

शायद मैं अच्छी तरह सैर कर सकता था, लेकिन कुछ ऐसा बानक बना, कि दो हफ्ते और रहना पड़ा, लेकिन सैर उतनी नहीं हो सकी। इंडिया हाउस में अब भारत के उच्च आयुक्त मिस्टर मेनन का दरबार था। अंग्रेजों की तरह ही अब भी बेदर्दी से नौकर-चाकरों पर पैसा खर्च किया जा रहा था। नौकरशाही मशीन भी उसी तरह चल रही थी, लेकिन वहाँ के अंग्रेज कर्मचारी मिस्टर हार्डिंग ने बहुत सहृदयता दिखलाई। पी. ओ. कम्पनी के दफ़्तर में फोन करके बी. दर्जे के टिकट का प्रबन्ध कराके चिट्ठी लिख दी। मैंने सोचा था, बाँकेजी भी जाएँगे, इसलिए दो टिकटों का इन्तिजाम करवाया। किराया 54 पौंड देना था, अर्थात किराया चुका देने के बाद हाथ खाली हो जाता था। इंडिया ऑफिस से कुछ लेने के लिए प्रान्तीय सरकार से इजाजत मँगवाने की जरूरत थी। खैर, इतना हो जाने से यह तो मालूम हुआ कि चिट्ठियों में जिस तरह जहाज के न मिलने का डर दिखलाया गया था, वह बात नहीं थी।

अभी देखना-सुनना था, प्रस्थान-तिथि आदि के बारे में अभी कुछ तय नहीं हो पाया था। कम्युनिस्ट-पत्र *डेली वर्कर* से कुछ पता लगेगा। इस खयाल से मैं ढूँढ़ते-ढूँढ़ते वहाँ पहुँचा। मालूम हुआ कि मुरादाबाद के साथी शरफ अतहर यहीं पर हैं। मजूरों और किसानों की अवस्था देखने के लिए बतलाया गया, कि लन्दन पार्टी ऑफिस से उसका इन्तिजाम हो जाएगा। लन्दन कोई छोटा शहर थोड़ा ही है। 70-75 लाख की आबादी के शहर को एक जिला ही समिझए, इसलिए एक जगह से दूसरी जगह जाने में समय काफी लगता था। पैसे खर्च कम करने का इन्तिजाम लोगों ने कर रखा था। और भूगर्भी रेलों तथा बसों के द्वारा वह बहुत सस्ता पड़ता था। पार्टी ऑफिस ने परसों (18 जुलाई) मजूरों की बस्तियों को दिखलाने का वचन दिया। साथी शरफ को भी टेलीफोन कर दिया था। वह मेरे पुराने परिचित थे। शाम को वह मेरे स्थान पर आ गए और कहा कि किसानों और खेतिहर मजदूरों की अवस्था को भी देखिए, उसका भी प्रबन्ध कर दिया

जाएगा। 17 जुलाई को आसमान पर बादल घिरा हुआ था, जब-तब बूँदें पड़ती रहीं, शाम को तो अच्छी-खासी वर्षा हो गई। उस दिन रीजेंट पार्क, लन्दन के बड़े उद्यान को देखने गए। दूसरी जगह के चिड़ियाघरों को युद्ध ने उजाड़ दिया था। कलकत्ता के चिड़ियाघर में साँपों का बहुत ही विशाल संग्रह था, लेकिन जापानी बम पड़ने से मुक्त हजारों साँप कहीं नगर में न घुस जाएँ, इसलिए उनमें से बहुत को नष्ट और कितनों को स्थानान्तरित कर देना पड़ा। लन्दन का चिड़ियाघर अब भी अच्छी हालत में था। वानर, चिड़िया, चिम्पांजी, ऊँट, भालू, बाघ, सिंह सभी थे—सिंह-बाघ काफी संख्या में थे। लेनिनग्राद का चिड़ियाघर अच्छी हालत में रहते समय भी इससे छोटा ही था, अब तो वह उजड़-सा गया था। जार की सामन्तशाही सरकार चिड़ियाघर का महत्त्व केवल तमाशे के लिए समझती थी, लेकिन पूँजीवादी इंग्लैंड में उसको विज्ञान की प्रयोगशाला माना जाता था, इसलिए उसे समृद्ध रखने की पूरी कोशिश की गई थी। तभी अत्यन्त घने बसे हुए लन्दन के गर्भ में इतनी पड़ी हुई जमीन कुछ जरूरत से अधिक मालूम होती थी। पर जब कि एक बार जगह प्राणी उद्यान के लिए छोड़ दी गई, तो फिर आबादी के लिए उसमें से काटा कैसे जा सकता था? आज कोई रविवार या छुट्टी का दिन नहीं था, लेकिन दर्शकों की संख्या भारी थी।

रीजेंट पार्क के पास ही में कहीं पर ग्लौसिस्टर रोड था, जिसके एक मकान में पन्द्रह वर्ष पहिले मैं तीन महीना रह गया था। सोचा, चलो उसे भी देख लें, ढूँढ़ते-ढूँढ़ते वहाँ पहुँचा, किन्तु अब ग्लौसिस्टर-रोड की जगह उसका नाम ग्लौस्टर एवेन्यू हो गया था। उसके 41 नं. वाले मकान में अब कोई महाबोधि सभा नहीं थी। पुराने आदमी ने एक दूसरा घर बतलाया, जहाँ काम करते मजदूर से पूछने पर मालूम हुआ कि अब लोग हैम्पटन रोड के पास 29 इम्फेल्ड स्क्वायर में चले गए हैं। खैर, आदमी तो मेरे परिचित नहीं होंगे, ऊपर से बूँदें भी पड़ने लगी थीं, इसलिए वहाँ जाने का खयाल मैंने छोड़ दिया। आधुनिक युग के महान् बौद्ध मिशनरी अनागरिक धर्मपाल ने जिस मकान को खरीदा था, वह इसलिए कि इंग्लैंड में बौद्ध धर्म का एक अच्छा मंदिर और प्रचार केन्द्र बने, अब वहाँ उसका कोई पता नहीं था। मकान लड़ाई की बम वर्षा से बच गया था। लेकिन मालूम नहीं अब भी वह महाबोधि सोसायटी का है। मेरे पहुँचने से कुछ ही समय पहिले भारत स्वतंत्रता कानून को इंग्लैंड की कॉमन-सभा ने पास कर दिया था। आज लार्ड सभा ने भी उसे पास कर दिया। भारत ने स्वतंत्रता अपने बलिदानों से प्राप्त नहीं की बल्कि अंग्रेजों की सदिच्छा से यही इसका अभिप्राय था।

मजदूरों की बस्ती— पूर्व निश्चयानुसार 18 जुलाई को एक कम्युनिस्ट तरुण हैरी वाट्सन मुझे मजदूरों की बस्ती की ओर ले चले। 9 बजे से 3 बजे तक मैंने वेस्ट इंडिया डॉक, ईस्ट इंडिया डॉक, विक्टोरिया डॉक आदि का चक्कर काटा।

डॉक अर्थात जहाज घाट इंग्लैंड के लिए बड़े महत्त्व रखते थे। एक गुमनाम-सा छोटा टापू अपने व्यापार के बल पर ही विश्व की एक महान् शक्ति बना और वह व्यापार इन्हीं डॉकों से होता था। ईस्ट इंडिया से मतलब भारत और पूर्व के देश थे, जहाँ आने-जानेवाले जहाज इस घाट पर खड़े होते थे। गोया यह तीन शताब्दियों की इंग्लैंड की स्मृद्धि का कीर्ति स्तम्भ था। वेस्ट इंडिया डॉक से अमेरिका की ओर जहाज जाते रहे होंगे। डॉक में जहाज से माल की उतराई-चढ़ाई का काम होता था, जिसमें मजदूरों के हाथ ही काम आ सकते थे। वहाँ के मजदूर यद्यपि अधिकतर अंग्रेज थे, लेकिन ब्रिटिश साम्राज्य और दूसरे देशों के कितने ही आदमी भी यहाँ दिखाई देते थे। चीनी और भारतीय रेस्तोराँ भी थे। युद्ध के समय यहाँ बड़े जोर की बम-वर्षा हुई, इसलिए अधिकतर मकान ध्वस्त हो गए थे। कुछ घरों को अस्थायी तौर से रहने लायक बना दिया गया था। वैसे जिस गति से लेनिनग्राद में पुनर्निर्माण का काम हुआ, उसकी आधी गति से भी काम किया गया होता तो यहाँ बहुत से मकान तैयार हो गए होते। सैकड़ों घर ऐसे थे, जिनकी छतें-खिड़कियाँ दरवाजे नष्ट थे। उन्हें आसानी से मरम्मत करके आदमियों के रहने लायक बनाया जा सकता था, लेकिन लेनिनग्राद और लन्दन में बहुत अन्तर है। कहने को लन्दन में मजदूरों की सोशलिस्ट गवर्नमेंट शासन कर रही थी, लेकिन अब भी वैयक्तिक सम्पत्ति बहुत पवित्र समझी जाती थी। मकानवाले इन दीवारों को न स्वयं रहने लायक बना सकते थे, न नगरपालिका को ही इसके लिए अधिकार देते थे। खरीदने पर जो पैसा देना पड़ता, वह नगरपालिका की शक्ति के बाहर था। यह भी मालूम हुआ कि यहाँ के सारे मकानों के बनाने का काम ठेकेदार ही करते हैं। वह ऐसा ठेका लेने के लिए क्यों तैयार होंगे, जिसमें नफा कम हो। नये मकानों के बनाने के लिए वह तैयार थे, किन्तु इन मजबूत दीवारों पर छत रखने के लिए नहीं। हैरी ने बतलाया कि यहाँ पर सीधे बमों से मकानों को उतना नुकसान नहीं पहुँचा, जितना कि आग और हवा के धक्के से। एक पंचतल्ले मकान को दिखलाकर हैरी ने बतलाया : इस पर बम गिरते समय मैं पास में था। एक चटियल सी पड़ी जगह को दिखलाकर कहा : यहीं उड़न गोला (राकेट) गिरा था। पास में एक बड़ा जूट का गोदाम था, जो हफ्ते-भर जलता रहा। स्कूल की एक चौमंजिला इमारत का अब ढाँचा-भर खड़ा था। वैयक्तिक स्वार्थ और कामचोरों के कारण, न जाने कितने समय बाद का यह उजड़ा नगरोपान्त फिर आबाद हो सकेगा। और यह देश भी अभिमान कर रहा था कि उसके यहाँ समाजवादी मजदूर पार्टी का राज्य है। ऐसे समाजवाद से भगवान् बचाए, जिसको देखने के लिए बहुत शक्तिशाली अनुवीक्षण की जरूरत पड़ेगी। लेनिनग्राद और रूस से निश्चय ही अभी लन्दन और इंग्लैंड बहुत दूर है। लन्दन नगरपालिका चाहती है : मालगोदामों ने यहाँ भारी जगह घेर रखी है, उन्हें हटा कर नगर का विस्तार किया जाए, लोगों के लिए

अच्छे-अच्छे घर बनाए जाएँ, किन्तु भूमि के मालिक इतना दाम माँग रहे हैं कि जिसे दिया नहीं जा सकता।

एक जगह पर चीनी नाविकों के संघ का ऑफिस देखा। मुहल्ले में चीनियों की काफी संख्या थी। यद्यपि वह सारे शुद्ध चीनी न होकर अंग्रेज माताओं की सन्तान थे। चीनी मुखमुद्रा इतनी जबरदस्त होती है कि एक पीढ़ी में जरा-सा सम्पर्क हो जाने पर कई पीढ़ियों के लिए वह स्थिर हो जाती है, इसलिए चीनी मुखमुद्रा वाले किसी पुरुष के जानने के लिए अंग्रेज माता के बारे में पूछना पड़ेगा। इस मुहल्ले में भयंकर ध्वंस-लीला हुई थी। जो भी आदमी रह गए थे, उनके घर द्वार बहुत ही मैले-कुचैले थे। 1 बजे वाटसन मुझे डॉक-मजदूरों की सभा में ले गए। व्याख्यान मुझे नहीं देना था। वाटसन के खड़े होते ही दो सौ मजदूर आसपास जमा हो गए। छोटा-सा व्याख्यान था, कोयलावाले मजदूर कम से कम 6 पौंड प्रति सप्ताह मजूरी की माँग कर रहे हैं, उसका समर्थन करना चाहिए। अर्जन्तीन के तानाशाही की बीवी ईवा पेरोन यदि लन्दन आवे, तो उसके खिलाफ आम हड़ताल और प्रदर्शन होना चाहिए। ईस्ट इंडिया डॉक के फाटक पर सभा हुई, फिर घूमते हुए हम विक्टोरिया डॉक की तरफ गए। यहाँ भी ध्वंसलीला उसी तरह थी। इंग्लैंड का आहार इन्हीं डॉकों पर उतरता था, इसलिए हिटलर ने चाहा कि इनको नष्ट कर अंग्रेजों को भूखों मारा जाए। हम नगरपालिका के बनाए घरों की ओर गए। किराया 25 से 30 शिलिंग था, जो घरौंदे जैसे घरों के लिए जरूर अधिक था। निचले तले के घरों का किराया 10-11 शिलिंग था। सप्ताह में एक आदमी के भोजन पर 24 शिलिंग से कम खर्च नहीं होता था, यदि स्त्री-पुरुष और दो बच्चे हों, तो 38 शिलिंग अपना तथा 3 शिलिंग प्रति बच्चा स्कूल में देने पर उन्हें एक समय का भोजन मिलता। 4 व्यक्तियों के परिवार के लिए प्रति सप्ताह 5 पौंड की आवश्यकता थी। पुस्तकों का दाम भी ज्यादा था। वह इतनी दुर्लभ हो गई थीं; कि लड़कों को पढ़ाने के लिए पुरानी पुस्तकों को काम में लाया जाता था। सबसे सस्ते (युटिलिटी) सूट का दाम 4 पौंड 10 शिलिंग अर्थात 60 रुपये से अधिक था। ओवर कोट 20 पौंड, जूता ढाई से तीन पौंड, मजूरों का जूता (वर्किंग बूट) 25 से अट्ठाईस शिलिंग अर्थात 18 रुपया, जूते की मरम्मत पर 10 शिलिंग (6 रुपये से ऊपर), एक सूट के धुलवाने में 30 शिलिंग, सिनेमा का टिकट 1 से साढ़े चार शिलिंग तक, मामूली शराब एक पिंट का 1 शिलिंग, 20 सिगरेट का ढाई शिलिंग। जीवन इतना महँगा था, जब कि हरेक आदमी के लिए काम का मिलना निश्चित नहीं था। घर में बीमार होने पर अस्पताल सेविंग एसोसिएशन की मेम्बरी का चन्दा देनेवालों की ही मुफ्त चिकित्सा होती, नहीं तो साधारण डॉक्टर के लिए भी 3-4 गिन्नी प्रति सप्ताह देना पड़ता। पिता के बेकार होने पर बच्चे को मुफत दूध नहीं तो पौन शिलिंग पर 1 छटाँक दूध चूर्ण मिलता। वाटसन अपने एक परिचित के

घर में ले गए। ज्येष्ठ अविवाहित पुत्र माँ के साथ रहता था, और राज का काम करता था, जिससे उसे 4 पौंड 5 शिलिंग प्रति सप्ताह मिलता। दियासलाई के डब्बों की तरह के छोटे-छोटे चार कमरे थे, जिसमें 3 शयन-कोष्ठक और एक भोजन-कोष्ठक, रसोई की कोठी 5वीं थी। मकान का किराया 10 शिलिंग प्रति सप्ताह था—यदि ऊपरी मंजिल पर होता तो साढ़े ग्यारह शिलिंग देना पड़ता। बिजली का चार शिलिंग। चूल्हे की गैस का 5 या 6 शिलिंग प्रति सप्ताह अलग लगता। और कमानेवाला केवल साढ़े चार पौंड, यानी (85 शिलिंग) प्रति सप्ताह पाता था। हम कह चुके हैं, 2 बच्चे और 2 मियाँ-बीवी के भोजन का खर्च 100 शिलिंग होता था। अंग्रेज-मजदूर परिवारों की क्या अवस्था होती होगी, इसका अनुमान आप आसानी से कर सकते हैं। सोने की कोठरियों में लोहे की चारपाई पर ओढ़ने-बिछौने और मेज तथा बिजली बत्ती थी। इन मजूरों के सीने पर बैठे जमीन का मालिक, मकान का मालिक और किराया उगाहनेवाला एजेंट तीन-तीन कामचोर मौज कर रहे थे। इनका नाम लेने पर लेनिनग्रादवाले हँस पड़ते। मजदूर सरकार इसमें कोई दखल देने के लिए तैयार नहीं थी। कभी तो लड़ाई और कभी कम्युनिज्म के हौवे के नाम पर अमेरिका से रोटी-मक्खन आ रहा था। मजदूर नेता समझते थे, इसी तरह उनकी नैया पार हो जाएगी। लेकिन पहले से आज की स्थिति में इतना कम परिवर्तन होने के कारण लोग कहाँ तक मजदूर साम्राज्यवादियों की लम्बी-लम्बी बातों पर विश्वास करते? एक दिन जरूर वह उनहें निकाल बाहर करके ही रहते। प्रश्न यही था—मजदूर साम्राज्यवादियों को हटाकर टोरी साम्राज्यवादियों के निकृष्टतम शासन में जाएँगे, या ऐसे शासन-तंत्र में जो यहाँ से सारी दरिद्रताओं और दुःखों को सदा के लिए नष्ट कर दे!

लन्दन में अब खबरों का कोई घाटा नहीं था। दुनिया भर की मोटी-मोटी खबरें बात की बात में यहाँ के अखबारों में छप जातीं और अंग्रेजों की गुलामी के कारण हमें सुभीता था अंग्रेजी अखबारों को पढ़-सुन लेने का। 20 जुलाई को पता लगा, बर्मा में ओंग सांग और पाँच दूसरे मंत्रियों को गोली का शिकार बनाया गया। विरोधी पार्टी को तलवार से कुचलना अच्छा नहीं है, क्योंकि तलवार के बदले फिर तलवार उठने लगती है। भारत की अस्थायी सरकार बन गई, और सारे विभाग दो-दो में बाँटकर नये मंत्रियों को सुपुर्द कर दिये गए। लन्दन में अब भी भारतीय छात्रों का आगमन कम नहीं हुआ था, बल्कि जान पड़ता था इधर छात्रवृत्तियों के देने में अधिक उदारता दिखलाई जा रही थी। पौंड-पावना बहुत-सा इकट्ठा हो गया था, इसलिए उसे बड़ी बेदर्दी से खर्च किया जा रहा था—आखिर बैरिस्टरों या संस्कृत की पीएच.डी. कर आने के लिए पौंड को बराबर करने की क्या आवश्यकता थी? यदि छात्रवृत्ति देनी थी तो वह साइंस और टेक्नीकल शिक्षा के लिए होनी चाहिए।

21 जुलाई को बहुत सबेरे मैं घूमने निकला। सोचा पैसा कहीं खर्च न हो जाए, इसलिए पहले जहाज का टिकट ले आऊँ। पी.ओ. कम्पनी का जहाज स्ट्रेथमोर पहली अगस्त को यहाँ से चलकर 17 तारीख को बम्बई पहुँचनेवाला था। मैंने 54 पौंड देकर बम्बई का टिकट ले लिया। 21 जुलाई और 1 अगस्त में 10 दिनों का अन्तर था, जिसके लिए अब पास में पैसा नहीं रह गया था। 20 पौंड कर्ज लेने से काम चल सकता था। लेकिन इंडिया हाउस में तो प्रान्तीय सरकार से पूछकर ही रुपया मिलता, जो कि नौ मन तेल पर राधा के नाचने की शर्त थी। किसी ने हाई कमिश्नर को लिखने को कहा। टामस कुक के पास इधर कई दिनों न जाकर मैंने गलती की थी। वहाँ जाने पर मालूम हुआ कि 50-50 पौंड के दो बार दो ड्राफ्ट इम्पीरियल बैंक के नाम मेरे लिए आ चुके हैं। इम्पीरियल बैंक ब्राक-स्ट्रीट में था, जहाँ सारे बैंक ही बैंक थे। लक्ष्मी का प्रताप जहाँ रात-दिन विराज रहा हो, वहाँ की सड़कें, बनारस की कचौड़ी गली जैसी हों, यह कोई ठीक बात नहीं थी। सोचा, अब तो पैसा काफी आ गया, और इसको पौंड के रूप में भारत लौटाना अच्छा नहीं है।

अब निश्चिन्त होकर सैर-सपट्टे की बात सोचने लगा। 22 तारीख को ब्रिटिश म्यूजियम गया। सिर्फ एक शाला खुली थी, जिसमें थोड़ा-थोड़ा सभी चीजों का संग्रह था। उनके देखने में 30 मिनट भी नहीं लगे। बाकी के बारे में जो पता मालूम हुआ, उससे तो शायद सालों लगेंगे, ब्रिटिश म्यूजियम को फिर से सजाने में। इसकी तुलना लेनिनग्राद के एमिताज म्यूजियम से करने पर अंग्रेजों के सांस्कृतिक प्रेम की गति की मन्दता साफ मालूम होती थी। एमिताज में पिछले ही साल पच्चीसों हॉल खुल गए थे और अब की साल तो सौ के करीब हॉल सजाए जा चुके थे। मैंने वहाँ सिर्फ अपने काम की चीजों को देखा, फिर भी 6-7 घंटे पर्याप्त नहीं हुए। आज मैंने एक सफरी रेडियो खरीदा। यद्यपि अभी यह निश्चित नहीं था कि मुझे भारत में बिजलीवाले नगर में रहना पड़ेगा। कोशिश की, कि कोई बैटरी और बिजली-दोनोंवाला मिल जाता, किन्तु वैसा नहीं मिल सका। उस 1 दिन 5-6 घंटे का चक्कर कहीं पैदल, कहीं बस या भू-गर्भी ट्रेन से रहा। शाम को बिहार के परिचित अध्यापक-छात्र डॉक्टर ब्रह्मचारी, प्रो. दिवाकर विद्यार्थी आदि के साथ कई घंटों बातचीत होती रही। उन्होंने अपने आने से पहिले की भारत की स्थिति को बतलाया।

23 जुलाई को कई म्यूजियमों को देखा, जिसमें विक्टोरिया अल्बर्ट म्यूजियम, भूतत्व म्यूजियम, और साइंस म्यूजियम भी थे। भूतत्व और साइंस म्यूजियमों को करीब-करीब पूरी तौर से सजा दिया गया था, लेकिन ऐतिहासिक सामग्री तथा कला की चीजों के संग्रहालय विक्टोरिया अल्बर्ट म्यूजियम के सूक्ष्म चित्रोंवाले कुछ ही कमरे तैयार हो पाए थे। एसियायी चीजों के संग्रह को अभी बिलकुल ही

नहीं रखा गया था। मैं मध्य एसिया से सम्बन्ध रखनेवाली चीजों को देखने के लिए बड़ा उत्सुक था, लेकिन ब्रिटिश म्यूजियम की तरह इस म्यूजियम से भी हताश होना पड़ा। भूतत्व और साइंस के म्यूजियमों को इतनी जल्दी सजा देने से मालूम हो गया कि अंग्रेज कितने यथार्थवादी हैं। इंग्लैंड की भूमि में क्या-क्या सम्पत्ति है, और उसकी भूमि का निर्माण कैसे हुआ, इसे बतलाने के लिए एक-एक इलाके को भूतत्व म्यूजियम में अच्छी तरह दिखलाया गया था। वहाँ से निकलनेवाली चीजों का जहाँ संग्रह करके रखा गया था, वहाँ साथ ही नक्शे और रेखाचित्र बनाकर उन्हें अच्छी तरह समझा दिया गया था। लेक्चर का भी प्रबन्ध था। उस समय भीतर बहुत-सी छात्राएँ घूम रही थीं। अणुबम के युग में अब उरानियम (उरान) धातु का महत्त्व ज्यादा था, इसलिए उसके डले भी वहाँ रखे हुए थे। मुझे खयाल आ रहा था, भारत की भूमि भी रत्न-गर्भा है, कब वहाँ के भू-गर्भ की सामग्री इस तरह दिल्ली आदि में इकट्ठी की जाएगी और उसे छात्रों और लोगों को जानने का मौका मिलेगा। साइंस म्यूजियम में रेल, मोटर, विमान, जहाज, प्रेस, सिलाई आदि सैकड़ों प्रकार की मशीनों के विकास का इतिहास दिखलाया गया था। कुछ मशीनें तो वहाँ ऐसी रखी हुई थीं, जिन्हें आविष्कारक ने पहिले-पहिल निर्माण किया था। अल्बर्ट म्यूजियम की चित्रशाला में देखने से मालूम होता था कि इंग्लैंड पन्द्रहवीं सदी में ही वस्तुवादी हो गया था, जबकि रूस को वहाँ पहुँचने में 18वीं सदी तक इन्तिजार करना पड़ा। पार्चेतों में एक-दो भारतीयों के भी चित्र थे।

अभी तो भारत की डोमिनियन स्वतंत्रता का आरम्भ हुए समय ही कितना बीता था, तो भी दीख पड़ता था कि स्वतंत्रता के कारण देश की मनोवृत्ति में जो परिवर्तन होना चाहिए, उसका अभाव काफी समय तक रहेगा। भारतीय विद्यार्थियों की लन्दन में भरमार थी, संख्या शायद पहिले से भी अधिक थी। आश्चर्य तो यह था कि अभी कानून और कला की डिगरियों के लिए लोग दौड़े आ रहे थे। इंडिया हाउस में अब भी अंग्रेज कर्मचारियों की अधिकता थी और भारतीय कर्मचारियों के मनोभाव को देखकर काले साहब से अधिक नहीं कहा जा सकता था। इसी मुहल्ले में भारत विद्यार्थी संघ (इंडिया स्टूडेंट्स ब्यूरो) था, जहाँ भारतीय खाना मिल जाता था। हमारे होटल में दिल्ली के एक व्यवसायी जैन सज्जन ठहरे हुए थे। यद्यपि अब जैन होना असाधारण नहीं था, किन्तु उक्त सज्जन इस बात में ईमानदार थे। दिल्ली में उन्होंने स्टेशनरी का कारबार बीस वर्ष से अधिक हुए आरम्भ किया था। वह उन व्यवसायियों में नहीं थे, जिनको थोड़ा-सा लाभ हो जाने पर तेली के कोल्हू के बैल की तरह उतनी ही सीमा में घूमने और अधिक लाभ उठाने का खयाल रहता है। उन्होंने स्टेशनरी तैयार करने में काफी तरक्की की थी, जो कि उनके पास की छपी हुई सूचियों से मालूम होता था। वह महीने भर से अधिक समय से लन्दन में उसी सम्बन्ध में धूनी रमाए थे, और इंग्लैंड की कई जगहों में घूम-घूमकर वहाँ

से सीखने और लेने की चीजें ले रहे थे। पीछे वह इसी सिलसिले में जर्मनी और अमेरिका में भी घूमे। दिल्ली निवासी होने से दिल्ली की वह खिचड़ी मुस्लमानी पोशाक उनके लिए अपरिचित नहीं थी, जिसे कि नेहरू जी ने भारत की राष्ट्रीय पोशाक बनाने का बीड़ा उठाया है। पैर से सटा हुआ पतला पाजामा, शेरवानी और ऊपर किश्तीनुमा टोपी-दुबले-पतले नहीं थे, नहीं तो 'शंकर' कार्टून बनाने के लिए कलाकार को अधिक पैसा देने की आवश्यकता नहीं होती और फोटो से ही काम चल जाता। खैर, जैन भाई से पता लगा कि यहाँ पर भारतीय खाना भी मिलता है। इसी लालच से वह दसों मील का चक्कर काटकर ब्यूरो की भोजनशाला में जाते थे। यद्यपि यहाँ होटल में उनको निरामिष भोजन मिलने में कोई दिक्कत नहीं थी—यूरोप के किसी देश में, रूस में भी—निरामिष भोजन मिलने में कोई कठिनाई नहीं होती, क्योंकि रोटी, मक्खन, दूध, फल वहाँ काफी मिलते हैं, उबले आलू, गोभी के खाने का तो वहाँ रिवाज है। हाँ, निरामिषाहारियों को तली हुई चीजों से परहेज करना चाहिए, क्योंकि वहाँ तली हुई चीजों में चरबी इस्तेमाल की जाती है। पाव रोटी में कोई अंडा डालनेवाला बेवकूफ वहाँ नहीं मिलेगा, क्योंकि अंडा बहुत महँगी चीज है। पर अच्छे बिस्कुट और केक में उसके होने का डर अवश्य है। जैन भाई भारतीय भोजनशाला में जाया करते थे। 25 को हम भी गए। वहाँ घास-मांस दोनों तरह का प्रबन्ध था। मिर्च बहुत तेज मालूम हुई। मैं ऐसे देश से 25 महीने बाद आया था, जहाँ के आदमी मिर्च का नाम भी मुँह से निकलने पर तीखापन अनुभव करते हैं, जहाँ मसाले देखने को भी नहीं मिलते। मेरे पास कुछ काली मिर्च थी। एक दिन मैंने कपड़े की पोटली में चार-पाँच मिर्चें डालकर मांस-सूप में रख दिया। ईगर और लोला दोनों ही शिकायत कर रहे थे कि उनका हलक जल गया। आखिर मेरा हलक भी दो वर्ष से मिर्च की मार से मुक्त था। वैसे मैं मिर्च का बायकाट तो नहीं करता, लेकिन बहुत कम मिर्च खाता हूँ। बहुत दिनों से परित्यक्त होने से उस दिन मेरा भी हलक भारतीय भोजनालय के भोजन से जलने लगा और मैं फिर वहाँ नहीं गया। भारत में आने के बाद छह महीने तक मिर्च से अभ्यस्त होने के लिए गलननाली को तैयार करना पड़ा। विद्यार्थियों और व्यापारियों की इतनी भीड़ रहती थी कि लोगों को इन्तिजार करना पड़ता था। उस रेस्तराँ के लिए जगह भी छोटी थी। दूसरी जगह बड़ा घर किराए का मिल सकता था, लेकिन वह इंडिया-हाउस से दूर नहीं जाना चाहते थे, क्योंकि इंडिया के कर्मचारी, भारतीय व्यापारी, विद्यार्थी इधर आसपास अधिक रहते थे। व्यापारी काफी संख्या में लन्दन में रहते हैं। हमने देखा, स्यालकोट के बने खेल का सामान बेचनेवाले व्यापारी अपनी मजबूत, सुन्दर, और सस्ती खेल की चीजों से अपने और देश को काफी लाभ पहुँचा रहे हैं। विद्यार्थियों की यह बाढ़ तो बन्द होनी चाहिए। लेकिन वह बन्द कैसे हो सकती है, जबकि हरेक मंत्री और उच्च भारतीय

कर्मचारी अपने भाई-भतीजों को यहाँ की डिगरी दिलाकर बाजी मारना चाहता है, और उच्च नौकरियों के देने में अब भी अंग्रेजी भाषा का अंग्रेजों जैसा परिचय आवश्यक समझा जाता है। अंग्रेजों की टकसाल में ढली खोपड़ी अब भी अंग्रेजी को उसके स्थान से पदच्युत् करने के लिए तैयार नहीं है। इंडिया-हाउस को पढ़ने से भी इसी का प्रमाण मिलता था। वहाँ पत्र-पत्रिकाएँ बहुत थीं। किन्तु सरकारी पत्र *आजकल* और *फौजी अखबार* के अतिरिक्त सभी अंग्रेजी के थे। भारतीय खबरों के देने के लिए भी मेनन साहब और उनके अनुचरों को कोई परवाह नहीं थी। रूटर की मशीन से जो स्वयं मुद्रित खबरें निकलती रहती थीं, उन्हें वहाँ खड़े होकर आप पढ़ लीजिए। सप्ताह में एक बार बुलेटिन निकलता, उसमें भी मंत्रियों की कीर्ति और सरकार के कामों की ही बातें भरी रहतीं।

उस दिन मन में आया : इंग्लैंड में आए हैं तो यहाँ की चीजों को भी खाना चाहिए, इसके लिए फल से शुरू किया। फलों की दुकानों से सेब और काले अंगूर खरीद लाए। अंगूर अच्छे नहीं तो बुरे भी नहीं थे, लेकिन सेब तो इतने खट्टे थे कि उनकी चटनी ही खाई जा सकती थी, सो भी चीनी डालकर। इंग्लैंड के लोग जब अपने कारखानों की उपज और साम्राज्य की लूट से मक्खन, रोटी, मांस और अच्छे-अच्छे फल बाहर से सस्ते मँगाकर खा सकते हैं, तो उन्हें क्या आवश्यकता है, अच्छी जाति के फलों के उत्पादन की।

26 जुलाई को अब पाँच ही दिन रह गए थे। इसमें शक नहीं कि इतने दिनों को हमने लन्दन में बेकार नहीं खोया था, लेकिन स्काटलैंड तक के घूमने की जो आकांक्षा थी, वह पूरी होती दिखाई नहीं पड़ी। मैं तो कहूँगा सैलानियों के लिए एक से दो रहना आवश्यक है, क्योंकि दोनों की रुचि के समन्वय के लिए यात्रा ज्यादा अच्छी होती है। यदि मेरे साथ कोई और सैलानी होता, तो इतने दिनों में मैं इंग्लैंड, स्काटलैंड ही नहीं आयरलैंड की भी सैर कर आता। उत्तरी स्काटलैंड और वेल्श के बारे में मैंने जो पढ़ा था, उसके कारण वहाँ जाने की बड़ी इच्छा थी। खैर, भाई अतहर की कृपा से लन्दन के बाहर जाकर दो-तीन दिन बिताने का अवसर मुझे मिल गया। मैं 26 जुलाई को 9 बजे अपने स्थान से चला। अर्लकोर्ट स्टेशन हमारे पास था, वहाँ से विक्टोरिया स्टेशन तक भू-गर्भी रेल से गया। लन्दन की भू-गर्भी रेल बहुत पुरानी और बहुत कार्यक्षम भी है। यदि यह रेल न होती तो लन्दन में यातायात करना मुश्किल हो जाता। हर पाँच-पाँच मिनट पर ट्रेनें छूटती रहती हैं, और रास्ते में कोई डर न होने के कारण हवा से बातें करती चलती हैं। लन्दन की भू-गर्भी रेल और उसके स्टेशन मास्को का कभी मुकाबिला नहीं कर सकते, क्योंकि मास्को में वहाँ के शासकों ने कार्योपयोगी ट्रेन नहीं बनाई है बल्कि हर स्टेशन को ताजमहल का रूप देने की कोशिश की है, बहुत रंग के संगमरमर के पत्थर बड़ी कलापूर्ण रीति से लगाए गए हैं। प्रकाश दीपों को भी बड़े कमनीय

रूप से रखा गया है। भला पूँजीवादी लन्दन अपनी भू-गर्भी रेल पर इतना श्रम और धन क्यों खर्च करने लगा। विक्टोरिया स्टेशन पर हमने भू-गर्भी रेल छोड़ी और ऊपरवाली रेल पकड़ी। बीच में क्लैप हैम में ट्रेन बदलकर टेम्सडिक्टन पहुँचे।

इंग्लैंड का ग्राम— टेम्सडिक्टन लन्दन के बाहर है, लेकिन उसके घरों और सड़कों, बिजली और पानी के इन्तिजाम को देखकर उसे गाँव नहीं कह सकते। निवासी भी खेती का काम नहीं, बल्कि अधिकतर लन्दन या आसपास के कारखानों और कार्यालयों में काम करते हैं। अतहर भाई ने शायद सूचना दे दी थी, लेकिन समय नहीं बतलाया था। मुझे मिस्टर जान कोमर के घर का पता लगाने में दिक्कत नहीं हुई। वहाँ तक पहुँचने में एक घंटा लगा होगा। यहाँ अधिकतर निम्न-मध्य वर्ग के लोग रहते थे। उच्च-मध्य वर्ग के लोगों घर सरी में थे, जहाँ बहुत से पेन्शनर भारतीय आई.एस. परिवार भी रहा करते थे। जान कोमर और उसकी पत्नी मार्गरेट कोमर ने स्वागत किया। वहीं कैम्बरले (कार्लाइल) के एक साथी मिले। उन्होंने कैम्बरलैंड के बारे में बहुत-सी बातें बतलाईं। इस द्वीप के उत्तरी अंचल में यह वहुत पिछड़ा हुआ प्रदेश है। लोग ज्यादातर भेड़ पालते हैं। अधिकतर किसानों के अपने खेत हैं जो अच्छी हालत में हैं। उनके नौकर खेत मजदूरों की हालत बड़ी बुरी है। वह अपने मालिक के साथ रहते हैं। उनके पास न अपनी जमीन होती है, न अपना मकान। हमारे यहाँ के खेत मजदूर कम से कम अपनी झोंपड़ी तो रखते हैं। किसान अपने मजूरों के लिए चाहे बाहर झोंपड़े बना देता है, या अपने साथ रखता है। झोंपड़ों में बँधे हुए यह दास-से हैं, इसीलिए इस प्रथा को वहाँ 'टाइट काटेज' (बँधा झोंपड़ा) कहते हैं। सचमुच खेत मजदूर घर के बँधुए हैं। वह काम छोड़ने की हिम्मत नहीं कर सकते, क्योंकि उसका अर्थ है, परिवार सहित बेकाम ही नहीं, बेघर हो पथ का बटोही बनना। मजदूर सरकार ने कानून बनाया है, जिससे उन्हें 4 पौंड 10 शिलिंग (60 रुपया) प्रति सप्ताह मजूरी देनी पड़ेगी। लेकिन बेघर तथा जगह-जगह बिखरे हुए लोग अपने अधिकार को पूरी तरह इस्तेमाल कैसे कर सकेंगे। उक्त मित्र ने बतलाया कि कैम्बरलैंड में 'टाइट काटेज' प्रथा बहुत ही सख्त है। इस इलाके में सात हजार खेत-मजदूर होंगे। अब भी वहाँ पर मजदूर हाट लगती है, जहाँ पर मजूर अपना श्रम बेचने, और किसान उन्हें खरीदने के लिए आते हैं। यह दास-हाट का अवशेष है। पुराने काल की तरह ही मालिक मजूर को खरीदते वक्त उनके हाथ-पैर टटोलकर देखते हैं : वह काम करने की कितनी शक्ति रखता है। पहिले इंग्लैंड की बहुत-सी देहातों से यह हाट (हायरिंग मार्केट) लगती थी। अब उसके अवशेष कैम्बरलैंड जैसे पिछड़े इलाकों में ही हैं। इस पर भी अंग्रेज दुनिया को सभ्यता सिखलाने का दम भरते हैं। वस्तुतः अंग्रेज पूँजीपतियों, साम्राज्यवादियों की लूट से इंग्लैंड की साधारण जनता को बहुत फायदा नहीं हुआ है। कुछ फायदा न होता, तो वहाँ पर कम्ब का बोल्शेविज्म आ गया होता और

एटली की साम्राज्यशाही मजदूर पार्टी राज्य नहीं करने पाती। कैम्बरले का वर्णन सुन करके मेरे मुँह में पानी भर आता था, लेकिन अब दिन कहाँ था। जब दिन था तो हाथ में पैसा नहीं था, और जब हाथ में पैसा है तो दिन नहीं। रिचार्ड लेम्प एक किसान था। किसान कहने से भारतीय किसान नहीं कहना चाहिए। इंग्लैंड का किसान (फार्मर) अब छोटा किसान नहीं है। छोटे किसान पीढ़ियों पहिले अपना सब कुछ बेचकर या तो कारखानों के मजदूर बन गए या 'टाइट काटेज' वाले खेत-मजूर। लेम्प ने 25 जुलाई के *टाइम्स* में लिखा था—"खेत मजदूरों की मजदूरी को बढ़ाया जाएगा तो गजब हो जाएगा, यदि मूजरी की वृद्धि के अनुसार खेत की उपज के दाम में वृद्धि न की गई।" इंग्लैंड की खेती में विज्ञान का भी बहुत उपयोग नहीं किया जाता, इसलिए वहाँ उत्पादित चीजें महँगी होती हैं। इससे भी और महँगा करने पर बाहर से मँगाई चीजें बहुत सस्ती हो जाएँगी। देश की चीजों को कौन खरीदेगा, यदि विदेशी मुकाबले को दबाने के लिए भारी कर की दीवार नहीं खड़ी की गई। पिछली शताब्दी में दीवार खड़ी की गई थी, जिसका परिणाम अच्छा नहीं निकला था, क्योंकि इंग्लैंड स्वयं अपनी चीजों को दुनिया के बाजारों में निर्बाध रूप से बेचने का हिमायती था।

उक्त मित्र बतला रहे थे कि वहाँ 12-14 साल के विद्यार्थी भी खेतों में आलू चुनने के लिए जाते हैं। किसान खाने-पीने का प्रबन्ध करता है और कुछ पैसे दे देता है। बेचारे लड़के चाहते हैं कि कुछ पैसा कमा कर परिवार के खर्च में मदद करें। खेत मजदूरों में इधर संगठन हुआ है, उनके लिए पत्र भी निकाले गए हैं, लेकिन वह कारखानों की तरह एक जगह नहीं रहते कि कारखाने के फाटक पर खड़े होकर आप उन्हें व्याख्यान दे संगठित कर सकें। उस पर से किसान अपनी झोंपड़ी में बसाए मजदूरों पर काफी निगाह रखता है, जिसमें उस पर बाहरी प्रभाव न पड़े। कम्युनिस्ट सारी दुनिया की तरह इंग्लैड में भी सबसे अधिक मेहनती और स्वार्थ त्यागी हैं। वे इन खेतिहर मजूरों को संगठित करने की कोशिश कर रहे हैं, लेकिन इंग्लैंड की सारी संख्या में यह इतने कम हैं कि अपने संगठन और वोट द्वारा यह गवर्नमेंट पर प्रभाव नहीं डाल सकते। मजूरों पर अभी मजूर-पार्टी का प्रभाव है। खेतिहर मजदूरों के ऊपर हर वक्त भूख और विपत्ति की तलवार लटकती रहती है। बीमार होने पर मालिक घर छोड़ने को मजबूर करता है। किसानों का संगठन-नेशनल फार्मर्स यूनियन (राष्ट्रीय किसान संघ) बहुत मजबूत है, कृषि खेतिहर मजूर राष्ट्रीय संघ उतना मजबूत नहीं है, तब भी वह इस बात पर जोर दे रहा है कि सरकार अपनी ओर से खेतिहर मजदूरों के लिए जगह-जगह मकान बनवा दे, सस्ते किराए पर उन्हें दे दे। लेकिन फार्मर इसका कड़ा विरोध कर रहे हैं, अगर उनकी झोंपड़ी से वह निकल गए तो अपनी मजूरी के लिए उसी तरह लड़ेंगे, जिस तरह कारखानों के मजदूर। यह किसान टोरियों के सबसे अधिक

समर्थक हैं। 1951 के ब्रिटिश चुनाव में चर्चिल को जितानेवालों में सबसे बड़ा हाथ इन्हीं देहाती किसानों का रहा।

मिस्टर कोमर ने बतलाया—पश्चिमी इलाकों में यहाँ छोटे-छोटे किसान हैं, और पूर्व में बड़े-बड़े। नार्फोक में कोमर की अपनी 150 एकड़ की खेती है, जिनमें 130 एकड़ एक जगह और बीस एकड़ दूसरी जगह है। 20 एकड़ बेकार और 25 एकड़ घास की जमीन छोड़कर काफी में गेहूँ, जौ, बकला, गोभी, चुकन्दर, तरकारी बोई जाती है। उन्होंने अपने खेत को हाट नाम के एक किसान को दे रखा है। 1945 ई. में हजार पौंड में यह खेती उन्होंने खरीदी, 500 पौंड और लगाया, फिर 95 पौंड मालगुजारी पर दे दिया, जिसमें 25 पौंड सरकार को आयकर, 30 पौंड टाई (टिथे, धर्म-कर) सरकार के पास देना पड़ता है। जिस किसान ने ठेके पर खेती सँभाली है, उसके स्त्री-पुरुष और बेटा-बहू चार प्राणी खेत में काम करते हैं। कानून के मुताबिक खेत का मालिक तभी अपने असामी को हटा सकता है, जबकि वह खुद खेती करना चाहे। यदि कोमर स्वयं खेती करना चाहे, तो भी उन्हें एक साल पहिले नोटिस देना होगा और दो साल की मालगुजारी अर्थात 190 पौंड खेती करनेवाले को क्षति पूर्ति के तौर पर लौटाना पड़ेगा। उस वक्त जो कानून पार्लियामेंट में पेश होनेवाला था, उसके पास हो जाने पर जोतदार का हटाना और भी मुश्किल हो जाएगा। कोमर बतला रहे थे कि हमारे ठेकेदार के पास 12 गायें, 2 छोटे-बड़े ट्रेक्टर, एक दुहने की मशीन, एक मोटर, एक लॉरी, दो घोड़े, दो सूअर, बाहर सूअरियाँ और बहुत-सी मुर्गियाँ हैं। उसे अपनी गायों का दूध बेचने के लिए चिन्ता करने की आवश्यकता नहीं, दुग्धशाला की लॉरी घर पर आकर दूध ले जाती है।

उस खेतिहर की प्रगति के इतिहास को बतलाते हुए कोमर ने कहा—पहिले-पहिल वह 1920 में एक आटा मिल का मजूर था। 1920 से 1945 तक वह एक छोटी दुकान के साथ पोस्टमास्टर भी था, जिसको तीन पौंड सप्ताह वेतन मिलता था। पहिले उसने एक एकड़ भूमि लेकर तरकारी खेती शुरू की, तरकारियाँ काफी महँगी बिक रही थीं, उसके लाभ को देखकर उसने 50 एकड़ जमीन में खेती शुरू की। 1945 में कोमर की 150 एकड़ की खेती ठेके पर ले ली और उसी साल उसने पोस्टमास्टरी छोड़ दी। कोमर को हजार पौंड (13 हजार रुपया) खरीद पर खर्च करने के अतिरिक्त 100 पौंड लगाकर पानी का रास्ता ठीक करना पड़ा, जिसमें से आधा सरकार ने लौटा दिया। सीमेंट कराई, एक कमरा और रसोईघर तैयार कराने में 500 पौंड और लगे। सबसे अच्छी जमीन चचेरे भाई को 20 पौंड प्रति एकड़ पर बेच दी, जिससे बाकी जमीन 12 पौंड प्रति एकड़ पड़ी। जमीन में खलियानशाला, डेरी, अश्वशाला, पशुशाला के अतिरिक्त नीचे 3 और ऊपर 3 कमरे तथा एक रसोईघर है। भूमि बहुत उपजाऊ नहीं है। यदि 1930 का सन्

होता तो 95 की जगह 25 पौंड की मालगुजारी मिलती। डेढ़ हजार पौंड पर पचास पौंड का लाभ। कोमर दम्पती अपनी खेती को इस तरह दूसरे के हाथ में देकर अपने आप अब यहाँ नौकरी कर रहे थे। शायद यह अधिक शिक्षा का परिणाम हो। हमारे यहाँ भी यह बला फैल रही है। लेकिन दोनों पति-पत्नी कम्युनिज्म के समर्थक हैं, इसलिए यह नहीं कहा जा सकता कि वह जीवन से भागना चाहते हैं।

फलवाला इलाका इग्लैंड में दक्षिण की ओर है। हिमालय में भी सात हजार फुट से ऊपर की जगहों में सर्दी की अधिकता के कारण सेब और दूसरे फल खट्टे होते हैं और उनको फलों की भूमि में परिणत नहीं किया जा सकता। उत्तरी इंग्लैंड की यही हालत है। दक्षिणी इंग्लैंड कार्नवाल में इस बार पहिली बार बरफ पड़ी। वह बतला रहे थे कि नार्थ रोड से पूरब में उपजाऊ भूमि है। मालूम नहीं दक्षिणी इंग्लैंड के सेब भी वैसे ही होते हैं, जैसे कि मैंने उस दिन खरीदे।

इंग्लैंड और वेल्श के दुग्ध का व्यवसाय एक बड़ी डेरी संस्था के हाथ में है, जिसका हैडक्वारटर टेम्सडिट्टन में है। केवल उसके ऑफिस में 850 कर्मचारी हैं। कोमर वहीं अफसर हैं। हिसाब करना व लिखना आदि सभी मशीनों से होता है, नहीं तो कर्मचारियों की संख्या और भी अधिक होती। कार्यालय की इमारत देखने गए। वह बहुत विशाल थी। दूध का रोजगार ज्यादातर वेल्शवालों के हाथ में है। उप-डाइरेक्टर भी इस संस्था का एक वेल्श जन था। कार्यालय का मकान बहुत साफ और हवादार था। कोमर हमें शाम के वक्त रॉयल अर्सनल कोपरेटिव डेरी के कारखाने को दिखलाने के लिए ले गए। यहाँ सौ-सौ मील दूर से लॉरियों पर ढोकर हजारों मन दूध प्रतिदिन आता है। दूध एक सौ साठ डिगरी की भारी गर्मी में तपाकर निष्कृमित बनाया जाता है, फिर मशीनों में ठंडा करके बिना हाथ लगाए ही बोतलों में भर दिया जाता है, भरी हुई बोतलें छोटे-छोटे खुले ढाँचों में रखकर लॉरियों में पहुँच जाती हैं, जहाँ से वह ग्राहकों के दरवाजों की ओर जाती हैं। सबेरे के वक्त हरेक ग्राहक के दरवाजे पर दूध से भरी बोतलें मौजूद रहती हैं। दूध में मिलावट का वहाँ कोई सवाल नहीं है। कारखाने के कर्मचारी ने एक-एक चीज को घुमाकर दिखलाया और हम रात को 12 बजे घर लौटे।

कोमर परिवार को देखकर हम साधारण अंग्रेजी परिवार का अनुमान नहीं कर सकते थे। कम से कम स्वभाव में तो भारी अन्तर था। कोमर दम्पती कम्युनिज्म के भक्त होने से बनियापन को भूल चुके थे। उनके यहाँ मैं ही नहीं, बल्कि एक और भी उत्तरी इंग्लैंड में काम करनेवाले पुरुष मेहमान थे, साथ ही एक महिला भी परिवार में रहती थीं। हम दोनों मेहमानों को पैसा देने का मौका देने के लिए वह तैयार नहीं थे, वैसे मैं प्राचीन भारतीय प्रथा को पसन्द करता हूँ कि मेहमानी में जाने पर आदमी को खाली हाथ नहीं जाना चाहिए, आज के भारत में तो उस प्रथा की और भी आवश्यकता है। भरसक ऐसा करना चाहिए, जिसमें गृहपति को

मेहमान का बोझ हल्के से हल्का मालूम हो। हरी मटर की फलियों को उबाल या तलकर खाना वहाँ भी अच्छा समझा जाता है। श्रीमती कोमर छिलकों को फेंक रही थीं। मैंने उन्हें बतलाया कि इन छिलकों का भी उपयोग हो सकता है, केवल उनके भीतर के कड़े चमड़े को निकाल देना चाहिए। मैंने उनको दबाकर निकालकर दिखला भी दिया। उन्हें मेरे इस आविष्कार पर बड़ा आश्चर्य हुआ। मैंने कहा—यह मेरा आविष्कार नहीं है, तिब्बत में मैंने नरम फलियों के छिलकों को इसी तरह छीलकर कच्चा खाते देखा था, और इसकी तरकारी बनाकर स्वयं इसके स्वाद की परीक्षा की है। महँगी सब्जी में छिलकों का भी उपयोग लाभदायक है, यह गृहिणी को मालूम था, क्या जाने देखा-देखी पीछे और गृहिणियों ने भी छिलकों को फेंकना छोड़ दिया हो।

टेम्सडिट्टन एक नदी के किनारे बसा हुआ है, जिसके परले पार हैम्प्टन कोर्ट का प्रसिद्ध ऐतिहासिक प्रासाद है। 1732 ई. में कार्डिनल (रोमन कैथलिक पादरी) बोल्जेली ने इस प्रासाद को बनवाया था। सामने एक छोटा-सा सरोवर, वाटिका, हरे-भरे विशाल उपवन और मैदान हैं। 27 को रविवार का दिन था, इसलिए हजारों लोग उस वक्त हैम्प्टन कोर्ट में मनोविनोद के लिए आए थे। इसके बनाने में फ्रांस के मशहूर प्रासाद वर्साई की नकल करने की कोशिश की गई है। आजकल यह प्रासाद विनोद-वाटिका का रूप ले चुका है, लेकिन पहिले यहाँ भुक्खड़ लार्ड-परिवार के लोग रहा करते थे। पूर्वाह्न में हमने जाकर हैम्प्टन-कोर्ट को देखा।

अपराह्न में 30 मील दूर की एक खेती (फार्म) को दिखलाने के लिए लॉरी से हमें मि. कोमर ले गए। यह फार्म जंगल के बीच में है। इंग्लैंड की शस्य-श्यामला भूमि का सौन्दर्य यहाँ दिखलाई पड़ रहा था। प्रकृति ने इंग्लैंड को दरिद्र नहीं बनाया, यदि वह दुनिया का शोषण नहीं करता तो भी समृद्ध जीवन बिता सकता था। हाँ, भूमि सारी नीची-ऊँची है। यह फार्म किसी लार्ड का था, लेकिन उसके पास लन्दन में बहुत-सी जमीन और मकान हैं, शायद कम्पनियों में भागीदार भी था, इसलिए उसे फार्म की क्यों चिन्ता होने लगी? किसी खेतिहर परिवार को यहाँ बसा दिया था जो कि कोमर के भूतपूर्व पोस्टमास्टर की तरह अपनी खेती समझ कर काम नहीं करता—शायद उसके पास उतने शक्तिशाली हाथ भी नहीं थे। खेती शायद डेढ़-दो सौ एकड़ की होगी, लेकिन एक-तिहाई के करीब खेतों में बोए आलू को छोड़कर सारी खेती बेकार थी। मशीनें उपेक्षित पड़ी थीं, जई, गेहूँ और गोभी के खेती को देखकर यह कहना मुश्किल था कि वह घास के खेत हैं, या फसल के। जहाँ अन्न का इतना कष्ट हो, राशनिंग इतनी कड़ी रखनी पड़ती हो, वहाँ सौ-दो सौ एकड़ जमीन की इस तरह की बरबादी! सोवियत रूस में तो इसे भारी अपराध समझा जाता। फार्म के आस-पास दूर तक जंगल था, जिसमें लोमड़ी जैसे जानवर थे। इंग्लैंड के लार्ड को लोमड़ी के शिकार का बहुत शौक

है, और जगह-जगह हजारों एकड़ जंगल केवल इस शिकार की शौक मिटाने के लिए छोड़ रखे गए हैं। इंग्लैंड वस्तुत: खाद्य में स्वावलम्बी हो सकता है, यदि इन शिकार के शौकीनों को खत्म करके बहुत-से जंगलों को खेत के रूप में परिणत कर दिया जाए, और विज्ञान के आधुनिकतम साधनों को व्यापक पैमाने पर इस्तेमाल किया जाए। हम भी जंगल में दूर तक घूमते रहे। इतवार के दिन के सैलानी नर-नारी हजारों की संख्या में आए हुए थे। यातायात का हर जगह सुभीता होने के कारण लोग लन्दन की गलियों और उदासीन वातावरण को छोड़कर दिल बहलाव के लिए ऐसी जगहों में आ जाते हैं। एफिंग्लैम में हमने लौटते वक्त रेल पकड़ी। लन्दन के आस-पास दूर तक रेलों का बिजलीकरण हुआ है, लेकिन बम्बई या दूसरे देशों की तरह बिजली के तार आदमियों के पहुँच से दूर खम्भों पर नहीं टाँगे गए हैं, बल्कि दो रेलों के बीच में एक और रेल लगा दी गई है, जिसमें बिजली भरी रहती है। यदि प्राणी का पैर जरा-सा उसे छू जाए, तो एक सैकेंड में मौत अपना काम कर सकती है। मैंने पूछा—तब तो पशुओं और जंगली जानवरों में बहुत मरते होंगे। कोमर ने कहा—पहिले-पहिल बहुत मरे, लेकिन अब वह भी जानते हैं कि यहाँ पर मौत खड़ी है। पालतू पशुओं के रोकने के लिए तो किनारे तार भी लगे ही हुए थे।

दो दिन पूरा बिता, इंग्लैंड के ग्रामीण जीवन का थोड़ा-सा परिचय प्राप्त कर 28 जुलाई को मैं कोमर-दम्पती को बहुत-बहुत धन्यवाद दे साढ़े दस बजे लन्दन लौट आया।

मालूम हुआ था कि उत्तरी इंग्लैंड में घूमने के लिए मासिक टिकट मिल सकता है, जिससे कहीं पर भी उतरकर हम देख-भाल कर सकते हैं। लेकिन अब समय कहाँ था? आकर्पण तो बहुत हुआ, किन्तु मजबूरी। उस दिन अधिकतर अखबार और साथ लाई चीजें पढ़ते रहे। रेडियो को कम्पनी ने घर पर भेज दिया था। देखा उसमें सुदूर देशों की खबरें नहीं आ रही हैं। भारत के बारे में इतना मालूम हुआ कि मजदूर साम्राज्यवादियों ने भारत छोड़ते वक्त जो षड्यंत्र किया था, वह अब फल लानेवाला है। भारत को हिन्दुस्तान और पाकिस्तान में बाँटकर ही अंग्रेजों को सन्तोष नहीं हुआ बल्कि उन्होंने पुराने संधिपत्रों का बहाना करके हमारे यहाँ के छत्रधारियों को बिलकुल स्वतंत्र कर दिया था। ट्रावनकोर, हैदराबाद, भोपाल आदि कितने ही रजुल्लों ने अब अपने को सर्वत्र स्वतंत्र घोषित करने का संकल्प किया था और नवस्थापित राष्ट्रीय सरकार परेशान थी। लेकिन इन रजुल्लों को पता नहीं था कि अब भारतीय जनता सामन्तशाही युग से दूर हो चुकी है। अब वह अंग्रेजों की संरक्षित गुड़ियों को अधिक दिनों तक छाती पर कोदों दलने नहीं देगी।

लन्दन में राशन की कड़ाई थी। किसी भोजनालय में जाने पर तीन चीजें ही खाने को मिलती थीं। लेकिन अगर पास में पैसा हो तो आपको भूखे रहने की

आवश्यकता नहीं। आप एक रेस्तराँ से उठकर दूसरे रेस्तराँ में जाकर खा सकते थे, क्योंकि रूस की तरह राशन कार्ड का कड़ा नियम नहीं था। हाँ, गरीबों व कम वेतन पानेवालों के लिए जरूर आफत थी। मजदूर सरकार का कैसा अच्छा समाजवाद चल रहा था! वहाँ की सारी व्यवस्था देखने से ही पता लग जाता था, कि मजदूर-दल से गरीबों का हित नहीं हो सकता। वह लम्बी-लम्बी बातों में लोगों को फँसाना चाहती है, और निराश जनता को टोरियों की गोद में जाने के लिए तैयार कर रही है। वह इस बात में भाग्यवादी हैं कि शासक पार्टियाँ बारी-बारी से शासन की बागडोर अपने हाथ में सँभालती रहें। पाँच साल मजूर पार्टी राज्य करे, फिर पाँच साल टोरी। यह निश्चय है कि जब तक इंग्लैंड के आर्थिक ढाँचे को आमूल बदलकर शोषण को नहीं खतम किया जाता, तब तक जनता कभी मजदूर दल को अपना स्थायी शासक नहीं बना सकती। झूठे वादों की कलई खुलते ही नये निर्वाचन में वह विरोधी पार्टी को अपना वोट देगी। यह आँख-मिचौनी वहाँ के राजनीतिज्ञों के लिए विनोद की चीज हो सकती है, लेकिन साधारण जनता तो उससे बराबर पिसती रहेगी। हमारे देश के समाजवादी दोस्त भी इसी आदर्श को भारत में कायम करना चाहते हैं और चाहते हैं कि एटली और चर्चिल की तरह यहाँ भी जयप्रकाश और नेहरू की अदला-बदली होती रहे। लेकिन हिन्दुस्तान इंग्लैंड से बहुत अन्तर रखता है। उद्योग-प्रधान होने से इंग्लैंड दरिद्र देश नहीं है, भारत की दरिद्रता और भुखमरी के बारे में कुछ कहने की आवश्यकता नहीं है। हमारे यहाँ ऐसी आँख-मिचौनी से करोड़ों आदमी मृत्यु की बलि पर चढ़ जाएँगे।

29 तारीख को मैं नहाने के साबुन की खोज में निकला। कई दुकानों में ढूँढ़ने के बाद एक जगह स्थानीय साबुन था, लेकिन दुकानदार ने कहा कि इसके लिए राशनबुक की जरूरत है। मेरे पास वह नहीं थी। धोने के साबुन के बारे में भी ऐसी ही दिक्कत थी। मैंने सोचा था कि कुछ कपड़ों को धो लें, तो अच्छा, लेकिन वह नहीं हो सका। इसी तरह किताबों का भी अकाल-सा था। हाँ, अखबारों की कमी नहीं थी।

अब एक ही दिन हमारे लन्दन के निवास का रह गया था। मुझे एक दोस्त के लिए प्लांट की हिन्दी-अंग्रेजी डिक्शनरी की आवश्यकता थी। 3 पौंड 3 शिलिंग में वह मिल गई और मैंने 5 पौंड के बीमा के साथ उसे लेनिनग्राद भेज दिया। भारत में पीछे देखा कि यहाँ से सोवियत रूस में पुस्तकों को भेजना जितना मुश्किल है, उतना लन्दन में नहीं था। यहाँ तो उसके लिए विशेष अनुमति लेने की आवश्यकता पड़ती है, इसी कारण मैं अपनी पुस्तकों को रूस नहीं भेज सका। लन्दन में कुछ विशेष प्रकार के बहुत सस्ते रेस्तोराँ हैं। ए.बी.सी. की भोजनालय की सैकड़ों शाखाएँ नगर के भिन्न-भिन्न भागों में फैली हुई हैं। भोजनशाला में मेज-कुर्सियाँ पड़ी रहती हैं, परसनेवाले नौकरों की आवश्यकता नहीं होती, भोजन

करनेवाले स्वयं प्लेटें उठाकर परोसनेवालों के पास जा खाने की चीजों को लेकर अपनी मेज पर बैठते हैं। दूसरी भोजनशालाओं से इनका भोजन बुरा नहीं होता, और कम पैसा रखनेवाला आदमी भी मजे से खा लेता है। भोजनशाला की संचालिका कम्पनी हरेक वस्तु को थोक दाम पर खरीदती है, इसलिए वह रुपया डेढ़ रुपया में आदमी को भोजन करा सकती है।

31 जुलाई का आखिरी दिन आया। अपने तीन बक्सों को पहिले वाटरलू स्टेशन पर सौथम्प्टन के लिए दे आया। अपनी चीजों को रेलवे कम्पनियों या दूसरी यात्रा एजेंसियों को दे आइए, फिर चिन्ता करने की जरूरत नहीं, वह आपके गन्तव्य स्थान पर पहुँचती रहेंगी। डिपार्टमेंट स्टोर (महा दुकान) की तरह रेलवे एजेन्सियाँ भी सामान को घर पहुँचा दिया करती हैं।

प्रथम श्रेणी का टिकट लेकर सामान को सौथम्प्टन के लिए बुक कराने का किराया 6 शिलिंग के करीब पड़ा। टैक्सीवाले को सवा चार शिलिंग देना था, 5 शिलिंग देने पर भी उसने इनाम माँगा। मालूम हुआ कि अब इनाम और बख्सीस का सार्वजनिक व्यवहार इंग्लैंड में भी होने लगा। मध्याह्न-भोजन के लिए मैं एक रेस्तराँ में गया, जहाँ 3 रुपये में आधपेट भोजन मिला। 28 आना सेर नासपाती, 12-12 आने का एक-एक आड़ू खरीदते वक्त पता लगा कि फल भी यहाँ कितने महँगे हैं। आज पार्लियामेंट भवन को देखा और पास में वेस्टमिन्स्टर एबे को भी। पार्लियामेंट भवन को युद्ध के समय कुछ क्षति पहुँची थी, किन्तु अब उसकी मरम्मत हो चुकी थी। वेस्टमिन्स्टर एबे इंग्लैंड के सम्माननीय मुर्दों के कब्रिस्तान का भी काम देती है। पहिले यह एक मठ था, और आज भी इंग्लैंड के राजा का अभिषेक इसी में होता है। वीर-पूजा सभी देशों और कालों में पाई जाती है। वेस्टमिन्स्टर एबे में शरीर या शरीरावशेष का गाड़ा जाना, अथना नाम की तख्ती का लग जाना बड़े सम्मान की बात है।

भारत के लिए प्रस्थान

लन्दन से नजदीक के समुद्री बन्दरगाह सौथम्प्टन में पहिली अगस्त को 'स्ट्रेंमथोर' जहाज को पकड़ना था। चाय पीकर तैयार हो गया, लेकिन टैक्सी मिलने में देर हुआ। 6 शिलिंग (4 रुपया) पर वाटरलू स्टेशन के लिए टैक्सी मिली, जहाँ मैं सवा ग्यारह बजे पहुँचा, लेकिन जहाज सौथम्प्टन के लिए सवा बजे रवाना हुई। 2 घंटे का रास्ता था। यह कहने की आवश्यकता नहीं कि इस ट्रेन में सभी सामुद्रिक यात्री थे, जिनमें बहुत-से भारतीय भी थे। ट्रेन बहुत बड़ी थी। 5 शिलिंग में हमें मध्याह्न भोजन मिल गया और दो घंटे की यात्रा के बाद जहाज के पास लगी। टिकट, पासपोर्ट देखा गया। स्टीमर में गए। बी. क्लास में काफी भीड़ थी, बल्कि 'श्वेतद्वीप' से मुकाबिला करने पर दोनों में स्वर्ग और नरक का अन्तर था। कहाँ 'श्वेतद्वीप' की सफाई, बढ़िया सजावट, सुख-सुविधा का हर तरह का ध्यान और कहाँ यह जानवरों का पिंजड़ा, ए. क्लास में केबिन (कोठरी) था, किन्तु बी. क्लास तो नीचे-ऊपर मचान-बँधा नील का गोदाम था। मुझे 39 वर्ष पहिले की बात याद आई। अपर प्राइमरी स्कूल पास कर मैं मिडिल स्कूल में पढ़ने के लिए निज़ामाबाद, आजमगढ़ गया था। निजामाबाद से प्लेग होने के कारण स्कूल उठकर टौंस नदी के परले पार एक परित्यक्त नील-गोदाम में हो रहा था। नील का व्यवसाय तब तक जर्मनी के कृत्रिम रंग (ऐनी लाइट) द्वारा खत्म हो चुका था, लेकिन अब भी लोग आशा लगाए थे, इसलिए गोदाम ध्वस्त नहीं हो पाया था। नील की टिकियों को सुखाने के लिए नीचे-ऊपर कई तरह के मचान बँधे हुए थे। यही विद्यार्थियों का बोर्डिंग था। लेकिन वह इतना महँगा नहीं था। यही मचान अब 17 दिन के लिए हमारा घर था। भीड़ भी काफी थी। यदि केबिन का इन्तिजाम नहीं कर सकते थे, तो किराया कम करना चाहिए था, लेकिन युद्ध ने हरेक चीज की दर बढ़ा दी थी। युद्ध के समय अधिक से अधिक सैनिकों को भरकर एक जगह से दूसरी जगह ले जाना पड़ता था, इसलिए केबिन तोड़कर मचान स्थापित हुए। कह रहे थे, मचान

तोड़कर फिर केबिन बनेगा, लेकिन तब किराया 70-72 पौंड हो जाएगा। युद्ध ने केवल मुसाफिरों के किराए को ही नहीं बढ़ाया था, बल्कि मजदूरों की मजदूरी भी बढ़ा दी थी। सबसे कम वेतन कोयलावाले का था, युद्ध के पहिले 23 रुपया मासिक था, अब वह 90 रुपया हो गया था, 50 रुपया पानेवाला सारंग अब 200 पा रहा था। 'स्ट्रेथमोर' में दूसरे जहाजों की तरह हिन्दुस्तानी मल्लाहों को रखा जाता था। अंग्रेज मजदूर इतने वेतन पर नहीं मिलते, इसलिए अंग्रेज सेठ हिन्दुस्तानियों को भरती कर चौगुना नफा कमाने की फिकर में थे।

1940 से 1942 तक के ढाई वर्षों के जेल जीवन में मैंने सिगरेट पीना सीख लिया था। बाहर निकलने पर भी वह जारी रहा। ईरान के सात महीने में भी वह दिल बहाव का साधन था। लेकिन मुझे सिगरेट में कभी रस नहीं आया। मेरे सिगरेटची दोस्त कहते थे, कि 50 सिगरेट रोज पीने पर किसी-किसी समय रस आता है। मेरी वहाँ तक पहुँचने की सामर्थ्य नहीं थी। मुझे तो ऐसा ही मालूम होता था, मानो आदत पड़ जाने से कोई लकड़ी मुँह में दे ली हो, इसलिए जिस दिन तेहरान से सोवियत जाने के लिए विमान पर पैर रखा, उसी दिन (3 जून, 1945) सिगरेट पीना छोड़ दिया। सारे सोवियत और लन्दन-प्रवास में सिगरेट नहीं पिया। वैसे बढ़िया सिगरेट कौन होती है और घटिया कौन, नरम कौन होती है, और कड़ी कौन, इसकी परख मालूम हो गई थी। कर का कोई झगड़ा न होने के कारण 'स्ट्रेथमोर' पर बहुत बढ़िया सिगरेट सस्ते दाम पर बिक रही थी। 17 दिन के जहाजी सफर में अब मुझे कोई गम्भीर काम करने का मौका मिलनेवाला नहीं था। भला मचानों में एक-दूसरे के साथ लेटे लोग क्या पढ़-लिख सकते थे? बाहर डैक पर कपड़े की कुर्सियाँ पड़ी थीं, जिनकी संख्या इतनी नहीं थी, कि हरेक मुसाफिर बैठ सके। बैठने पर फिर गप-शप शुरू हो जाती थी। एक तो बहुत सालों बाद भारतीयों से भेंट हुई थी, इसलिए मुझे भी बहुत-सी बातें जानने की उत्सुकता थी, दूसरे रूस में 25 महीने रहकर मैं लौट रहा था, इससे हमारे भारतीय बन्धु भी उस रहस्यमय देश के बारे में बहुत-सी बातें जानना चाहते थे। यह कह सकता हूँ कि 17 दिनों में प्रायः प्रतिदिन 6-7 घंटों के लिए कहने की बातों का मेरे पास टोटा नहीं था। वैसे श्रोता बदलते रहते थे और उनकी जिज्ञासाएँ भी बदलती रहती थीं। बात करने में सिगरेट का कश अगर बीच-बीच में लिया जाए, तो रस जरूर कुछ अधिक आने लगता है, चाहे यह कारण समझिए, या सस्ते बढ़िया सिगरेटों का सुलभ होना समझिए, जिस दिन मैंने 'स्ट्रेथमोर' पर पैर रखा, उसी दिन से सिगरेट को फिर शुरू कर दिया, जिसका अन्त गाँधीजी की अस्थियों के प्रयाग में प्रवाह के दिन ही हुआ। ए और बी क्लास का निवास अलग-अलग था। ए क्लास के केबिन अच्छे थे, लेकिन खाना दोनों क्लासों का एक ही जैसा था। स्नानागार, पाखाना भी ए का बेहतर था। बी क्लास में सारे भारतीय थे जिनमें अधिकांश

विद्यार्थी थे, जो बैरिस्टर, डॉक्टर या और कोई डिगरी प्राप्त कर लन्दन से भारत लौट रहे थे। ग्वालियर के शंकरराव पिसाल दर्जी का डिप्लोमा लेने आए थे, और दो मास रहकर सफल लौट रहे थे। उनके ग्राहकों पर लन्दन से डिप्लोमा प्राप्त दर्जी का रोब जरूर पड़ेगा। लेकिन सीवन कला पर उनकी पुस्तकें पहिले से ही चलती थीं। कितने ही समय से वह सीवन कला पर अपना पत्र भी निकाल रहे थे। क्या यह पर्याप्त नहीं था? खैर, लन्दन में उन्हें बहुत अधिक सीखना नहीं था। डिप्लोमा देनेवाले भी उनकी योग्यता को जानते थे, इसलिए दो महीने से अधिक ठहरने की जरूरत नहीं पड़ी। हमारे साथियों में एक भारतीय मेजर थे, जो बलिया की हैलटशाही में सैनिक अफसर रह चुके थे। वह बलिया के लोगों पर सैनिकों के अत्याचार से बिलकुल इनकार करते थे। कहते थे—"वह सब काम पुलिस का था, जिसे सैनिकों के मत्थे मढ़ा गया।" 'स्ट्रेथमोर' का खाना बुरा नहीं था, और कभी-कभी भारतीय भोजन भी मिल जाता था।

'स्ट्रेथमोर' कल शाम को किसी वक्त चला था। 2 अगस्त को साढ़े तेईस हजार टन का यह भारी जहाज अब तट से इतना दूर चल रहा था कि हमें किनारा दिखलाई नहीं पड़ता था। जहाज की गति काफी तेज थी। 24 घंटा मचान में रहने के बाद तो हम कहने लगे कि यह तीसरे दरजे से भी बुरा है। वहाँ सबसे असह्य चीज थी गन्दा पाखाना। पीछे कुछ परिचय प्राप्त हो जाने पर स्नान का प्रबन्ध हमने ए क्लास में कर लिया। उस वक्त सभी भारतीयों में 15 अगस्त (1947) की चर्चा थी। हमारे लिए क्यों, यह हमारे देश के लिए सबसे बड़ी घटना थी, क्योंकि उस दिन तलवार के जोर पर दखल करनेवाली अंग्रेजों की सेनाएँ भारत को छोड़ जाने वाली थीं। हमारा देश अपने भाग्य का विधाता होनेवाला था। मैंने हमेशा इसकी इस रूप में लिया, यद्यपि इसका यह मतलब नहीं कि अपनी स्वतंत्रता को मैं परिसीमित नहीं समझता था। लेकिन यह परिसीमित अंग्रेजों के हाथों से नहीं हो रहा था, बल्कि उनके चेले-चाँटे जो भारत में पैदा हुए, अमेरिका के मुक्त हब्शी गुलाम की तरह अपने बैरा को मालिक के अस्तबल में ही रखना चाहते थे, और अब भी चाह रहे हैं। देश में स्वतंत्रता के लिए कितनी बार बड़े-बड़े बलिदान सामूहिक और वैयक्तिक रूप में हुए, उन्हीं बलिदानों और राष्ट्र की नवजागृति के कारण अंग्रेजों ने समझा, कि अब देश पर शासन करना बहुत महँगा पड़ेगा, जिसके लिए हमारे पास साधन और शक्ति दोनों नहीं हैं। भारतीय नौ-सैनिकों के विद्रोह ने खतरे की घंटी बजा दी और दिवालिया ब्रिटिश सरकार को जल्दी-जल्दी अपना बोरिया-बँधना बाँधकर भारत छोड़ने के लिए मजबूर होना पड़ा।

यह कैसे हो सकता था कि 'स्ट्रेथमोर' के भारतीय 15 अगस्त मनाने के लिए लालायित न होते? हम 17 अगस्त से पहिले बम्बई नहीं पहुँच सकते थे, इसलिए उस महोत्सव को देश में नहीं बल्कि जहाज में मना सकते थे। लेकिन

जहाज में भारतीय और पाकिस्तान दोनों के नागरिक थे और जिस मनोवृत्ति के कारण एक देश के दो देश बने, वह वहाँ पर मौजूद थी, इसलिए महोत्सव को इस तरह मानना था, जिसमें भारतीय और पाकिस्तानी दोनों सम्मिलित हो सके। तय हुआ कि दोनों देशों के झंडे फहराए जाएँ। भारत और पाकिस्तान के महामंत्रियों के पास शुभ सन्देश भेजे जाएँ, बच्चों को मिठाइयाँ खिलाई जाएँ, और इसके साथ ही कुछ मनोविनोद और मनोरंजन के प्रोग्राम रखे जाएँ।

महोत्सव-कमिटी जहाज पर चढ़ने के दूसरे ही दिन बना ली गई थी। चौबीस घंटे ही में भारतीयों में मेरा कुछ अधिक परिचय शायद रूस से आने के कारण हो गया, उसका परिणाम यह हुआ कि मैं भी कमिटी का मेम्बर बना दिया गया—राजनीतिक जीवन के बाहर इस तरह के सार्वजनिक परिदर्शन के पदों पर रहना मैं कभी पसन्द नहीं करता था।

3 अगस्त को परिचय बढ़ने का और परिणाम यह हुआ, कि अब मैं कुछ पढ़ नहीं सकता था और जिन अनुवादों (गुलामान) की मैं आवृत्ति करना चाहता था, वह भी नहीं हो सकता था। अधिकतर समय बात चीत में लगता था। पाकिस्तान के हिन्दू घबड़ाए हुए थे, यह हमारे साथ के यात्रियों की बातों से मालूम हो रहा : था। एक सिन्धी व्यापारी कह रहे थे : हमारी पूँजी तो द्रव होती है, इसलिए हम अपने हैड क्वार्टर को भारत में परिवर्तित कर देंगे। देश के भीतर पराक्रम और अध्यवसाय का बहुत से लोगों को परिचय है, लेकिन सिन्धियों के बारे में बहुत कम लोग जानते हैं। दुनिया का कोई देश नहीं जहाँ सिन्धी दुकानदार न पहुँचे हों। क्रान्ति के पहले वह रूस के बहुत-से नगरों में भी थे, और बाकू के सिन्धी व्यापारियों ने तो वहाँ की बड़ी ज्वालामाई को अपनी श्रद्धा-भक्ति से खूब जाग्रत कर रखा था। ज्वालामाई के मठ में हमेशा भारतीय साधु रहा करते थे। दूसरे देशों में, चाहे जापान को ले लीजिए, या कोरिया को, मंचूरिया को ले लीजिए या मिस्र को, अफ्रीका और उत्तर-दक्षिण-पश्चिम के भिन्न-भिन्न देशों को ले लीजिए या दक्षिणी अमेरिका को कहीं भी रेशमी तथा दूसरे बढ़िया कपड़े के व्यापारी सिन्धियों को अवश्य पाएँगे। इन व्यापारियों के घर कराँची, हैदराबाद, शिकारपुर में हैं, लेकिन वह घर कभी दो-तीन वर्ष बाद ही आते हैं। वह अपने गुमाश्तों और मुनीमों को अपने देश ले जाते हैं, जिन्हें देश की अपेक्षा काफी अधिक वेतन मिलता है, और दुनिया की सैर करने का सुभीता भी, यद्यपि सभी नौकर सैलानी तबीयत के नहीं होते। पाकिस्तान के कारखानों में जिनकी पूँजी लगी है, उन हिन्दुओं के लिए भारी दिक्कत थी, और वह बहुत परेशान थे।

अभी जहाज के हिन्दू-मुसल्मानों को आगे आनेवाले संकट का पता नहीं था। वे समझते थे, जैसे कागज पर आसानी से देश का बँटवारा हो गया, वैसे ही आदमियों के मनों का भी परिवर्तन हो जाएगा। एक लाहौर के सरदार साहब हमारे

सहयात्री थे। अभी सीमा कमिटी ने अपनी रिपोर्ट नहीं दी थी। लेकिन उनका पूरा विश्वास था कि लाहौर पाकिस्तान को नहीं भारत को मिलकर रहेगा, क्योंकि लाहौर में मुसल्मानों की नहीं गैर-मुस्लमानों की संख्या अधिक है। मैंने कहा—"कोई बहुत भू-भाग किसी देश में द्वीप की तरह दूसरे देश के अधीन नहीं रह सकता और आप यह जानते हैं कि लाहौर के आस-पास के गाँवों में मुस्लमान ही सबसे अधिक हैं।" इस पर उन्होंने कितने ही सिक्खों के मनोभावों को प्रकट करते हुए कहा—"खून की नदियाँ बह जाएँगी, यदि लाहौर को पाकिस्तान के हाथ में दिया गया।" मेरा कहना था—"खून की नदियाँ बह सकती हैं, लेकिन उसका परिणाम जो आप चाहते हैं वह नहीं होगा!" असल में पिछले 25 सालों में जब हिन्दुओं और सिक्खों के लिए मुस्लमान-प्रधान पंजाबी इलाकों में अपनी सूद-सवाई और दुकानदारी का उतना सुभीता गाँवों में नहीं रहा, न गाँववालों की जमीन ही तिकड़म से अपने हाथ में करके उससे खूब फायदा उठाया जा सकता था, तब वे भाग-भागकर शहरों की ओर आने लगे। लाहौर का आकर्षण उनके लिए बहुत अधिक था। मैं पहिले-पहिल 1916 में लाहौर गया था। उस समय मैंने जो लाहौर देखा था, उससे 1943-1944 के लाहौर में बहुत अन्तर पाया। सिक्ख-हिन्दुओं की बदौलत शहर बहुत बढ़ गया था, और रामनगर, कृष्णनगर, सन्तनगर जैसे कितने ही लाहौर के शाखानगर आबाद हो गए थे। वहाँ लोगों ने अपनी कमाई लगाकर पक्के प्रासाद और मकान, खड़े कर दिये थे। उन्हें अपने इस धन और श्रम का मोह था, जिससे उनको पूरी आशा थी कि लाहौर को अंग्रेज पाकिस्तान के हाथ में नहीं देंगे। वह भूल जाते थे कि अंग्रेज किसी सदिच्छा से प्रेरित होकर हिन्दुस्तान का परित्याग या बँटवारा नहीं कर रहे हैं। यदि बँटवारे के परिणामस्वरूप देश में खून की नदियाँ बहें, तो उन्हें बड़ी प्रसनता होगी और वे कहेंगे—देखा, हमारे रहने से देश की क्या हालत थी और अब निकलने से क्या हालत हुई। जितना अधिक-से-अधिक झगड़े के कारण हिन्दुस्तान में रहें, उतनी ही अंग्रेजों को प्रसन्नता होगी और उतना ही हिन्दुस्तान के दोनों देश अपने पुराने प्रभुओं की खुशामद के लिए तैयार रहेंगे! रियासतों को वे ऐसी अवस्था में रख गए थे, जिसके कारण तरह-तरह का भय होने लगा था। हमारे साथियों में से कुछ का विश्वास था कि छोटी-छोटी रियासतें न सही, हैदराबाद, मैसूर, ट्रावनकोर, बड़ौदा, कश्मीर जैसी 15-20 बड़ी रियासतें अवश्य स्वतंत्र राज्य का रूप धारण करेंगी। मैं कहता था—वे तभी, जबकि हमारे वर्तमान शासक नेताओं की अक्ल मारी जाएगी। अभी ये गुड़िया राजा अंग्रेजों के साथ की गुलामी की संधियों पर कूद-फाँद रहे हैं! वे समझते हैं, जैसे किसी अदालत में विजय के लिए कागजी सबूत काफी होता है, वैसे ही जातियों का भाग भी कागज के पुरजों पर सदा के लिए बेचा खरीदा जा सकता है। वह नहीं जानते कि तोपें जब रक्षा के लिए नहीं रह गईं, तो निपटारा कागज नहीं करेगा,

बल्कि अब फैसला उनकी मूक बहुसंख्यक प्रजा के हाथों में होगा। अभी इसी छिपी हुई शक्ति को वह देख नहीं रहे हैं, लेकिन जब गुड़िया राजा महान् मुगल का अनुकरण करने चलेंगे, तब यह नंगे पंजे चारों ओर से नोचने के लिए उठेंगे और इन्हें लेने के देने पड़ जाएँगे।

हमारे साथियों में हैदराबाद (सिन्ध) के शर्माजी भी थे, जो साहसी और उदार आदमी थे, अफ्रीका के किसी कोने में उनकी या उनके मालिक की दुकान थी, व्यापारियों के सम्बन्ध में ही वह लन्दन आए थे, और अब भारत लौट रहे थे। व्यापार में कर उगाहनेवालों को धोखा देना, चोरबाजारी करना, सट्टेबाजी की तरह कोई अधर्म की बात नहीं समझी जाती, इसलिए जो आदमी इस तरह काम करता हो, उसे हम जन्म सिद्ध अपराधी नहीं मान सकते। उनमें अच्छे भी हो सकते हैं। बाजार में देखते हैं कि अगर दूसरों का रास्ता हम नहीं स्वीकार करते, तो टाट उलटना पड़ेगा। और अपने ही नहीं बल्कि अपने परिवार को भूखों मारना पड़ेगा। इसलिए वह भी गतानुगतिक हो जाते हैं। शर्माजी के पास कई ट्रंकों में कीमती रेशम के कपड़े थे। कस्टमवाले उस पर भारी टैक्स लेते, इसलिए उनको बड़ी फिक्र थी कि कैसे कस्टम को चकमा देकर अपने सामान को उतारा जा सके। हो सकता है, सोना भी उनके पास हो। हमारे देश में सोने को आयात पर भारी कर लगाकर उसे आवश्यकता से अधिक महँगा बना दिया गया था, इसलिए चोरी-छुपे सोने को लाना भी एक बड़े नफे का व्यवसाय था। शर्माजी से बहुत बातें हुआ करती थीं। हैदराबाद में उनका घर भर था, जिसकी उन्हें बहुत परवाह नहीं थी।

तीसरे दिन दोपहर के करीब हमारा जहाज जिबराल्टर के पास से गुजरा। उस समय अफ्रीका और यूरोप दोनों के तट हमारे दाहिने-बाएँ थे। शर्माजी ने बतलाया : जिबराल्टर में हमारे सिन्धियों की एक दर्जन से अधिक दुकानें हैं। मुझे खयाल आ रहा था जिबराल्टर के असली नाम जबरुत-तारिक अर्थात तारिक पर्वत का। जिबराल्टर एक पहाड़ के किनारे बसा हुआ है, इसलिए अरबी में इसका जब नाम होना ही चाहिए, लेकिन तारिक कौन था? उमैय्या खलीफों का मशहूर सेनापति तारिक, जो इस्लाम के प्रचार तथा साम्राज्य के विस्तार के लिए अपनी अरब सेना के साथ आज से 13 सदी पहिले इसी जगह अफ्रीका से यूरोप की भूमि पर पैर रखकर उसने अपनी नावों को तोड़ते हुए सैनिकों से कहा था—"जीतो या मरो, अब तुम्हारे लिए तीसरा रास्ता नहीं है।" उसके बाद की 5-6 शताब्दियों में स्पेन मुस्लमानी देश हो गया था, और खतरे के मारे सारा ईसाई यूरोप अपनी खैरियत मना रहा था। उत्तरी स्पेन की एक बड़ी लड़ाई में ईसाई सेना ने मुसल्मानी सेना पर भारी विजय प्राप्त की, इससे इस्लाम फ्रांस के भीतर घुसकर आगे नहीं बढ़ सका। उसी जबरुत-तारिक को अपने वाणिज्य सम्बन्धी महाअभियानों में अंग्रेजों ने स्पेन से छीन लिया और अपने व्यापारी मार्ग की रक्षा के लिए उसे एक सुदृढ़ दुर्ग

और व्यापारिक नगर का रूप दे दिया। सदियाँ बीत गईं। 20वीं सदी में भी दो-दो विश्व-युद्ध हो गए, लेकिन अंग्रेजों का पंजा जबरुत-तारिक से नहीं उठा। उन्होंने दूसरे देशों के शब्दों और नामों की तरह इसका भी नाम बिगाड़कर जिबराल्टर बना दिया। पूरब में स्वेज और पश्चिम में जिबराल्टर को अपने हाथों में रखकर अंग्रेज भूमध्य सागर को अपनी झील बनाए हुए हैं। भूमध्य सागर के तट के यूरोपीय देश—स्पेन, फ्रांस, इताली, ग्रीस, तुर्की मुँह ताकते ही रह गए, और वहाँ तूती बोल रही है अंग्रेजी नौ-सेना की। मैं सोच रहा था, द्वितीय महायुद्ध ने इंग्लैंड का दिवाला निकाल दिया है। वह अमेरिका के दिये टुकड़ों पर पेट पाल रहा है। उसकी सारी किलेबन्दियाँ अब अमेरिका की किलाबन्दियाँ हैं। अब तो ऐंठ की बात भी नहीं है, जबकि एटली के बाद फिर इंग्लैंड का प्रधानमंत्री बननेवाला चर्चिल ब्रिटेन को अमेरिका की 49वीं रियासत बनाने के लिए तैयार है। जब तक पराई भूमि पर इस तरह जबरदस्ती कब्जा रहेगा, तब तक कैसे विश्व में शान्ति रह सकती है।

हमें जहाज में अब रेडियो से टाइप की हुई खबरें पढ़ने को मिलती थीं। उस दिन मालूम हुआ गाँधीजी इसके लिए नाराज हैं कि भारत के डोमिनियन रहते तक राष्ट्रीय झंडे के साथ यूनियन जैक (अंग्रेजी झंडे) के रखने के उनके सुझाव को लोगों ने ठुकरा दिया, अब भारत की सरकारी इमारतों पर यूनियन जैक नहीं फहराएगा। मैंने उस दिन लिखा था—"बूढ़ा सठिया गया है, इसमें तो सन्देह नहीं।" क्या 60 वर्ष की अवस्था को पार कर जाने पर शरीर की तरह आदमियों की बुद्धि भी क्षीण हो जाती है? हो सकता है, कितनी ही बार यह बात सच्ची हो, लेकिन सठियाने का एक और कारण है : आदमी समय के साथ आगे नहीं बढ़ता। हमने 25 साल पहिले बच्चे को नंगा देखा था, 25 साल बाद भी उसे वही समझना चाहते हैं। नहीं समझते कि अब वह शिशु नहीं बल्कि शरीर और मस्तिष्क दोनों से प्रौढ़ मानव है। तरुण होने से हरेक नवीन ग्राहक चीज को ग्रहण करने के लिए तैयार है, इसलिए उसको 60 वर्ष के बूढ़े से अधिक सक्षम मानना चाहिए। साइंस के बड़े-बड़े आविष्कारों के बारे में हम इसी बात की सच्चाई को अच्छी तरह जानते हैं। आविष्कारकों में सबसे अधिक संख्या तरुणों की मिलेगी। यदि 60 की ओर तेजी से बढ़ते दिमाग तरुणों की क्षमता पर विश्वास करने के लिए तैयार हो जाएँ और सदा अपने ही पथ-प्रदर्शक बनने की लालसा को छोड़कर उन्हें भी पथ-प्रदर्शन करने की आज्ञा दें, उस पर चलने के लिए तैयार हों, तो किसी को सठियाने की आवश्यकता नहीं पड़ेगी।

महोत्सव के लिए चन्दा जमा हो रहा था। 5 अगस्त तक वह 80 पौंड के करीब पहुँच गया था। पंजाब के एक पेन्शनर पोस्टमास्टर जनरल अंग्रेज भारत लौट रहे थे—"इंग्लैंड में हमारी पेन्शन खर्च के लिए अपर्याप्त है, क्योंकि वहाँ जीवनोपयोगी चीजें बहुत महँगी हैं। साथ ही हमें भारत में नौकर-चाकर रखने की

आदत थी, और इंग्लैंड में वे बहुत महँगे हैं। टैक्स भी यहाँ अधिक है, जब भारत से आनेवाली पेन्शन पर ही जीना है, तो क्यों न भारत में ही चलकर आराम से रहें।" बूढ़ा 70 वर्ष का था। बहुत स्वस्थ भी नहीं मालूम होता था। उसके ऊपर बोझ भी नहीं था, इसलिए हिन्दुओं के काशीवास की तरह वह भारतवास के लिए आ रहा था। पाकिस्तानवास पर उसका विश्वास नहीं था। अंग्रेजों ने यद्यपि हिन्दुओं के मुकाबले में मुस्लमानों को हमेशा प्रोत्साहन दिया, लेकिन अपने मन के भीतर वह इस्लाम पर विश्वास नहीं करते थे। शायद इसके पीछे शताब्दियों पीछे गुजरे सलम्बी जंगों (धार्मिक युद्धों) के युग का अनुभव काम कर रहा था, जब कि इस्लाम के गाजी और ईसाइयत के क्रूसेडर धर्म के नाम पर एक-दूसरे के ऊपर हर तरह के अत्याचारों को उचित समझते थे। उक्त वृद्ध अंग्रेज ने जब सुना कि स्वतंत्रता-महोत्सव के लिए चन्दा जमा हो रहा है, तो उसने शिकायत की—"हमसे क्यों नहीं चन्दा माँगा गया, हमने भारत का नमक खाया है और जीवन की अन्तिम घड़ियाँ हम वहीं बिताने की इच्छा रखते हैं।" खैर, वृद्ध ने एक पौंड चन्दा दिया। हमारे जहाज में वह अकेले ऐसे पेन्शनर अंग्रेज नहीं थे जो भारत में अपना शेष जीवन बिताने के लिए लौट रहे थे।

कमिटी को प्रोग्राम ठीक करना था। वहाँ दो तरह के विचार के लोग थे। कुछ हमारे परिचित शर्माजी की तरह बहुत कुछ पुराने विचारों का प्रतिनिधित्व करते थे, जिसे वह शुद्ध भारतीयता का नाम देते थे, और कुछ अल्ट्रा मोडर्न (चरम आधुनिक पंथी) थे, जो चाहते थे कि उत्सव ऐसी शान से मनाया जाए, जिसमें यूरोपियन यात्रियों पर अच्छा प्रभाव पड़ सके। ए क्लास में यूरोपियन यात्रियों की संख्या अधिक थीं, जहाँ पर कि हमारे अल्ट्रा मोडर्न भद्र पुरुष और भद्र महिलाएँ रहती थीं और जिनसे उनका सम्भाषण और नृत्य आदि से घनिष्ठ सम्बन्ध स्थापित हो गया था। वह समझते थे कि जब तक पान और नृत्य न हो, तब तक उसे सभ्य दुनिया में महोत्सव नहीं माना जा सकता। कमिटी के कुछ लोग अपने यूरोपीय मित्रों को शराब पिलाना चाहते थे-पैसे का सवाल नहीं था, वह शायद अपनी जेब से शराब खरीदकर भी पिला सकते थे लेकिन कुछ लोग सिद्धान्ततः इसके विरोधी थे। उनका कहना था—गांधीजी के नेतृत्व में हमने स्वतंत्रता को प्राप्त किया, हमारे गाँधीवादी शासक धर्मेण शराबबन्दी के पक्षपाती हैं, इसलिए इस महोत्सव में शराब पीना महान् पाप हैं। मैंने जीवन में कभी शराब नहीं पी, लेकिन शराब को कोई महापाप की बात वैसे ही नहीं समझता, जैसे कि अपने मांस भक्षण को। असंयम सभी जगह बुरा होता है, यह नियम शराब पर भी लागू हो सकता है। हमारे शर्माजी को अन्धा पुराणपंथी नहीं माना जा सकता था। अपनी तरुणाई से अब 50-60 के बीच में पहुँचते समय तक एसिया, यूरोप, अफ्रीका के भिन्न-भिन्न जगहों की खाक छानते उन्होंने भी शराब पी थी, लेकिन वह समझते थे, इस पवित्र महोत्सव

के समय कमिटी की ओर से पान का प्रबन्ध उचित नहीं है। 5 अगस्त को इस पर बहुत गरमागरम बहस हुई, लेकिन उसका निर्णय उस दिन नहीं हो सका।

6 अगस्त को हम भूमध्य सागर में चल रहे थे। गर्मी बहुत बढ़ गई थी, या शायद मुझे ही अधिक मालूम होती थी। बी क्लास के केबिनों को तोड़कर मचान बनाते समय कुप्पियों को उखाड़ नहीं फेंका गया था, यही खैरियत थी, इसलिए हमें कुप्पियाँ हवा की पिचकारी छोड़ते प्राण-दान कर रही थीं। दिन में वैसे डेक पर बैठने से खुली हवा मिल जाती थी, लेकिन रात के वक्त तो ये वायु-कुप्पियाँ ही प्राणाधार थीं। भोजन के लिए जहाज का नियम था—सबेरे बिस्तर पर चाय, आठ बजे प्रातराश, 1 बजे मध्याह्न भोजन (लंच), साढ़े चार बजे ब्यारू। भोजन को अच्छा ही कहना चाहिए और वह पेट भर मिलता था। ता. 6 को उत्सव के लिए 90 पौंड़ चन्दा हो गया था। उस दिन बहुमत में भोजन में शराब शामिल करने के प्रस्ताव को ठुकरा दिया गया। यह भी निश्चय हुआ कि भारतीय नाविकों को भोजन दिया जाए और बच्चों को मिठाइयाँ।

6 को कुछ टापू जब-तब दिखाई भी पड़ रहे थे। किन्तु 7 अगस्त को कोई स्थल-चिह्न नहीं दिखाई पड़ा। हाँ, जब-तब एकाध जहाज उल्टी दिशा की ओर जाते हमें देखकर भोंपू बजा देते थे। अपने सामने तो विस्तृत नील सागर और अनन्त नील नभ ही दिखाई पड़ते थे। हाँ, हमारी जहाज की भी एक दुनिया थी, जिसे हम ए बी क्लास के अधिकांश यात्रियों के लिए हँसी-खुशी की दुनिया कह सकते थे। अस्सी भारतीय यात्रियों में बड़ी-बड़ी उमंगें लेकर कोई डॉक्टरी या दूसरी डिगरी प्राप्त कर देश लौट रहा था, कोई व्यापार के धन्धे को करके और कुछ सैलानी भी अपना मौजी जीवन बिता देश को जा रहे थे।

8 अगस्त को भी पहिले की तरह मौसम अच्छा था, लेकिन भूमि का कहीं दर्शन नहीं होता था। अगले दिन 6 बजे सबेरे ही हमारा जहाज पोर्तसईद में पहुँचकर मिस्र की भूमि से लग गया। कमिटी ने तै किया था कि भोज की सामग्री पोर्तसईद में खरीदी जाए। उससे आगे जहाज के खड़े होने का कोई ऐसा स्थान नहीं था, जहाँ सभी चीजें सस्ती और आसानी से मिल सकें। 'स्ट्रेथमोर' ने नहर के मुँह के पास लंगर डाला। आस-पास बहुत-से देशों के जहाज पड़े थे, जिनमें तुर्की और अमेरिका के काफी थे। कुछ उतरनेवाले यहाँ उतर गए। सैर करनेवालों के पासपोर्टों पर मिस्री अफसर ने मुहर लगा दी और हमारी तरह वे भी पोर्तसईद की सैर करने के लिए निकले। पोर्तसईद अन्तर्राष्ट्रीय नगर है। यह अफ्रीका के उत्तर-पूर्वी छोर पर बसा, लेकिन इसके उत्तर की तरफ भूमध्य सागर के परले तट पर यूरोप है, एसिया तो यहाँ अफ्रीका से मिल गया है। इसको ही बाधा समझकर स्वेज नहर बनाई गई, जिसमें भारतीय महासागर या अबर समुद्र लाल सागर से भूमध्य सागर को मिलाया जा सके। तीन महाद्वीपों का सम्मिलन-स्थान होने से तीनों महाद्वीपों की

जातियों के समागम का यह स्थान है, वहाँ तीनों महाद्वीपों के गुंडे, गिरहकट और वेश्याओं का भी यह भारी अड्डा है। दिन में भी गली-कूचे में अकेले निकलना खतरे से खाली नहीं है। हमारे एक सहयात्री किसी गली में जा रहे थे। एक बदमाश ने उन्हें 'हीरे' की अँगूठी खरीदने के लिए कहा। उनको सन्देह हो गया, लेकिन 'हीरा' बेचनेवाले ने छुरा दिखलाकर एक पौंड में अँगूठी उनके मत्थे मढ़ दी। दूसरे जोशी महाशय को भी छुरा दिखलाया गया था। बात यह है कि जहाज कुछ घंटों के लिए ठहरनेवाला था, यदि कोई दुर्घटना हो गई, तो भी जहाज किसी यात्री के लिए निश्चित समय से अधिक ठहर नहीं सकता। यात्री भी अपने गन्तव्य स्थान पर पहुँचने की धुन में रहता है, इसलिए वह छुरे का जवाब न छुरे से दे सकता है, और न पुलिस तथा अदालत की शरण लेने के लिए तैयार हो सकता है। इस कमजोरी को पोर्तसईद के गुंडे अच्छी तरह जानते हैं। हम चार आदमी एक साथ शहर घूमने गए। ढाई घंटे तक घूमते रहे। रमजान का महीना होने से रोजे का दिन था, लेकिन इस्लामिक देश में किसी को उसकी परवाह नहीं थी—सारे रेस्तोराँ खुले हुए थे। गरमागरम तंदूरी रोटियाँ बिक रही थीं। शासक तो मुस्लमान गाजी होने पर भी किसी देश और किसी काल में इस्लाम के साधारण नियमों की भी पाबन्दी करना अपने लिए आवश्यक नहीं समझते थे। इस्लाम के नाम पर भारत के लाखों लोगों का खून बहानेवाला, मंदिरों और नगरों को ध्वस्त करनेवाला महमूद गजनवी, रात-रात भर अपनी शराब की महफिलें लगाता था। भला शासकों को रोजा, नमाज की उतनी पाबन्दी की क्या आवश्यकता थी। यदि उनकी देखादेखी अब पोर्तसईद या कहीं की मुसलिम जनता रमजान को धता बतलाए, तो इसमें आश्चर्य करने की क्या आवश्यकता? यहाँ पर नंगी और बहुत ही अश्लील तस्वीरों का तो, जान पड़ता था, बाकायदा रोजगार होता है। कितने ही आदमी इन तस्वीरों को हाथ में रखे चुपके से दिखाकर बेच रहे थे। इससे कभी-कभी लोग बुरी तौर से फँस जाते हैं। सीलोन के एक भिक्षु यूरोप से लौट रहे थे, उन्होंने ये तस्वीरें खरीद ली थीं, जब कोलम्बो में जहाज पर से उतरे और उनकी चीजों की देखभाल हुई, तो वे तस्वीरें निकल आईं। उनकी बड़ी भद्द हुई। पिछली यूरोप यात्रा से, जब मैं लौट रहा था, तो एक चीनी छात्र ने इस तरह की बहुत-सी तस्वीरें यहाँ खरीद ली थीं। जब मैंने उसे कोलम्बोवाली घटना सुनाई, तो कोई परवाह न करते वह कह रहा था—हमारे बन्दरगाहों में कोई नहीं पूछता। वेश्या-नगरी के दलालों का निमंत्रण तो पग-पग पर था—"बड़ी सुन्दर ग्रीक-तरुणी है," या और कुछ कहकर...उस रास्ते के लिए पथ-प्रदर्शन करनेवाले दर्जनों आदमी घाट पर मौजूद थे। मैंने डेढ़ पौंड में एक चमड़े का थैला बक्स खरीदा। शर्माजी हैदराबादी हमारे साथ थे, इसलिए दाम कम करने में कोई दिक्कत नहीं हुई। दो-तीन पौंड के कपड़े और कागज उत्सव के लिए खरीदे गए, और 19 पौंड की मिठाइयाँ भी। इसी तरह कुछ और चीजें

खरीदी गईं। लौटकर जहाज की ओर जाते समय कस्टमवालों ने रोका। खरीदी हुई चीजों पर भारी टैक्स माँग रहा था, पर शायद 10-15 पौंड और खर्च करना पड़ता। शर्माजी साथ थे। उन्होंने समझाने की कोशिश की कि हम भारतीय स्वतंत्रता दिवस के उत्सव के दिन के लिए ये चीजें खरीदकर ले जा रहे हैं। लेकिन भावुकतापूर्ण अपील करने में सफलता नहीं हुई, फिर उन्होंने रोकनेवाले के हाथ में 2 पौंड थमा दिये और सारा किस्सा मिट गया। उसने इकट्ठी की हुई चीजों के अलग-अलग भाग कर दिये और कह दिया, थोड़ा-थोड़ा हाथ में लेकर जाओ। थोड़ा-थोड़ा ले आने के लिए हमारी संख्या कम नहीं थी, लेकिन इस बाधा को हमने पहिले समझा नहीं था, इसलिए बहुत से लोग पहिले ही चले आए थे। खैर, दो पौंड में काम चल गया। पोर्तसईद और आगे स्वेजनहर के पास आनेवाले स्थानों में हमने देखा, मिस्री लोग अंग्रेजों को बड़ी भद्दी-भद्दी गालियाँ दे रहे थे। यह 1951 का अन्त नहीं, बल्कि 1947 का अगस्त था। उस समय भी मिस्री अंग्रेजों को अपना भारी शत्रु समझते थे और अपने गुस्से को गन्दी गालियों द्वारा उतारना चाहते थे। स्वेज नहर में रात को भी जहाँ-तहाँ ये गालियाँ दुहराई जा रही थीं—घृणा-प्रदर्शन का उन्होंने यह अच्छा तरीका निकाला था। मिस्री मुस्लमान औरतें पर्दा रखती हैं। लेकिन मुँह पर नाक को ढाँके, आँखें खुली रखने के लिए जाली रखती हैं। इन जालियों के भीतर से उनके ओठ और कपोल भी दिखलाई पड़ते हैं। इंग्लैंड की अपेक्षा पोर्तसईद में चीजें बहुत सस्ती थीं। जिस बैग को हमने डेढ़ पौंड में लिया था, वह इंग्लैंड में चार-पाँच पौंड से कम में नहीं मिलता।

10 अगस्त को 'स्ट्रेथमोर' लाल सागर में चल रहा था। लाल सागर, जान पड़ता है, हर समय ही गुस्से में लाल रहता है। अपने यात्रियों को परेशान करना वह अपना काम समझता है। पिछली यात्रा का भी मेरा ऐसा ही अनुभव था। अब की बार भी जब हवा चल पड़ती, तो जान में जान आती, नहीं तो बड़ी परेशानी होती। उस दिन पता लगा कि जहाज के कप्तान ने 15 अगस्त के महोत्सव मनाने के प्रोग्राम में स्वतंत्रता के शहीदों के लिए 2 मिनट मौन रखने पर एतराज किया। फिर क्या था, लाल सागर का प्रभाव हमारे लोगों पर भी पड़ा, लोग लाल-पीले होने लगे।

11 अगस्त को भी हम लाल सागर ही में थे। घंटों शरीर से पसीना चूता रहा। हवा बन्द-सी दीख पड़ रही थी। यात्री हवा की तलाश में एक डेक से दूसरे डेक की ओर डोल रहे थे, यह जानकर सन्तोष हुआ कि कप्तान ने सारे प्रोग्राम को मान लिया। सारे अंग्रेजों पर शीतल जल पड़ गया। लोग विरोध-प्रदर्शन के तरह-तरह के तरीके सोच रहे थे। डेक पर बैठे पसीना बहाते किसी तरह दिन का समय तो कट गया, लेकिन रात को पसीने में तर शरीर के कारण अब सर्वशीतला रूस-भूमि की याद आ रही थी।

13 अगस्त को अरब सागर में दाखिल होते ही, तरंगित समुद्र आ गया।

हवा के बिना समुद्र तरंगित नहीं हो सका है, उसी ने अब गर्मी को कम कर दिया—भूमध्य रेखा के समीप तथा गर्मी के मौसम के कारण हवा भी गर्मी से बिलकुल छुट्टी देने के लिए समर्थ नहीं थी।

14 अगस्त को समुद्र अति तरंगित था। कितने ही लोग लुढ़क पड़े थे, जिनमें महोत्सव के दिन खेले जानेवाले 'विलायत से लौटा' नाटक के अभिनेता भी शामिल थे। जल्दी-जल्दी उत्सव-कमिटी में परिवर्तन कर लिया गया। कमिटी की अध्यक्षा महोदया के विचार में सभ्यता का स्वरूप वही ठीक है, जो कि यूरोप में देखा जाता है। ऐसे विचारों से सहमत होना ऐसे भारतीयों के लिए मुश्किल था, जो कि वर्षों इंग्लैंड में बिताकर लौट रहे थे। मेहमानों को शराब पिलाने की बात तो खैर समाप्त कर दी गई थी, लेकिन प्रोग्राम में कमिटी से बगैर पूछे ही नृत्य रख दिया गया था। विरोध का कोई उचित कारण नहीं था—भारतीय नृत्यों पर कोई उज्र नहीं और यूरोपीय नृत्यों पर विरोध, इसमें क्या तत्व था? समुद्र के उद्वेग के कारण बहुत से लोग आज खाने पर नहीं आए, कुछ लोगों को कै भी हुई। हम अचल-अटल रहे। साढ़े तेईस हजार टन का भारी-भरकम 'स्टेथमोर' उत्ताल तरंगों पर कागज की नाव की तरह ऊँचे-नीचे उछल रहा था, लेकिन मुझे झूले का आनन्द आ रहा था। यही नहीं, मैंने तरंगों के बल को नापने के लिए डेक के किनारे की रेलिंग का इस्तेमाल शुरू किया।

15 अगस्त—आखिर पन्द्रह अगस्त का दिन आया, लेकिन आज तो क्षितिज आठवीं रेलिंग तक उठ जाता था। उत्सव का काम अच्छी तरह नहीं हो सकता था। खड़ा होना भी लोगों के लिए मुश्किल था, क्योंकि जब जहाज एक तरफ खड़ा होने लगता तो आदमी दूसरी तरफ लुढ़कने लगते। खैर, उत्सव तो करना ही था। 10 बजे झंडा फहराया गया। चारों तरफ भारतीय और अभारतीय यात्री खड़े थे। अध्यक्षा महोदया बम्बई की एक गुमनाम से अंग्रेजी पत्र की सम्पादिका भी थीं, उन्होंने वाही-तबाही जो भी मन में आया, कह डाला। भाषण की गम्भीरता तो उसमें थी नहीं, पूरा छछून्दरी भाषण था। खैरियत यही थी, कि हवा के मारे भाषण पाँच-सात आदमियों से आगे जा नहीं सकता था। पाकिस्तान और हिन्दुस्तान के झंडों को दो बहिन-भाई बच्चों ने ऊपर उठाया था। भारत के लिए राष्ट्रीय गान 'जन-गण-मन' और पाकिस्तान के लिए 'पाकिस्तान हमारा।' शहीदों की स्मृति में दो मिनट का मौन भी रहा। इकबाल के बनाए पाकिस्तानी राष्ट्रगीत में—"चीनी-अरब हमारा, सारा जहाँ हमारा," "तलवार की साया में हम पले हैं।" अन्त में नारा-ए-तकबीर कहकर 'अल्लाहो अकबर' जैसा पुराने इस्लामिक गाजियों का नारा बुलन्द किया गया—कितनी खोखली सी बात थी! एक युग में अगर जेहाद के नाम पर इस्लामी गाजियों ने विशृंखलित काफिरों के भीतर सफलता प्राप्त कर ली, तो सदियों से एक इस्लामिक देश पश्चिमी काफिरों के पैरों के नीचे रौंदे भी

जा रहे हैं, यह भी बात सत्य है। जेहाद का युग बीत गया, अब साइंस का युग है, लेकिन पाकिस्तानी मुस्लमान समझते थे कि उन्होंने इस्लामी छुरेबाजों के बल पर पाकिस्तान कायम किया, और जिन्ना ने अपनी अक्ल का चमत्कार दिखलाकर पाकिस्तान बनाने में सफलता पाई। वे यह मानने के लिए तैयार नहीं थे कि अंग्रेजों ने अपना नाक कटाकर अशगुन पैदा करने के लिए पाकिस्तान को बनाया। खैर, उत्सव सानन्द समाप्त हुआ।

लड़कों में मिठाई बाँटी गई। लश्कर के आदमियों ने पताकोत्तोलन में न बुलाए जाने के कारण मिठाई लेने से इनकार कर दिया। लश्कर एक पारिभाषिक शब्द है, जो कि यूरोपीय जहाजों के हिन्दुस्तानी मल्लाहों के लिए उपयुक्त होता है। किसी जहाज से नौकरी छोड़कर वे इस जहाज द्वारा देश भेजे जा रहे थे, उनमें से अधिकांश चटगाँव, अतः पाकिस्तान के थे। जान-बूझकर उन्हें न बुलाने की बात नहीं की गई थी। सभी लोग जानते थे कि अमुक समय अमुक स्थान पर पताकोत्तोलन होगा। लोग अपने-आप चले आए थे। लश्कर को मालूम हुआ कि औरों को निमंत्रित किया गया था और हमें नहीं। उनको समझाने की कोशिश की गई, किन्तु वे न माने।

साढ़े चार बजे बच्चों का 'फैन्सी ड्रेस' हुआ। दो लड़के गाँधी और जिन्ना की शकल बनाकर आए : कुछ लोगों ने बहुत पसन्द किया। भोजन में विशेषता लाने के लिए जहाजवालों ने भी सहयोग दिया था और भारतीय भोजन भी तैयार हुआ था। रात के 9 बजे से मनोरंजन की दूसरी बातें हुईं। 'विलायत से लौटा' नाटक हुआ। किसी ने जादू का खेल भी दिखाया और किसी ने और कुछ हम भारत-भूमि से दो दिन के रास्ते पर अरब समुद्र में थे, लेकिन हमने भी इस महान् दिवस को अच्छी तरह मनाया।

अगले दिन (16 अगस्त) जहाज में रहने का आखिरी अहोरात्र था।

17 अगस्त रविवार का दिन आया। प्रातः 10 बजे से भारतीय तट दिखलाई पड़ने लगा, 34-35 महीने बाद मैं फिर भारत-भूमि की झाँकी कर रहा था। रह-रहकर "जननी जन्मभूमिश्च स्वर्गादपि गरीयसी" याद आ रहा था और साथ ही यह भी कि अब हमारी मातृभूमि अंग्रेजों के हाथ से मुक्त है। 12 बजे के करीब जहाज समुद्र तट से लगा। मानो मातृभूमि का स्पर्श हो गया, इसलिए हृदय और आह्लादित हो उठा। अफसर ने आकर जहाज ही पर पासपोर्ट पर मुहर लगा दी। पास के पौंडों में से कुछ भुनाए। जहाज का अन्तिम भोजन भी हो गया। जहाज के नीचे लाल झंडा लिये हुए कुछ कमकर नारे लगा रहे थे। मुझसे पूछने पर मैंने कहा—शायद आदिल साहिब के लिए। आदिल साहिब मजदूरों के नेता थे, शायद कांग्रेस या सोशलिस्ट पार्टी से सम्बन्ध रखते थे। मुझको यह खयाल नहीं आया, कि यह मेरे स्वागत में हो सकता है। लेकिन जब साथ-साथ कामरेड राहुल का

नाम सुनाई देने लगा, तो इनकार करने से काम नहीं चलता। जो लोग 17 दिन तक मेरे साथ बातचीत करते रहते थे, उनको इतना ही मालूम था कि मैं लेनिनग्राद में संस्कृत का अध्यापक था। अब नारे ने बतला दिया कि नहीं, यह तो कोई नेता है, जिसके लिए बम्बई के मजूर भी नारे लगा रहे हैं। फिर तो कितने ही सहयात्री 'गुस्ताखी माफ' की बात करने लगे। इसमें कोई आत्मगोपन की बात नहीं, यदि मैं कहूँ कि कम से कम अपने लिए प्रदर्शन मुझे पसन्द नहीं है। एकान्त में चुपचाप काम करने में जितना आनन्द मुझे आता है, प्रदर्शन में उतना ही चित्त को विक्षोभ होता है। हमारे सहयात्री न इंडोलोजी के विद्वान् थे, न भाषातत्व या इतिहास के। उनकी जो जिज्ञासाएँ सोवियत के बारे में थीं, उतने ही तक बोलने पर मैं सन्तोष करता था। मैं भड़ामशाही मार्क्सवादी प्रचारक नहीं था कि हरेक को कन्वर्ट (मत परिवर्तन) करने के नशे में 24 घंटे चूर रहूँ। अपने जीवन में मुझे ऐसा करने की आवश्यकता इसलिए भी नहीं थी कि मौके-बेमौके बोलने से जो काम नहीं हो सकता था, उतना मेरी किताबें कर रही थीं।

कम्युनिस्ट नेता कामरेड मिरजकर, अधिकारी, रमेश, ओमप्रकाश संगल, महेन्द्र आचार्य आदि पुराने मित्र जहाज पर आ मिले। किसी ने डरा दिया कि कस्टमवाले किताबों के लिए बहुत तंग करेंगे। उनका कहना गलत नहीं था, लेकिन मैं 15 अगस्त के दो ही दिन बाद आया था। 15 अगस्त के ऐतिहासिक दिन के सामने पुरानी नौकरशाही सहम गई थी। सचमुच ही उस समय यदि बुद्धिमानी से काम लिया जाता, तो उसका रुख बहुत कुछ बदल जाता, लेकिन जब पीछे उन्होंने अपने मालिकों के असली रूप-रंग को देखा, तो "वही रफ्तार बढ़ेगी, जो पहिले थी सो अब भी है" को स्वीकार कर लिया। हमारे पास सबसे बड़ा धन रूस में संग्रहीत पुस्तकें थीं, जिनमें कम्युनिज्म के बारे में दो-चार ही होंगी, नहीं तो अधिकतर मध्य एसिया के इतिहास से सम्बन्ध रखनेवाली थीं—तो भी वह रूसी में थीं, इसलिए कस्टमवालों को क्या पता था। यदि अड़ंगा लगाना चाहते, तो वे वैसा कर सकते थे लेकिन 15 अगस्त की आँधी के कारण बड़ी आसानी से छुटकारा मिल गया। मामूली तौर से देखा, एक-दो बक्सों को तो खोला ही नहीं; हाँ, रेडियो के ऊपर 150 रुपया टैक्स जरूर लग गया। शायद इससे कम में ही हमें वैसा रेडियो भारत में मिल सकता था। कस्टम से छुट्टी लेते-लेते चलकर अपने निवास स्थान में पहुँचने में 4 बज गया। आज भी बम्बई की सड़कों पर 15 अगस्त की तैयारियाँ दिखलाई पड़ रही थीं। महोत्सव-सम्बन्धी दीपमाला हुई। तिरंगें झंडे और बन्दनवार-पताकाएँ फहरा रही थीं। मुझे भी नये भारत में लौट आने का बड़ा आनन्द हुआ।